Jobst

Programmieren in Java

Fritz Jobst

Programmieren in Java

5., überarbeitete Auflage

HANSER

Prof. Dr. Fritz Jobst, fritz.jobst@informatik.fh-regensburg.de
FH Regensburg, Fachbereich Informatik/Mathematik

Bibliografische Information Der Deutschen Bibliothek:
Die Deutsche Bibliothek verzeichnet diese Publikation in der Deutschen Nationalbibliografie; detaillierte bibliografische Daten sind im Internet über http://dnb.ddb.de abrufbar.

Lektorat: Margarete Metzger
Produktionsbetreuung: Irene Weilhart
Datenbelichtung, Druck und Bindung: Kösel, Krugzell
Printed in Germany

ISBN 3-446-40401-5

Inhaltsverzeichnis

Vorwort

Dieses Buch will in die Programmierung mit Java einführen. Java ist als objektorientierte Sprache für verteilte, graphische Anwendungen konzipiert und schließt die Programmierung nebenläufiger Aktivitäten in seinem Kern ein; man hat es mit einem leistungsfähigen, aber auch komplexen System mit universalem Anspruch zu tun. Die Sprache Java ist von Anfang an mit einer umfangreichen Klassenbibliothek freigegeben worden, die als zur Sprache gehörig betrachtet werden kann. Die von Sun mit Java ausgelieferten Bibliotheken umfassen mehrere tausend Klassen und zigtausend Methoden und Attribute. Hier gilt es, den Überblick zu gewinnen.
Ähnlich wie bei einer Karte zur Orientierung in einem großen Land nicht jeder Feldweg gezeigt werden kann, versucht dieses Buch, sich auf den Hauptstraßen ins „Java-Land" vorzuarbeiten. Wenn man sich auf den Hauptstraßen bewegen kann, so kann man von da aus auch die Feldwege im „Java-Land" kennen lernen. Diese Trennung zwischen den grundlegenden Prinzipien auf der einen Seite („was muss ich unbedingt können?") und Details auf der anderen Seite („das kann ich mir leicht selber erschließen" oder „das kann ich in den Unterlagen von Sun auch selbst nachlesen") hat sich in den Vorlesungen und Kursen des Autors bewährt.
Der Fokus dieser fünften Auflage wurde auf die Grundlagen der Sprache Java, die Programmierung von grafischen Benutzeroberflächen sowie den Einsatz von Java im Unternehmen gerichtet. Da der Sprung von der Theorie zu den Anwendungen weit sein kann, wählt dieses Buch einen projektorientierten Ansatz mit vielen Beispielen zur Darstellung. Dies gilt sowohl für grafische Anwendungen in Kapitel sieben, als auch für das Projekt über verteilte Anwendungen, das sich über die Kapitel acht, neun und zehn erstreckt.
Der Leser kann alle Programme des Buches sowie Lösungsvorschläge zu einzelnen Aufgaben immer auf dem aktuellen Stand über die Homepage des Autors und die dort angegebenen Links herunterladen. Dort sind auch Erweiterungen zu finden, die nicht mehr im Buch Platz gefunden haben.
Mein besonderer Dank gilt den Hörern meiner einschlägigen Vorlesungen über Java für ihr Engagement bei den Java-Projekten und Diskussionen. Von Herrn Dipl. Inf. (FH) Gasteiger stammt die Fortschrittsanzeige als Beispiel für ein selbstentwickeltes Element einer graphischen Benutzeroberfläche. Einzelne Aufgaben stammen von Herrn LA (Univ.) Dipl. Inf. (FH) Stuhlfelder. Mein besonderer Dank gilt Frau Margarete Metzger und Frau Irene Weilhart vom Carl Hanser Verlag für ihre äußerst sorgfältige Durchsicht der Unterlagen.

Regensburg, im August 2005

Fritz Jobst

Wegweiser durch das Buch

Hinweis:	Die im Buch vorgestellten Beispiele stehen im Internet unter der Adresse http://downloads.hanser.de/ zur Verfügung (von dort weiter über Homepage Jobst zum Download).
Mail-Adresse:	
	fritz.jobst@informatik.fh-regensburg.de

Dieses Buch stützt sich auf das Java™ 2 Platform Standard Edition 5.0 Development Kit (JDK 5.0), welches auf CD beiliegt. Außerdem finden Sie auf der CD die Dokumentation zu Java sowie den Web-Server Tomcat. Zur Erstellung von Programmen ist die Entwicklungsumgebung Eclipse in die CD aufgenommen. Beachten Sie bitte die Datei `index.html`.

Dieses Buch führt in den ersten sieben Kapiteln in die Grundlagen der Sprache Java sowie Anwendungen für grafische Benutzeroberflächen ein. Der zweite Teil des Buches behandelt Java-Applikationen im Unternehmen wie verteilte Anwendungen, Servlets und Java-Server Pages, Datenbanken, Beans und Programmierung von XML.

Im ersten Kapitel lernt man, Javaprogramme sowie Applets zum Ablauf zu bringen. Das zweite Kapitel legt die Fundamente für die prozedurale Programmierung: elementare Daten, Felder, Ablaufsteuerung und Methoden. Dadurch können auch Leser, die mit der Terminologie der Objektorientierung weniger vertraut sind, ohne künstliche Hürden in Java einsteigen. Im dritten Kapitel wird die Technik der Objektorientierung ausgehend von der konzeptionellen Ebene dargestellt und mit Beispielen eingeübt. Nur mit der Objektorientierung entfaltet die Sprache Java ihre volle Ausdrucksstärke. Dies gilt insbesondere deswegen, weil man in Java bei der Programmierung nicht bei Null beginnen muss, sondern auf einer umfangreichen Klassenbibliothek aufsetzen kann. Dabei wurde die Java-typische Trennung zwischen der Implementierungs- und der Schnittstellenvererbung besonders herausgearbeitet.

Kapitel 4 gibt einen Überblick über das JDK und vertieft allgemeine Hilfsprogramnme zur Verwaltung von Daten als erste Anwendung der in Kapitel 3 gelernten Techniken. Die Ideen und Konzepte von Java zur Ein-/Ausgabe folgen in Kapitel 5. Im innersten Kern enthält Java Konzepte der Nebenläufigkeit und der Programmierung paralleler Abläufe. Wenn diese Techniken ohne konzeptionelle Durchdringung der Probleme angewandt werden, dann sind in der Regel unkontrollierbare Programme die Folge. Deswegen wurden in Kapitel 6 die einschlägigen Grundlagen aus der Informatik zusammengestellt. Einige Standardsituationen haben sich in der Programmierung paralleler Abläufe als Grundmuster für viele Anwendungsfälle ergeben und werden hier im Lichte von Java dargestellt. Einsteiger können dieses Kapitel übergehen, aber für eine professionelle Anwendung ist es unerlässlich.

Auch bei der Graphik und Graphischen Benutzeroberflächen beschreitet Java neue Wege. In Kapitel 7 werden die Prinzipien der Programmierung graphischer Anwendungen mit AWT und Swing anhand von Beispielen vorgestellt. Ein eigener Kurs zur Graphik-Programmierung soll helfen, die grundlegenden Verfahren kennen zu lernen. Durch die sowohl technik- als auch projektorientierte Darstellung soll der Einstieg in die Programmierung graphischer Anwendungen erleichtert werden. Von den Kursinhalten aus kann

man dann mit der Dokumentation des Herstellers den graphischen Teil von „Java-Land“ erobern. Mit Kapitel 7 sind auch die Grundlagen für Applets in Kapitel 11 abgedeckt.
Kapitel 8 führt in die Programmierung von Anwendungen für das Internet ein. Darauf wurde Kapitel 9 über verteilte Anwendungen gegründet. Kapitel 10 stellt Servlets und JavaServer Pages vor. Kapitel 12 führt mit JDBC in die Prinzipien der Anbindung von Datenbanken ein. In Kapitel 13 erfolgt der Einstieg in Komponenenten-basierten Software mit Java-Beans. Mit dem JDK 1.4 hat die Firma Sun die Programmierung von XML in Java in das API integriert. Kapitel 14 zeigt die Prinzipien von DOM- und SAX-Parsern. Praktische Tipps zum Umgang mit den Java-Werkzeugen schließen das Buch ab.
Einzelne Kapitel des ersten Teils enthalten Aufgaben. Die mit (*) gekennzeichneten Aufgaben sind schwieriger als die übrigen. Lösungsvorschläge zu einzelnen Aufgaben finden Sie auf der beiliegenden CD, sie können außerdem über das Internet bezogen werden.

Viel Erfolg mit diesem Buch!

1 Der Einstieg in Java

James Gosling von Sun Microsystems war seit Ende der 80er Jahre auf der Suche nach Werkzeugen zur Entwicklung von Plattform-unabhängiger Software. Mitte 1991 gab er seine alte Idee der Erweiterung von C++ auf und konzipierte eine völlig neue Programmiersprache namens OAK. Diese Vision setzte sich bei Sun durch, man wählte lediglich aus Gründen des Marketings den Namen Java. 1995 präsentierte Sun ein α- und ein β-Release der Software, seit Januar 1996 gibt es das Java Development Kit JDK von Sun. Mit dem „Java™ 2 Platform Standard Edition 5.0 Development Kit (JDK 5.0)“, dem sog. Tiger-Release, brachte Sun im Jahr 2004 nicht nur umfassende Pakete zur Softwareentwicklung, sondern auch Anpassungen der Sprache Java an die Anforderungen der Zeit heraus. In diesem Buch wird die interne Versionsnummer 1.5.0 des Tiger-Releases benutzt.

1.1 Eigenschaften von Java

Interpretierend (p-Code):

Ein Compiler erzeugt den sog. Java-Bytecode. Dieser ist eine vom Rechner unabhängige symbolische Sprache. Der Bytecode kann bei Bedarf auch kompiliert werden. Sog. Just-In-Time-Compiler übersetzen den Bytecode beim Ladevorgang in die Maschinensprache. Die Bezeichnung p-Code steht für Postfix-Code. Bei dieser Darstellung werden zunächst die Operanden, dann die Operationen abgespeichert. Beispiele: aus `a + b` wird `a b +`, aus `a+b*c` wird in Postfix `a b c * +`
Der Java-Bytecode ist in [20] näher beschrieben.

Unabhängig von Plattformen:

Der Java-Bytecode kann ähnlich wie ein Bild unabhängig vom Rechner benutzt werden. Zum Ablauf wird ein Interpreter bzw. Compiler benötigt.

Objektorientiert:

Außer Basis-Datentypen wie Zahlen und Zeichen ist alles in Java ein `Object`. Alle Methoden in Java sind virtuell, sofern sie nicht statisch sind. Es gibt keine Mehrfachvererbung für Implementierungen, wohl aber für Schnittstellen.

Generische Elemente:

Das Konzept der Typsicherheit musste bei Sammlungen von Objekten vor dem Tiger-Release manchmal verlassen werden. Mit dem Einführen generischer Elemente lassen sich die Typen der Objekte in Sammlungen parametrisieren.

Sicherheit:

Viren oder trojanische Pferde würden eine Übertragung von Java-Programmen äußerst gefährlich machen. Denn anders als bei der Datenübertragung per Diskette werden unzählige Programme aus unzähligen Quellen mit enormer Geschwindigkeit weltweit verteilt. Deswegen wurden für Applets Sicherheitsmodelle in das Konzept integriert.

Threads:

Java unterstützt von Haus aus parallele Abläufe. Zum Transfer von Bildern o.ä. ist dies im Internet auch nicht anders vorstellbar. Zur Synchronisierung wurde das Monitor-Konzept von C.A. Hoare (vgl. [25]) gewählt. Damit könnten die Programmierfehler im Zusammenhang mit Threads minimiert werden.

Grafik:

GUI (Graphical User Interface) unabhängig von der Plattform, Vektorgrafik unabhängig von der Plattform.

Netzwerkfähigkeit:

Zugriff auf Funktionen der Browser, Programmierung von Sockets, verteilte Anwendungen können aufgebaut werden. Java ist zum Synonym für das Client-Server-Paradigma geworden.

Modularer Aufbau:

Problemlose Verteilung von Code auf mehrere Dateien ohne Header-Files. Die Konsistenz der Module wird direkt gegen den tatsächlichen Java-Bytecode geprüft.

Anbindung von Routinen anderer Programmiersprachen:

Wird ausdrücklich unterstützt, ist aber speziell für die in Browser eingebundenen Applets aus Sicherheitsgründen unmöglich.

Unabhängigkeit von der Plattform

Java ist eine Programmiersprache, die in ihren elementaren Daten und Kontrollstrukturen auf C zurückgreift. Die objektorientierten Konstrukte werden Kennern von C++ in der Anwendung leicht fallen. Im Gegensatz zu C bzw. C++ wurde Java vollständig spezifiziert, z.B. ist das Ergebnis der modulo-Operation in Java unabhängig von der Plattform, auch beim Schieben von Bits nach rechts gibt es keine Überraschungen mehr bei der Portierung. Auch bei der Bewertung von Ausdrücken wurden die Spielräume der Compilerbauer auf ein Minimum beschnitten.

Sicherheit

Da Programmabstürze bekanntlich ein offenes Scheunentor für Angriffe von Eindringlingen im Internet darstellen, mussten sie eliminiert werden. Dies war nur erreichbar, indem der Zugriff auf Zeiger für Programmierer eingeschränkt wurde. Natürlich kann man in Java mit Zeigern programmieren, man kann sie aber weder verbiegen noch den Freispeicher korrumpieren. Von daher überrascht es nicht, dass Java die Garbage-Collection übernimmt. Das Sicherheitskonzept schließt auch Überprüfungen zur Laufzeit ein: Datentypen, natürlich Indizes, Casting. Diese Konzepte fußen auf Mechanismen zur Verifizierung von Java-Bytecode bei der Übertragung. Erst auf diese elementaren Sicherheitsmechanismen können in Java implementierte Zugriffsbegrenzungen für das Schreiben und Lesen von über das Internet verteilten Anwendungen sicher gegründet werden. Dennoch bleibt ein Restrisiko zu beachten, wie die Diskussion im Internet zeigt. Jeder Anwender von Java-Programmen muss hier seine persönliche Strategie für eine optimale Sicherheit finden.

Java-Bytecode und die Geschwindigkeit der Ausführung

Als interpretierte Sprache mit eingebauten hohen Sicherheitsanforderungen muss Java mit einem Laufzeit-Handicap leben.
Viele Anwendungen im Internet und im Intranet können jedoch mit der relativ hohen Performance von Java ausgeführt werden. Just-In-Time-Compiler werden Java-Bytecode während des Ladevorgangs übersetzen, wodurch die Nachteile bei der Laufzeit stark reduziert werden. Administrationsprobleme in Client-Server-Umgebungen etwa bei der Distribution von Software können reduziert werden. Auch die Programmierung von Grafiken wird unabhängig vom Rechner. Web-Seiten lassen sich auch bei der beschränkten Bandbreite des Netzes interaktiv gestalten. Verteilte Anwendungen in Unternehmen profitieren davon, dass der Java-Bytecode unabhängig von Plattformen ist.

1.2 Erstellung von Programmen

Programme werden in der Sprache Java als Text in Dateien eingegeben. Hierzu wird ein Texteditor oder ein integriertes Entwicklungssystem (IDE = Integrated Development Environment) benutzt. Diese Programme werden als Textdatei mit dem Zusatz `.java` gespeichert.

Ein Übersetzer oder Compiler erzeugt hieraus den Java-Bytecode, der für jede Klasse in einer Datei mit dem Zusatz `.class` abgelegt wird. Wie ein Bild im `.gif`-Format ist er eine Darstellung des Programms in einem für alle Rechner gleichen Format.

Dabei muss man in Java zwischen eingebetteten Anwendungen auf der einen Seite und selbstständig lauffähigen Anwendungen auf der anderen Seite unterscheiden. Die eingebetteten Anwendungen, sog. *Applets*, können in `.html`-Dokumenten (Hypertext Markup Language) ebenso wie andere Objekte eingefügt werden, sind aber im Gegensatz zu diesen aktiv. Ein *Applet* läuft auf dem Rechner des Anwenders ab, es nutzt die dort vorhandenen Ressourcen an Rechnerleistung aus. Da ein Applet in einer Seite ähnlich wie ein Bild eine Fläche zugewiesen bekommt, überrascht es nicht, dass Applets ohne weitere Anstrengung für den Programmierer grafikfähig sind.

Eine selbstständig lauffähige Anwendung in Java entspricht eher einem aus anderen Programmiersprachen her vertrauten Programm, ist allerdings derzeit nur zusammen mit einem Interpreter lauffähig, wenn man von speziellen, plattformspezifischen Implementierungen absieht. Dieser Interpreter muss die Anweisungen im Java-Bytecode auf dem Rechner des Anwenders zum Ablauf bringen. Solche Anwendungen können ihrerseits im Textmodus ablaufen. Sie können aber auch Fenster aktivieren und dort mit Grafik arbeiten.

Übersicht: Erstellung

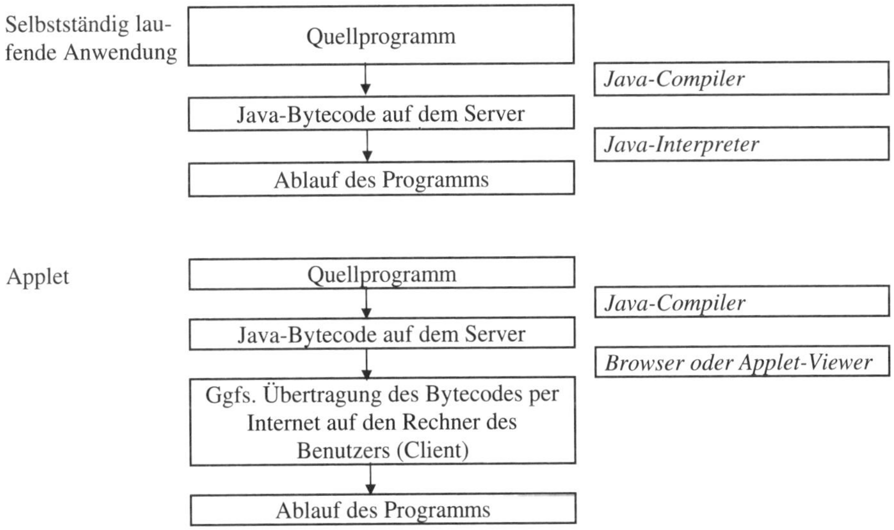

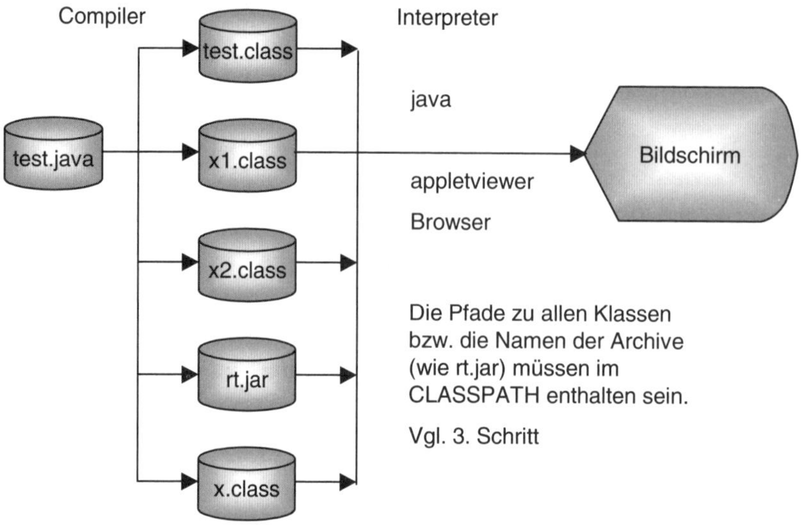

1.3 Erste Programme

In Java kann man sowohl selbstständig laufende Anwendungen als auch in HTML-Seiten eingebettete Applikationen erstellen. Die Abschnitte 1.3.1 und 1.3.2 stellen den „Hello World"-Klassiker für beide Varianten vor. Dabei werden sowohl der Compiler als auch der Java-Interpreter für die Kommandozeile benützt. In den Abschnitten 1.3.3 und 1.3.4 wird die Handhabung von Eclipse zur Programmierung beider Varianten erläutert.

1.3.1 Ein erstes Programm

Das erste Programm soll als Anwendung laufen und „Hello World" ausgeben. Hierzu muss das folgende Programm in der Datei `Hello.java` abgelegt werden. Die Schreibweisen `Hello.java` für den Namen der Datei sowie `Hello` für den Namen der Klasse müssen eingehalten werden, `hello` ist ebenso falsch wie `HELLO` oder `hellO`. In Java muss strikt auf die Unterschiede zwischen Groß- und Kleinschreibung geachtet werden.

1. Schritt: Das Quellprogramm

```
// Das erste Programm in der Datei Hello.java
public class Hello {
  public static void main(String[] args) {
    System.out.println("Hello World");
  }
}
```

Dieses Java-Programm wird mit einem Text-Editor wie `vi`, `emacs` (bei UNIX) oder `note-pad` bzw. `JCreator` (bei Windows, vgl. `www.jcreator.com`) erstellt. Es besteht aus einzelnen Worten der Sprache Java. **`public`** und **`class`** sind reservierte Namen, `Hello` ist der Eigenname der definierten Klasse. In Kapitel 2 sind die reservierten Namen der Sprache Java zusammengestellt. Alle reservierten Namen von Java sind fett gedruckt.
Ein Wort ist in Java eine Folge von Buchstaben bzw. Ziffern, die mit einem Buchstaben beginnt. Diese Worte werden nacheinander geschrieben. Worte können aus Folgen von

Buchstaben und Ziffern bestehen, wobei das erste Zeichen ein Buchstabe sein muss. Es muss stets klar sein, wann ein Wort endet und das nächste folgt. Worte können auch nicht einfach getrennt werden. Die folgenden Zeilen sind deswegen fehlerhaft:

```
publicstaticvoid
pub lic sta tic vo id
publicsta ticvoid
p u b l i c s t a t i c v o i d
```

Ein Wort im Sinne der Programmiersprache Java kann auch nur aus einem Zeichen bestehen, wie etwa die Zeichen `[ ] ( ) { } , . ;` Wenn das Ende eines Wortes eindeutig definiert ist, sind keine besonderen Trennzeichen, wie etwa ein Leerraum, erforderlich. Die folgenden unterschiedlichen Zeilen definieren die gleiche Funktionalität.

```
public static void main(String[] args){
public  static  void  main  ( String args [ ] ) {
```

Die Schreibweise ist aber formatfrei. Zwischen zwei Worten können beliebig viele Leerzeichen, Zeilentrenner oder Kommentare stehen. Die folgenden Zeilen sind korrekt, aber nicht gut lesbar, und nur zu Zwecken der Demonstration angegeben:

```
public
static
void
main
(
String
args
[
]
)
{
```

Alle Bestandteile der Klasse werden in Klammern der Form { } eingeschlossen. Solche Klammern werden in der Sprache Java häufig benutzt, wenn Auflistungen angegeben werden sollen.
Die Klasse `Hello` enthält eine Methode namens `main`. Der Leser möge sich eine Methode als eine in die Zeichen { } eingeschlossene Folge von Anweisungen vorstellen. Diese Folge besteht hier im Beispiel aus genau einer Anweisung. `main` wird bei der Ausführung des Programms vom Java-Laufzeitsystem aktiviert: die Anweisungen in `main` werden der Reihe nach durchlaufen. Im Beispiel wird eine Methode `System.out.println` zur Ausgabe eines Textes in der nächsten Zeile eines Kommandofensters auf dem Bildschirm aufgerufen. Ein für sich alleine ablauffähiges Programm muss die `main`-Methode in o.a. Form enthalten. `main` hat Zugriff auf die sog. Parameter `args` der Kommandozeile, macht aber in diesem Beispiel keinen Gebrauch davon.
Kommentare können in einer Zeile ab `//` eingefügt werden.

2. Schritt: Übersetzen des Programms

Das JDK von Sun enthält den Compiler `javac` sowie den Interpreter `java`. Beide Werkzeuge sind kommandozeilenorientiert. Man kann sie also aus einer Shell bei UNIX bzw. einem Kommandointerpreter bei Windows aufrufen.

```
javac Hello.java
```

Der Compiler liefert eine Datei namens `Hello.class`. Diese Datei enthält das Ergebnis der Übersetzung des Java-Compilers in einer Darstellung, die unabhängig vom benutzten

Computersystem ist. Die Datei `Hello.class` mit dem Java-Bytecode kann in unveränderter Form auf jedem anderen Computersystem mit Hilfe eines Interpreters zum Ablauf gebracht werden.

3. Schritt: Ablauf des Programms

```
java Hello
```

Zum Ablauf des Programms wird der Interpreter `java` benötigt. Das Programm wird die erwartete Ausgabe liefern:

```
Hello World
```

Ursachen für mögliche Probleme

- Das Verzeichnis für den Compiler `javac` und den Interpreter `java` muss im Zugriffspfad `PATH` enthalten sein. Sonst werden diese Programme nicht gefunden.
- Java unterscheidet strikt zwischen Groß- und Kleinschreibung bei Dateinamen, auch wenn ein Betriebssystem die Dateien `Hello.java` und `hello.java` gleich behandelt. Achten Sie auf die korrekte Schreibweise für die Namen der Klassen in Ihrem Texteditor.
- Der Name dieser ersten Klasse muss mit dem Dateinamen übereinstimmen. Er muss mit dem Attribut **`public`** versehen werden.
- `CLASSPATH`: die Liste mit den Pfaden, die das Java-System zur Suche nach vorhandenen Klassen benutzt. Dieser `CLASSPATH` muss sowohl den Pfad zu den Klassen des Java-Laufzeitsystems als auch den aktuellen Pfad enthalten. Der Name für den aktuellen Pfad ist „`.`" (Punkt).
- Wenn mehrere Versionen von Java installiert sind, kann es zu Konflikten zwischen diesen Java-Programmen kommen. In diesen Fällen können unplausible Fehlermeldungen auftreten. Abhilfe schafft man, indem man eine der am Konflikt beteiligten Versionen deinstalliert oder die Zugriffspfade bereinigt. Letzteres kann bei Windows Eingriffe in die Registratur des Systems erfordern und muss sorgfältig durchgeführt werden, denn Fehler in der Registratur können schwer wiegende Folgen haben.

Pfad und Klassenpfad

Mit `JAVA-Installation` wird das Verzeichnis bezeichnet, in dem das Java-Development-Kit JDK installiert ist. Zum Trennen von Bestandteilen von Namen von Dateien wird unter Windows das Zeichen „\", unter Unix das Zeichen „/" benutzt. Zum Trennen von Pfaden in Listen dient unter Windows das Zeichen „;", unter UNIX das Zeichen „:"

Windows

```
SET PATH=%PATH%;JAVA-Installation\bin
SET CLASSPATH=.;JAVA-Installation\lib\rt.jar
```

Unter Windows NT/2000/XP empfiehlt es sich, die Einstellungen über die Eigenschaften für den jeweiligen Benutzer bzw. gleich für das System vorzunehmen. Dies kann man unter „Arbeitsplatz-Eigenschaften" und dann weiter unter „Umgebungsvariablen" erreichen. Unter Windows 95/98/ME kann man o.a. Einträge zur Datei `AUTOEXEC.BAT` hinzufügen.

UNIX/Linux

```
setenv PATH JAVA-Installation/bin:${PATH}
setenv CLASSPATH JAVA-Installation/lib/rt.jar: "."
```

Hier empfiehlt es sich, diese Einstellungen in das persönliche Profil aufzunehmen.

1.3.2 Ein erstes Applet

In Java ist der Schritt zu einer Anwendung für eine grafische Oberfläche kein Sprung mehr wie in anderen Systemen. Solche Anwendungen kann man in der Form eines sog. Applets schreiben. Das folgende Applet in Java soll in der Mitte des Bildschirms einen Text ausgeben.

1. Schritt: das Quellprogramm

```
import java.applet.Applet;
import java.awt.Graphics;

// Ein erstes Applet in Java
public class DemoFuerApplet extends Applet {
  public void paint(Graphics g) {
    g.drawString("Hello World",
       getWidth() / 2, getHeight() / 2);
  }
}
```

Das Programm benutzt Teile der von SUN entwickelten Bibliothek für Java. Die benutzten Teile müssen dem Compiler per `import`-Anweisung mitgeteilt werden. Das Programm ist ein Applet. Diese „Ist-ein-Beziehung“ wird durch die Schreibweise

```
class DemoFuerApplet extends Applet
```

zum Ausdruck gebracht. Applets können sich selbst in einer grafischen Umgebung darstellen. Hierzu muss jedes Applet eine spezielle Methode angeben, nämlich die Methode `paint (Graphics g)`. Diese Methode wird von der Umgebung des Programms dann aufgerufen, wenn ein Neuzeichnen der zugewiesenen Fläche erforderlich ist, also insbesondere bei Beginn eines Programmlaufes oder bei einer Änderung der Größe der Zeichenfläche. Vgl. hierzu auch Abschnitt 7.5.2. Der Parameter `Graphics g` liefert den Bezug zum grafischen Kontext der Umgebung und wird hier zum Ausgeben des Textes `"Hello World"` benutzt. Die Grafik bezieht sich auf den Bildschirm, genauer gesagt auf die dem Applet zugeteilte Teilfläche des Bildschirms. Diese Teilfläche hat eine Breite und eine Höhe. Das Applet kann die Ausdehnung „seiner“ Zeichenfläche über die `getWidth()`- bzw. `getHeight()`-Methode ermitteln. In obigem Beispiel wurde der Text in der Mitte der Zeichenfläche platziert:

```
getWidth()/2, getHeight()/2
```

Alle Angaben erfolgen hier in Pixeln. Die x-Koordinate läuft von links nach rechts, die y-Koordinate von oben nach unten, wie es bei pixelorientierten Darstellungen üblich ist. Wenn das Applet eine Zeichenfläche der Breite 200 Pixel und der Höhe 100 Pixel erhält, liegt die linke untere Ecke eines den Text umfassenden Rechtecks genau bei den Koordinaten $x = 100$ und $y = 50$.

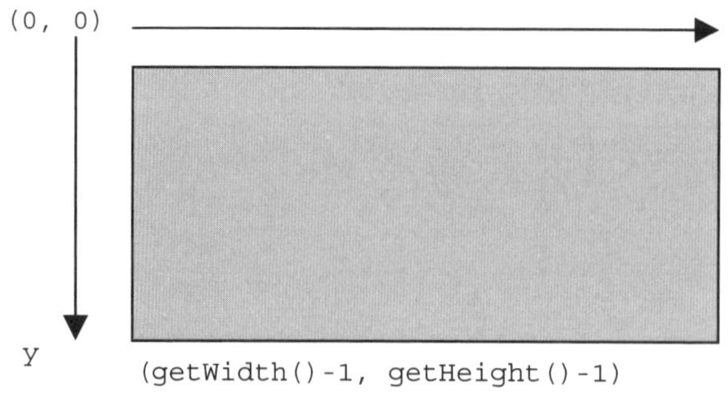

`g.drawString(Zeichenkette, x, y);` sorgt für die Ausgabe des Textes an der durch x und y definierten Stelle des Bildschirms. Die y-Koordinate definiert dabei die Basislinie für den Text.

Hinweis: Die Aufrufe `getWidth()` und `getHeight()` gehören zu Java ab JDK 1.2. Wenn ältere JDKs bis einschließlich 1997 verwendet werden, so müssen diese Aufrufe durch `getSize().width` bzw. `getSize().height` ersetzt werden.

2. Schritt: Übersetzen des Programms

```
javac DemoFuerApplet.java
```

Der Compiler legt das Ergebnis der Übersetzung in der Datei `DemoFuerApplet.class` ab. Applets sind als eingebettete Applikationen in der o.a. Form nicht alleine lauffähig.

3. Schritt: Einbetten in ein HTML-Dokument

```
<title>Demo fuer Applet</title>
<hr>
<applet code="DemoFuerApplet.class" width=200 height=100>
</applet>
<hr>
```

Der Name der Klasse muss in dem HTML-Dokument angegeben sein. Das HTML-Dokument soll in diesem Beispiel etwa `example.html` heißen. Applets werden mit dem sog. `applet`-Tag eingebettet. Vgl. Kapitel 9. Für die zum Betrachten benutzten Browser können noch Angaben über Breite und Höhe der Teilfläche gemacht werden.

4. Schritt: Ablauf des Programms

Das HTML-Dokument kann mit einem Browser betrachtet werden, der Java unterstützen muss. In diesem Fall muss der Browser die Datei `example.html` laden. Zu Testzwecken kann auch das Programm Appletviewer aus dem JDK benutzt werden:

```
appletviewer example.html
```

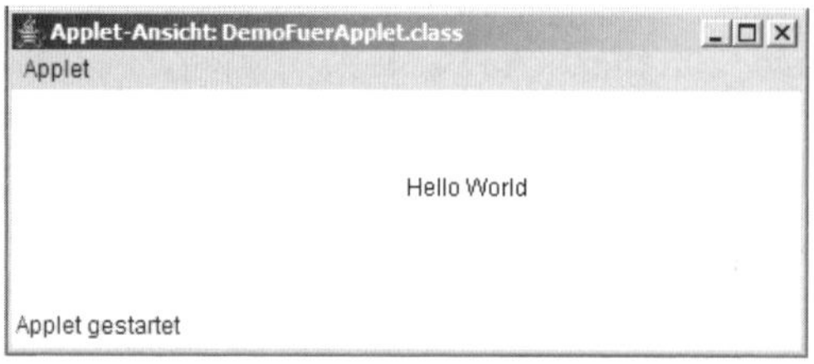

In jedem Fall läuft das o.a. Programm in einer grafischen Umgebung ab.

1.3.3 Ein erstes Programm mit Eclipse erstellen

Eclipse ist ein Konzept zur Integration von sog. Plugin-Modulen. Im Rahmen dieses Konzepts entstand die auf der CD beiliegende Version 3.1 der Entwicklungsumgebung für Java. Sie können Eclipse durch Entpacken in ein bestimmtes Verzeichnis installieren, z. B. nach C:\ in das Verzeichnis C:\eclipse. Starten Sie dann eclipse.exe aus diesem Verzeichnis.
Nach dem Start fragt Eclipse nach dem Ordner für den Arbeitsbereich. Er kann im Bereich der eigenen Daten des Benutzers oder in einem Unterverzeichnis der Eclipse-Installation angelegt werden. Letztere Möglichkeit hat den Nachteil, dass es Konflikte bei mehreren Benutzern geben kann. Sie ist eventuell dann vorzuziehen, wenn es nur einen Benutzer des Computers gibt. Wenn man in Zukunft Fragen nach der Lage des Arbeitsbereichs vermeiden will, kann man das Häkchen bei der *Use …* -Option anklicken.

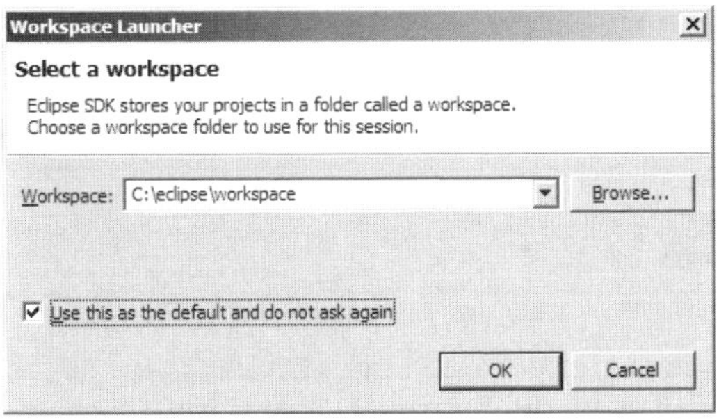

Danach meldet sich Eclipse mit einem leeren Bildschirm. Eclipse organisiert die Arbeiten des Benutzers in Projekten, sodass man zunächst unter dem Menüpunkt *File/new/Project* eine neues Projekt erzeugen muss.

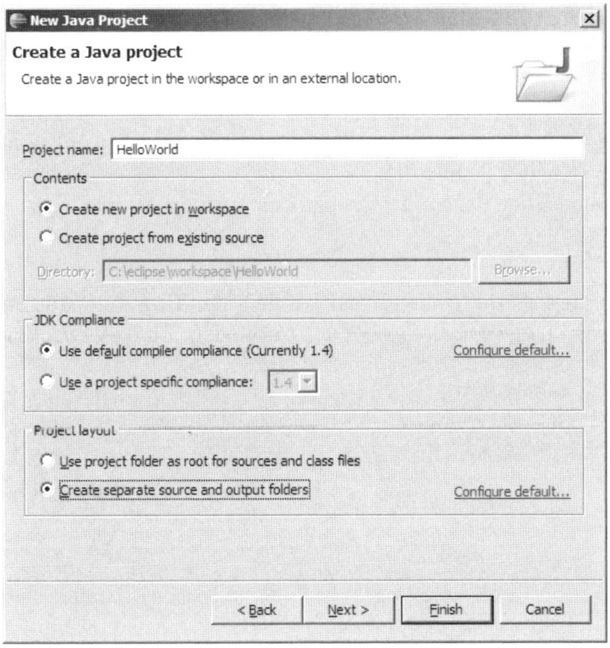

Wenn Sie einen eigenen Ordner (namens `bin`) für die vom Compiler erzeugten **`class`**-Files wünschen, wählen Sie unter *Project Layout* die Option *Create separate ....*
Danach kann man den Schalter *Finish* drücken. Unter dem Menüpunkt */Window/Show View/Navigator* aktivieren Sie die für die Erstellung von Java-Anwendungen günstige folgende Ansicht.

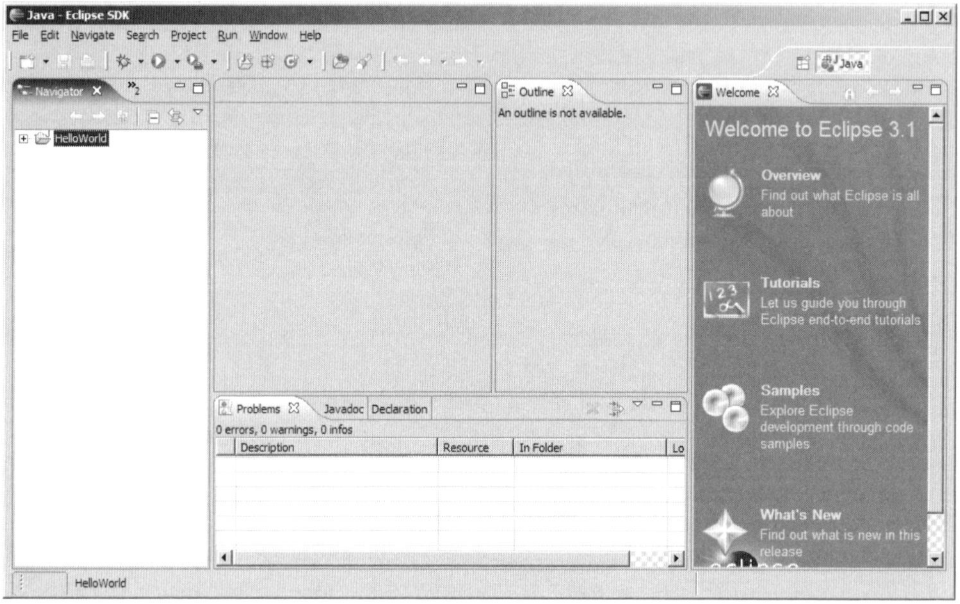

Da das Projekt leer ist, fügen wir durch einen Rechtsklick auf das Projekt *„HelloWorld"* eine neue Klasse hinzu.

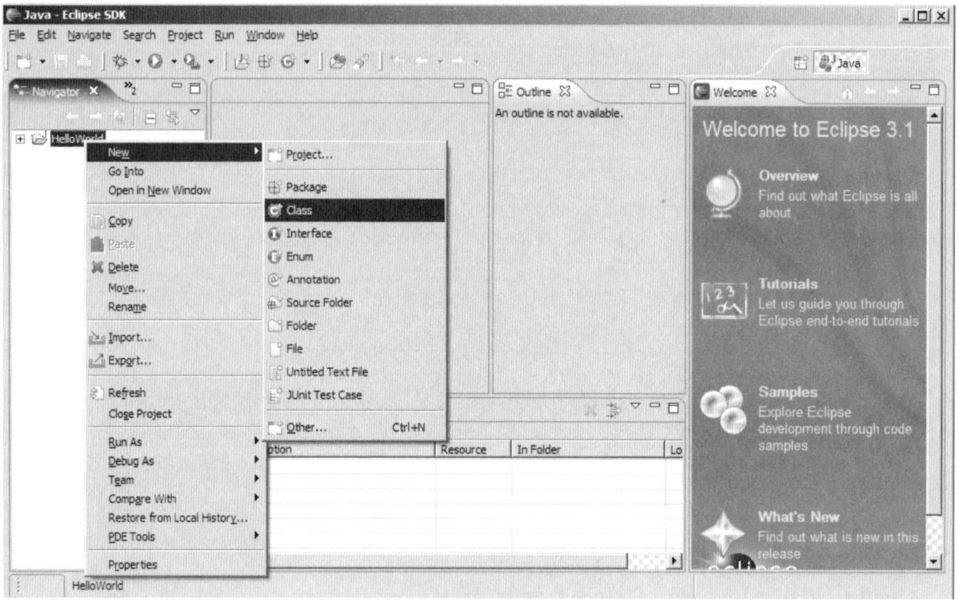

New/Class liefert den folgenden Dialog:

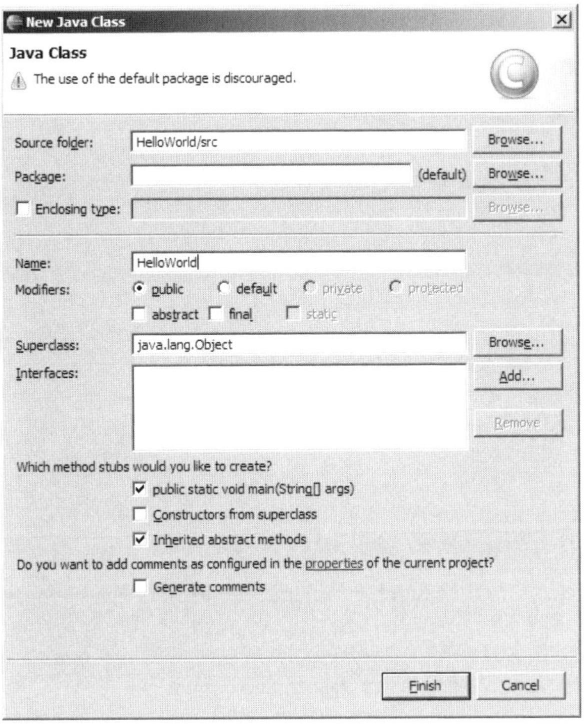

Die Warnung *The use of the default package is discouraged* ist bei größeren Projekten mit mehreren Packages ernst zu nehmen, spielt aber bei Programmen in einer Datei keine Rolle. Nach Drücken von *Finish* erhält man den Rahmen für das erste Programm:

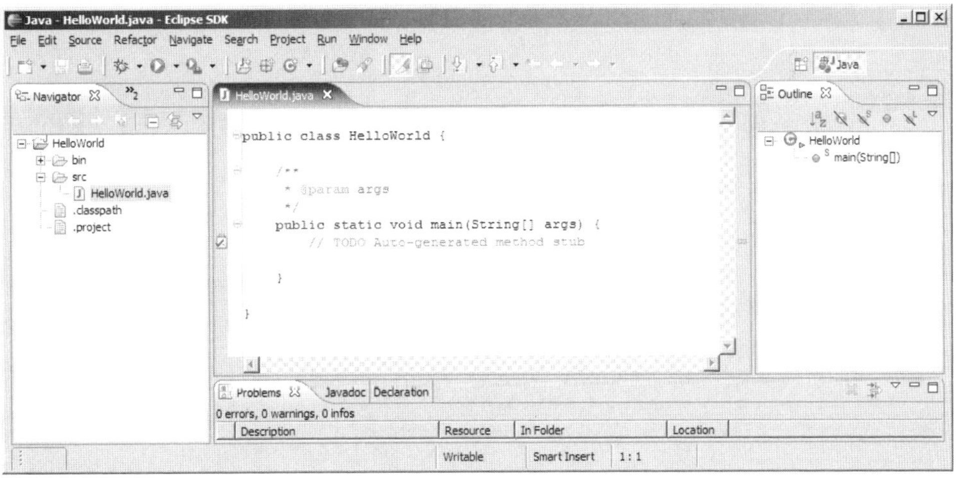

Jetzt können Sie die unter 1.3.1 angegebene `println`-Anweisung in der Methode `main` zwischen den Klammern { ... } eingeben. Eclipse übersetzt das Programm ohne besondere Aufforderung durch den Anwender. Nach einer Sicherung des Programms im Arbeitsbereich mit der Tastenkombination *Strg+S* können Sie das Programm nach *Rechtsklick auf*

den Namen des Programms/Run As/Java Application laufen lassen und erhalten folgende Anzeige am Bildschirm.

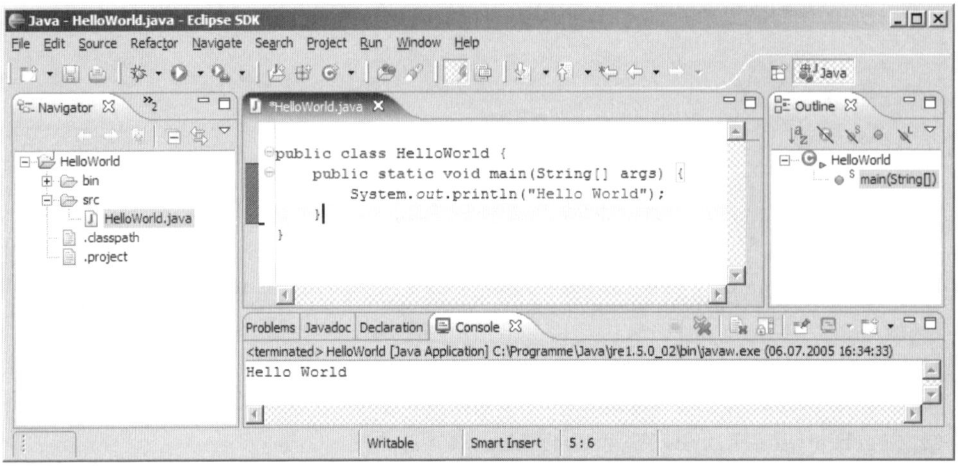

1.3.4 Ein erstes Applet mit Eclipse erstellen

Ein Applet lässt sich auch als neue Klasse in dem bereits vorhandenen Projekt erzeugen. In diesem Fall geben wir als *Superclass* die Klasse `java.applet.Applet` an. Wenn wir im erzeugten Programm den folgenden Dialog unter dem Menüpunkt `/Source/Override or Implement Methods` öffnen, können wir eine der Superklassen auswählen.

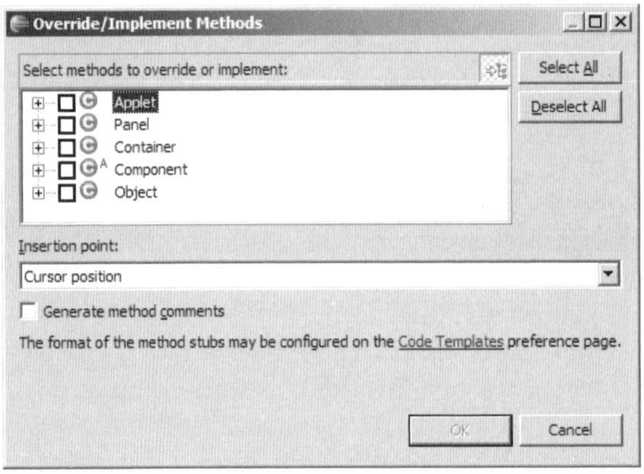

Wir wählen „*Container*" aus, und in `Container` die Methode `paint`.

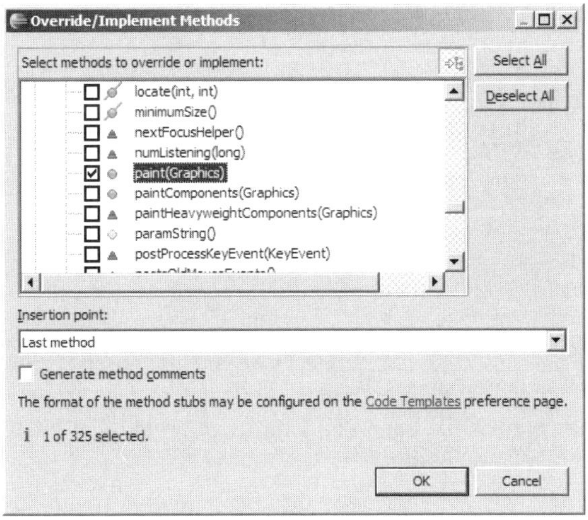

Danach geben wir den unter 1.3.2 angegebenen Code für das Applet ein. Mit einem *Rechtsklick auf HelloWorldApplet* und dann weiter unter *Run As/Java Applet* bringen wir das Applet zum Ablauf und erhalten folgende Anzeige im *Appletviewer*:

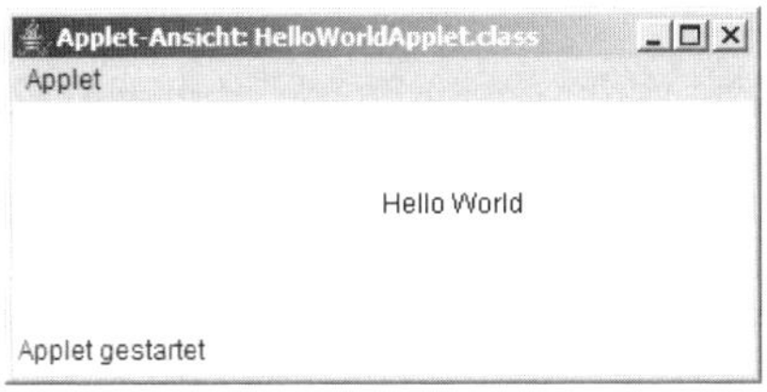

Zusammenfassung

- Wir geben Java-Programme als Text ein.
- Die Java-Compiler erzeugen einen Bytecode, der unabhängig vom Rechner ist.
- Java-Programme können als selbstständige Anwendungen laufen, wie man es von anderen Programmiersprachen her gewohnt ist.
- Java-Programme in Form sog. *Applets* können als Anwendungen von geeigneten Browsern im Rahmen des `http`-Protokolls vom Server auf Client-Rechner versandt und dort zum Ablauf gebracht werden. Im Rahmen des `file`-Protokolls ist dies natürlich auch auf einem lokalen Rechner möglich.
- Es gibt umfangreiche Klassenbibliotheken mit Programmteilen für Java.
- Java ist eine objektorientierte Sprache.
- Java unterscheidet zwischen Groß- und Kleinschreibung.
- Java-Programme beginnen mit einer optionalen Folge von **`import`**-Anweisungen, die die Bezüge zu anderen Java-Programmen herstellen.[1] Diese **`import`**-Anweisungen sind immer am Anfang des Programms zusammenzustellen. Das Programm wird in Klassen angegeben. Diese Klassen können Methoden enthalten, die den ablauffähigen Teil des Quellprogramms darstellen.

[1] Außer bei der **`package`**-Anweisung, vgl. Abschnitt 3.9.

- Kommentare können in der nachstehend angegebenen Form geschrieben werden. Sie werden vom Compiler überlesen.

```
// der Rest der Zeile ist Kommentar
/* Der eingeschlossene Text ist Kommentar */
/** Dieser Kommentar wird vom Generator fuer die
    Dokumentation ausgewertet.
    Vgl. javadoc in Abschnitt 15.4
    Vgl. iotools in Abschnitt 5.3
*/
```

Aufgaben

1. Installieren Sie Java™ 5 SDK (hier kurz als JDK bezeichnet) von Sun auf Ihrem Computer. Das JDK ist auf der beiliegenden CD enthalten und unter der Adresse `http://java.sun.com` erreichbar. Stellen Sie dann den Zugriffspfad und den Klassenpfad ein. Installieren Sie auch die Dokumentation.
2. Bringen Sie das Programm von Seite 4 bis zur Ausgabe von „Hello World" zum Ablauf. D.h.: Erstellen des Quellprogramms, Übersetzen und Ablauf.
3. Bringen Sie das Applet aus diesem Kapitel zum Ablauf. D.h.: Erstellen des Quellprogramms, Erstellen der HTML-Seite, Übersetzen des Quellprogramms und Programmlauf.
4. Installieren Sie Eclipse auf Ihrem Rechner und arbeiten Sie die Abschnitte 1.3.3 und 1.3.4 durch.
5. Studieren Sie in der Dokumentation zum JDK den Eintrag für die Klasse `java.awt.Graphics`. Finden Sie dort die Beschreibung der Methode `drawRect (...)`. Studieren Sie diese Methode und versuchen Sie, sie so zu programmieren, dass ein Rechteck mit der linken, oberen Ecke bei den Koordinaten (10, 10) und der Breite 200 sowie der Höhe 100 Pixel ausgegeben wird.

2 Elemente der Programmierung

Dieser Abschnitt dient dem Einstieg in die Programmierung in Java und beginnt mit der Einführung der elementaren Datentypen von Java: ganze Zahlen, Gleitkommazahlen, Zeichen und Boolesche Variable. Die Variablen kann man sich als Speicherzellen im RAM-Speicher des Computers vorstellen. Sie unterscheiden sich durch die Länge des belegten Bereichs, der in Bytes angegeben wird. Der Datentyp ist ein wesentliches Kriterium, denn er bestimmt die möglichen Operationen auf diesen Daten. Die Verbindung von Daten zu Ausdrücken erfolgt mit Operatoren ähnlich wie in C. Die passiven Daten werden mit den aktiven Methoden bearbeitet, wobei Anweisungen den Ablauf steuern: Verzweigungen mit `if` und `switch`, Schleifen mit `while`, `do` und `for`. Für Programmausnahmen dienen die Anweisunen `try`, `catch` und `throw`. Methoden lassen sich parametrisieren.
Die Verbindung von Daten zu Ausdrücken erfolgt mit Operatoren ähnlich wie in C. In Kapitel 3 finden Sie die Terminologie der objektorientierten Programmierung. Der Leser kann auch mit Kapitel 3 beginnen und dann hier fortfahren.

2.1 Daten erklären: Elementare Datentypen

Die elementaren Datentypen sind unabhängig von einem konkreten Computer spezifiziert. Sie sind so gewählt, dass sie sich auf jeder Plattform effizient implementieren lassen. Die elementaren Datentypen liefern die Bausteine für die „höher integrierten“ Klassen, die man als Objekte erster Klasse bezeichnet. Objekte erster Klasse finden Sie im Rahmen der Objektorientierung in Kapitel 3. Diese verfügen über „eingebaute“ Methoden zu ihrer artgerechten Bearbeitung.

2.1.1 Übersicht der elementaren Datentypen

- Ganzzahlige Datentypen: vorzeichenbehaftete, ganze Zahlen

`byte`	8-Bit-Zahlen von –128 bis +127
`short`	16-Bit-Zahlen von –32768 bis +32767
`int`	32-Bit-Zahlen von –2147483648 bis +2147483647
`long`	64-Bit-Zahlen von –9223372036854775808 bis +9223372036854775807 Beispiel 1l, 12345l (Zusatz l = L in Kleinschreibung ist zu beachten)

- Gleitkommazahlen: Nach IEEE-754-Standard

`float`	Zahlen mit 32 Bit Genauigkeit. Beispiel: `1.0f` (Zusatz `f` ist zu beachten)
`double`	Zahlen mit 64 Bit Genauigkeit. Beispiel: `1.0` oder `1.0d`

- Zeichentyp

`char`	16-Bit-Unicode-Zeichen. Beispiel: `'A'`, `'a'`

- Boolescher Typ

`boolean`	Wahrheitswert. Entweder `true` oder `false`

Gleitkommazahlen müssen mit einem Punkt vor den Nachkommastellen geschrieben werden. Konstanten sind automatisch vom Typ `double`, wenn nichts anderes angegeben wurde. Der Typ `float` muss explizit bei Konstanten angegeben werden.

Die Namen der Datentypen sind reservierte Namen in Java. Java kennt nur ganze Zahlen mit Vorzeichen. Da die vorzeichenlosen Zahlen fehlen, gehören auch einige Probleme in anderen Sprachen – beim Konvertieren von vorzeichenlosen zu vorzeichenbehafteten Zahlen und umgekehrt – der Vergangenheit an.
Eine Programmiersprache für das Internet muss Programme ermöglichen, die mit höchster Wahrscheinlichkeit auf allen Plattformen gleiche Abläufe ergeben. Deswegen setzt man Gleitkommazahlen nach dem IEEE-754-Standard ein.
Im World Wide Web sind Zeichen im 16-Bit-Unicode darzustellen.
Der Datentyp **`boolean`** ist auf der konzeptionellen Ebene bei allen Programmiersprachen vorhanden. Der Bedarf entsteht z.B. bei den Vergleichen. Programmiersprachen wie C oder C++ verwenden für **`boolean`** eine Hardware-nahe Darstellung. Diese Vorgehensweise hat sich zwar als effizient und elegant in der Programmierung, aber auch als fehleranfällig erwiesen. In Java können Fehler dieser Kategorie nicht auftreten, da in einschlägigen Konstrukten der Typ **`boolean`** erzwungen wird (vgl. Abschnitt 2.5): Den Datentyp **`byte`** benötigt man für Hardware-nahe Probleme oder zur Ein-/Ausgabe von Dateien.
Daten kann man nicht auf der Ebene des Hauptprogramms, sondern nur in den Klassen bzw. in den Routinen erklären. **`static`**-Variable in Klassen kann man ähnlich wie die fehlenden globalen Variablen benutzen, sofern der Benutzer auf sie zugreifen kann (vgl. **`public`** in Abschnitt 3.9).
Eine Sprache für das World Wide Web muss für Zeichen den 16-Bit-Unicode verwenden.

Ergänzung: Zeichenketten

Zeichenketten können Sie in Java mit dem Typ `String` definieren. Dieser Typ ist nicht elementar, denn `String` ist ein Objekt erster Klasse. Da Zeichenketten beim Programmieren so wichtig sind, werden sie dennoch hier kurz skizziert. Die Beschreibung der Methoden zur Bearbeitung von Zeichenketten findet sich in `java.lang.String`.

```
String Text1 = "Hello ";
String Text2 = "World";
System.out.println (Text1 + Text2);
System.out.println (Text1 + 5555);
```

Bei Zeichenketten bedeutet + das Zusammenfügen der Texte der einzelnen Zeichenketten. Auch der Text für Zahlen lässt sich so an Zeichenketten anhängen.

2.1.2 Deklarationen und Scheibweisen

```
public class DemoFuerDeklarationen {
  public static void main (String[] args){
    int      _ähemß    = 8;
    byte     m_byte    = 0;
    short    m_short   = 2;
    int      m_int     = 3;
    long     m_long    = 4l; // Nicht 41, sondern 4l
    float    m_float   = 5.0f;
    double   m_double  = 6.0;
    boolean  m_boolean = true;
    char     m_char    = 'c';

    System.out.println ("Schreibweisen");
    // Schreibweisen
    m_float = 123;
    m_float = 123.0f;
```

```
17        m_float = 1.23E2f;
18        System.out.println (m_float);
19
20        m_double = 123;
21        System.out.println (m_double);
22        m_double = 123.0;
23        System.out.println (m_double);
24        m_double = 1.23E2;
25        System.out.println (m_double);
26
27        // Fehler!!!!
28        //m_int = 4l;
29        //m_float = 4.0;
30
31        m_double = m_double + m_double ; // Verdopple m_double
32        System.out.println (m_double);
33        m_double = m_double + 1000.0;
          // Addiere 1000.0 auf m_double
34        m_double += 1000.0;
35        System.out.println (m_double);
36    }
37 }
```

Erläuterung

In den Zeilen `03-11` erklären wir lokale Variablen mit den elementaren Datentypen. Die Variablen heißen lokal, da sie sich innerhalb einer Methode befinden. Variablen liegen zur Laufzeit des Programms im Hauptspeicher des Programms, dem sog. RAM (Random Access Memory). Die Namen der Variablen können Sie beliebig wählen, solange die Namen eindeutig sind. Das erste Zeichen muss ein Buchstabe bzw. das Zeichen `"_"` (Unterstreichungszeichen) sein. Der Rest kann aus Ziffern oder Buchstaben bestehen. Auch die Umlaute der deutschen Sprache wären hier möglich.

```
int _ähemß = 8;
```

Viele Programmierer verzichten dennoch auf Umlaute in Namen. Dies gilt insbesondere für die Namen von Klassen, da diese mit den Namen von Dateien korrelieren. Hier sind Konflikte mit einzelnen Betriebssystemen zu befürchten. Zeile `08` ist besonders zu beachten. Sie zeigt, dass Gleitpunktkonstanten in Java von Haus aus vom Typ **`double`** sind. Deswegen tritt hier noch der Zusatz `f` auf, um die eingeschränkte Genauigkeit mit 32 Bit anzuzeigen.
In den Zeilen `13-25` sieht man die Schreibweisen für Gleitpunktzahlen. Zeile `24` zeigt die Exponentenschreibweise. Zeile `23` liefert dieselbe Ausgabe wie Zeile `25`.
In Zeile `28` wird versucht, die 64-Bit-Konstante `4l` (Vorsicht: nicht `41`, sondern in Worten: vier, klein L) auf eine 32-Bit-**`int`**-Variable zuzuweisen.
In Zeile `29` wird eine 64-Bit-**`double`**-Konstante auf eine 32-Bit-**`float`**-Variable zugewiesen. Damit sind beide Zeilen fehlerhaft. Der Verlust von 32 Bit bzw. der Wechsel im Datenformat könnte zur Verfälschung von Zahlen führen. Der Java-Compiler unterbindet diesen versteckten Fehler.
Bei der Wertzuweisung `variable = ausdruck;` muss auf der linken Seite des Gleichheitszeichens eine Variable stehen. Auf der rechten Seite steht ein Ausdruck. Der Wert des Ausdrucks wird zuerst berechnet und dann der linken Seite zugewiesen, wie z.B. in den Zeilen `15-17` dargestellt. Zeile `31` zeigt, wie der Wert einer Variablen erst ausgelesen und zur Berechnung eines Zwischenergebnisses benutzt wird. Dieses Zwischenergebnis wird dann der Variablen wieder zugewiesen. Damit verdoppelt die Anweisung in Zeile `31` den Inhalt der Variablen `m_double`. Zeile `33` zeigt, wie man den Inhalt der Variablen

`m_double` um `1000.0` erhöht. Für solche besonders häufigen Operationen wie „auf eine Variable addieren“ erlaubt Java auch die in Zeile `34` eingeführte Kurzschreibweise.

2.1.3 Beispiel: Elementare Ausdrücke

```
public class DemoFuerElementareAusdruecke  {
  public static void main (String[] args){
    System.out.println ("Elementare Ausdruecke");
    //Elementare Ausdrücke mit + * -
    System.out.println (2+3*4);    // so oder
    System.out.println (2+(3*4)); // so
    System.out.println (2-3);

    System.out.println ("Rechnen mit sinus und cosinus");
    // Rechnen mit sinus und cosinus im Bogenmaß
    // Package java.lang.Math: Mathematik-Bibliothek
    // fuer Java
    // Zahl pi in Java : Math.PI
    System.out.println (Math.cos (Math.PI));
    System.out.println (Math.sin (Math.PI));

    int zahl  = 3 ;
    System.out.println ("Rechnen mit Daten");
    zahl = 100;
    zahl = zahl + 100; // oder in Kurzschreibweise
    System.out.println (zahl);
    zahl += 100;
    System.out.println (zahl);

    System.out.println (
         "Division 25/3 ganzer Zahlen mit Rest.");
    System.out.println (25/3);
    System.out.println (25%3);

    System.out.println (
         "Division -25/3 ganzer Zahlen mit Rest");
    System.out.println (-25/3);
    System.out.println (-25%3);
    System.out.println (
         "Division -25/-3 ganzer Zahlen mit Rest");
    System.out.println (-25/-3);
    System.out.println (-25%-3);
    System.out.println (
         "Division 25/-3 ganzer Zahlen mit Rest");
    System.out.println (25/-3);
    System.out.println (25%-3);

    boolean a = true, b = false, c = false;
    System.out.println (a && b);
    System.out.println (a || b);
    System.out.println (c || a && b);
    System.out.println (!a || b);

    char zeichen = 'c' ;
    System.out.println (zeichen);
```

```
46    }
47 }
```

Probelauf

```
01 Elementare Ausdruecke
02 14
03 14
04 -1
05 Rechnen mit sinus und cosinus
06 -1.0
07 1.2246063538223773E-16
08 Rechnen mit Daten
09 200
10 300
11 Division 25/3 ganzer Zahlen mit Rest
12 8
13 1
14 Division -25/3 ganzer Zahlen mit Rest
15 -8
16 -1
17 Division -25/-3 ganzer Zahlen mit Rest
18 8
19 -1
20 Division 25/-3 ganzer Zahlen mit Rest
21 -8
22 1
23 false
24 true
25 false
26 false
27 c
```

Erläuterung

Java kennt die Grundrechenarten `+ - * /`. Die üblichen Rechenregeln für den Vorrang („Punkt vor Strich") werden vom Java-Compiler bei der Übersetzung und der Ausführung des Programms eingehalten. Siehe hierzu die Programmzeilen `05` und `06` mit der Ausgabe in Zeile `02` und `03`.

Java enthält im Package `java.lang.Math` die Konstanten `Math.PI` und `Math.E` sowie elementare Funktionen der Mathematik. Als Beispiel sind in Zeile `13` und `14` die trigonometrischen Funktionen sinus (in Java `Math.sin (x)`) und cosinus (in Java `Math.cos(x)`) aufgeführt. Die Ergebnisse befinden sich in Zeile `06` und `07` des Probelaufes.

Die Division ganzer Zahlen „Dividend geteilt durch Divisor" wird auf jeder Hardwarenahen Programmiersprache als Division mit Rest implementiert. Es gilt:

```
Dividend geteilt durch Divisor = Ergebnis mit Rest
  oder Dividend = Ergebnis * Divisor + Rest
25 geteilt durch 3 = 8 Rest 1.
```

Das Ergebnis einer Division erhält man wie in Zeile `25` durch `Dividend / Divisor`, den Rest wie in Zeile `26` mit `Dividend % Divisor`. Die Zeilen `28-36` zeigen, wie das Vorzeichen des Ergebnisses sowie des Rests bestimmt wird. Der Rest hat stets das Vorzeichen des Dividenden. Die Ergebnisse finden sich in den Zeilen `11-20` des Probelaufs.

Die Zeilen 38-42 im Programm zeigen das Rechnen mit Booleschen Werten. Die Ergebnisse findet man in den Zeilen 23-26 des Probelaufs.

Ergebnisse der Verknüpfung

Die folgenden Wahrheitstafeln zeigen das Ergebnis der logischen Verknüpfungen für alle Werte beider Operanden: entweder **true** oder **false**.

logisches Und &&	false	true
false	false	false
true	false	true

logisches Oder ||	false	true
false	false	true
true	true	true

logisches Nicht !	false	true
Ergebnis	true	false

Beispiel

Ein Programm soll zwei Zahlen einlesen und die Summe bzw. das Produkt ausgeben. Das Beispiel soll die Technik der Ein- bzw. Ausgabe in Java vorstellen. Es kann als Ausgangsbasis für eigene Programme dienen.

```
import java.util.Scanner;

public class GrundRechenarten {
  public static void main(String[] args) {
    System.out.printf(
      "Bitte zwei Zahlen in der folgenden Form eingeben: a b\n");
    Scanner sc = new Scanner (System.in);
    double a = sc.nextDouble();
    double b = sc.nextDouble();
    System.out.printf("a + b = %f\n", a+b);
  }
}
```

In der ersten Zeile wird das Hilfsmittel `Scanner` zum Einlesen („Scannen“ der Eingabe) importiert. Das Programm gibt dann mit der Anweisung `printf` einen Text aus, der zur Eingabe von zwei Zahlen auffordert. Die Zahlen müssen beim Programmlauf an der Tastatur z. B. im Format `1,2 3,4` eingegeben werden, nicht wie beim Programmieren im Texteditor `1.2 3.4`. Die Anweisung `sc.nextDouble()` liest die nächste Zahl von `System.in` ein. Unter `System.in` ist hier die Systemeingabe, d.h. die Tastatur, zu verstehen. Vgl. Kapitel 5: Ein-/Ausgabe. Zunächst wird die erste Zahl nach `a` eingelesen, dann die zweite Zahl nach `b`. Die letzte Anweisung ermittelt die Summe `a+b` und gibt das Ergebnis mit `printf` aus. Die grau gekennzeichnete Format-Beschreibung `%f` sorgt dafür, dass das Ergebnis `a+b` als Gleitpunktzahl ausgegeben wird. Die „Format-Anweisungen“ `%f` müssen exakt zu den nach dem Format-String `"a + b = %f\n"` angegebenen Zahlen passen. Dies gilt hinsichtlich Anzahl und Typ. Ganze Zahlen sind mit der Anweisung `sc.nextInt()` einzulesen und mit der „Format-Anweisung“ `%d` auszugeben.

Probelauf

```
>java GrundRechenarten
Bitte zwei Zahlen in der folgenden Form eingeben: a b
3,5 7,8
a + b = 11,300000
```

2.1.4 Beispiel: Bereichsüberschreitungen

```
01 public class DemoFuerBereichsüberschreitungen {
02   public static void main (String[] args){
03     byte    m_byte     = 0 ;
04     System.out.println (
       "Vorsicht: Bereiche nicht leichtfertig ueberschreiten");
05     m_byte = 100;
06     m_byte += m_byte;
07     System.out.println (m_byte);
08     m_byte = (byte)200;
09     System.out.println (m_byte);
10   }
11 }
```

Probelauf

```
Vorsicht: Bereiche nicht leichtfertig ueberschreiten
-56
-56
```

Erklärung

In den Zeilen `05-06` wird eine Bereichsüberschreitung veranschaulicht. Eine Variable vom Typ **`byte`** kann nur ein Byte aufnehmen. Die möglichen Werte für ganze Zahlen mit Vorzeichen bewegen sich dabei von –128 bis +127. Wenn ein Byte den Wert 100 hat und man den Wert 100 dazu addiert, wird der definierte Wertebereich verlassen. Das Ergebnis einer Operation, bei welcher der zulässige Bereich überschritten wird, kann unerwartet sein. Das Programm liefert die Zahl –56. Dieser Wert kommt wie folgt zustande:
Vorzeichenbehaftete ganze Zahlen werden im Computer in der sog. Zweierkomplementdarstellung abgespeichert. Die folgende Grafik soll diese Darstellung anhand des Zahlenrings für vorzeichenbehaftete Zahlen mit 3 Bit veranschaulichen. Die Darstellung im sog. Zweier-Komplement ist so gewählt, dass gilt:

$$+1 + (-1) = 0$$

Deswegen ist das Zweierkomplement zu 001_2 die Zahl 111_2, das Zweierkomplement zu 011_2 die Zahl 010_2 usw. Die Darstellung der Skizze bezieht sich auf eine Arithmetik für Ganzzahlen mit 3 Bit. Die Aussagen lassen sich analog für die Darstellung ganzer Zahlen mit Vorzeichen im Computer mit 8 Bit, 16 Bit usw. übertragen.

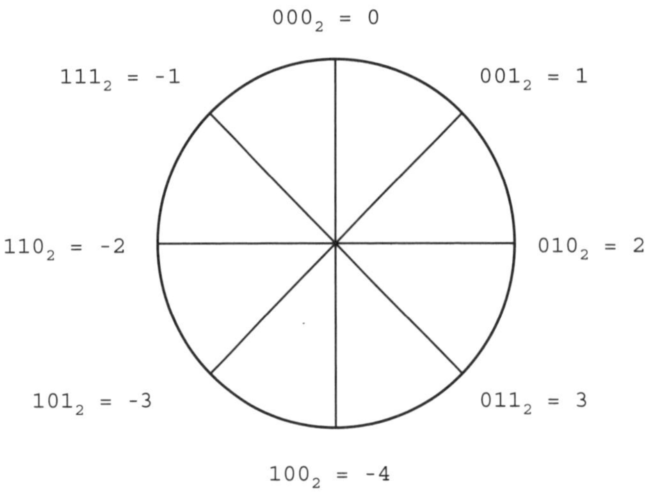

Bei 3-Bit-Zahlen im Zweierkomplement folgt also auf 3 die Zahl –4, dann –3 usw. Entsprechend hat man sich die Werte für 8-Bit-Zahlen im Zweierkomplement vorzustellen. Der Bereich **`byte`** enthält positive Zahlen bis 127 = `0x7F`. Danach folgt die Zahl –128 = `0x80`, danach –127 = `0x81` usw. Die Addition 100+28 würde also –128 liefern, 100+29 liefert –127, 100+30 liefert –126 und 100+100 liefert eben –56. Sobald bei einer Addition ganzer positiver Zahlen mit Vorzeichen und 8 Bit Länge der gültige Bereich von 0 bis 127 verlassen wird, muss man vom mathematischen Ergebnis den Wert 256 subtrahieren, um dasselbe Ergebnis wie der Computer zu erhalten.
Dieser Effekt stellt sich auch ein, wenn in 32-Bit-Ganzzahlen gerechnet wird. Dort tritt der Effekt dann bei der Umwandlung der 32-Bit-Zahl in eine 8-Bit-Zahl auf. Der Compiler würde Zeile `08` ohne den Zusatz `(byte)` auf der rechten Seite nicht übersetzen, da die Wertzuweisung für den Wert der rechten Seite den Wertebereich der linken Seite verlässt. Dieses Verlassen des Wertebereichs ist offensichtlich eine gefährliche Operation.

2.1.5 Typumwandlungen

```
byte    m_byte     =   0 ;
short   m_short    =   1 ;
// Der folgende Type-Cast heißt im Klartext:
// Auf Risko des Programmierers hin: Umwandlung
m_byte      = (byte)m_short;
//.Die folgende Zeile ist problemlos:
int     m_int      = m_short;
```

Im vorigen Abschnitt wurde die Gefahr des Datenverlusts bei der Wertzuweisung von Daten mit 32-Bit-Darstellung auf Daten mit 8-Bit-Darstellung beschrieben. Diese Gefahr tritt allgemein dann auf, wenn Daten „verkürzt" bzw. der Typ gewechselt wird. Die folgende Tabelle stellt alle Fälle bei Wertzuweisungen elementarer Daten zusammen. In den Spalten wurde die linke Seite der Wertzuweisung aufgetragen, in den Zeilen die rechte Seite.

Bezeichnungen für die Tabelle

ok	Wertzuweisung „Spalte" = „Zeile" problemlos möglich
Cast	Type-Cast erforderlich. ***Aber das Risiko bleibt bestehen.***
x	auch mit Cast unmöglich in Java

Typ der linken Seite	Typ der rechten Seite der Wertzuweisung `linke Seite = (Cast oder nicht?) rechte Seite;`							
	byte	**short**	**int**	**long**	**float**	**double**	**boolean**	**char**
byte	ok	Cast	Cast	Cast	Cast	Cast	x	Cast
short	ok	ok	Cast	Cast	Cast	Cast	x	Cast
int	ok	ok	ok	Cast	Cast	Cast	x	ok
long	ok	ok	ok	ok	Cast	Cast	x	ok
float	ok	ok	ok	ok	ok	Cast	x	ok
double	ok	ok	ok	ok	ok	ok	x	ok
boolean	x	x	x	x	x	x	ok	x
char	Cast	Cast	Cast	Cast	Cast	Cast	x	ok

2.1.6 Deklarationen mit dem `static`-Modifizierer

Der Typ eines Objekts steht für innere Eigenschaften. So lassen sich Boolesche Variablen nicht sinnvoll dividieren. Daneben können einzelne Objekte noch andere Eigenschaften erhalten. Der Modifizierer **`static`** legt fest, dass ein Objekt für eine bestimmte Klasse nur einmal vorhanden ist. Es entsteht vor allen Exemplaren einer Klasse und überlebt alle Exemplare der Klasse. Der Vergleich mit globalen Variablen ist mit Ausnahme der Sichtbarkeit berechtigt. Die Sichtbarkeit wird mit dem Modifizierer **`public`** gesteuert. Elemente, die als **`static public`** gekennzeichnet sind, können außerhalb einer definierenden Klasse in der Form

```
Klassenname.Komponentenname
```

angesprochen werden. So kann man die Farbe Rot mit der Bezeichnung

```
java.awt.Color.RED
```

ansprechen. Wenn man mit **`import static`** `java.awt.Color.*`; die **`static`**-Anteile von `java.awt.Color` importiert, genügt die Angabe von `RED`.
Auch die Konstanten `java.Math.E` bzw. `java.Math.PI` sind als **`static`** erklärt.

```
public class Ausgabe {
  static int j = 99;
  public static void main (String[] args) {
    int i = 7;
    double x = 3.14;
    System.out.printf ("i = %d j = %d x = %f\n", i, j, x);
  }
}
```

Erläuterung

Da **`static`**-Methoden nur mit **`static`**-Daten auf Klassenebene arbeiten können, musste `j` als **`static`** erklärt werden. Der `printf`-Befehl enthält im Format-String drei Format-Anweisungen: ganze Zahl, ganze Zahl, Gleitpunktzahl. Also sind drei Zahlen in den entsprechenden Formaten anzugeben: `i` (ganze Zahl), `j` (ganze Zahl) und `x` (Gleitpunktzahl).

> **Hinweis:** Daten werden in Java in jedem Fall initialisiert, Zahlen mit `0` vorbelegt, Boolesche Variable mit **`false`** und Zeichen mit dem Null-Zeichen. Dennoch sollte sich kein Programmierer darauf verlassen. Java-Compiler versuchen, Zugriffe auf nicht-initialisierte Variable zu erkennen und als Fehler zu markieren.

2.1.7 Namen und ihre Gültigkeit

Alle in einem Programm deklarierten Dinge spricht man über ihre Namen an. Da jede Deklaration innerhalb von Klammern der Art { } erfolgt, sind die hierdurch bedingten Regeln für die Gültigkeit von Namen zu beachten.

```
01 {
02   ..
03 int y;
04    {
05    int x;
06       {
07       int z;
08
09       }
10    }
11 }
```

Der Gültigkeitsbereich der in Zeile `03` definierten Variablen `y` beginnt nach der Deklaration und endet in Zeile `11`. Der Gültigkeitsbereich der in Zeile `05` definierten Variablen `x` beginnt dort und endet in Zeile `10`. Die in Zeile `07` definierte Variable `z` gilt bis Zeile `09`.
Die Variable `z` darf nicht in `x` umbenannt werden, da für die lokalen Variablen gilt, dass deren Namen nicht die Namen der weiter außen definierten Objekte verdecken dürfen. Der Name einer Variablen in einem { }-Block darf aber den Namen einer Variablen tragen, die auf der Ebene der Klasse erklärt wurde.
Für die Sichtbarkeit von Namen, die auf der Ebene der Klasse erklärt wurden, vgl. 3.9.

Reservierte Namen

Die Namen der Schlüsselworte der Sprache Java sind reserviert. Sie können nicht für Bezeichner im Programm benutzt werden.

abstract	**continue**	**for**	**new**	**switch**
assert	**default**	**if**	**package**	**synchronized**
boolean	**do**	**goto**	**private**	**this**
break	**double**	**implements**	**protected**	**throw**
byte	**else**	**import**	**public**	**throws**
case	**enum**	**instanceof**	**return**	**transient**
catch	**extends**	**int**	**short**	**try**
char	**final**	**interface**	**static**	**void**
class	**finally**	**long**	**strictfp**	**volatile**
const	**float**	**native**	**super**	**while**

true und **false** sind keine Schlüsselworte, sondern Literale für den Wert **boolean**. **null** ist auch kein Schlüsselwort, sondern ein Literal für die Null-Referenz. Diese Worte sind im Buch fett gedruckt, um sie hervorzuheben.

Zusammenfassung

In Java können Sie mit elementaren Datentypen wie Zahlen, Zeichen und Booleschen Variablen arbeiten. Die Methoden eines Java-Programms können Daten erklären. Auch auf der Ebene einer Klasse lassen sich Daten erklären. Letztere können dann in Methoden einer Klasse benutzt werden. Außerhalb der Klasse, auf der Ebene des Hauptprogramms, darf man keine Daten erklären. An die Stelle der fehlenden globalen Daten treten die **static**-Variablen von Klassen.

Daten sind in Java mit Werten vorbelegt. Dies ist als „Sicherheitsnetz“ gedacht. Der Programmierer sollte Daten vorbelegen, denn manche Compiler übersetzen Programme nicht, bei denen Lesezugriffe auf Variable erfolgen, bevor Schreibzugriffe stattgefunden haben (Zugriffe auf nicht-initialisierte Variable).

2.2 Kontrollfluss

Ein Programm besteht aus einer Folge von Anweisungen, die der Reihe nach ausgeführt werden. Die sog. Kontrollflussanweisungen steuern diese Reihenfolge. Dabei unterscheidet man Anweisungen zur Verzweigung im Programmlauf für Fallunterscheidungen, Anweisungen zur wiederholten Ausführung anderer Anweisungen sowie Ausnahmen im „normalen“ Programmlauf, etwa auf Grund von externen Fehlern.
Die Sprache Java bietet Anweisungen für

Einfach- und Mehrfachverzweigungen	`if, switch`
Schleifen mit Abprüfung am Anfang und Ende	`while, for, do`
Behandlung von Ausnahmen	`try, catch, throw`

2.2.1 Verzweigung

Die Verzweigung mit `if` dient zum Programmieren von Fallunterscheidungen. Man kann eine Entweder-oder-Entscheidung treffen oder eine Anweisung nur unter einer bestimmten Bedingung ausführen lassen.

Auswahl einer Anweisung: Entweder Anweisung 1 oder Anweisung 2

```
if (Ausdruck)
  Anweisung1   // Entweder Anweisung1 (falls Ausdruck wahr)
else
  Anweisung2   // oder Anweisung2, aber niemals beide
// Hier wird die Ausführung nach if fortgesetzt
```

Bedingte Ausführung einer Anweisung

```
if (Ausdruck)
  Anweisung1   // Nur falls Ausdruck wahr: ausführen
// Hier wird die Ausführung nach if fortgesetzt
```

Funktion

Falls der angegebene Ausdruck wahr ist, wird `Anweisung1` ausgeführt. Der Programmlauf wird nach der `if`-Anweisung fortgesetzt. Falls der Ausdruck nicht wahr ist, wird `Anweisung2` ausgeführt, sofern vorhanden. In jedem Fall wird nach dieser Programmverzweigung die nächste Anweisung ausgeführt, sofern vorhanden.

Beispiel

```
if (a == b)  // ist gleich ==  und ungleich !=
  System.out.println ("a ist gleich b");
else
  System.out.println ("a und b sind verschieden");
// Hier wird die Ausführung nach if fortgesetzt
```

Bemerkung

Der Ausdruck nach **`if`** muss in runden Klammern stehen. Der Ausdruck muss vom Typ **`boolean`** sein. Ein Programmfragment der folgenden Art ist falsch:

```
int a;
a = Wert;
if (a) // Fehler in Java: es muss if (a != 0) heißen
 ....
```

Der **`else`**-Zweig ist optional. Ein **`else`** bezieht sich wie in Pascal, C oder C++ immer auf das *letzte* **`if`**, das ohne zugehöriges **`else`** im Programm vorkam. Alle Schlüsselworte, auch **`if`**, müssen in Java kleingeschrieben werden. Wenn statt einer Anweisung mehrere Anweisungen stehen sollen, müssen diese in { } geklammert werden.

```
if (Ausdruck) {
  Anweisung11
  Anweisung12
 ...
  Anweisung1n
} else {              // Der else-Zweig ist optional
  Anweisung21
  Anweisung22
  ...
  Anweisung2m
}
```

Struktogramm

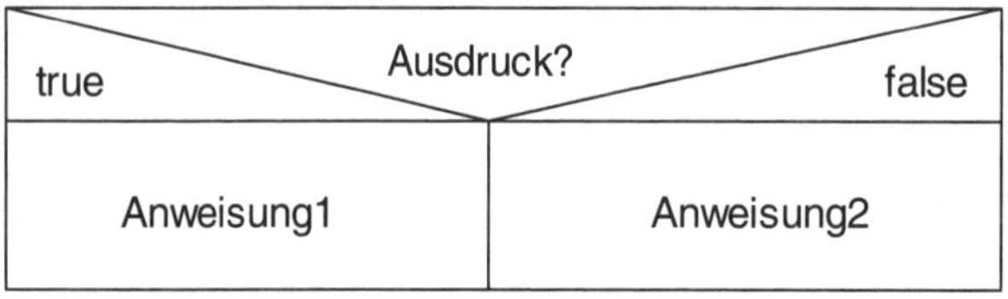

Zum Begriff Struktogramme

Nassi-Shneiderman-Diagramme dienen dem Entwurf von Programmabläufen in strukturierter Form. Sie sind nach ihren Erfindern benannt: Dr. Ike Nassi und Dr. Ben Shneiderman. Da Nassi-Shneiderman-Diagramme Programmstrukturen darstellen, werden sie auch als Struktogramme bezeichnet.

Vergleiche

Bedeutung	**Java**
Falls a kleiner ist als b	`if (a < b)`
Falls a kleiner ist als b oder gleich b	`if (a <= b)`
Falls a gleich b ist	`if (a == b)`
Falls a ungleich b ist	`if (a != b)`
Falls a größer ist als b	`if (a > b)`
Falls a größer ist als b oder gleich b	`if (a >= b)`

Logische Verknüpfungen von Ausdrücken

`&&`	logisches *und*
`||`	logisches *oder*
`!`	logisches *nicht*

Beispiel

Bedeutung	**Java**
b liegt zwischen a und c	`if (a < b && b < c)`
b ist kleiner als a oder größer als c	`if (b < a || b > c)`
i ist nicht kleiner als 5	`if (!(i < 5))`

Der Vorrang der Operatoren liegt nahe an der Intuition des Programmierers. Umsteiger von anderen Programmiersprachen sollten aber auf den strikten Zwang zur Klammerung von Ausdrücken in der `if`-Anweisung achten.

Schachtelung von if-Anweisungen

Wenn in einer `if`-Anweisung wieder eine `if`-Anweisung vorkommt, spricht man von geschachtelten `if`-Anweisungen. Man kann solche Schachtelungen dazu benutzen, um Ketten von Abfragen zu programmieren. Im folgenden Programm sollen die drei Fälle $a < 0$, $a = 0$ und $a > 0$ unterschieden werden. Das Struktogramm veranschaulicht die Fallunterscheidung.

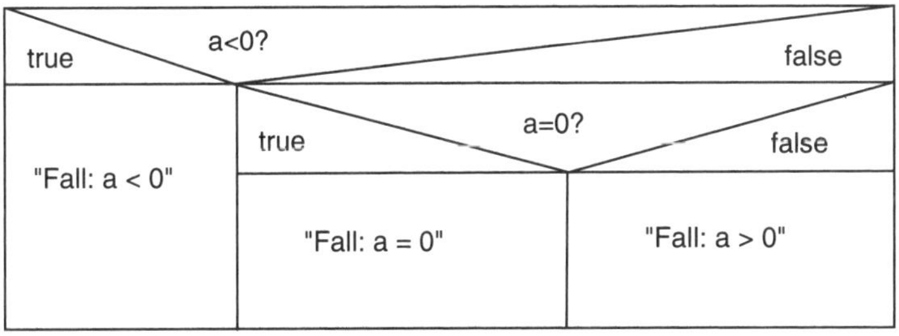

Programm

```
01 if (a < 0)
02   System.out.println ("Fall: a < 0");
03 else if (a == 0)
04   System.out.println ("Fall: a = 0");
05 else
06   System.out.println ("Fall: a > 0");
07 // ...
```

Falls in Zeile `01` die Relation $a < 0$ gilt, dann wird die Anweisung in Zeile `02` ausgeführt. Danach wird die Zeile `07` ausgeführt, da diese Anweisung auf die `if`-Anweisung in Zeile `01` folgt. Falls in Zeile `01` die Relation $a < 0$ nicht gilt, wird nach Zeile `03` verzweigt. Dort wird getestet, ob $a = 0$ gilt. Wenn dies wahr ist, wird Zeile `04` ausgeführt und danach in Zeile `07` fortgefahren. Ansonsten verbleibt nur noch der Fall $a > 0$, und es wird Zeile `06` ausgeführt.

Vorsicht mit leeren Anweisungen

```
01  if (a < 0);
02     System.out.println ("Fall: a < 0");
```

In Zeile 01 steht nach der sich schließenden Klammer ein Strichpunkt. Damit wurde eine leere Anweisung definiert. Also wird Zeile 02 in jedem Fall ausgeführt, auch wenn diese Anweisung optisch eingerückt wurde.

Beispiel für Fallunterscheidungen: Lösung für die quadratische Gleichung

Die Lösungen der quadratischen Gleichung $ax^2 + bx + c = 0$ sollen in Abhängigkeit von den Koeffizienten *a*, *b* und *c* mit der folgenden klassischen Formel bestimmt und ausgegeben werden.

$$x_{1,2} = \frac{-b \pm \sqrt{b^2 - 4ac}}{2a}$$

Dabei ist eine vollständige Fallunterscheidung durchzuführen.

Struktogramm

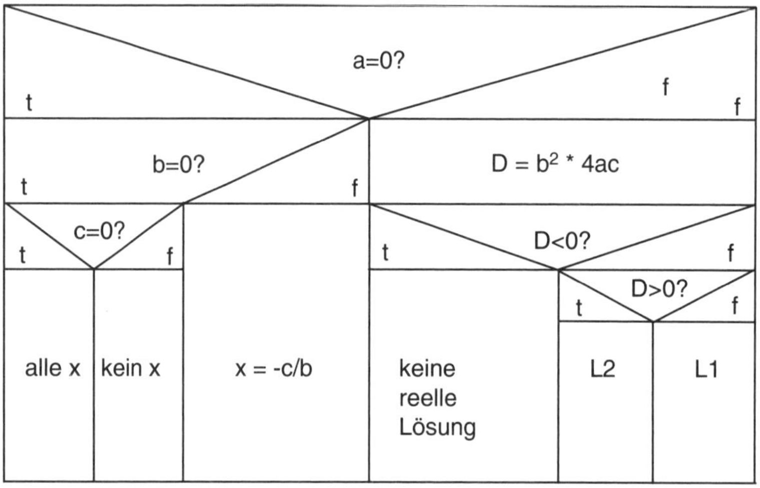

Vorüberlegung

Falls $a = 0$ gilt, kann man obige Gleichung nicht benutzen, da man durch 0 dividieren würde. Also muss man statt der quadratischen Gleichung als Spezialfall eine lineare Gleichung $bx + c = 0$ untersuchen. In diesem Fall ist der Unterfall $b = 0$ gesondert zu betrachten. Dann reduziert sich die Gleichung auf $c = 0$, wobei der Unterfall $c = 0$ zu diskutieren ist.
Wenn eine „echte" quadratische Gleichung vorliegt (falls *a* ungleich *0* ist), muss man die Diskriminante $D = b^2 - 4ac$ untersuchen. Falls diese negativ ist, gibt es keine Lösung im Bereich der reellen Zahlen. Ansonsten prüft man, ob die Diskriminante positiv ist. Wenn ja, gibt es zwei Lösungen gemäß obiger Formel (Fall L2 im Programm). Wenn nein, gibt es eine Lösung (doppelte Lösung, Fall L1 im Programm).

Die Zahlen *a*, *b* und *c* kann man in einer Zeile eingeben. Ein Ablauf des Programms zur Lösung der Gleichung $x^2 + 3x + 2 = 0$ sieht damit wie folgt aus. Die Eingabe ist grau hinterlegt.

```
>java QuadratischeGleichung
Bitte 3 Zahlen in der Form a b c eingeben
1,0 3,0 2,0
a = 1,000000 b = 3,000000 c = 2,000000
Loesung 1: -1,000000
Loesung 2: -2,000000
```

Programm

```
import static java.lang.Math.sqrt;
import java.util.Scanner;

public class QuadratischeGleichung {

  public static void main(String[] args) {
    System.out.printf(
       "Bitte 3 Zahlen in der Form a b c eingeben\n");
    Scanner sc = new Scanner(System.in);
    double a = sc.nextDouble();
    double b = sc.nextDouble();
    double c = sc.nextDouble();
    System.out.printf("a = %f b = %f c = %f\n", a, b, c);

    double l1 = 0.0, l2 = 0.0;
    if (a == 0.0)
      if (b == 0.0)
        if (c == 0.0)
          System.out.printf("Loesungen : alle x\n");
        else
          System.out.printf("keine Loesung\n");
      else
        System.out.printf("Loesung: %f\n", (-c / b));
    else {
      double D = b * b - 4 * a * c;
      if (D < 0)
        System.out.printf("keine Loesung\n");
      else if (D == 0)
        System.out.printf("Loesung 1, 2: %f\n", (-b / (2 * a)));
      else {
        System.out.printf("Loesung 1: %f\n",
                          ((-b + sqrt(D)) / (2 * a)));
        System.out.printf("Loesung 2: %f\n",
                          ((-b - sqrt(D)) / (2 * a)));
      }
    }
  }
}
```

2.2.2 Mehrfachverzweigung

Die Mehrfachverzweigung dient zur Auswahl einer Alternative aus mehreren möglichen Fällen. Sie erfordert besondere Sorgfalt, da sie fehleranfällig ist.

Der Ausdruck nach **`switch`** muss nach **`int`** konvertierbar sein: **`byte`**, **`char`**, **`short`** oder **`int`**. Nach **`case`** müssen Konstanten stehen, die sich bereits bei der Übersetzung des Programms berechnen lassen.

Ab JDK 1.5 kann bei Ausdruck auch ein **enum**-Ausdruck stehen. Bei **switch** dürfen in diesem Fall nur die dazugehörigen Konstanten stehen, (vgl. Abschnitt 3.6). Das folgende Struktogramm lässt sich nur für den Fall erstellen, dass alle Zweige mit **break** enden.

Schreibweise

```
switch (Ausdruck) {
  case konst1: Anweisungen1 break;
  case konst2: Anweisungen2 break;
......... usw.
  default    : Anweisungen
}
```

Struktogramm

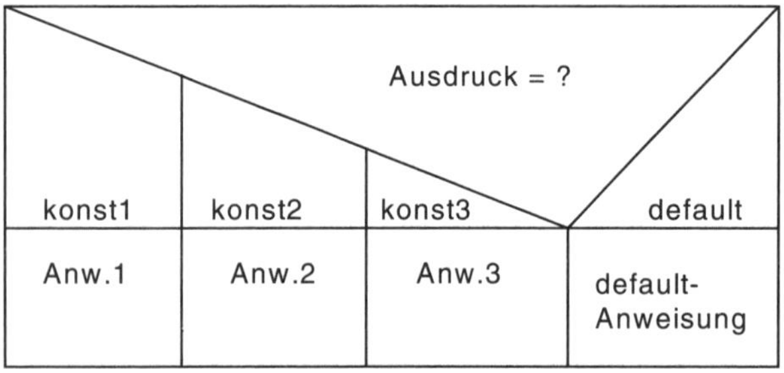

Funktion

Der Ausdruck wird berechnet. Danach wird das Programm an derjenigen **case**-Anweisung fortgesetzt, deren Konstante dem Wert des Ausdrucks entspricht. Mit **break** kann man **switch** verlassen. Nach **case** darf jeweils nur eine Konstante stehen. Bereiche von Konstanten gibt es nicht. Mehrere Konstanten müssen also durch eine vollständige Aufzählung angegeben werden. Wenn es keine passende Konstante gibt, wird der Programmlauf bei der **default**-Anweisung fortgesetzt, falls eine solche vorhanden ist. Die **break**-Anweisung ist von der Syntax her nicht erforderlich.

Beispiel

Das Beispiel übernimmt eine Zahl aus der Kommandozeile. In Abhängigkeit von dieser Zahl verzweigt das Programm in einer **switch**-Anweisung. Das Programm soll zeigen, dass die **switch**-Anweisung nur am Ende bzw. nach einem **break** verlassen wird.

```
public class DemoFuerSwitch {
  public static void main (String[] args) {
    int i = Integer.parseInt (args[0]);
    switch (i) {
    case 1:
    case 2:    System.out.println (i + " Fall 1,2");
               // Weiter bei Fall 3
    case 3:    System.out.println (i + " Fall 3");
               // Weiter bei Fall 7
    case 7:    System.out.println (i + " Fall 7"); break;
    default :  System.out.println (i + " sonst");
    }
  }
}
```

Ausgabe dieses Programms bei verschiedenen Läufen

```
>java DemoFuerSwitch 1
1 Fall 1,2
1 Fall 3
1 Fall 7

>java DemoFuerSwitch 2
2 Fall 1,2
2 Fall 3
2 Fall 7

>java DemoFuerSwitch 3
3 Fall 3
3 Fall 7

>java DemoFuerSwitch 5
5 sonst

>java DemoFuerSwitch 7
7 Fall 7
```

Hinweis: Die **`switch`**-Anweisung in Java entspricht eher einem berechneten Sprung als der Mehrfachverzweigung in einem Struktogramm. Nach Bewertung des Ausdrucks erfolgt ein Sprung auf den durch `konst` bezeichneten Label. Die **`switch`**-Anweisung wird keineswegs automatisch verlassen.
Ein Struktogramm lässt sich nur für den Fall angeben, dass jeder Zweig mit einem **`break`** abgeschlossen wurde. Außer bei Auflistung von Konstanten-Reihen zeugt es von schlechtem Stil, anders zu verfahren. Schließt man einen Zweig ausnahmsweise mit keinem **`break`** ab, sollte man diese gefährliche Stelle deutlich sichtbar kommentieren.
Man sollte auch den letzten Zweig (außer **`default`**) mit **`break`** abschließen. Dann kann man das **`break`** nicht mehr vergessen, wenn man neue Fälle einfügt.

2.2.3 Schleifen mit Vorabprüfung

Programmschleifen dienen dazu, Anweisungen im sog. Rumpf der Schleife wiederholt auszuführen. Die Anweisungen werden nur so lange wiederholt, bis ein Kriterium für den Abbruch (anders formuliert: solange ein Kriterium für den Weiterlauf) erfüllt ist. Hier unterscheidet man Schleifen, bei denen dieses Kriterium am Anfang geprüft wird, und Schleifen, bei denen diese Prüfung am Ende erfolgt.

Schreibweise für die while-Anweisung

```
while (Ausdruck)
  Anweisung
```

Der Rumpf der `while`-Schleife wird ausgeführt, solange der angegebene Ausdruck den Wert **`true`** hat. Damit kann auch der Fall auftreten, dass der Rumpf der Schleife nie durchlaufen wird. Dies bezeichnet man als „abweisende Schleife“. Der Programmierer sollte diesen Fall in sein Testkonzept einbeziehen und nicht darauf vertrauen, dass in der Schleife enthaltene Zuweisungen in jedem Fall erfolgen. Wenn der angegebene Ausdruck seinen Wert in der Schleife nicht ändert, hat man (eventuell unabsichtlich, im Folgenden aber absichtlich) eine Endlosschleife programmiert:

```
while (true)
  ;
```

Beispiel

```
int i = 0;
while (i <= 10) {
  Anweisung
  i = i + 1;
}
```

`Anweisung` wird 11-mal durchlaufen. Die Werte von `i` in `Anweisung`: `i=0`, `i=1`, ..., `i=10`

Schreibweise für die for-Anweisung

```
for (Initialisierer; Bedingung; Ausdruck)
  Anweisung
```

Der mit `Initialisierer` bezeichnete erste Teil des **`for`**-Anweisungskopfs kann auch eine Datenerklärung enthalten. Dieser Teil wird vor Eintritt in die Schleife ausgeführt. Nach der Philosophie „Daten so lokal wie möglich erklären" ist hier der beste Platz zur Erklärung der sog. *Laufvariablen* der Schleife. Dort erklärte Daten gelten innerhalb der gesamten **`for`**-Anweisung. Die `Bedingung` wird vor jeder Ausführung der Anweisung geprüft. Ist sie falsch, werden weder `Anweisung` noch `Ausdruck` ausgeführt, sondern das Programm mit der nächsten, auf **`for`** folgenden Anweisung fortgesetzt. Wie bei der **`while`**-Schleife kann der Fall auftreten, dass `Anweisung` nie ausgeführt wird. Wenn doch, wird auch `Ausdruck` ausgeführt, sofern in `Anweisung` kein Sprung aus der Schleife enthalten ist. Die Teile `Bedingung` bzw. `Ausdruck` müssen nicht angegeben werden. Die **`for`**-Schleife entspricht (mit Ausnahme vom Verhalten bei **`continue`**) folgendem Programmabschnitt:

```
{ Initialisierer;
  while (Bedingung) {
    Anweisung
    Ausdruck;
  }
}
```

Beispiel

```
for (int i=0; i <= 10; i++) // i ist die Laufvariable
  Anweisung                 // i durchläuft die Werte 0 1 … 10
```

`Anweisung` wird 11-mal durchlaufen. Die Werte der Laufvariablen `i`: `i=0`, `i=1`, ..., `i=10`

Beispiel

```
for (int i = 0; i <= 10; i += 2) // i um 2 weiterschalten
  Anweisung
```

`Anweisung` wird 6-mal durchlaufen: `i=0`, `i=2`, ..., `i=10`

Der erste Ausdruck darf eine Variable mit Initialisierung enthalten. Diese Variable steht dann in Kopf und Rumpf der **`for`**-Schleife zur Verfügung.

Struktogramm

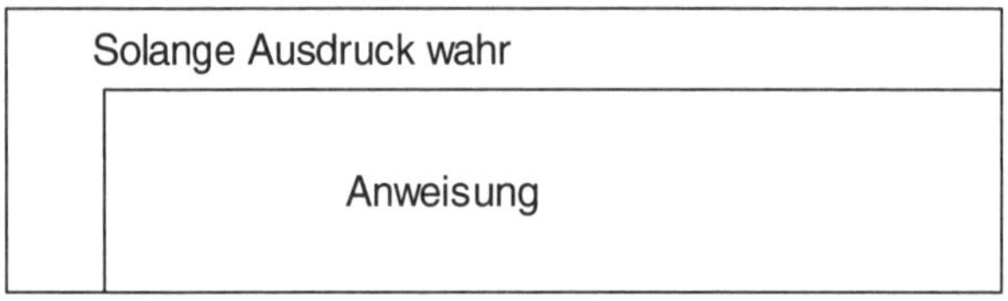

Beispiel

Ein Programm soll eine Zahl `n` einlesen. Dann ist die Fakultät von `n`, d. h. das Produkt aller Zahlen `1*2*3*...*n` auszugeben.

Struktogramm

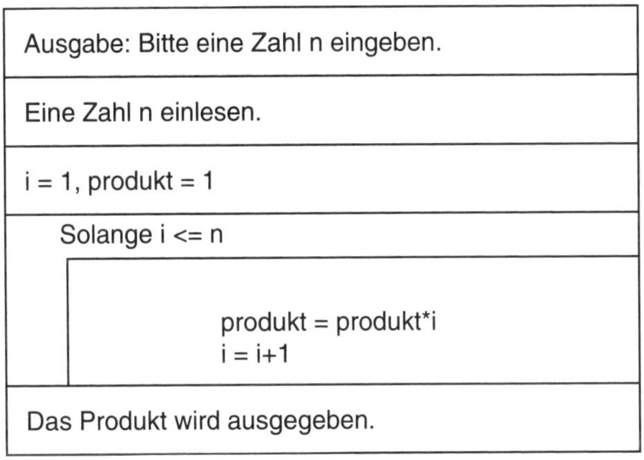

Programm

```
import java.util.Scanner;

public class Fakultaet {
  public static void main(String[] args) {
    System.out.printf("Bitte eine Zahl n eingeben." +
        " Das Programm berechnet dann n!\n");
    Scanner sc = new Scanner (System.in);
    int n = sc.nextInt();
    long produkt = 1;
    for (int i = 1; i <= n; i++)
      produkt = produkt*i;  // i hat die Wert 1 2 ... n
    System.out.printf("%d ! = %d\n", n, produkt);
  }
}
```

Beispiel

Ein Programm soll eine Folge von Linien durch den Mittelpunkt der Fläche zeichnen. Zunächst sollen für `i = 0` bis `i = 10` schwarze Linien von oben nach unten gezeichnet werden. Der Anfangspunkt der i-ten Linie soll bei `x = i*breite/10`, `y = 0`, der Endpunkt bei `x = breite - i*breite/10`, `y = hoehe` liegen. Dann sollen für `i = 1` bis `i = 9` rote Linien von links nach rechts gezeichnet werden. Der Anfangspunkt soll bei `x = 0`, `y = hoehe/10*i`, der Endpunkt bei `x = breite`, `y = hoehe - i*hoehe/10` liegen.

Programm

```
import java.applet.Applet;
import java.awt.Graphics;
import static java.awt.Color.*;

public class DemoFuerFor extends Applet {
  public void paint (Graphics g) {
```

```
      int n = 10;
      int breite = getWidth();   // Breite in Pixeln
      int hoehe  = getHeight();  // Höhe in Pixeln
      int delta_x = breite / n;  // Abstand x für schwarze Linien
      int delta_y = hoehe  / n;  // Abstand y für rote Linien

      // Zeichne schwarze Linien
      for (int i = 0; i <= n; i++)
        g.drawLine (i*delta_x, 0, breite - i*delta_x, hoehe);

      // Setze eine neue Farbe. Hier rot
      g.setColor (RED);

      // Zeichne rote Linien
      for (int i = 1; i <  n; i++)
        g.drawLine (0, i*delta_y, breite, hoehe - i*delta_y);
    }
  }
```

Die `getWidth()`-Methode liefert Breite, `getHeight()` liefert die Höhe der Zeichenfläche des Applets in Pixeln. `drawLine(x1, y1, x2, y2);` zeichnet eine Linie vom Punkt mit den Koordinaten `(x1, y1)` zum Punkt `(x2, y2)`. `setColor(Color.RED)` setzt die rote Farbe für den Vordergrund. Damit werden Linien rot ausgegeben, bis die Farbe wieder mit dem Befehl `setColor (...)` geändert wird.

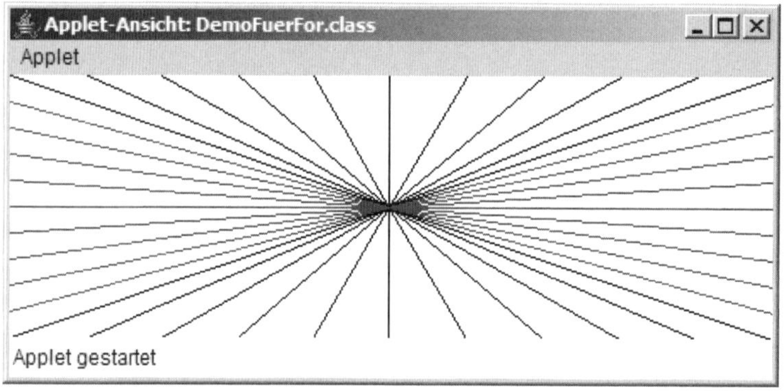

Die erweiterte for-Schleife

Ab dem JDK 1.5 steht zum Durchlaufen aller Elemente einer Sammlung die **for**-Schleife in der Form „für alle Elemente tue“ zur Verfügung. Diese Form erspart das explizite Weiterschalten der Laufvariablen und ist dadurch sowohl bequemer als auch sicherer in der Anwendung.

Schreibweise der „für alle“-Schleife (for each)

```
for (Elementtyp Laufvariable : Sammlung von Elementen) {
  // Diese Anweisung wird für alle Werte der
  // Laufvariablen ausgeführt
}
```

Beispiel

```
public class DemoFuerParameter {
  public static void main (String[] args) {
    for (String s : args)
      System.out.println (s);
```

```
    }
}
```

`String[] args` ist ein Feld (Array). Vgl. hierzu Abschnitt 2.4.1. In der angegebenen Schleife werden alle Elemente dieses Feldes durchlaufen und ausgegeben.

Ausgabe dieses Programms bei verschiedenen Läufen

```
>java DemoFuerParameter

>java DemoFuerParameter a b c d
a
b
c
d

>java DemoFuerParameter Hello World
Hello
World
```

2.2.4 Schleife mit Prüfung am Ende

Schreibweise für die do-while-Anweisung

```
do
  Anweisung
while (Ausdruck);
```

Der Ausdruck muss ein Ergebnis vom Typ **`boolean`** liefern. Die Anweisung wird wiederholt, solange der Ausdruck den Wert `true` hat. Wenn mehrere Anweisungen in der Schleife wiederholt werden sollen, müssen diese in { } geklammert werden. Nach dem Ausdruck muss ein Strichpunkt stehen.
Die **`do-while`**-Schleife kann für schrittweise Berechnungen angewandt werden, bei denen man die Anzahl der Schritte nicht kennt.

Hinweis: Die angegebene Anweisung im Rumpf der Schleife wird in jedem Fall mindestens einmal durchlaufen. Dies darf nicht mit der **`while`**-Anweisung verwechselt werden, bei der es auch vorkommen kann, dass der Rumpf nie durchlaufen wird.

Struktogramm

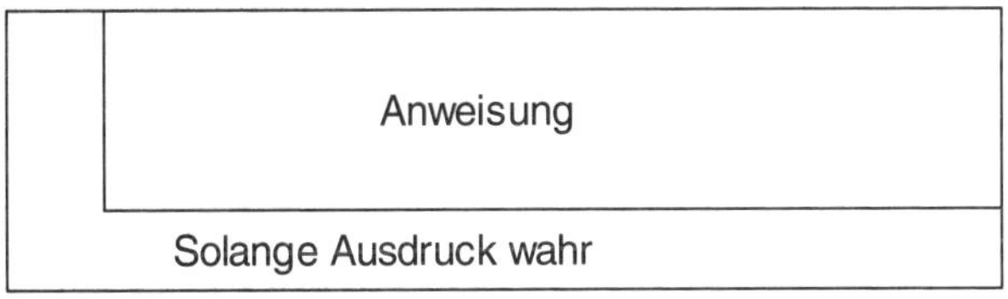

Beispiel: Berechnung von Quadratwurzeln nach Heron

Mit dem Verfahren nach Heron kann man die Quadratwurzel aus einer positiven Zahl x wie folgt in einzelnen Schritten $n = 0, n = 1, n = 2, \ldots$ näherungsweise berechnen.

Start: Setze $x_0 = x$

Schritt von n nach $n+1$: Setze $x_{n+1} = \frac{1}{2}(x_n + \frac{x}{x_n})$

Die Folge der Zahlen x_0, x_1, x_2, ... konvergiert gegen $\sqrt{x}$.

Im folgenden Programm wurden die Glieder dieser Folge x_n mit x_0 bezeichnet. Da nur jeweils ein x_n benötigt wird, überschreibt man dies in der Schleife.

Struktogramm

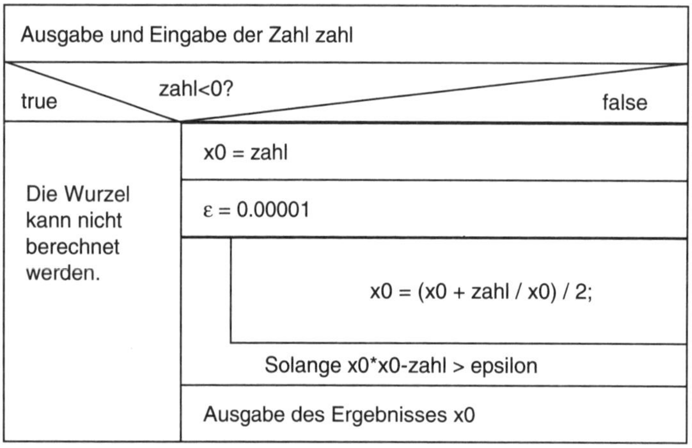

Programm

```
import java.util.Scanner;

public class QuadratWurzel {
  private static Scanner eingabe = new Scanner (System.in);

  public static void main (String[] args) {
    System.out.printf(
        "Programm zur Berechnung einer Quadratwurzel\n" +
        "Bitte eine Zahl eingeben\n");
    double zahl = eingabe.nextDouble();
    if (zahl < 0) {
      System.out.printf(
         "Kann keine Wurzel aus einer negativen Zahl ziehen\n");
    } else {
    double x0 = zahl;
    int anzahlSchritte = 0;
    double epsilon = 0.00001;
    do {
      x0 = (x0 + zahl / x0) / 2;
      anzahlSchritte++;
    } while (x0*x0-zahl > epsilon);
    System.out.printf ("Ergebnis : %10.8f\n", x0);
    System.out.printf (" nach %d Schritten\n", anzahlSchritte);
    System.out.printf (
    "Zum Vergleich: java.Math.sqrt = %10.8f\n", Math.sqrt(zahl));
    }
  }
}
```

Probelauf: die Eingabe ist grau hinterlegt

```
Programm zur Berechnung einer Quadratwurzel
Bitte eine Zahl eingeben
2,0
Ergebnis : 1,41421569
 nach 3 Schritten
Zum Vergleich: java.Math.sqrt = 1,41421356
```

2.2.5 Verlassen von Schleifen

Mit **`break`** verlässt man die **`do-while-for`**-Schleife bzw. die **`switch`**-Anweisung, in der die Anweisung steht. Bei geschachtelten Anweisungen wird dabei nur eine Anweisung verlassen: Die Schachtelungstiefe der Anweisungen verringert sich um eins.
Mit **`continue`** setzt man die Schleifenausführung fort. Dies erfolgt bei **`while`**- und **`do`**-Schleifen beim Bewerten des Ausdrucks. Bei `for(A1; A2; A3)` wird `A3` durchlaufen und danach `A2` bewertet.

`break` mit Namen

In diesem Fall muss bei **`break`** ein Name angegeben sein, der eine die Schleife umfassende Anweisung bezeichnet. Damit kann man auch geschachtelte Schleifen mit einer einzigen **`break`**-Anweisung verlassen. Eine mögliche Anwendung sind geschachtelte Suchschleifen. Die **`break`**-Anweisung mit Namen wurde in diesem Buch nicht benutzt, denn manche Anwender sehen in dieser Anweisung eine verkappte Form des **`goto`**.

Vor- und Nachteile von `break`, `continue`

Die Schachtelungstiefe von Kontrollstrukturen lässt sich verringern. Auf der anderen Seite kann die Lesbarkeit von Programmen durch **`break`**- und **`continue`**-Anweisungen leiden, wie das folgende Beispiel demonstriert.

Beispiel

```
public class DemofuerContinue {
  public static void main (String[] args) {
    // Division durch 0 mit continue vermeiden
    for (int i =- 10; i <= 10; i++) {
      if (i == 0)
        continue;  // Naechster Durchlauf
      System.out.printf ("Kehrwert von %d = %f\n", i, 1.0/i);
    }
  }
}
```

2.2.6 Programmausnahmen

Wenn Programme nicht auf Ausnahmesituationen reagieren können, führt dies zu den von den Anwendern gefürchteten Abstürzen. Bei komplexen Programmsystemen und verteilten Anwendungen sind Programme ohne jede Reaktion auf Ausnahmesituationen nicht akzeptabel (eigentlich sind solche Programme nie zumutbar).
Die Behandlung von Ausnahmen mit den Sprachkonstrukten für den Normalfall hat sich nicht bewährt. So könnte man sich eine Behandlung von Ausnahmen im Rahmen von Abfragen mit **`if`** vorstellen. Jede Routine müsste dann entsprechende Fehlerschalter bzw. entsprechende Ergebnisse liefern. Bei dieser Vorgehensweise hat man eine völlig unüber-

sichtliche Programmstruktur erhalten: Eine tiefe Schachtelung nach Aufrufen von Routinen, eine Verquickung von Programmcode für den Ablauf sowie für den Ausnahmefall.
Die Anfänge der Behandlung von Ausnahmen wurden mit dem `setjmp/longjmp`-Konzept von ANSI-C [15] gelegt. Wegen der inhärenten Sicherheitsdefizite wurde diese Strategie in C++ zu einer strukturierten Fehlerbehandlung ausgebaut [26].
In Java wurde von Anfang an die Behandlung von Ausnahmen integriert. Sie ermöglicht eine „weiche" Landung nach Fehlern. So können Ausnahmen differenziert behandelt werden. Das Grundkonzept der Behandlung von Ausnahmen in Java folgt dem Schema:

try Ausprobieren: Versuchen wir eine Reihe von Anweisungen.

catch Auffangen: Es scheint etwas nicht geklappt zu haben, wir müssen reagieren. Der Programmlauf muss in Gegenwart eines Fehlers in evtl. modifizierter Form wieder aufgenommen werden.

throw Auslösen: Werfen einer Programmausnahme, da eine Aktion fehlschlägt. Irgendjemand muss sich darum kümmern, dass das Programm trotz dieses Problems fortgesetzt wird.

Schreibweise

```
try {
  // Folge von Anweisungen
} catch (xException e) {
  // Reaktion
} catch (yException e) {
  // Reaktion auf oben nicht aufgefangene Programmausnahme
} finally{
  // Abschließende Maßnahmen
  // Nach try-catch: wird in jedem Fall durchlaufen
  // Also auch dann, wenn keine Ausnahme auftritt
}
```

Beispiel

```
import ArithmeticException;

public class Test {
  public static void main (String[] args) {
  for (int i = -3; i < 3; i ++)
    try {
      System.out.println (1 / i);
    } catch (ArithmeticException e) {
      System.err.println (e);
    }
  }
}
```

Ausgabe

```
0
0
-1
java.lang.ArithmeticException: / by zero
1
0
```

Die Division durch 0 wurde mit dem **try-catch**-Mechanismus abgefangen. Der Programmlauf wird durch die Ausnahme nicht abgebrochen, sondern kann kontrolliert durch die Software fortgesetzt werden.

Vorteile der Ausnahmebehandlung mit `try-catch`

Dieser Mechanismus der Behandlung von Programmausnahmen verunstaltet Programme nicht dadurch, dass überall `if`-Abfragen auf mögliche Fehlerausgänge vorzusehen sind. Außerdem gibt es eine klare Trennung zwischen funktionalem Code (`if` wird für Steuerung eingesetzt) und dem Code zur Fehlerbehandlung (`try-catch` bei Fehlerausgang).
Jede sichere Programmierung wird aber die Behandlung von Fehlern einschließen. Auf der anderen Seite ist aber doch eine *weiche Landung* nach Fehlern im Programmlauf oder bei Anwenderfehlern möglich.

Funktionsprinzip

Der Mechanismus der Ausnahmebehandlung besteht quasi aus einem Wiederanlauf des Programms. Mit `try` macht man eine Art Momentaufnahme des Zustands der Umgebung des Programms. Diese schließt den Stack sowie die Register ein, in *keinem Fall* aber alle Daten, benutzten Dateien oder Verbindungen mit anderen Computersystemen. Dann betritt man den nach `try` in { ... } angegebenen Block. Tritt bei der Abarbeitung dieses Programmteils eine Programmausnahme auf, sei es explizit oder implizit vom Laufzeitsystem her, wird der Stack nach `catch`-Routinen durchsucht, bis eine passende gefunden wird. Dies gilt auch in Unterprogrammen, sodass es, bildlich gesprochen, zu einem Zurückrollen des Stacks kommen kann.

- Man kann nur auf Stellen zurückspringen, die in noch nicht beendeten aufrufenden Methoden liegen, die auf dem Weg zu `throw` auch durchlaufen und noch nicht verlassen wurden. `try/catch` kann nämlich nicht mehr als den Stack zurückrollen und Inhalte von Registern wiederherstellen.
- Man kann dadurch keine Aktionen des Programms rückgängig machen, wie z.B. das Löschen einer Datei, das Stornieren einer Bestellung oder das Abfeuern einer Rakete.

Zu einer möglichen Implementierung

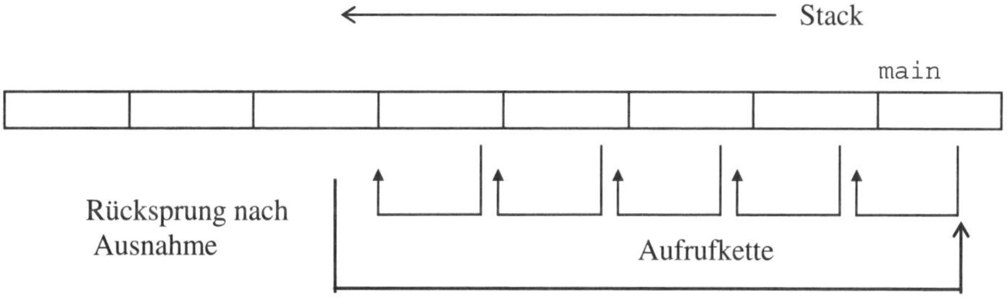

Der besondere Vorteil der Sprache Java bei der Behandlung von Ausnahmen liegt in der Sicherheit. Im Gegensatz zu C oder C++ können in den einzelnen Methoden lokal angelegte Objekte im Rahmen der Garbage Collection automatisch vom Laufzeitsystem „entsorgt" werden.

Zusammenfassung und Übersicht

Java bietet Möglichkeiten zur Steuerung des Ablaufs ähnlich wie ANSI-C. Das `goto` fand keine Aufnahme in Java. Jedoch bietet (leider?) ein `break` mit einem benannten Ziel für die Fortsetzung des Programms entsprechende Möglichkeiten. Java erzwingt den Datentyp `boolean` für den Ausdruck in `if`, `do`, `while` sowie die Bedingung in `for`. Dies ist eine der

Maschen im Netz der Sicherheit der Sprache Java, schränkt aber die Ausdrucksmöglichkeiten der Programmierung nicht erheblich ein.
Die Behandlung von Ausnahmen im Programmlauf wurde in die Sprache von Anfang an integriert und erlaubt die übersichtliche Darstellung von Programmläufen auch dann noch, wenn alle denkbaren Fehlerquellen behandelt werden müssen.
Anweisungen zur Steuerung von Programmen kann man nur in den Funktionen bzw. Methoden der Klassen benutzen. Dies beleuchten wir im nächsten Punkt näher.

Syntax von Anweisungen

Der Aufbau der Sprache Java ist in [27] beschrieben. Die wesentlichen Zusammenhänge sind nachstehend in vereinfachter Form als Syntaxdiagramme zusammengestellt. Syntaxdiagramme sind eine Art von „Fahrplan" zur Eingabe der Bestandteile eines Java-Programms in den Programmeditor.
Dabei werden Zeichenfolgen in runden Symbolen angegeben, z. B. `if`. Solche Zeichenfolgen müssen in genau dieser Scheibweise in Java-Programmen auftreten. Die Symbole in Rechtecken bezeichnen Bestandteile der Sprache Java wie Statement (=Anweisung) oder Expression (=Ausdruck) oder ModifierOpt (d. h. hier stehen evtl. Modifizierer). Es gibt auch Ausnahmen von dieser Regel. „Identifier" steht für einen Java-Bezeichner, „Collection" für ein Feld (siehe 2.4) oder eine Sammlung (siehe 4.3).

Statement

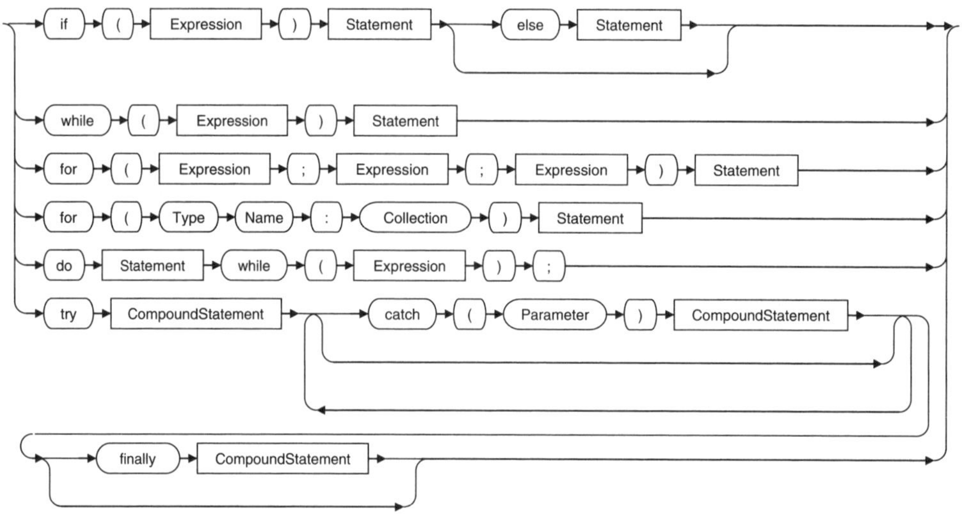

Statement

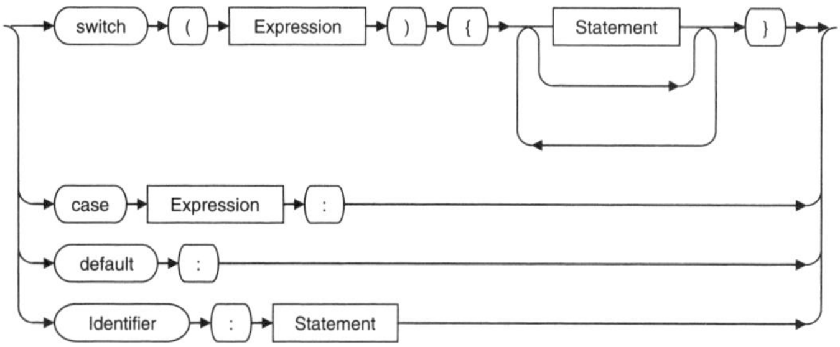

CompoundStatement

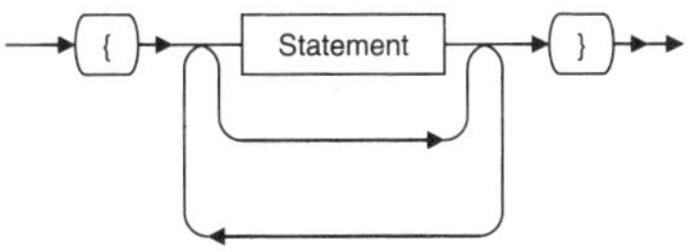

Statement

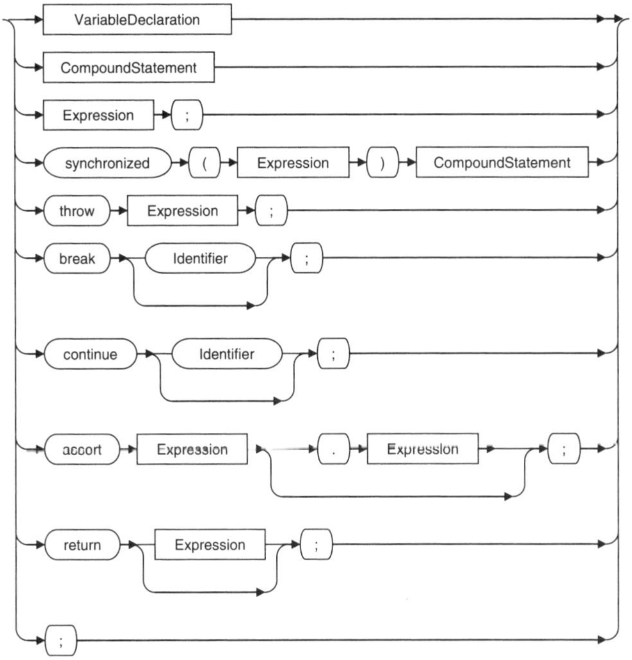

2.3 Methoden

In prozeduralen Programmiersprachen gibt es sog. Unterprogramme. Diese Unterprogramme enthalten Folgen von Anweisungen. Ein Unterprogramm ist in Analogie zum Hauptprogramm zu sehen. Wenn das Hauptprogramm für das gesamte Problems löst, soll ein Unterprogramm für die Lösung eines Teilproblems sorgen.

2.3.1 Definitionen

Methoden enthalten einen ablauffähigen Programmcode. Sie müssen stets vollständig in der Klasse angegeben werden, der sie angehören. Es gibt keine Methoden außerhalb von Klassen. Jede Deklaration einer Methode kann eine Folge einzelner Parameter enthalten. Diese bezeichnet man auch als formale Parameter. Die Namen dieser Parameter gelten im gesamten Rumpf dieser Methode. Jede Methode kann Deklarationen von Variablen enthalten. Methoden dürfen nicht geschachtelt werden. Methoden können Werte liefern. Die Anwendung von Methoden erfolgt durch Aufruf.

In diesem Abschnitt werden `static`-Methoden besprochen. Diese Methoden entsprechen in der prozeduralen Programmierung den Funktionen bzw. Prozeduren. Die Abgrenzung des Begriffs „Methode“ gegenüber „Funktion“ bzw. „Prozedur“ kann erst in Kapitel 3 vollständig gegeben werden.

Beispiele zur Deklaration von `static`-Methoden

```
// Ermittle das Maximum zweier ganzer Zahlen
// Parameter : i und j vom Typ int
// Ergebnis  : vom Typ int
static int maximum (int i, int j) {
  if (i > j)
    return i;
  else
    return j;
}
```

```
// Ausgabe eines Textes nach Standard-Ausgabe
// Parameter : Eine Zeichenfolge vom Typ String
// Ergebnis  : keines   (d.h. void)
static void print (String text) {
  System.out.println (text);
}
```

Parameter in der Deklaration einer Methode: formale Parameter

Methoden können Parameter enthalten. Die Parameter können nach dem Namen der Methode in `()`-Klammern folgen. Die Klammern sind auch dann in der Definition der Methode zu schreiben, wenn man keine Parameter definiert. Parameter definiert man wie Variable: zuerst der Typ, dann der Name. Gibt man mehr als einen Parameter an, so trennt man diese Definitionen durch ein Komma. Die Werte der Parameter der Methode stehen ähnlich wie bei Variablen im Rumpf der Methode zur Verfügung.
Als Typen für Parameter kommen alle elementaren Datentypen aus Abschnitt 2.1, Felder aus 2.4 sowie Klassen (vgl. 3.1.4) in Frage. Methoden können nicht als Parameter übergeben werden.

Ergebnis von Methoden

Jede Methode hat einen Typ für das Ergebnis. Wenn die Methode kein Ergebnis liefert, muss der Ergebnistyp **`void`** sein. Das Ergebnis muss mit der **`return`**-Anweisung geliefert werden. **`return`** beendet den Lauf der Methode und sorgt für die Übergabe des Ergebnisses. Alle **`return`**-Anweisungen einer Methode müssen einen zum Typ der Methode verträglichen Wert liefern. Wenn eine Methode als Typ nicht **`void`** hat, muss die Methode ein Ergebnis liefern. Dies wird von den Java-Compilern überprüft. Wenn eine entsprechende **`return`**-Anweisung fehlt, wird die Methode nicht übersetzt und eine Fehlermeldung ausgegeben. Umgekehrt dürfen Methoden vom Typ **`void`** kein Ergebnis liefern. Bei solchen Methoden beendet die erste **`return`**-Anweisung der Methode, die durchlaufen wird, den Lauf der Methode. Falls keine **`return`**-Anweisung angegeben wurde, läuft die Methode bis zur letzten Anweisung in ihrem Rumpf.

Parameter im Aufruf einer Methode: aktuelle Parameter

Parameter übergibt der Aufrufer grundsätzlich als Wert. Dabei werden die Werte für die Parameter an der Aufrufstelle (die sog. aktuellen Parameter) berechnet und wie bei einer Wertzuweisung in die entsprechenden formalen Parameter der Deklaration übertragen. Danach verzweigt das Programm zur gerufenen Methode. Dies ist kein Sprung ohne Wiederkehr, da das Java-Laufzeitsystem die Adresse für die Rückkehr notiert. Die Rückkehr-

adresse ist einfach die Adresse des auf den Aufruf folgenden Befehls im Programm. Bei dieser Rückkehr übermittelt die gerufene Methode den zu liefernden Wert, falls der Typ der Methode nicht **void** ist.
Das folgende Beispiel zeigt das Unterprogramm maximum (grau hinterlegt). Darunter befinden sich die Variablen a und b mit Wertzuweisungen. Schließlich wird der Wert von c durch einen Aufruf von maximum berechnet. Beim Aufruf ist zunächst der Wert der aktuellen Parameter zu ermitteln. Der Wert für den ersten aktuellen Parameter ist 3 und wird in den formalen Parameter i übertragen. Für den zweiten aktuellen Parameter ergibt sich der Wert 99 und wird in den formalen Parameter j kopiert. In diesem Aufruf läuft die Methode maximum mit den Werten i = 3 und j = 99 durch. Sie liefert als Ergebnis den Wert 99, der an der Stelle des Aufrufs zur Verfügung steht. Im Beispiel erhält die Variable c den Ergebniswert 99. Die Methode maximum wird danach nochmals, aber mit den aktuellen Parametern 1 und 888 aufgerufen. Dabei erhält der formalen Parameter i den Wert 1 und der formale Parameter j den Wert 888. Diesmal läuft die Methode mit den genannten Werten und liefert als Ergebnis die Zahl 888, die in die Variable d kopiert wird. Die Skizze zeigt Aufruf und Rückkehr nur für den ersten Aufruf.

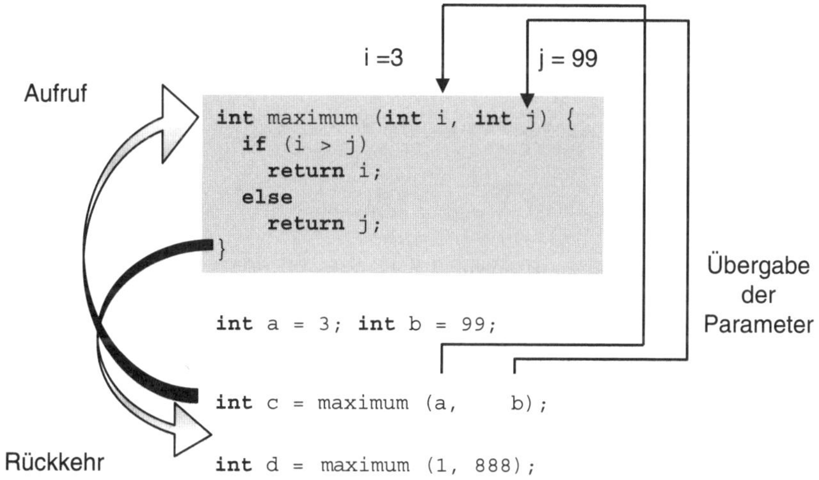

Anweisungsteil

Der Anweisungsteil besteht aus Deklarationen von Variablen und aus Anweisungen. Außer bei abstrakten Methoden (vgl. Abschnitt 3.3.6) müssen die Anweisungen angegeben werden. Prototypen für Funktionen wie in C sind nicht erforderlich.
Jede Methode kann auf alle anderen Komponenten in der Klasse zugreifen (außer bei einem Zugriff aus **static**-Methoden auf nicht-**static**-Komponenten). Dies gilt auch für den Zugriff auf Komponenten, die im Quellprogramm nach der Methode definiert sind. Die Reihenfolge der Definitionen spielt dabei keine Rolle.

Überladen

Methoden mit unterschiedlichen Typen von Parametern gelten als unterschiedliche Methoden. Der Compiler erzeugt bei einem Aufruf den Aufruf der passenden Routine.

Syntax für die Deklaration einer Methode

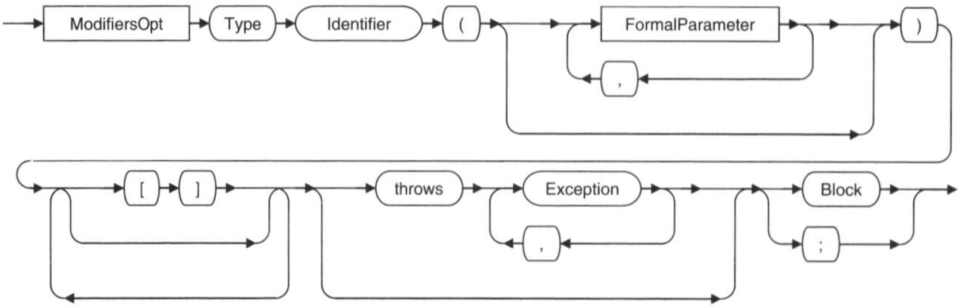

2.3.2 Beispiele für Methoden

Das folgende Beispiel zeigt das sog. Überladen von Methoden. Methoden mit gleichem Namen gelten als verschieden, wenn sie sich durch die Typen ihrer formalen Parameter unterscheiden. Die Methoden `min` berechnen das Minimum aus Zahlen vom Typ **`long`** bzw. **`int`** mit dem selben Verfahren.

Beispiel: Parameter und Überladen

```
public class ParameterDemo {
  static int min (int i, int j) {
    System.out.print ("int min (int, int): ");
    if (i < j)
      return i;
    return j;
  }

  static long min (long i, long j) {
    System.out.print ("long min (long, long): ");
    if (i < j)
      return i;
    return j;
  }

  public static void main (String[] args) {
    long al = 1l, bl = 99999l;
    int  ai = 1,  bi = 99999;
    System.out.println (min (al, bl));
    System.out.println (min (ai, bi));
  }
}
```

Ausgabe

```
long min (long, long): 1
int min (int, int): 1
```

Beispiel: Umrechnung von Fahrenheit auf Celsius

Die Formeln zur Umrechnung von Grad in Fahrenheit nach Grad in Celsius lauten:

$$GradCelsius = (GradFahrenheit - 32.0) / 1.8$$

$$GradFahrenheit = GradCelsius * 1.8 + 32$$

Programm in Java

```
public class Formeln {
```

```
  public static double gradCelsius (double gradFahrenheit) {
    return (gradFahrenheit - 32) / 1.8;
  }

  public static double gradFahrenheit (double gradCelsius) {
    return gradCelsius * 1.8 + 32;
  }

  public static void main (String[] args) {
    System.out.println (
       gradCelsius (Double.parseDouble (args[0])));
  }
}
```

Aufruf der Formeln

```
// Wie viel sind 100 Grad Fahrenheit?
System.out.println (Formeln.gradCelsius (100));

// Wie viel sind 20 Grad Celsius?
System.out.println (Formeln.gradFahrenheit (20));
```

Beispiel: Berechnung des Body-Mass-Index

Der Body-Mass-Index kann als Maßstab für die Leibesfülle herangezogen werden. Er hängt von der Größe einer Person und ihrem Gewicht ab und wird nach folgender Formel berechnet:

$$BodyMassIndex = \frac{Gewicht}{(Größe/100)^2}$$

Das Gewicht wird dabei in kg, die Größe in cm angegeben.

Programm in Java

```
public static double BodyMassIndex (
       double gewicht,  // in kg-Einheiten
       double größe) {  // in cm-Einheiten
  double g = größe/100;
  return gewicht / (g*g);
}
```

Zur praktischen Anwendung dieses Programmabschnitts gehört noch der Hinweis, dass 18,5 für diesen Index häufig als Untergrenze und 25 als Obergrenze für ein sog. *Normalgewicht* genannt werden.
Das Programm sollte eine Ausnahme werfen, falls die Größe kleiner oder gleich 100 ist. Vgl. Abschnitt 0. Auch ein negativer Wert für den Parameter `gewicht` ergibt keinen Sinn. Vgl. hierzu den Abschnitt 3.11 über Zusicherungen.

Beispiel: Übergabe von Parametern als Wert

```
public class WertUebergabe {

  static void test (int i) {
    i = 8;
  }

  public static void main (String[] args) {
    int i = 99;
    test (i);
```

```
09        System.out.println (i);
10      }
11    }
```

Ausgabe

```
java WertUebergabe
99
```

In Zeile `08` ruft das Hauptprogramm `main` die Routine `test` mit dem aktuellen Parameter `i` aus dem Hauptprogramm. Also wird der Wert ausgelesen und diese Kopie des Wertes an den formalen Parameter `i` der Routine `test` übergeben. `test` verändert in Zeile `03` die Kopie des Parameters. Diese „Manipulation" der Kopie ändert aber nichts am Original, das in Zeile `07` deklariert wurde. Deswegen arbeitet Zeile `09` mit dem „alten" Wert.

Beispiel: Übergabe von Feldern (vgl. Abschnitt 2.4)

Die Wert-Übergabe erscheint zunächst restriktiver, als sie in der Praxis ist. Da alle Variablen von Feldern und Klassentypen Referenzen sind, wird bei einer Übergabe als Wert der Wert dieses Zeigers an eine Methode übergeben. Somit können dort von einer Methode Ergebnisse abgeliefert werden (vgl. Abschnitt 3.2.3).

```
01  public class ParameterDemo {

02    static void swap (int [] feld) {
03      int a = feld[0];
04      feld[0] = feld[1];
05      feld[1] = a;
06    }
07
08    public static void main (String[] args) {
09      int feld [] = {1, 2};
10      System.out.println (feld[0] + " " + feld[1]);
11      swap (feld);
12      System.out.println (feld[0] + " " + feld[1]);
13    }
14  }
```

Ausgabe

```
1 2
2 1
```

Beim Aufruf von `swap` in Zeile `11` wird der Wert der Referenz auf das in Zeile `09` erklärte Feld übergeben. Damit hat die Methode `swap` in Zeile `02` nicht den Inhalt des Feldes von Zeile `09`, sondern eine Referenz auf dieses Feld erhalten. Deswegen wirken die Änderungen in den Zeilen `04` und `05` auf den Inhalt des Feldes von Zeile `09`.

2.3.3 Rekursion

Methoden in Java sind ohne Einschränkung auch rekursiv aufrufbar. Dies gilt in gleicher Weise für **`static`**-Methoden wie auch für andere.

Die Rekursion kann als Strategie zur Lösung eines Problems immer dann eingesetzt werden, wenn ein Teilproblem ähnlich zu lösen ist wie das gesamte Problem. Zur Lösung eines Problems verwendet die Rekursion eine Routine zur Lösung eines Teilproblems, nämlich sich selbst, aber mit anderen Parametern als im „eigenen" Aufruf. Erfolgte der Aufruf stets mit gleichen Parametern, würde man versuchen, das Problem durch sich selbst zu lösen. Dieser Versuch ist natürlich zum Scheitern verurteilt. In Java würde das Programm so lange in einer Schleife laufen, bis kein Speicher zum Abspeichern der Daten für die Aufrufe mehr vorhanden wäre. Das Programm würde dann abgebrochen.

2.3.3.1 Beispiel: Berechnung der Fakultät

Die Fakultät *n!* einer nicht negativen ganzen Zahl *n* ist wie folgt definiert:

$$n! = \begin{cases} 1 : n \leq 1 \\ n(n-1)! : n > 1 \end{cases}$$

Diese Definition liefert die Werte in der folgenden Wertetabelle:

n	0	1	2	3	4	5	6	7
n!	1	1	2	6	24	120	720	5040

Die Definition zeigt: Zur Lösung des Problems für den Fall *n* wird eine Lösung des Teilproblems für den Fall $n-1$ benötigt. Zur Lösung des Teilproblems (Fakultät für $n-1$) kann man dann die Methode zur Lösung des Problems (Fakultät) heranziehen, aber nicht mit dem Parameter *n*, sondern mit $n-1$.

Programm in Java

```
static int fakultät (int n) {
  if (n <= 1)
    return 1;
  else
    return n* fakultät (n-1);
}
```

Wenn man obige Definition in Java-Syntax aufschreibt, erhält man das Java-Programm zur Berechnung der Fakultät. Die Definition entspricht insgesamt einer Methode für den Parameter `n`, welche eine Ganzzahl liefert. Für die Fallunterscheidung benutzt man in Java eine **`if`**-Anweisung, für das Setzen eines Wertes die **`return`**-Anweisung. Im obigen Beispiel kann man die **`else`**-Anweisung weglassen.

Programm mit Testausgaben in Java

Der Probelauf für das obige Programm für die Fakultät wird anschaulicher, wenn man Ausgaben in das Programm einbringt. Denn die Ausgaben zeigen, welche Werte das Programm gerade verarbeitet.

```
public class Fakultaet {
  // Für eine Zahl  : liefere 2*Zahl Blanks
  // Parameter  : die Zahl vom Typ int
  // Ergebnis   : eine Zeichenkette der Länge 2*Zahl
  static String blanks (int zahl) {
    StringBuffer b = new StringBuffer ();// Neuer Pufferbereich
    for (int i = 0; i < zahl*2; i++)     // Für i = 0 ... tue:
      b.append (' ');                    // Anhängen Zeichen
    return b.toString ();                // Liefere den Wert
  }

  // Die Fakultät mit Testausgaben beim Eintritt in die Routine
  // und bei der Rückkehr
```

```
    // Parameter : die Zahl n vom Typ int
    // Ergebnis  : n!
    public static int fakultät (int n) {
      System.out.printf ("%sAufruf f (%d)\n", blanks(5-n), n);
      int wert;
      if (n == 0)
        wert = 1;
      else
        wert = n * fakultät (n-1);
      System.out.printf ("%sRueckkehr f (%d) = %d\n",
              blanks(5-n), n, wert);
      return wert;
    }

    public static void main (String[] args){
      System.out.println (fakultät (5));
    }
}
```

Ergebnis des Probelaufs

```
01 >java Fakultaet
02 Aufruf f (5)
03     Aufruf f (4)
04         Aufruf f (3)
05             Aufruf f (2)
06                 Aufruf f (1)
07                     Aufruf f (0)
08                     Rueckkehr f (0) = 1
09                 Rueckkehr f (1) = 1
10             Rueckkehr f (2) = 2
11         Rueckkehr f (3) = 6
12     Rueckkehr f (4) = 24
13 Rueckkehr f (5) = 120
14 120
```

Beim Probelauf wird die Schachtelung der Aufrufe sichtbar: der Aufruf für `fakultät (5)` wird in Zeile `02` protokolliert und erst in Zeile `13` mit dem Wert `120` beendet.

2.3.3.2 Beispiel: Die Türme von Hanoi

Logik des Problems

Drei senkrechte Stangen sind auf einem Holzbrett befestigt. Auf einer der Stangen befinden sich n durchlöcherte Scheiben. Das Problem besteht darin, den Stapel von Scheiben auf eine andere Stange zu bringen. Dabei darf jeweils nur eine Scheibe bewegt werden, und es darf nie eine größere auf eine kleinere Scheibe zu liegen kommen.

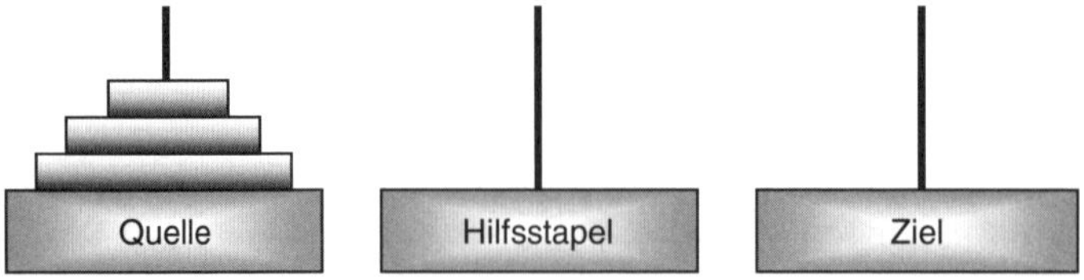

Lösung durch Unterteilung in Teilprobleme

Die drei Stapel werden als *Quelle*, *Hilfsstapel* und *Ziel* bezeichnet. Die Lösung wird durch Fortschreiten nach der Anzahl n der Scheiben erarbeitet.
Die Lösung benutzt sich selbst, um ein Teilproblem des vollständigen Problems zu lösen. So wird die Lösung des einfacheren Problems für $(n-1)$-Scheiben im n-ten Schritt in I und II, also zweimal benutzt. Diese Methode des Zusammenbaus komplexer Lösungen aus einfacheren Bausteinen ist in der Informatik grundlegend.

n = 1	Transportiere den Stapel von Quelle nach Ziel.
n > 1	I. Transportiere den oberen Stapel (mit $n-1$ Scheiben) vom Quellstapel auf den Hilfsstapel unter Zuhilfenahme des Zielstapels. Da auf dem Quellstapel die größte Scheibe unten liegen bleibt, kann der Quellstapel uneingeschränkt für Bewegungen genutzt werden. II. Transportiere die oberste Scheibe von der Quelle zum Ziel. III. Transportiere die $(n-1)$ Scheiben auf dem Hilfsstapel zum Ziel. Hierbei kann der Quellstapel als Hilfsstapel benutzt werden.

Lösungsansatz in Java

```
public class Hanoi {
  // Bewege eine Scheibe
  public static void bewege1 (int Quelle, int Ziel) {
    System.out.printf ("Bewege %d nach %d\n", Quelle, Ziel);
  }

  // Bewege zwei Scheiben. Benutze die Lösung für 1 Scheibe
  public static void bewege2 (int Quelle, int Hilf, int Ziel) {
    bewege1 (Quelle, Hilf);        //  (I)
    bewege1 (Quelle, Ziel);        //  (II)
    bewege1 (Hilf, Ziel);          //  (III)
  }

  // Bewege drei Scheiben. Benutze die Lösung für 2 Scheiben
  public static void bewege3 (int Quelle, int Hilf, int Ziel) {
    bewege2 (Quelle, Ziel, Hilf); //  (I)
    bewege1 (Quelle, Ziel);        //  (II)
    bewege2 (Hilf, Quelle, Ziel); //  (III)
  }

  public static void main (String[] args) {
    // Quelle = Stapel 0, Hilf = Stapel 1, Ziel = Stapel 2
    bewege3 (0, 1, 2);
  }
}
```

Skizze: der Fall n=1

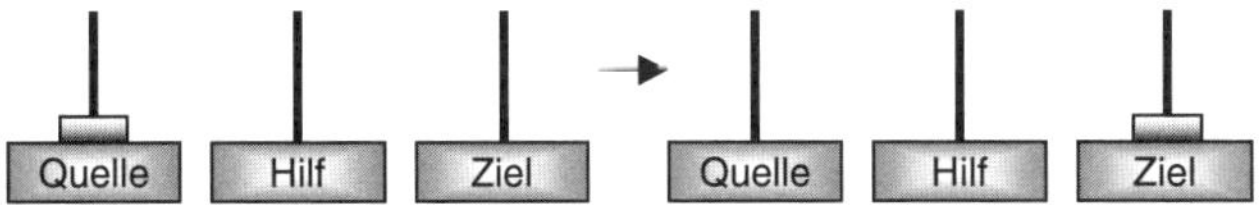

Skizze: der Fall n=2, wobei die Lösung für n=1 benutzt wird

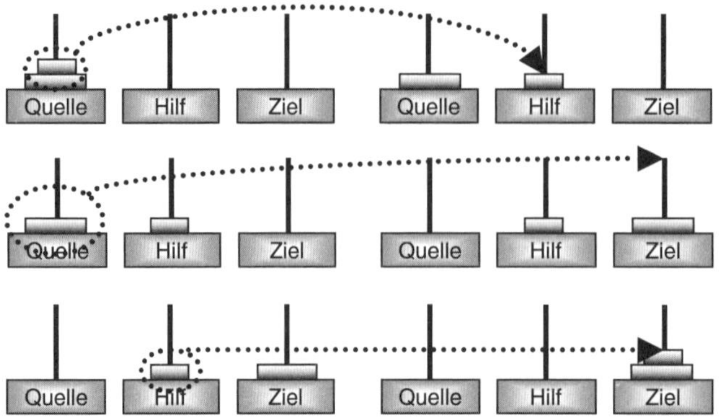

Skizze: der Fall n=3, wobei die Lösung für n=2 benutzt wird

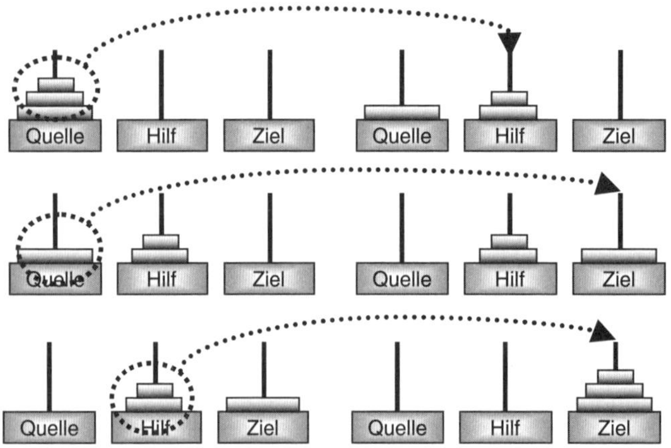

Anmerkung

Die Lösung zeigt Routinen für den Fall *n=1* mit einer Scheibe, *n=2* mit zwei Scheiben sowie *n=3* mit drei Scheiben. Dieser Ansatz zur Lösung benutzt Hilfsmittel wie Parameter und Methoden (Unterprogramme, Routinen), ist aber nicht allgemein genug, da sie nur für bis zu drei Türme funktioniert. Die Ähnlichkeit der Routinen `bewege2` und `bewege3` zeigt, dass man diese Methoden zu einer einzigen Methode `bewege` zusammenfassen kann, wenn man dann noch die Anzahl der Scheiben als Parameter aufnimmt. Damit kommt man zu der unten angegebenen klassischen Lösung für die „Türme von Hanoi".

Anmerkung

Die Routine `tow` muss man als **`static`** deklarieren, damit man sie aus aus der **`static`**-Methode `main` heraus aufrufen kann.

Lösung in Java

```
public class TowersOfHanoi {

  static void tow (int Quelle, int Hilf, int Ziel, int n) {
    if (n == 1)
      System.out.printf ("Bewege %d nach %d\n", Quelle, Ziel);
    else {
      tow (Quelle, Ziel, Hilf, n-1);  //  (I)
      tow (Quelle, 0, Ziel, 1);       //  (II)
      tow (Hilf, Quelle, Ziel, n-1);  //  (III)
    }
  }

  public static void main (String[] args) {
    tow (0, 1, 2, 3);
  }
}
```

Ausgabe des Programms

```
Bewege 0 nach 2
Bewege 0 nach 1
Bewege 2 nach 1
Bewege 0 nach 2
Bewege 1 nach 0
Bewege 1 nach 2
Bewege 0 nach 2
```

Skizze: Probelauf mit geschachtelten Aufrufen von `tow`

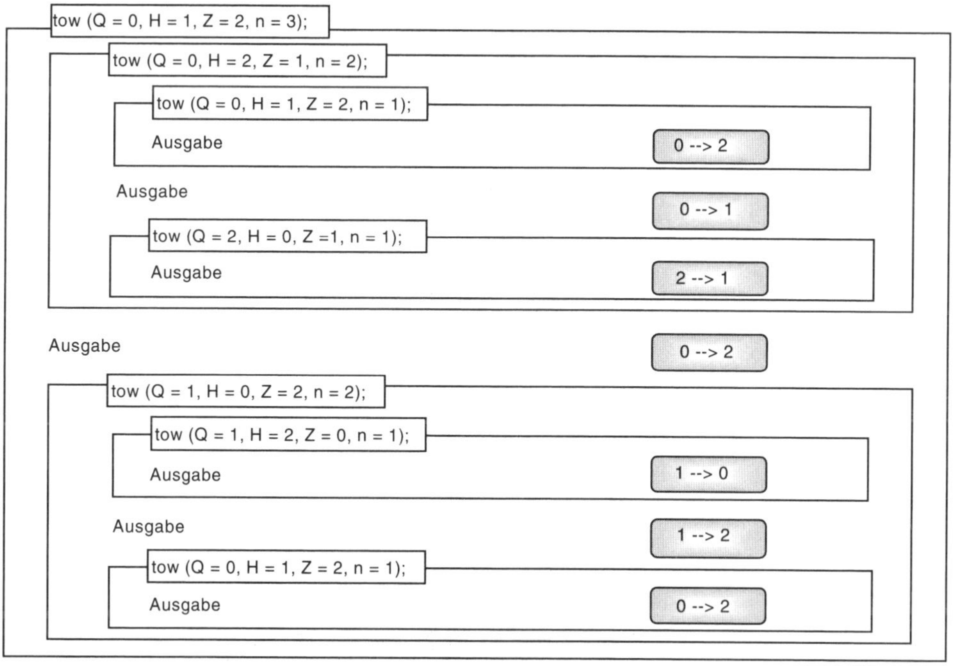

Zum Probelauf

Die obige Grafik zeigt die Struktur der Schachtelung der Aufrufe der Methode `tow`. Wenn ein Aufruf einer Routine erfolgt, ist dies durch Einrückung kenntlich gemacht. Die Parameter mit der Bezeichnung für die Stapel mit den Türmen von Hanoi wurden abgekürzt: Q = Quelle, H = Hilf, Z = Ziel

Zusammenfassung

Methoden bzw. Funktionen sind die aktiven Elemente eines Java-Programms. Sie können über Parameter gesteuert werden. Die Parameter werden grundsätzlich als Wert übergeben. Das Überladen ist möglich. Methoden sind rekursiv aufrufbar.

2.4 Felder

Java kennt ein- und mehrdimensionale Felder. Dieser Abschnitt führt Felder zusammen mit elementaren Algorithmen wie Suchen oder Sortieren ein.

2.4.1 Eindimensionale Felder

2.4.1.1 Grundlegende Definitionen

Ein Feld oder Array ist eine Anordnung von Elementen gleichen Typs. Die einzelnen Elemente heißen Komponenten und können über Indices angesprochen werden. Felder sind in Java grundsätzlich dynamisch, d.h. die Anzahl der Komponenten wird erst zur Laufzeit des Programms bei der Erstellung eines Feldes festgelegt. Nach der Erstellung eines Feldes lässt sich die Anzahl der Komponenten nicht mehr ändern. Der Programmierer erfährt die Anzahl der Komponenten durch das Element `length` in jedem Feld.

Bearbeitung eines Feldes

Felder werden in drei Schritten erstellt:

a) Deklaration der Feldvariablen
b) Zuweisung von Speicher für die Komponenten des Feldes
c) Initialisierung der Komponenten

Die folgenden Beispiele zeigen verschiedene Möglichkeiten, ein Feld anzulegen und mit Werten zu versorgen:

```
/* a    */  int[] feld;
/* b    */  feld = new int [8];
/* c    */  for (int i = 0; i < feld.length; i++)
              feld[i] = i*i;
```

oder:

```
/* a    */  int[] feld;
/* b, c */  feld = new int[] { 0, 1, 4, 9, 16, 25, 36, 49 };
```

oder:

```
int[] feld  = { 0, 1, 4, 9, 16, 25, 36, 49 };
// a) b) c) in einer Zeile
```

Wie in C werden die Komponenten eines Feldes ab 0 nummeriert. In obigem Beispiel hat dann die erste Komponente den Index 0, die letzte den Index 7. Statt **`int`**`[] feld` kann auch **`int`** `feld[]` geschrieben werden.

Inhalt des Feldes

0	1	4	9	16	25	36	49
↑	↑	↑	↑	↑	↑	↑	↑
feld[0]	feld[1]	feld[2]	feld[3]	feld[4]	feld[5]	feld[6]	feld[7]

Implementierung von Feldern in Java

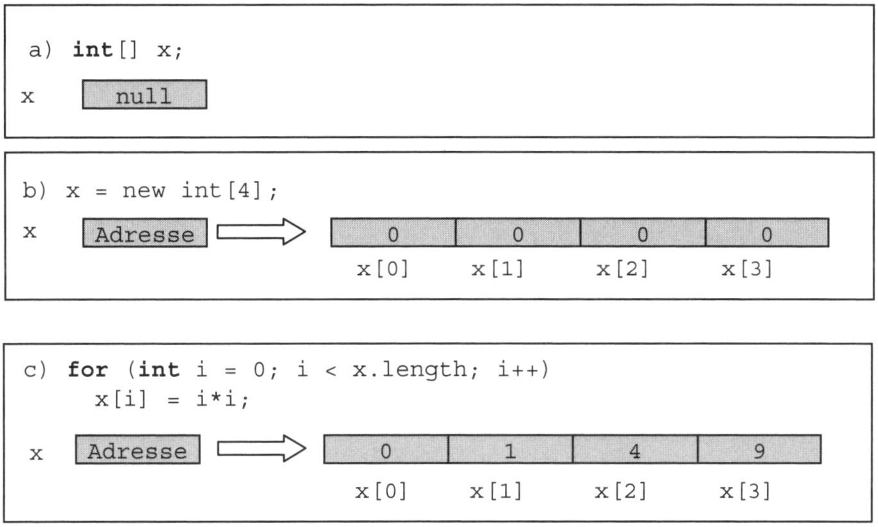

Das obige Bild soll die Implementierung von Feldern in Java veranschaulichen. Das Bild zeigt, dass man zwischen der Variablen mit dem Namen für das Feld und dem Inhalt des Feldes wie zwischen einer *Hausnummer* und einem *Haus* unterscheiden muss. Die Variable `x` enthält nicht das komplette Feld (=*Haus*), sondern nur einen Zeiger auf das Feld (seine Hauptspeicheradresse für den Inhalt, = *Hausnummer*). Deswegen bezeichnet man Felder auch als Referenztypen.

Die beiden folgenden Beispiele demonstrieren mögliche Probleme bei der Programmierung von Feldern in Java. Das erste Beispiel zeigt einen Zugriff auf ein Feld, bei dem keine **`new`**-Anweisung zur Allokation von Speicher benutzt wurde. Im zweiten besprechen wir einen Versuch zur Kopie eines Feldes.

Beispiel 1: Zugriff auf Feldkomponenten ohne vorheriges `new`

Die Deklaration einer Variablen mit einem Feld-Typ reicht noch nicht zur Benutzung als Feld aus. Der Speicher für die Komponenten des Feldes muss noch mit **`new`** geholt werden. Erst dann können wir auf die Komponenten zugreifen.

```
public class Demo1 {
  static int[] feld;
  public static void main (String[] args) {
    feld[0] = 1;
  }
}
```

Zu Beispiel 1: Ablauf mit Fehlermeldung

```
java.lang.NullPointerException
        at Demo1.main(Demo1.java:4)
```

Die Variable `feld` war nicht vom Programmierer initialisiert. Damit wird sie vom Java-Laufzeitsystem mit **`null`** vorbelegt. Die **`null`** steht für eine illegale Adresse im Speicher und könnte den Wert 0 haben. Deshalb wirft das Java-Laufzeitsystem die obige, nicht abgefangene Programmausnahme (`java.lang.NullPointerException`).

Beispiel 2: Ein Versuch, ein Feld zu kopieren

```
01   static void copy () {
02     int[] feld1 = {1, 2, 3, 4};
03     int[] feld2 = feld1;
04     feld2[1] = 999;
05     System.out.println (feld1[1]);
06   }
```

In Zeile `02` legen wir eine Variable namens `feld1` an. Es wird Speicher für das zugehörige Feld aus vier Elementen besorgt; das zugehörige Feld wird initialisiert. In Zeile `03` legen wir eine Variable namens `feld2` an, der wir `feld1` zuweisen, d.h. der Wert der Referenz auf das in Zeile `02` definierte Feld wird in die Variable (= Platzhalter für Hausnummern) `feld2` übertragen. In Zeile `04` setzen wir die Komponente Nr. 1 von `feld2` auf `999`. In Zeile `05` wird die Komponente Nr. 1 von `feld1` ausgegeben. Das Ergebnis ist der Wert `999`, der in Zeile `04` der Komponente Nr. 1 von `feld2` zugewiesen wurde.

Skizze zum Programmablauf

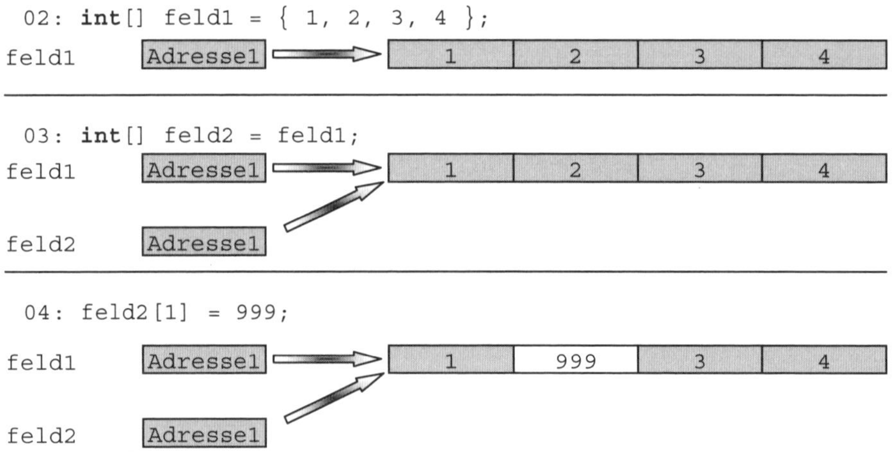

Anwendung: Übergabe als Parameter

Eine Wertzuweisung wie in Zeile `03` kann man also nicht dazu benutzen, Inhalte von Feldern zu kopieren. Sie dient aber sehr wohl dazu, über einen zweiten Namen einen Zugriff auf das Feld zu ermöglichen, wie es bei Parametern von Methoden der Fall ist. Vgl. Abschnitt 2.3.2. Das Anwendungsbeispiel im nächsten Abschnitt benutzt Methoden für die einzelnen Teilaufgaben zur Bearbeitung eines Feldes. Dabei übergibt man das Feld an die

Methode durch Übergabe des Feldnamens. Außerdem kann eine Methode ein Feld aufbauen und die Referenz auf das Feld liefern. Auf diese Weise erhält der Aufrufer Zugriff auf alle Komponenten des Feldes.

Kopieren eines Feldes

Zum „echten“ Kopieren eines Feldes fordert man für das Zielfeld Speicher an und kopiert dann die Komponenten. Alternativ kann man auch die `clone()`-Methode für Felder verwenden.

```
01  static void copy () {
02    int[] feld1 = {1, 2, 3, 4, 5};
03    int[] feld2 = (int[])feld1.clone();
04    feld2[1] = 999;
05    System.out.println (feld1[1]);
06  }
```

Bei der Kopie eines Feldes in Zeile `03` dupliziert man nicht der Inhalt der Feldvariablen `feld1` (d.h. die „Hausnummer“ des alten Feldes), sondern man legt ein neues Feld an (d.h. ein neues „Haus“). Dann kopiert man den Inhalt des alten Feldes in dieses neue Feld, und die neue Feldvariable `feld2` verweist auf dieses neue Feld. Bildlich gesprochen: Es wird das Haus kopiert und eine neue Hausnummer angelegt. Änderungen an diesem neuen Haus betreffen das alte Haus nicht. Für den Cast in Zeile `03` vgl. Abschnitt 3.3.4.

Flache Kopie-tiefe Kopie

Diese Methode des Kopierens bezeichnet man auch als flache Kopie von Objekten, denn die Komponenten könnten ihrerseits wieder Felder sein. Sie würden dann ebenso wenig kopiert wie das Feld im vorausgegangenen Beispiel.Wenn man ein Feld mit Feldern oder Objekten als Komponenten mit all seinen Komponenten kopieren möchte, benötigt man eine sog. tiefe Kopie (vgl. Abschnitt 3.7.5).

2.4.1.2 Anwendungsbeispiele

Beispiel: Einlesen und Bearbeiten eines Feldes

Das Programm soll eine gewisse Anzahl von ganzen Zahlen in ein Feld einlesen. Danach sollen das Maximum dieser Zahlen, die Summe sowie der Durchschnitt ausgegeben werden. Dabei kann man die erweiterte Form der **for**-Schleife benutzen, soweit dies möglich ist.

```
import java.util.*;

public class DemoFeld_1_Dim {

  // Der Scanner ermittelt die Bestandteile der Eingabe.
  // Die nächste Zahl erhält man mit eingabe.nextDouble ()
  private static Scanner eingabe = new Scanner (System.in);

  // Der Speicherplatz für das Feld ist schon reserviert,
  // füllen wir nun die einzelnen Komponenten aus der Eingabe
  static void lies(double[] feld) {
    for (int i = 0; i < feld.length; i++) {
      feld[i] = eingabe.nextDouble ();
    }
  }

  // Ermitteln des Maximums eines vorhandenen Feldes
```

```
  static double maximum(double[] feld) {
    double max = feld[0];
    // f durchläuft alle Werte des Feldes: foreach
    for (double f : feld) {
      if (f > max)
        max = f;
    }
    /* Alternative: die "klassische" for-Schleife
    double max = feld[0];
    for (int i = 1; i < feld.length; i++) {
      if (feld[i] > max) {
        max = feld[i];
      }
    }
    */
    return max;
  }

  // Aufsummieren der Werte aller Komponenten
  static double summe(double[] feld) {
    double summe = 0;
    for (double f : feld) {
      summe += f;
    }
    /* Alternative: die "klassische" for-Schleife
    double summe = feld[0];
    for (int i = 1; i < feld.length; i++) {
      summe += feld[i];
    }
    */
    return summe;
  }

  // Berechnung des durchschnittlichen Wertes
  static double durchschnitt(double[] feld) {
    return summe (feld) / feld.length;
  }

  public static void main(String[] args) {
    System.out.printf (
         "Bitte die Anzahl der Zahlen im Feld eingeben:\n");
    int anzahlKomponenten = eingabe.nextInt();
    double feld[] = new double[anzahlKomponenten];
    System.out.printf ("Bitte die %d Zahlen im Feld eingeben:\n",
        anzahlKomponenten);
    lies (feld);
    System.out.printf ("Maximum %f\n",       maximum (feld));
    System.out.printf ("Minimum %f \n",      summe (feld));
    System.out.printf ("Durchschnitt %f\n", durchschnitt (feld));
  }
}
```

Probelauf: Eingaben sind grau hinterlegt

```
>java DemoFeld_1_Dim
Bitte die Anzahl der Zahlen im Feld eingeben:
4
Bitte die 4 Zahlen im Feld eingeben:
1 2 3 4
Maximum 4,000000
Minimum 10,000000
Durchschnitt 2,500000
```

> **Hinweis:** In der Methode `lies()` kann die erweiterte Form der **`for`**-Schleife nicht verwendet werden. Denn im Rumpf dieser Schleife steht nur der Wert des jeweiligen Feldinhalts zur Verfügung. Wertzuweisungen würden am Wert des Originals nichts ändern.

2.4.1.3 Behandlung von Indexfehlern

Indexunterlauf oder -überlauf beim Zugriff auf Felder gehört zu den am weitesten verbreiteten Fehlern bei der Programmierung. Solche Fehler führen häufig dazu, dass Daten in der Umgebung des Feldes überschrieben werden. Der Fehler macht sich dann nicht an der Stelle seines Auftretens bemerkbar, sondern verursacht an anderer Stelle Probleme, für deren Auftreten dort keine Ursachen gefunden werden können. Damit sind solche Fehler manchmal schwer zu lokalisieren. In Java wird ein Indexunterlauf oder -überlauf durch die Ausnahme `ArrayIndexOutOfBoundsException` abgefangen.

Beispiel: Programm mit Fehler

```
 1 public class Demo3 {
 2   public static void main (String[] args) {
 3     int IMAX = 4;
 4     int[] feld;              // Deklaration eines Feldes
 5     feld = new int[IMAX]; // IMAX-Komponenten
 6     for (int i = 0; i <= IMAX; i++) // FEHLER bei <= !!!
 7       feld[i] = i;
 8      for (int i = 0; i < feld.length; i++)
 9        System.out.printf ("%d = feld[%d]\n", i, feld[i]);
10   }
11 }
```

Beispiel: Ausgabe bei Programmlauf

```
java.lang.ArrayIndexOutOfBoundsException: 4
        at demo3.main(demo3.java:7)
```

Anmerkung

Obiges Programm enthält in Zeile 7 den Fehler, dass auf ein Feld mit genau `N` Komponenten mit dem Index `N` zugegriffen wird. Die Fehlermeldung des Java-Laufzeitsystems gibt sowohl den benutzten, fehlerhaften Index als auch die Stelle im Quellprogramm an.

2.4.2 Suche in Feldern

In diesem Abschnitt wird die lineare Suche in Feldern besprochen. Dabei muss das Feld nicht geordnet sein. Falls das Feld geordnet ist, bietet sich auch die sog. Halbierungsmethode zur Suche an, die die Ordnung ausnutzt. Die hier vorgestellten Algorithmen sind als Basiswissen zu verstehen, sie können nicht als Ersatz für spezielle, ausgefeilte Verfahren der Datenorganisation dienen.

2.4.2.1 Lineare Suche

Unter einer linearen Suche versteht man eine Suche, bei der ein Feld nach einem Eintrag ab einem Index der Reihe nach durchsucht wird. Die Suche wird abgebrochen, sobald man den gewünschten Eintrag gefunden hat. Die lineare Suche ist zwar recht einfach in der Programmierung, erfordert aber eine Laufzeit, die proportional zur Länge des Feldes ist.

Schreibweise

O(N)

Die Laufzeit eines Verfahrens ist von der Ordnung *N*, wenn *N* die Anzahl der Einträge eines Feldes bezeichnet. Dabei ist nur die Größenordnung interessant, denn ein linearer Aufwand bedeutet „doppelte Größe, doppelte Arbeit". Steigt der Aufwand hingegen quadratisch, so hat man einen Bezug „doppelte Größe, vierfache Arbeit". Dies kann bei großen Feldern zu inakzeptablen Laufzeiten der Programme führen.

Programm

```
// Lineare Suche in Feldern. Durchsuche ein Feld der Reihe nach
// auf der Suche nach einem Element.
public class LineareSuche {

  static int Suche (int[] feld, int gesuchterEintrag) {
    for (int i = 0; i < feld.length; i++)
      if (feld[i] == gesuchterEintrag)
        return i;
    return -1; // -1 kann kein gueltiger Index sein
  }

  static void test (int[] daten) {
    for (int i = 0; i < daten.length; i++) {
      int index = Suche (daten, daten[i]);
      if (index < 0 || (index != i))
        System.out.println ("Fehler bei index = " + index);
      else
        System.out.println ("Eintrag Nr. " + i + " gefunden");
    }

    if (Suche (daten, -999999) != -1)
      System.out.println ("Fehler unterhalb der Untergrenze");
    else
      System.out.println ("Suche unterhalb der Untergrenze ok");
    if (Suche (daten, 999999) != -1)
      System.out.println ("Fehler oberhalb der Obergrenze");
    else
      System.out.println ("Suche oberhalb der Obergrenze ok");
  }

  public static void main (String[] args) {
    test (new int[] { 5, 7, 8, 9, 1, 2, -1, 33 });
  }
}
```

Anwendung

Die lineare Suche eignet sich zur Suche in Feldern mit wenig Einträgen. Auch zum raschen und sicheren Aufbau von Prototypen kann sie benutzt werden. Sie kann auf alle Felder angewandt werden.

Zur Laufzeit

Bei der linearen Suche kann sich häufig ein Aufwand ergeben, der proportional zum Quadrat der Anzahl der Datensätze ist. Dieser Effekt tritt immer dann ein, wenn Einträge aus Daten herausgezogen und in einem Feld verwaltet werden. In diesem Fall ist die Länge des Feldes proportional zur Anzahl der Datensätze. Da die Anzahl der Suchvorgänge auch zur

Anzahl der Einträge proportional ist, hat man eine quadratische Abhängigkeit der Suchzeiten von der Anzahl der Datensätze. Dies ist in der Praxis gerade in interpretierten Sprachen in vielen Fällen ein zu hoher Aufwand.

Schreibweise

Wenn ein Algorithmus eine Laufzeit hat, die proportional zu einer Zahl N ist, dann ist die Laufzeit von der Ordnung N oder kurz $O(N)$. Wenn die Laufzeit quadratisch von der Zahl N abhängt, spricht man von der Ordnung $O(N^2)$. In diesem Sinne könnte die lineare Suche zu Laufzeiten von der Ordnung $O(N^{2)}$ führen, wenn N die Anzahl der Datensätze ist. Im Klassiker [34] findet man eine ausführliche Darstellung dieses Themas.

Zum Test

Die o.a. Routine `test` zum Test der Suchroutine kann als sog. Black-Box-Test bezeichnet werden. Sie macht keinen Gebrauch von inneren Eigenschaften der zu testenden Routine, sondern untersucht für ein bestimmtes Feld das Verhalten der Routine. Hier wurde ein unsortiertes Feld benutzt. Auch das Verhalten der Suchroutine außerhalb des Bereichs, bei dem ja ein Überlauf bzw. ein Unterlauf beim Zugriff über Indices auftreten könnte, wurde abgesichert.
Tests der o. a. Art zeigen nur die Abwesenheit gewisser Fehler. Sie können nie als Ersatz für einen Beweis der Korrektheit eines Programms dienen. Wenn dieser Beweis nicht möglich oder zu aufwändig ist, können solche Tests die Qualität der Software erhöhen.

2.4.2.2 Halbierungsmethode: Binäre Suche

Eine Suche nach der Halbierungsmethode (bzw. binäre Suche) kann nur bei sortierten Feldern benutzt werden. Wenn ein Feld sortiert ist, steht nach einem Vergleich mit dem mittleren Element fest, ob sich das gesuchte Element in der unteren oder der oberen Hälfte befindet. Man kann also mit einem Vergleich bereits die Hälfte der Elemente ausscheiden. Dies ist natürlich wesentlich effizienter als bei der linearen Suche, bei der man jeweils nur ein Element von der weiteren Suche ausschließen kann. Dieses Ausschlussverfahren wiederholt man so lange, bis man das gesuchte Element gefunden hat, oder bis feststeht, dass sich das Element nicht in dem sortierten Feld befinden kann.

Zur Laufzeit

$$
\begin{aligned}
&\mathit{Aufwand}\,(1024)\\
&= \mathit{Konstante} + \mathit{Aufwand}\,(512)\\
&= \mathit{Konstante} + \mathit{Konstante} + \mathit{Aufwand}\,(256)\\
&= \mathit{Konstante} + \mathit{Konstante} + \mathit{Konstante} + \mathit{Aufwand}\,(128) =\\
&= 10 * \mathit{Konstante} = ld(1024) * \mathit{Konstante}.
\end{aligned}
$$

Also: Der Aufwand bei diesem Verfahren wächst nur logarithmisch mit der Anzahl der Elemente (ld bezeichnet den Logarithmus zur Basis 2, sog. Logarithmus dualis):

$$\mathit{Aufwand} = \mathit{Konstante} * ld\,(\mathit{Anzahl\ der\ Elemente})$$
$$\mathit{Aufwand} = O(ld\,(N))$$

Programm

```
// Binaere Suche in Java
// Nach Kernighan/Ritchie [15]
public class BinaereSuche {
```

```
  static int Suche (int[] feld, int gesuchterEintrag) {
    int u = 0, o = feld.length - 1;
    while (u <= o) {
      int m = (u + o) / 2;
      if (gesuchterEintrag < feld[m])
        o = m - 1; // Suche in unterer Haelfte weiter
      else if (gesuchterEintrag > feld[m])
        u = m + 1; // Suche in oberer Haelfte weiter
      else
        return m;
    }
    return -1; // nicht gefunden
  }

  static void test (int[] testDaten ) { ... siehe LineareSuche

  public static void main (String[] args) {
    test (new int[]{ 5, 7, 8, 9, 12, 20, 29, 33 });
  }
}
```

Anwendung

Die binäre Suche kann nur auf sortierte Felder angewandt werden. Dort wächst der Aufwand nur logarithmisch mit der Anzahl der Komponenten, d.h. für $1000000 = 10^6$ Komponenten hat man nur ca. den doppelten Aufwand wie bei $1000 = 10^3$ Komponenten, da gilt:

$$ld\,(1000000) = ld\,(10^6) = 6 * ld\,(10) = 2 * 3\, ld\,(10) = 2 * ld\,(10^3) = 2 * ld\,(1000).$$

Unterstützung im JDK zum Suchen

Im Package `java.util.Arrays` gibt es ab JDK 1.2 die `binarySearch(...)`-Methoden, die die binäre Suche in sortierten Feldern durchführen.

2.4.3 Sortieren

Zum Sortieren von Datensätzen werden die Sortierverfahren Bubblesort und Quicksort besprochen. Bubblesort ist ein elementares Sortierverfahren. Der Aufwand an Laufzeit liegt in der Größenordnung $O(N^2)$. Quicksort ist ein rekursiver Algorithmus mit einem Aufwand an Laufzeit von im Mittel $O(N\, ld\,(N)$ (Nach [34])).

Bubblesort

Bubblesort bringt in mehreren Durchläufen jeweils das kleinste Element des Restfeldes an die erste Position. Im ersten Durchlauf ist das Restfeld gleich dem ganzen Feld, im zweiten Durchlauf fehlt gegenüber dem ersten Durchlauf das erste Element usw. In jedem Durchlauf bringt man das kleinste Element nach oben, indem vom letzten Element her jedes Element mit seinem Vorgänger verglichen wird. Falls es kleiner als sein Vorgänger ist, steigt es auf wie eine Luftblase im Wasser. Die folgende Skizze zeigt den Verlauf dieser Sortierung anhand eines Beispiels für das Feld `{15, 9, 7, 2, 0}`.

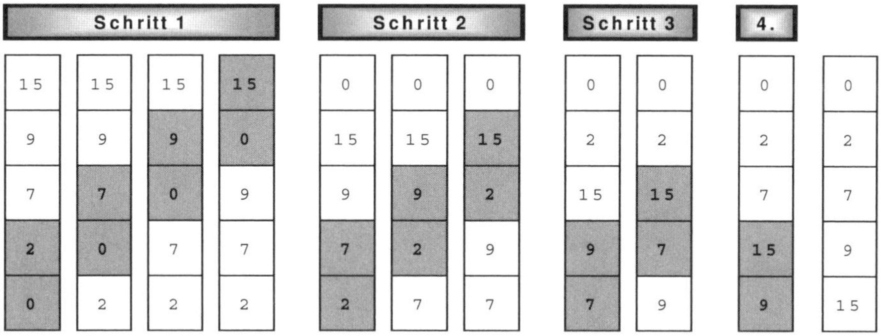

Implementierung in Java

```
void bubble (int[] feld) {
  for (int i = 1; i < feld.length; i++)
    for (int j = feld.length-1; j >= i; j--)
      if (feld[j] < feld[j-1]) {
        int temp = feld[j];
        feld[j] = feld[j-1];
        feld[j-1] = temp;
      }
}
```

Zur Laufzeit

Es werden $(N-1)+(N-2)+...+2+1=1+2+(N-1))=\frac{N*(N-1)}{2}$ Operationen benötigt. Bubblesort ist ein $O(N^2)$-Verfahren.

Quicksort

Quicksort nach C.A. Hoare ist ein Algorithmus zum Sortieren von Feldern. Die Grundidee geht dabei von den Problemen elementarer Sortierverfahren wie etwa des Bubblesort aus. Bei diesem Verfahren wird ein Feld mit *N*-Komponenten durch Aufteilen in ein Feld mit einem Element und ein Feld mit *(N–1)*-Elementen sortiert. Das Sortieren des Restfeldes erfolgt durch einen Austausch benachbarter Elemente, falls diese nicht bereits in der richtigen Reihenfolge angeordnet sind. Das o.a. Element sitzt bereits am richtigen Platz, der Rest muss noch (wieder mit der gleichen Methode) sortiert werden. Diese Methode benutzt also bereits die Strategie des „Teilens und Herrschens". Die Probleme liegen aber beim Aufteilen und beim Austausch der falsch sitzenden Elemente.
Die Strategie des Quicksort setzt an den beiden Schwachstellen des Bubblesort an:

- Austausch falsch platzierter Elemente über geringe Entfernung
- Unterteilung in ein Feld mit einem Element und ein Feld mit *(N–1)* Elementen, dadurch nur geringer Fortschritt bei einem Lauf

Vorüberlegung: Sortieren und Mischen

Ein Feld wird in zwei etwa gleich große Teile geteilt. Beide Teile werden jeweils für sich sortiert. Die Ergebnisse werden mit Mischen so wiedervereinigt, dass die Sortierreihenfolge hergestellt wird. Der Zeitaufwand berechnet sich dann aus den Aufwänden zum Sortieren der Teile und zum Mischen. Wenn jedes Teil die Größe $N/2$ hat, ergeben sich mit dem Bubblesort Sortierzeiten für jedes der Teile zu $(N/2)^2 = N^2/4$. Damit hätte man die Gesamt-

zeit für das Sortieren auf etwa *const.* $* N^2/2$ + *Zeit für das Mischen* reduziert. Der Zeitaufwand für das Mischen ist aber gering, der Aufwand wächst linear. Wendet man diese Sortiermethode ihrerseits wieder auf die Teile an, reduziert sich der Aufwand dort erneut usw. Mit dieser Strategie des Aufteilens, Sortierens und Mischens kann man also den quadratisch wachsenden Aufwand stark reduzieren.
Der Nachteil dieses Verfahrens liegt in den Misch-Vorgängen. Hierfür benötigt man nochmals Speicher in der Größenordnung des ganzen Feldes.

Algorithmus Quicksort

C.A. Hoare geht mit Quicksort noch einen Schritt weiter. Er versucht, das Feld so zu unterteilen, dass die beiden Teile nicht mehr gemischt werden müssen. Danach wird Quicksort auf die beiden Teile angewandt. Dabei spielt es keine Rolle, ob die Unterteilung des Feldes jedes Mal in der Mitte gelingt, denn dies bedingt jeweils nur einen weiteren Versuch. Zur Unterteilung wird ein Element aus einem Feld ausgewählt. C.A. Hoare benutzt das Element, das in der Mitte des Feldes liegt, als Vergleichsobjekt. Er sucht dann von unten her ein größeres und von oben her ein kleineres Element. Wenn solche Elemente gefunden werden, sind sie falsch platziert und werden gegeneinander ausgetauscht. Dieser Austausch erfolgt dann über eine große Entfernung. Diese Suche wird so lange wiederholt, bis sich die Suche aus beiden Richtungen trifft. Dann gibt es im unteren Teil nur kleinere Elemente, im oberen Teil nur größere Komponenten. Damit hat man die beiden Teile gewonnen, die noch sortiert werden müssen. Die hier vorgestellte Form des Quicksort folgt [15].

```
void quick (int[] feld, int l, int r) {
  int i = l, j = r, VergleichsElement;

  VergleichsElement = feld[(l+r) >> 1];
  do {
    while (feld[i] < VergleichsElement)
      i++;
    while (VergleichsElement < feld[j])
      j--;
    if (i <= j) {
      int temp = feld[j];
      feld[j] = feld[i];
      feld[i] = temp;
      i++;
      j--;
    }
  } while (i <= j);
  if (l < j)
    quick (feld, l, j);
  if (i < r)
    quick (feld, i, r);
}
```

Probelauf

Daten: `{7, 3, 99, 1, 6, 9}`
Die Skizze zeigt die Schachtelung der Aufrufe, die Parameter, lokale Daten der jeweiligen Aufrufe sowie rechts das Feld.

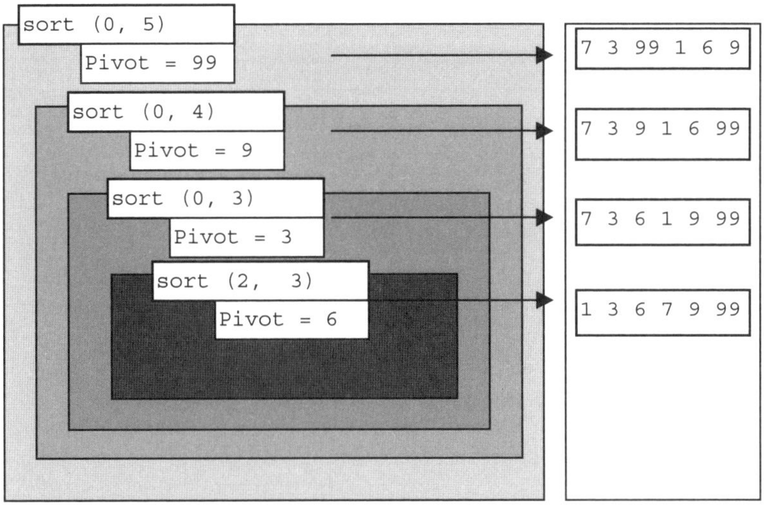

Analyse des Quicksort

Quicksort benötigt im Mittel *O(N*ld (N))* (Vgl. [34]). Im schlechtesten denkbaren Fall benötigt Quicksort auf Grund der Rekursion noch Speicher in einer Größenordnung, die proportional zur Größe des zu sortierenden Feldes ist. Dieser Fall kann dann auftreten, wenn die Unterteilung des Feldes bei Quicksort immer nur einen Fortschritt um einen Eintrag bringt. Deswegen ist der Einsatz von Quicksort immer dann problematisch, wenn man harte obere Schranken für Laufzeit und Speicherbedarf hat.

Unterstützung im JDK zum Suchen und Sortieren ab Version 1.2

Die Klasse `java.util.Arrays` enthält Methoden zum Sortieren sowie zur binären Suche für Felder aus **`byte`**, **`char`**, **`short`**, **`int`**, **`long`**, **`float`** bzw. **`double`**-Komponenten sowie aus Objekten. Für die in Java möglichen Objekte kann mit den in `Collections` gebotenen Möglichkeiten eine effiziente Suche implementiert werden. Vgl. Abschnitt 4.3.4.

2.4.4 Mehrdimensionale Felder

Mehrdimensionale Felder oder Matrizen werden in Java durch Felder aus Feldern dargestellt. Wie bei eindimensionalen Feldern muss in Java zwischen der reinen Deklaration und der Initialisierung unterschieden werden.

Mögliche Schreibweisen

```
int Matrix1[][];   // Matrix1 = new int [N][M];
int[] Matrix2[];   // Matrix2 = new int [N][M];
int[][] Matrix3;   // Matrix3 = new int [N][M];
```

Ein- und zweidimensionale Felder

Feld `f` ist eindimensional mit 4 Spalten. Feld `m` ist zweidimensional mit 3 Zeilen und 2 Spalten. Der erste Index ist der Zeilenindex, der zweite der Spaltenindex.

```
int[] f = { 1, 2, 3, 4 };
```

```
int[][] m = { {1, 2}, {3, 4}, {5, 6}};
```

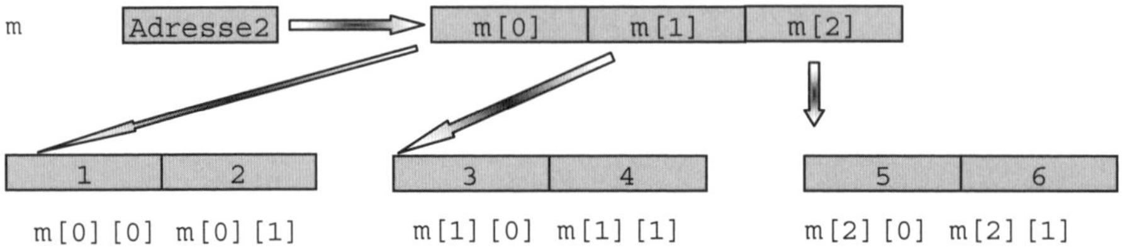

Beispiel

Das folgende Beispiel zeigt die elementaren Schritte beim Arbeiten mit ein- und zweidimensionalen Feldern.

```
public class DemoFeld_2_Dim {

  // Ausgabe eines 1-dim-Feldes
  static void print1Dim (int[] feld) {
    for (int i = 0; i < feld.length ; i++)
      System.out.printf ("feld[%2d]= %d\n", i, feld[i]);
  }

  // Ausgabe eines 1-dim-Feldes mit erweiterter for-Schleife
  static void print1Dimx (int[] feld) {
    for (int fi : feld)
      System.out.printf ("%d", fi);
  }

  // Ausgabe eines 2-dim-Feldes
  static void print2Dim (int[][] feld) {
    for (int i = 0; i < feld.length; i++) {
      for (int j = 0; j < feld[i].length; j++)
        System.out.printf ("feld[%2d, %2d] = %3d ",
                                          i,    j,    feld[i][j]);
      System.out.println ();
    }
  }

  // Ausgabe eines 2-dim-Feldes mit erweiterter for-Schleife
  static void print2Dimx (int[][] feld) {
    for (int[] fi : feld) {
      for (int fij : fi)
        System.out.printf ("%4d", fij);
      System.out.println ();
    }
  }

  // Arbeiten mit 1-dim-Feldern
  static void test1Dim() {
    // a) Deklaration eines Feldes
    int[] feld;
    // Speicher holen
```

```
      feld = new int[4];

      // Zuweisen der Inhalte der Werte der Komponenten
      for (int i = 0; i < feld.length; i++)
        feld [i] = i;
      print1Dim (feld);
      // b) Direktes Auflisten aller Elemente
      print1Dim (new int [] {0, 1, 2, 3});
    }

    // Arbeiten mit 2-dim-Feldern
    static void test2Dim() {
      // a) Deklaration eines Feldes
      int[] [] feld;
      // Speicher holen
      feld = new int[2] [2];
      // Zuweisen der Inhalte der Werte der Komponenten
      for (int i = 0; i < feld.length; i++)
        for (int j = 0; j < feld[i].length; j++)
          feld[i][j] = i*10 + j;
      print2Dim (feld);
      // b) Direktes Auflisten aller Elemente
      print2Dim (new int[] [] {{0, 1}, {10, 11}});
    }

    public static void main (String[] args) {
      test1Dim ();
      test2Dim ();
    }
  }
```

Ausgabe

```
feld[ 0]= 0
feld[ 1]= 1
feld[ 2]= 2
feld[ 3]= 3
feld[ 0]= 0
feld[ 1]= 1
feld[ 2]= 2
feld[ 3]= 3
feld[ 0,  0] =   0 feld[ 0,  1] =   1
feld[ 1,  0] =  10 feld[ 1,  1] =  11
feld[ 0,  0] =   0 feld[ 0,  1] =   1
feld[ 1,  0] =  10 feld[ 1,  1] =  11
```

Anmerkung für Umsteiger von C bzw. C++

Die Länge eines Feldes kann und sollte man in Java dynamisch mit `feld.length` abfragen. C-Programmierer sollten ihren gewohnten Programmierstil über `#define` für die Feldlängen nicht in Form von **`final`**-Konstanten in Java weiter pflegen, da die dynamische Abfrage der Länge in Java im Gegensatz zu den C-Programmierverfahren die tatsächliche Länge des Feldes liefert.

Felder mit Komponenten aus Feldern variabler Länge

Da Felder in Java von Haus aus dynamisch sind, implementiert man solche Felder dadurch, dass das Feld in mehreren Schritten initialisiert wird. Zunächst muss das Feld als „`Array of ... xxx`" initialisiert werden. Damit erhält man aber nur ein Feld mit leeren Komponenten. Danach kann man jede Komponente einzeln initialisieren. Bei diesem Schritt kann jede Komponente ihrerseits eine variable Anzahl von Teilkomponenten erhalten.

Beispiel

```
public class DemoArray {
  public static void main (String[] args) {
    int[][] feld;          // Deklaration einer nxn-Matrix
    feld = new int[4][]; // Speicher holen : 1. Teil

    // Fuer jede Komponente wird separat Speicher angefordert
    for (int i = 0; i < feld.length; i++)
      feld[i] = new int [i+1];

    // Belege die Komponenten des 2-dim. Feldes
    for (int i = 0; i < feld.length; i++)
      for (int j = 0; j < feld[i].length; j++)
        feld[i][j] = i*10 + j;

    // Ausgabe des 2-dim. Feldes
    for (int i = 0; i < feld.length; i++)
      for (int j = 0; j < feld[i].length; j++) {
        System.out.printf ("feld[%2d, %2d] = %3d\n",
                           i,   j,   feld[i][j]);
      }
  }
}
```

Ausgabe

```
i = 0 j = 0 feld[i][j] = 0
i = 1 j = 0 feld[i][j] = 10
i = 1 j = 1 feld[i][j] = 11
i = 2 j = 0 feld[i][j] = 20
i = 2 j = 1 feld[i][j] = 21
i = 2 j = 2 feld[i][j] = 22
i = 3 j = 0 feld[i][j] = 30
i = 3 j = 1 feld[i][j] = 31
i = 3 j = 2 feld[i][j] = 32
i = 3 j = 3 feld[i][j] = 33
```

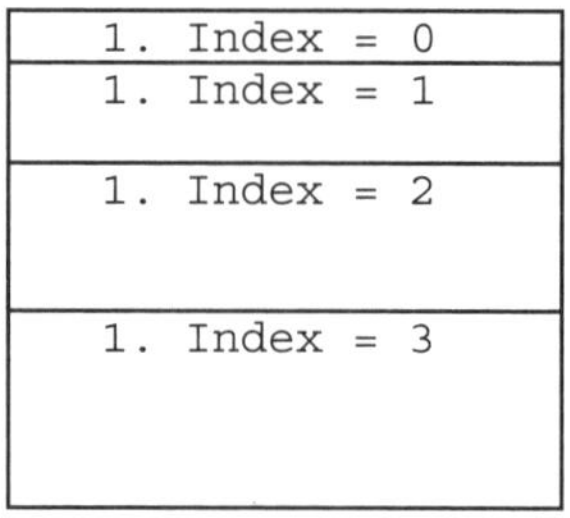

2.5 Operatoren in Java

Übersicht und Definition

Für Ausdrücke gibt es 15 Vorrangstufen. Innerhalb der einzelnen Stufen ist im Gegensatz zu C die Reihenfolge der Bewertung der Operanden festgeschrieben, um sicherer zu portierbaren Anwendungen zu kommen. Für jeden Operator werden die Operanden von links nach rechts bewertet. Ihre Bewertung ist bei Anwendung des Operators abgeschlossen.

Ferner ist noch die Assoziativität definiert. So werden Ausdrücke der Art `a+a+a` wie `((a+a)+a)` geklammert (Linksassoziativität), aber die mehrfache Zuweisung `a=b=c=d` wird von rechts her wie `a=(b=(c=d))` geklammert (Rechtsassoziativität).

Tabelle der Operatoren in Java, geordnet nach Vorrang

<table>
<tr><td>1.</td><td><code>() [] . expr++ expr--</code></td><td>links nach rechts</td></tr>
<tr><td>2.</td><td><code>! ~ -unär +unär ++expr --expr</code></td><td>rechts nach links</td></tr>
<tr><td>3.</td><td><code>new (type)</code></td><td></td></tr>
<tr><td>4.</td><td><code>* / %</code></td><td>links nach rechts</td></tr>
<tr><td>5.</td><td><code>+ -</code></td><td>links nach rechts</td></tr>
<tr><td>6.</td><td><code><< >> >>></code></td><td>links nach rechts</td></tr>
<tr><td>7.</td><td><code>< <= > >= instanceof</code></td><td>links nach rechts</td></tr>
<tr><td>8.</td><td><code>== !=</code></td><td>links nach rechts</td></tr>
<tr><td>9.</td><td><code>&</code> (bitweises Und)</td><td>links nach rechts</td></tr>
<tr><td>10.</td><td>^ (bitweises exklusives Oder)</td><td>links nach rechts</td></tr>
<tr><td>11.</td><td>| (bitweises Oder)</td><td>links nach rechts</td></tr>
<tr><td>12.</td><td><code>&&</code> (logisches Und)</td><td>links nach rechts</td></tr>
<tr><td>13.</td><td>|| (logisches Oder)</td><td>links nach rechts</td></tr>
<tr><td>14.</td><td><code>?:</code></td><td>rechts nach links</td></tr>
<tr><td>15.</td><td><code>= += -= *= /= %=</code>
<code>^= &= |= <<= >>= >>>=</code></td><td>rechts nach links</td></tr>
</table>

In der Tabelle bezeichnet 1 den höchsten Vorrang, 15 den niedrigsten.

2.5.1.1 Arithmetische Operatoren

Die binären arithmetischen Operatoren sind `+`, `-`, `*`, `/` sowie die Modulo-Operation `%` für ganze und Gleitpunktzahlen.

> **Hinweis:** Das Vorzeichen des Ergebnisses der modulo-Operation ganzer Zahlen ist unabhängig von der Hardware. Es gilt
>
> `(a / b ) * b + (a % b) = a`
>
> Das Vorzeichen des Ergebnisses `a % b` entspricht dem des Dividenden `a`. Der Betrag von `a % b` ist in jedem Fall kleiner als der von `b`.

Die Modulo-Operation für Gleitkommazahlen entspricht nicht der Rest-Operation nach IEEE 754, sondern folgt ähnlich der C-Bibliotheksfunktion `fmod` der Analogie zu den Ganzzahlen.

2.5.1.2 Vergleiche und logische Verknüpfungen

Vergleichsoperatoren liefern grundsätzlich Ergebnisse vom Typ **`boolean`**. Dies ist anders als in der Sprache C bzw C++ und schließt eine Reihe von Fehlern bei der Programmierung a priori aus. So ist der Fehler

```
if (a = b)
```

nur noch dann möglich, wenn `a` und `b` vom Typ **`boolean`** sind.
Die Vergleichsoperatoren `>` `>=` `<` `<=` haben den gleichen Vorrang. Die Vergleiche auf Gleichheit oder Ungleichheit `==` bzw. `!=` haben geringeren Vorrang. Vergleiche haben geringeren Vorrang als arithmetische Operatoren, damit man Ausdrücke der Form

```
a < b + c
```

so schreiben kann, wie sie gemeint sind.

Das logische *und* wird mit `&&`, das logische *oder* mit `||` bezeichnet. Die logische *Negation* wird mit `!` bezeichnet. Sie liefert **`true`** für alle Argumente, die gleich **`false`** sind, und **`false`** für alle Argumente, die **`true`** sind. Vgl. Abschnitt 2.1.3.
Im Gegensatz zu Pascal haben die Operatoren für das logische *und* sowie das logische *oder* einen geringeren Vorrang als Vergleiche. Damit kann man in Java den Vergleich `a<b && c<d` verwenden, in Pascal müsste man `(a<b) AND (c<d)` schreiben, da es in Pascal nur vier Vorrangstufen gibt und dem Operator `AND` derselbe Vorrang wie der Multiplikation zukommt.

2.5.1.3 Reihenfolge der Auswertung

Die Auswertung logischer Ausdrücke ist in Java genau festgelegt. Sie erfolgt von links nach rechts, und zwar nur so lange, bis das Ergebnis des Ausdrucks feststeht. Nach diesem sog. Kurzschlussverfahren lassen sich manche Formulierungen einfach und dennoch präzise treffen:

```
Lies so lange, wie nicht Ende der Datei
        und Satzinhalt ungleich "XXX".
```

Würde hier die zweite Bedingung ausgeführt, obwohl bereits die erste falsch ist, kann es zu undefinierten Ergebnissen kommen. Auch Programmabstürze wären möglich.

2.5.1.4 Inkrement und Dekrement

Java bietet zum Inkrementieren von Variablen den Operator `++`, zum Dekrementieren den Operator `--` an. Diese Operatoren können nur auf Variablen (L-Value, Left-Value) wirken, nicht auf beliebige Ausdrücke (R-Value, Right-Value).
Es gibt die Schreibweisen `++x` sowie `x++`. Diese Operatoren wirken unterschiedlich. Angenommen, die Variable `i` hat den Wert 10. Dann erhält `j` durch `j = i++;` den Wert 10, aber durch `j = ++i;` den Wert 11. Im ersten Fall wird `i` erst benutzt und dann inkrementiert, im zweiten Fall wird `i` erst inkrementiert und dann benutzt.

```
int i = 7;
k = i++; // Lesen + Schalten : k erhält den Wert 7
```

Aber:

```
int i = 7;
k = ++i; // Schalten + Lesen: k erhält den Wert 8
```

2.5.1.5 Bitverarbeitung

Java ist auch als Sprache für systemnahe Programmierung konzipiert. Aus diesem Grunde überrascht es nicht, dass ähnlich wie in C alle gängigen Möglichkeiten der bitweisen Verarbeitung von Daten vorhanden sind. Die Operationen sind nur für die ganzzahligen Datentypen verfügbar.
Bei Schiebe-Operationen wird der linke Operand um die Anzahl der Stellen, die der rechte Operand angibt, verschoben. Für **`int`**-Operanden kann um 0 bis 31 Stellen geschoben werden, für **`long`**-Operanden um 0 bis 63 Stellen.

<table>
<tr><td>&</td><td>bitweise Und-Verknüpfung</td></tr>
<tr><td>|</td><td>bitweise Oder-Verknüpfung</td></tr>
<tr><td>^</td><td>bitweise exklusive Oder-Verknüpfung</td></tr>
<tr><td>~</td><td>bitweises Komplement (1-Komplement)</td></tr>
<tr><td><<</td><td>bitweise links schieben</td></tr>
<tr><td>>></td><td>bitweise rechts schieben, von links das Vorzeichen nachziehen</td></tr>
<tr><td>>>></td><td>bitweise rechts schieben, von links 0 nachziehen</td></tr>
</table>

Beispiel: Gewinn an Sicherheit durch `boolean`

Der Ausdruck

```
a & 1 != 0
```

stellt sicher ein Missverständnis des Programmierers dar. Er wäre in C bzw. C++ korrekt im Sinne der Syntax. In Java ist dieser Ausdruck nicht korrekt, denn der Term `1 != 0` hat den Typ **`boolean`**, `a` muss hingegen ein Zahlentyp sein. Somit akzeptiert kein Compiler den o.a. Ausdruck.

Beispiele

<table>
<tr><th>Operation</th><th>Ergebnis</th></tr>
<tr><td>1 << 2</td><td>4</td></tr>
<tr><td>9 >> 1</td><td>4</td></tr>
<tr><td>1 | 2</td><td>3</td></tr>
<tr><td>1 || 2</td><td>Fehler bei Übersetzung</td></tr>
<tr><td>1 && 2</td><td>Fehler bei Übersetzung</td></tr>
<tr><td>1 & 2</td><td>0</td></tr>
<tr><td>x |= 4;</td><td>Das 3. Bit von rechts soll auf 1 gesetzt werden.</td></tr>
<tr><td>x |= 1 << i;</td><td>Das i-te Bit von rechts soll auf 1 gesetzt werden.</td></tr>
<tr><td>x &= ~4;</td><td>Das 3. Bit von rechts soll auf 0 gesetzt werden.</td></tr>
<tr><td>x &= ~(1 << i);</td><td>Das i-te Bit von rechts soll auf 0 gesetzt werden.</td></tr>
</table>

Hinweis: Komplizierte Bit-Operationen sollten stets geklammert werden, denn bei diesen Operatoren besteht leicht die Möglichkeit, dass man einen Vorrang verwechselt.

2.5.1.6 Bedingter Ausdruck

```
expr1 ? expr2 : expr3
```

Zur Berechnung dieses Ausdrucks wird zunächst `expr1` ausgewertet. Wenn das Ergebnis `true` ist, bestimmt der Wert von `expr2` den Wert des gesamten Ausdrucks. Ansonsten definiert `expr3` das Resultat.

Beispiel

```
int i = 0;
int j, k;
```

```
j = (i==0)?5:7;
k = (i == 99)?1:2;
```

In diesem Fall wird der Wert der Variablen `j` auf 5 gesetzt. `k` erhält den Wert 2.

Hinweis: Manche bedingten Ausdrücke sind schwer lesbar.

2.6 ANSI-Escape-Sequenzen

Strings können beliebige Zeichen des Unicodes enthalten. Nicht darstellbare Zeichen lassen sich über sog. Escape-Sequenzen eingeben. Diese beginnen mit dem Zeichen \.

Escape-Sequenzen

`\b`	Backspace	\u0008
`\n`	Linefeed	\u000a
`\r`	Carriage Return	\u000d
`\t`	Horizontaler Tabulator	\u0009
`\f`	Formfeed	\u000c
`\\`	\	\u005c
`\'`	'	\u0027
`\"`	"	\u0022
`\ooo`	1 bis 3 Oktalziffern	\u0000 bis \u00ff

Zusammenfassung

Java unterscheidet zwischen Objekten erster und Objekten zweiter Klasse. Objekte erster Klasse werden in Kapitel 3 besprochen. Zahlen, Zeichen und **`boolean`** sind die Typen für Objekte zweiter Klasse. Sie lassen sich effizient auf allen Computern abbilden. Aus Objekten können Felder aufgebaut werden. Bei Zugriffen auf Felder wird grundsätzlich der Index überprüft, es darf in einer sicheren Sprache keine unerlaubten Zugriffe geben. Jedes Feld enthält eine Komponente `length`, die die aktuelle Anzahl der Elemente enthält.
Die Daten können mit Methoden bzw. Funktionen bearbeitet werden. Methoden sind rekursiv aufrufbar. Java kann Methoden überladen. Die Java-Compiler führen strikte Überprüfungen der Datentypen durch und verweigern die Übersetzung von Programmen mit unpassenden Parametern. Das gilt auch für die Rückgabewerte der Methoden.
Java bietet, ähnlich wie C, Operatoren für die bitweise Verarbeitung der Daten. Um portable Anwendungen zu erreichen, wurden im Gegensatz zu C die Grauzonen der Definition der Wirkungsweise der Operatoren und der Reihenfolge der Bewertung der Operanden abgeschafft.

Aufgaben zu Kapitel 2

1. Eine Methode erhält zwei Parameter n und Zeichen. Sie soll das übergebene Zeichen n-mal ausgeben.
2. Ein Programm soll einen Automaten zur Geldrückgabe simulieren. Das Programm liest einen Betrag in Form einer Gleitpunktzahl ein. Dann soll der Betrag mit möglichst wenig Münzen ausgegeben werden.

3. Ein Programm soll die Ziehung der Lottozahlen „6 aus 49 mit Zusatzzahl“ simulieren. Die gezogenen Zahlen sowie die Zusatzzahl sollen ausgegeben werden.
4. Ein Programm soll die Zahlen des Pascalschen Zahlendreiecks (rekursiv oder nicht rekursiv) ausgeben. Die folgende Skizze zeigt ein mögliches Schema zur Berechnung der Zahlen.

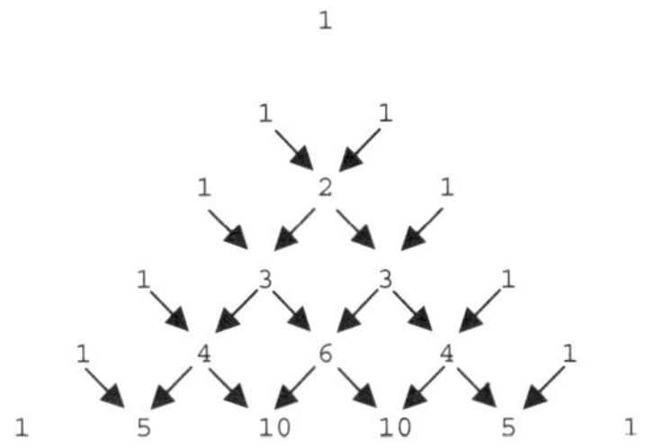

5. Gegeben ist das Programm zur Berechnung der Lösungen der quadratischen Gleichung aus Abschnitt 2.2.1. Gesucht ist eine Variante dieses Programms ohne Schachtelung der `if`-Anweisungen.
6. Man kann den Wert der Zahl π mit der sog. Monte-Carlo-Methode berechnen. Hierzu berechnet man mit der Methode `Math.random()` Paare (x, y) von Zufallszahlen mit $-1 \leq x \leq +1$ und $-1 \leq y \leq +1$. Die Zahl π kann man dann über das Verhältnis der Flächen des Einheitskreises (=π) zur Fläche des Einheitsquadrats berechnen, denn für große Anzahlen von verschiedenen Werten (x, y) werden sich die Anzahlen für die „Treffer“ im Kreis bzw. im Quadrat wie die entsprechenden Flächen verhalten.

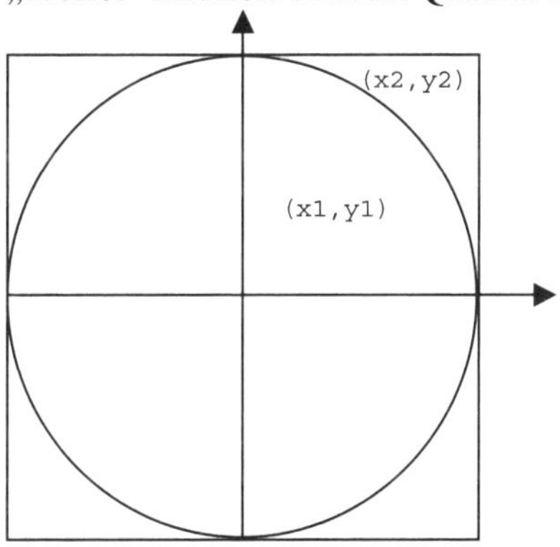

7. Das Sieb des Eratosthenes kann zur Berechnung von Primzahlen benutzt werden. Man schreibt alle Zahlen von 2 bis N in ein Feld. Danach „streicht“ man alle Vielfachen von 2, 3, 5 usw. in dem Feld durch (jeweils ab der nächsten bisher nicht durchgestrichenen Zahl). Die übrig gebliebenen Zahlen sind Primzahlen.
8. Geben Sie eine Methode an, die alle Zahlen eines Feldes rekursiv aufsummiert.
```
public static int summe (int feld[]) { ... }
```

Hinweis: Man kann die Summe wie folgt definieren:

$$Summe\ (i) = \left\{ \begin{matrix} i = N : Feld[N] \\ sonst : Feld[i] + Summe(i+1) \end{matrix} \right\}$$

9. Gesucht ist ein Programm zur Berechnung der Fibonacci-Zahlen.

$$fib(n) = \begin{cases} i = 0{,}1 : 1 \\ sonst : fib(n-1) + fib(n-2) \end{cases}$$

Hinweis: Es gibt rekursive und nicht-rekursive Lösungen.

10. Berechnen Sie mit dem Verfahren von Euklid den größten gemeinsamen Teiler zweier Zahlen *a* und *b*.

Hinweis: $\left.\begin{matrix} a \mid b \\ a \mid c \end{matrix}\right\} \Rightarrow a \mid (b-c)$

Damit gilt:

Falls *b* > *c*: berechne (*b*-*c*). Weiter mit dem Paar ((*b*-*c*), *c*).

Sonst : Weiter mit dem Paar (*b*, (*c*-*b*))

Wiederhole dies, bis *b* = *c*

11. Geben Sie ein Programm an, das die folgenden Daten nach dem Vornamen sortiert.

```
String  personen[][] =
{
   // Name      Vorname   Wohnort
   {"Meier",    "Sepp",   "Mannheim"},
   {"Huber",    "Anton",  "Regensburg"},
   {"Berger",   "Franz",  "Passau"},
   {"Winkler",  "Hans",   "Regensburg"},
   {"Maler",    "Horst",  "Passau"}
};
```

12. Geben Sie ein Programm an, welches in einem als Kommandozeilenparameter übergebenen Satz (mit Leerzeichen) alle ae durch den Umlaut ä ersetzt und den geänderten Satz am Bildschirm ausgibt.

13. Geben Sie ein Applet an, das rekursiv ein Lineal zeichnet.

```
void lineal(Graphics g, double links, double rechts, int höhe)
```

Diese Methode wird aus der `paint(...)`-Methode mit der Breite des Bildschirms aufgerufen. Dann zeichnet sie in der Mitte einen senkrechten Strich in der angegebenen Höhe. Danach ruft sich die Methode für die linke und rechte Hälfte mit der halben Höhe auf. Die Rekursion soll abgebrochen werden, wenn die Höhe zu klein ist (z.B. kleiner als 1 Pixel).

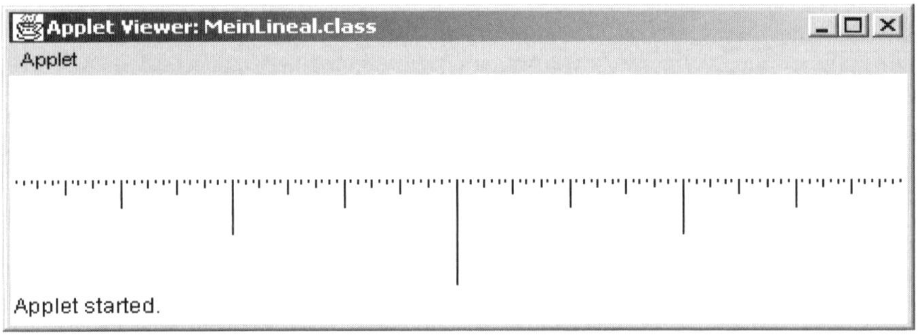

3 Objektorientierte Programmierung in Java

Objektorientierung ist in Java grundlegender Bestandteil der Sprache, auch wenn es viele nützliche Beispiele gibt, bei denen man die Objektorientierung nicht explizit herausstellen müsste. Der Entwickler kann in Java nicht anders als objektorientiert programmieren, das Arbeiten mit der Vererbung beginnt bereits mit der Konzeption der ersten Klasse. Deswegen beginnt dieses Kapitel mit einem Streifzug in der Welt der Ideen und der Strategien der Objektorientierung. Mit diesem begrifflichen Rüstzeug werden Klassen und Vererbung in Java eingeführt.

3.1 Das Konzept der Objektorientierung

Das Konzept der Objektorientierung wird von drei Seiten her beleuchtet:

1. Erkennungsprozess: Programmieren heißt, die Welt im Rechner abbilden.
2. Abstrakte Datentypen: Variable, Methoden und Zugriffsprotokolle
3. Probleme mit den bisherigen Strategien bei der Programmierung

3.1.1 Wege zur Objektorientierung

Objektorientierung als Erkennungsprozess

Die Grundidee der OOP ist der Ansatz, dass Programme die Welt oder Teile derselben abbilden. Von daher ist das Programmieren ein Erkennungsprozess. Also ist es nahe liegend, wie M. Minsky [21] mit seinen „Frames" den Erkennungsprozess im Menschen zu analysieren. Hierzu kann man die Strategie der Wissenschaften nach erfolgreichen Modellen durchforsten, da sie ja von jeher mit dem Prozess des Erkennens der Zusammenhänge der Welt beschäftigt waren.

In den Wissenschaften hat sich das hierarchische Ordnungsprinzip, nämlich die *Einteilung der Objekte in Klassen* bewährt. Das bekannteste Beispiel ist die Biologie. Hier hat man an die Klassifikation der Lebewesen nach Linné zu denken: Tiere und Pflanzen, Wirbeltiere, Säugetiere, Fische. In der Mathematik werden algebraische Strukturen aufgestellt: Gruppen, Ringe, Vektorräume, Körper etc. Beide Beispiele erheben keinen Anspruch auf Vollständigkeit.

Der Erfolg dieser Strategie liegt darin, dass man die Flut der Informationen nicht durch ein simples Aufzählen der Objekte bewältigt, sondern allgemeine Eigenschaften findet, die für größere oder größte Gruppen von Objekten gelten. Gehört ein Objekt zu einer Klasse, gelten alle Eigenschaften der Klasse.

Die so entstandenen Klassen müssen ebenfalls geordnet werden. Alle Säugetiere sind auch Wirbeltiere, es gelten also die Eigenschaften der Wirbeltiere. Man bezeichnet die Wirbeltiere in diesem Zusammenhang als generalisierte Klasse, die Säugetiere als spezialisierte Klasse. Gesetzmäßigkeiten für die generalisierten Klassen gelten automatisch für die spezialisierten. Einmal für die generalisierte Klasse (hier die Wirbeltiere) geschriebene Software läuft damit auch für die Spezialfälle (hier die Säugetiere).

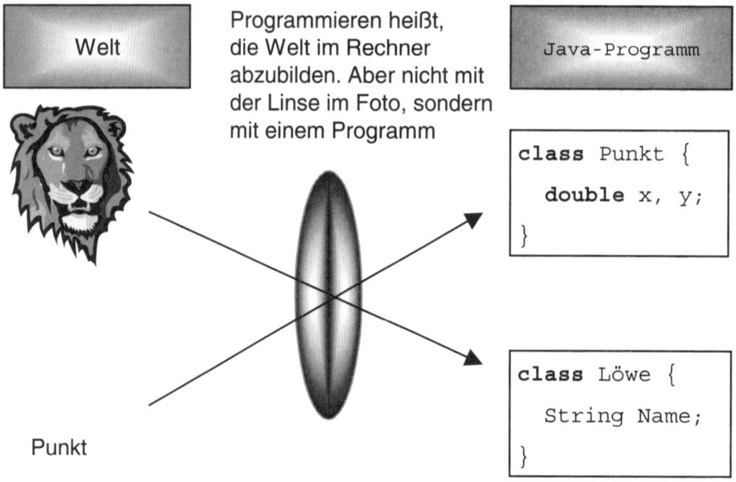

Die objektorientierte Programmierung ist also im Prinzip ein Klassifizieren von Problemen. Der Schwerpunkt der prozeduralen Programmierung, die Beherrschung der Aktionen, tritt in den Hintergrund.

Das Hauptproblem besteht bei der Objektorientierung in der Klassifikation der Situationen: man muss die *richtigen* Kategorien finden. Es werden Kategorien gesucht, die einen Beitrag zur Lösung der Probleme leisten. So ist eine Klassifikation aller Tiere nach der Farbe oder nach dem Anfangsbuchstaben zwar praktisch durchführbar, wird aber wegen des Fehlens des Bezugs auf „innere Werte" eine geringe Durchdringung der Problematik bringen: Viele Probleme werden in jeder dieser Kategorien für sich, statt gemeinsam gelöst werden müssen.

Neben der Klassifizierung einzelner Objekte spielen die Beziehungen zwischen einzelnen Objekten eine Rolle. Ein Abbild der Außenwelt im Computer muss die Beziehungen zwischen den Objekten wiedergeben. Dieser Vorgang wird auch als Modellierung bezeichnet. Die dabei benutzte Sprache ist häufig UML: Unified Modeling Language. Dieses Buch bezieht sich auf „UML 2 glasklar" [14]. Aus Aufwandsgründen können UML-Details hier nicht mit der aus dem o. a. Werk gewohnten Ausführlichkeit dargestellt werden.

Bezeichnung

Eine generalisierte Klasse wird auch als Oberklasse, eine spezialisierte Klasse auch als Unterklasse bezeichnet.

Abstrakte Datentypen

Programmiersprachen stellen in der Regel einfache Datentypen von Computern zur Programmierung zur Verfügung bereit: Zahlen und Zeichen. Die angebotenen Zahlen reichen z.B. in der Mathematik nicht aus: Man hat komplexe Zahlen, Matrizen, Mengen usw. Zur Bearbeitung werden sog. abstrakte Datentypen (Abstract Data Types oder kurz ADT) konstruiert, die wie folgt aufgebaut sind:

- Daten (für eine komplexe Zahl etwa Real- und Imaginärteil)
- Methoden zur Bearbeitung der o.a. Daten (Addition, Subtraktion usw.)
- Festlegung des Zugriffs in einem Protokoll: Anwender dürfen .../ dürfen ... nicht

Die Daten dienen der Darstellung von Objekten im Rechner. Im Prinzip sollten Anwender nur die Eigenschaften benutzen, denn wenn im o.a. Beispiel der komplexen Zahlen etwa eine Darstellung in kartesischen Koordinaten und in Polarkoordinaten benutzt wird, der Anwender aber nur die Darstellung der kartesischen Koordinaten ändert, führt ein lesender Zugriff auf die Polarkoordinaten zu einem Fehler, weil die Daten nicht konsistent sind.
Abstrakte Datentypen wurden und werden auch in prozeduralen Sprachen programmiert, siehe etwa [1]. Der Programmierstil der ADT war und ist weit verbreitet, er führt zu qualitativ hochwertiger Software. Die Programme sind leichter benutzbar, durch die Trennung von Schnittstelle und Implementierung vereinfacht sich das Änderungsgeschehen, die sog. Software-ICs werden möglich.
Die Probleme bei prozeduralen Sprachen liegen in der fehlenden Unterstützung dieses Stils durch die Compiler. Z.B. kann das Zugriffsprotokoll auf die Daten unterlaufen werden.

Betrachtung aus der Sicht der Objektorientierung

Im Lichte des vorstehenden Abschnitts besehen, sind die abstrakten Datentypen Klassen. Die o.a. Bestandteile eines ADT definieren den Aufbau von Klassen in den objektorientierten Programmiersprachen.

Wiederverwendung und Anpassung in der prozeduralen Programmierung

Als Ausgangsbasis soll ein Software-System dienen, das um eine neue Funktionalität erweitert wird, um einen neuen Einsatzfall abzudecken. Bei einer Analyse der neuen Aufgabe stellt man häufig fest, dass es viele Gemeinsamkeiten mit den bereits gelösten Problemen gibt. Also *kopiert* man die vorhandene Software, *modifiziert* sie auf den neuen Einsatzfall hin, wobei man ggfs. gemeinsame Teile in Form von Routinen oder Daten nutzt. Besonders häufig wurde diese Technik in der Frühphase der Programmierung von Benutzeroberflächen eingesetzt. Man benutzte eine Art von „Hello World"-Programm als Start. Dieses wurde anschließend kopiert, und in die Kopien wurden dann die Erweiterungen wie Schalter, Ereignisse usw. eingebaut.

Vor- und Nachteile dieser Strategie

Mit der o.a. Methode erhält man relativ schnell ein neues System. Die Methode wird auch bei großen Systemen angewandt. Dort liefert sie bald riesige Software-Berge, denn die Technik des *Kopierens/Modifizierens* vervielfacht ja Teile von Quellprogrammen.
Der Test der Software muss nun allerdings für den neuen „Clone" vollständig durchgeführt werden, auch für die übernommenen Teile. Diese könnten beim Kopieren bzw. Modifizieren verändert worden sein oder sich in der neuen Umgebung anders verhalten.
Eine weitere Problematik liegt im Änderungsgeschehen. Wenn man in einem Software-Modul einen Fehler findet, dann muss man auch alle Kopien dieser Software nach dem Fehler durchsuchen. Das Modul lässt sich nicht austauschen, denn es wurde kopiert und die Kopien verändert. Durch die Redundanzen im Quellcode muss man bei einer Änderung u.U. alle neuen „Clones" ändern, neu übersetzen und testen.

Folgerung

Die Redundanzen im Quellcode erschweren das Änderungsgeschehen. Man bräuchte eine Art von „Ausklammern von gemeinsamem Code" und Techniken zur Integration von Änderungen.

Betrachtung aus der Sicht der Objektorientierung

Genau dies liefert die Objektorientierung. Die o.a. Probleme treten gerade durch fehlende Objektorientierung auf. Bei der objektorientierte Analyse fasst man die Gemeinsamkeiten in Oberklassen zusammen. Die spezifischen Ausprägungen der speziellen Situationen behandelt man in den Spezialisierungen bzw. Unterklassen: Ergänzen neuer Eigenschaften, spezielle Funktionalität für allgemeine Methoden.

3.1.2 Beziehungen zwischen Klassen

Wenn man die Beziehungen zwischen den Klassen beschreiben will, kann man diese erfragen. Dabei sind insbesondere drei elementare Typen von Beziehungen zu unterscheiden. Das Beispiel wurde von B. Stroustrup [26] vorgestellt.

a)	*Ist* x ein y?	Ist y ein Spezialfall von x? Ein Flugzeug ist ein Mittel zur Fortbewegung.
b)	*Hat* x ein y?	Besitzt x ein Objekt vom Typ y? Ein Flugzeug hat ein Bugrad. Ein Flugzeug ist aber kein Bugrad.
c)	*Benutzt* x ein y?	Benutzt x ein Objekt vom Typ y? Ein Flugzeug benutzt Landebahnen. Ein Flugzeug ist keine Landebahn. Ein Flugzeug hat keine Landebahn.

Die Beziehungen b) und c) können mit prozeduralen Sprachen auch abgebildet werden. Beziehung b) bildet man in C durch Komponenten von Strukturen `struct` ab. In Pascal benutzt man `RECORD`s. Beziehung c) ist ein Zugriff auf Daten oder ein Aufruf einer Routine oder ein Zugriff auf allgemeine Routinen zur Datenverwaltung wie etwa Datenbanken. Zur Realisierung von a müsste man Datenstrukturen um weitere Eigenschaften erweitern können. Die Beziehung a kommt somit in den prozeduralen Sprachen nicht direkt vor.
Somit fehlt den prozeduralen Programmiersprachen ein Hilfsmittel zur Modellierung der wichtigen Generalisierungsbeziehung im Rechner.

Hinweis: Ein Flugzeug entsteht nicht aus einem Bugrad durch Hinzufügen weiterer Eigenschaften, denn ein Flugzeug ist kein Bugrad (B. Stroustrup).

Beispiel: Geometrische Objekte

Darstellung als Aufzählung

- Eine Gerade ist ein geometrisches Objekt.
- Ein Punkt ist ein geometrisches Objekt.
- Ein Kreis ist ein geometrisches Objekt.
- Ein Rechteck ist ein geometrisches Objekt.

Darstellung als Mengendiagramm

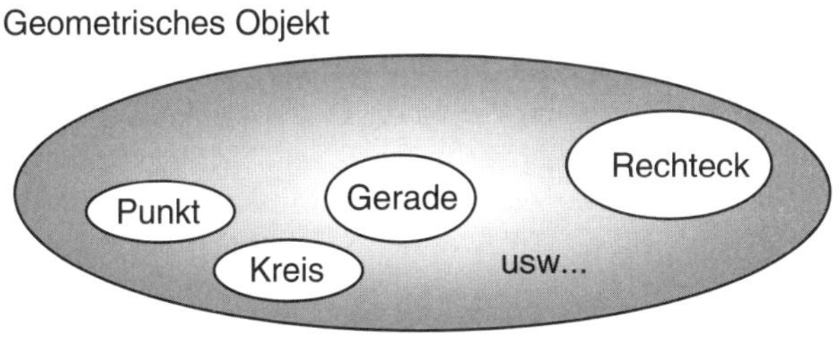

Man sollte aber vorsichtig mit den Begriffen umgehen. Eine Strecke ist kein Punkt, sondern hat als Anfangs- und Endpunkt zwei Punkte. Ein Viereck ist keine Strecke. Der Programmierer darf sich nicht aufs Glatteis führen lassen. So könnte man auf die Idee kommen, dass eine Strecke ein Punkt mit einem zusätzlichen Punkt sei. Der eine Punkt wird als Anfangspunkt benutzt. Der zusätzliche, über Vererbung hinzugefügte Punkt ist der Endpunkt. Dies lässt sich programmieren und wird leider auch laufen. Die Probleme treten erst mit der Wartung auf.

Darstellung in UML

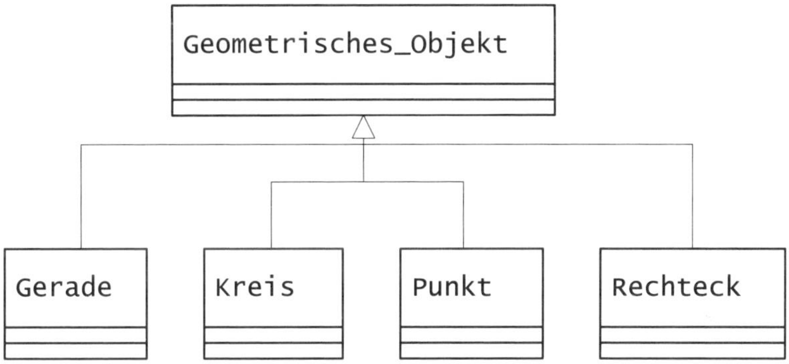

Mit Hilfe der Klassendiagramme in der Unified Modeling Language UML [12, 14] können statische Beziehungen zwischen den Objekten dargestellt werden. Die Sicht auf die Beziehungen zwischen den Klassen ist in diesem Text gegenüber o. a. Quellen stark vereinfacht.

3.1.3 Spezialisierte Klassen und Vererbung

Wie erfasst man mit diesem Schema spezielle Eigenschaften? Die Antwort sind die spezialisierten Klassen oder Unterklassen. So sind alle Säugetiere auch Wirbeltiere. Es gelten dann für die Klasse der Säugetiere auch die Gesetze für Wirbeltiere. Es kommen aber noch weitere Eigenschaften hinzu. Auch bei den Säugetieren gibt es wieder Unterklassen, wie etwa Huftiere usw.

Dieses Prinzip der Unterklassen heißt in der Sprache der Programmierer *Vererbung*: Unterklassen erben die Eigenschaften von Oberklassen. Da eine Unterklasse (= Säugetier) zu einer Oberklasse (= Wirbeltier) gehört, gelten alle Eigenschaften der Oberklasse, d.h. die Software für die Oberklasse gilt natürlich auch für die Unterklasse. Die Software wird also

sozusagen geerbt, sie muss nicht neu geschrieben werden. Die neuen Eigenschaften müssen natürlich noch hinzugefügt werden.
Neue Eigenschaften können neue Formen alter Methoden erfordern. So wäre eine Selbstdarstellung eines Huftieres als Säugetier sicher unvollständig. Die Unterklassen müssen also in die Lage versetzt werden, Methoden der Oberklasse bei Bedarf zu spezialisieren. Dies wird auch als *Polymorphie* oder *späte Bindung* bezeichnet und ermöglicht die artgerechte Behandlung der Objekte. Dieser Schritt verlagert die Zuständigkeiten in Richtung der Objekte, er bringt damit die erwünschten Vorteile für die Struktur der Software.

Beispiel: Anwendung in der Programmierung geometrischer Objekte

Ein Programm soll diverse geometrische Objekte verwalten. Diese Objekte sollen z.B. am Bildschirm gezeichnet werden.

Professioneller prozeduraler Lösungsansatz

Hier würde man die diversen grafischen Objekte in einer oder mehreren Datenstrukturen beschreiben. Die einzelnen Objekte würde man in einem Array, einer linearen Liste oder einem anderen Verwaltungsbereich aufbewahren. Zur Bearbeitung würde man eine Routine angeben. `paint(...)` würde dann den Verwaltungsbereich in einer Schleife abarbeiten und für jedes Objekt anhand der Daten in einer großen Entscheidungstabelle die Ausgabe auf Bildschirm durchführen.

Objektorientierter Lösungsansatz

Im objektorientierten Lösungsansatz würde man eine Klasse „geometrische Objekte" einführen. Diese Klasse erhält eine Methode `paint` zur Selbstdarstellung. Details würde man dann in den Unterklassen wie `Gerade`, `Rechteck` usw. klären. Alle Objekte könnte man dann in einer Klasse zur Aufbewahrung ablegen. Die Ausgabe auf Bildschirm erfolgt dann im Durchlauf durch die Klasse zur Aufbewahrung, wobei für jedes Objekt die Methode `paint(...)` zur Selbstdarstellung angestoßen würde. Jedes Objekt kennt sich selbst und würde dann über den Mechanismus der späten Bindung die richtige Methode zur graphischen Ausgabe wählen.

Vergleich

Im objektorientierten Ansatz ist jedes Objekt für sich selbst zuständig. Gemeinsame Arbeiten bei der Ausgabe wie etwa Vorbereiten des Bildschirms etc. werden allgemein vom „geometrischen Objekt" erledigt. Dann könnte sich jedes Objekt selbst am Bildschirm darstellen. Diese dezentrale Arbeitsweise liefert eine einfachere Struktur der Software: man wird keine komplexen Verzweigungshierarchien finden.
Wenn neue Objekte hinzugefügt werden sollen, tritt der Hauptvorteil gegenüber dem prozeduralen Lösungsansatz zutage. Die allgemeine Verwaltung kann in der alten Form bestehen bleiben, da sie ohnehin nur mit geometrischen Objekten zu tun hatte. So kann die schon längst geschriebene Verwaltung für Applets in Java für die vom Anwender gerade neu entwickelten Applets benutzt werden. Die jetzt frisch geschriebenen Applets laufen mit der alten Verwaltung, denn die Verwaltung ruft die `paint (...)`-Methode des Applets auf. Über die späte Bindung wird aber die `paint(...)`-Methode des aktuellen Applets aktiviert.
Das Beispiel der geometrischen Objekte wird in Abschnitt 3.1.5 behandelt.

Benötigt man unbedingt eine OO-Sprache?

Das Beispiel der strukturierten Programmierung zeigt, dass man auch in Assembler oder BASIC strukturiert programmieren kann, ebenso wie man Programme in Pascal oder Java als Spaghetti-Code fabrizieren kann. Die Hochsprachen führen jedoch den Programmierer mit mehr oder minder sanftem Zwang in Richtung strukturierte Programmierung. Dieselbe Überlegung gilt auch für die OOP. Zudem kann z.B. eine objektorientierte Programmierung in C nicht überzeugen, denn der Programmierer muss die Verwaltung der späten Bindung von Hand bzw. über Makros implementieren. Beide Wege erfordern eine hohe Programmierdisziplin und sind traditionell fehleranfällig.

3.1.4 Klassen und Exemplare

Klassen und Exemplare verhalten sich zueinander wie Datentypen und Variablen. Die einen beschreiben die Eigenschaften von Objekten, die anderen sind Ausprägungen von Klassen mit festgelegten Werten. So legt die Klasse „Rechteck" die Eigenschaften und Methoden fest. Ein Exemplar der Klasse „Rechteck" hat einen Wert für die rechte obere Ecke sowie für Breite und Höhe. Ein Exemplar der Klasse „Punkt" hat seine Koordinaten. Ein Exemplar der Klasse „Bankkonto" hat einen speziellen Stand. Die einzelnen Konten unterscheiden sich sehr wohl in dieser Beziehung.

3.1.5 Abstrakte Klassen

Nicht für jede Klasse gibt es Exemplare. Dieses seltsame Phänomen rührt daher, dass man künstliche Oberklassen schafft, die gemeinsame Dinge zusammenfassen. Auch für den Begriff „Tier" gibt es keine Exemplare, es gibt keine abstrakten Tiere, es gibt nur die Katze Minka oder den Hund Mephisto. Es gibt keine abstrakte Grafik, da man sie nicht implementieren kann. Es gibt nur konkrete Grafiksysteme für Macintosh, Windows 32 oder X-Windows. Es gibt keine abstrakte Eingabe, es gibt nur eine Eingabe von Tastatur, von Datei, aus einer Pipe, über das Internet usw.

Dennoch sind Abstraktionen für eine Eingabe, eine Grafik etc. sinnvoll. Das Programm wird für diese Abstraktionen geschrieben. Zur Laufzeit wird über die späte Bindung die konkrete Grafik, die konkrete Eingabe etc. benutzt.

Solche Grundklassen heißen auch abstrakte Klassen. Sie zeichnen sich dadurch aus, dass sie bestimmte Dienste nicht implementieren. Dies muss dann in den davon abgeleiteten konkreten Klassen nachgeholt werden. Die späte Bindung besorgt dann die Aktivierung der passenden Methode.

Neben dem Beispiel der geometrischen Objekte in 3.1.5 könnte man hierzu eine Menge von vergleichbaren Objekten anführen. Man kann eine Klasse vordefinieren, ohne die Objekte zu kennen. Hier hängt das Vergleichskriterium von den Objekten ab, gehört also zum konkreten Objekt. Erst in einer abgeleiteten (konkreten) Klasse gibt man die Vergleichsfunktion an, profitiert aber dennoch von den bereits fertigen Sortierverfahren.

3.1.6 Entwurf der Klassen

Wie findet man nun die Klassen bei einem Problem? Dies ist ein Problem der Wahrnehmung, es lassen sich keine einfachen, algorithmischen Antworten geben, man kann nur Leitlinien aufstellen. Auch mit einer OO-Sprache ist das Problem des Verstehens der Welt und der Abstraktion nicht gelöst, es wird lediglich die Umsetzung in ein Programm erleichtert bzw. erstmalig möglich.

3.1.6.1 Typ 1: Die vorgegebenen Objekte

Dies wären bei einem Malprogramm die geometrischen Grundfiguren wie Punkt, Linie, Kreis, Ellipse, Polygonzüge usw. Bei einem Compiler könnten die Objekte die verschiedenen Anweisungen, die verschiedenen Deklarationen und die verschiedenen Ausdrücke sein. Hier zeigt sich auch eine Klassenhierarchie: Die `if`-Anweisung ist eine spezielle Anweisung, ein `Integer`-Objekt ist eine spezielle Deklaration, `a+b` ist ein spezieller Ausdruck.
Diese Objekte findet man bei der Problemanalyse, indem das Problem einfach beschrieben wird. Es handelt sich durchweg um Objekte der „äußeren Welt".

OO-Modell

Dies ist die Abbildung der Wirklichkeit im Rechner. Man kann es auch als Photographie der Realität bezeichnen. Alle Objekte und deren Beziehungen müssen erfasst werden. Das Hauptproblem besteht in der Wahl leistungsfähiger Kategorien. So könnte man Fahrzeuge nach der hauptsächlich vorkommenden Farbe oder nach den Anfangsbuchstaben klassifizieren. Wie die Geschichte der Wissenschaften im Allgemeinen und der Informatik im Besonderen zeigt, gibt es keine Patentrezepte für die Bildung leistungsfähiger Kategorien. So hat sich etwa die wichtige Klasse „Prozess" in der Informatik in der Praxis erst relativ spät durchgesetzt. Auf der anderen Seite wurde bei graphischen Benutzeroberflächen relativ früh eine Klassifizierung eingeführt. Das Java-System AWT für graphische Benutzeroberflächen wird in Kapitel 7 dargestellt.

Hinweis: Der schlimmste Fehler bei der Klassifizierung ist eine Simplifizierung der Welt: Stichwort „Vorurteile". Kein Programm kann eine präzisere Verarbeitung durchführen, als es das OO-Modell der Wirklichkeit zulässt. Diese Phase der Problemanalyse darf in keinem Fall zu kurz kommen.

3.1.6.2 Typ 2: Verwaltungsobjekte

Die unter 1. gefundenen Objekte müssen im Programm verwaltet werden. Es muss Routinen zum Aufbewahren und Suchen der Objekte geben. In den OOP-Sprachen haben sich hier Begriffe wie *Collection-Klassen* herausgebildet. Collections enthalten Elemente, die ihnen zum Zeitpunkt der Implementierung noch nicht bekannt waren. Dies wirft das übliche schwere Problem des Bearbeitens von Daten unbekannten Typs auf. In Java (vgl. hierzu Abschnitt 4.3) gibt es die grundlegenden Verwaltungsstrukturen:

- Zugriff über Schlüssel
- Zugriff über Index

Auf diese Weise wird die Entwicklung von Software enorm vereinfacht. Das Thema „Aufbewahren und Suchen" von Objekten ist damit abgehandelt, es muss nicht mehr jeder Programmierer das Rad neu erfinden.

3.1.6.3 Typ 3: Umgebungsobjekte

Darunter kann man eine Speicherverwaltung, die Verwaltung des Bildschirms oder sonstiger Betriebsmittel verstehen. Man könnte hier auch eine komplette Schnittstelle zum API (Application Programmers Interface) einordnen. Objekte dieser Art sind oft unabhängig von der Anwendung, doch nicht immer: Es gibt keine Speicherverwaltung, die alle Anforderungen irgendwelcher Anwendungen in gleicher Weise perfekt erfüllt.

3.1.6.4 Typ 4: Technische Objekte

Auf B. Meyer, den Entwickler der OOP-Sprache Eiffel, scheint die folgende Methode zurückzugehen [18]: Man nehme eine Anzahl von Routinen mit ähnlichen Parametern (oder mit immer gleichen Parametern). Hinter diesen Routinen steckt eine bisher nicht entdeckte Klasse.

Beispiel

Ein Malprogramm verwendet immer wieder Parameter wie Pinsel, Farbe, Schrift, Füllmuster, Hintergrundfarbe usw. Man kann diese Parameter zu einem sog. Grafik-Kontext zusammenfassen. Dann entwirft man Routinen, die auf diesem Kontext aufsetzen. Die Übergabe von Parametern reduziert sich jetzt auf die unvermeidlichen, wie etwa Anfangs- bzw. Endpunkt einer Linie.
Diese Methode von B. Meyer sollte man als Anstoß eines Denkprozesses verstehen. Man kann sie gut dazu benutzen, im Entwurfsprozess vergessene Klassen anhand ihrer Spuren in der Struktur der Software doch noch zu finden.

3.1.6.5 Gemeinsame Oberklassen finden

Hat man bereits Klassen gefunden, entdeckt man manchmal gemeinsame Eigenschaften in verschiedenen Klassen. Diese Eigenschaften müssten dann in jeder Klasse ausprogrammiert werden, wodurch man die Vorteile der OOP wieder verschenken würde. Auch im Hinblick auf die Kosten für Software ist diese Vorgehensweise bedenklich: Die Aufwände für Implementierung und Wartung steigen. In der OO kann man Oberklassen einführen. Dort werden die gemeinsamen Eigenschaften ausprogrammiert. Die vorher bestehenden Klassen erben dann via Spezialisierung den gemeinsamen Programmcode. In diesem „Ausklammern" von Programmcode steckt natürlich viel Leistung, die gemeinsamen Eigenschaften sind manchmal schwer zu finden. Für manche Anwendungen existieren ganze Klassenhierarchien, wie z.B. für die Ein-/Ausgabe in Kapitel 5 oder für graphische Benutzeroberflächen in Kapitel 7 dargestellt.

Zusammenfassung

Mit der Methode der Objektorientierung versucht man, die Welt im Computer abzubilden. Objekte werden dabei in Klassen eingeteilt. Jede Klasse besteht aus den Attributen zur Beschreibung der Objekte, den Methoden zur Bearbeitung dieser Daten oder zur Realisierung der Dienste sowie einem Zugriffsprotokoll.

Vorteile dieser Strategie

- Einfacherer Aufbau der Software
- Bessere Integration von Änderungen

3.2 Klassen in Java

Jedes Programm in Java hat die Form einer Klasse. Die ersten Schritte führen die neuen Begriffe im Zusammenhang mit Klassen in Java ein: Definition von Klassen, Erzeugen von

Objekten (bzw. Exemplaren, Instanzen) und Konstruktoren. Nach der Wertzuweisung sowie der Übergabe von Parametern speziell für Objekte wird die Vererbung besprochen: Definition der Vererbung, Verhalten von Konstruktoren und Polymorphie.

Definition von Klassen

Man kann Klassen sowohl auf der Ebene des Hauptprogramms als auch innerhalb von anderen Klassen als geschachtelte Klassen definieren. Die Definition einer Klasse besteht aus verschiedenen Komponenten:

Attribute:	Datenfelder bzw. Variable für die Eigenschaften
Methoden:	Bearbeitung der Daten, Bereitstellen von Diensten
Konstruktoren:	spezielle Methoden ausschließlich zur Initialisierung

Eine Klasse ist mit einem Datentyp vergleichbar: die Attribute sind die Daten, die Methoden bearbeiten diese Daten oder bieten Dienste für den Anwender. Attribute beschreiben die Eigenschaften einzelner Objekte (bzw. Exemplare oder Instanzen), sofern sie nicht mit **`static`** gekennzeichnet sind. In letzterem Fall handelt es sich um Eigenschaften der Klasse, die für alle Exemplare dieser Klasse gleich sind. Auch bei den Methoden unterscheidet man zwischen denjenigen Methoden, die auf einzelne Exemplare wirken, und den klassenbezogenen **`static`**-Methoden. Die klassenbezogenen **`static`**-Elemente werden in Abschnitt 3.2.4 besprochen. Die folgenden Ausführungen beziehen sich auf Elemente ohne **`static`**.

Der Zugriff auf die Komponenten erfolgt innerhalb einer Klasse über den Namen der Komponente. Außerhalb der Klassen spricht man Komponenten in der folgenden Form an:

```
name_des_Exemplars.name_der_Komponente
```

Dies kann man auch innerhalb der Klasse in der Form **`this`**`.name_der_Komponente` schreiben. **`this`** bedeutet hier so viel wie „dieses Exemplar". Komponenten können mit Modifizierern versehen werden, die z.B. die Sichtbarkeit beeinflussen.

Erzeugen von Exemplaren (Objekte, Instanzen)

1	`Klassenname exemplarname =` `new Klassenname (argument1, usw);`

2	`Klassenname exemplarname = null;`
	`// Hier ist kein Zugriff exemplarname.xyz möglich!!.`
	`exemplarname = new Klassenname (argument1, usw);`

Exemplare von Klassen müssen in Java grundsätzlich dynamisch erzeugt werden: Das Wort **`new`** drückt präzise aus, dass hier ein neues Objekt angelegt wird.
In **1** wird ein Exemplar von `Klassenname` angelegt. Das Java-Laufzeitsystem sorgt für den Aufruf des entsprechenden Konstruktors, der für dieses Exemplar alle Attribute der Klasse initialisiert. Der Bezug zu diesem Exemplar ist durch `exemplarname` gegeben.
In **2** wird `exemplarname` mit **`null`** initialisiert. Jeder Zugriff auf eine Komponente, sei es ein Attribut oder eine Methode, wird mit der Ausnahme `NullPointerException` unterbunden. Erst nach Durchlaufen der angegebenen **`new`**-Anweisung kann mit Attributen bzw. Methoden des Exemplars `exemplarname` gearbeitet werden.

Freigabe von Exemplaren

Die Freigabe von Exemplaren wird in Java von der sog. Garbage-Collection übernommen. Dabei kann ein Exemplar vom Java-Laufzeitsystem erst dann freigegeben werden, wenn es nicht mehr benutzt wird.

Zugriffsrechte

Wenn für ein in einer Klasse definiertes Attribut, eine Methode oder einen Konstruktor der Zugriff für alle anderen Klassen erlaubt sein soll, schreibt man den Modifizierer **`public`** vor den jeweiligen Eintrag. Mit **`private`** verbietet man den Zugriff für alle anderen.

3.2.1 Eine Klasse zum Verwalten von Personen

Ein Java-Programm soll Personen verwalten. Dazu entwerfen wir eine Klasse `Person`, fügen Methoden und einen Konstruktor hinzu und bringen die so geschriebene Klasse in einem kleinen Testrahmen in der Methode `main` zum Ablauf.

Objektorientierte Modellierung

Wie beschreiben wir eine Person? Eine Person *hat* einen Namen, sie *hat* eine Personalnummer und sie *hat* ein Gehalt. Der Name wird als `String` dargestellt, die Personalnummer als **`int`** und das Gehalt als **`double`**. Die Personen stellen sich auf einen Auftrag hin mit der Methode `drucke` selbst dar. Die Methode `erhöheGehalt` besorgt Gehaltsanpassungen. Dieses Prinzip der Selbstverwaltung ist zentral für die objektorientierte Programmierung: Es gibt keine „allwissende“ Verwaltung, die jedes Objekt kennt, sondern jede Klasse speichert nicht nur die dort vorhandenen Daten, sondern bearbeitet sie auch.

Programm in Java

```
public class Person {
  // Die Attribute einer Person im Betrieb.
  private String name;
  private int personalNummer;
  private double gehalt;

  // Ein Konstruktor
  public Person(String name,
                int    personalNummer,
                double gehalt){
    this.name = name; // Vgl. Abschnitt 3.2.3
    this.personalNummer = personalNummer;
    this.gehalt = gehalt;
  }

  // Mcthoden
  public void drucke () {
    System.out.print   (" Name " + name);
    System.out.print   (" PersonalNummer " + personalNummer);
    System.out.println (" Gehalt : " + gehalt);
  }

  public void erhöheGehalt (double betrag) {
    gehalt += betrag;
  }

  public static void main (String[] args) {
```

```
26     Person alfred   = new Person ("Hitchcock", 0, 1000);
27     Person james    = new Person ("Bond",      7, 2000);
28     Person harrison = new Person ("Ford",     99, 3000);
29
30     alfred.drucke ();
31     james.drucke ();
32     harrison.drucke ();
33
34     alfred.erhöheGehalt (4000);
35     alfred.drucke ();
36
37     new Person ("Streep", 10, 5000).drucke ();
38   }
39 }
```

Ausgabe des Programms

```
Name Hitchcock PersonalNummer 0 Gehalt : 1000.0
Name Bond PersonalNummer 7 Gehalt : 2000.0
Name Ford PersonalNummer 99 Gehalt : 3000.0
Name Hitchcock PersonalNummer 0 Gehalt : 5000.0
Name Streep PersonalNummer 10 Gehalt : 5000.0
```

Die Attribute und ihre Initialisierung im Konstruktor

Die Zeilen `03-05` enthalten die Attribute der individuellen Personen. Diese Attribute erhalten im Konstruktor in Zeile `09-11` Werte. Der Konstruktor wird bei der Entstehung eines Objekts für das in Entstehung begriffene Objekt vom Java-Laufzeitsystem aufgerufen. Mit dem Modifizierer **`public`** erlaubt man den Zugriff auf die entsprechende Komponente auch für Java-Programme in anderen Packages (vgl. Abschnitt 3.4). Mit **`private`** verbietet man den Zugriff (außer bei inneren Klassen 3.2.5).
Um hässliche Kunstnamen wie etwa `name1` zu vermeiden, kann man wie in Zeile `09`, `10` und `11` den jeweiligen Parameter wie das entsprechende Attribut bezeichnen. Um die entstehenden Konflikte im Konstruktor bei gleichen Namen aufzulösen, codiert man die Wertzuweisung in der folgenden Form:

```
this.personalNummer = personalNummer;
```

Methoden

Die Zeilen `15-19` enthalten die Methode `drucke`. Diese Methode gibt die Werte der Attribute für ein spezielles Exemplar der Klasse `Person` aus. In den Zeilen `21-23` befindet sich die Methode `erhöheGehalt(double)`. Sie kann z.B. vom Arbeitgeber aufgerufen werden, um das Gehalt einer individuellen Person zu erhöhen. Die Attribute beziehen sich dabei auf das aktuelle Exemplar, für das die Methode gerade aktiviert wird. Erhöht man z.B. für die Person `alfred` in Zeile `34` das Gehalt, bleibt das Gehalt der anderen Exemplare der Klasse `Person` davon unberührt.

Test der Klasse

`main(...)` erzeugt in Zeile `26` ein neues Exemplar der Klasse `Person`. Im Konstruktor legt man die Attribute fest: Der Name ist `"Hitchcock"`, die Personalnummer ist `0` und als Gehalt setzen wir den Wert `1000` fest. Mit diesen Werten wird der in den Zeilen `08-12` definierte Konstruktor für dieses Exemplar aufgerufen. Dieser trägt die Werte in die Variablen für die entsprechenden Attribute ein. Das soeben angelegte Exemplar ist unter dem Namen `alfred` ansprechbar. Es gilt:

`alfred.gehalt`	hat den Wert	`1000`
`alfred.name`	hat den Wert	`"Hitchcock"`
`alfred.personalNummer`	hat den Wert	`0`

In Zeile `27` erzeugen wir ein zweites Exemplar der Klasse `Person`. Auch diese Zeile führt zu einem Aufruf des Konstruktors aus den Zeilen `08-12`. In Zeile `28` folgt ein drittes Exemplar. Das folgende Bild veranschaulicht das Ergebnis.

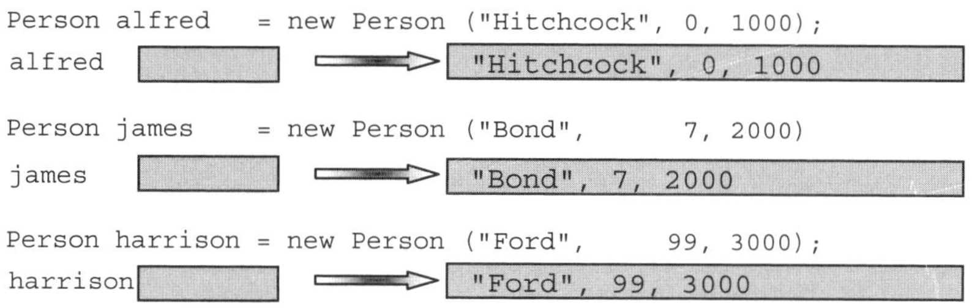

In Zeile `30` rufen wir die Methode `drucke()` des Exemplars `alfred`. Das Programm verzweigt zur Zeile `15`. Das in Zeile `16` angesprochene Attribut `name` ist der Name des Exemplars `alfred`, nämlich `"Hitchcock"`. Entsprechend sieht die Ausgabe in Zeile `17` aus: der Wert ist `0`. In Zeile `18` ist der Wert `1000`.
Analog zu Zeile `30` arbeitet die Zeile 32 mit dem Exemplar `james`. Die Methode `drucke()` wird, angewandt auf dieses Exemplar, den Namen `Bond`, die Personalnummer `7` sowie das Gehalt `2000` ausgeben. Zeile `31` liefert als Ergebnis den Namen `Ford`, die Personalnummer `99` und das Gehalt `3000`.
In Zeile `34` wenden wir die Methode `erhöheGehalt (double betrag)` auf das Exemplar `afred` an. Das Programm verzweigt zur Zeile `21`. Der angegebene Betrag `4000` wird auf das Attribut `alfred.gehalt` addiert und führt zu dem neuen Wert von 5000. Die Attribute der anderen Exemplare `james` und `harrison` spüren von dieser Änderung nichts.
Zeile `37` legt ein neues Exemplar der Klasse `Person` an und ruft dessen Methode `drucke()` auf. Da das Programm keine Referenz auf dieses Exemplar enthält, kann man dieses Exemplar nicht mehr erreichen. Die Garbage-Collection könnte das anonyme Exemplar also sofort nach Ablauf der Anweisung auf dieser Zeile „entsorgen“.

Anmerkungen für Umsteiger von C++

Wie in Zeile `37` kann man in Java Instanzen von Klassen erzeugen, Dienste von Klassen durch Anwendung von Methoden nutzen, ohne die Instanzen verwalten zu müssen. Dies ist ein wesentlicher Unterschied zur Sprache C++, wo solche Techniken zu Lücken im Speicher (sog. *Memory-Leaks*) führen würden.
Instanzen von Klassen gibt es in Java nur auf dem Heap. In C++ müssen hingegen die folgenden drei Fälle beachtet und bei der Programmierung unterschieden werden:

- statische Instanzen im globalen Speicherbereich
- Instanzen auf dem Laufzeitstack
- dynamische Instanzen auf dem Heap (wie in Java)

Allgemeines zur `main()`-Methode

`main()` hat als **`static`**-Methode den Charakter einer globalen Funktion. Diese globale Funktion „existiert" unabhängig von irgendwelchen Exemplaren der Klasse; sie kann dann Exemplare z.B. dieser Klasse anlegen. Wenn es die **`static`**-Methoden nicht gäbe, hätte man ein „Henne-Ei"-Problem: Man bräuchte ein Exemplar der Klasse, um Methoden aufzurufen. Um also z.B. ein Exemplar einer Klasse anzulegen, bräuchte man schon ein Exemplar der Klasse. Vgl. Abschnitt 3.2.4.

Visualisierung in UML

Mit Hilfe der Unified Modeling Language UML [12] kann man u.a. Klassen und Bezüge zwischen den Klassen modellieren. Das nächste Bild zeigt eine mögliche Darstellung für die Klasse `Person` mit ihren Attributen (alle **`private`**, daher mit - gekennzeichnet) und Methoden (alle **`public`**, daher mit + markiert). Interessierte Leser seien auf [14] verwiesen.

Person
-name :String -personalNummer :int -gehalt :double
+drucke():void +erhöheGehalt():void +main():void

get- und set-Methoden

Attribute bestimmen das Verhalten einer Klasse. Wenn sich ein Attribut ändert, können sich in der Folge davon auch andere Attribute ändern, sofern sie davon abhängen. Man wird sie deswegen in der Regel mit dem Modifizierer **`private`** versehen. Dann können die Attribute außerhalb der Klasse (d. h. von „Fremden") weder gelesen noch „unbeobachtet" geschrieben werden. Will man den Lesezugriff trotzdem gestatten, schreibt man sog. `get`-Methoden. Für Schreibzugriffe benutzt man `set`-Methoden. So kann man bei der Veränderung eines Attributs über eine `set`-Methode sicherstellen, dass auch abhängige Attribute angepasst werden. Für das Attribut `name` der `Person` würde dies wie folgt aussehen. Es ist eine Konvention, den ersten Buchstaben des Namens des Attributs bei `get`/`set`-Methoden in Großbuchstaben zu schreiben.

```
public double getName() {
  return name;
}

public void setName(double name) {
  this.name = name;
}
```

> **Hinweis:** Eclipse erlaubt unter dem Menüpunkt
> `/Source/Generate Getters and Setters`
> die komfortable Erstellung dieser für viele Programmierer lästigen `get`-/und `set`-Methoden.

3.2.2 Konstruktoren

Konstruktoren sind spezielle Methoden. Sie haben keinen Ergebnistyp, ihre Aufgabe besteht nur in der Initialisierung einer Instanz. Deswegen muss das Java-Laufzeitsystem dafür sorgen, dass vor jedem sonstigen Zugriff auf eine Instanz ein Konstruktor für diese Instanz aktiviert wird. Damit ist sichergestellt, dass eine Klasse vor jeder Dienstleistung ihre Datenfelder korrekt einrichten kann: Zugriffe auf nicht initialisierte Variablen unterbleiben. Diese „Ersteinrichtung" kann sich auch auf Vorbereitungen wie etwa Öffnen von Dateien oder Verbindungen im Internet erstrecken. Konstruktoren kann man wie Methoden auch überladen.
Konstruktoren mit einem Parameter dienen auch der Konvertierung von Daten. Der Parameter definiert das Ausgangsformat. Die Klasse, zu der der Konstruktor gehört, stellt das Zielformat dar.
Von besonderer Bedeutung ist der parameterlose Konstruktor. Er ist eine Art universelle „Ersteinrichtungsroutine", zu deren Benutzung keinerlei Kenntnisse über die Klasse erforderlich sind. Falls eine Klasse `xyz` keinen Konstruktor enthält, erlaubt Java ein Anlegen von Instanzen in der Form

```
xyz test = new xyz ();
```

Falls aber irgendein Konstruktor in der Klasse `xyz` definiert ist, muss in Java explizit ein parameterloser Konstruktor angegeben werden, wenn man obige Programmzeile zum Anlegen einer Instanz von `xyz` verwenden will.

3.2.3 Wertzuweisung und Übergabe als Parameter

Eine Wertzuweisung von Exemplaren einer Klasse der Form

```
linkeSeite = rechteSeite;
```

ersetzt die Variable auf der linken Seite durch die auf der rechten Seite.
Präziser: Jede Variable in einem Java-Programm, die ein Exemplar einer Klasse bezeichnet, ist eine Referenz auf ein Exemplar der Klasse. Bei einer Wertzuweisung wird diese Referenz überschrieben. Die Übergabe als Parameter ist wie eine Wertzuweisung implementiert. Die gerufene Methode erhält also eine Referenz auf das Exemplar.

Beispiel

```
Person alfred   = new Person ("Hitchcock", 0, 1000);
Person spion = alfred;
spion.setName ("Cooper");
```

Welchen Namen hat `alfred` nun?

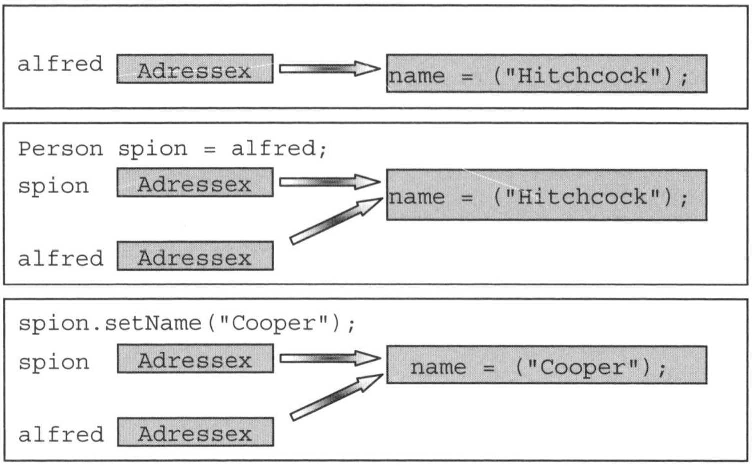

Antwort

`alfred` hat nun den Namen `Cooper`. Objekte sind in Java als Referenzen dargestellt, sie werden stets als Referenzen übergeben oder bei einer Wertzuweisung benutzt. Also wird bei `spion.setName(...)` der Name des Objekts geändert, d. h. der Name des ursprünglich mit `alfred` bezeichneten Objekts.
Dies gilt auch für Strings, denen man intuitiv eine Wertsemantik unterstellen würde.

Referenzsemantik

Obiges Beispiel zeigt, dass Objekte in Java eine Referenz-Semantik besitzen. Jedes Objekt wird über seine Referenz angesprochen. All diese Referenzen sind mit Adressen zu vergleichen, sie sind alle gleich lang: 32-Bit bzw. 64-Bit entsprechen der Breite einer Adresse in einem Computer.

Kopieren von Werten von Exemplaren

Die Wertzuweisung kopiert keine Exemplare, sie kopiert lediglich die Referenzen darauf. Wenn man eine Kopie zur weiteren Verarbeitung braucht, muss man eigene Konstruktoren einführen oder mit sog. Clones arbeiten. Vgl. Abschnitt 3.7.5. Die Referenz auf ein Haus entspricht quasi einer „Hausnummer". Das Kopieren der „Hausnummer" ist leicht möglich, führt aber zu keiner Kopie des „Hauses" an sich. Auch eine Übergabe der „Hausnummer" als Parameter ist leicht möglich.

Gültigkeit von Referenzen

Nachdem nun festgestellt ist, dass vielleicht mehr als eine Referenz auf ein Objekt existiert, kann man sich der Frage der Lebensdauer eines Objekts zuwenden. Ein Objekt existiert so lange, bis die letzte gültige Referenz erlischt. Danach ist es quasi „herrenlos" und kann von der Garbage-Collection entsorgt werden. Das Laufzeitsystem aktiviert die Garbage-Collection zu einem als günstig erachteten Zeitpunkt; sie kann auch vom Anwender aktiviert werden:

```
System.gc ()
```

Gültige Referenzen werden auf den Stacks aller aktiven Threads sowie im Bereich der statischen Daten aller geladenen Klassen gesucht. Dazu kommen die direkt oder indirekt von solchen Referenzen aus über darin enthaltene Referenzen erreichbaren Objekte.

> **Hinweis:** Wenn Objekte nicht mehr benötigt werden, kann man die Referenz auf das Objekt auf `null` setzen. Damit erlischt eine Referenz auf das Objekt. Evtl. war das die letzte Referenz. Dann kann das Objekt entsorgt werden.
> Die spontane Aktivierung der Garbage-Collection kann plötzlich relativ viel Laufzeit erfordern und die Reaktionsgeschwindigkeit der Java-Programme beeinträchtigen.

3.2.4 Statische Klassenelemente

3.2.4.1 Grundlagen

Eine Klasse entspricht in etwa einem Datentyp, die Exemplare bzw. Instanzen den Variablen dieses Typs. Jedes Exemplar wird für sich separat angelegt und hat weder Informationen über die anderen Exemplare noch über allgemeine, die Klasse betreffende Dinge. Auch gibt es keinen Zugriff auf Komponenten der Klasse, ohne bereits Exemplare davon zu haben. Für den Aufruf der `sin()`-Methode benötigt man aber keinerlei Objekt, der Ballast der Erzeugung eines Objekts für einen solchen Vorgang wäre zu hoch. Um diesem Problem abzuhelfen, führt man den Modifizierer **`static`** ein.
Komponenten von Klassen können mit **`static`** allgemeingültig für die jeweilige Klasse gemacht werden. Deswegen spricht man auch von Klassenmethoden im Gegensatz zu den nicht als **`static`** gekennzeichneten Methoden, die sich immer auf spezielle Exemplare beziehen. Der Zugriff auf diese **`static`**-Komponenten erfolgt dann mit

```
Klassenname.Komponentenname,
```

weil statische Komponenten zur Klasse gehören. Innerhalb der Klasse bzw. der Unterklasse kann der Klassenname auch entfallen.

Eigenschaften von `static`-Komponenten

- Nur einmal pro Klasse vorhanden
- Initialisierung unabhängig von Exemplaren der Klasse
- Zugriff von jedem Element der Klasse aus möglich

Folgerungen

- **`static`**-Komponenten können ähnlich wie globale Funktionen bzw. Daten in anderen Programmiersprachen allgemeine Dienste anbieten. So wurde die wichtige Datei `System.out` implementiert und kann ohne künstliche temporäre Instanzen benutzt werden. Auch die Mathematik-Bibliothek `java.lang.Math` macht Gebrauch von **`static`**-Komponenten. Die `main (String[] args)`-Methode lässt sich auch nur als **`static`**-Mitglied realisieren. Vgl. 3.2.1.2.
- **`static`**-Methoden einer Klasse haben nur Zugriff auf **`static`**-Komponenten der Klasse, außer wenn sie ein Exemplar einer Klasse erhält. In diesem Fall müssen die Attribute und Methoden der Instanz über den Namen des Exemplars angesprochen werden.
- **`static`**-Variable entsprechen globalen Variablen, verursachen aber nicht deren Probleme durch „Verunreinigung der Namensräume“. Ihre Namen gehören zu den Namensräumen der jeweiligen Klassen, sie werden nicht in einem großen, unübersichtlichen Topf der globalen Namen vermengt. Da der Umfang moderner APIs (Application Pro-

grammers Interface) mehrere 10 000 Definitionen betragen kann, ist dies ein wesentlicher Faktor für Ordnung und Transparenz im Java-System.

Beispiel

Als Beispiel für **static**-Komponenten soll eine Klasse mit einem Zähler für die Instanzen vorgestellt werden. Dieser Zähler wird als **static**-Variable definiert. Sein Wert wird für jede neue Instanz ausgelesen und bei den Daten der Instanz als Identifikation abgelegt.

Programm

```
class Klasse {
  private static int i = 0;   // Zaehler fuer alle Instanzen
  private int nr;             // Daten einer Instanz (Variablen)

  public Klasse () {
    nr = i++;
  }

  public void print () {
    System.out.printf ("Ich bin die Nummer %d\n" , nr);
  }
}

public class InstanzenZaehlen {
  public static void main (String[] args ) {
    Klasse[] instanzen = new Klasse[5];
    for (int i = 0; i < instanzen.length; i++)
      instanzen[i] = new Klasse ();

  // Ausgabe aller Instanzen
  for (Klasse k : instanzen)
   k.print ();
  }
}
```

Ausgabe

```
Ich bin die Nummer 0
Ich bin die Nummer 1
Ich bin die Nummer 2
Ich bin die Nummer 3
Ich bin die Nummer 4
```

Import statischer Komponenten

Das statische Mitglied `sin` der Klasse `Math` muss mit der Bezeichnung `Math.sin` angesprochen werden. Entsprechendes gilt für alle **static**-Mitglieder. Wem das zu aufwändig ist, der kann ab JDK 1.5 den statischen Import benutzen:

```
import static java.lang.Math.*;   // Alles auf einmal
import static java.lang.Math.sin; // Gezielter Import
```

3.2.4.2 Initialisierung der static-Variablen in einer Klasse

static-Variable können durch eine Wertzuweisung bei ihrer Erklärung oder in einem eigens anzugebenden **static** -Block initialisiert werden:

Programm

```
public class StaticInitTest {
  static int a = 1;
  static double b;

  static {
    a++;
//  c = 7; Diese Vorwaerts-Referenz ist falsch
  }

  static int c = 2;

  static {
    b = Math.cos (Math.PI/4.0);
  }

  public static void main (String[] args) {
    System.out.printf ("a= %d %f %d\n", a, b, c);
  }
}
```

Probelauf

```
a= 2 b= 0.707107 c= 2
```

Erläuterung

Statische Initialisierer werden in der Reihenfolge ausgeführt, in der sie im Java-Quellprogramm erscheinen. Bei mehreren Wertzuweisungen gilt der Wert der letzten. Vorwärtsreferenzen sind hier (im Gegensatz zu dem in Java sonst üblichen Stil) nicht möglich. Der Aufruf statischer Methoden ist möglich, sofern er zu keinem Zyklus führt. Dabei versteht man unter einem Zyklus eine Situation, in der eine Klasse `A` eine Klasse `B` benötigte und umgekehrt.

Zusammenfassung

Programme in Java sind nur in Form von Klassen möglich. Klassen bestehen aus Attributen und Methoden zur Bearbeitung der Daten. Methoden können überladen werden. Gleichnamige Methoden müssen sich durch die Typen der Parameter unterscheiden: Ein Unterschied im Rückgabewert alleine reicht nicht aus. Konstruktoren sind spezielle Methoden zur Vorbelegung der Datenfelder mit Werten. Sie vermeiden Zugriffe auf nicht initialisierte Daten.
Globale Variable bzw. Funktionen werden in Form von **`static`**-Komponenten geschrieben. **`static`**-Variable werden vor Anlauf jeder Methode mit Werten vorbelegt. Für komplexe Initialisierungen solcher Variablen gibt es eine **`static`** -Routine.
Instanzen von Klassen müssen grundsätzlich mit **`new`** angelegt werden. Eine bloße Deklaration weist einer Variablen den Wert `null` zu. Erst nach dem entsprechenden **`new`**-Aufruf wird die Instanz der Klasse erzeugt und der durch die Parameter bestimmte Konstruktor aufgerufen.
Wertzuweisung und Parameterübergabe für Instanzvariablen von Klassen folgen einer Referenz-Semantik: Eine Referenz auf die Instanz-Variable wird übergeben.

3.2.5 Innere Klassen

Java erlaubt die Definition von Klassen innerhalb anderer Klassen und innerhalb von geklammerten Blöcken. Anonyme Klassen können in Ausdrücken definiert werden.
Die so definierten Klassen können auf Komponenten der sie umfassenden Klasse zugreifen. Bei Definition innerhalb von Blöcken gelten die Zugriffsregeln für Blöcke. Eine innere Klasse ist außerhalb des sie definierenden Blockes nicht sichtbar, außer mit Hilfe des voll qualifizierenden Namens. Dieser setzt sich aus dem Namen der umfassenden Klasse, dem Trennzeichen $ sowie dem Namen der Klasse zusammen. Die innere Klasse kann Namen der sie umfassenden Klasse benutzen, auch wenn sie verdeckt sind.
Das folgende Beispiel illustriert diesen Zugriff. Es zeigt auch, wie man den **`this`**-Zeiger der äußeren Klasse erhält. Der **`this`**-Zeiger wird u.a. beim Öffnen eines Dialogs benötigt.

Programm: eine innere Klasse und Zugriffe auf Variable

```
public class InnereKlassenDemo {
  // Private Variablen der Klasse "InnereKlassenDemo"
  private int a = 7;
  private int b = 99;

  // Definition einer inneren Klasse
  class Innen {
  // Private Variablen der Klasse "Innen"
    private int a = 9;
    public void innenDemo() {
      System.out.println (a);  // (1)
      System.out.println (b);  // (2)
      System.out.println (InnereKlassenDemo.this.a); // (3)
    }
  }

  public void außenDemo () {
    Innen klasse = new Innen ();
    klasse.innenDemo ();
  }

  public static void main (String[] args) {
    InnereKlassenDemo klasse = new InnereKlassenDemo ();
    klasse.außenDemo ();
  }
}
```

Zu den Anmerkungen (*)

Anmerkung (1) zeigt einen Zugriff auf die Variable `a` der Klasse `Innen`. Anmerkung (2) zeigt, dass die private Variable `b` von `InnereKlassenDemo` auch in der Klasse `Innen` benutzt werden kann. Die Schreibweise von Anmerkung (3) dient dem Zugriff auf Namen, die durch die Regeln der Sichtbarkeit für innere Blöcke verdeckt sind.

Anwendung innerer Klassen: siehe auch Abschnitt 0

Da Java keine Mehrfachvererbung für Implementierungen kennt, wird als Ersatz die Vererbung für Schnittstellen via **`implements`** eingesetzt. Dadurch wird eine Klasse zur Implementierung *aller* dort vorgeschriebenen Methoden gezwungen. Z.B. kann eine Klasse als Beobachter für „Fensterereignisse" fungieren, um die Anwendung bei Erhalt des *einen* Ereignisses „Fenster schließen" zu beenden. Tatsächlich muss die Klasse alle sieben möglichen „Fensterereignisse" beobachten, d.h. Methoden zur Bearbeitung bereitstellen. Dadurch

wird die Klasse mit ungewollter Funktionalität überladen und unübersichtlich. Dies wäre bei einer Mehrfachvererbung für Implementierungen vermeidbar, denn dann könnte die o.a. Klasse den Programmcode zur Beobachtung einfach von einer „Fenserereignis-Beobachtungsklasse“ erben und einfach *nur* die gewünschte Routine überschreiben.
Das Problem lässt sich in Java auch mit externen Klassen lösen, die o.a. Funktionalität übernehmen. Jetzt muss aber die externe Klasse mit unserer Klasse verbunden werden, damit sie in unserer Klasse die gewünschten Aktionen anstoßen kann. Die Verbindung der beiden Klassen untergräbt die Konzepte der Sichtbarkeit in Java (vgl. Abschnitt 3.9). Wenn man dagegen in unserer Klasse eine innere Klasse definieren kann, die als Aufgabe nur die Beobachtung von Fensterereignissen hat, kann in dieser inneren Klasse die Bearbeitung von Ereignissen durch Ableiten von der allgemeinen Fensterbeobachtung und Überschreiben der Methode zum „Fenster schließen“ programmiert werden. Die Klasse delegiert die Aufgabe der Fensterbeobachtung an die innere Klasse.

Bedeutung

Mit inneren Klassen lässt sich eine Art von Implementierungsvererbung nachbauen. Die äußere Klasse wird entsprechend der Klassenhierarchie von einer Java-API-Klasse abgeleitet (z.B. ein `Applet`, ein `Frame` usw.). Die innere Klasse wird von einer anderen Klasse abgeleitet, deren Implementierung zu erben nützlich wäre. Dadurch lässt sich der Programmcode der zweiten Klasse auch durch Vererbung nutzen, er muss nicht neu implementiert werden. Die Adapterklassen aus Abschnitt 7.2.4 sind das bekannteste Beispiel für diese Vorgehensweise.

3.3 Unterklassen und Polymorphie in Java

3.3.1 Definition

Eine Spezialisierung lässt sich explizit in der folgenden Form angeben:

```
class Speziell extends Allgemein {
    .......
}
```

Die Klasse `Speziell` enthält alle Komponenten[2] der Klasse `Allgemein`. Man kann sie um neue Komponenten erweitern. In diesem Sinne ist `Speziell` eine Unterklasse der Klasse `Allgemein`, die man auch als *Oberklasse* bzw. *Superklasse* bezeichnet. Komponenten der Superklasse erreicht man in Java über den reservierten Namen **`super`**. Dies gilt auch für den Aufruf von Konstruktoren der Oberklasse: `super (...parameter)`.
Diese Spezialisierung kann man auch als *Ableitung* bezeichnen. Hier wird eine Klasse um zusätzliche Eigenschaften ergänzt. Wenn in einer spezialisierten Klasse eine Methode eine andere Bedeutung wie in der generalisierten Klasse erhalten soll, schreibt man die Methode in der spezialisierten Klasse neu. Man bezeichnet diesen Vorgang auch als *Überschreiben*. Die Mechanismen der Sprache Java müssen dann sicherstellen, dass zur Laufzeit die zum konkreten Objekt passende Methode ausgewählt wird. Jedes Objekt ist für sich selbst zuständig. Der in prozeduralen Sprachen erforderliche Aufwand zur Ermittlung der Zuständigkeiten, der sich in Form von vielen Abfragen und Verzweigungen im Programm nieder-

[2] Sofern es sich nicht um **`private`**-Elemente handelt. Vgl. Abschnitt 3.9.2.

geschlagen hat, entfällt in einer objektorientierten Sprache zugunsten einer „flachen Hierarchie".

Klassen ohne `extends`

Klassen, für die keine Beziehung zu anderen Klassen festgelegt wurde, sind automatisch Unterklassen von `Object`. Damit kann jede Klasse jeden Dienst nutzen, der in Java für Objekte bereitgestellt wird. Die Klasse `Object` ist direkt oder indirekt Oberklasse jeder Klasse in Java.

Beispiel: Chefs sind auch Personen

Eine Firma beschreibt Personen durch ihren Namen, die Personalnummer sowie das Gehalt. Vgl. Abschnitt 3.2.1. Die „Personalabteilung" verwaltet alle Personen in einem Feld `personal`. Chefs sind auch Personen, d.h. ein Chef ist eine spezielle Person:

```
class Chef extends Person ...
```

Wir ergänzen die Klasse `Chef` um ein zusätzliches Attribut, nämlich die vom jeweiligen Chef geleitete Abteilung. Die Klasse `Chef` hat einen Konstruktor. Da Chefs Personen sind, wird in der Klasse `Chef` der Konstruktor der Superklasse `Person` aufgerufen. In der Klasse `Chef` spricht man die Oberklasse `Person` wird mit **`super`** an. Die Selbstdarstellung von Chefs kann sich natürlich nicht auf die einer gewöhnlichen Person reduzieren. In jedem Fall muss auch die Eigenschaft der Leitung einer Abteilung zum Ausdruck gebracht werden. Also überschreiben wir die Methode `drucke()` *überschrieben*, d.h. wir geben sie in der Klasse `Chef` neu an.

Programm der Klasse Chef

```
public class Chef extends Person {

  private String abteilung;        // Zusaetzliches Attribut

  public Chef (String name, int personalNummer, double gehalt,
               String abteilung) {
    super (name, personalNummer, gehalt);  // Konstruktor rufen
    this.abteilung = abteilung;            // Attribut setzen
  }

  // Methode drucke überschreiben, d. h. neu definieren
  public void drucke () {
    super.drucke ();  // Darstellung der Oberklasse rufen
    System.out.println (" Leitung Abteilung " + abteilung);
  }
}
```

Darstellung in UML

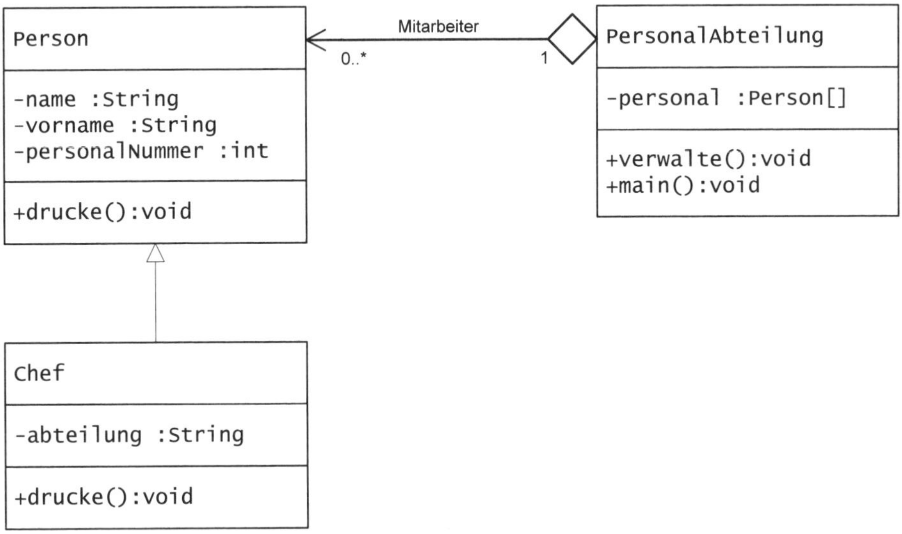

Die Verwaltung und die Polymorphie

Die Eigenschaft „Chef" ist mit der Abspeicherung im Feld `personal` keinesfalls verschwunden. Die `main()`-Routine ruft in einer Schleife alle von der „Personalabteilung" `personal` verwalteten Objekte zur Selbstdarstellung auf. *Eine* Personalabteilung verwaltet *0..** Mitarbeiter, die Personen.

```
public class PersonalAbteilung {
  private Person personal [] = {
    new Person ("Hitchcock", 0, 1000),
    new Person ("Bond",      7, 2000),
    new Person ("Ford",     99, 3000),
    new Chef   ("Nealy",     1, 9000, "Sun")
  };

  public void verwalte () {
    for (Person p: personal)
      p.drucke ();                // 1

    for (Person p: personal)
      p. erhöheGehalt (100);      // 2

    for (Person p: personal)
      p.drucke ();                // 3
  }
  public static void main (String[] args) {
    PersonalAbteilung pa = new PersonalAbteilung();
    pa.verwaltc();
  }
}
```

Die grau hinterlegten Anweisungen `// 1` und `// 3` bedeuten: „Rufe die `drucke()`-Methode des entsprechenden `Person`-Objekts auf." Wenn ein `Person`-Objekt vorliegt, wird die `drucke()`-Methode der Klasse `Person` aufgerufen. Handelt es sich hingegen um ein `Chef`-Objekt, wird die `drucke()`-Methode der Klasse `Chef` aufgerufen. Dies bezeichnet man auch als „späte Bindung" bzw. „Polymorphie".

Die Methode **void** erhöheGehalt(**double** Betrag) der Basisklasse Person wurde nicht überschrieben. Damit kann die Personalabteilung in // 2 diese Methode in unveränderter Form auch für Chefs anwenden, auch sie kommen in den Genuss einer Gehaltserhöhung.

Ausgabe des Programms

```
Name Hitchcock PersonalNummer 0 Gehalt : 1000.0
Name Bond PersonalNummer 7 Gehalt : 2000.0
Name Ford PersonalNummer 99 Gehalt : 3000.0
Name Nealy PersonalNummer 1 Gehalt : 9000.0
Leitung Abteilung Sun
Name Hitchcock PersonalNummer 0 Gehalt : 1100.0
Name Bond PersonalNummer 7 Gehalt : 2100.0
Name Ford PersonalNummer 99 Gehalt : 3100.0
Name Nealy PersonalNummer 1 Gehalt : 9100.0
Leitung Abteilung Sun
```

Hinweis: Auch wenn Chef eine Spezialisierung von Person ist, so hat Chef keinen Zugriff auf **private** Daten von Person. Wenn der Zugriff auf Daten für Spezialisierungen erlaubt, aber für andere verboten sein soll, kann man als Attribut **protected** wählen.

Beispiel: Ausgabe von Klassen zu Testzwecken

Eine nützliches Beispiel in der Klasse Object ist die Methode

```
public String toString ();
```

Sie wird in Anweisungen der Form

```
System.out.println (Irgendein Object);
```

aufgerufen. Wenn man in einer abgeleiteten Klasse diese Methode überschreibt, liefert o.a. Anweisung für Instanzen dieser Klasse die vom Anwender definierten Ergebnisse. Da alle Klassen von Object abgeleitet sind, kann man die Methode toString() in jeder in Java definierten Klasse überschreiben. Dies kann insbesondere zum Test mit der klassischen Strategie „if in doubt, print it out“ nützlich sein.

```
public class Test {

  private String s = "Test";

  public Test (String s) {
    this.s = s;
  }

  public String toString () {
    return s;
  }

  public static void main (String[] args) {
    Test t = new Test ("Testausgabe");
    System.out.println (t); // toString (siehe Kasten) läuft ab!
  }
}
```

3.3.2 Konstruktoren und Vererbung

Eine Instanz einer Klasse wird in mehreren Schritten angelegt. Zunächst wird ein Bereich im Freispeicher besorgt. Wenn dies erfolgreich war, wird das Objekt initialisiert.
Die Konstruktoren von generalisierten Klassen werden vor den Konstruktoren der spezialisierten Klassen zum Ablauf gebracht. Dadurch ist sichergestellt, dass bei der Initialisierung der spezialisierten Klasse keine Zugriffe auf nicht-initialisierte Teile der allgemeinen Klasse stattfinden können. Konstruktoren ohne Parameter spielen hierbei eine Sonderrolle. Aufrufe für solche Konstruktoren werden vom Compiler erzeugt, wenn kein Konstruktor angegeben wurde (vgl. Abschnitt 3.2.2). Ein Konstruktor einer Superklasse kann auch mit

```
super (Parameter1, Parameter2, usw.)
```

aufgerufen werden. Wenn ein solcher Aufruf angegeben ist, muss er natürlich die erste Anweisung in einem Konstruktor sein, da man sonst auf Komponenten der Superklasse vor deren Initialisierung zugreifen könnte.

Programm

```
class Klasse1 {
  public Klasse1 () {
    System.out.println ("Konstruktor Klasse1");
  }

  public Klasse1 (int dummy) {
    System.out.println ("Konstruktor mit dummy Klasse1");
  }
}

class Klasse2 extends Klasse1 {
  public Klasse2 () {
    System.out.println ("Konstruktor Klasse2");
  }


  public Klasse2 (int dummy) {
    super (dummy);
    System.out.println ("Konstruktor mit dummy Klasse2");
  }
}

public class Konstruktor {
  public static void main (String[] args) {
    Klasse2 k = new Klasse2 ();
    Klasse2 l = new Klasse2 (1);
  }
}
```

Ausgabe

```
Konstruktor Klasse1
Konstruktor Klasse2
Konstruktor mit dummy Klasse1
Konstruktor mit dummy Klasse2
```

3.3.3 Implementierung der Polymorphie

Polymorphie oder späte Bindung bedeutet, dass eine Botschaft an ein Objekt (ein Aufruf einer Methode) zur Laufzeit des Programms an den „richtigen“ Programmcode gebunden

wird. Der „richtige“ Code ergibt sich durch die „Gestalt“ des Objekts, sei es `Person` oder `Chef` wie im Abschnitt 3.3.1. Diese Zuordnung kann man über Tabellen herstellen, die für jede vorhandene Kombination aus Klasse und Methode den Bezug zum Code enthalten. Als besonders effizient gelten die sog. „Virtuelle Methoden-Tabellen“ (VMT). Die folgende schematische Darstellung bezieht sich auf das Beispiel der Personen und der Chefs.
Eine Klasse beschreibt man als Datenstruktur im Speicher. Zu dieser gehören die **`static`**-Daten und alle Methoden. Dazu benötigt man noch Daten für jedes Objekt. Die Methoden sind für jede Instanz ein und derselben Klasse identisch, es genügt deshalb, einen Verweis auf die Tabelle der Methoden der Klasse aufzunehmen. Im folgenden Beispiel sei `alfred` ein `Person`-Objekt und `walt` ein `Chef`-Objekt.

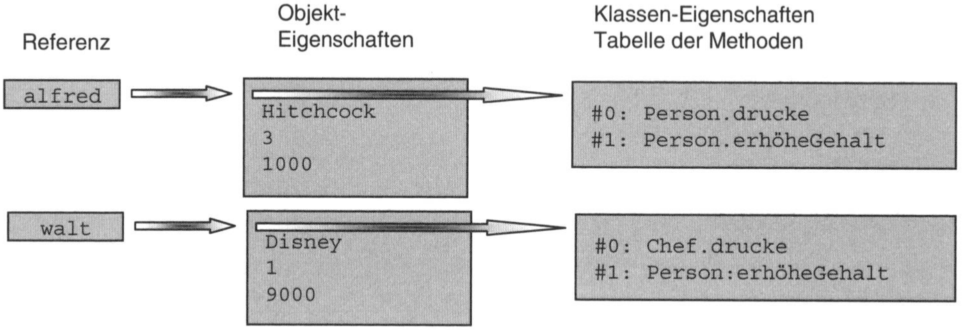

Der Aufruf einer Methode einer Klasse für ein bestimmtes Exemplar kann über einen Zeiger auf die jeweilige Tabelle der virtuellen Methoden erfolgen. Zum Aufruf braucht man nur die Nummer der Methode in der Tabelle. Die `drucke()`-Methode hat in diesem Fall die Nummer 0, die `erhöheGehalt()`-Methode die Nummer 1 usw. Ein Aufruf könnte dann wie folgt aussehen:

```
call Methode Nr. x aus der VMT der Klasse Chef
```

Diese Tabelle für die Klasse `Chef` kann man aus der Tabelle der Klasse `Person` aufbauen, indem man die Tabelle von `Person` zunächst übernimmt. Dann überschreibt man die Einträge für die „überschriebenen“ Methoden und fügt und die Einträge für die neuen Methoden hinzu.

3.3.4 Cast-Anweisung für Klassen

Die Wertzuweisung für Objekte verschiedener Klassen ist nicht ohne weiteres möglich. Die folgenden Tabellen zeigen die wichtige Fallunterscheidung.

```
Klasse1 exemplar1 = new Klasse1 (...);
Klasse2 exemplar2 = new Klasse2 (...);
Object  objekt;
exemplar1 = exemplar2;  // Vorsicht: siehe unten
objekt    = exemplar1;  // IMMER möglich. Alles ist Object
```

Fall 1

```
Person exemplar1 = new Person (...);
Chef   exemplar2 = new Chef (...); // Chef extends Person...
Object objekt;
exemplar1 = exemplar2; // d.h. hier:
// person = chef; OK! Denn jeder Chef ist Person
objekt = exemplar1;    // immer OK
```

`Klasse1` (z.B. `Person`) ist eine Oberklasse von `Klasse2` (z.B. `Chef`). Die Wertzuweisung in Zeile `04` ist problemlos möglich, denn das `Chef`-Objekt ist ein `Person`-Objekt. Da `exemplar1` ein `Person`-Objekt ist, kann die `abteilung` nicht angesprochen werden, auch wenn wir erwarten würden, dass zur Laufzeit des Programms eine solche vorhanden sein müsste. Dies wird vom Compiler im Rahmen seiner strengen Typ-Prüfung entdeckt.
Zeile `05` ist somit in Java für alle Objekte möglich: Jede Klasse ist direkt oder indirekt von `Object` abgeleitet. Auf diese Weise werden in Java allgemeine Dienste für alle Objekte realisiert.

Fall 2

```
01   Chef   exemplar1 = new Chef (...);    // Klasse1
02   Person exemplar2 = new ...            // Klasse2
03   Object objekt;
04   exemplar1 = exemplar2; // FALSCH, nicht jede Person ist Chef
05   objekt = exemplar1;    // immer OK
```

`Klasse2` (z.B. `Person`) ist eine Oberklasse von `Klasse1` (z.B. `Chef`). In diesem Fall ist `Klasse1` eine Erweiterung von `Klasse2`, die Wertzuweisung in Zeile `04` ist in der einfachen Form ein Fehler, den der Compiler entdeckt. Dennoch könnte das `Klasse2`-Objekt ein Chef sein, der in Zeile `02` nur als Person auftritt, wenn in Zeile `02 exemplar2 = new Chef(...)` stünde. Dies wäre nach Fall 1 möglich.

Wie kann man in diesem Fall die `Chef`-Eigenschaften wieder ansprechen? Es ist eine Umwandlung von Typen (Cast[3]) erforderlich:

```
exemplar1 = (Klasse1)exemplar2;        //Zuweisung mit Cast
// Aber nur, falls exemplar2 wirklich Klasse1 ist!!!!!

// Wenn dieses spezielle Objekt ein Exemplar der Klasse1 ist:
if (exemplar2 instanceof Klasse1)     // sichere Variante
  exemplar1 = (Klasse1)exemplar2;     // des Cast
```

Falls `exemplar2` nicht `Klasse1` ist, wird in der ungesicherten Variante (grau hinterlegt) in obigem Beispiel eine `ClassCastException` geworfen, denn so wäre über `exemplar2` (z.B. `Person`) der Zugriff auf Attribute oder Methoden möglich, die nicht zu `Klasse2` (z.B. Abteilung in der Klasse `Chef`) gehören. Dann hätte man einen undefinierten Zugriff auf Speicher hinter den definierten Variablen, und man wäre mit einem Loch im Sicherheitsnetz von Java konfrontiert.

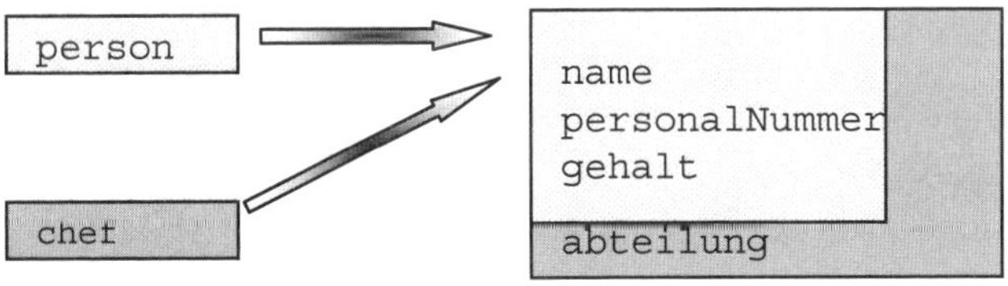

Fall 3

Falls keine der Klassen Oberklasse der anderen ist und die Klassen nicht gleich sind, ist Zeile `04` immer falsch. Auch ein Cast hilft nicht weiter.

[3] Cast: Typumwandlung, Guss, Rollenbesetzung

Anwendung

Zur Realisierung von Diensten für Klassen geht man häufig in mehreren Schritten vor:

1. Man definiert eine Basisklasse `ClassBasis`. In Java wird häufig die Basis aller Klassen `Object` für diese Zwecke benutzt.
2. Die Dienste (z.B. Aufbewahrung von Instanzen dieser Klasse, vgl. die Klassen `Vector` und `Hashtable` in Kapitel 4) werden für `ClassBasis` geschrieben.
3. Man leitet von `ClassBasis` eine Anwendungsklasse `ClassXYZ` ab. Nachdem jede Klasse `ClassXYZ` auch `ClassBasis` ist, können für alle Anwendungsklassen die für `ClassBasis` geschriebenen Dienste benutzt werden.

Wenn jetzt die o.a. Dienste zur Aufbewahrung von Instanzen von `ClassBasis` benutzt werden, erhält man als Ergebnis nicht die Anwendungsklasse `ClassXYZ`, sondern die Basisklasse `ClassBasis`. Denn die Klasse `ClassXYZ` stand zur Implementierung der Dienste noch nicht zur Verfügung. Um die konkreten Eigenschaften seiner Anwendungsklasse ausnutzen zu können, benötigt man die Cast-Anweisung:

```
ClassXYZ Instanz = (ClassXYZ) (Ergebnis eines Dienste-Aufrufs);
```

Dadurch entsteht kein Risiko einer Programmausnahme, denn man hatte dem Dienst nur Objekte des Typs `ClassXYZ` anvertraut.

Hinweis: Die ab JDK 1.5 verfügbaren generischen Sprachanteile in Java adressieren dieses Problem. Vgl. Abschnitte 3.5 und 4.3.

3.3.5 Klassen und Ausnahmen

Programme müssen auf jede Situation gefasst sein, auch auf Ausnahmesituationen. Gerade bei einer Programmierung für das Internet sind Abstürze von Programmen nicht akzeptabel. Wenn ein Programm nur in einer „friendly atmosphere" läuft, ist dies zu wenig. Eine Einführung in die Technik der Ausnahmebehandlung findet sich in Abschnitt 2.2.6.
Auch die Programmausnahmen lassen sich klassifizieren. Programme und Programmsysteme können sich der Klassifikation der Ausnahmen in Java anschließen. Die Behandlung der Ausnahmen erfolgt dann wieder klassenweise. Im folgenden Beispiel wird eine Basisklasse `Exception1` definiert. Als Spezialfall von `Exception1` wird die Klasse `Exception2` eingeführt. Die Methode `demo()` hat die Aufgabe, verschiedene Programmausnahmen auszulösen.

Beispiel

```
class Exception1 extends Exception {
  Exception1 (String text) { super (text); }
}

class Exception2 extends Exception1 {
  Exception2 (String text) { super (text); }
}

public class ExceptionDemo {
  void demo (int i) throws Exception1, Exception2, Exception {
    if (i == 1)
      throw new Exception1 ("Zusatz 1");
    else if (i == 2)
      throw new Exception2 ("Zusatz 2");
```

```
      else if (i == 3)
        throw new Exception ("Zusatz 3");
    }

    public static void main (String args []) throws Exception {
      ExceptionDemo e = new ExceptionDemo ();
      for (int i = 1; i <= 4; i++)
        try {
          e.demo (i);
        } catch (Exception2 ex) {
          System.out.println (ex);          (a)
        } catch (Exception1 ex) {
          System.out.println (ex);          (b)
        } catch (Exception ex) {
          System.out.println (ex);
        } finally {
          System.out.println ("Abschlussbehandlung " + i);
        }
    }
}
```

Ausgabe

```
1. Exception1: Zusatz 1
2. Abschlussbehandlung 1
3. Exception2: Zusatz 2
4. Abschlussbehandlung 2
5. java.lang.Exception: Zusatz 3
6. Abschlussbehandlung 3
7. Abschlussbehandlung 4
```

Erläuterung

Beachten Sie bitte, dass die **for**-Schleife im Programm trotz der Programmausnahmen dreimal durchlaufen wird. Dies ist nur möglich, da die Ausnahmen aufgefangen wurden.

Zeile 1 zeigt, dass die Ausnahme `Exception1` von der richtigen Stelle (b) im Programm aufgefangen wird. In Zeile 2 sieht man die Ausgabe der Abschlussbehandlung für die Programmausnahmen mit **finally**. Mit dieser Anweisung kann man gemeinsamen Programmcode in verschiedenen **catch**-Zweigen der Ausnahmebehandlungen schreiben, der aber auch dann durchlaufen wird, wenn keine Ausnahme vorliegt.

Zeile 3 zeigt die Behandlung der zweiten Ausnahme analog zur ersten Ausnahme. `Exception2` ist ein Spezialfall von `Exception1`. Wird eine `Exception2` geworfen, wird sie als `Exception1` behandelt. Zeile 4 enthält die Abschlussbehandlung.

Wenn die Blöcke (a) und (b) im Quellprogramm vertauscht wären, würde sich folgende Situation ergeben:

```
catch (Exception1 ex) {
  System.out.println (ex);          (b)
}
```

```
catch (Exception2 ex) {
  System.out.println (ex);          (a)
}
```

Das dermaßen geänderte Programm wird vom Java-Compiler nicht übersetzt, da die Behandlung von `Exception1` die von `Exception2` verdecken würde, da immer die erste passende Ausnahmebehandlung zum Auffangen gewählt wird.

Zeile 5 der Ausgabe des Programms zeigt, dass **finally** keine Behandlung jedweder Ausnahme darstellt, sondern lediglich der abschließenden Ausnahmebehandlung dient. Wenn eine pauschale Behandlung von Ausnahmen gewünscht wird, fängt man die Oberklasse der Ausnahmen `Exception` auf. Dadurch würde man aber auf eine differenzierte Reaktion auf die Fehlersituation verzichten. Zeile 6 zeigt die zugehörige Abschlussbehandlung.

Die Ausgabe von Zeile 7 erfolgt auch ohne Programmausnahme.

Hinweis: Programmausnahmen sind keine Anweisungen zur regulären Programmierung und sollten in keinem Fall als trickreicher Weg zur Vermeidung von Abfragen benutzt werden.
Abschnitt 4.4.3 stellt ein Beispiel für eine Anwendung von Ausnahmen vor.
Die Abläufe bei der Behandlung von Ausnahmen werden in Abschnitt 2.2.6 behandelt.

3.3.6 Abstrakte Basisklassen: Design für Vererbung

Durch Vererbung können Programme einer bestimmten Aufgabe angepasst werden. Wenn man nun mehrere ähnlich gelagerte Probleme hat, kann man versuchen, gemeinsame Teile „auszuklammern". Damit vermeidet man Redundanzen in den Quellprogrammen. Das Ergebnis dieses „Ausklammerns" bzw. dieser gedanklichen Abstraktion kann eine Klasse sein, für die es keine Instanzen gibt. Es gibt kein abstraktes Verkehrsmittel, es gibt nur konkret ein Fahrrad, ein Auto oder ein Flugzeug. Es gibt kein abstraktes „geometrisches Objekt", es gibt nur einen konkreten Punkt, eine konkrete Gerade usw. Es gibt keine allgemeine Eingabe, es gibt nur die Eingabe von einer Datei, über das Internet etc. Es gibt keinen allgemeinen Graphikkontext, es gibt nur einen Graphikkontext für Windows, für Solaris etc.
Abstrakte Klassen wie etwa „geometrisches Objekt" können dennoch konkrete Dienste enthalten, die dann allen konkreten abgeleiteten Klassen gemeinsam sind. Diese können über die Implementierungsvererbung von allen Unterklassen genutzt werden und entsprechen den o.a. „ausgeklammerten" Teilen des Programms. Zur Integration der Dienste der abgeleiteten Klassen können Methoden ohne Funktionalität benutzt werden. Diese abstrakten Methoden definieren lediglich die Schnittstelle für eine Software, die später „angeflanscht" wird. Vgl auch Abschnitt 3.7. Dieses Verfahren hat folgende Aufgaben:

- Software ohne Änderung wieder zu verwenden
- Integration von Modifikationen

Diese Vorgehensweise soll am Beispiel der geometrischen Objekte veranschaulicht werden.

Beispiel: Geometrische Objekte

Ein Applet soll verschiedene geometrische Objekte verwalten: Kreise und Rechtecke. Diese Objekte sollen sich jeweils selbst zeichnen. Sie sollen selbst berechnen, ob ein Klick mit der Maus innerhalb ihrer Fläche erfolgt ist.
Das Applet verwaltet die Objekte. Es sorgt dafür, dass sich die Objekte im Bedarfsfall selbst zeichnen. Es ruft die objektspezifische Routine zur Lokalisierung des Mausklicks auf. Falls diese **`true`** zurückliefert, werden der Name des geometrischen Objekts sowie die Koordinaten der Maus ausgegeben.

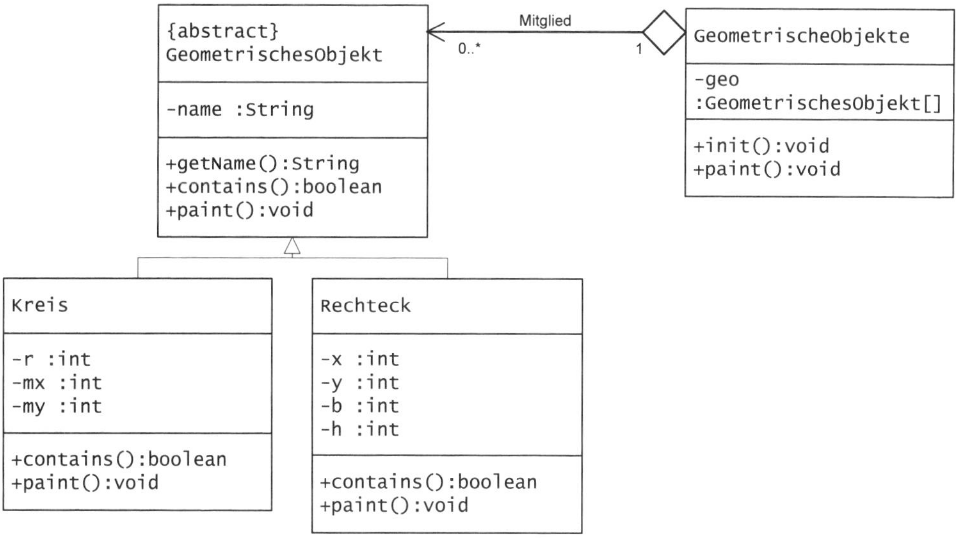

Realisierung

1. Es wird eine abstrakte Basisklasse `GeometrischesObjekt` entworfen. Diese erhält als Attribut den Namen sowie eine Zugriffsroutine zum Auslesen desselben. Die Schnittstelle zu allgemeinen geometrischen Objekten im Sinne dieses Beispiels wird mit abstrakten Methoden `paint()` und `contains()` spezifiziert.
2. Als Anwendung der Basisklasse `GeometrischesObjekt` werden die Klassen `Kreis` und `Rechteck` entworfen. Dort werden jeweils die abstrakten Methoden `paint()` zur Selbstdarstellung und `contains()` überschrieben. Diese Methoden können für jedes Objekt ohne Rücksicht auf andere Objekte definiert werden, sofern nur die Spezifikation eingehalten wird.
3. Das Hauptprogramm hat die Form eines Applets. In seiner `init()`-Methode werden die geometrischen Objekte eingerichtet. Die `paint()`-Methode ruft die `paint()`-Methoden der geometrischen Objekte auf. Die `mouseClicked()`-Methode (vgl. Abschnitt 7.2.2) ruft die `contains()`-Methoden der geometrischen Objekte auf. Wenn der Mausklick innerhalb eines Objekts erfolgt ist, wird der Name des Objekts ausgelesen und in der Statuszeile des Applets angezeigt.

Zur Software-Struktur

Bei diesem Aufbau werden Probleme dort gelöst, wo sie anfallen. Eine dezentrale Struktur der Software hat in der Konsequenz einen relativ einfachen Aufbau: Komplexe Mechanismen zur Verwaltung und Zuordnung entfallen. Die Verwaltung „muss nicht wissen“, wie die einzelnen Objekte aufgebaut sind.

Programm

```
import java.applet.Applet;
import java.awt.Graphics;
import java.awt.Event;
import java.awt.event.*;

// Die Basisklasse. Die Verwaltung arbeitet mit allen
// davon abgeleiteten Klassen.
```

```
abstract class GeometrischesObjekt {
  private String name;
  public String getName () { return name; }
  public GeometrischesObjekt (String name) { this.name = name; }
  abstract public void paint (Graphics g);
  abstract public boolean contains (int x, int y);
}

class Kreis extends GeometrischesObjekt {
  private int r;      // r = Radius

  private int mx, my; // mx = x Mittelpunkt, my = y Mittelpunkt
  public Kreis (int r, int x, int y) {
    super ("Kreis");
    this.r = r; mx = x; my = y;
  }
  public void paint (Graphics g) {
    g.drawArc (mx-r, my-r, 2*r, 2*r, 0, 360);
  }

  public boolean contains (int x, int y) {
    return (mx-x)*(mx-x)+(my-y)*(my-y) <= r*r;
  }
}

class Rechteck extends GeometrischesObjekt {
  private int x, y, b, h;

  public Rechteck (int x, int y, int b, int h) {
    super ("Rechteck");
    this.x = x; this.y = y;
    this.b = b; this.h = h;
  }

  public void paint (Graphics g) {
    g.drawRect (x, y, b, h);
  }

  public boolean contains (int x, int y) {
     return this.x <= x && x <= this.x+b &&
            this.y <= y && y <= this.y+h;
  }
}

public class GeometrischeObjekte extends Applet {

  private GeometrischesObjekt geo []
                 = new GeometrischesObjekt[5];

  public void init () {
    geo[0] = new Kreis (30, 50, 70);
    for (int i = 1; i < geo.length; i++)
      geo[i] = new Rechteck (20+i*10, 10+i*10, 100, 15);

    addMouseListener (new MouseAdapter() {
      public void mouseClicked (MouseEvent event) {
        int x = event.getX();  // Nur als Anfangspunkt notieren
        int y = event.getY();
        String Treffer = "click: x = " + x + " y = " + y;
        for (GeometrischesObjekt go : geo)
          if (go.contains (x, y))
            Treffer = Treffer + " " + go.getName ();
```

```
            showStatus (Treffer);
          }
        });
      }

      public void paint (Graphics g) {
        for (GeometrischesObjekt go : geo)
          go.paint (g);
      }
    }
```

Bild vom Lauf des Programms

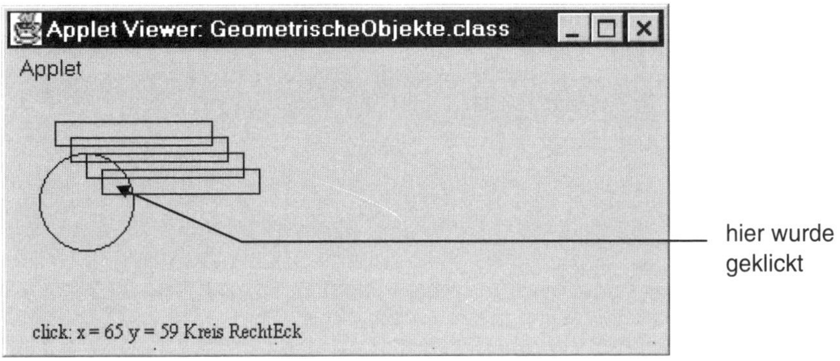

3.3.7 Der `final`-Modifizierer

Komponenten von Klassen können mit dem **`final`**-Modifizierer versehen werden. Der **`final`**-Modifizierer ist auf der Ebene der Klassen sowie der Definition von Attributen und Methoden zulässig, nicht jedoch innerhalb von Methoden.

```
  public class FinalDemo {
    final int i = 1;
    final static int ISTATIC = 7;
    final static int get_istatic () { return ISTATIC; }
    final int geti () { return i; }
    public FinalDemo () {}
    ........
  }
```

Der **`final`**-Modifizierer bei Daten erzwingt, dass die Daten nicht verändert werden können. Damit lassen sich Konstanten in Java definieren. Die **`static`**-Daten stellen globale Konstanten der Klasse dar und werden z.B. zur Darstellung von Farben benutzt. Per Konvention sollten solche „Konstanten" mit Großbuchstaben bezeichnet werden.
Der **`final`**-Modifizierer bei Methoden bewirkt, dass die entsprechende Methode in keiner Unterklasse überschrieben werden kann. Dies ist in Java erforderlich, denn in dieser von vornherein auf die Objektorientierung ausgerichteten Sprache könnten sonst alle sichtbaren Methoden überschrieben werden.
Wenn keine der Methoden einer Klasse überschrieben werden soll, kann gleich die ganze Klasse als **`final`** erklärt werden. Damit lässt sich die Funktionalität einer Klasse sicherstellen. Kein Anwender kann anstelle des Originals eine Klasse mit überschriebenen Methoden benutzen. Java schützt sich so z.B. gegen eine Redefinition von Methoden der `String`-Klasse.

3.3.8 Die `finalize`-Methode

Klassen in Java haben Konstruktoren zur Initialisierung der Daten. Wer von der Sprache C++ kommt, wird in Java die Entsprechung für Destruktoren zum „Abbau“ der Daten vermissen. Destruktoren sind in C++ unerlässlich, da sie z.B. dazu dienen, Heap-Speicher freizugeben. Solche Aufräumungsarbeiten fallen wegen der eingebauten Garbage-Collection in Java nicht an. Das Laufzeitsystem von Java gibt von Zeit zu Zeit belegten Heap-Speicher wieder frei.
Dennoch bleiben auch in Java noch Aufräumungsarbeiten übrig. Wenn eine Instanz einer Klasse etwa eine Datei geöffnet hat, sollte eine Methode in der Klasse dafür sorgen, dass die Datei auch wieder geschlossen wird. Für solche Anwendungsfälle wurde in Java die `finalize`-Methode vorgesehen. Sie wird für eine Instanz einer Klasse dann vom Java-Laufzeitsystem angestoßen, wenn die Instanz am Ende ihrer Lebensdauer angekommen ist. Dieser Zeitpunkt kann vom Programmierer nicht vorhergesehen werden.

Schreibweise

```
protected void finalize () {
   // Freigeben belegter Ressourcen: Dateien, Sockets ...
   // .....
   // Am Ende : super.finalize();
}
```

Zusammenfassung

Klassen können Attribute, Methoden und Konstruktoren enthalten. Die einzelnen Objekte unterscheiden sich durch die Werte der Attribute. Der Zugriff auf die Mitglieder einer Klasse kann mit den Modifizierern **`public`**, **`private`** und **`protected`** festgelegt werden. Jede Klasse in Java ist direkt oder indirekt von der Klasse `Object` abgeleitet. `Object` ist die Wurzel in der Klassenhierarchie. Diese ist baumstrukturiert, denn Java kennt *keine Mehrfachvererbung!* Jede Methode kann überschrieben werden, wenn es nicht durch **`final`** unterbunden wird: Polymorphie ist in Java von Anfang an eingebaut. Abstrakte Klassen enthalten u. a. Methoden ohne Rumpf, sie dienen als Hilfsmittel zum Design für Vererbung. Mit dem **`static`**-Modifizierer kann man Attribute und Methoden für Klassen schreiben. Die Werte eines **`static`**-Attributs sind für alle Exemplare einer Klasse gleich. In **`static`**-Methoden kann man nur auf **`static`**-Attribute bzw. Methoden einer Klasse zugreifen, außer in der Form `objekt.mitglied`..., aber niemals in der Form `mitglied`....

3.4 Erweiterungen im Tiger-Release

Die Version 1.5 brachte die weitestreichende Umstellung der Sprache Java. Dazu gehören das sog. Autoboxing, variable Argumentlisten, generische Elemente und **`enum`**-Datentypen.

3.4.1 Autoboxing und Unboxing

In Java gibt es die elementaren Datentypen wie **`int`**, **`float`**, **`char`** und die Referenztypen. Die Referenztypen profitieren von den Vorteilen der Objektorientierung. Die elementaren Datentypen werden in Programmen mit intensiver Verarbeitung benötigt, um die Laufzeit knapp zu halten. Der Übergang von einem Typsystem zum anderen sieht wie folgt aus:

```
Integer i1 = new Integer (20);
int i      = i1. intValue();
```

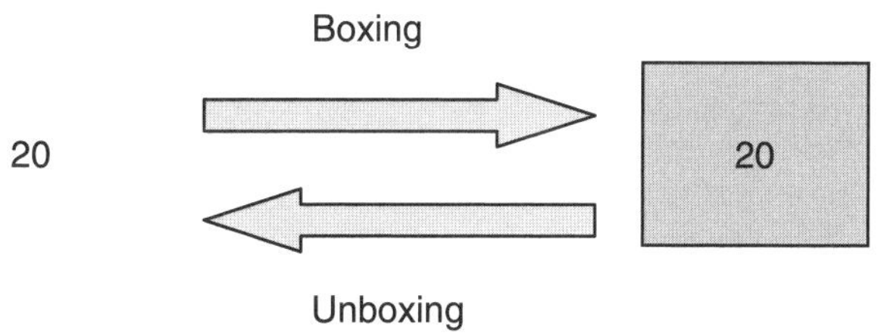

Daten werden in eine Schachtel eingepackt (Boxing) oder ausgepackt (Unboxing). Die Schachteln sind Klassen im Package `java.lang` wie `Integer`, `Double`, `Float` usw. Siehe Abschnitt 4.1.1.2. Wenn dieses Ein- und Auspacken vom Compiler besorgt wird, spricht man von Autoboxing:

```
Integer i1 = 20;
int i      = i1;
```

Autoboxing erleichtert den Übergang zwischen den Typsystemen, es schafft die Typsysteme aber nicht ab. Der Programmierer sollte sich dieser Tatsache bewusst sein, wie das folgende Programm zeigt.

Kann man zum Vergleich von Inhalten von Schachteln die Schachteln vergleichen?

Das folgende Programm vergleicht (grau hinterlegt) für eine Reihe von Zahlen die Referenzen auf die Schachteln, nicht die Inhalte der Schachteln, von deren Gleichheit man ausgehen kann. Es sollte keine Ausgabe sichtbar sein.

```
public class Autoboxing {

  public static void main(String[] args) {
    Integer i1 = null;
    Integer i2 = null;
    for (int i = 0; i < 200; i++) {
      i1 = i;
      i2 = i;
      if (i1 != i2) {
      if (i1 != i2) {
        System.out.printf("%d != %d ?? Aber %d == %d ist %b\n",
                              i1, i2, i1, i2, i1.equals(i2));
      }
    }
  }
}
```

Ausgabe

```
128 != 128 ?? Aber 128 == 128 ist true
129 != 129 ?? Aber 129 == 129 ist true
130 != 130 ?? Aber 130 == 130 ist true
 ... weitere Werte
197 != 197 ?? Aber 197 == 197 ist true
198 != 198 ?? Aber 198 == 198 ist true
199 != 199 ?? Aber 199 == 199 ist true
```

Ursache für die Ausgabe

Die Java-Spezifikation legt fest, dass der Vergleich (grau hinterlegt) für Zahlen von −128 bis einschl. +127 den Wert **`true`** liefern muss. Außerhalb dieses Bereichs sind die Ergebnisse undefiniert.

Hinweis:	Auch in Gegenwart von Autoboxing erfordert der Vergleich von Objekten durch Vergleich der Referenzen höchste Sorgfalt.

3.4.2 Variable Anzahl von Argumenten

In manchen Methoden kennt man die Anzahl der übergebenen Parameter nicht. Natürlich kann man die Parameter in einem Feld aus Objekten zusammenfassen und dieses Feld als Parameter übergeben, jedoch ist die Formulierung für die `printf`-Methode im JDK 1.5 ebenso elegant wie bequem in der Anwendung.

```
// Definition ...
public PrintStream printf (String format, Object... arguments);
// Aufruf ...
int a, b, c; ... //Werte zuweisen
System.out.printf ("Die Summe aus %d und %d ist %d\n", a, b, c);
```

Die Schreibweise für `printf` könnte ohne Autoboxing nicht so einfach sein, denn dann müsste etwa `a` in der Form `new Integer (a)` übergeben werden.
Wenn man eigene Methoden mit einer variablen Anzahl von Argumenten schreiben möchte, muss man darauf achten, dass die Aufrufe klar von ggfs. vorhandenen überladenen Aufrufen unterschieden sind.

3.5 Generische Klassen in Java

Eine einfache generische Operation ist die Addition `a+b`. Sie ist in einheitlicher Form geschrieben, egal, ob die Operanden vom Typ **`int`**, **`float`** oder **`double`** sind. Auch das Verfahren zur Bestimmung des Maximums zweier Zahlen ist unabhängig vom Typ. Deswegen versucht man in diversen Programmiersprachen, Code für solche generischen Operationen nur einmal zu schreiben. Man parametrisiert den Typ, entwickelt einmal und nur einmal den Code und benutzt ihn mit Daten der verschiedenen Typen.
Java unterstützt ab JDK 1.5 generische Typen für alle Referenztypen, d.h. für Klassen, Interfaces und Arrays, nicht jedoch für die Basisdatentypen wie **`int`**, **`float`** ... Diese Unterstützung ist insbesondere dann nützlich, wenn man Objekte aufbewahrt. Das folgende Beispiel zeigt die Klasse `Pair` für beliebige Referenztypen.

```
// Generische Paar-Klasse : Definition 1
class Pair<E> {
  public Pair (E first, E second) {
    this.first= first;
    this.second = second;
  }
  public E first;
  public E second;
}
```

Diese Klasse enthält ein Paar von Elementen, das erste Element `first` und das zweite `second`. Um den Zugriff zu erleichtern, wurden die Attribute für die Elemente als **`public`** gewählt. Gemäß einer Java-Konvention bezeichnet man den Namen für den Typ der Elemente mit `E`. Jede Verwendung dieses Typnamens wurde im folgenden Programm grau hinterlegt. Den Name des Typs muss man in der Definition der Klasse an den Klassennamen in spitzen Klammern anhängen. Bei der Definition eines Paars muss man den Typ angeben. Damit ist man genauso weit, als ob man die Klasse Paar für diesen speziellen Typ geschrieben hätte. Die Parametrisierung des Typ-Parameters `E` ist im folgenden Beispiel grau hinterlegt.

Beispiele

```
// Ein neues Paar von Personen:
Pair <Person>  p = new Pair<Person> (
    new Person ("a", 1, 1000.0),
    new Person ("b", 2, 2000.0));
Person xx = a.first;

// Ein Chef ist eine Person, also ist auch dies
// ein Paar von Personen:
Pair <Person>  q = new Pair<Person> (
    new Person ("c", 3, 1000.0),
    new Chef   ("d", 4, 2000.0, "a1"));

// Natürlich gibt es auch ein Paar von Chefs:
Pair <Chef>    c = new Pair<Chef> (
    new Chef   ("e", 5, 1000.0, "a2"),
    new Chef   ("f", 6, 2000.0, "a3"));

// Einzelne Elemente können auch nachträglich gesetzt werden:
Pair <Person>  q2 = new Pair<Person> (
    new Person ("g", 7, 1000.0),
    null);
q2.second = new Chef   ("h", 8, 2000.0, "a4");

Pair <Integer> i = new Pair<Integer>(1, 2);
int ii = i.first;

Pair <Double>  d = new Pair<Double> (2.0, 5.7);
//Pair <Person> xx = new Pair <Person> (
//     1,
//     new Person ("g", 7, 1000.0));
```

Vorteile der Parametrisierbarkeit

Die Klasse `Pair` wurde einmal geschrieben und für vier verschiedene Typen benutzt. Dabei überprüft der Compiler bei der Übersetzung des Programms, ob die Typen des ersten und des zweiten Elements des Paars gleich dem gewählten Typ sind. Dies ist ein großer Schritt in Richtung der Typsicherheit.
Um die Vorteile der generischen Klassen zu verdeutlichen, kann man eine Lösung für das Problem der Paarbildung ohne die Hilfsmittel der generischen Programmierung im JDK 1.5 betrachten. Man kann eine Klasse schreiben, die Elemente vom Typ `Object` aufnimmt.

```
// Paar-Klassen für Object : Definition 2
class Pair {

  public Pair (Object first, Object second) {
    this.first= first;
    this.second = second;
  }
```

```
  public Object first;
  public Object second;
}
// ... Anwendung

Pair   p = new Pair (
    new Person ("a", 1, 1000.0),
    new Person ("b", 2, 2000.0));
Person xx = (Person)p.first;
```

Die Übergabe von Objekten an das `Pair`-Objekt klappt für Objekte aller Klassen problemlos. Man kann Objekte verschiedener Klassen für das erste bzw. das zweite Element übergeben, bereits in der Phase der Übergabe von Objekten an den „Behälter" können keine Typen überprüft werden. Beim Zugriff auf Objekte im „Behälter" `p` muss auf den Typ gecastet werden, von dem man glaubt, dass er zur Laufzeit vorliegen wird. Diese Annahme kann u. U. nicht zutreffen, sodass die oben eingerahmte Anweisung fehlschlagen könnte.

Code für generische Elemente in Java

Die Definition 1 für ein Paar mit generischen Elementen erzeugt denselben Byte-Code wie die Definition 2 der Klasse für Objekte. Damit gibt es keinen erhöhten Laufzeitaufwand durch generische Elemente. Außerdem sind die aus Programmen mit generischen Sprachkonstrukten erzeugten **`.class`**-Dateien kompatibel zu vorhandenen Anwendungen, die diese Hilfsmittel nicht benutzt haben. Dieses Verhalten der „Löschung" der Typinformation wird auch als „Erasure" bezeichnet. Ein Nachteil ist die zur Laufzeit nicht vorhandene Typ-Information, die zu Verletzungen der Typsicherheit führen könnte.

Methoden für Paare aller Typen

Wenn man eine Methode schreiben möchte, die für alle mit obiger Definition gebildeten Paare verwendbar ist, dann benötigt man das sog. *Wildcardzeichen* `?`. Es steht für beliebige Typen, die bei der Konstruktion von Paaren möglich sind.

```
public static void printPair (Pair<?> pair) {
  System.out.println("1: "    + pair.first +
                     " 2 : " + pair.second);
}

printPair (i); // Zahlen ausgeben
printPair (p); // Personen ausgeben
```

Ein Chef ist eine Person. Ist ein Paar von Chefs auch ein Paar von Personen?

Die emotionale Antwort auf diese Frage ist ein klares *Ja*. die Antwort des Compilers auf diese Frage ist ein klares *Nein*, er übersetzt eine Wertzuweisung der folgenden Art nicht.

```
Pair<Person> p = new Pair<Chef> (..., ...); // Fehlerhaft !!!!
```

Zur Erklärung dieses Phänomens muss man sich die Folgen überlegen, die eintreten könnten, wenn ein Compiler die obige Anweisung übersetzen würde.

```
Pair<Person> p = c; // Ein Paar von Chefs = ein Paar Personen
p.first = new Person (...);
```

Da `p.first = c.first` wäre im Paar `c` von Chefs das erste Element eine `Person`, das zweite Element ein `Chef`. Damit wäre das Konzept der Typsicherheit ausgehebelt, denn der „Behälter" hatte zugesichert, dass er nur Chefs aufnimmt, und eine `Person` ist eben nicht à priori ein `Chef`.

Wie soll man einen allgemeinen Behälter schreiben?

Dazu muss man die Anforderung an die Elemente lockern. Wenn der „Behälter" nur zusichert, dass seine Inhalte aus Personen oder Chefs bestehen, dann sollte einer Wertzuweisung der folgenden Form nichts mehr im Wege stehen. Die Formel hierfür lautet: Irgendeine Klasse, die von `Person` abgeleitet ist.

```
Pair<? extends Person> p = c;
```

Weitere Informationen zu generischen Elementen in Java findet man unter [4].

3.6 Aufzählung von Konstanten: enum

In Java kann man Konstanten in der folgenden Form definieren.

```
public static final int ROT    = 0;
public static final int GRUEN  = 1;
public static final int GELB   = 2;
public static final int MONTAG = 1;
int farbe = ROT;    // Zuweisung ist sinnvoll
farbe = MONTAG;     // Hier handelt es sich um ein Missverständnis
                    // Für den Compiler ist das kein Problem!
```

Die grau hinterlegte zweite Wertzuweisung in obigem Programmabschnitt illustriert das Problem: Konstanten dieser Art sind nicht typgebunden. Durch dieses Loch im Sicherheitsnetz der Typüberprüfung können Fehler schlüpfen, die erst zur Laufzeit des Programms sichtbar werden.

Eine Testhilfe kann mit reinen **int**-Daten auch nicht auf die vom Programmierer gedachte Bedeutung einer Konstante schließen. Ab JDK 1.5 bietet Java eine Lösung für dieses Problem in Form der **enum**-Klassen. Die im folgenden Programm grau hinterlegte Zeile führt zu einem Fehler während der Übersetzung. Die **enum**-Typen können in **switch**-Anweisungen zur Definition von **case**-Alternativen benutzt werden.

```
  enum Farben {
    ROT, GRUEN, GELB
  };

  enum Tage {
    MONTAG, DIENSTAG, MITTWOCH, DONNERSTAG, FREITAG,
    SAMSTAG, SONNTAG
  };

... in einer Methode:

  Farben farbe = Farben.ROT;   // In Ordnung
  farbe        = Tag.MONTAG;   // So nicht: Fehler beim Übersetzen
  switch (farbe) {
    case ROT:
      ...
      break;
    case GRUEN:
      ...
      break;
  }
```

Methoden der enum-Klassen

Eine **enum**-Klasse ist von `java.lang.Enum<E>` abgeleitet. Von dieser Klasse erbt sie die Methode `static <T extends Enum<T>> valueOf(String name)`, die den **enum**-Wert zu der angegebenen Konstanten liefert.

```
Farben farbeRot = Farben.valueOf("ROT");
for (Farben farbe: Farben.values())
  System.out.println (farbe);
```

Die Methode `static <this enum class>[] values()` liefert einen Array mit den erklärten **enum**-Werten. Die Werte erscheinen in der Reihenfolge, in der sie im **enum** angegeben wurden.

Bereiche von Konstanten und Bitflags: EnumSet

Die Implementierungen von `EnumSet` sind effizient. Wenn ein `EnumSet` weniger als 64 Mitglieder hat, dann kann ein `EnumSet` in einem einzigen **long**-Wert untergebracht werden. Die Anwesenheit des i-ten Wertes wird durch Setzen des i-ten Bits auf 1 codiert. Weil die Implementierungen von `EnumSet` so effizient sind, empfiehlt Sun die Verwendung von `EnumSets` bei allen Bereichen.

Programmabschnitt

```
// Alle Tage ausgeben
for (Tage tag: Tage.values())
  System.out.printf("%s ", tag);
System.out.println();

// Die Tage von Montag bis Freitag ausgeben
for (Tage tag: EnumSet.range(Tage.MONTAG, Tage.FREITAG))
  System.out.printf ("%s ", tag);
System.out.println();

// Spezielle Farben
EnumSet<Farben> farben =
   EnumSet.of(Farben.ROT, Farben.GRUEN);
for (Farben f: farben)
  System.out.printf("%s ", f);
System.out.println();

// Spezielle Tage
EnumSet<Tage> mySet =
   EnumSet.of(Tage.MONTAG, Tage.MITTWOCH, Tage.FREITAG);
for (Tage f: mySet)
  System.out.printf("%s ", f);
System.out.println();
```

Ausgabe

```
MONTAG DIENSTAG MITTWOCH DONNERSTAG FREITAG SAMSTAG SONNTAG
MONTAG DIENSTAG MITTWOCH DONNERSTAG FREITAG
ROT GRUEN
MONTAG MITTWOCH FREITAG
```

Zum Entwurf der enum-Klassen

Die **enum**-Klassen Java sind nach dem in [3] beschriebenen **enum**-Pattern aufgebaut. Eine vereinfachte Lösung für das Drei-Farben-Problem könnte wie folgt aussehen. Die angegebene Klasse hat nur einen **private**-Konstruktor. Sie sorgt auf diese Weise dafür, dass es nur die in der Klasse definierten Exemplare ROT, GRUEN und GELB gibt.

```
public class Farben {
  private final String name;
  private Farben (String name) {
    this.name = name;
  }
  public static final Farben ROT   = new Farben ("ROT");
  public static final Farben GRUEN = new Farben ("GRUEN");
  public static final Farben GELB  = new Farben ("GELB");
}
```

Intelligente Funktionen in enum einbauen

Da man mit **enum** in Java nicht einfach Konstanten definiert, sondern Klassen, bietet sich die Möglichkeit, zusätzliche Intelligenz in die **enum**-Klassen einzubauen. Man könnte z. B. in die Klasse mit den Ampelfarben die Aktionen integrieren, die bei der jeweiligen Farbe zu tun sind. Dies ist natürlich nur dann sinnvoll, wenn diese Aktion bereits bei der Programmierung der Klasse feststeht.

```
private enum AmpelFarben2 {
  ROT ("halten"), GRUEN ("fahren"), GELB ("achtung");

  private final String aktion;

  private AmpelFarben2 (String aktion) {
    this.aktion = aktion;
  }

  public String zuTun () {
    return aktion;
  }
}
```

Anwendung und Ausgabe

```
for (AmpelFarben2 farbe: AmpelFarben2.values())
  System.out.println (farbe + " " + farbe.zuTun());
 ... Ausgabe
ROT halten
GRUEN fahren
GELB achtung
```

3.7 Schnittstellenvererbung

Bei der Vererbung mit **extends** erweitert eine Klasse eine andere, sie erbt die komplette Implementierung. Die Vererbung mit **extends** wird deswegen auch als Implementierungsvererbung bezeichnet. Das Beispiel der geometrischen Objekte mit abstrakten Klassen aus Abschnitt 3.3.6 illustriert eine anders geartete Verwendung der Vererbung: das Design fur die spätere Verwendung. Eine „Basisklasse" definiert Code für die spätere Verwendung sowie Methodenrümpfe, die erst von konkreten Implementierungen mit Leben gefüllt werden können. Wenn man diesen Weg konsequent weitergeht, kommt man zu den Schnittstellen. Sie enthalten keinen Code für die Verwendung, sondern nur noch Methodenköpfe mit Vorschriften für eine Implementierung. Solche Definitionen werden in Java als **interface** bezeichnet. Klassen können die Funktionalität nicht erweitern, da keine vorhanden ist, sie können sie aber implementieren. Das Schlüsselwort **`implements`** drückt diesen Umstand treffend aus. Eine Vererbung mit **`implements`** wird auch als Schnittstellenvererbung bezeichnet. Es findet keinerlei Vererbung von Programmcode oder von Attributen statt.

- Schnittstelle: Vertrag zur Festlegung äußerer Eigenschaften, damit das neue Objekt auf die Schnittstelle „passt".
- Implementierung der Funktionalität wie bei einem Elektrogerät: es reicht nicht, dass der Stecker „passt", das Gerät muss auch noch funktionieren.

Eine Klasse kann im Sinne dieser Theorie u. U. mehrere Schnittstellen implementieren. Diese Trennung zwischen der Vererbung der Implementierung auf der einen Seite und derjenigen der Schnittstelle wird in Java glasklar durchgeführt.

Gemeinsamkeiten und Unterschiede von Klassen und Schnittstellen

	Klassen	**Schnittstellen**
Definition	**`class`**	**`interface`**
Ableitung	**`extends`**	**`implements`**
Wurzel	`Object`	Kein gemeinsames Superinterface
Erweiterung	Nur von einer Klasse und beliebig vielen Schnittstellen	Von beliebig vielen Schnittstellen
Funktionalität	Voll implementiert, außer bei **`abstract`**-Methoden	Keinerlei Funktionalität
Attribute	Vorhanden	Keinerlei Attribute möglich
Konstante	Vorhanden	Vorhanden

Übersicht der folgenden Beispiele

Beispiele erleichtern Einsteigern den Zugang zur Thematik der Schnittstellen. Deswegen sind nachstehend einige typische Anwendungsfälle für Schnittstellen angegeben.

3.7.1	Beispiel: Geometrische Objekte Übergang von Klassen zu Schnittstellen
3.7.2	Beispiel: Sortieren von vergleichbaren Objekten Nutzen von allgemeinen Diensten in Klassen
3.7.3	Beispiel: Funktionen als Parameter Callback-Funktionalität mit Schnittstellen programmieren
3.7.4	Ereignisse Informationen über Ereignisse an Beobachter verteilen
3.7.5	Kopieren von Objekten Unterstützung für das Klonen in Java

3.7.1 Beispiel: Geometrische Objekte

Das Beispiel der geometrischen Objekte aus 3.3.6 benutzte die abstrakten Basisklassen sowie die Vererbung in Java, um eine einfache Verwaltung zu ermöglichen. Hier soll die Technik der Schnittstellen benutzt werden, um eine alternative Lösung darzustellen. Die Eigenschaften geometrischer Objekte wie `contains()`, `paint()` oder `getName()` werden über Schnittstellen definiert. Konkrete Klassen wie `Kreis` oder `Rechteck` implementieren die Funktionalität dieser Vorgaben (grau hinterlegt). Der allgemeine Verwaltungsdienst (eingerahmt) funktioniert dann für alle Objekte, die sich wie ein `GeometrieObjekt` verhalten, sprich: die diese Schnittstelle implementieren.

Darstellung in UML

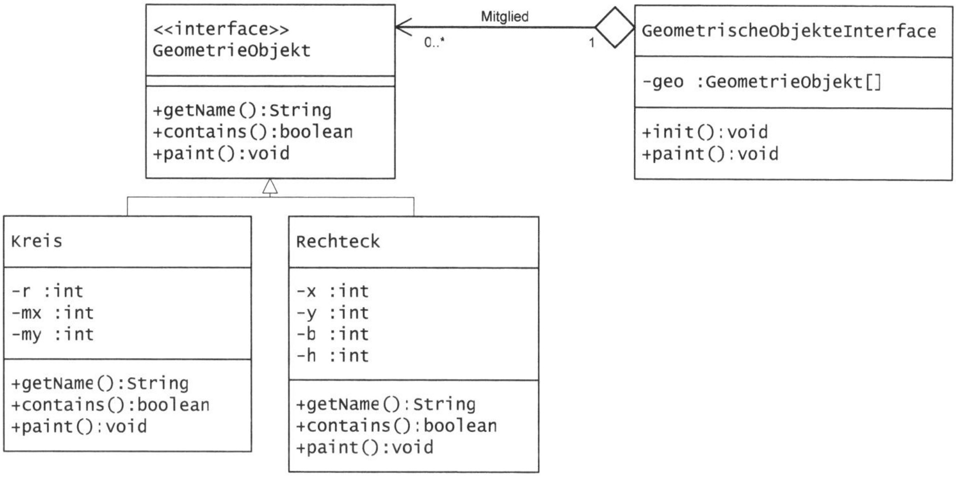

Programm

```
import java.applet.Applet;
import java.awt.Graphics;
import java.awt.event.MouseAdapter;
import java.awt.event.MouseEvent;

// Die Schnittstelle ist der Vertrag zwischen
// Implementierung und Anwendung
interface GeometrieObjekt {
  public void paint (Graphics g);
  public boolean contains (int x, int y);
  public String getName ();
}

// Der Kreis muss alle Methoden der Schnittstelle implementieren.
// Er verhält sich wie ein geometrisches Objekt!
class Kreis implements GeometrieObjekt {
  private int r;       // r = Radius
  private int mx, my; // mx = x Mittelpunkt, my = y Mittelpunkt

  public Kreis (int r, int x, int y) {
    this.r = r; mx = x; my = y;
  }

  public void paint (Graphics g) {
    g.drawArc (mx-r, my-r, 2*r, 2*r, 0, 360);
  }

  public boolean contains (int x, int y) {
    return (mx-x)*(mx-x)+(my-y)*(my-y) <= r*r;
  }

  public String getName () { return "Kreis"; }
}
```

```
// Das Rechteck muss alle Methoden der Schnittstelle
// implementieren.
// Es verhält sich wie ein geometrisches Objekt!
class RechtEck implements GeometrieObjekt {
  private int x, y, b, h; // Linke obere Ecke, Breite, Höhe

  public RechtEck (int x, int y, int b, int h) {
    this.x = x; this.y = y;
    this.b = b; this.h = h;
  }

  public void paint (Graphics g) {
    g.drawRect (x, y, b, h);
  }

  public boolean contains (int x, int y) {
     return this.x <= x && x <= this.x+b &&
            this.y <= y && y <= this.y+h;
  }

  public String getName () { return "Rechteck"; }
}

public class GeometrischeObjekteInterface extends Applet {

  private GeometrieObjekt geo [] = new GeometrieObjekt[5];

  public void init () {
    geo[0] = new Kreis (30, 50, 70);
    for (int i = 1; i < geo.length; i++)
      geo[i] = new RechtEck (20+i*10, 10+i*10, 100, 15);

    addMouseListener (new MouseAdapter() {
      public void mouseClicked (MouseEvent event) {
        int x = event.getX();  // Nur als Anfangspunkt notieren
        int y = event.getY();
        String Treffer = "click: x = " + x + " y = " + y;
        for (GeometrieObjekt go : geo)
          if (go.contains (x, y))
            Treffer = Treffer + " " + go.getName ();
        showStatus (Treffer);
      }
    });
  }

  public void paint (Graphics g) {
    for (GeometrieObjekt go : geo)
      go.paint (g);
  }
}
```

3.7.2 Beispiel: Sortieren von vergleichbaren Objekten

Eine Klasse in Java kann mit **`extends`** nur von genau einer anderen Klasse abgeleitet werden. So wird die Klasse `Person` von der Klasse `Object` abgeleitet. In diesem Sinne erbt die Klasse `Person` von der Klasse `Object`, sie kann dann von keiner anderen Klasse zusätzliche Eigenschaften erben.

Damit ist die Nutzung eines allgemeinen Dienstes für Objekte der Klasse `XYZ` mit `Person`-Objekten nicht möglich.[4] Generell könnten nur allgemeine Dienste für `Object` zur Verfügung gestellt werden. Diese Restriktion wäre zu einschneidend für Java.
Java erlaubt die freie Spezifikation von Diensten über die Vererbung von Schnittstellen mit **`implements`**. So könnte man einen allgemeinen Sortierdienst für vergleichbare Objekte anbieten. Die Vergleichbarkeit wäre dann der Oberbegriff, nicht die `Person`-Eigenschaft.

```
class VergleichbarePerson
  extends Person
  implements Vergleichbarkeit ...
```

Ein allgemeiner Dienst wie z.B. ein Sortierdienst für vergleichbare Objekte benutzt nur die Vergleichbarkeit. Er funktioniert damit nicht nur für `Person`-Objekte, sondern für vergleichbare Objekte *aller* Art. Speziell kann man eine `VerglPerson` an einen Dienst für vergleichbare Objekte übergeben, die Funktionalität eines solchen Dienstes nutzen. Da aber nur die `Person` „weiß", was Vergleichbarkeit gerade bei `Personen` bedeutet, muss die `Person` das Kriterium der Vergleichbarkeit implementieren.
Zum Sortieren verschiedener, aber vergleichbarer Objekte kann man auf Standardverfahren zurückgreifen, die nicht vom jeweiligen Objekt abhängen. Der einzige Teil des Programms, der jeweils neu geschrieben werden muss, ist der Vergleich der Objekte. Dieser Vergleich muss nach den Prinzipien der Objektorientierung in den jeweiligen Klassen erfolgen, da nur sie ihren inneren Aufbau kennen. Vergleichbare Objekte werden im Java-API als `Comparable` bezeichnet. Die Schnittstelle verlangt nur die Implementierung von

```
public int compareTo (Object anderesObjekt);
```

Diese Methode kann z.B. folgende Werte liefern:

–1	dieses Objekt < anderes Objekt
0	dieses Objekt = anderes Objekt
+1	dieses Objekt > anderes Objekt

Somit kann man von einer Person aus 3.2.1 und 3.3.1 zu „vergleichbaren Personen" mit dem nachstehend angegebenen Programm gelangen. Die Verwaltung von Personen kann nach wie vor Personen verwalten, aber nur „vergleichbare Personen" mit der im Programm eingerahmten Methode `java.utils.Arrays.sort (Object[])` sortieren.

Vergleichbare Personen

```
public class VergleichbarePerson
     extends Person
     implements Comparable {

  // Ein Konstruktor
  public VergleichbarePerson (
     String name, int personalNummer, double gehalt) {
    super (name, personalNummer, gehalt);
  }

  // Nur unvergleichliche Personen, aber wir müssen vergleichen
  public int compareTo (Object anderePerson) {
    return getName().compareTo (
      ((VergleichbarePerson)anderePerson).getName());
  }
}
```

[4] Genauer: Nur dann möglich, wenn Chef ein XYZ-Objekt ist.

Die Verwaltung vergleichbarer Personen

```
public class VerwaltungVergleichbarerPersonen {
  public static void main (String args[]) {
    // Die Personalabteilung verwaltet das Personal
    Person personal [] = {
      new VergleichbarePerson ("Hitchcock", 0, 1000),
      new VergleichbarePerson ("Bond",      7, 2000),
      new VergleichbarePerson ("Ford",     99, 3000),
      new VergleichbarerChef  ("Nealy",     1, 9000, "Sun")
    };

    for (Person p:  personal)
      p.drucke ();

    java.util.Arrays.sort (personal);

    for (Person p:  personal)
      p.drucke ();
  }
}
```

Ausgabe des Programms

```
Name Hitchcock PersonalNummer 0 Gehalt : 1000.0
Name Bond PersonalNummer 7 Gehalt : 2000.0
Name Ford PersonalNummer 99 Gehalt : 3000.0
Name Nealy PersonalNummer 1 Gehalt : 9000.0 Leitung Abteilung Sun
Name Bond PersonalNummer 7 Gehalt : 2000.0
Name Ford PersonalNummer 99 Gehalt : 3000.0
Name Hitchcock PersonalNummer 0 Gehalt : 1000.0
Name Nealy PersonalNummer 1 Gehalt : 9000.0 Leitung Abteilung Sun
```

Einsatz der generischen Elemente von Java

Der Type-Cast in der Methode `compareTo (Object anderePerson)` ist erforderlich, um Personen zu vergleichen. Ein Vergleich als `Object` reicht nicht aus. Die Methode `compareTo` hängt also vom Typ der zu vergleichenden Objekte ab, sie ist generisch. Hierfür bieten die generischen Elemente in Java ab JDK 1.5 einen Lösungsansatz, der ohne die gefährliche Cast-Anweisung auskommt und das Problem aus der Laufzeit des Programms in die Übersetzungszeit verlagert, wo es leicht entschärft werden kann.

```
public class VergleichbarePerson
   extends Person implements Comparable<Person> {

  // Ein Konstruktor
  public VergleichbarePerson
        (String name, int personalNummer, double gehalt) {
    super (name, personalNummer, gehalt);
  }

  // Nur unvergleichliche Personen, aber wir müssen vergleichen
  public int compareTo (Person anderePerson) {
    return getName().compareTo (anderePerson.getName());
  }
}
```

3.7.3 Beispiel: Funktionen als Parameter

Java kennt keine Funktionen als Parameter. Wer eine Methode „parametrisieren“ will, kann wie folgt vorgehen:

a) Definition einer Schnittstelle mit der Signatur der gewünschten Methode (d. h. Methodenkopf, aber kein Programmcode): siehe Methode f in der Schnittstelle `Integrable`.
b) Implementierung der Methode f in von der o.a. Schnittstelle abgeleiteten Klasse: z. B. `Function_Sin` oder `Function_Sin`.
c) Implementierung des Zugriffs auf die Methode, z. B. numerische Integration für alle Methoden `f` in von `Integrable` abgeleiteten Klassen.

Als Beispiel zum Einsatz dieser Technik wird das Problem der numerischen Integration mittels Riemannscher Summen behandelt. Dabei wird das Integral einer Funktion als Summe der Fläche von Rechtecken berechnet. Dieser Algorithmus ist unabhängig von der Funktion, er arbeitet für jede integrierbare Funktion. Deswegen definiert man eine Schnittstelle mit dieser `Integrable`-Eigenschaft. Die dort festgelegten Methoden müssen in jeder Klasse implementiert werden. Die Integration arbeitet nicht mit der konkreten Klasse, sondern benutzt nur die Eigenschaft `Integrable`.

Hinweis:	Dies ist ein Spezialfall der generellen Methode: Entwickeln Sie auf eine Schnittstelle hin, nicht auf eine konkrete Implementierung!

Darstellung in UML

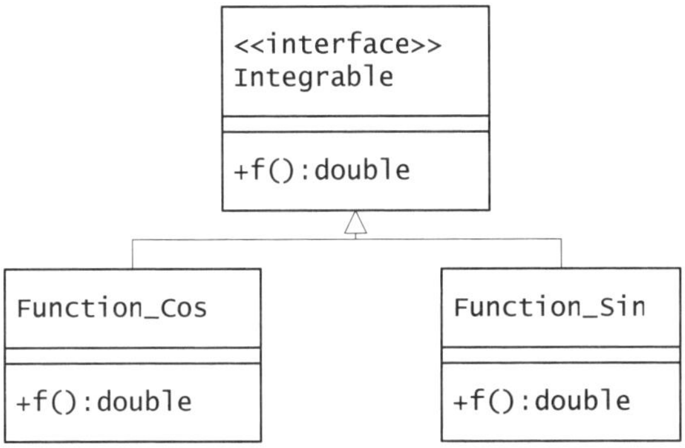

Programm

```
// Die Klasse Integral implementiert ein Riemann´sches Integral

// Die übergebene Funktion muss integrierbar sein, d.h.:
// sie muss die Integrable-Schnittstelle implementieren
import static java.lang.Math.PI;

interface Integrable {
  public double f (double x);
}

// Die Funktionen sin und cos sind integrierbar
class Function_Sin implements Integrable {
  public double f (double x) {
    return Math.sin (x);
  }
}
```

```
class Function_Cos implements Integrable {
  public double f (double x) {
    return Math.cos (x);
  }
}

// Ausnahmen für falsche Parameter
class MathException extends Exception {
  String reason;
  MathException (String reason) {
    this. reason = reason;
  }
  public String toString () { return reason; }
}

// Berechnung des Integrals
public class Integral {
  double Riemann (
    double x1, // Untergrenze für die Integration
    double x2, // Obergrenze für die Integration
    int steps, // Die Anzahl der Rechtecke
    Integrable func) // Die Funktion f wird integriert
    throws MathException {

    // Preconditions: x2 > x1, steps > 0
    if (steps <= 0)
      throw new MathException ("Fehler : " + steps + " Schritte");
    if (x2 < x1)
      throw new MathException ("Fehler : Obergrenze < Untergrenze");
    double result = 0;
    double delta = (x2 - x1) / steps;
    // Besser der Wert f( x(i) + delta/2 ) als f( xi )
    double xi = x1 + delta /2;
    for (int i = 0; i < steps; i++) {
      result += func.f (xi);
      xi += delta;
    }
    return delta * result;
  }

  // Der Testtreiber
  public static void main (String[] args) {
    try {
      double result = new Integral ().
                      Riemann (0, PI, 10000, new Function_Sin ());
      System.out.printf ("Integral sin 0..pi = %f\n", result);
      result = new Integral ().
                      Riemann (0, PI, 10000, new Function_Cos ());
      System.out.printf ("Integral cos 0..pi = %f\n", result);
    } catch (MathException e) {
      System.out.println (e);
    }
  }
}
```

3.7.4 Beispiel: Ereignisse

Ereignisse im Sinne der Programmierung sind z.B. ein Ablauf eines Weckers, eine Mausbewegung oder ein Klick eines Anwenders auf eine Schaltfläche. Solche Ereignisse treten aus der Sicht eines Programms spontan auf. Hier ist bei der Verarbeitung der Information

zwischen der *Quelle* und der *Senke* zu unterscheiden. Die *Quelle* ist derjenige Programmteil, der als Erster vom Ereignis „erfährt". Die *Senke* für die Information ist zuständig für die Bearbeitung. Die *Senke* wird in der Terminologie der Entwurfsmuster [8] auch als Beobachter bezeichnet, die *Quelle* auch als das Subjekt. Bei dem Verhaltensmuster „Beobachter" bietet das Subjekt (*Quelle* der Ereignisse) eine Schnittstelle zum An- bzw. Abmelden von Beobachtern (*Senke*, Verarbeitung) an. Ein Beobachter bietet eine Schnittstelle zur Benachrichtigung an. Letzteres kann in prozeduralen Programmiersprachen über eine Call-Back-Schnittstelle realisiert werden. In Java wird man Schnittstellen benutzen.
Ein Beispiel für diese Technik der Programmierung aus dem Alltag ist das Verhältnis zwischen einer Zeitung und den Interessenten. Die Zeitung ist eine *Quelle* für Informationen. Allerdings wird die Zeitung nicht an jeden Interessenten, sondern nur an ihre Abonnenten für die Dauer ihres Bezuges zugestellt. Das Abonnement kann natürlich jederzeit gekündigt werden.[5]

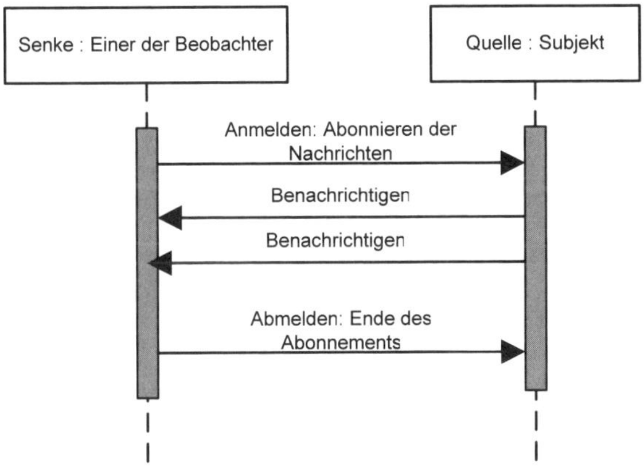

Programmbeispiel

```
// Alle vollen Stunden schlägt die Uhr...
// Das Ereignis wird dem Beobachter mitgeteilt
class Ereignis { ... }

interface Subjekt {
  public void Anmeldung (Beobachter b);
  public void Abmeldung (Beobachter b);
}

interface Beobachter {
  public void benachrichtige (Ereignis e);
}

class Wecker implements Subjekt {
  //.Verwalten der Beobachter z.B. in einem Array
  // Verwaltung für eine Instanz oder für die
  // Klasse : static
  /* static */Beobachter[] alleBeobachter;
  public void Anmeldung (Beobachter b) { ... }
  public void Abmeldung (Beobachter b) { ... }

  // Ereignis an Beobachter melden
```

[5] Auch das ist in Java nicht einfacher als im täglichen Leben.

```
    public void Timer () {
      // Uhrzeit aktuell
      Ereignis e = new Ereignis (......z.B. Uhrzeit );
      // Für alle in Frage kommenden Beobachter tue
      //Beobachter b = ...;
      b.benachrichtige (Kopie des Ereignisses);
    }
  }

  class Sekretär implements Beobachter {
    public void Einrichtung () {
      Wecker wecker = new Wecker ( ... );
      // Oder einen anderen Wecker nutzen
      wecker.Anmeldung (this);
      //... irgendwas (oder auch nichts) tun...
    }

    public void benachrichtige (Ereignis e) {
      //Nun läutet der Wecker: Aktion starten
    }

  }
```

> **Hinweise:** Das Subjekt (Quelle) kann alle Beobachter oder nur den am längsten wartenden benachrichtigen.
> Das Subjekt (Quelle) muss damit rechnen, dass sich kritische Abläufe zeitlich überlappen. So können sich u.U. verschiedene Beobachter an- bzw. abmelden.
> Das externe Ereignis könnte zeitgleich mit der Routine zur Benachrichtigung eintreffen. Auch der Beobachter (Senke) muss damit rechnen, dass die Benachrichtigung (hier: Läuten des Weckers) asynchron zu seinen sonstigen Aktivitäten eintritt. Beachten Sie hierzu Kapitel 6: Nebenläufigkeiten in Java.

3.7.5 Beispiel: Kopieren von Objekten

Die Kopie der Referenz auf ein Objekt wurde in Abschnitt 3.2.3 besprochen. Dadurch wurden nicht die Inhalte eines Objekts, sondern nur Adressen kopiert. Bei der Kopie eines Objekts müssen die Inhalte, also alle Attribute, kopiert werden. Auch hier stellt sich die Frage: Werden nur die Werte oder die Inhalte kopiert? Falls nur die Werte der Attribute kopiert werden, spricht man von einer flachen Kopie. Falls die Attribute ihrerseits wieder Referenzen auf Objekte sind, müsste man die obige Überlegung wieder anstellen. In diesem Fall spricht man von einer tiefen Kopie.
Die flache Kopie reicht in vielen Fällen aus. Denn die Basisdatenytpen wie **`boolean`**, **`char`** etc. sind keine Objekte, hier reicht die Kopie der Werte aus. Auch für Zeichenfolgen reicht die Kopie der Referenz aus, denn Objekte der Klasse `String` sind unveränderlich. Damit können Inhalte eines Strings weder im Original noch in der Kopie verändert werden; Änderungen im einen Objekt können sich nicht auf das andere Objekt auswirken.
Weil die flache Kopie in der Anwendung so wichtig ist, wird sie von Java im JDK unterstützt. Wenn in einer Klasse flache Kopien von Objekten dieser Klasse zugelassen werden sollen, dann muss die Klasse die `Cloneable`-Schnittstelle implementieren. Fast ohne weiteren Aufwand können dann Kopien von Objekten erzeugt werden. Dies kann natürlich nur dann funktionieren, wenn die Basisklasse flache Kopien zulässt.

Programm

```
class Test implements Cloneable {
  static int anzahlElemente = 1;

  int x = 0;
  String name = null;
  String info = null;

  public Test () {
    x = anzahlElemente++;
    info = "Default-Konstruktor";
  }

  public Test (String name) {
    x = anzahlElemente++;
    info = "Konstruktor";
    this.name = name;
  }

  public Test (Test clone) {
    x    = clone.x;
    name = clone.name;
    info = "Kopier-Konstruktor";
  }

  // Die clone-Methode kopiert die Werte
  public Object clone () {
    try {
      Test c = (Test)super.clone();
      c.info = "clone-Methode";
      // Kopieren der Werte nicht erforderlich
      return c;
    } catch (CloneNotSupportedException e) {
      // eigentlich nicht zu erwarten
      throw new InternalError();
    }
  }

  public String toString() {
    return "name = " + name + " x= " + x +
           " Entstehung: " + info;
  }
}

public class CloneableDemo {
  public static void main (String[] args) {
  Test objekt1 = new Test ("objekt1");
  Test objekt2 = (Test)(objekt1.clone ());
  Test objekt3 = new Test (objekt2);
  System.out.println (objekt1);
  System.out.println (objekt2);
  System.out.println (objekt3);
  }
}
```

Ablauf

```
>java CloneableDemo
name = objekt1 x= 1 Entstehung: Konstruktor
name = objekt1 x= 1 Entstehung: clone-Methode
name = objekt1 x= 1 Entstehung: Kopier-Konstruktor
```

Tiefe Kopie

Bei einer tiefen Kopie genügt es nicht, die Werte der Attribute zu kopieren, die Attribute müssen ihrerseits auch kopiert werden. Dieselbe Überlegung gilt analog für die Attribute. Wenn ein Objekt einen Baum darstellt, dann werden bei der tiefen Kopie des Objekts alle Unterknoten einschließlich der Blätter dupliziert. In diesem Fall würde eine flache Kopie den Baum nicht kopieren. Dies könnte zu einem Fehler in der Verarbeitung führen. Deswegen müssen Klassen explizit als `Cloneable` gekennzeichnet werden.

3.8 Dynamische Erzeugung von Objekten

Java erlaubt die Erzeugung von Objekten, wenn nur der Name der Klasse bekannt und ein parameterloser Konstruktor vorhanden ist. Diesen Namen kann man in Form einer Zeichenkette als Parameter oder über einen Eingabedialog an das Programm übergeben. Damit lässt sich in Java-Programme noch zur Laufzeit bis zum spätest möglichen Moment, nämlich gerade vor der Ausführung, eine bis dahin völlig unbekannte Klasse integrieren.
Diese Technik der Erzeugung von Objekten kann man zusammen mit abstrakten Basisklassen oder auch mit Interfaces benutzen. Man spezifiziert in der Superklasse die Schnittstelle, etwa die allgemeinen Dienste der Klasse. Die tatsächliche Klasse wird dann zum spätest möglichen Zeitpunkt aufgrund einer Eingabe des Anwenders geladen. Das Entscheidende an diesem Verfahren ist die Tatsache, dass man zum Zeitpunkt der Entwicklung der Rahmensteuerung nicht einmal den Namen der zum Einsatz kommenden Klasse kennen muss. Es ist lediglich die Funktionalität zur Integration in das Programm über die abstrakte Superklasse zu spezifizieren.

Vorgehen

Die Klasse `java.lang.Class` enthält die statischen Methoden

```
Object () forName (String);
Object newInstance ();
```

`forName(String)` liefert den Laufzeit-Klassendeskriptor der Sprache Java zurück. Der Name muss die Klasse eindeutig bezeichnen. Mit dem so erstellten Deskriptor kann `newInstance ()` eine Instanz der Klasse erstellen. Dabei muss ein Konstruktor aufgerufen werden. Nach Lage der Dinge kann dies nur der Default-Konstruktor ohne Parameter sein. Klassen, für die Instanzen dynamisch erzeugt werden sollen, müssen einen Default-Konstruktor enthalten.
Wenn der Instanzengenerator nur für eine bestimmte Klasse benutzt würde, könnte man dieses Ziel einfacher mit **`new`** `Klassenname` erreichen. Wenn man die so erreichbare Flexibilität ausnutzen möchte, benötigt man eine Superklasse. Der Instanzengenerator lässt sich dann für alle von dieser Klasse abgeleiteten Klassen benutzen.

Beispiel: Rechnungen drucken

Ein Softwarehaus hat als Kunden Firmen. Für diese Firmen entwickelt es ein Programm zum Drucken von Rechnungen. Das Programm besteht aus einem allgemeinen Verwaltungsteil sowie dem Erstellen der einzelnen Rechnungen. Da das Softwarehaus kundenorientiert arbeitet, bietet es jeder Firma die Möglichkeit an, ihre Formulare firmenspezifisch zu bedrucken. Dabei darf aber das Vewaltungsprogramm *nicht geändert* werden, wenn eine neue Firma das Programm wieder benutzt.

Diese einfach klingende Problemstellung ist in Programmiersprachen wie C++ schwer zu lösen. Man weicht auf dynamisch nachladbare Bibliotheken aus. Jede dieser Bibliotheken wird über einen Namen angesprochen und implementiert eine allgemeine Schnittstelle. Java dagegen kann das Problem lösen, ohne die Programmiersprache zu verlassen. Zur Lösung wird die oben erwähnte Methode der dynamischen Erzeugung eines Objekts einer Klasse benutzt. Man definiert

- eine allgemeine Schnittstelle für Rechnungsformulare
- ein allgemeines Verwaltungssystem
- firmenspezifische Formular-Klassen ...

Das allgemeine Verwaltungssystem erledigt die Standardaufgaben, die unabhängig vom jeweiligen Kunden sind. Zum Ausdrucken lädt es dann über den Kundennamen mit Hilfe der Methode `ClassStart` die firmenspezifische Formular-Klasse. Diese muss der allgemeinen Schnittstelle genügen. Also kann das Verwaltungssystem mit dieser Schnittstelle arbeiten.

Konstruktion in UML

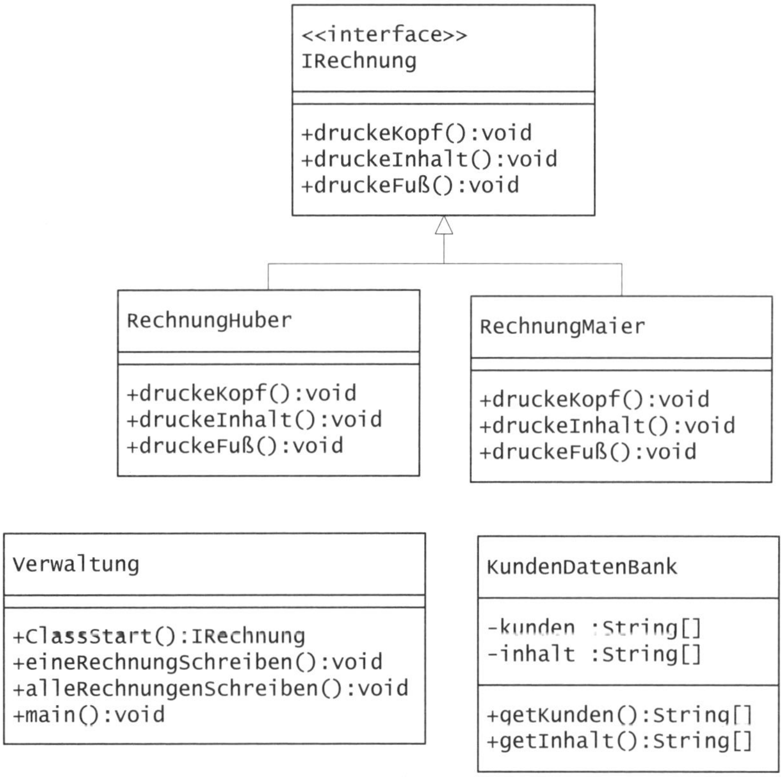

IRechnung: Die Schnittstelle für Rechnungen

```
// Dies ist die allgemeine Schnittstelle,
// die von allen Klassen implementiert werden muss,
// die zum Rechnungsdrucken benützt werden.
```

```
public interface IRechnung {
  void druckeKopf ();
  void druckeInhalt (String text);
  void druckeFuß ();
}
```

Verwaltung: Drucken der Rechnungen

```
// Die Verwaltung darf nicht geändert werden, nur weil ein neuer
// Kunde ein spezifisches Formular für seine Rechnungen wünscht.
public class Verwaltung {

  // Anfordern von Exemplaren von Klassen
  // NUR ÜBER DEN NAMEN DER KLASSE!!
  public IRechnung ClassStart (String name) {
    Class newObject = null;
    try {
      newObject = Class.forName(name);
      return (IRechnung)newObject.newInstance ();
    } catch (Exception e) {
      e.printStackTrace (System.err);
      return null;
    }
  }

  // Das allgemeine Programm zum Schreiben einer Rechnung
  public void eineRechnungSchreiben
    (String name, String inhalt) {
    // Über den Namen wird zur Laufzeit des Programms
    // die zuständige Klasse geladen.
    // Damit können ohne Änderung dieses Programms
    // neue kundenspezifische Formulare bedruckt werden.
    IRechnung schreiber = ClassStart ("Rechnung"+name);
    if (schreiber != null) {
      schreiber.druckeKopf ();
      schreiber.druckeInhalt (inhalt);
      schreiber.druckeFuß ();
    }
  }

  // Auslesen der Kundendaten aus einem Datenbestand
  // Aufrufen der o.a. methode zum Drucken von Rechnungen
  public void alleRechnungenSchreiben () {
    KundenDatenBank kb = new KundenDatenBank ();
    String[] kunden = kb.getKunden();
    String[] inhalt = kb.getInhalt();
    for (int i = 0; i < kunden.length; i++) {
      eineRechnungSchreiben (kunden[i], inhalt[i]);
    }
  }

  public static void main (String[] args) {
    Verwaltung v = new Verwaltung ();
    v.alleRechnungenSchreiben ();
  }
}
```

Rechnungsformular der Firma Maier

```
public class RechnungMaier implements IRechnung {
  public void druckeKopf () {
    System.out.println ("++++++++++++++++++++++++++++++++++++");
```

```
    System.out.println ("+       RECHNUNG Fa. Maier          +");
    System.out.println ("++++++++++++++++++++++++++++++++++++");
    System.out.println (); System.out.println ();
  }

  public void druckeInhalt (String text) {
    System.out.println (text);
  }

  public void druckeFuß () {
    System.out.println ("Wir danken fuer Ihren Auftrag");
    System.out.println ("Konto 456 Hypo-Bank");
  }
}
```

Rechnungsformular der Firma Huber

```
// Diese Klasse erstellt Rechnungen der Firma Huber
// an ihre Kunden.
public class RechnungHuber implements IRechnung {
  public void druckeKopf () {
    System.out.println ("-------Rechnung Fa. Huber ---------");
    System.out.println ();
  }

  public void druckeInhalt (String text) {
    System.out.println (text);
  }

  public void druckeFuß () {
    System.out.println ("Wir danken fuer Ihren Auftrag");
    System.out.println ("Konto 123 Sparkasse");
  }
}
```

Hinweis: Es können beliebig neue Formulare entwickelt werden, ohne die Verwaltung zu ändern.

Daten für die Kunden

```
// Die "Kundendatenbank" enthält die kundenspezifischen Daten
// Der Name  wird dazu benutzt, zur Laufzeit für jeden Kunden
// eine eigene Klasse zum Drucken von Rechnungen zu laden.
 public class KundenDatenBank {
  // Die Namen der Firmen
  private String kunden[] = { "Huber", "Maier"};
  // Die Posten der Rechnung
  private String inhalt[] = { "Kohlen", "Oel"};

  public String[] getKunden () { return kunden; }
  public String[] getInhalt () { return inhalt; }
 }
```

Probelauf

```
>java Verwaltung Huber
--------Rechnung Fa. Huber ---------

Kohlen
Wir danken fuer Ihren Auftrag
Konto 123 Sparkasse
```

```
+++++++++++++++++++++++++++++++++++
+      RECHNUNG Fa. Maier          +
+++++++++++++++++++++++++++++++++++


Oel
Wir danken fuer Ihren Auftrag
Konto 456 Hypo-Bank
```

Allgemeine Anwendung

Die dynamische Erzeugung von Instanzen von Klassen wird in Java bei den sog. Beans benutzt. Ein Java-Bean ist eine Klasse mit besonderen Eigenschaften, wie sie in Kapitel 13 beschrieben sind. Instanzen solcher Klassen können dynamisch angelegt werden. Sie können mit Werkzeugen zur visuellen Bearbeitung, wie etwa Borlands JBuilder, zum Entwickeln von Programmen aus Komponenten benutzt werden. Diese Technologie wäre ohne die Möglichkeit, Instanzen von Klassen nur aufgrund ihres Namens anzulegen, nicht möglich, da ein „Builder" während seiner eigenen Programmierung die Namen der Komponenten, die er später „verbauen" wird, nicht kennt. Er kann sie erst zur Laufzeit bei seinem Anwender erfahren. Die „Beans" können dann auch wie folgt dynamisch angelegt werden:

```
import java.beans.*;
...
ClassLoader cl = getClass().getClassLoader ();
Object obj = Beans.instantiate (cl, "MyTest");
 ...// Hier steht die Instanz von MyTest zur Verfügung
```

Mit diesem Verfahren lässt sich zur Laufzeit eines Programms eine beliebige Implementierung der Schnittstelle einbinden. Dies ist die Technik der „steckbaren Module" als Basis der bekannten Flexibilität von Java-Programmen. Z.B. lassen sich Treiber für Datenbankzugriffe dynamisch einbinden; sie müssen nur eine bestimmte Funktionalität erfüllen. Auch die Darstellung einer GUI wird dynamisch austauschbar.

3.9 Sichtbarkeit und Packages

3.9.1 Packages mit `package`, `import`

Benutzung von Klassen oder Interfaces

Einzelne Java-Programme können mit **`class`** oder **`interface`** definiert werden. Andere Java-Programme können diese benutzen. Implizit kann man Klassen oder Interfaces aus der Datei benutzen, in der sich die benutzende Klasse befindet. Dies gilt auch für Klassen im selben Verzeichnis.

Diese implizite Integration von Java-Programmen in andere Java-Programme reicht für praktische Anwendungen in größeren Systemen nicht aus. In Java kann man die Programme hierarchisch ordnen. Gruppen von Programmen lassen sich ihrerseits zu einem sog. **`package`** zusammenfassen. Diese Hierarchie wird einfach nach der UNIX-Philosophie „Funktionen benutzen, statt nochmals schreiben" vom Dateisystem mit seiner entsprechenden Ordnung von Verzeichnissen und Unterverzeichnissen geliefert. Programme können dann von benutzenden Programmen aus mit dem Dateinamen bzw. dem relativen Pfadnamen angesprochen werden. Die Suche beginnt mit Pfaden, die im `CLASSPATH` gesetzt wurden. Namen von Programmen gelten dann relativ ab den dadurch definierten Verzeichnissen.

Beispiele

```
import java.lang.*;      // Sprache java
import java.util.*;      // Allgemeine Basisroutinen
import java.awt.*;       // Grafik + Benutzeroberflaechen
import java.awt.Button; // Der Schalter in java
import java.applet.*;    // Applets
import java.io.*;        // Ein-/Ausgabe
import java.net.*;       // Netzwerk
```

Programme können mit einer **`import`**-Anweisung einzelne Klassen (wie etwa `Button`) oder komplette Packages (wie etwa `java.awt.*`) zur Verwendung anmelden.

> **Hinweis:** Das **`package`** `java.lang.*` ist automatisch zur Benutzung angemeldet, es beinhaltet alle Klassen, die „nahe" an der Sprache sind:
> `String`, `System`, `Math` etc.
> Statt `java.lang.String` kann man auch kurz `String` schreiben.

Entfernen von nicht benutzten imports

Die **`import`**-Anweisung in einem Programm veranlasst den Compiler, die angegebenen Programmteile bei der Übersetzung des Programms einzubeziehen. Der dadurch entstandene Aufwand kann bei großen Programmsystemen erheblich sein und sollte vermieden werden, denn durch imports gleicher Namen aus verschiedenen Klassen können Namenskonflikte entstehen. Eclipse unterstützt dieses Vorgehen unter dem Menüpunkt */Source/Organize Imports*. Dieses Merkmal ist sehr nützlich, denn ohne Automatisierung erfordert es einen hohen Aufwand, wenn man wirklich die überflüssigen **`import`**-Anweisungen finden will. Darüber hinaus erzeugt Eclipse bei seinen Maßnahmen zur Code-Generierung keine überflüssigen imports, es erstellt auf Wunsch mit dem o. a. Befehl eine minimale Liste aller benötigten imports.

Beispiel zur Bereitstellung von Packages

```
//Datei String.java im Verzeichnis java/lang:
package java.lang;
public final class String { .... }
```

Dieses Beispiel zeigt einen Ausschnitt aus der Klasse `String` im **`package`** `lang`. Die Datei `String.java` muss dann im Verzeichnis `java/lang` bei UNIX bzw. `java\lang` bei Windows stehen.
Ein vollständiges Beispiel aus Definition und Anwendung soll das Zusammenwirken der Mechanismen von Java-Packages zeigen.

Dateien

In einem Verzeichnis **`xyz`** wird eine Datei `PackageDemo.java` erstellt. In diesem Verzeichnis wird ein Unterverzeichnis `NameDemo` angelegt. Dort wird in der Datei `MyFirstClass.java` ein Quellprogramm abgelegt:

- **`xyz`**`/PackageDemo.java`
- **`xyz`**`/NameDemo/MyFirstClass.java`
- Arbeitsverzeichnis = **`xyz`**
- Das Verzeichnis **`xyz`** ist in den Verzeichnissen in `CLASSPATH` angegeben.

Programm PackageDemo.java

```
import NameDemo.MyFirstClass;

public class PackageDemo {
  public static void main (String[] args) {
    new MyFirstClass ("PackageDemo").print ();
  }
}
```

Programm MyFirstClass.java

```
package NameDemo;

public class MyFirstClass {
  String Name;
  public MyFirstClass (String Name) { this.Name = Name; }
  public void print () { System.out.println (Name); }
}
```

Übersetzen und Programmlauf

Mit `javac PackageDemo.java` kann das gesamte Programm übersetzt werden. Der Programmlauf ist dann mit dem Aufruf `java PackageDemo` möglich.

Hinweise: Bei allen Betriebssystemen (auch bei Windows-Systemen) muss auf Groß- und Kleinschreibung bei Dateinamen geachtet werden, auch wenn man außerhalb von Java nicht dazu gezwungen ist. Ansonsten erhält man vom Java-System rätselhafte Fehlermeldungen.
Als weiteres Beispiel für die Möglichkeiten mit Packages kann ein benutzerdefiniertes Control für graphische Benutzeroberflächen aus dem Kurs in Abschnitt 7.3.11 dienen. Auch die IO-Tools aus Abschnitt 5.3 fallen unter diese Rubrik.
In der Klasse `MyFirstClass` gibt es Probleme, wenn auf Namen in der Klasse `PackageDemo` zugegriffen werden soll. Deswegen sollte man bei größeren Systemen mit Packages nur Programme in Packages verwenden, wie es von Eclipse bei der Erstellung von Klassen empfohlen wird.

3.9.2 Sichtbarkeit

In einer Klasse kann bei der Definition jeder einzelnen Komponente separat spezifiziert werden, in welcher Weise der Zugriff auf ebendiese Komponente möglich ist.

Spezifizierer	in gleicher Klasse	in Unterklasse via Vererbung	in gleichem Package	überall
`private`	sichtbar			
`protected`	sichtbar	sichtbar	sichtbar	
`public`	sichtbar	sichtbar	sichtbar	sichtbar
nichts angegeben	sichtbar		sichtbar	

Die Spalte „in gleichem Package“ bedeutet, dass in einem Verzeichnis mit Java-Programmen alle Komponenten sichtbar sind, außer sie sind mit **`private`** geschützt.

3.10 Serialisierung und `transient`

Instanzen von Klassen können sich „keine Werte merken“: bei jeder Instantiierung werden die Werte neu angelegt. Auch **`static`**-Variablen können nicht zur Abspeicherung von Werten benutzt werden, auch wenn der Name dies für manch einen Betrachter nahe legt. Eine Anwendung wie ein Control, „das sich seine Größe und Farbe merken will“, benötigt aber einen Mechanismus zum Wiederherstellen von Zuständen. Dieses allgemeine Problem ist auch unter dem Namen „Persistenz von Objekten“ bekannt. In Java spricht man von der Serialisierung von Objekten.
Diese Eigenschaft eines Objekts erhält man, indem man die `java.io.Serialization`-Schnittstelle implementiert. Da diese Schnittstelle keine Methode enthält, genügt die Angabe der Eigenschaft "`implements java.io.Serialization`" zur Durchführung der Programmierarbeit. Hiermit lassen sich Instanzen von Klassen abspeichern, auch wenn es sich um verkettete Listen oder Bäume handelt.
Das Java-Laufzeitsystem stellt die Inhalte der Komponenten nach der Einrichtung einer Instanz wieder her. Dabei überschreibt es die evtl. durch Konstruktoren gesetzten Werte. Wenn man einzelne Werte für jede Instanz neu benötigt, muss man solche Variablen mit dem Schlüsselwort **`transient`** versehen. Alle anderen Inhalte werden automatisch wiederhergestellt. Als Beispiel dient die Klasse `MyTest`.
Das Programm `TestSerialisierung` besorgt die Speicherung von diversen Exemplaren der Klasse `MyTest` sowie die Wiederherstellung. Die Ablage der Daten in einer Datei erfolgt mit Hilfe von Routinen aus dem Package `java.io`, welches in Kapitel 5 beschrieben ist. Zum Schreiben eines Objekts dient die Methode `writeObject()` der Klasse `ObjectInputStream`. Das Wiederherstellen eines Objekts besorgt die Methode `readObject()` der Klasse `ObjectOutputStream`.

Programme

```
public class MyTest implements java.io.Serializable {
  private int x;
  private transient int y;

  public MyTest () { x = y = 999; }
  public MyTest (int x, int y) {
    this.x = x;
    this.y = y;
  }

  public String toString () {
    return  "x = " + x + " y = " + y;
  }
}

import java.io.*;

public class TestSerialisierung {
  private String name;

  public TestSerialisierung (String name) {
    this.name = name;
  }

  public void write () {
    try {
      FileOutputStream f = new FileOutputStream(name);
```

```
            ObjectOutputStream  s  =  new ObjectOutputStream(f);
            s.writeObject (new MyTest (2004, 1));
            s.writeObject (new MyTest (2005, 2));
            s.writeObject (new MyTest (2006, 3));
            s.flush();
            f.close ();
        } catch (Exception e) {
        }
    }

    public void read () {
        try {
            FileInputStream in = new FileInputStream(name);
            ObjectInputStream s = new ObjectInputStream(in);
            for (int i = 0; i < 3; i++) {
                Object m = s.readObject (); // oder anders:
                //MyTest m = (MyTest)s.readObject ();
                System.out.println (m);
            }
            s.close ();
        } catch (Exception e) {
        }
    }

    public static void main (String[] args) {
        TestSerialisierung t = new TestSerialisierung ("test");
        t.write ();
        t.read ();
    }
}
```

Ausgaben des Programms

```
x = 2004 y = 0
x = 2005 y = 0
x = 2006 y = 0
```

Zur Funktion

Die Routine `readObject()` liefert „nur" `Object` zurück, in keinem Fall `MyTest`. Wenn mit den speziellen Eigenschaften von `MyTest` gearbeitet werden soll, muss man die erhaltene Instanz auf `MyTest` hochcasten. Dabei sollte allerdings klar sein, dass das auf diese Weise erhaltene Objekt wirklich eine Instanz von `MyTest` ist (bzw. sein wird). Vgl. hierzu Abschnitt 3.3.4.

Anwendung

Die Serialisierung von Objekten ermöglicht auch deren Übertragung zwischen verschiedenen Prozessen, die u.U. auf verschiedenen Computern laufen können. So könnte man komplette Dokumente durch Serialisierung der sie definierenden Instanz auf Hintergrundspeicher ablegen oder via Netzwerk „verschicken".

3.11 Zusicherungen

Mit dem JDK 1.4 wurden Zusicherungen in Java eingeführt. Eine Zusicherung (Assertion) ist ein mit dem neuen Schlüsselwort **`assert`** eingeleiteter Boolescher Ausdruck, den der Programmierer als wahr erwartet, wenn die weitere Arbeit des Programms sinnvoll sein soll. Z.B. könnte eine Methode zum Aufsummieren von Komponenten eines Feldes voraussetzen, dass die Referenz auf das Feld nicht **null** ist.

```
public class ZusicherungsDemo {
  public static int summiere (int[] feld) {
    assert feld != null;
    int summe = 0;
    for (int i: feld)
      summe += i;
    return summe;
  }

  public static void main (String[] args) {
    int[] f1 = {1, 2, 3};
    int[] f2 = null;
    System.out.println (summiere (f1));
    System.out.println (summiere (f2));

  }
}
```

Übersetzen

Das neue Schlüsselwort könnte dazu führen, dass sich vorhandene Programme nicht mehr übersetzen lassen. Deswegen muss dieser Modus beim Übersetzen aktiviert werden.

```
javac -source 1.4 ZusicherungsDemo.java
```

Ablauf

Auch beim Ablauf müssen Zusicherungen explizit aktiviert werden. Das folgende Beispiel zeigt den Unterschied. Der erste Ablauf erfolgte ohne, der zweite mit aktivierten Zusicherungen. Der erste Ablauf ist ein gewöhnlicher Absturz an irgendeiner Stelle, der zweite Ablauf zeigt eine kontrolliert abgefangene Verletzung des Vertrags zwischen den Programmteilen, wie er nachstehend beschrieben wird.

```
>java ZusicherungsDemo
6
Exception in thread "main" java.lang.NullPointerException
        at ZusicherungsDemo.summiere(ZusicherungsDemo.java:4)
        at ZusicherungsDemo.main(ZusicherungsDemo.java:13)
```

```
java -ea ZusicherungsDemo
6
Exception in thread "main" java.lang.AssertionError
        at ZusicherungsDemo.summiere(ZusicherungsDemo.java:3)
        at ZusicherungsDemo.main(ZusicherungsDemo.java:13)
```

Bedeutung von Zusicherungen

Im Client/Server-Umfeld und bei Software aus Komponenten arbeiten Teile verschiedener Programmierer zusammen. Für einen reibunglosen Ablauf sind Absprachen über Schnittstellen wie Verträge: sie müssen von allen Beteiligten eingehalten werden. Diese Argumentation gewinnt mit steigender Größe der Software-Systeme und der Anforderungen an die Korrektheit von Abläufen an Bedeutung. Die theoretischen Fundamente dieses Vorgehens wurden von B. Meyer gelegt. Mit den Zusicherungen ist zwar das nachstehend zitierte „Design by Contract“ von B. Meyer nicht formal implementiert, lässt sich aber dennoch ähnlich wie in C oder C++ praxisorientiert durchziehen. Im Gegensatz zu diesen Sprachen muss der durch **assert** verursachte Code im Java-Bytecode durch folgendes Konstrukt von Hand „eliminiert" werden.

```
static final boolean asserts = ... ;
// false, um asserts zu unterdrücken

      if (asserts)
         assert <expr> ;
```

Hinweis: Entwickler sollten sorgfältig abwägen, ob Zusicherungen wirklich abzuschalten sind. David A. Spuler vergleicht in [24] das Abschalten der Zusicherungen in Programmen nach der Entwicklung mit dem Ablegen von Schwimmweste genau dann, wenn man ins Wasser geht.

Design by Contract (B. Meyer)

Größere Software-Systeme müssen modular entstehen. Die einzelnen Module wirken zusammen. Deswegen muss die Wirkungsbreite einzelner Fehler verringert und die Vertrauenswürdigkeit der Module erhöht werden. Beides nimmt sich B. Meyer in seinem Begriff *Design by Contract* als Ziel vor [19].

Invariante

Eine Invariante einer Klasse ist eine Eigenschaft, die immer erfüllt sein muss. Die Invariante muss vor und nach der Ausführung einer beliebigen Mitgliedsfunktion gelten. Dies könnte z.B. die Gültigkeit von Referenzen oder Indices sein oder aber auch ein positiver Kontostand.

Precondition

Preconditions sind Vorbedingungen für einen Auftrag. Dies sind in der Regel vernünftige Parameter für einen Auftrag oder plausible Zustände der Daten (vgl. Invarianten). Wenn alle Vorbedingungen erfüllt sind, muss ein Software-Modul (z.B. eine Mitgliedsfunktion einer Klasse) eine korrekte Durchführung garantieren.

Postcondition

Postconditions sind Bedingungen an Daten nach Erfüllung des Auftrags. So könnte etwa für eine Konkatenation zweier Strings a und b die folgende Postcondition gelten:

Länge von a + Länge von b = Länge des Ergebnisses

Eine Wurzel-Funktion könnte testen, ob das Quadrat ihres Ergebnisses gleich der Zahl ist, aus der die Wurzel gezogen werden soll. Postconditions dienen der Qualitätssicherung (=Nachweis der Funktionsfähigkeit) der Aufträge.
Zu einem *Design by Contract* gehören nach B. Meyer noch die Rollen von Auftraggeber (Client) und Auftragnehmer (Server). Client und Server arbeiten auf der Basis von Verträgen zusammen. Jeder Server muss dafür garantieren, dass er bei korrekten Preconditions auch wieder korrekte Postconditions liefert. Dieses Entwurfsprinzip hilft sowohl, Fehler im Entwurf der Schnittstellen zu finden, als auch die Qualität zu gewährleisten.

3.12 Aufbau von Java-Programmen

Ein Java-Programm besteht aus einer optionalen **`package`**-Anweisung, einer optionalen Folge von **`import`**-Anweisungen sowie einer optionalen Folge von Typerklärungen. Dabei kann eine Typerklärung die Erklärung einer Klasse (**`class`**) oder einer Schnittstelle (**`interface`**) sein.
Der ablauffähige Programmcode ist in Klassen enthalten. Für ablauffähige Programme benötigt man in einer Programmdatei mindestens eine solche Definition. Diese Definition muss dann auf den Namen des Quellprogramms lauten und **`public`**, d.h. von außen ansprechbar sein. Dabei muss man auch die Groß- bzw. Kleinschreibung achten. Die folgenden Syntaxdiagramme stellen die Regeln für den Aufbau eines Java-Programms zusammen. Am Ende von Abschnitt 2.2 sowie in Abschnitt 2.3.1 befinden sich Syntaxdiagramme für Methoden und den Kontrollfluss.

Body

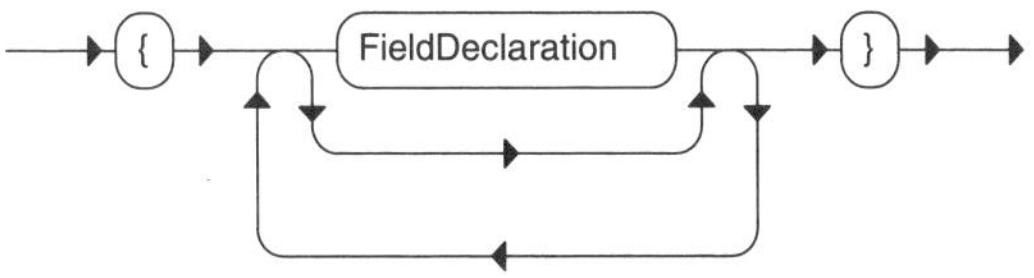

CompilationUnit

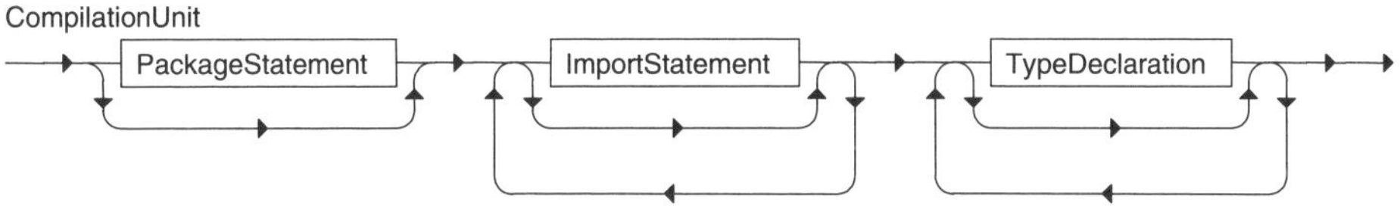

PackageStatement

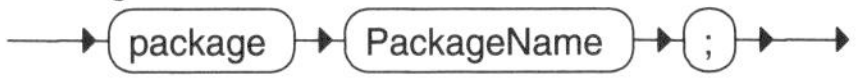

ImportStatement

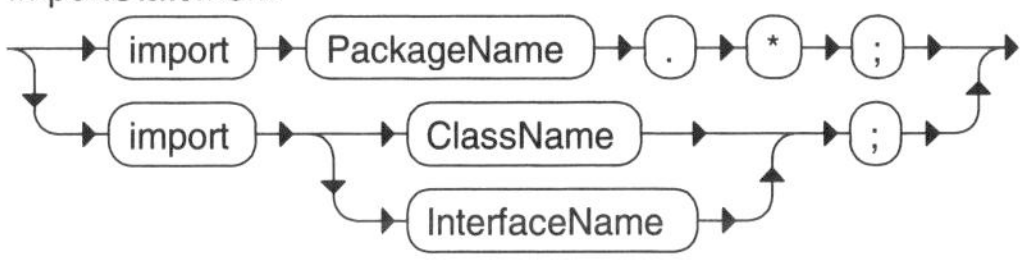

TypeDeclaration

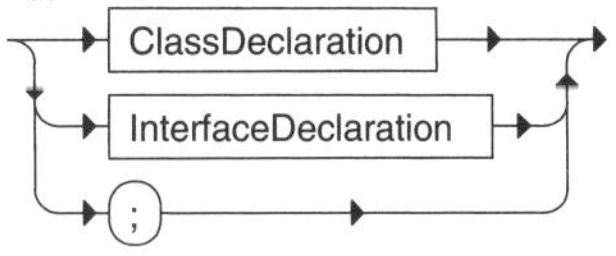

ClassDeclaration

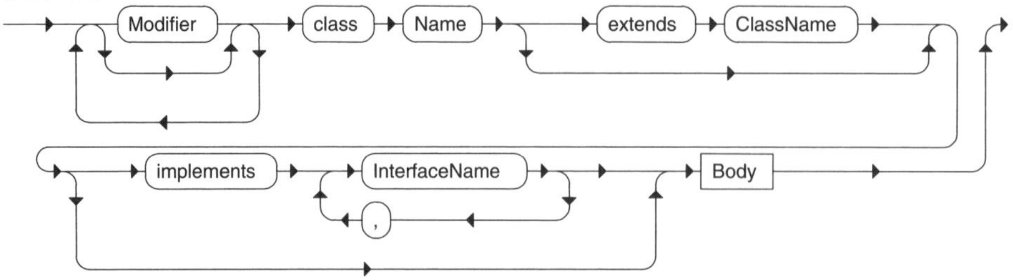

InterfaceDeclaration

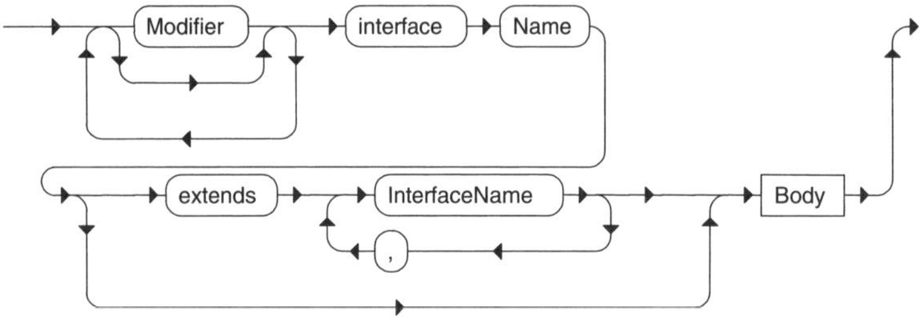

Zusammenfassung

In der Objektorientierung liegt der Schlüssel zur Entfaltung der vollen Leistungsfähigkeit von Java. Deswegen wurden in diesem Kapitel zunächst die Grundlagen dieses Prinzips herausgearbeitet, die unabhängig von konkreten Programmiersprachen sind.

Jedes Java-Programm besteht aus einer oder mehreren Klassen. Eine Klasse besteht aus Attributen (Daten) und Methoden (Funktionen). Als Attribute kommen die in Kapitel 2 besprochenen einfachen Daten („Objekte zweiter Klasse") sowie Instanzen von Klassen („erste Klasse") in Frage. Die Methoden sind die aktiven Bestandteile eines Programms und wurden im Rahmen der prozeduralen Progammierung in Kapitel 2 eingeführt.

Jede Klasse in Java ist eine Spezialisierung der Klasse `Object`. Java kennt keine Mehrfachvererbung. Klassen können Schnittstellen implementieren. Damit lassen sich ähnlich wie bei der Vererbung zusätzliche Dienste zu Klassen hinzufügen. In Java wird also klar zwischen der Vererbung der Implementierung (immer nur einfache Vererbung) und der Vererbung von Schnittstellen getrennt. Bei Schnittstellen ist Mehrfachvererbung uneingeschränkt möglich, völlig unabhängig von der Vererbung der Implementierung.

Da die Vererbung der Implementierung eine einfache Wiederverwendung von Programmcode ermöglichen würde, wurden in Java innere Klassen eingeführt. Mit deren Hilfe kann auch ohne Mehrfachvererbung in einzelnen Klassen Programmcode mehrerer Klassen „genutzt" werden.

Der Zugriff auf die Komponenten von Klassen unterliegt Einschränkungen. Die Regeln für die Sichtbarkeit müssen beachtet werden.

Jede Klasse kann **`static`**-Komponenten haben. Solche Komponenten sind einmal für die Klasse definiert, nicht für jedes Exemplar einer Klasse. Diese **`static`**-Komponenten können als Ersatz für die in Java nicht vorhandenen globalen Variablen und Funktionen betrachtet werden.

Programme können entsprechend den Verzeichnissen für die Programmdateien zu Packages gruppiert werden. Die Struktur der Verzeichnisse definiert die Hierarchie dieser Packages.

Aufgaben

1. Ein Java-Programm `Primzahl` soll Primzahlen ermitteln und in einem eindimensionalen Feld ablegen.
   a) Die zu ermittelnde Anzahl von Primzahlen soll als Kommandozeilenparameter übergeben werden, d.h. der Aufruf:

   ```
   java Primzahl 100
   ```

   soll die ersten 100 Primzahlen liefern. Die erste Primzahl ist 2.
   b) Erstellen Sie eine Methode `ist_prim`, welche nach Übergabe einer Zahl prüft, ob es sich bei dieser Zahl um eine Primzahl handelt.
   c) Erstellen Sie eine Methode `alle_prims_ermitteln`, welche unter Benutzung von `ist_prim` die geforderte Anzahl Primzahlen ermittelt und im Feld ablegt.
   d) Erstellen Sie einen Konstruktor `primzahl`, welcher Initialisierungen vornimmt und die Methode `alle_prims_ermitteln` aufruft.
   e) Erstellen Sie eine Methode, welche es ermöglicht, durch den Aufruf: `System.out.println(p)` alle im Feld abgelegten Primzahlen auszugeben, wenn `p` eine Instanz von `primzahl` sein soll.
2. Geben Sie eine Klasse Polynom an.

   ```
   public class Polynom {
     // Konstruktor mit den Koeffizienten des Polynoms
     public Polynom (double [] Koeffizienten) { ... }
     public Polynom(Object... args) { ... } // (*)
     // Berechne den Wert an der Stelle x
     public void Wert (double x) { ... }
     // Alle Koeffizienten als String
     public String toString () { ... }
    ....... Die benötigten Attribute .......
   }
   ```

   Testen Sie Ihre Klasse Polynom von einer **`main`**`(..)`-Methode aus. Diese Methode kann auch in Ihrer Klasse Polygon stehen.
   `Wert(x)` soll den Wert eines Polynoms an der Stelle x berechnen. Für die Koeffizienten {2, 3, 5} ist das Polynom $F(x) = 2 + 3 * x + 5 * x^2$ definiert. Klammern Sie x von rechts her aus (Horner-Schema)!
   Zusatz: Lösen Sie die Aufgabe auch mit einer variablen Argumentliste im mit (*) bezeichneten Konstruktor bei `Polynom`.
3. Geben Sie eine Klasse Stack an. Stack soll n=20 Einträge verwalten. Stack soll die Operationen **`void`** `push(`**`int`**`)`, **`int`** `pop()` und **`int`** `peek()` anbieten. `push(Zahl)` soll eine Zahl auf den Stack legen. `pop()` soll das zuletzt auf den Stack gelegte Element zurückliefern und dieses vom Stack entfernen. `peek()` soll das zuletzt auf den Stack gelegte Element liefern, ohne den Stack zu verändern.
   Achten Sie darauf, dass ein Zugriff auf einen leeren Stack nicht möglich ist. Auch ein `push()` auf einen vollen Stack ist nicht erlaubt.
4. (*)Geben Sie ein Programm für einen Taschenrechner mit RPN (Reverse Polish Notation)-Eingabe-Syntax an. Dabei werden zuerst die Operanden, danach die Operatoren angegeben. Der Taschenrechner legt Operanden auf den Stack. Er wendet eine Operation auf die beiden zuoberst auf dem Stack liegenden Operanden an. Diese Notation ist von Taschenrechnern der Firma HP bekannt. Sie ermöglicht eine klammerfreie Eingabe für komplexe Terme.

Eingabe	**Ausgabe**
2 3 +	5
3 4 5 * +	23
3 4 5 + *	27

5. Grundlage ist das Applet `GeometrischeObjekte.java` von 3.3.6. Fügen Sie als neues „Geometrisches Objekt“ die Klasse `Ellipse` hinzu. Die Methode `init()` soll eine Instanz der Klasse `Ellipse` in den Array `geo` aufnehmen. Welche Änderungen sind am Steuerrahmen (Methoden `mouseDown()` und `paint()`) erforderlich?
Hinweis: Die Punkte einer Ellipse erfüllen die unten angegebene Gleichung. Dabei sind a bzw. b die Hauptachsen, x und y die Koordinaten eines Punktes in Bezug auf den Mittelpunkt der Ellipse.

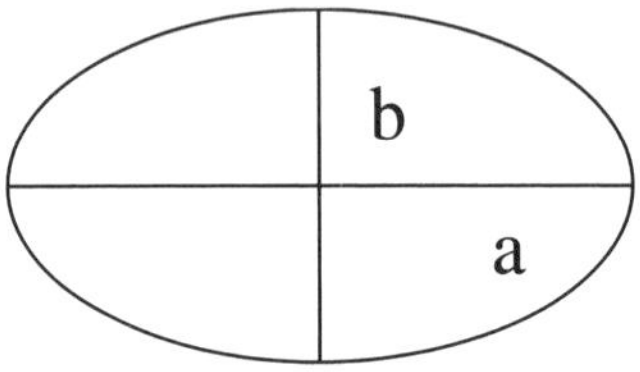

$$\frac{x^2}{a^2} + \frac{y^2}{b^2} = 1$$

6. Welche Werte gibt das folgende Programm aus?

```
public class StaticDemo {

  static int sNummer = 0;

  int iNummer;

  static StaticDemo[] Instanzen;

  // Ein Konstruktor
  public StaticDemo () {
    iNummer = sNummer++;
  }

  // Zur Ausgabe per System.out.println (Instanzenname);
  public String toString () {
    return "sNummer= " + sNummer + " iNummer = " + iNummer;
  }

  // Abläufe
  public static void main (String[] args) {
    Instanzen = new StaticDemo [5];
    for (int i = 0; i < Instanzen.length; i++)
      Instanzen[i] = new StaticDemo ();
    for (int i = 0; i < Instanzen.length; i++)
      System.out.println (Instanzen[i]);
  }
}
```

7. Fügen Sie im Beispiel „Rechnungen drucken“ aus Abschnitt 3.8 eine neue Firma mit einem neuen Formular hinzu.

4 Grundlegende Klassen

Das JDK hat sich seit seinem Erscheinen von einem kleinen, übersichtlichen System zu einem professionellen System mit Tausenden von Klassen und zig-Tausenden von Methoden und Attributen entwickelt. In diesem Kapitel wird eine Übersicht über ausgewählte Packages aus dem System des JDK 1.5 gegeben. Im Mittelpunkt stehen das Collection-Framework zur Verwaltung von Objekten und die Klassen und Schnittstellen des zentralen Packages `java.lang`.

Im Alltag des Programmierers gibt es eine Reihe von immer wiederkehrenden Aufgaben, die sich bei jeder Programmiersprache ähneln. Beim Einstieg in Java muss man – im Gegensatz zu vielen anderen Sprachen – nicht ständig „das Rad neu erfinden". Java stellt eine kompakte Sammlung der wichtigsten Routinen zur Verfügung. Dies ist ein wichtiger Beitrag zur Effizienz, Qualität und Lesbarkeit von in Java entwickelter Software. Deswegen werden einzelne Klassen aus dem JDK 1.5 herausgegriffen und im Zusammenhang mit Anwendungsproblemen vorgestellt. Insbesondere wird das Augenmerk auf die Daueraufgabe des Programmierers, nämlich das Verwalten seiner Daten, gelegt. Hierzu dienen die Collections. Diese „Sammlungen" von Objekten können Objekte der verschiedenen Klassen aufnehmen. Die unterschiedlichen Möglichkeiten der Sammlungen entsprechen den Einsatzfällen: sequentielle Aufreihung analog zu Feldern (`List`), Mengen unterschiedlicher Objekte (`Set`) sowie assoziativer Zugriff über Schlüssel (`Map`). Mit den generischen Java-Elementen können typsichere Sammlungen für die Objekte spezieller Klassen der Anwendungen angelegt werden.

Als Vertreter der klassischen Verfahren der Datenorganisation werden Bäume mit verschiedenen Anwendungen besprochen.

4.1 Nützliche Klassen und Packages

`java.applet`	Applets in HTML-Seiten (Kapitel 11)
`java.awt`	Alternate Window Toolkit: Grafik für Java (Kapitel 7)
`java.awt.event`	Ereignisse in Java (Kapitel 7)
`java.beans`	Komponentensoftware (Kapitel 13)
`java.io`	Ein-/Ausgabe in Java (Kapitel 5)
`java.lang`	Zentrale Bestandteile der Sprache Java wie z. B. String
`java.math`	Arithmetik mit beliebig vielen Stellen
`java.net`	Sockets in Java (Kapitel 8)
`java.rmi`	Remote Method Invocation (Abschnitt 9.3)
`java.security`	Sicherheit in Java
`java.sql`	Datenbanken von Java aus ansprechen (Kapitel 12)
`java.text`	Textformate für Zahlen, Datum, Meldungsausgaben. Die Dokumentation im JDK zu diesen Klassen ist recht ausführlich.
`java.util`	Hilfsprogramme zur Verwaltung von Eigenschaften, Zeit und Datum. Collections (Sammlungen) zum Verwalten von Daten (Abschnitt 4.3).
`java.util.regex`	Reguläre Ausdrücke in Java (Abschnitt 4.1.5)
`java.util.jar`	jar-Archive in Java programmieren (Kapitel 5)
`java.util.zip`	zip-Archive in Java programmieren (Kapitel 5)

javax.swing	Fortgeschrittene Grafik in Java (Kapitel 7)
javax.swing.event	Ereignisse (Kapitel 7)
org.omg.CORBA	CORBA und Java (Abschnitt 9.4)
org.omg.CosNaming	CORBA-Namensdienst und Java (Abschnitt 9.4)

4.1.1 Das Package java.lang

Die Klassen aus dem Package `java.lang` gehören quasi zur Sprache java. Diese Klassen müssen in kein Programm mit **`import`** `...;` eingebunden werden, sondern werden automatisch in die Übersetzung einbezogen. Dabei sind Klassen zum Umwickeln der elementaren Datentypen (Byte für **`byte`**, Character für **`char`** usw.), allgemeine Hilfsdienste (`Math` für mathematische Basisroutinen, `System` zum Anbinden des Systems usw.) sowie Klassen zur Verwaltung der Nebenläufigkeit zu unterscheiden.

4.1.1.1 Inhaltsangabe für die Schnittstellen aus `java.lang`

Cloneable	Wenn eine Klasse die Cloneable-Schnittstelle implementiert, können Exemplare dieser Klasse mit der `clone()`-Methode komponentenweise kopiert werden.
Comparable	Wenn eine Klasse diese Schnittstelle (d.h. die `compareTo()`-Methode) implementiert, können alle Exemplare dieser Klasse total angeordnet werden. Damit kann man z.B. Felder aus solchen Klassen mit der `sort()`-Methode aus `java.util.Arrays` sortieren.
Runnable	Eine Klasse, die diese Schnittstelle (d.h. die `run()`-Methode) implementiert, läuft als Thread (vgl. Kapitel 6).

4.1.1.2 Inhaltsangabe für die Klassen aus `java.lang`

Boolean	Umwicklerklasse für den einfachen Datentyp **`boolean`**.
Byte	Umwicklerklasse für den einfachen Datentyp **`byte`**.
Character	Umwicklerklasse für den einfachen Datentyp **`char`**.
Character.Subset	Spezielle Teilmengen des Unicode-Zeichensatzes können repräsentiert werden.
Character.UnicodeBlock	Eine Familie von Zeichensätzen, die die „character blocks“ der Unicode 2.0-Spezifikation repräsentiert.
Class	Exemplare dieser Klasse repräsentieren Klassen und Schnittstellen in einer laufenden Java-Anwendung.
ClassLoader	Der Klassenlader als abstrakte Klasse.
Compiler	Unterstützung für native Code Compiler.
Double	Umwicklerklasse für den einfachen Datentyp **double**.
Float	Umwicklerklasse für den einfachen Datentyp **float**.
InheritableThreadLocal	Diese Klasse stellt die Vererbung für thread-lokale Variablen sicher.
Integer	Umwicklerklasse für den einfachen Datentyp **int**.

`Long`	Umwicklerklasse für den einfachen Datentyp **long**.
`Math`	Die Klasse Math enthält elementare mathematische Funktionen wie Exponential-, Logarithmus-, Quadratwurzel- und trigonometrische Funktionen.
`Number`	Die abstrakte Oberklasse der Zahlenklassen dieses Packages: `Byte`, `Double`, `Float`, `Integer`, `Long`, und `Short`.
`Object`	Die Wurzel der Klassenhierarchie mit wichtigen Methoden für die Java-Monitore.
`Package`	Package-Objekte enthalten Versionsinformationen für Java-Packages.
`Process`	Die Methode `Runtime.exec` erzeugt auf der jeweiligen Plattform einen Prozess und liefert ein Exemplar einer Unterklasse von `Process`, die zum Auslesen von Informationen und zum Steuern des Prozesses benutzt werden kann.
`Runtime`	Jede Java-Anwendung hat ein einziges Exemplar dieser Klasse, die der Schnittstelle mit der Umgebung der Anwendung dient.
`RuntimePermission`	Diese Klasse dient Zugriffsrechten.
`SecurityManager`	Ein „security manager" erlaubt es Anwendungen, gewisse Sicherheitsregeln zu implementieren.
`Short`	Umwicklerklasse für den einfachen Datentyp **short**.
`StrictMath`	Die `StrictMath`-Klasse enthält Implementierungen elementarer mathematischer Funktionen, die zu veröffentlichten Standards kompatibel sind. `http://metalab.unc.edu/`
`String`	Die String-Klasse stellt Zeichenketten dar.
`StringBuffer`	Klasse zum Aufbau von Zeichenketten.
`System`	Die System-Klasse enthält nützliche Attribute (wie `out`, `in`, `err`) und Methoden (wie `exit()`).
`Thread`	Ein `Thread` ist ein Ausführungskontext in Java.
`ThreadGroup`	Eine Gruppe von Threads kann so angesprochen werden.
`ThreadLocal`	Diese Klasse dient der Implementierung Thread-lokaler statischer Variablen.
`Throwable`	Die `Throwable`-Klasse ist die Oberklasse aller Fehler und Ausnahmen in Java.
`Void`	Umwicklerklasse für den einfachen Datentyp **void**. Es gibt keine Exemplare dieser Klasse.

4.1.1.3 Zeichenketten in Java

Zeichenketten werden in Java durch die Klasse `String` definiert. Jedes Exemplar der `String`-Klasse enthält eine unveränderliche Zeichenfolge. Deswegen können Zeichenfolgen in Java problemlos gleichzeitig von mehreren Threads benutzt werden. Zur Problematik der Threads vgl. Kapitel 6. Auch das Kopieren von String-Objekten in der Form `a = b;` ist problemlos, denn der Inhalt von String `b` kann sich nicht durch Wertzuweisungen über die Referenz `a` ändern. Die folgenden Schreibweisen sind gleichwertig:

```
String str = "abc";
char data[] = {'a', 'b', 'c'};
String str = new String(data);
```

Für Objekte der `String`-Klasse gibt es den Operator +, der in die Sprache Java eingebaut ist. Mit diesem Operator lassen sich zwei oder mehr Zeichenketten zu einer Zeichenkette zusammenfügen (vgl. Abschnitt 2.1.1). Da ein String kein elementares Objekt wie eine Zahl ist, stehen für `String`-Objekte leistungsfähige Methoden zur Bearbeitung zur Verfügung: Zusammenfügen, Vergleichen, Suchen von Zeichen und Zeichenketten, Umwandeln.

Übersicht: Ausgewählte Methoden der `String`-Klasse

`char charAt (int i)`	Liefert das Zeichen an Position `i`.
`int compareTo (String s)`	Lexikographischer Vergleich der Unicode-Werte der Zeichenfolgen. Für einen Vergleich `a.compareTo(b)` liefert diese Methode die folgenden Ergebnisse: `< 0:` Falls `a` vor `b` kommt. `= 0:` Falls `a.equals(b)`. `> 0:` Falls `a` nach `b` kommt.
`int compareToIgnoreCase (String s)`	Wie `compareTo()`, aber Groß-/ Kleinschreibung wird nicht berücksichtigt.
`boolean endsWith(String s)`	Testet, ob der `String` mit `s` endet.
`boolean equals(Object s)`	`a.equals (b)` ist genau dann wahr, wenn a und b gleichen Inhalt haben.
`boolean equalsIgnoreCase (String s)`	wie `equals(...)`, aber Groß-/Kleinschreibung wird nicht berücksichtigt.
`byte[] getBytes()`	Auslesen der Bytes im `String` gemäß der lokalen Codierung.
`int indexOf(int ch)`	Suche den Index des Zeichens `ch`. Diese Methode gibt es auch für `Strings` statt Zeichen `ch` sowie mit einem zusätzlichen Startindex für die Suche.
`int lastIndexOf(int ch)`	Suche den Index des letzten Auftretens von `ch`. Diese Methode gibt es auch für `Strings` statt Zeichen `ch` sowie mit einem zusätzlichen Startindex für die Suche.
`int length()`	Auslesen der Länge. Zur Beachtung: Dies ist eine Methode, kein Attribut wie bei Feldern.
`String replace ( char alt, char neu)`	Ersetze alle Vorkommen des Zeichens `alt` durch das Zeichen `neu`.
`boolean startsWith( String p)`	Testet, ob der `String` mit `p` beginnt.
`String substring ( int Beginn, int Ende)`	Liefert die Zeichenfolge, deren Beginn und Ende durch die angegebenen Indices definiert sind.

char[] toCharArray()	Liefert den Inhalt als Feld aus Zeichen.
String toLowerCase()	Inhalt in Kleinschreibung.
String toUpperCase()	Inhalt in Großschreibung.
String trim()	Inhalt ohne führende und abschließende Leerzeichen.
static String valueOf (*Typ* b)	Textdarstellung für den angegebenen Basistyp: **boolean**, **char**, **int**, **long**, **float**, **double** und Object.

Hinweis: String-Objekte sollten niemals mit dem Operator == verglichen werden.

```
String a = ...; String b ...
if (a == b)
  ...
```

Dadurch werden die Referenzen a und b verglichen, nicht aber die Inhalte der Zeichenketten. Die Inhalte können gleich sein, obwohl die Referenzen verschieden sind. Vgl. Abschnitt 3.2.

Aufbau von Zeichenketten

Der Operator + ist zum Zusammensetzen von Zeichenfolgen aus Einzelteilen nützlich. Dies gilt auch, wenn die Textdarstellung einer Zahl an eine Zeichenfolge angehängt wird. Manche Programmabschnitte lassen sich dadurch kurz formulieren:

```
AWTKomponenten.setTextText ("" + Zahl); // oder
AWTKomponenten.setTextText (String.valueOf(Zahl));
```

Die Kürze dieser Schreibweise soll nicht über die Laufzeit-Nachteile hinwegtäuschen. Diese Nachteile resultieren aus der bei manchen Situationen[6] erforderlichen Konstruktion von Hilfsobjekten, die kurz nach dem Entstehen gleich wieder entsorgt werden müssen. Für kompliziertere Zeichenketten bietet das JDK die Klasse StringBuffer an. Sie enthält effiziente Methoden zum Aneinanderreihen und Einfügen von Zeichenketten. Auch die Basisdatentypen können auf diese Weise in Textdarstellung an eine im Aufbau befindliche Zeichenkette angehängt bzw. eingefügt werden. Die Länge eines StringBuffers wird mit 16 Zeichen festgelegt, falls nichts anderes im Konstruktor angegeben wurde, und verlängert sich bei Bedarf dynamisch. Erst nach Abschluss der Aufbauphase wird ein String-Objekt mit dem definierten Inhalt erzeugt.

Übersicht: Ausgewählte Methoden der StringBuffer-Klasse

StringBuffer()	Konstruiert ein StringBuffer-Objekt mit 16 Zeichen.
int capacity()	Liefert die Größe des Puffers.
StringBuffer append(*Typ* b)	Hängt die Zeichendarstellung des Basisdatentyps **boolean**, **char**, **int**, **long**, **float**, **double** bzw. Object an den Puffer an und liefert eine Referenz auf diesen Puffer.
char charAt(**int** i)	Liefert das Zeichen an der Position i.

[6] Nicht aber beim obigen Beispiel: newStringBuffer().append("").append(Zahl)

`StringBuffer delete( int start, int end)`	Löscht die Zeichen von `start` bis `end` im Puffer.
`void getChars( int srcBegin, int srcEnd, char[] dst, int dstBegin)`	Kopiert Zeichen aus dem Puffer in das Feld `dst`.
`StringBuffer insert ( int offset, Typ b)`	Fügt die Zeichendarstellung des Basisdatentyps **`boolean`**, **`char`**, **`int`**, **`long`**, **`float`**, **`double`** bzw. `Object` in den Puffer an der Position `offset` ein und liefert eine Referenz auf diesen Puffer.
`int length()`	Liefert die Anzahl der Zeichen im Puffer.
`void setCharAt( int index, char ch)`	Das Zeichen `ch` wird an die Position `index` gesetzt.
`String substring( int start, int end)`	Liefert die ausgewählte Zeichenfolge als `String`.
`String toString()`	Liefert den Inhalt des Puffers als `String`.

Beispiel: Rechtsbündige Darstellung von Zahlen

Die angegebene Zahl `zahl` wird mit `anzahlZiffern` dargestellt.

```
static String z2T (int zahl, int anzahlZiffern) {
  StringBuffer b = new StringBuffer ();
  b.append (zahl);
  while (b.length() < anzahlZiffern)
    b.insert (0, ' ');
  return b.toString ();
}
```

4.1.1.4 Die Klasse System

Die Klasse java.lang.System enthält Attribute und Methoden zum Zugriff auf Systemeigenschaften aus Java-Programmen. Alle in der folgenden Tabelle angegebenen Methoden bzw. Attribute sind **`static`**. Sie müssen in der Form `System.name` angesprochen werden.

`PrintStream err`	Standard-Fehler-Ausgaberichtung.
`InputStream in`	Standard-Eingaberichtung.
`PrintStream out`	Standard-Ausgaberichtung.
`long currentTimeMillis()`	Auslesen der Systemzeit.
`void exit(int status)`	Verlassen der virtuellen Java-Maschine.
`void gc()`	Starten der Garbage Collection.
`String getProperty (String key)`	Auslesen einer Umgebungsvariablen.
`String setProperty (String key, String value)`	Setzen einer Umgebungsvariablen.
`void setErr(PrintStream err)`	Setzen der Standard-Fehler-Ausgaberichtung. Analog können auch die beiden Richtungen `System.in` und `System.out` gesetzt werden.

4.1.1.5 Die Klasse Math

Alle in der folgenden Tabelle angegebenen Methoden bzw. Attribute sind **static**. Sie müssen in der Form Math.name angesprochen werden.

<typ> abs(*<typ>* x)	Betrag von x.
double acos(**double** x)	*acos*-Funktion.
double asin(**double** x)	*asin*-Funktion.
double atan(**double** x)	*atan*-Funktion.
double atan2(**double** x, **double** y)	Konvertiert kartesische in polare Koordinaten.
double cos(**double** x)	*cos*-Funktion.
double ceil(**double** x)	Liefert zu *x* die nächste ganze größere Zahl.
double exp(**double** x)	e-Funktion e^x.
double floor(**double** x)	Liefert zu x die nächste ganze kleinere Zahl.
double sin(**double** x)	*sin*-Funktion.
double log(**double** x)	Logarithmus *ln x*.
<typ> max(*<typ* x>, *<typ>* y)	Maximum von x, y.
<typ> min(*<typ>* x, *<typ>* y)	Minimum von x, y.
double pow(**double** x, **double** y)	*x* hoch *y*.
double random()	Zufallszahl zwischen 0 und 1.
double rint(**double** x)	Liefert die nächste ganze Zahl.
long round(**double** x) **int** round (**float** x)	Rundet zur nächsten ganzen Zahl.
double sqrt(**double** x)	Wurzel von *x*.
double tan(**double** x)	*tan*-Funktion.
double toDegrees(**double** x)	Konvertiert von Bogenmaß in Grad.
double toRadians(**double** x)	Konvertiert von Grad in Bogenmaß.
Math.E	Liefert die Konstante *e*.
Math.PI	Liefert die Konstante π.

Bezeichnung: *<typ>*

Die Funktionen abs(...), min(...) und max(...) stehen in Varianten jeweils für die Typen **int**, **long**, **float** und **double** zur Verfügung.

4.1.2 Formatierte Ausgabe spezieller Klassen in Java

Zahlen, Zeit und Datum können mit Hilfe von Java-Klassen formatiert als Text ausgegeben werden. Zeit und Datum sind als „Zeitstempel" in Java zusammengefasst, denn bei einer Sprache für das Internet hat eine Uhrzeit alleine keinen Sinn.

Zeit und Datum

Zeitstempel können vom System mit `System.currentTimeMillis ()` ausgelesen werden. Zeitstempel für einzelne Dateien können von einem File-Objekt `f` mit `f.lastModified()` erhalten werden. Beide Angaben liegen als 64-Bit-Größen vor. Aus dieser Darstellung lässt sich dann ein Date-Objekt aufbauen. Die Klasse `java.util.Date` stellt Zeit/Datums-Objekte dar.
Objekte dieser Klasse können mit Hilfe der Klasse `SimpleDateFormat` aus dem Package `java.text` in Klartext umgewandelt werden. Der folgende Programmausschnitt zeigt eine mögliche Anwendung zur Anzeige von Zeit/Datum in der 24-Stundenform mit Tag, Monat und Jahr.

```
import java.text. SimpleDateFormat;
....
long datum = ...;
SimpleDateFormat formatierer
   = new SimpleDateFormat ("HH:mm:ss dd.MM.yyyy");
System.out.println ("Zeit/Datum: " +
formatierer.format(new java.util.Date (datum)));
```

Zahlen

Die Klasse `java.text.DecimalFormat` bietet umfangreiche Möglichkeiten zur Formatierung von Zahlen. Bei der Ausgabe kann auch gerundet werden. Die folgenden Programme sollen einen Eindruck von dem Potenzial vermitteln, das diese Klassen bieten.

Programm

```
import java.text. DecimalFormat;

  public void test1 () {
    java.text.DecimalFormat d
       = new java.text.DecimalFormat ("#.000");
    System.out.println (d.format (3.00049));
    System.out.println (d.format (3.00050));
    System.out.println (d.format (3.00051));
  }
```

Ausgabe des Programms

```
3,000
3,001
3,001
```

Programm

```
  public void test3 () {
    java.text.DecimalFormat d
       = new java.text.DecimalFormat (
        "Guthaben #,##0.00;Schulden #,##0.00");
    System.out.println (d.format (300000.99));
    System.out.println (d.format (300000.999));
    System.out.println (d.format (-300000.99));
  }
```

Ausgabe

```
Guthaben 300.000,99
Guthaben 300.001,00
Schulden 300.000,99
```

4.1.3 Selbstauskunft von Java-Programmen

Das Package `java.lang.reflect` dient dazu, Auskünfte über die Bestandteile einer Java-Klasse zu liefern. Mit diesen Hilfsmitteln können Informationen über die Felder, Methoden und ihre Parameter eines `.java`-Programms aus den `.class`-Dateien ausgelesen werden. Sie dienen Debuggern, Compilern, Interpretern, Klassenbrowsern, der Serialisierung von Objekten und auch den Java Beans als Quelle von Informationen über eine Klasse in Java. Diese Möglichkeit der Selbstauskunft müsste als revolutionär bezeichnet werden, wenn es sie nicht schon seit dem JDK 1.1 gäbe. Vergleichbare Leistungsmerkmale fehlen in C++ und müssen immer dann nachgebaut werden, wenn Software-Komponenten behandelt werden sollen.

Dieses Package ist in üblichen Anwendungen selten im Einsatz. Es legt allerdings das Fundament für die Flexibilität von Java-Programmen.

Das folgende Programm zeigt die Grundidee der Selbstauskunft. Das Programm lädt eine Klasse und ermittelt Informationen über den Namen, die Konstruktoren, Attribute und Methoden. Außerdem werden die Parameter der einzelnen Methoden untersucht.

```
// Test des "Auskunftssystems" java.lang.reflect.*;
// Welche Informationen lassen sich aus der Klasse auslesen?
import java.lang.reflect.Constructor;
import java.lang.reflect.Field;
import java.lang.reflect.Method;

public class ReflectionDemo {
  // Dieses Objekt wird untersucht
  private Object object = null;
  private Class c = null;

  public ReflectionDemo () {}

  // Erzeuge ein Exemplar der angegebenen Klasse
  public ReflectionDemo (String className) {
    try {
      object = Class.forName(className).newInstance ();
      c = object.getClass ();
    } catch (Exception e) {
      e.printStackTrace (System.err);
      System.exit (1);
    }
  }

  // Ausgabe des Namens der Klasse
  public void printClassName() {
    System.out.println ("printClassName :");
    System.out.println(object.getClass().getName());
    System.out.println ();
  }

  // Ausgabe aller Felder
  public void printFields () {
    Field[] fields = c.getDeclaredFields();
    System.out.println ("printFields :");
    for (Field field: fields)
      System.out.println (field);
    System.out.println ();
  }

  // Ausgabe aller Konstruktoren
```

```
public void printConstructors () {
  Constructor[] constructors = c.getDeclaredConstructors();
  System.out.println ("printConstructors :");
  for (Constructor con : constructors)
    System.out.println (con);
  System.out.println ();
}

// Ausgabe aller Parameter einer Methode
public void printParameter (Method m) {
  StringBuffer sb = new StringBuffer ();
  sb.append (m.getReturnType ().toString ());
  sb.append (' ');
  sb.append (m.getName ());
  sb.append ('(');
  Class[] types = m.getParameterTypes ();
  for (int j = 0; j < types.length; j++) {
    sb.append (types[j].getName ());
    if (j < types.length - 1)
      sb.append (',');
  }
  sb.append (')');
  System.out.println (sb.toString ());
}

// Ausgabe aller Methoden
public void printMethods (boolean withParams) {
  Class c = object.getClass ();
  Method[] methods = c.getDeclaredMethods();
  System.out.println ("printMethods :");
  for (Method m : methods) {
    if (withParams) {
      printParameter (m);
    } else
      System.out.println (m);
  }
  System.out.println ();
}

public  static void main (String[] args) {
  if (args.length == 0) {
    System.err.println (
      "Aufruf java ReflectionDemo klassenname");
  } else {
    ReflectionDemo cit = new  ReflectionDemo (args[0]);
    cit.printClassName ();
    cit.printFields ();
    cit.printConstructors ();
    cit.printMethods (true);
  }
}
}
```

Probelauf: Das Programm analysiert sich selbst ...

```
>java ReflectionDemo ReflectionDemo
printClassName :
ReflectionDemo

printFields :
private java.lang.Object ReflectionDemo.object
```

```
printConstructors :
public ReflectionDemo(java.lang.String)
public ReflectionDemo()

printMethods :
void main([Ljava.lang.String;)
void printClassName()
void printFields()
void printConstructors()
void printParameter(java.lang.reflect.Method)
void printMethods(boolean)
```

4.1.4 Annotations

Seit JDK 1.5 kann man über die sog. *Annotations* Metadaten in die Java-Programme einbringen. Die Annotations können von Tools ermittelt und z. B. zur Generierung von Code benützt werden. Dies war dato nur im Rahmen der Doclets möglich. Das bekannteste Beispiel war das sog. deprecated-Tag, mit dem die Firma Sun auf veraltete Methoden oder Klassen hinwies. Die Annotations verallgemeinern diesen Ansatz und bieten die Möglichkeit, Metadaten in Programme einzufügen, die in jeder Phase der Nachverarbeitung des Programms, vom Compilieren bis zur Ausführung, zur Verfügung stehen können. JDK 1.5 stellt u. a. die 6 vordefinierten Annotations bereit.

java.lang.Override

```
@Target(ElementType.METHOD)
@Retention(RetentionPolicy.SOURCE)
public @interface Override { }
```

Man kennzeichnet eine Methode so, um gegenüber dem Compiler festzustellen, dass man eine Methode einer Superklasse überschreiben will. Falls dies aufgrund eines Tippfehlers, wie z. B. bei `ToString()`, fälschlicherweise unterbleibt, kann der Compiler eine entsprechende Meldung ausgeben.

java.lang.annotation.Documented

```
@Documented
@Target(ElementType.ANNOTATION_TYPE)
public @interface Documented { }
```

Diese Anmerkung sollte von JavaDoc o. ä. in die Dokumentation aufgenommen werden. Die Empfehlung ist unverbindlich.

java.lang.annotation.Deprecated

```
@Documented
@Retention(RetentionPolicy.SOURCE)
public @interface Deprecated { }
```

Hiermit markierte Teile sollten vom Programmierer nicht mehr genutzt werden.

java.lang.annotation.Inherited

```
@Documented
@Retention(RetentionPolicy.RUNTIME)
@Target(ElementType.ANNOTATION_TYPE)
public @interface Inherited { }
```

Diese Annotation wird vererbt.

java.lang.annotation.Retention

```
@Documented
@Retention(RetentionPolicy.RUNTIME)
@Target(ElementType.ANNOTATION_TYPE)
public @interface Retention {
  RetentionPolicy value();
}
```

Hiermit wird die Aufbewahrung der Annotation im Programm gesteuert. Bestimmte Metadaten sind nur während der Übersetzung sinnvoll, warum sollten sie in die .class-Datei aufgenommen werden?

Kennzeichen	Die Annotation wird:
`RetentionPolicy.SOURCE`	vom Compiler ausgewertet und entfernt.
`RetentionPolicy.CLASS`	in das `.class`-File aufgenommen.
`RetentionPolicy.RUNTIME`	in das `.class`-File aufgenommen und steht für die Reflection zur Verfügung.

java.lang.annotation.Target

```
@Documented
@Retention(RetentionPolicy.RUNTIME)
@Target(ElementType.ANNOTATION_TYPE)
public @interface Target
{
  ElementType[] value();
}
```

Hiermit wird das Programmelement festgelegt, auf das die Annotation angewandt werden darf. Folgende Fälle sind zu unterscheiden:

`ANNOTATION_TYPE`	Annotation Typ
`CONSTRUCTOR`	Konstruktor
`FIELD`	Feld (einschl. **`enum`**-Konstanten)
`LOCAL_VARIABLE`	Lokale Variable
`METHOD`	Methode
`PACKAGE`	Package
`PARAMETER`	Parameter
`TYPE`	**`class`**, **`interface`** (einschl. Annotation), oder **`enum`**

Beispiel für eine Annotation

Die Annotation `Test` soll mit Methoden verbunden werden. Sie soll auch nach dem Laden einer Klasse noch verfügbar sein. Mit dieser Annotation werden in der Dokumentation des JDK 1.5 einzelne Methoden markiert. Ein Tool kann dann Tests für so markierte Methoden einer Klasse anstoßen.

```
import java.lang.annotation.*;
@Retention(RetentionPolicy.RUNTIME)
@Target(ElementType.METHOD)
public @interface Test { }
```

Die Abfrage könnte in die Methode `printMethods` des vorigen Abschnitts eingebaut werden. Damit kann man die Markierung erkennen und etwaige Maßnahmen ergreifen.

```
for (Method m : methods) {
  if (m.isAnnotationPresent(Test.class))
    System.out.print ("Annotation Test vorhanden bei: ");
```

4.1.5 Reguläre Ausdrücke

Mit dem Package `java.util.regex` bietet Java ab JDK 1.4 Unterstützung für reguläre Ausdrücke. Die Klasse `Pattern` definiert Suchmuster für reguläre Ausdrücke in Textform. Sie akzeptiert die klassische von `lex` her bekannte Schreibweise ebenso wie die erweiterten `perl`-Notationen. Die Methode `matcher()` dieser Klasse liefert für eine Zeichenfolge einen sog. `Matcher`. Der folgende Programmabschnitt aus dem JDK zeigt ein Suchmuster für Zeichenfolgen aus 0, 1, ... usw. Zeichen `"a"`, gefolgt von einem Zeichen `"b"`. Danach wird ein `Matcher` für die Zeichenfolge `"aaaaab"` definiert.

```
Pattern p = Pattern.compile("a*b"); // Suchmuster
Matcher m = p.matcher("aaaaab");    // Matcher
// Ist die Zeichenfolge gemäß o.a. Muster aufgebaut?
boolean b = m.matches();            // Ja !
```

Oder mit identischer Funktionalität alternativ für einmalige Verwendung

```
boolean b = Pattern.matches("a*b", "aaaaab");
```

Ein `Matcher` zu einem Suchmuster erlaubt für eine Zeichenfolge drei Methoden:

`boolean matches();`	Entspricht die gesamte Zeichenfolge dem Muster?
`boolean lookingAt();`	Beginnt die Zeichenfolge mit dem Muster?
`boolean find();`	Durchsuchen der Zeichenfolge nach dem nächsten Auftreten des Musters.

Ein `Matcher` kann nicht nur für Strings, sondern allgemeiner für `CharSequence`-Objekte kreiert werden. Damit kann ein `Matcher` nicht nur für Strings als Eingabe erzeugt werden. Diese Schnittstelle enthält die folgenden Methoden:

`char charAt (int index);`	Zeichen an Position `index`.
`int length ();`	Länge der Zeichenfolge.
`String toString ();`	Umwandlung in String.
`CharSequence subSequence(int start, int end);`	Teil-Zeichenfolge liefern.

Definition regulärer Ausdrücke (Auszug)

Reguläre Ausdrücke werden in der Klasse `java.util.regex.Pattern` dokumentiert. Zur Orientierung des Lesers ist ein kleiner Auszug mit Beispielen angegeben. Ein Zeichen ist ein Zeichen in Java einschließlich der in Abschnitt 2.6 genannten Escape-Sequenzen.

Definition	Bedeutung
`[abc]`	Zeichenklasse. `a`, `b` oder `c`. (Menge)
`[^abc]`	Keines der Zeichen `a`, `b` bzw. `c` (Negation)
`[a-zA-Z]`	Eines der Zeichen `a...z` bzw. `A...Z` (Bereich)
`[a-d[m-p]]`	Eines der Zeichen `a...d` oder `m...p`. (Vereinigung)
`[a-z&&[def]]`	`d`, `e`, oder `f` (Durchschnitt)
`[a-z&&[^bc]]`	`a` bis `z`, aber nicht `b` oder `c`
`\d`	Vordefinierte Zeichenklasse `[0-9]`
`\D`	Keine Ziffer `[^0-9]`

`\s`	„White Space" `[ \t\n\x0B\f\r]`
`\w`	Wort `[a-zA-Z_0-9]`
`\W`	Kein Wort `[^a-zA-Z_0-9]`
`X?`	0..1 Vorkommen von X
`X*`	0..∞ Vorkommen von X
`X+`	1..∞ Vorkommen von X
`X(n)`	Genau n Vorkommen von X
`XY`	Aneinanderreihung von X und Y
`X|Y`	Entweder X oder Y
`(X)`	Gruppierung

Beispiel: Suchen und Ersetzen

Das folgende Programm sucht in einer Zeichenfolge nach einem Muster. Jedes Auftreten des Musters wird durch einen anderen Text ersetzt. Dabei wird dieser Prozess des Ersetzens auf zwei verschiedene Arten durchgeführt. Zum einen wird der Text iterativ durchsucht. Jedes Auftreten des Suchmusters lässt sich dann separat behandeln. Zum anderen wird die Methode `String replaceAll(String ersatz)` benutzt. Sie ersetzt jedes Auftreten des Suchmusters durch den identischen Text `ersatz`.

```
import java.util.regex.*;

public class  RegulaererAusdruck {
  private static String text =
    "grün, grün, grün sind alle meine kleider";

  // test sucht nach dem Muster "grün"
  public static void test (
      String text, String muster, String ersatz) {
    Pattern p = Pattern.compile (muster);
    Matcher m = p.matcher (text);

    // Suchen und Ersetzen:
    // Der Reihe nach Durchsuchen
    StringBuffer sb = new StringBuffer();
    boolean result = m.find ();
    int i = 1;
    while (result) {
      m.appendReplacement (sb, ersatz + i++);
      result = m.find ();
    }
    m.appendTail(sb);
    System.out.println (sb.toString ());

    // Suchen und Ersetzen:
    // Mit einem Methodenaufruf
    System.out.println (m.replaceAll (ersatz));

  }

  public static void main(String args[]) {
    test (text, "grün",       "gelb");
    test (text, "[a-zA-Zü]+", "rot");
  }
}
```

Ausgabe

```
gelb1, gelb2, gelb3 sind alle meine kleider
gelb, gelb, gelb sind alle meine kleider
rot1, rot2, rot3 rot4 rot5 rot6 rot7
rot, rot, rot rot rot rot rot
```

4.1.6 Protokollierung

Die Protokollierung von Abläufen kann sinnvoll sein, um bestimmte Aktionen nachzuweisen. Im Fehlerfall dient ein Ablaufprotokoll der Eingrenzung der Ursache. Protokolle sollen mehr oder weniger ausführlich sein und Abläufe innerhalb bestimmter Programmteile mitverfolgen, sie sollen diverse Level aufzeichnen und andere nicht, in diversen Formaten vorliegen, möglichst wenig Laufzeit verbrauchen ... Die Spannbreite der Anforderungen erfordert ein Rahmenwerk für die Protokollierung, das sog. Logging-API im Package `java.util.logging`. Es gibt verschiedene Logger, die jeweils verschiedene Levels und ggfs. Filter dazu benutzen, um einzelne Meldungen sofort auszuschließen. Wenn ein Logger für einen bestimmten Level eingestellt ist, z. B. `Level.INFO`, so verwirft er alle Meldungen mit niedriger Priorität. In der Klasse Level gibt es folgende Prioritätsstufen:

```
SEVERE    (höchste Priorität)
WARNING
INFO
CONFIG
FINE
FINER
FINEST    (niedrigste Priorität)
```

Für die aufzuzeichnenden Meldungen wird ein `LogRecord` angelegt, der eventuell zum nächsten Handler oder auch an einen Formatierer zur Aufbereitung weitergereicht wird.

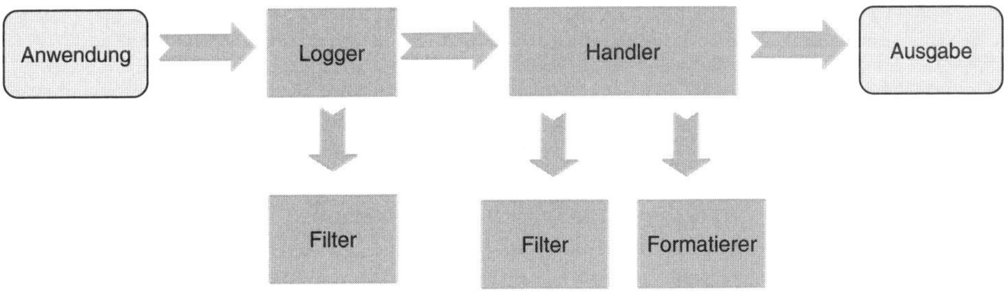

Die beiden folgenden Tabellen zeigen eine Übersicht der Handler und der Formatierer aus dem Package `java.util.logging`.

`StreamHandler`	Formatierte Ausgabe auf einen `OutputStream`.
`ConsoleHandler`	Einfacher Handler zur Ausgabe nach `System.err`
`FileHandler`	Formatierte Ausgabe in eine einzelne Datei oder eine ringförmige Kette von Dateien.
`SocketHandler`	Ausgabe der Meldungen auf einen TCP-Port.
`MemoryHandler`	Pufferung der Meldungen im Speicher.

`SimpleFormatter`	Kurform einer Ausgabe, Default bei `ConsoleHandler`
`XMLFormatter`	Detaillierte Informationen im XML-Format, Default bei `FileHandler`.

Die Protokollierung erfolgt in einem vordefinierten Format, wie es in der Klasse `LogManager` beschrieben ist, oder durch direkte Angaben im Programm, wie im folgenden Beispiel geschehen. Das Beispiel

```
import java.io.*;
import java.util.logging.*

public class DirListing {
  private static Logger logger = Logger.getLogger("DirListing");
  private static FileHandler fh = null;

  public static void main(String args[]) {
    logger.setLevel(Level.FINEST);
    try {
      fh = new FileHandler("mylog.xml");
      fh.setFormatter(new java.util.logging.SimpleFormatter ());
    } catch (SecurityException e) {
      e.printStackTrace();
    } catch (IOException e) {
      e.printStackTrace();
    }
    logger.addHandler(fh);
    logger.info(args[0]);
    File f = new File(args[0]);
    String fileNames[] = f.list();
    if (fileNames != null) {
      for (int i = 0; i < fileNames.length; i++) {
        System.out.printf("Datei %3d: %s\n", i, fileNames[i]);
        logger.finest(fileNames[i]);
      }
    }
  }
}
```

Ausgabe mit einfacher Formatierung (Auszug)

```
07.07.2005 21:07:10 DirListing main
AM FEINSTEN: TestSerialisierung.class
07.07.2005 21:07:10 DirListing main
AM FEINSTEN: TowerOfHanoi.html
07.07.2005 21:07:10 DirListing main
AM FEINSTEN: VergleichbarePerson.class
07.07.2005 21:07:10 DirListing main
```

Ausgabe mit XML-Formatierung

Nach Löschen der grau hinterlegten Zeile arbeitet der `FileHandler` mit seiner Default-Formatierung, der XML-Formatierung.

```
<?xml version="1.0" encoding="windows-1252" standalone="no"?>
<!DOCTYPE log SYSTEM "logger.dtd">
<log>
...
<record>
  <date>2005-07-07T21:09:20</date>
  <millis>1120763360041</millis>
  <sequence>64</sequence>
  <logger>DirListing</logger>
  <level>FINEST</level>
  <class>DirListing</class>
  <method>main</method>
  <thread>10</thread>
```

```
    <message>VergleichbarePerson.class</message>
  </record>
   ...
  </record>
  </log>
```

4.2 Einstieg in das Verwalten von Objekten

Die Verwaltung von Objekten ist beim Programmieren ein allgegenwärtiges Problem. Auch und gerade bei der objektorientierten Modellierung stellen sich die Grundaufgaben:

- Aufbewahrung von Daten;
- Zugriff, z. B. Suchen nach Daten anhand verschiedener Kriterien.

Damit nicht jeder Programmierer wieder Listen, Bäume, Stacks, dynamische Vektoren, Hashtabellen usw. schreiben, testen und qualitätssichern muss, stellt Java mit den sog. Collections im Package `java.util` ein Framework zur Datenverwaltung im Hauptspeicher bereit. Wenn die Daten auch nach Ablauf des Programms erhalten bleiben sollen, dann müssen sie auf einem permanenten Speicher abgelegt werden. Dies kann z. B. in Form von XML (vgl Kap. 14) oder in Datenbanken (vgl. Kap. 12) erfolgen. Damit man das Collection-Framework zur Lösung einfacher Anwendungsprobleme nicht vollständig studieren muss, sind in diesem Abschnitt einige in der Praxis wichtigen Anwendungsfälle zusammengestellt. Im nächsten Abschnitt wird dann das Collection-Framework ausführlich besprochen.

4.2.1 Einstieg in die Sammlungen mit JDK 1.5

Die Collections sind in allen JDKs vor 1.5 als System von Schnittstellen und Klassen implementiert. Objekte können mit einzelnen Methoden wie `add (Object obj)` zu einer konkreten Sammlung hinzugefügt werden, wie der Pfeil von rechts nach links in der folgenden Grafik veranschaulicht. Die `add`-Methode würde jedes beliebige Objekt akzeptieren, denn jede Klasse in Java ist direkt oder indirekt von der Klasse `Object` abgeleitet. So könnte man z. B. Objekte der Klasse `Person` (vgl. Abschnitt 3.2.1) zur Sammlung hinzufügen. Mit demselben Recht könnte man auch Objekte der Klasse `Chef` zur Sammlung hinzufügen, oder auch `String`-Zeichenketten, `Integer`-Objekte etc. Kurz: die links dargestellte Collection könnte jedes beliebige Element enthalten.

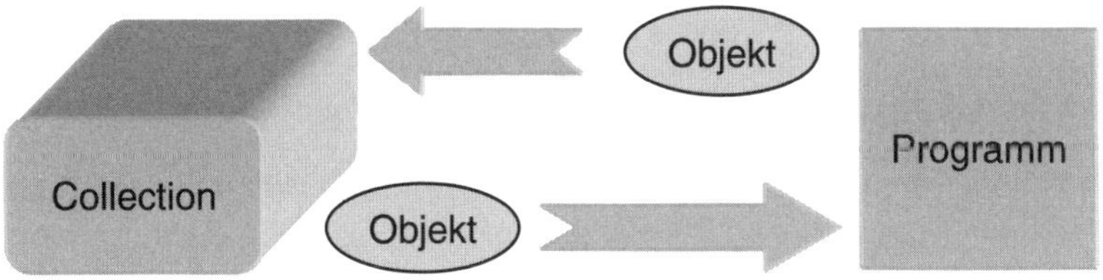

Wenn das Programm mit `get(...)` Elemente von der Sammlung anfordert, dann liefert die Sammlung eine Referenz auf ein `Object`. Welchen Typ hat nun dieses Objekt? Dieser Typ steht nur dann fest, wenn man nur Objekte eines bestimmten Typs in die Sammlung eingefügt hat. Deswegen bezeichnet man diese Sammlung auch als nicht typsicher. Die Anwendung muss in der Regel das erhaltene Objekt auf die benutzte Klasse „hochcasten" (vgl. Abschnitt 3.3.4).

```
Person p = (Person)(das erhaltene Objekt);
```

Dieser Cast kann fehlschlagen, die Ursache wäre z. B. ein String-Objekt, welches wahrscheinlich niemals zur Sammlung der Personen hätte hinzugefügt werden dürfen. Der Fehler beim Eintragen der Daten zeigt sich erst beim Entnehmen, tritt also an einer völlig anderen Stelle auf, ist damit schwer zu lokalisieren. Da die Software für die Sammlung nicht von der Anwendung der Sammlung abhängen kann, blieb im Java vor JDK 1.5 keine andere Wahl als obige Implementierung.
Mit JDK 1.5 werden die sog. „Generischen Elemente" eingeführt. Damit kann man als Anwender von Java die Typen der Daten festlegen, die die Sammlung aufnehmen soll. Wenn man dann eine Sammlung aus Strings anlegt, dann können Strings und nur Strings zur Sammlung hinzugefügt werden. Die Sammlung wird dann auch nur Strings liefern.

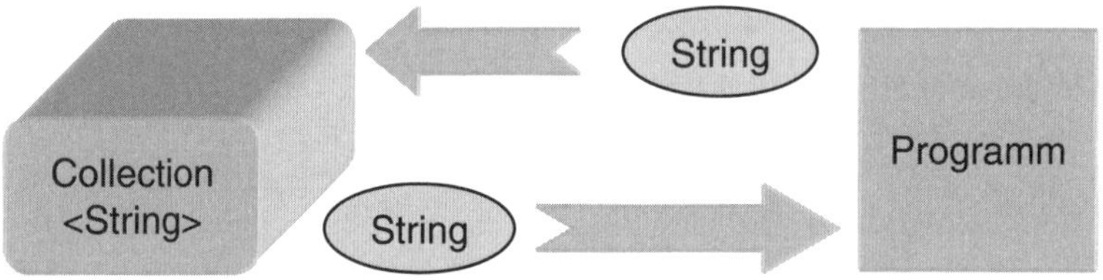

4.2.2 Sequenzieller Zugriff auf Daten: List und ArrayList

Die Klasse `java.util.ArrayList` implementiert die Schnittstelle `java.util.List`, die dynamische Listen aus Objekten beschreibt. Der Anwender kann nach der Ersteinrichtung einer Liste Elemente beliebig hinzufügen, ohne sich um die Dimensionierung zu kümmern. `ArrayList` implementiert als abstrakter Datentyp Leistungsmerkmale, wie man sie zur sequenziellen und direkten Verarbeitung von Daten benötigt: Daten können der Reihe nach mit `add()` eingetragen werden, ein Zugriff über Index ist mit `get(int index)` möglich, die aktuelle Anzahl der Elemente kann mit `size()` ermittelt werden. Elemente können auch in der Mitte eingefügt und von jeder Position entfernt werden.

```
List<String> liste = new ArrayList<String>();
List<String> liste = new ArrayList<String>(1000);
```

Wenn man auf der linken Seite in obiger Definition die Schnittstelle `List<String>` mit den allgemeinen Eigenschaften einer Liste benutzt, kann man die Implementierung auf der rechten Seite austauschen (vgl. Abschnitt 4.3.5.1). Diese Strategie liefert flexiblere Programme.
Wenn in der Klasse `ArrayList` alle Plätze belegt sind, besorgt die Klasse selbst die automatische Erweiterung der Liste. Es ist effizient, bei der Initialisierung die Anzahl der enthaltenen Elemente möglichst genau anzugeben, wie im obigen zweiten Beispiel mit 1000 Elementen dargestellt.
Mit der `for-each`-Schleife kann die Sammlung sequenziell durchlaufen werden:

```
for (String eintrag : liste) {
  // Bearbeite das jeweils aktuelle Element eintrag
}
```

Iteratoren

Anders als bei einem Array ist bei einer Sammlung der interne Aufbau zur Aufbewahrung der Daten verborgen. Das zum Durchlaufen einer Sammlung nötige „Wissen" lässt sich in den Iterator-Klassen kapseln. Der folgende Programmausschnitt zeigt die Verwendung eines Iterators über alle Elemente einer Liste mit einer **for**-Schleife. In der Initialisierung der Schleife wird der Iterator angelegt. Im Abfrageteil wird auf das Ende getestet. Der Aktionsteil der **for**-Schleife ist absichtlich leer. Im Rumpf der Schleife erfolgt der Zugriff auf das jeweils nächste Element.

```
for (ListIterator<String> iter = liste.listIterator();
        iter.hasNext();
        /* keine Aktion */ ) {
    System.out.print (iter.next()); // toString-Methode
}
```

Die `hasNext()`-Methode eines Iterators liefert genau dann **true**, wenn noch mindestens ein Element vorhanden ist. Das Element wird von der `next()`-Methode geliefert.

4.2.2.1 Beispiel: Zeichenketten aufbewahren

Sie möchten eine Folge von Texten `"if"`, `"while"` usw. in einem Programm verwalten. Drei verschiedene Methoden `print1` usw. zeigen verschiedene Möglichkeiten, die Elemente anzusprechen: sequenziell mit `for-each`, direkt mit `get(...)` und über einen Iterator. Beim direkten Zugriff bzw. beim Iterator kann man eine Abfrage einbauen, ob man sich beim letzten Element befindet.

Programm

```
import java.util.*;

public class ArrayListDemo {

  private List<String> namen = new ArrayList<String>();

  public ArrayListDemo () {
  // Füge die Elemente jeweils am Ende hinzu
    namen.add (new String ("if"));
    namen.add (new String ("while"));
    namen.add (new String ("do"));
    namen.add (new String ("for"));
    namen.add (new String ("switch"));
  }

  // Alle Elemente mit for-each ausgeben
  public void print1 () {
    System.out.println ("for-each-Schleife:");
    for (String name: namen) {
      System.out.print (name);
        System.out.print (", ");
    }
    System.out.println (" Alle Elemente aufgezaehlt\n");
  }

  // Ausgabe mit Direktzugriff
  public void print2 () {
    System.out.println ("Direktzugriff:");
    for (int i = 0; i < namen.size(); i++) {
      System.out.print (namen.get(i));
      if (i < namen.size()-1)
        System.out.print (", ");
      else
        System.out.println ();
```

```
    }
    System.out.println ("Alle Elemente aufgezaehlt\n");
  }

  // Ausgabe mit der Iterations-Schnittstelle
  public void print3 () {
    System.out.println ("Iterator:");
    for (ListIterator<String> iter = namen.listIterator();
         iter.hasNext(); ) {
      System.out.print (iter.next());
      if (iter.hasNext())
        System.out.print (", ");
      else
        System.out.println ();
    }
    System.out.println ("Alle Elemente aufgezaehlt\n");
  }

  public static void main (String[] args) {
    ArrayListDemo demo = new ArrayListDemo ();
    demo.print1 ();
    demo.print2 ();
    demo.print3 ();
  }
}
```

Ausgabe

```
for-each-Schleife:
if, while, do, for, switch, Alle Elemente aufgezaehlt

Direktzugriff:
if, while, do, for, switch
Alle Elemente aufgezaehlt

Iterator:
if, while, do, for, switch
Alle Elemente aufgezaehlt
```

Die Klasse `Vector`

Die Klasse `Vector` dient seit 1995 zur sequenziellen Aufbewahrung von Objekten. Im Gegensatz zur Klasse `ArrayList` ist sie nicht generisch. Zugriffe sind **`synchronized`**. Sie unterstützt nur `Object` als Datentyp und nimmt unbegrenzt viele Elemente auf, die man mit `add (Object o)` am Ende anfügt bzw. mit `add (int index, Object o)` oder `insertElementAt (Object o, int index)` an beliebiger Stelle einfügt. Die `elements()`-Methode liefert eine Enumeration für alle Elemente im Vektor.

```
Vector v = new Vector (); // Im Konstruktor kann die Zahl
v.add (...);
Object obj = v.elementAt (index);
Person p = (Person)obj;    // Waren wirklich nur Personen in v?
```

> **Hinweis:** `Vector` ist nicht typsicher. Der Cast in der letzten Zeile des Programms kann zur Laufzeit eine Programmausnahme verursachen.

4.2.3 Assoziative Aufbewahrung: Map und HashMap

Die Klasse `ArrayList` dient zur sequenziellen Abspeicherung von Objekten. Wenn man Objekte anhand von Schlüsselbegriffen suchen will, muss man die Sammlung linear bearbeiten. Dieser Aufwand kann durch eine Aufbewahrung der Objekte in einem Assoziativspeicher wie einer `HashMap` drastisch reduziert werden. Beim Aufbewahren eines Objekts gibt man nicht nur das Objekt an, sondern auch den Schlüsselbegriff, anhand dessen es wiedergefunden werden soll. Damit kann die Implementierung der Sammlung alle Schlüssel gezielt verwalten, sei es in einem Baum oder in einer Hashtabelle [34]. Da bei den Zuordnungen zwei Objekte angegeben werden müssen, hängen Sammlungen dieser Art von zwei Typen ab: dem Typ des Schlüssels und dem Typ des Objekts.

Funktion des Beispiels

Das folgende Programm zeigt eine `HashMap` namens `codes` für die Zuordnung von Zahlen zu Texten. Die Tabelle wird initialisiert, indem jede einzelne Zuordnung eingetragen wird. Als Anwendung wird die Aufzählung aller eingetragenen Werte sowie die Suche nach einzelnen Werten anhand des Schlüssels gezeigt.

Schlüssel (= Key)	←→	Wert (=`Value`)
String	←→	`Integer`
`"if"`	←→	1

Hinweis

Das Beispiel benutzt das sog. *Autoboxing*. Vgl. Abschnitt 3.4.1. Die Werte sind Objekte vom Typ `Integer`. Sie müssen in der Form

```
Integer wert = new Integer (Ganze Zahl); // Boxing: Verpacken
... add (wert);
... add (Ganze Zahl);
```

angelegt und in die Sammlung `codes` eingetragen werden. Autoboxing erledigt nicht nur die Tätigkeit des Einpackens automatisch, sondern auch die des Auspackens der Werte.

Wenn man seine Lösungen flexibler gestalten will, dann greift man auf die `HashMap`-Funktionalität über die `Map`-Schnittstelle zu. Die `HashMap`-Implementierung kann gegen eine andere Implementierung ausgetauscht werden, vgl. Abschnitt 4.3.5.1.

Programm

```
import java.util.*;
import java.io.*;

class MapDemo {

  private Map <String, Integer> codes
       = new HashMap <String, Integer>();

  public MapDemo () {
    codes.put ("if",     1);
    codes.put ("while",  2);
    codes.put ("switch", 3);
    codes.put ("do",     4);
    codes.put ("for",    5);
  }

  public String readLine () throws IOException {
```

Einpacken der Werte 1 … 5

```
    BufferedReader br = new BufferedReader (
      new InputStreamReader (System.in));
    return br.readLine ();
  }

  // Ausgabe aller Werte: durchlaufe alle Werte
  public void print () {
    System.out.println ("Alle Elemente:");
    for (int key: codes.values()) {
      System.out.print (key + " ");
    }
    System.out.println ("Fertig mit allen Elementen");
  }

  public void search () {
    System.out.print ("Eingabe: ");
    String s = null;
    try {
      s = readLine ();
      Integer code = codes.get (s);
      if (code != null) {
        System.out.println ("code: " + code);
      } else
        System.out.println ("Kein Eintrag fuer " + s +
                            " gefunden");
    } catch (IOException e) {
      e.printStackTrace (System.err);
    }
  }

  public static void main (String[] args) {
    MapDemo demo = new MapDemo ();
    demo.print ();
    demo.search ();
  }
}
```

Auspacken der Werte als `int`

Ausgabe

```
Alle Elemente:
4 1 2 3 5 Fertig mit allen Elementen
Eingabe: while
code: 2
```

Hinweis

Die `HashMap` gibt die Werte in undefinierter Reihenfolge zurück. Sie ist aber die schnellste Implementierung einer Zuordnung. Wenn die Ausgabe nach den *Werten der Schlüssel* sortiert sein soll, empfiehlt sich statt einer `HashMap` eine `TreeMap`. Damit erhielte man folgendes Ergebnis beim Programmlauf:

```
Alle Elemente:
4 5 1 3 2 Fertig mit allen Elementen
Eingabe: while
code: 2
```

Die Klasse `Hashtable`

Die Klasse `Hashtable` gehört wie `Vector` seit 1995 zum Java-API. Sie dient der assoziativen Speicherung von Objekten, kann aber im Gegensatz zu `HashMap` nur Objekte abspeichern und als Schlüssel benutzen. Diese Klasse ist wie die Klasse `Vector` nicht typsicher, aber Zugriffe sind **synchronized**. Objekte können mit `put (Object key, Object value)` eingetragen werden. `Object get (Object key)` liefert das gesuchte Objekt oder **`null`**, falls es nicht gefunden wird.

```
Hashtable h = new Hashtable ();
h.put ("if", new Integer (1));  // Autoboxing nicht möglich
h.put ("do", new Integer (2));  // Autoboxing nicht möglich
Object obj = h.get ("if");
Integer code = (Integer)obj;    // Hoffentlich war obj Integer
```

Hinweis	`Hashtable` ist nicht typsicher. Die letzte Anweisung kann zu einer Programmausnahme führen. Da `Hashtable` nur `Object` aufnimmt, ist ein Autoboxing von elementaren Daten in die Umwicklerklassen nicht möglich.

Zusammenfassung

Mit den Klassen `ArrayList` und `HashMap` können viele Probleme bei der Aufbewahrung von Daten gelöst werden. Selbst für Anwendungen im Compilerbau sind diese Klassen ausreichend. Elementare Daten wie Zahlen, Zeichen, Bytes oder **`boolean`** lassen sich mit diesen Klassen nicht verwalten, da nur Instanzen von Klassen mit der `Object`-Eigenschaft aufgenommen werden können. Autoboxing reduziert den damit verbundenen Schreibaufwand durch automatisches Verpacken von Daten elementarer Typen in ihre Umwicklerklassen: **`int`** → `Integer`, **`double`** → `Double` etc.
Die generischen Elemente in JDK 1.5 erlauben typsichere Sammlungen. Damit kann der Compiler Fehler beim Eintragen von Daten finden. Außerdem ist ein Cast eines Objekts im Gegensatz zu Anwendungen für JDK bis einschl. 1.4 nicht mehr erforderlich.

4.3 Das Collection-Framework

Im vorigen Abschnitt wurde für eilige Leser ein Einstieg in die Anwendung des Collection-Frameworks zusammengestellt. Für diejenigen Leser, die die volle Leistungsfähigkeit dieses Systems nutzen möchten, sind in diesem Abschnitt der Aufbau und diverse Möglichkeiten mit dem Collection-Framework beschrieben.

4.3.1 Grundlagen und Nutzen

Ein Objekt kommt selten allein: Sammlungen von Objekten treten bei der Programmierung häufig auf. Ein Feld oder Array wäre die elementare Form einer Sammlung. Als Beispiele aus dem Java der ersten Stunde dienen die Klassen `Vector` sowie `Hashtable`. `Vector` kann als Verallgemeinerung eines Feldes eine beliebige Anzahl von Objekten aufbewahren. Eine `Hashtable` dient der Zuordnung von Namen zu Objekten oder der assoziativen Speicherung von Objekten wie etwa der Aufbewahrung von Telefonnummern und den zugehörigen Namen.
Solche Sammlungen werden in Java als Collections bezeichnet. Ein `Collection`-Objekt (bzw. kurz eine `Collection`) dient der Sammlung einer Gruppe von Objekten.
Um alle diese möglichen Sammlungen unter eine einheitliche Architektur zur Darstellung und zum Arbeiten mit Sammlungen zu bringen, führte Java 2 das Collection-Framework ein. Dies ist unabhängig von irgendwelchen Details der Implementierung. Die Vorteile eines fertigen Rahmengebäudes für den Anwender liegen auf der Hand. Die Software muss nicht selbst geschrieben werden, sondern wird einmal an zentraler Stelle mit optimaler

Qualität verfasst. Sie steht allen Anwendern auch in verschiedenen APIs zur Verfügung und vermeidet den durch diverse Implementierungen möglichen Wildwuchs an Schnittstellen und Funktionalitäten.
Das Collection-Framework besteht aus Schnittstellen, Implementierungen und Algorithmen. Die Schnittstellen spezifizieren die denkbaren Dienste. Implementierungen stellen ein konkretes Dienst-Angebot zur Verfügung, das durch eigene Programme ersetzt werden kann. Algorithmen führen nützliche Verfahren wie Suchen und Sortieren für diverse Sammlungen durch, insbesondere auch für Felder. Die Darstellung in diesem Abschnitt folgt diesem Aufbau. Zunächst werden die Schnittstellen besprochen und dann die Algorithmen. Typische Beispiele weisen auf die Anwendung hin.
Das Collection-Framework beruht auf der zentralen Schnittstelle `Collection`. Die verschiedenen Möglichkeiten wie Listen, Mengen und Zuordnungen (Maps) bilden die Basis des Rahmenwerks, für die es grundlegende (sog. *primary*) Implementierungen gibt. Zur Wahrung der Kompatibilität zu Java 1 muss Java 2 einen Weg zur Integration von Vektoren bzw. Hashtabellen bieten. Mit Hüll-Klassen (*Wrapper*, zum Begriff vgl. [8]) kann weitere Funktionalität, wie etwa Thread-Sicherheit, hinzugefügt werden. Für hohe Anforderungen an Performance gibt es Mini-Implementierungen der Schnittstellen. Wenn Anwender eigene Implementierungen wünschen, können sie diese auf bestimmten abstrakten Klassen, die als Halbfertigfabrikate schon mit Vorleistungen ausgestattet sind, aufsetzen.
Sammlungen nehmen alle Arten von Objekten auf. Dies ist kein Problem, denn alle Klassen erben letztendlich von `Object`, womit sich jedes Objekt an eine Sammlung übergeben lässt. Wenn eine Sammlung ein Objekt liefert, konnte das bis einschließlich JDK 1.4 nur als `Object` erfolgen. Hatte man einer Sammlung z.B. Objekte der Klasse `Person` übergeben, so lieferte die Sammlung „nur" `Object` zurück. Das erhaltene Objekt musste per Type-Cast (vgl. Abschnitt 3.3.4) auf `Person` gecastet werden, um als `Person`-Objekt verwendbar zu sein. Dieses Problem ist mit den sog. Templates von JDK 1.5 gelöst: JDK 1.5 bietet typsichere Sammlungen für vom Anwender definierte Klassen wie z.B. `Person`.

4.3.1.1 Die Struktur der Collection-Schnittstellen

Die Sammlungen sind im Package `java.lang` zu finden. Die Basis-Schnittstelle `Collection` wird um die drei Schnittstellen `Set`, `List` und `SortedSet` erweitert. Die anderen beiden Schnittstellen `Map` und `SortedMap` repräsentieren eher Zuordnungen als Sammlungen und sind insofern nicht von `Collection` abgeleitetet. Sie enthalten sog. Collection-View-Operationen, die ein Arbeiten in Analogie zu Collections ermöglichen sollen. Die Implementierungen müssen die von den Schnittstellen definierten Methoden nicht anbieten. So müssen Collection-Implementierungen Operationen zum Ändern der Sammlungen nicht unterstützen. Sie können die Programmausnahme `UnsupportedOperationException` werfen.

Hierarchie der Schnittstellen

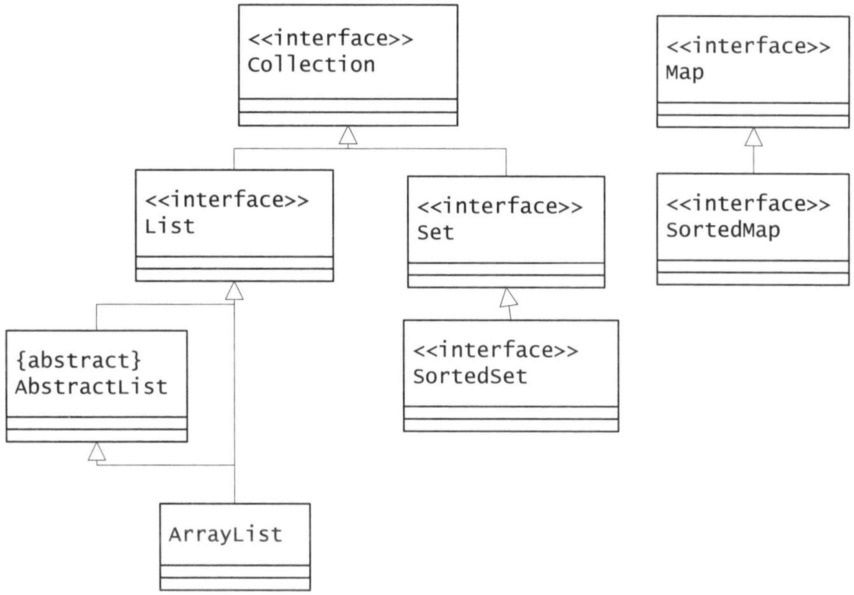

Collection

Eine Collection umfasst eine Gruppe von Objekten, die als Elemente der Sammlung bezeichnet werden. Die Schnittstelle schreibt nicht vor, dass die Sammlung frei von Duplikaten sein muss. Auch gibt es geordnete und ungeordnete Sammlungen. Im JDK gibt es keine direkten Implementierungen für `Collection`, nur für `Set` und `List`. Diese Schnittstelle ist der kleinste gemeinsame Nenner aller Sammlungen. Sie wird zur Weitergabe von Sammlungen eingesetzt, wenn ein Maximum an Abstraktion gesucht wird.

Set

Ein `Set` ist eine Menge als Sammlung unterschiedlicher Elemente zu verstehen. Eine Anordnung ist nicht automatisch damit verbunden. Ein `Set` kann einzelne Elemente nicht doppelt enthalten.

List

Eine Liste ist eine geordnete Sammlung, die manchmal auch als Folge bezeichnet wird. Listen dürfen im Gegensatz zu Mengen Duplikate enthalten. Listen erlauben die genaue Kontrolle über die Reihenfolge der Elemente, auch beim Einsetzen. Elemente können über ihre Folgenummer in der Liste angesprochen werden. Anwender von `Vector` sind mit der Funktionalität einer Liste vertraut.

Queue

Eine Sammlung dieser Art ist als Warteschlange zu verstehen. Objekte werden dort aufbewahrt, um dann bearbeitet zu werden. Typische Anwendungen lagern Elemente ein, das am längsten eingelagerte Element wird zur Verarbeitung ausgewählt (FIFO: First In; First Out).

Map

Ein `Map` ist eine Zuordnung von Schlüsseln zu Werten. Schlüssel können nicht doppelt auftreten. Jeder Schlüssel ist maximal einem Wert zugeordnet. Java 1 hat die Map-Funktionalität mit der Klasse `Hashtable` zur Verfügung gestellt.

Anordnung von Objekten in Sammlungen

Nur vergleichbare Objekte können angeordnet werden. Das Vergleichskriterium kann nicht von der Sammlung, sondern muss von den Elementen implementiert werden. Die `Comparable`-Schnittstelle aus dem Package `java.lang` liefert eine natürliche Ordnung, während die `Comparator`-Schnittstelle aus dem Package `java.util` die präzise Kontrolle ermöglicht.

SortedSet

Ein `SortedSet` ist eine Menge, bei der die Elemente in aufsteigender Anordnung gehalten werden. Für solche Mengen bieten sich zusätzliche Operationen an.

SortedMap

Ein `SortedMap` ist eine Zuordnung, bei der die Schlüssel in aufsteigender Reihenfolge gehalten werden. Sie bietet sich für Wörterbücher oder Telefonbücher an.

Dienstleistungen für alle Sammlungen

Die Klasse `Collections` fasst Methoden zur Bearbeitung oder Erzeugung von Sammlungen zusammen. Sie bietet Dienste wie Suchen, Sortieren oder Austauschen ebenso wie Methoden zur Erzeugung spezieller Sammlungen an.

Sammlungen sind seit JDK 1.5 Typspezifisch: generische Elemente in Java

Mit der Anweisung

```
ArrayList<String> zeichenketten = new ArrayList <String>();
```

wird eine `ArrayList` für Strings definiert. Die Sammlung kann dann Strings und nur Strings aufnehmen. Ein Zugriff auf Inhalte der Sammlung liefert dann `String` und nicht `Object`, wie bei allen JDKs vor dem JDK 1.5. Vgl. Abschnitt 3.5.

4.3.1.2 Struktur von Anwendungen

Die Basis aller Sammlungen ist die `Collection`-Schnittstelle. Sie bietet sich zur Übergabe von Elementen immer dann an, wenn die größtmögliche Allgemeinheit gewünscht wird. Alle konkret vorhandenen Sammlungen müssen per Konvention einen Konstruktor anbieten, der die spezielle Sammlung aus einer allgemeinen `Collection c` aufbaut. `c` kann z. B. eine Liste oder eine Menge sein. So kann man eine Sammlung `c` aus Zeichenketten `Collection<String>` benutzen, um eine neue `ArrayList`-Sammlung anzulegen, die alle Elemente von `c` enthält.

```
List<String> list = new ArrayList<String>(c);
// Dabei ist c irgendeine Collection.
```

Definition der Schnittstelle `Collection`

Die Schnittstelle `Collection` kann mit einem Typ versehen werden. In diesem Fall nimmt die Sammlung nur Elemente der durch den Typ angegebenen Klasse auf. Der Typ muss in spitzen Klammern geschrieben werden. Wenn ein beliebiger Typ gewünscht wird, arbeitet man mit der Wildcard `<?>`. Damit bezeichnet man alle Typen. Will man die Vielfalt der Typen auf solche Klassen einschränken, die von `E` abgeleitet sind, verwendet man die Schreibweise `<? extends E>`.

```
public interface Collection<E> extends Iterable<E> {
    // Basis Operationen
    int size();
    boolean isEmpty();
    boolean contains(Object element);
    boolean add(E element);
    boolean remove(Object element);
    Iterator iterator();

    // Massen Operationen
    boolean containsAll(Collection<?> c);
    boolean addAll(Collection<? Extends E> c);
    boolean removeAll(Collection<?> c);
    boolean retainAll(Collection<?> c);
    void clear();

    // Array Operationen
    Object[] toArray();
    <T> T[] toArray(T a[]);
}
```

Die `Collection`-Schnittstelle bietet Methoden, um die Anzahl der Elemente festzustellen. Für ein gegebenes Objekt kann geprüft werden, ob es in der Sammlung enthalten ist. Änderbare Sammlungen erlauben es, Elemente hinzuzufügen bzw. zu entfernen. Die Sammlung bietet einen Iterator zum Durchlaufen aller in ihr enthaltenen Elemente an.
Die `add`-Methode ist für alle Sammlungen entworfen und muss gegebenenfalls Duplikate zulassen. Sie sichert zu, dass das ihr übergebene Element in die Sammlung übernommen wird, und liefert **`true`** zurück, falls sich die Sammlung geändert hat. Mit `remove` entfernt man ein Objekt aus der Sammlung, das vom vorherigen Aufruf von `next()` geliefert wurde. Der Aufruf `remove` stellt die einzige sichere Lösung dar, während des Durchlaufs durch eine Sammlung ein Element zu entfernen.

Iteratoren

Iteratoren dienen zum Durchlaufen aller Elemente. Mit dem JDK 1.5 hat das lang vermisste `for-each`-Sprachkonstrukt Einzug gehalten. Es erlaubt folgende kompakte Formulierung zum Durchlaufen einer Sammlung und Ausgeben der Inhalte:

```
for (Object o : collection)
    System.out.println(o);

public interface Iterator<E> {
    boolean hasNext();
    E next();
    void remove();     // Optional
}
```

Mit der `Iterator`-Schnittstelle kann man alle Elemente durchlaufen. Die `hasNext()`-Methode entspricht der `Enumeration.hasMoreElements()`-Methode, die `next()`-

Methode entspricht der `Enumeration.nextElement()`-Methode. Die `remove()`-Methode darf für jeden `next()`-Aufruf höchstens einmal benutzt werden. Mit ihr können Elemente während der Iteration sicher entfernt werden. Eine denkbare Anwendung ist ein Filter für die aufbewahrten Elemente. Wenn parallel zum Durchlaufen und Löschen die Sammlung von einer anderen Seite verändert wird, ist das Ergebnis des Löschens undefiniert. Das folgende Programm zeigt die Implementierung eines Filters (der mit der Methode `condition(...)` definiert sein muss).

```
static void filter(Collection c) {
  for (Iterator i = c.iterator(); i.hasNext(); )
    if (!condition(i.next()))
      i.remove();
}
```

Hinweis

Der angegebene Filter funktioniert für jede beliebige `Collection`. Seine Implementierung über die `Enumeration`-Schnittstelle ist unsicher, da diese Schnittstelle keine Aussagen über das Verhalten beim Löschen von Elementen trifft.

Massenoperationen: alle Elemente mit einem Aufruf bearbeiten

Sammlungen in Java bieten mit `...All(...)`-Methoden Aufrufe zur effizienten Bearbeitung ganzer Sammlungen mit jeweils einem Aufruf an. Das Objekt `d` ist eine `Collection`.

`d.containsAll (Collection<?> c)`	Überprüft, ob `d` alle Elemente von `c` enthält.
`d.addAll (Collection<? extends E> c)`	Fügt alle Elemente von `c` zu `d` hinzu.
`d.removeAll (Collection<?> c)`	Entfernt alle Elemente von `c` aus `d`.
`d.retainAll (Collection<?> c)`	Entfernt alle Elemente aus `d`, die nicht zu `c` gehören.
`d.clear ():`	Entfernt alle Elemente aus `d`.

Beispiele

`d.removeAll(Collections.singleton(e));`	Entfernt alle Elemente `e` aus `d`.
`c.removeAll(Collections.singleton(null));`	Entfernt alle **`null`**-Elemente aus `d`.

Die `singleton(...)`-Methode der Klasse `Collections` liefert ein unveränderliches `Set`-Objekt mit dem angegebenen Element e als Inhalt.

Array-Operationen

Wenn die Elemente einer Sammlung mit klassischen Array-Algorithmen bearbeitet werden sollen, müssen die Elemente mit einer der `toArray`-Methoden ausgelesen werden. Für polymorphe Objekte bietet sich die folgende Methode an.

```
Object[] o = d.toArray();
```

Kennt man die Klassenzugehörigkeit aller Elemente, so kann man wie im folgenden Beispiel für Strings vorgehen:

```
String[] a = (String[]) c.toArray(new String[0]);
```

Letzteres Vorgehen bietet sich auch dann an, wenn man nur eine Superklasse für die Objekte seiner Anwendung kennt.

4.3.2 Anwendung der einzelnen Schnittstellen

4.3.2.1 Die Set-Schnittstelle

Ein `Set` ist als Abbild des Mengenbegriffs der Mathematik eine `Collection`, bei der jedes Element nur einfach vorhanden ist. Die Set-Schnittstelle enthält nur Methoden, die von der `Collection`-Schnittstelle geerbt werden. Zusätzlich darf ein `Set`-Objekt keine zwei gleichen Elemente enthalten. Zwei `Set`-Objekte gelten als gleich, wenn sie dieselben Elemente enthalten.

Definition der Set-Schnittstelle

```
public interface Set<E> extends Collection<E> {
        // Basis Operationen
        int size();
        boolean isEmpty();
        boolean contains(Object element);
        boolean add(E element);
        boolean remove(Object element);
        Iterator iterator();

        // Massen Operationen
        boolean containsAll(Collection<?> c);
        boolean addAll(Collection<? extends E> c);
        boolean removeAll(Collection<?> c);
        boolean retainAll(Collection<?> c);
        void clear();

        // Array Operationen
        Object[] toArray();
        <T> T[] toArray(T[] a);
}
```

Das JDK stellt zwei Implementierungen zur Verfügung:

`HashSet`: Für optimale Performance werden die Elemente in einer Hashtabelle aufbewahrt.

`TreeSet`: Um die Reihenfolge zu erhalten, werden die Elemente in einem Rot-schwarz-Baum aufbewahrt. Die Implementierungen sind in Abschnitt 4.3.5.1 beschrieben.

Beispiel: Erstellen einer Sammlung ohne doppelte Elemente

Für eine beliebige Sammlung `Collection` erstellt die folgende Zeile eine Sammlung ohne doppelte Elemente:

```
Collection<Typ> duplikatfrei = new HashSet<Typ> (collection);
```

Basis-Operationen

In der folgenden Tabelle bezeichnet `m` ein Mengen-Objekt.

int m.size();	Liefert die Anzahl der (verschiedenen) Elemente in m.
boolean m.isEmpty();	Test von m auf leere Menge.
boolean m.contains(Object element);	Enthält die Menge m das Element?
boolean m.add(Object element;	Füge das Element zur Menge m hinzu. Liefert genau dann **true**, wenn das Element zur Menge m hinzugefügt wurde.
boolean m.remove(Object element);	Entferne das Element aus der Menge m. Liefert genau dann **true**, wenn das Element vor der Operation in der Menge vorhanden war.
Iterator m.iterator();	Liefere einen Iterator über alle Elemente der Menge m.

Beispiel: Entdecken und Entfernen von Duplikaten

Das folgende Programm nach [31] entdeckt und entfernt Duplikate von Zeichenketten. Die Zeichenketten werden als Parameter der Kommandozeile eingegeben.

```
import java.util.*;

public class SucheDuplikate {
  public static void main(String args[]) {
    Set<String> s = new HashSet<String> ();
    for (int i=0; i<args.length; i++)
      if (!s.add(args[i]))
        System.out.println("Duplikat gefunden : "+args[i]);

    System.out.println(s.size()+
      " = Anzahl der verschiedenen Worte in der Menge: "+s );
  }
}
```

Probelauf

```
>java SucheDuplikate ich kam ich sah ich siegte
Duplikat gefunden : ich
Duplikat gefunden : ich
4 = Anzahl der verschiedenen Worte in der Menge: [siegte, kam,
ich, sah]
```

Hinweis

In diesem Beispiel wird die Menge über die Schnittstelle benutzt, nicht über ihre Implementierung. Dieses Vorgehen entspricht der Empfehlung von Sun zur Erhöhung der Flexibilität des Programms.

Massen-Operationen

Die Massenoperationen für Sets entsprechen den Mengenoperationen der Mathematik. Deswegen ist in der folgenden Tabelle bei den Massenoperationen der 2. Parameter als Menge gewählt. In der folgenden Tabelle bezeichnen m1 und m2 Mengen-Objekte.

boolean m1.containsAll (Collection m2);	Genau dann wahr, wenn m2 eine Teilmenge von m1 ist: $true \Leftrightarrow m2 \subset m1$
boolean m1.addAll(Collection m2);	Vereinigung von Mengen:

	Alle Elemente von `m2` werden zu `m1` hinzugefügt. Das Ergebnis ist genau dann **`true`**, wenn tatsächlich ein Element hinzugefügt wurde. $ml = ml \cup m2$
`boolean` `m1.removeAll(Collection m2);`	Mengendifferenz. Entferne alle Elemente der Menge `m2` aus der Menge `m1`. Dies ist die sog. $ml = ml - m2$
`boolean` `m1.retainAll(Collection m2);`	Durchschnitt: Belasse alle Elemente von m1, die in m2 enthalten sind. $ml = ml \cap m2$
`void` `m1.clear();`	Ist die Menge m1 leer? $true \Leftrightarrow ml = \varnothing$

Beispiel

Obiges Programm gibt Duplikate mehrfach aus. Das folgende Programm nach [31] soll jedes der Duplikate genau einmal ausgeben. Zur Lösung benutzt man zwei Mengen, die Menge der Duplikate und die Menge der Unikate.

```
import java.util.*;

public class SucheDuplikate2 {
  public static void main(String args[]) {
    Set<String> unikate   = new HashSet<String>();
    Set<String> duplikate = new HashSet<String>();

    for (int i=0; i<args.length; i++)
      if (!unikate.add(args[i]))
        duplikate.add(args[i]);

    unikate.removeAll(duplikate);  // Entferne alle Duplikate

    System.out.println("Unikate   : " + unikate);
    System.out.println("Duplikate: " + duplikate);
  }
}
```

Probelauf

```
>java SucheDuplikate2 ich kam ich sah ich siegte
Unikate   : [siegte, kam, sah]
Duplikate: [ich]
```

Array-Operationen

`Object[] m.toArray();`	Liefere alle Objekte aus der Menge als Array.
`Object[] m.toArray (Object a[]);`	Liefere alle Objekte aus der Menge als Array. Im Parameter kann der Typ vorgegeben werden.

4.3.2.2 Die List-Schnittstelle

Die `List`-Schnittstelle definiert Sammlungen, bei denen die Reihenfolge der Elemente eine Rolle spielt. Im Gegensatz zu den durch `Set` definierten Mengen können Elemente mehrfach vorkommen. Die speziellen Eigenschaften einer Folge lassen zu den Operationen für Sammlungen noch folgende Operationen zu:

- Zugriff auf Elemente über ihre Position bzw. ihren Index in der Folge;
- Suche nach der Position eines Elements in der Liste;
- Durchlaufen der Liste mittels Iteratoren in der Reihenfolge der Elemente;
- Bearbeitung von Teilbereichen ist möglich.

Das JDK bietet mit den Klassen `ArrayList` und `LinkedList` zwei Implementierungen der Schnittstelle an.

Die `List`-Schnittstelle bietet Dienste an, wie sie von der Klasse `Vector` in früheren JDKs bekannt sind, sofern man auf die Thread-Sicherheit verzichtet. Man kann sie als dynamisch erweiterbares Feld verwenden.

Definition der List-Schnittstelle

```
public interface List<E> extends Collection<E> {
   // Zugriff über eine Position
   E get(int index);
   E set(int index, E element);
   boolean add(E element);
   void add(int index, E element);
   E remove(int index);
   abstract boolean addAll(int index, Collection<? extends E> c);

   // Suche
   int indexOf(Object o);
   int lastIndexOf(Object o);

   // Iteration über die Elemente
   ListIterator<E> listIterator();
   ListIterator<E> listIterator(int index);

   // Teilbereich auswählen
   List<E> subList(int from, int to);
}
```

Operationen

Mit `liste` wird in der folgenden Tabelle eine Liste bezeichnet.

`Object liste.get(int index);`	Das index-te Element der Liste `liste` wird zurückgeliefert.
`Object liste.set (int index, Object element);`	Das angegebene Element wird an der Position `index` in der Liste `liste` eingetragen. Das zuvor vorhandene Element wird als Ergebnis zurückgeliefert.
`void add (int index, Object element);`	Das angegebene Element wird an der angegebenen Stelle `index` in die Liste `liste` eingefügt.
`boolean remove(int index);`	Das Element an der Position `index` wird aus der Liste `liste` entfernt und zurückgeliefert.
`int indexOf(Object o);`	Liefert die Position des angegebenen Elements in

	der Liste `liste`.
int lastIndexOf(Object o);	Liefert die Position des letzten Auftretens des angegebenen Elements in der Liste `liste`.
boolean addAll (Collection c);	Die Elemente der Sammlung `c` werden in die Liste `liste` hinten eingefügt.
ListIterator<E> liste.listIterator();	Liefert einen Iterator für Listen ab dem Anfang der Liste, d.h. ab dem Index 0.
ListIterator<E> liste.listIterator(**int** index);	Liefert einen Iterator für Listen `liste` ab dem angegebenen Index `index`.
List<E> liste.subList (**int** from, **int** to);	Liefert eine Ansicht auf einen Bereich der Liste. Das erste Element der Ansicht ist das Element an der Position `from` der Liste `liste`, das letzte ist das Element vor `to` der Liste `liste` (alle Elemente von `liste` ab `from` bis `to`, ausgeschlossen das Element bei `to`).

Zu den Zugriffsmethoden für Listen

Die im Folgenden angegebene Methode zeigt den Austausch von Elementen in einer Liste.

```
private static <E> void swap(List<E> a, int i, int j) {
    Object tmp = a.get(i);
    a.set(i, a.get(j));
    a.set(j, tmp);
}
```

Zu den Bereichs-Ansichten

Sun bezeichnet das Ergebnis der `sublist (fromIndex, toIndex)`-Methode nicht als Teilliste, sondern als Ansicht auf einen Bereich der Liste. Dies soll ausdrücken, dass Veränderungen der so erzeugten Liste in `liste` wirksam werden und entspricht der von der **`for`**-Schleife für Felder her bekannten Arbeitsweise:

```
for (int i = fromIndex; i < toIndex; i++) {
    ...
}
```

Eine Bereichsansicht lässt sich auch mit einem Intervall vergleichen. `sublist (fromIndex, toIndex)` entspricht dem Intervall [`fromIndex, toIndex`[, bei dem die linke Grenze ein-, die rechte hingegen ausgeschlossen ist.

Beispiele:

```
liste.subList(fromIndex, toIndex).clear();                  // 1
int i = liste.subList(fromIndex, toIndex).indexOf(o);        // 2
int j = liste.subList(fromIndex, toIndex).lastIndexOf(o);    // 3
```

Zeile 1 löscht den Bereich von `fromIndex` bis `toIndex` (nicht aber das Element bei `toIndex`). Die Zeilen 2 und 3 zeigen eine eingeschränkte Suche nach einem Element.

Zur Schnittstelle `ListIterator`

Da die Elemente einer Folge angeordnet sind, kann ein spezieller Iterator für Folgen diese Eigenschaft zum Durchlaufen benützen. Schon der von der `Collection`-Schnittstelle her bekannte Iterator liefert die Elemente in der Reihenfolge, in der sie in der Folge auftreten. Der speziell für `List` definierte `ListIterator` bietet darüber hinaus noch die Möglichkeit, die Folge in beiden Richtungen zu durchlaufen, sowie die Liste während des Durchlaufs zu ändern. Außerdem kann man die momentane Position des Iterators feststellen.

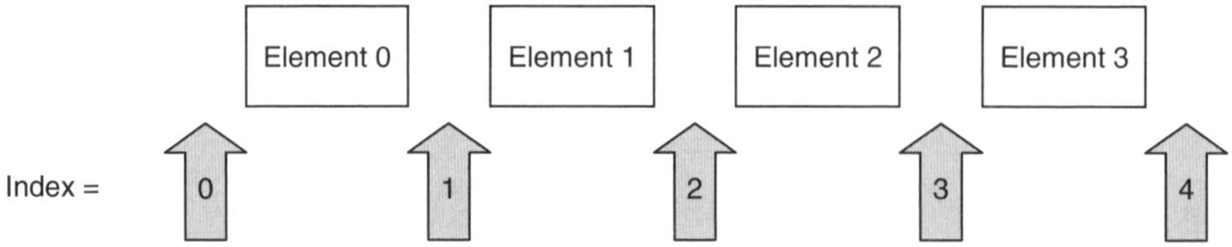

Dieser Iterator ist als Cursor durch die Folge definiert. Er nimmt seine Werte zwischen den Elementen der Folge an. Für eine Liste `liste` hat der `ListIterator li = liste.listIterator ()` seinen Anfangswert vor allen Elementen der Liste `liste`. Mit dem `next()`-Aufruf wird die Position des Iterators um ein Element weitergeschaltet, und man erhält bei dieser Ausgangslage das 1. Element der Liste (das Element mit dem Index 0).

```
public interface ListIterator<E> extends Iterator<E> {
  boolean hasNext();
  E next();
  boolean hasPrevious();
  E previous();
  int nextIndex();
  int previousIndex();
  void remove();
  void set(E o);
  void add(E o);
}
```

Die Methoden `hasNext()` und `next()` entsprechen denen der `Collection`-Schnittstelle. Damit bewegt man sich in Richtung der aufsteigenden Indices durch die Folge. Umgekehrt kann man eine Liste in absteigender Richtung mittels `hasPrevisous()` und `previous()` traversieren, wie das folgende Programm zeigt. Dabei wurde der Iterator mit `i` bezeichnet, wie es bei der `for`-Schleife im Durchlauf durch Felder üblich ist.

```
for (ListIterator<Typ> i = liste.listIterator(liste.size());
                          i.hasPrevious(); ) {
    Typ o = i.previous();
    ...
}
```

Für die folgenden Code-Sequenzen a) und b) gilt jeweils `result1 = result2`.

a)
```
Object result1 = liste.next();
Object result2 = liste.previous();
```

b)
```
Object result1 = liste.previous();
Object result2 = liste.next();
```

Der Aufruf `nextIndex()` liefert den Index desjenigen Elements, das bei einem Aufruf `next()` geliefert würde. Ebenso liefert `previousIndex()` den Index des Elements, das bei `previous()` geliefert würde.
Ein Aufruf von `previousIndex()` liefert stets einen um 1 höheren Wert als `nextIndex()`. Befindet sich das Programm am Anfang einer Liste, so wird `previousIndex() =`

-1 geliefert. Am Ende einer Liste ist das Ergebnis des Aufrufs nextIndex() der Wert size() der Liste.
Die Iterator-Schnittstelle bietet die remove()-Methode zum Entfernen des letzten von next() gelieferten Elements der Liste. Die ListIterator-Schnittstelle bietet darüber hinaus die add(...)-Methode zum Einfügen eines Elements und die set(...)-Methode zum Setzen eines Wertes.

Beispiel: Ersetze alle Vorkommen eines Elements.

Alle Vorkommen des Elements val sollen durch newVal ersetzt werden. Die set(Object newVal)-Methode überschreibt das letzte von next() bzw. previous() gelieferte Element mit dem angegebenen Objekt newVal (Nach [31]).

```
public static <E> void replace(List<E> s, E val, E newVal) {
   for (ListIterator<E> i = s.listIterator(); i.hasNext(); )
      if (val==null ? i.next()==null : val.equals(i.next()))
         i.set(newVal);
}
```

Beispiel: Ersetze alle Vorkommen des Elements val durch die Liste newVals.

Die add(Object newVal)-Methode setzt das angegebene Element newVal in der Liste unmittelbar hinter das durch next() gelieferte Element ein. Dieser Effekt wird im folgenden Abschnitt benutzt, um jedes Auftreten des Elements val durch eine Liste zu ersetzen. Hierzu wird die Liste durchlaufen, bis das Element gefunden wird. Dann wird das gesuchte Element entfernt und an dieser Stelle die angegebene Liste eingesetzt (Nach [31]).

```
public static <E> void replace(
      List<E> liste, E val, List<E> newVals) {
   for (ListIterator<E> i = liste.listIterator(); i.hasNext(); ) {
      if (val==null ? i.next()==null : val.equals(i.next())) {
         i.remove();
         for (E e : newVals)
            i.add(e.next());
      }
   }
}
```

Algorithmen der Collections-Klasse für Listen

sort(List<E> liste)	Sortiert die Liste mit einem Merge-Sort-Verfahren. Damit steht ein schneller Sortier-Algorithmus zur Verfügung, der die Reihenfolge gleicher Elemente erhält.
shuffle(List<?> liste)	Alle Elemente in zufälliger Reihenfolge anordnen.
reverse(List<?> liste)	Umdrehen der Reihenfolge der Elemente.
fill(List<? **super** E>, E objekt)	Alle Listenelemente mit dem gleichen Wert belegen.
copy(List<? **super** T> dest, List<? **extends** T> src)	Kopieren aller Elemente der Liste src an die entsprechende Liste dest. Die Liste dest muss mindestens so viele Elemente wie die Liste src enthalten. Enthält die Liste dest mehr Elemente als src, bleiben diese unverändert.

`binarySearch ( List<? extends Comparable <? super T>> list, T key)`	Suche ein Objekt in der Liste. Die Liste muss geordnet sein.

4.3.3 Die Queue-Schnittstelle

Eine `Queue` ist eine Sammlung, die wie eine Warteschlange Elemente für eine Verarbeitung aufreiht. Zusätzlich zu den von `Collection` geerbten Methoden bietet eine Queue Methoden zum Einfügen und Entfernen einzelner Elemente. Das erste Element kann inspiziert werden.

```
public interface Queue<E> extends Collection<E> {
    E element();
    boolean offer(E o);
    E peek();
    E poll();
    E remove();
}
```

Die Methoden `add()`, `remove()` und `element()` der Schnittstelle `Collection` werfen Programmausnahmen, wenn sie nicht ausgeführt werden können. Die nach der folgenden Tabelle entsprechenden Methoden der Schnittstelle `Queue` liefern in diesen Fällen spezielle Werte.

Reaktion auf Ausnahme.	Wirft eine Exception.	Liefert einen speziellen Wert.
Einfügen des angegebenen Elements `e`.	`add(e)`	`offer(e)`
Entfernen des ersten Elements.	`remove()`	`poll()`
Erstes Element ansehen.	`element()`	`peek()`

Falls die Queue Kapazitätsbeschränkungen hat, kann die `add()`-Methode eine Ausnahme werfen. Die `offer()`-Methode liefert in diesem Fall **`false`** zurück. Falls die Queue leer ist, werfen `remove()` bzw. `element()` Programmausnahmen. Die entsprechenden Methoden poll() bzw. `peek()` liefern **`null`**.
Die meisten Queues ordnen ihre Elemente nach der Reihenfolge ihres Eintrags nach der FIFO (First In First Out)-Strategie. Prioritätswarteschlangen ordnen ihre Elemente nach einem Sortierkriterium.
Alle Implementierungen der `Queue`-Schnittstelle außer `LinkedList` verbieten das Eintragen von **`null`**-Elementen. In letzterem Fall müssen die `peek()`- bzw. `poll()`-Methoden mit großer Sorgfalt angewendet werden.
Wenn man beim Einfügen bzw. Entnehmen ein blockierendes Verhalte wünscht, ist die Schnittstelle `java.util.concurrent.BlockingQueue` zu benutzen.

4.3.4 Die Map-Schnittstelle

Ein `Map`-Objekt bildet Schlüssel auf Werte ab. Schlüssel müssen innerhalb eines `Map`-Objekts eindeutig sein. Im Folgenden bezeichnet `V` den Typ für den Wert (=Value), `K` den Typ für den Schlüssel (=Key).

```
public interface Map {
  // Basis-Operationen
```

```
    V put(K key, V value);
    V get(Object key);
    V remove(Object key);
    boolean containsKey(Object key);
    boolean containsValue(Object value);
    int size();
    boolean isEmpty();

    // Massen-Operationen
    void putAll(Map<? extends K,? extends V> t);
    void clear();

    // Collection Views
    public Set<K> keySet();
    public Collection<V> values();
    public Set<Map.Entry<K,V>> entrySet();

    // Interface für entrySet Elemente
    public interface Entry {
        K getKey();
        V getValue();
        V setValue(V value);
    }
}
```

Die Klasse `HashMap` implementiert die Map-Schnittstelle mit Hilfe einer Hashtabelle mit optimaler Performance. `TreeMap` speichert die Elemente in einem Rot-schwarz-Baum, um die Reihenfolge geordnet zu erhalten. Auch die Klasse `Hashtable` aus dem JDK 1.0 implementiert die `Map`-Schnittstelle.

Elementare Operationen

`int size()`	Bestimme die Anzahl der Elemente in der `Map`.
`boolean isEmpty()`	Liefert `true` genau dann, wenn die `Map` leer ist.
`V get(Object key)`	Liefert das Objekt zum angegebenen Schlüssel.
`V remove(Object key)`	Entferne die durch den Schlüssel `key` definierte Zuordnung aus der `Map`. Liefert den vorher zugeordneten Wert, oder `null`, wenn der Schlüssel nicht vorhanden war.
`V put(K key, V value)`	Trägt die Zuordnung des angegebenen Schlüssels zu dem Wert ein. Wenn dieser vorhanden war, wird er überschrieben. Liefert den vorher zugeordneten Wert, oder `null`.
`boolean containsKey(K key)`	Liefert `true` genau dann, wenn der angegebene Schlüssel in der `Map` vorhanden ist.
`boolean containsValue(V value)`	Liefert `true` genau dann, wenn der angegebene Wert in der `Map` vorhanden ist. Der Aufwand dieser Operation wird in den üblichen `Map`-Implementierungen proportional zur Anzahl der Elemente der `Map` sein.
`boolean equals( Object other);`	Liefert genau dann `true`, wenn das angegebene Objekt auch eine `Map` ist und dieselbe Zuordnung definiert.

Häufigkeit von Worten zählen

Das folgende Beispiel zählt die Häufigkeit von Worten in der Kommandozeile. Hierzu wird das Wort als Schlüssel als `String`-Objekt und der Wert für die Häufigkeit als `Integer`-Objekt benutzt. Der Wert für den Schlüssel wird gesucht. Falls er nicht gefunden wird, wird die Häufigkeit auf 1 gesetzt. Falls er gefunden wird, wird die Häufigkeit um 1 erhöht.
Um eine Ausgabe in alphabetisch sortierter Reihenfolge zu erreichen, kann man die `Map` statt mit einer `HashMap`- durch eine `TreeMap`-Klasse implementieren (nach [31]).

```
import java.util.*;

public class Freq {

  public static void main(String args[]) {

     Map<String, Integer> m = new HashMap<String, Integer>();

    // Initialisierung der Häufigkeiten von der Kommandozeile
    for (String a : args) {
      Integer freq = m.get(a);
      m.put(a, (freq == null ? 1 : freq + 1));
    }
    System.out.println(m.size() + " distinct words:");
    System.out.println(m);
  }
}
```

Massen-Operationen

`void putAll( Map<? extends K, ? extends V> o))`	Kopiere alle Zuordnungen der anderen `Map o`. Vorhandene Zuordnungen werden überschrieben.
`void clear();`	Entfernt alle Elemente aus der Zuordnung.

Ersetzen von Werten in einer Zuordnung

```
static <K, V> Map<K, V> newAttributeMap(
        Map<K, V>defaults, Map<K, V> neueWerte) {
    Map<K, V> result = new HashMap<K, V>(defaultWerte);
    result.putAll(neueWerte);
    return result;
}
```

Das o. a. Beispiel liefert eine Zuordnung, indem Default-Werte als Ausgangslage herangezogen werden. Dann werden diese Vorgaben durch die neuen Werte überschrieben (nach [31]).

Views von Zuordnungen als Sammlung

Die Collection-Views sind der einzige Weg, um alle Elemente einer Zuordnung zu durchlaufen. Hierzu gibt es die folgenden drei Möglichkeiten:

`Set<Map.Entry<K,V>> entrySet()`	Liefert die Menge der zugeordneten Paare (Schlüssel, Wert). Jedes Element ist ein `Map.Entry<K,V>`-Objekt.
`Set<K> keySet()`	Liefert die Menge der Schlüssel.

`Collection<V> values()`	Liefert alle Werte, die in der Zuordnung möglich sind. Da ein Wert mehreren Schlüsseln zugeordnet sein kann, ist dies keine Menge.

Die Schnittstelle Map.Entry zur Definition von Einträgen einer Map

Die Schnittstelle `Map.Entry` definiert Methoden zum Zugriff auf ein Schlüssel/Werte-Paar, welches ein Eintrag in einer Map sein kann. Sie stellt die Methoden `Object getKey()`, `Object getValue()`, **`boolean`** `equals(Object)` sowie `Object setValue(Object)` zum Auslesen von Schlüsseln und Werten aus Einträgen von Maps zur Verfügung. Werte können gesetzt, Einträge können verglichen werden.

Beispiele: Iterieren über die Collection-Views einer Sammlung

```
// Ausgabe aller Schlüssel mit for each
for (K key : m.keySet())
    System.out.println(key);

// Ausgabe aller Schlüssel mit Iterator:
for (Iterator<K> i = m.keySet().iterator(); i.hasNext(); )
    System.out.println(i.next());

// Ausgabe aller Werte
for (Iterator i = m.values().iterator(); i.hasNext(); )
    System.out.println(i.next());

// Ausgabe aller Zuordnungseinträge
for (Map.Entry<K, V> e : m.entrySet())
  System.out.println(e.getKey() + ": " + e.getValue());
```

Mengen-Operationen für Zuordnungen

Die Methoden `entrySet()` und `keySet()` liefern Mengen, die als Ausgangspunkt für Mengenoperationen benützt werden können. Die folgenden Beispiele zeigen Anwendungen für diese Technik.

Ist die Zuordnung m2 in m1 enthalten?

```
if (m1.entrySet().containsAll(m2.entrySet())) {
    ...
}
```

Bestehen m1 und m2 aus Zuordnungen für dieselben Schlüssel?

```
if (m1.keySet().equals(m2.keySet())) {
    ...
}
```

Teste vorhandene Attribute: notwendig und/oder erlaubt?

Eine Zuordnung `attrMap` soll eine Sammlung von Paaren der Form „Schlüssel und zugehöriger Wert" enthalten. Die Menge `requiredAttrs` soll alle notwendigen Attribute enthalten, die Menge **`permittedAttrs`** soll alle zulässigen Attribute enthalten. Das folgende Programmfragment untersucht die Zuordnung darauf, ob sie alle notwendigen Attribute und auch nur erlaubte Attribute enthält (nach [31]).

```
static <K, V> boolean validate(Map<K, V> attrMap,
        Set<K> requiredAttrs, Set<K>permittedAttrs) {
    boolean valid = true;
    Set<K> attrs = attrMap.keySet();
    if(!attrs.containsAll(requiredAttrs)) {
        Set<K> missing = new HashSet<K>(requiredAttrs);
        missing.removeAll(attrs);
        System.out.println("Felende Attribute: " + missing);
        valid = false;
    }
    if (!permittedAttrs.containsAll(attrs)) {
        Set<K> illegal = new HashSet<K>(attrs);
        illegal.removeAll(permittedAttrs);
        System.out.println("Illegale Attribute: " + illegal);
        valid = false;
    }
    return valid;
}
```

Ermittlung der gemeinsamen Schlüssel zweier Zuordnungen a und b

```
Set<K>commonKeys = new HashSet<K>(m1.keySet());
commonKeys.retainAll(m2.keySet);
```

Entferne alle Zuordnungen aus m1, die auch in m2 enthalten sind

```
m1.entrySet().removeAll(m2.entrySet());
```

Entferne alle Schlüssel aus m1, die auch in m2 enthalten sind

```
m1.keySet().removeAll(m2.keySet());
```

4.3.4.1 Anordnung von Objekten

Nicht alle Objekte sind vergleichbar, nur die speziellen vergleichbaren Objekte, d.h. Objekte von Klassen, die die `Comparable`-Schnittstelle implementieren.

```
public interface Comparable {
    public int compareTo(Object o);
}
```

Diese sog. natürliche Ordnung für Objekte definiert als einzige Methode die `compareTo`-Methode. Sie muss wie folgt implementiert werden.

`a.compareTo(b)`	Bedeutung
< 0	a kleiner als b
= 0	a gleich b
> 0	a größer als b

Für bestimmte Java-Klassen sind die jeweiligen Objekte der Klasse vergleichbar; man muss keine Unterklassen der jeweiligen Klasen mit der Vergleichbarkeits-Schnittstelle ausrüsten, um vergleichbare Objekte zu erhalten. Die folgende Tabelle enthält eine Aufstellung solcher Klassen zusammen mit der Bedeutung des Vergleichskriteriums.

Klasse	Anordnung
`Byte`	vorzeichenbehaftete Zahlen
`Character`	Zahlen ohne Vorzeichen

`Long`	vorzeichenbehaftete Zahlen
`Integer`	vorzeichenbehaftete Zahlen
`Short`	vorzeichenbehaftete Zahlen
`Double`	vorzeichenbehaftete Zahlen
`Float`	vorzeichenbehaftete Zahlen
`BigInteger`	vorzeichenbehaftete Zahlen
`BigDecimal`	vorzeichenbehaftete Zahlen
`Boolean`	`Boolean.FALSE < Boolean.TRUE`
`File`	System-abhängige lexikographische Ordnung für Pfadnamen
`String`	lexikographisch
`Date`	chronologisch
`CollationKey`	lexikographisch gemäß lokalen Einstellungen

Vergleichbare Objekte

Wenn Objekte vergleichbar sein sollen, müssen sie bestimmte Konventionen einhalten, sonst führt die Anwendung der Dienste des Collection-Frameworks zu Inkonsistenzen und Fehlern.

- Unveränderlich: Während Objekte in einer Menge oder als Schlüssel in einer Map aufbewahrt werden, dürfen sie ihre Eigenschaften, die die Gleichheit oder Vergleichbarkeit definieren, nicht ändern. Sonst würde sich eventuell die Ordnung ändern, oder eine Menge enthielte plötzlich zwei gleiche Elemente.
- Programmausnahmen vermeiden: `Nullpointer`-Exceptions während des Ablaufs der `equals`- bzw `compareTo`-Methode müssen vermieden werden.
- Konsistenz des Hashcodes: Wenn eine Klasse die `equals`-Methode überschreibt, muss in der Folge auch der Hashcode selbst geschrieben werden.
- Konsistenz der Werte: Die `equals`-Methode für ein Objekt `a` muss **`false`** liefern, wenn `a` mit einem **`null`**-Objekt oder einem Objekt eines anderen Typs verglichen wird. `compareTo` muss eine Laufzeitausnahme erzeugen.
- `toString()`-Methode überschreiben: dies ist häufig für Testzwecke nützlich.

Beispiel: Eine Namensklasse

Die Namensklasse liefert Objekte mit zwei Bestandteilen, dem Vor- und dem Nachnamen, die beide für den Vergleich und die Anordnung wichtig sind. Bei der `compareTo()`-Methode werden zunächst die Nachnamen verglichen. Nur bei Gleichheit entscheidet der Vorname über die Reihenfolge. Dies ist eine sog. natürliche Ordnung, wie sie vom Anwender erwartet werden darf (Nach [31]).

```
import java.util.*;

public final class Name implements Comparable<Name> {
  private final String firstName, lastName;

  public Name(String firstName, String lastName) {
    if (firstName == null || lastName == null)
      throw new NullPointerException();
```

```
      this.firstName = firstName;
      this.lastName = lastName;
    }
    public String firstName() { return firstName; }
    public String lastName() { return lastName; }
    public boolean equals(Object o) {
      if (!(o instanceof Name))
        return false;
      Name n = (Name) o;
      return n.firstName.equals(firstName) &&
        n.lastName.equals(lastName);
    }
    public int hashCode() {
      return 31*firstName.hashCode() + lastName.hashCode();
    }
    public String toString() {
      return firstName + " " + lastName;
    }
    public int compareTo(Name n) {
      int lastCmp = lastName.compareTo(n.lastName);
      return (lastCmp != 0 ? lastCmp :
          firstName.compareTo(n.firstName));
    }
  }
```

Anwendung

```
import java.util.*;

public class NameTest {
  public static void main(String[] args) {
    Name nameArray[] = {
      new Name("John", "Lennon"),
      new Name("Karl", "Marx"),
      new Name("Groucho", "Marx"),
      new Name("Oscar", "Grouch")
    };
    List<Name> names = Arrays.asList(nameArray);
    Collections.sort(names);
    System.out.println(names);
  }
}
```

Ausgabe

```
[Oscar Grouch, John Lennon, Groucho Marx, Karl Marx]
```

Hinweis

Die `NameSort`-Klasse zeigt die Anwendung zum Sortieren. Zum Sortieren der Namen würden die Sammlungen nicht benötigt, denn dies würde auch die `sort()`-Methode der Klasse `Arrays` besorgen: Der Aufruf `Arrays.sort(feld);` bewirkt das Sortieren der Elemente des Feldes `feld`.

Sortieren nach verschiedenen Kriterien

Die natürliche Anordnung von Objekten über Klassen, welche die `Comparable`-Schnittstelle implementieren, reicht nicht aus, wenn man die Objekte in einer anderen Reihenfolge sortieren will. So kann man Z. B. alle Vertriebsbeauftragten nicht nach ihren Na-

men, sondern nach den von ihnen erzielten Umsätzen sortieren. Auch kann es wünschenswert sein, Dateien nicht nach ihren Pfadnamen, sondern nach ihrer Größe oder nach ihrem Namen oder nach dem Namenszusatz zu sortieren.
Für ein solches Sortieren nach variablen Kriterien kann man das Vergleichen von Elementen nicht diese einbauen, man benötigt einen von den einzelnen Elementen unabhängigen Dienst, wie ihn die `Comparator`-Schnittstelle definieren lässt.

```
public interface Comparator<Typ> {
    int compare(Typ o1, Typ o2);
}
```

Diese Methode erhält die beiden zu vergleichenden Elemente `o1` und `o2` als Parameter und liefert einen negativen Wert, wenn `o1` vor `o2` angeordnet werden soll, 0 bei gleicher Anordnung, und einen positiven Wert, wenn `o1` nach `o2` angeordnet werden soll. Wenn eines der beiden übergebenen Objekte einen falschen Typ aufweist, wird eine `ClassCast-Exception`. geworfen.

Beispiel: Dateien eines Verzeichnisses nach diversen Kriterien sortieren

```
import java.io.*;
import java.util.*;

public class DirectoryLister {
  static final Comparator<File> NAMEORDER
     = new Comparator<File> (){
    public int compare(File o1, File o2) {
      return o1.getName().compareTo(o2.getName());
    }
  };

  static final Comparator<File> SIZEORDER
     = new Comparator<File> (){
    public int compare(File o1, File o2) {
      return new Long(o1.length()).compareTo(o2.length());
    }
  };

  public DirectoryLister(String dirName) {
    File f = new File(dirName);
    String fileNames[] = f.list();
    List<File> files = new ArrayList<File> (fileNames.length);
    File root = f;
    for (String fileName : fileNames) {
      File temp = new File(f, fileName);
      files.add (temp);
    }

    // Ausgabe nach Größe geordnet (größte Datei zuletzt)
    Collections.sort(files, SIZEORDER);
    System.out.println (files);

    // Ausgabe nach Name geordnet
    Collections.sort(files, NAMEORDER);
    System.out.println (files);
  }

  public static void main (String[] args) {
    new DirectoryLister (args[0]);
  }
}
```

Probelauf: Ein Verzeichnis mit Dateien

Größe	Name
722	DirectoryLister$1.class
769	DirectoryLister$2.class
1235	DirectoryLister.class
1119	DirectoryLister.java
957	SucheDuplikate.class
378	SucheDuplikate.java
1229	SucheDuplikate2.class
637	SucheDuplikate2.java

Probelauf: die Ausgabe des Programms

```
[.\SucheDuplikate.java,
.\SucheDuplikate2.java,
.\DirectoryLister$1.class,
.\DirectoryLister$2.class,
.\SucheDuplikate.class,
.\DirectoryLister.java,
.\SucheDuplikate2.class,
.\DirectoryLister.class]

[.\DirectoryLister$1.class,
.\DirectoryLister$2.class,
.\DirectoryLister.class,
.\DirectoryLister.java,
.\SucheDuplikate.class,
.\SucheDuplikate.java,
.\SucheDuplikate2.class,
.\SucheDuplikate2.java]
```

4.3.4.2 Die SortedSet-Schnittstelle

Wenn eine Sammlung eine `SortedSet`-Schnittstelle anbietet, dann hält sie die Elemente in der natürlichen Ordnung der Elemente. Wird im Konstruktor ein `Comparator` übergeben, so wird dieser zur Anordnung benutzt.
Ein `SortedSet` liefert die Elemente in der Reihenfolge seiner Ordnung. Dies gilt für den Zugriff per `Iterator` genauso wie für das über die `toArray()`-Methode erhältliche Feld. Die `toString()`-Methode liefert den Text für alle Elemente in der Reihenfolge der Anordnung.
Ein `SortedSet` bietet gegenüber einem `Set` zusätzlich Operationen für Bereiche an. Außerdem sind Endpunkte von Bereichen definiert. Der `Comparator` kann ermittelt werden.

```
public interface SortedSet<E> extends Set<E> {
  // Bereiche
  SortedSet<E> subSet(E fromElement, E toElement);
  SortedSet<E> headSet(E toElement);
  SortedSet<E> tailSet(E fromElement);

  // Endpunkte
  E first();
  E last();
```

```
    // Auslesen des Comparators
    ComparatorComparator<? super E> comparator();
}
```

Die einzelnen Methoden

`SortedSet<E> subSet (E from, E to)`	Liefert eine Ansicht auf den Bereich von einschließlich `from` bis ausschließlich `to`. Wenn `from = to` gilt, wird eine leere Menge geliefert. Die gelieferte Ansicht ist vergleichbar mit dem halboffenen Intervall [`from`, `to`[.
`SortedSet<E> headSet(E to)`	Liefert eine Ansicht auf den Bereich aller Elemente der zugrunde liegenden Menge bis ausschließlich `to`.
`SortedSet<E> tailSet(E from)`	Liefert eine Ansicht auf den Bereich ab und einschließlich `from`.
`E first()`	Liefert das 1. Element der sortierten Menge.
`E last()`	Liefert das letzte Element der sortierten Menge.
`Comparator<? super E> comparator()`	Liefert das Comparator-Objekt der sortierten Menge. Bei natürlicher Ordnung wird **`null`** zurückgegeben.

Zu den Bereichs-Ansichten

Eine Ansicht eines `SortedSet` stellt ein Fenster auf die zugrunde liegende Menge dar. Deswegen wirken sich Änderungen in diesem Bereich direkt auf die zugrunde liegende Menge von Objekten aus. Damit sind Änderungen in der Menge in einzelnen Bereichen möglich. Änderungen in der zugrunde liegenden Menge sind auch in der gewählten Ansicht sichtbar.

Beispiele

Die folgenden Anweisungen beziehen sich auf eine sortierte Menge `s` von Strings. Die erste Anweisung liefert alle Elemente in dem Bereich von `anfang` bis einschließlich `ende`. Dies entspricht dem geschlossenen Intervall `[anfang, ende]`. Die zweite Anweisung liefert alle Elemente ab `anfang` (ausschließlich `anfang`) bis einschließlich `ende`. Dies entspricht dem halboffenen Intervall `]anfang, ende]`. Die dritte Anweisung löscht alle Einträge, die mit „f“ beginnen. Dazu muss man wissen, dass der Nachfolger einer Zeichenkette `s` die Zeichenkette `s + "\0"` ist.

```
SortedSet sub1 = s.subSet(anfang, ende+"\0");
SortedSet sub2 = s.subSet(anfang +"\0", ende);
s.subSet("f", "g").clear();
```

Beispiel

Für jeden Buchstaben wird die Anzahl der Worte in der sortierten Menge `s` von Strings ermittelt, die mit diesem Buchstaben beginnen.

```
for (char ch = 'a'; ch <= 'z'; ) {
  String from = String.valueOf(ch++);
  String to   = String.valueOf(ch);
  System.out.println(from + ": " + s.subSet(from, to).size());
}
```

4.3.4.3 Die SortedMap-Schnittstelle

Die `SortedMap`-Schnittstelle ist eine Zuordnung, die ihre Einträge aufsteigend sortiert aufbewahrt. Sortiert wird in der natürlichen Ordnung, sofern nicht bei der Erzeugung des `SortedSet` ein `Comparator` übergeben worden ist. Im Folgenden bezeichnet `K` den Typ für den Schlüssel (Key) und `V` den Typ für den Wert (Value).

```
public interface SortedMap<K, V> extends Map<K, V>{
  Comparator<? super K>comparator();
  SortedMap<K, V> subMap(K fromKey, K toKey);
  SortedMap<K, V> headMap(K toKey);
  SortedMap<K, V> tailMap(K fromKey);
  K firstKey();
  K lastKey();
}
```

Die einzelnen Methoden

`SortedMap<K, V> subMap (KfromKey, KtoKey)`	Liefert eine Ansicht auf den Bereich von einschließlich `fromKey` bis ausschließlich `toKey`. Wenn `fromKey = toKey` gilt, wird eine leere Zuordnung geliefert. Die gelieferte Ansicht ist vergleichbar mit dem halboffenen Intervall [`fromKey`, `toKey` [.
`SortedMap<K, V> headMap(KtoKey)`	Liefert eine Ansicht auf den Bereich aller Elemente der zugrunde liegenden Zuordnung bis ausschließlich `to`.
`SortedMap<K, V> tailMap(KfromKey)`	Liefert eine Ansicht auf den Bereich ab und einschließlich `from`.
`K firstKey ()`	Liefert das 1. Element der sortierten Menge.
`K lastKey ()`	Liefert das letzte Element der sortierten Menge.
`Comparator <? super K>comparator()`	Liefert das `Comparator`-Objekt der sortierten Zuordnung. Bei natürlicher Ordnung wird **`null`** zurückgegeben.

Mengenoperationen für sortierte Zuordnungen

Iteratoren über Zuordnungen durchlaufen die Sammlung der Zuordnungen in der Reihenfolge der Schlüssel. Die Ansichten liefern Zuordnungen in der Reihenfolge der Schlüssel. Die `toString()`-Methode aller Implementierungen im JDK liefert die Werte aller Elemente der Zuordnung in der Reihenfolge ihrer Schlüssel.

4.3.5 Allgemeine Dienste des Collection-Frameworks

4.3.5.1 Implementierungen von Schnittstellen

Das JDK definiert nicht nur das Verhalten von Sammlungen, sondern bietet konkrete Klassen zur Implementierung dieser Dienste an. Die folgende Tabelle stellt den Zusammenhang zwischen den Schnittstellen und den implementierenden Klassen dar.

Übersicht: Schnittstellen und implementierende Klassen im JDK

Schnittstelle	Implementierung				
	Hash-Tabelle	Erweiterbarer Array	Baum	Lineare Liste	Hash-Tabelle und Lineare Liste
`Set`	`HashSet`		`TreeSet`		`Linked-HashSet`
`List`		`ArrayList`		`LinkedList`	
`Queue`				`LinkedList`	
`Map`	`HashMap`		`TreeMap`		`Linked-HashMap`

Das JDK bietet für jede der Schnittstellen `Set`, `List` und `Map` mehrere Klassen für Implementierungen an. Die Schnittstelle `Queue` wird durch die Klassen `LinkedList` sowie `PriorityQueue` implementiert. Diese Implementierungen sind vollständig, akzeptieren auch **`null`**-Elemente und sind nicht Thread-sicher. Die Iteratoren jeder Implementierung versagen sofort, wenn illegale Modifikationen der Sammlung während des Ablaufs entdeckt werden. Alle diese Klassen sind serialisierbar und unterstützen eine `clone`-Methode.

Implementierungen der Set-Schnittstelle

Wenn man eine Sammlung mit Set-Eigenschaften wünscht, kann man diese wie folgt erstellen:

```
Set<E> meineElemente = new HashSet<E> ();
```

Spezielle Implementierungen

Die Klasse `EnumSet` bietet eine leistungsfähige Implementierung für `enum`-Typen an. Alle Mitglieder eines `EnumSets` müssen vom selben Typ sein. Für einen gegebenen **`enum`**-Typ, der die Wochentage umfasst, kann man mit folgendem Konstrukt über die Tage von Montag bis Freitag iterieren:

```
for (Day d : EnumSet.range(Day.MONTAG, Day.FREITAG))
  System.out.println(d);
```

`EnumSet` kann als Ersatz für traditionelle Bit-Folgen benutzt werden (vgl. Abschnitt 3.6).

```
EnumSet.of(Style.BOLD, Style.ITALIC)
```

Mit `CopyOnWriteArraySet` steht eine Implementierung zur Verfügung, der ein copy-on-write-Feld zugrunde liegt. Alle Änderungen der Menge werden durch einen neuen Array mit den Elementen implementiert. Diese Implementierung hat ein Laufzeitverhalten, das proportional zur Anzahl der Elemente ist. Sie bietet sich für Einsatzfälle an, bei denen wenige Änderungen erfolgen.

Implementierungen der List-Schnittstelle

Die Klassen `ArrayList` und `LinkedList` implementieren die List-Schnittstelle. `ArrayList` beruht auf einem Array und bietet konstante Zugriffszeiten bei der Positionierung. `ArrayList` ist die erste Wahl, sofern die Anwendung nicht häufig Elemente vorne oder in der Mitte einfügt bzw. löscht. In diesem Fall ist die Implementierung `LinkedList` über eine verkettete Liste vorzuziehen. Im Gegensatz zu `Vector` wird bei `ArrayList` der

Zugriff nicht synchronisiert, um den dadurch entstehenden Aufwand zu vermeiden. Vgl. `Collections.synchronizedList` in Abschnitt 4.3.5.2.
Die `CopyOnWriteArrayList`-Klasse implementiert die Liste über einen copy-on-write-Array. Sie erfordert keine Synchronisierung für Zugriffe. Sie bietet sich vom Laufzeitverhalten für Anwendungen an, bei denen wenige Änderungen erfolgen.
Wenn man synchronisierte Zugriffe benötigt, ist die Implementierung der Klasse `Vector` etwas schneller als `Collections.synchronizedList`. Vector hat allerdings viele spezielle Methoden, die nicht in das Collection-Framework passen.
Für Listen, die sich nicht ändern und keine der Massenoperationen außer `containsAll` benutzen, stellt `Arrays.asList` eine Alternative zur Verfügung.

Implementierungen der Queue-Schnittstelle

`LinkedList` bietet eine Implementierung der Queue-Schnittstelle. Die Klasse `PriorityQueue` bietet einen Zugriff auf die Elemente in einer natürlichen Reichenfolge bzw. einer über einen `Comparator` definierbaren Reihenfolge.
Für Implementierungen im Zusammenhang mit Nebenläufigkeiten bietet das Package `java.util.concurrent` die in Abschnitt 6.4 dargestellten Möglichkeiten.

Implementierungen der Map-Schnittstelle

Die `Map`-Schnittstelle wird von den drei Klassen `HashMap`, `TreeMap` und `LinkedHashMap` implementiert. `HashMap` empfiehlt sich bei hohen Anforderungen an die Geschwindigkeit von Zugriffen. `TreeMap` bietet `SortedMap`-Operationen und bereichsbezogene Operationen.
`LinkedHashMap` bietet fast die Performance von `HashMap` und erlaubt ein Iterieren in der Reihenfolge des Eintrags in die Zuordnung. Außerdem kann ein `LinkedHashMap` in der Reihenfolge des Zugriffs über Schlüssel geordnet werden, d. h. wenn man auf ein Element über den Schlüssel zugreift, dann wird es in der Sammlung an das Ende verschoben. Ferner bietet ein `LinkedHashMap` die Methode `removeEldestEntry`, mit der man wenig benutzte Zuordnungen entfernen kann, wenn neue Einträge hinzugefügt werden. Überschreibt man diese Methode, so kann man einfach Cache-Strategien entwerfen. Das folgende Beispiel zeigt, wie man durch Überschreiben der `removeEldestEntry` -Methode eine Sammlung implementieren kann, die bis maximal 100 Einträge wächst und danach den ältesten Eintrag entfernt, um einen neuen Eintrag unterzubringen.

```
private static final int MAX_ENTRIES = 100;

protected boolean removeEldestEntry(Map.Entry eldest) {
  return size() > MAX_ENTRIES;
}
```

`EnumMap` ist eine Implementierung für **enum**-Schlüssel, die als Array abgelegt werden. Diese Implementierung bietet für **enum**-Schlüssel Laufzeitvorteile gegenüber anderen Implementierungen.
`WeakHashMap` erlaubt das Bereinigen des Speichers für Objekte, für die es nur noch innerhalb der Sammlung Referenzen gibt. Sie eignet sich zum Verwalten von Objekten, die vom ursprünglichen Besitzer „vergessen" wurden, aber in üblichen Sammlungen nicht von der Speicherbereinigung erfasst werden, da noch eine Referenz in der Sammlung existiert.
`IdentityHashMap` basiert auf einer `HashMap`. Sie erhält die „räumliche Nähe" von Objekten, wie man sie in der Systemprogrammierung z. B. bei der Serialisierung benötigt.

Für nebenläufige Anwendungen gibt es im Package `java.util.concurrent` ab dem JDK 1.5 die Schnittstelle `ConcurrentHashMap`.

4.3.5.2 Sammlungen und Threads

Die aus dem JDK 1.0 bekannten Sammlungen `Vector` bzw. `Hashtable` sind Threadsicher. Allerdings benötigt man dieses Merkmal in vielen Fällen nicht. Dies gilt für Anwendungen, die aus nur einem Thread bestehen, ebenso wie für nur lesende Zugriffe. Der Aufwand zur Synchronisierung fällt also in vielen Fällen unnötig an. Wenn man die Synchronisierung der Zugriffe auf Sammlungen benötigt kann man spezielle Umwickler-Klassen benützen. Die Klasse `Collections` bietet für jede der Schnittstellen Fabrik-Methoden zur Erzeugung der entsprechenden Sammlungen an. Im Folgenden bezeichnet `E` den Typ der Elemente-Sammlung, `K` den Typ der Schlüssel und `V` den Typ der Werte.

```
public static <E>Collection<E> synchronizedCollec-
tion(Collection<E> c);
public static <E>Set<E> synchronizedSet(Set<E> s);
public static <E>List<E> synchronizedList(List<E> list);
public static <K, V>Map<K, V> synchronizedMap(Map<K, V> m);
public static <E>SortedSet<E> synchronizedSortedSet(SortedSet<E>
s);
public static SortedMap<K, V> synchronizedSortedMap(SortedMap<K,
V> m);
```

Der Zugriff auf die Sammlungen darf dann nur über die von den Fabrik-Methoden gelieferten Schnittstellen erfolgen. Das folgende Beispiel stellt eine synchronisierte `ArrayList` dar, auf die nur über die List-Schnittstelle zugegriffen werden darf.

```
List<E> list = Collections.synchronizedList(new ArrayList<E>());
```

Wenn mehrere Threads auf eine solche Sammlung zugreifen, dann muss die Iteration über eine Sammlung explizit durch einen synchronisierten Block wie im folgenden Programmbeispiel gesichert werden. Der Iterator muss innerhalb des synchronisierten Teils aufgesetzt werden. Dies gilt für alle nach o. a. Verfahren erzeugten Sammlungen. Die Synchronisierung einer Collection-Ansicht einer Zuordnung muss immer über die komplette Zuordnung erfolgen.

```
// Sicheres Durchlaufen einer Sammlung
Collection<E> c = Collections.
                    synchronizedCollection(myCollection);
synchronized(c) {
    for (Type e : c)
        operation (e);
}
// Sicheres Durchlaufen einer Zuordnung
Map<K, V> map = Collections.synchronizedMap(new HashMap<K, V>());
    ...
Set<K> keyset = m.keySet();
    ...
synchronized(map) {  // Synchronisieren an map, nicht an keyset!
  for (K k: keyset)
    operation (k);
}
```

4.3.5.3 Unveränderliche Sammlungen

In manchen Anwendungen wird einzelnen Programmteilen ein nur lesender Zugriff auf Sammlungen gewährt. Dies lässt sich mit unveränderlichen Sammlungen sicherstellen, die von den folgenden Fabrikmethoden der Klasse `Collections` geliefert werden. Diese Sammlungen werfen bei Schreibzugriffen die `UnsupportedOperationException`.

```
public static Collection<T>
    unmodifiableCollection(Collection<? extends T> c);
public static Set<T>
    unmodifiableSet(Set<? extends T> s);
public static
    List<T> unmodifiableList(List<? extends T> list);
public static Map<K, V>
    unmodifiableMap(Map<? extends K, ? extends V> m);
public static SortedSet<T>
    unmodifiableSortedSet(SortedSet<? extends T> s);
public static SortedMap<K, V>
    unmodifiableSortedMap(SortedMap<K, ? extends V> m);
```

4.3.5.4 Typsichere Sichten auf Sammlungen

Die `Collections.checked`-Schnittstellen-Umwickler sorgen bei generischen Sammlungen für Typ-Sicherheit auch zur Laufzeit. Der Mechanismus der Generizität bedingt eine Typ-Sicherheit für die Übersetzung, die sich jedoch dynamisch aushebeln lässt. Mit den o. a. Sichten auf die Sammlung wird das Einfügen von Elementen des falschen Typs unterbunden.

4.3.5.5 Anwendungsfreundliche Implementierungen

Sicht als Liste auf einen Array

`Arrays.asList` liefert eine Ansicht als Liste auf den als Parameter übergebenen Array. Die Größe dieser Sammlung kann nicht verändert werden. `add`- und `remove`-Aufrufe für solche Sammlungen schlagen fehl und werfen eine `UnsupportedOperationException`-Ausnahme.
Dieser Aufruf verbindet die Array- und Collection-basierenden APIs. Außerdem kann man für Sammlungen mit konstanter Anzahl an Elementen eine effizientere Implementierung als die Standard-Implementierung wählen:

```
List<String> liste = Arrays.asList(new String[size]);
```

Unveränderliche Mehrfachkopien von Elementen

`Collections.nCopies` liefert eine unveränderliche Liste mit mehrfachen Kopien desselben Elements. Die folgende Zeile liefert 100 Kopien des **`null`**-Objekts.

```
List<E> liste =
     new ArrayList<E>(Collections.nCopies(100, (E)null));
```

Auf diese Weise erstellte Elemente lassen sich auch in vorhandene Sammlungen einfügen. Wenn `auftraege` eine Liste ist, so hängt der folgende Aufruf noch 50 Tafeln Schokolade hinten an.

```
auftrage.addAll (Collections.nCopies (50, "Schokolade"));
```

Unveränderliche Singleton-Objekte

Das JDK kennt eine Reihe von Operationen auf Sammlungen für eine Sammlung von Objekten. Wenn letztere Sammlung nur aus einem Element bestehen soll, kann man die Methode `Collections.singleton (Klasse o)` benutzen. Der folgende Aufruf entfernt alle Elemente `e` aus der Sammlung `c`.

```
c.removeAll(Collections.singleton(e));
```

Spezielle Konstanten

Die Klasse `Collections` liefert die leere Menge mit `emptySet()`, die leere Liste mit `emptyList()` und die leere Zuordnung mit `emptyMap()`.

4.3.5.6 Algorithmen

Das Collection-Framework bietet in der `Collections`-Klasse Methoden zum Suchen und Sortieren in Listen sowie zum Bestimmen von Minima und Maxima in Sammlungen.

Beispiel: Sortieren der Argumente der Kommandozeile

```
import java.util.*;

public class Sort {
  public static void main(String[] args) {
    List<String> l = Arrays.asList(args);
    Collections.sort(l);
    System.out.println(l);
  }
}
```

Das Beispiel benutzt die `asList`-Methode der Klasse `Arrays`, um die `sort`-Methode der Klasse `Collections` anzuwenden. Das Problem hätte natürlich auch mit der `sort`-Methode der Klasse `Arrays` gelöst werden können.

```
static <T> boolean addAll(Collection<? super T> coll, T... a)
```
Füge alle angegebenen Elemente `a` zur Sammlung `coll` hinzu.

```
static <T> int
  binarySearch(List<? extends Comparable<? super T>> list, T key)
```
Binäre Suche nach dem Element `key` in der Liste `list`.

```
static void reverse(List<?> list)
```
Dreht die Reihenfolge aller Elemente der Liste um.

```
public static <T> void fill(List<? super T> list, T obj)
```
Ersetze die Elemente der Liste `list` durch das Objekt `obj`.

```
static <T> void copy(List<? super T> dest, List<? extends T> src)
```
Kopiere alle Elemente der Liste `src` an die entsprechende Position in der Liste `dest`. Die Liste `dest` muss mindestens so lange wie die Liste `src` sein. Wenn `dest` länger als `src` ist, bleiben die übrigen Positionen von `dest` unverändert.

```
static void swap(List<?> list, int i, int j)
```
Tauscht das Element an Position i gegen das Element an der Position j aus.

```
public static int frequency(Collection<?> coll, Object obj)
```
Liefert die Häufigkeit, mit der das Objekt `obj` in der Sammlung `coll` auftritt.

```
static boolean disjoint(Collection<?> c1, Collection<?> c2)
```
Liefert genau dann **true**, wenn beide Sammlungen disjunkt sind.

```
static <T extends Object & Comparable<? super T>> T
  min(Collection<? extends T> coll)
```
Bestimme das Minimum der Liste.

```
static <T extends Object & Comparable<? super T>> T
  max(Collection<? extends T> coll)
```
Bestimme das Maximum der Liste.

```
static <T extends Comparable<? super T>> void sort(List<T> list)
```
Sortieren der Listenelemente.

```
static void shuffle(List<?> list)
```
Zufällige Anordnung der Listenelemente erzeugen.

4.4 Anwendungsfälle

In diesem Abschnitt stellt die Möglichkeiten, die Sammlungen bieten, anhand der Lösung von konkreten Problemen vor. Als Erstes erzeugt man Objekte aus einer textuellen Darstellung und legt sie in einer Sammlung zur weiteren Verarbeitung ab. Das zweite Beispiel behandelt das klassische Problem der Querverweisliste, bei dem man für jedes in einem Java-Programm definierte Wort alle Zeilen auflistet, in denen es auftritt.

4.4.1 Zerlegung von Zeichenketten: `StringTokenizer`

Problem

Die Situation „Zerteilung einer Eingabe“ ist für den Programmierer beim Zugriff auf Parameter der Kommandozeile zu lösen, aber auch in einem Compiler: „Parser“ heißt so viel wie „Zerteiler“.

Vorgehen

In den Java-Bibliotheken findet man für diese Grundaufgaben die sog. Tokenizer. Die Klasse `StringTokenizer` implementiert eine Aufzählung `Enumeration` und liefert auf diese Weise einfache Strukturen für Zugriffe. Darüber hinaus gibt es noch die beiden Routinen `hasMoreTokens` und `nextToken` zum Durchlaufen der Folge der Wörter in dem `String`. Die Trennzeichen für den Zerteiler können vom Aufrufer beliebig gewählt werden. Die Zeichenkette `" \t\n\r"` wird für die Trennzeichen benutzt, wenn nichts anderes angegeben wurde.
Der Zugriff auf Parameter der Kommandozeile kann mit der Klasse `StringTokenizer` einfach gelöst werden. Das folgende Programm bearbeitet die Wörter der Eingabe sowohl mit den speziellen String-Methoden `hasMoreTokens` und `nextToken` als auch mit `hasMoreElements` und `nextElement`. Letztere liefern `Object` als Ergebnis. Dies wird im Programm mit der `toString`-Methode in einen String umgewandelt.

Programm

```
import java.io.*;
import java.util.*;

class CommandLine {
```

```
    public static void main (String[] args) {
      for (int i = 0; i < args.length; i++) {
        System.out.print (i + " ter Parameter: \"" + args[i]
              + "\"\nMethode 1:");
        int j = 0;
        StringTokenizer st1 = new StringTokenizer(args[i]);
        while (st1.hasMoreTokens ())
          System.out.print (" Nr. " + j++ + " : \""
              + st1.nextToken () + "\"");
        System.out.print ("\nMethode 2:");
        j = 0;
        StringTokenizer st2 = new StringTokenizer(args[i]);
        while (st2.hasMoreElements ())
          System.out.print (" Nr. " + j++ + " : \""
              + st2.nextElement () + "\"");
        System.out.println ("\n");
      }
    }
}
```

Aufruf

```
java CommandLine p1 "1 2 333" "4 55"
```

Ausgabe

```
0 ter Parameter: "p1"
Methode 1: Nr. 0 : "p1"
Methode 2: Nr. 0 : "p1"

1 ter Parameter: "1 2 333"
Methode 1: Nr. 0 : "1" Nr. 1 : "2" Nr. 2 : "333"
Methode 2: Nr. 0 : "1" Nr. 1 : "2" Nr. 2 : "333"

2 ter Parameter: "4 55"
Methode 1: Nr. 0 : "4" Nr. 1 : "55"
Methode 2: Nr. 0 : "4" Nr. 1 : "55"
```

Problem: Kundendatensätze einlesen

Ein Programm soll Kundendatensätze von Tastatur einlesen. Die Kundendatensätze sollen jeweils Name, Vorname und Kundennumme enthalten:

```
Meier,Alfred,1
```

Problemanalyse

Ein Kundendatensatz wird durch eine Klasse `Kunde` abgebildet. Der `Kunde` hat als Attribute den Namen, den Vornamen sowie die Kundennummer. Die Werte für die Attribute müssen aus einer Eingabezeile ermittelt und in die Attribute einer Klasse gesetzt werden. Hier bietet sich ein spezieller Konstruktor für die Exemplare der Klasse `Kunde` an. Er erhält eine Zeile mit den Trennzeichen *Komma* zwischen je zwei Bestandteilen. Die einzelnen Bestandteile können mit einem `StringTokenizer` ermittelt werden. In der Klasse `KundenDaten` werden alle Kunden mit einer Klasse `ArrayList<Kunde>` in einer Liste der Kunden verwaltet.

Aus Platzgründen sind hier nur die wesentlichen Teile angegeben. Sie finden im Internet die vollständige Version.

Programm: Kunde.java

```
import java.util.*;

public class Kunde {
  // Konstruktoren ...
  public Kunde (String line) {
    StringTokenizer st = new StringTokenizer (line, ",");
    this.name = st.nextToken();
    this.vorname = st.nextToken();
    this.kundenNummer = Integer.parseInt(st.nextToken());
  }

  // Attribute
  private String name;
  private String vorname;
  private int kundenNummer;

  // get-/set-Methoden, z. B.:
  public void setName (String name) {
    this.name = name;
  }
  public String getName () {
    return name;
  }

  public String toString () {
    StringBuffer sb = new StringBuffer ();
    sb.append ("name= "); sb.append (name); sb.append (" ");
  ...
    return sb.toString ();
  }
}
```

Programm: KundenDaten.java

```
import java.io.*;
import java.util.*;

public class KundenDaten {
  // Verwaltung aller Kunden in einem Vektor
  private List<Kunde> kunden = new ArrayList<Kunde> (100);

  // Bedienungsanleitung
  private String[] text = {
    "Beenden Sie Ihre Eingabe mit EOF",
    " = ^D ^Z je nach Betriebssystem\n",
    "Bitte geben Sie die Kundendatensaetze",
    " in folgendem Format ein\n",
    "Name,Vorname,Kundennummer\n",
  };

  // Methode zum Einlesen
  public void eingabe () throws IOException {
    // Ausgabe der Bedienungsanleitung
    for (String t : text)
      System.out.print (t);
    String zeile = null;

    BufferedReader b =
      new BufferedReader (new InputStreamReader(System.in));
    do {
```

```
        zeile = b.readLine ();
        if (zeile != null)
          kunden.add (new Kunde (zeile));
      } while (zeile != null);

    }

    // Methode zur Ausgabe
    public void ausgabe () {
      for (Kunde kunde : kunden)
        System.out.println (kunde);
    }

    public static void main (String args []) {
      try {
        KundenDaten k = new KundenDaten ();
        k.eingabe ();
        k.ausgabe ();
      } catch (IOException e) {
        System.err.println (e);
      }
    }
}
```

Hinweis: Wenn Sie die Daten in einer Textdatei `xx.txt` abspeichern, können Sie das Programm mit dem Aufruf
`java KundenDaten < xx.txt`
zum Ablauf bringen. Dann liest das Programm die Daten aus der Textdatei `xx.txt`.

4.4.2 Beispiel: Querverweisliste in Java

Problem

Eine Querverweisliste ist eine Aufstellung aller in einem Programm definierten Namen bzw. Bezeichner. Für jeden Namen wird eine Liste der Nummern aller Zeilen erstellt, in denen er auftritt.

Einschränkungen

Die Blockstruktur von Java wird nicht berücksichtigt. Wird ein Name innerhalb eines Blockes noch einmal zur Definition einer Variablen benutzt, wird auch die Nummer der entsprechenden Zeile in der Liste der Querverweise vermerkt.

Vorgehen

Das Problem wird in verschiedene Teile zerlegt. Jeder der Teile wird objektorientiert modelliert.

1. Analyse eines Java-Programms, Zerteilung in die einzelnen Worte
2. Aufbau der Querverweisliste

Zu 1: Analyse eines Java-Programms

Die Bestandteile eines Quellprogramms werden häufig auch als Worte bezeichnet. In diesem Sinne besteht ein Quellprogramm aus Namen, Zahlen, reservierten Namen wie etwa **`if`**, **`while`**, **`class`** etc., Kommentaren und reservierten Kombinationen aus einem oder mehreren Sonderzeichen wie z. B. `+` oder `<=`. Die Zerteilung eines Quellprogramms in solche Worte ist Aufgabe eines Scanners; sie wird auch als lexikalische Analyse bezeichnet. Zur Zerteilung des Java-Programms in Worte wird die in das JDK eingebaute Klasse `Scanner` benutzt. Hiervon wird eine Klasse `CJavaScanner` abgeleitet. Deren Routine `getnextWord()` setzt auf den Definitionen in `Scanner` auf und sucht nach Bezeichnern.

Zu 2: Aufbau der Querverweisliste

Eine Querverweisliste besteht aus aufeinander folgenden einzelnen Einträgen, sie verhält sich damit wie eine Aufzählung der Einträge. Jeder Eintrag enthält einen Bezeichner sowie die Aufzählung aller Nummern von Zeilen, in denen er vorkommt.
Konkret: Für Einträge wird die Klasse `CItem` benutzt. Diese Klasse besteht aus einem `String` für den Namen des Bezeichners. Die Zeilennummern werden mit einer `ArrayList` `lineNumbers` verwaltet. Wenn man verhindern möchte, dass eine Zeilennummer mehrfach auftritt, kann man eine `TreeSet`-Klasse anstelle der `ArrayList`-Klasse benutzen. Eine `HashSet`-Klasse würde auch die mehrfache Nennung von Zeilennummern unterdrücken, aber die Zeilennummern nicht geordnet, sondern in willkürlicher Reihenfolge liefern.

```
private List<Integer> lineNumbers = new ArrayList<Integer> (2);
private Set<Integer> lineNumbers = new TreeSet<Integer> ();
```

Die Klasse `CItem` stellt die Routine `add` zum Anfügen von Zeilennummern sowie die Routine `toString()` zur Selbstdarstellung zur Verfügung. Wenn man die Einträge sortieren möchte, benötigt man vergleichbare Einträge. In Java dient die Schnittstelle `Comparable` zur Definition vergleichbarer Einträge. Deswegen implementiert die Klasse `CItem` in diesem Beispiel diese Schnittstelle. Der Vergleich eines `CItem`-Eintrags ist nur mit einem anderen `CItem`-Objekt möglich. Mit Java-Generics kann dies elegant formuliert werden: `CItem` implementiert keine allgemeine Vergleichsschnittstelle, sondern nur einen Vergleich mit `CItems`.
Zur Verwaltung der Gesamtheit der Einträge (Exemplare der Klasse `CItem`) dient die Deklaration:

```
private Map <String, CItem> namedItems
                                  = new HashMap <String, CItem> ();
```

Die Java-Klasse `HashMap` nimmt Einträge vom Typ `CItem` auf und liefert solche Einträge zurück. Die generische `sort`-Methode der Klasse `Collections` sortiert die Einträge nach den durch die Implementierung der `Comparable`-Schnittstelle definierten Kriterien.

Programm

```
import java.util.*;
import sun.tools.java.*;
import java.io.*;

// Ein Item ist ein benanntes Objekt im Quellprogramm:
// Name zeile1 zeile2 zeile3 ...
class CItem implements Comparable<CItem> {
  private String name;
  private List<Integer> lineNumbers = new ArrayList<Integer> (2);

  public CItem (String name) { this.name = name; }

  // Füge eine Zeilennummer hinten an
  public void add (int lineNo) {
    lineNumbers.add (lineNo);
  }
```

```
    // Umwandeln in die Form name : nr1 nr2 ...
    public String toString () {
      StringBuffer b = new StringBuffer (80);
      b.append (name);
      b.append (" : ");
      for (Integer lineNo : lineNumbers) {
        b.append (lineNo);
        b.append (' ');
      }
      return b.toString ();
    }

    // Vergleichbar mit einem anderen CItem-Objekt
    public int compareTo (CItem other) {
      return name.compareTo (other.name);
    }
  }

  // Der Scanner wird vom Original Java-Scanner abgeleitet
  class CJavaScanner extends sun.tools.java.Scanner {
    public CJavaScanner (String name)
        throws FileNotFoundException, IOException {
      super (new Environment (), new FileInputStream (name));
    }

    // Lesen des nächsten Wortes. Überspringe dabei alle Wörter,
    // die keine Bezeichner sind, wie ( ) { } if while ...
    public String getnextWord () throws IOException {
      while (token != EOF) {
        if (token == Constants.IDENT) {
          String text = idValue.toString ();
          xscan ();
          return text;
        }
        xscan ();
      }
      return null;
    }

    // Ermittle die Zeilennummer
    public int getLineNo () {
      return (int) (pos / LINEINC);
    }
  }

  // Das Quellprogramm wird durchsucht. Wenn ein Name gefunden
  // wird, so wird die damit verbundene Zeile im Quellprogramm an
  // seine Liste der Zeilennummern angehaengt. Ggfs. wird der Name
  // in die Tabelle "namedItems" eingetragen.
  public class CrossReference {
    private Map <String, CItem> namedItems
      = new HashMap <String, CItem> ();

    // Analyse des Quellprogramms und Sammeln der Daten
    void work (String Name) throws IOException {
      try {
        CJavaScanner scanner = new CJavaScanner (Name);
        for (String token = scanner.getnextWord();
                    token != null;
                    token = scanner.getnextWord()) {
          CItem item = namedItems.get (token);
          if (item == null)
```

```
          namedItems.put (token, item = new CItem (token));
        item.add (scanner.getLineNo ());
      }
    } catch (FileNotFoundException io) {
      System.out.println ("File not found: " + Name);
    }
  }

  // Ausgabe aller Daten
  void displayitems () {
    List<CItem> nv = new ArrayList <CItem>(namedItems.values());
    Collections.sort (nv);
    for (CItem item: nv)
      System.out.println (item);
  }


  public static void main (String[] args) throws IOException {
    if (args.length == 0) {
      System.out.println ("Aufruf java CrossReference Name");
    } else {
      CrossReference q = new CrossReference ();
      q.work (args[0]);
      q.displayitems ();
    }
  }
}
```

Ausgabe für das Programm aus 4.4.1

```
ArrayList : 8
ArrayListDemo : 6 10 56 56
List : 8
ListIterator : 45
String : 8 8 12 13 14 15 16 22 45 55
System : 21 23 24 26 31 33 35 37 39 44 46 48 50 52
add : 12 13 14 15 16
args : 55
demo : 56 57 58 59
get : 33
hasNext : 45 47
i : 32 32 32 33 34
iter : 45 45 46 47
java : 4
listIterator : 45
main : 55
name : 22 23
namen : 8 12 13 14 15 16 22 32 33 34 45
next : 46
out : 21 23 24 26 31 33 35 37 39 44 46 48 50 52
print : 23 24 33 35 46 48
print1 : 20 57
print2 : 30 58
print3 : 43 59
println : 21 26 31 37 39 44 50 52
size : 32 34
util : 4
```

Hinweis: Mit der Klasse `sun.tools.java.Scanner` aus dem JDK kann man das Listing des Programms kurz halten. Dieser „Scanner" befindet sich beim JDK im Archiv `tools.jar` im Unterverzeichnis `lib` der Installation des JDK. Dieses Archiv muss im Klassenpfad enthalten sein, wenn man diesen Scanner einsetzen will.

> Auf CD findet sich auch eine Variante des o. a. Programms mit einem ausprogrammierten Scanner für die Worte.

4.4.3 Binäre Bäume

Problem

Binäre Bäume können zum Aufbewahren und Wiederfinden von Daten benutzt werden. Hierfür könnte man in Java die Klasse `Hashtable` benutzen, die allerdings ohne Zusatzaufwand keine sortierte Ausgabe liefert. Bei binären Bäumen kann man hingegen leicht eine sortierte Ausgabe erhalten.

Vorgehen: Binärer Baum

Eine allgemeine Klasse `BinNode` zur Darstellung binärer Bäume wird entworfen.

```
class BinNode extends Object {
    BinNode l, r;                  // Linker, rechter Nachfolger
    String text;                   // Inhalt
    public BinNode(String text,BinNode l, BinNode r);
    public void insert (String);// Geordnetes Einfuegen
    public void walk(int);         // Durchlauf Links-Mitte-Rechts
}
```

Der Konstruktor dient zur Initialisierung der Komponenten. `insert` legt neue Knoten an und fügt diese so ein, dass der veränderte Binärbaum (aufsteigend) geordnet bleibt, d.h. für jeden Knoten werden kleinere Werte links, größere Werte dagegen rechts eingetragen. `walk` dient zur Ausgabe des Binärbaums nach dem Schema

Links – Mitte – Rechts.

Ein (aufsteigend) geordneter Baum wird aufsteigend sortiert ausgegeben, da vor einem Element alle Elemente auf der linken Seite ausgegeben werden. Die Elemente auf der linken Seite sind aber gerade die kleineren Elemente. Danach folgen alle Elemente auf der rechten Seite, dies sind aber die größeren Elemente. Wenn dies aus der Sicht jedes Elements stimmt, dann stimmt es insgesamt. Damit die Baumstruktur sichtbar wird, werden die Elemente entsprechend ihrer Tiefe nach rechts eingerückt. Das Element an der Wurzel wird also am wenigsten eingerückt, sein linker bzw. rechter Nachfolger ist eine Stufe weiter nach rechts versetzt usw.
Zur Qualitätssicherung wird die Klasse mit einem Rahmenprogramm versehen. Das Rahmenprogramm trägt der Reihe nach Elemente ein und gibt den Baum aus.
Ein geordneter Baum kann keine doppelten Einträge enthalten. Deswegen wird der Versuch, einen bereits vorhandenen Eintrag nochmals einzutragen, als Programmausnahme behandelt. Die Routine `insert` wirft eine Programmausnahme, die vom Aufrufer der Routine aufgefangen wird.

Programm

```
// Programmausnahme : Doppelter Eintrag in Baum
class MyException extends Exception {

  private String text;

  public MyException (String text) {
    this.text = text;
  }
```

```
  public String toString () {
    return text;
  }
}

// Binaerer Baum: Attribute + Methoden
class BinNode {

  BinNode l, r; // Linker, rechter Nachfolger
  String text;  // Text fuer Knoten

  public BinNode (String text, BinNode l, BinNode r) {
    this.l    = l;
    this.r    = r;
    this.text = text;
  }

  // Ausgabe des Baumes nach dem Schema Links-Mitte-Rechts
  // (Inorder-Schema)
  // Ist der Baum geordnet, liegen links von einem Knoten
  // alle kleineren Elemente, diese werden also zuerst
  // ausgegeben: Die Ausgabe erfolgt sortiert.
  // walk rueckt die Elemente entsprechend der Tiefe ein.
  public void walk (int depth) {
    if (l != null)
      l.walk (depth+1);
    for (int i = 0; i < depth; i++)
      System.out.print ("   ");
    System.out.println (text);
    if (r != null)
      r.walk (depth+1);
  }
  // Eintragen eines Elements. Der Baum soll geordnet bleiben.
  // Also werden kleinere Elemente links eingetragen.
  public void insert (String Name) throws MyException {
    int compare = Name.compareTo (text);
    if (compare < 0) // Ein kleineres Element eintragen?
      if (l == null)
        l = new BinNode (Name, null, null);
      else
        l.insert (Name);
    else if (compare > 0) // Ein groesseres Element eintragen?
      if (r == null)
        r = new BinNode (Name, null, null);
      else
        r.insert (Name);
    else
      throw new MyException ("Name " + Name +
                             " bereits vorhanden");
  }
}

// Testtreiber fuer die Klasse BinNode
// Eintragen von Daten, Ausgeben
public class TestBinNode {
  public static void main (String[] args) {
    BinNode d = null;
    try {
      d = new BinNode ("Text50", null, null);
      d.insert ("Text30");
      d.insert ("Text20");
      d.insert ("Text10");
```

```
            d.insert ("Text40");
            d.insert ("Text35");
            d.insert ("Text45");
            d.insert ("Text42");
            d.insert ("Text25");
            d.insert ("Text60");
            d.insert ("Text70");
            d.insert ("Text80");
        } catch (MyException e) {
            System.out.println (e);
        }
        d.walk (1); // Ausgabe
    }
}
```

Ausgabe

```
               Text10
            Text20
               Text25
         Text30
               Text35
            Text40
                  Text42
               Text45
      Text50
         Text60
            Text70
               Text80
```

Zusammenfassung

Java stellt im Package `java.util` Klassen zur Verfügung, die dem Programmierer die Entwicklung eigener Routinen für immer wieder zu lösende Probleme ersparen. Das Collection-Framework stellt ein leistungsfähiges System zur Aufbewahrung von Objekten zur Verfügung. Insbesondere kann man sequenziell anfallende Daten mit den Implementierungen der List-Schnittstelle verwalten. Wünscht man Sammlungen, die frei von Duplikaten sind, so kann man mit den Implementierungen der Set-Schnittstelle arbeiten. Für assoziative Zugriffe auf Daten bieten sich die Implementierungen der Map-Schnittstelle an.
Auch die Strukturierung der Zugriffe mit der `Iterator`-Schnittstelle als gedanklicher Abstraktion für das Thema „sequenziell durchlaufen" trägt zur Lesbarkeit von Java-Progammen bei. Die Java-Lösung wird in [8] als Entwurfsmuster „Iterator" bezeichnet.
Bei der Analyse von Zeichenketten stellt Java mit der Klasse `StringTokenizer` ein leistungsfähiges Hilfsmittel für die Analyse z.B. von Parametern eines Programms zur Verfügung.
Bei dieser Ausgangslage werden traditionelle Techniken der Programmierung wie Listen oder Bäume an Bedeutung verlieren. Deswegen wurden in diesem Buch von den klassischen Methoden der Datenorganisation nur binäre Bäume behandelt. Es überrascht zunächst, dass Listen oder Bäume in der Sprache Java möglich sind, die ja keine Zeiger kennt. Der Programmierer sollte aber bedenken, dass alle Instanzen von Klassen über Zeiger realisiert sind. Deswegen kann man in Java die bekannten Algorithmen zur Verwaltung von Daten in dynamischen Datenstrukturen implementieren.

Aufgaben

1. Geben Sie ein Programm an, das in einer Zeichenkette jedes Auftreten von *ae* durch *ä* ersetzt. Sie können bei der Lösung die Zeichenkette von links nach rechts nach dem

gesuchten Text *ae* durchsuchen. Ein Ausgabefeld vom Typ `StringBuffer` kann zum Aufsammeln der Zeichen des umgeformten Strings benutzt werden. Alternativ können Sie das Problem auch mit regulären Ausdrücken lösen.

2. Benutzen Sie die Klasse zur Verwaltung von Personen aus Abschnitt 3.2.1. Verwalten Sie Personen mit einer generischen Liste. Implementieren Sie Methoden zum Hinzufügen von Personen und zum Ausgeben aller Personen.
3. Benutzen Sie die Klasse zur Verwaltung von Personen aus Abschnitt 3.2.1. Verwalten Sie die Personen mit einer `HashMap`. Implementieren Sie Methoden zum Hinzufügen von Personen und zum Suchen der Personen durch Angabe des Namens.
4. (*)Realisieren Sie ein Programm *Superbookmarks* in Java. Das Programm soll URLs nach Stichworten verwalten. Hier reicht eine Textversion von *Superbookmarks*.

Eingabe der Daten:

Die Daten sollen in einer Textdatei in folgender Form stehen:

```
www.sun.com java beans servlet jdbc
www.microsoft.com activex directx java
```

Der erste Eintrag einer Zeile ist jeweils eine URL, danach folgen die dazugehörigen Stichwörter. Es können beliebig viele Stichwörter in einer Zeile stehen.

Ausgabe:

```
directx: www.microsoft.com
java: www.sun.com www.microsoft.com
jdbc: www.sun.com
activex: www.microsoft.com
servlet: www.sun.com
beans: www.sun.com
```

Aufgabenstellung:

Die Suche sowie die Ausgabe erfolgt *nicht* nach URLs, sondern nach den Stichworten. So kann z.B. ein Stichwort angegeben werden. Superbookmarks liefert dann alle URLs, bei denen das Stichwort aufgeführt war.

5. Beim Entwickeln einer Klasse gibt es Tätigkeiten, die sich stets wiederholen. Man muss die Attribute erstellen, Konstruktoren und `get`/`set`-Methoden für die Attribute schreiben. Eine `toString()`-Methode zur Anzeige der Werte der Attribute ist nützlich.

Aufgabenstellung:

Erstellen Sie ein Java-Programm `ClassGen`, das Java-Programme erzeugt. Ein Aufruf soll das o.a. Problem automatisieren und die folgende Klasse erstellen:

```
   java ClassGen Punkt int x int y

public class Punkt {
  public Punkt(int x, int y) { this.x = x; this.y = y; }
  private int x;
  private int y;
  public void setX (int x) { this.x = x; }
  public int getX () { return x; }
  ... get/set: Analog für alle weiteren Attribute
  public String toString () {
    StringBuffer sb = new StringBuffer (); // Attribute anhängen

    return sb.toString ();
  }
}
```

5 Ein-/Ausgabe in Java

Im Package `java.io` bündelt das JDK die Ein-/Ausgabe in Java. Da Java eine Programmiersprache ist, die speziell für Anwendungen im Internet entwickelt wurde, müssen Programme in Java mit diversen Quellen für die Eingabe rechnen: lokale Dateien, Tastatur und das Internet. Zur Lösung dieses Problems benutzt man die Abstraktionen `InputStream` zum Lesen und `OutputStream` zum Schreiben von Daten. Diese Klassen enthalten die Definitionen aller Methoden zur grundlegenden Ein-/Ausgabe. Allerdings gibt es keine Exemplare dieser abstrakten Klassen, konkret gibt es nur Ableitungen davon, wie etwa eine `FileInputStream`-Klasse.

Zur internen Darstellung von Zeichen benutzt Java den Unicode. Dateien oder Datenströme im Internet liegen dagegen häufig als ASCII-Code vor. Deswegen muss in Java eine Brücke zwischen diesen Welten geschlagen werden. Zur besseren Unterstützung der Internationalisierung durch den Unicode wurden ab Java 1.1 zusätzlich zu den Byte-orientierten `Stream`-Klassen für die E/A die Zeichen-orientierten `Reader` bzw. `Writer`-Klassen eingeführt.

In diesem Kapitel werden zunächst die Prinzipien der Ein-/Ausgabe behandelt: Verfahren zum Transfer von Daten zwischen Speicher und Dateien ohne Umformung sowie zur Ein-/Ausgabe von Text mit Codierung der Darstellung entsprechend der lokalen Sprache bzw. den lokalen Einstellungen. Daran schließen sich Fallstudien für typische Anwendungsprobleme an.

Die folgende Skizze zeigt die möglichen Richtungen für die Eingabe. Die Ausgabe entspricht diesem Schema mit umgekehrter Richtung der Verarbeitung und Output-Klassen statt Input-Klassen.

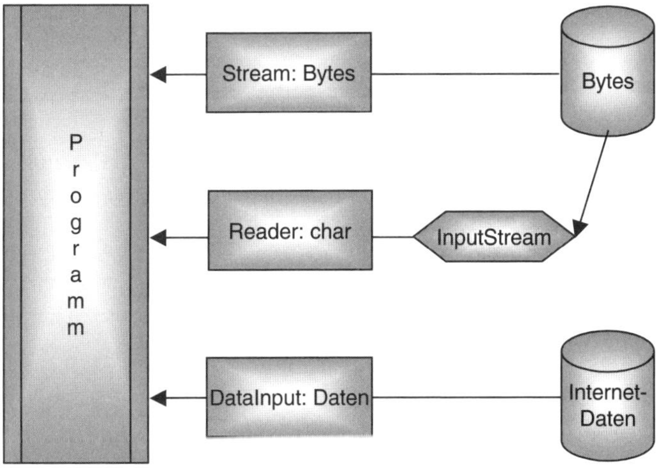

Streams arbeiten Byte-orientiert ohne Umformung. `Reader` (Ausgabe: `Writer`) arbeiten mit Unicode Zeichen. Ein `InputStreamReader` (`OutputStreamWriter`) schlägt eine Brücke zwischen den Byte und den Unicode-orientierten Welten. `DataInput` (`DataOutput`)-Darstellungen verarbeiten Daten in binären Formaten für das Internet. So werden die Darstellungen von Zahlen im dualen System in der im Internet festgelegten Reihenfolge für die einzelnen Bytes abgelegt bzw. eingelesen.

Die folgende Tabelle zeigt die Klassen in der Übersicht und die Entsprechung zwischen den Byte- und den Zeichen-orientierten Klassen. Alle Klassen gehören zu dem Package `java.io`.

Zeichen-orientierte Klasse	Beschreibung	Byte-orientierte Klasse
`Reader`	Abstrakte Klasse für Zeichen-orientierte Eingabe	`InputStream`
`BufferedReader`	Pufferung der Eingabe, zeilenweises Lesen möglich	`BufferedInputStream`
`LineNumberReader`	Erkennt Zeilennummern	`LineNumberInputStream`
`CharArrayReader`	Eingabe aus Zeichen-Array	`ByteArrayInputStream`
`InputStreamReader`	Umformung eines Byte-Streams in Zeichen	---------
`FileReader`	Eingabe von Datei	`FileInputStream`
`FilterReader`	Abstrakte Klasse für gefilterte Zeichen-Eingabe	`FilterInputStream`
`PushbackReader`	Zeichen können in den Eingabestrom zurückgestellt werden (z.B. für Parsen)	`PushbackInputStream`
`PipedReader`	Eingabe von Pipe	`PipedInputStream`
`StringReader`	Eingabe von String	`StringBufferInputStream`
`Writer`	Abstrakte Klasse für Zeichen-orientierte Ausgabe	`OutputStream`
`BufferedWriter`	Zeilen-orientierte Pufferung der Ausgabe	`BufferedOutputStream`
`CharArrayWriter`	Ausgabe in einen Zeichen-Array	`ByteArrayOutputStream`
`FilterWriter`	Abstrakte Klasse für gefilterte Zeichen-Ausgabe	`FilterOutputStream`
`OutputStreamWriter`	Umformung eines Zeichen-Streams in einen Byte-Stream	---------
`FileWriter`	Ausgabe in eine Datei	`FileOutputStream`
`PrintWriter`	Komfortable Ausgabe von Werten und Objekten	`PrintStream`
`PipedWriter`	Ausgabe auf Pipe	`PipedOutputStream`
`StringWriter`	Ausgabe in einen String	---------

Wichtige Methoden der Klasse `BufferedReader`

Zur Eingabe von Text in Programme ist im JDK der Weg über die Reader empfohlen, weil dabei die Umsetzung der Bytes des Eingabestroms in Zeichen gemäß den lokalen Einstellungen erfolgt. Deswegen sind die wichtigsten Methoden der Klasse `BufferedReader` besonders interessant.

`void close ();`	Schließen des Streams.
`int read();`	Lesen eines Zeichens. Das Ergebnis wird als Zahl im Bereich von 0 bis 65535 (hexadezimal `0x0000` bis `0xffff`) zurückgeliefert. Der Wert –1 steht für das Ende der Datei.

`int read( char[] cbuf, int off, int len);`	Aus dem Eingabestrom werden `len` Zeichen in den Puffer `cbuf` ab dem Zeichen mit dem Index `off` eingelesen. Die Methode gibt die Anzahl der gelesenen Zeichen zurück. Der Wert –1 codiert das Dateiende.
`String readLine();`	Einlesen einer Zeile. Bei Dateiende wird **`null`** geliefert.
`boolean ready();`	Anzeige, ob der Eingabestrom bereit zum Lesen ist. Dies ist der Fall, wenn der Puffer nicht leer oder der darunter liegende Zeichenstrom bereit ist.

Hinweis: Die Rückgabe von –1 =`0xffffffff` als **`int`**-Wert für das Dateiende entspricht dem Trick in der Programmiersprache C für das zeichenweise Lesen. Da die Zeichen den Bereich von `0x0000` bis `0xffff` umfassen, kann der Rückgabewert von `read()` für das Dateiende nicht in diesem Bereich verschlüsselt werden. Deswegen wählt man als Datentyp für die Rückgabe einen größeren Bereich, nämlich **`int`**, und verschlüsselt das Dateiende mit dem Wert –1, der außerhalb des o. a. Bereichs liegt. Beim Programmieren ist Vorsicht geboten, denn das eingelesene Zeichen muss vor dem Test auf Dateiende als **`int`** erhalten bleiben, da bei einem Cast auf **`char`** die Information verloren ginge. Vgl. hierzu das Programm auf Seite 212.

Programmabschnitt: Einlesen von Tastatur

```
BufferedReader b =
     new BufferedReader(new InputStreamReader(System.in));
try {
  int ch;
  while ((ch = b.read ()) != -1) {
    System.out.print ((char)ch);
  }
  b.close ();
} catch (IOException e) {
  System.err.println (e);
  return;
}
```

Programmlauf (Eingabe grau hinterlegt)

```
1234567890
1234567890
asdf
asdf
```

Die Eingabe wurde mit Strg+Z unter Windows beendet.

5.1 Prinzip der Ein-/Ausgabe in Java

Wichtige Klassen des Package `java.io`

Die Klasse `RandomAccessFile` ist für den wahlfreien Lese- und Schreibzugriff auf Dateien auf dem lokalen Host-System bestimmt. Sie unterstützt Operationen mit und ohne Umformung von Daten.

`StreamTokenizer` dient der Zerlegung einer Textdatei in Worte und Zahlen. Mit dieser Klasse lässt sich auch die Eingabe von Daten von Konsole lösen.

Die anderen mit der Ein-/Ausgabe in Java beschäftigten Klassen arbeiten mit den Abstraktionen `InputStream` bzw. `OutputStream`.
Die Klasse `File` verwaltet Dateinamen, also weder Lese- noch Schreibzugriffe auf Dateien. Es werden Namen für gewöhnliche Dateien oder auch Inhaltsverzeichnisse unterstützt. Objekte der Klasse `File` können über den Namen konstruiert werden:

```
File f = new File ("name");
```

Wichtige Methoden der `File`-Klasse

`static char separatorChar;`	Trennzeichen für Namen: `'/'` bei UNIX, `'\'` bei Windows
`static char pathSeparatorChar;`	Trennzeichen für Folgen aus Pfaden: `':'` bei UNIX, `';'` bei Windows
`String getName();`	Name der Datei
`String getPath();`	Pfadanteil des Dateinamens
`boolean exists();`	Ist eine Datei dieses Namens vorhanden?
`boolean isDirectory();`	Ist dies ein Verzeichnis?
`boolean isFile();`	Ist dies eine Datei?
`boolean isHidden();`	Ist dies eine verborgene Datei?
`long lastModified();`	Datum des letzten Schreibzugriffs
`long length();`	Größe der Datei
`boolean createNewFile() throws IOException;`	Neue Datei anlegen.
`boolean delete();`	Löschen der Datei
`String list()[];`	Eine Liste der Dateinamen angeben. Nur für Verzeichnisse sinnvoll.
`boolean mkdir();`	Anlegen eines Verzeichnisses
`boolean mkdirs();`	Anlegen eines Verzeichnisses einschließlich aller erforderlichen Verzeichnisse
`int compareTo(File);`	Vergleich der Dateinamen, *nicht* der Dateiinhalte

Beispiel: Attribute einer Datei ausgeben

```
// Ausgabe von Attributen von Dateien.
// Der Dateiname wird als Argument in der Kommandozeile
// übergeben.
import java.io.*;
import java.util.Date;
import java.text.SimpleDateFormat;

public class FileAttributes {
  public static void main (String[] args) {
    File f = new File (args[0]);
    if (f.exists ()) {
      System.out.println ("Directory : " + f.isDirectory());
      System.out.println ("Groesse   : " + f.length ());
      System.out.println ("Pfad      : " + f.getPath ());
       // Formatierung des Datums
      SimpleDateFormat formatierer
          = new SimpleDateFormat ("HH:mm:ss dd.MM.yyyy");
      System.out.println ("Zeit/Datum: " +
         formatierer.format(
         new Date (f.lastModified ())));
```

```
        } else
          System.err.println (
              "Datei " + args[0] + " ist nicht vorhanden");
    }
```

Alternative mit printf ab JDK 1.5

Den im obigen Programm eingerahmten Block kann man im JDK 1.5 anders formulieren:

```
System.out.printf("Directory %b Groesse %8d Pfad %20s "
  + "Zeit/Datum: %4$tH:%4$tM:%4$tS %4$td.%4$tm.%4$tY\n",
  f.isDirectory(), f.length(), f.getPath(), f.lastModified());
```

Zur Formatierung von Zeit- und Datum siehe auch Abschnitt 4.1.2.

5.1.1 Eingabe in Java

Die Klasse `InputStream` dient als Abstraktion für alle konkret möglichen Eingabeströme. In ihr werden nur einfachste Funktionen zum sequenziellen Lesezugriff definiert. Man kann einzelne Bytes oder Blöcke von Bytes lesen. Es gibt keinerlei Methoden zur Umformung von Daten. Ein `mark-reset`-Mechanismus unterstützt ein Vorauslesen in einer Datei: Markieren eines Punktes in der Datei, Vorauslesen und Zurücksetzen des Eingabestroms.

Klassenhierarchie für die EingabeStreams

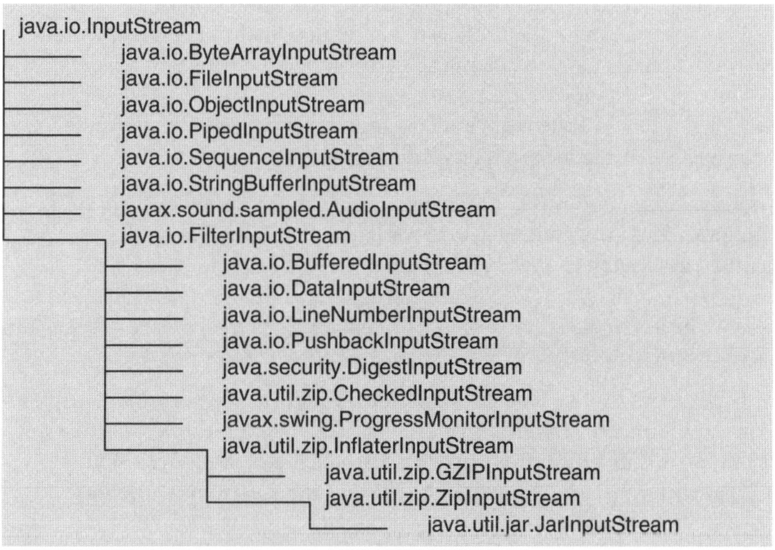

Einige Methoden der Klasse `InputStream`

`void close ();`	Schließen des Streams und Freigabe aller belegten Ressourcen.
`int read();`	Lesen eines Bytes. Das Ergebnis wird als Zahl im Bereich von 0 bis 255 (hexadezimal `0x00` bis `0xff`) zurückgeliefert. Der Wert –1 steht für das Ende der Datei.

`int read( byte[] cbuf, int off, int len);`	Aus dem Eingabestrom werden `len` Bytes in den Puffer `cbuf` ab dem Byte `off` eingelesen. Die Methode gibt die Anzahl der gelesenen Bytes zurück. Der Wert –1 codiert das Dateiende.

Übersicht über Streams zur Eingabe

`ByteArrayInputStream`	Lesen aus einem `ByteArray`.
`FileInputStream`	Lesen aus einer Datei.
`ObjectInputStream`	Lesen (Rekonstruktion) von serialisierten Objekten.
`PipedInputStream`	Verbinden von Threads via Pipes.
`SequenceInputStream`	Mehrere Dateien (wie eine Datei) nacheinander bearbeiten.
`StringBufferInputStream`	Lesen aus einem `StringBuffer`.

Übersicht über Filter für Streams zur Eingabe

`BufferedInputStream`	Gepufferter Eingabestrom. Nicht jeder Aufruf wird an das zugrunde liegende E/A-System durchgereicht.
`CheckedInputStream`	Eingabestrom aus ZIP-Archiv mit Prüfsumme.
`DataInputStream`	Formatierung von Daten im Internet-Format. **Vorsicht**: nicht zur Anwendung bei Daten im Textformat.
`DigestInputStream`	Prüfsummen (MD5, SHA) aus `java.security`.
`LineNumberInputStream`	Eine Zeilenstruktur wird anhand der Zeichen `'\r' '\n'` erkannt. Diese Klasse sollte nicht mehr verwendet werden, da sie von einer ASCII-Codierung der Zeichen ausgeht. Stattdessen: `LineNumberReader`.
`PushbackInputStream`	Ein Byte kann in den Eingabestrom zurückgestellt werden.
`InflaterInputStream`	Eingabestrom aus ZIP-Archiv.

Die von `FilterInputStream` abgeleiteten Klassen implementieren jeweils eine Zusatzfunktionalität zur Eingabe. Zur Anwendung wird jeweils eine Instanz einer solchen Klasse angelegt, die irgendeinen konkreten Eingabestrom benutzt:

```
FileInputStream fis = new FileInputStream ("Dateiname");
DataInputStream dis = new DataInputStream (fis);
short zahl = dis.readShort();
```

Diese Technik des „Filteraufsatzes" in Java ermöglicht es, Filter für die verschiedenen konkreten Eingabeströme zu definieren. In der eingerahmten Zeile kann anstelle von `fis` auch eine Instanz eines anderen Eingabestroms stehen, den man z.B. mit der Methode `openStream()` der Klasse `java.net.URL` erzeugt. Diesen Eingabestrom würde die Umgebung über das Internet „heranschaffen".
Die Leistungsfähigkeit der Ein-/Ausgabe beruht auf objektorientierten Techniken zum Zusammenfügen von Software-Bausteinen.

Klassenhierarchie für die Reader

```
java.io.Reader
├──── java.io.CharArrayReader
├──── java.io.PipedReader
├──── java.io.StringReader
├──── java.io.BufferedReader
│     └──── java.io.LineNumberReader
├──── java.io.FilterReader
│     └──── java.io.PushbackReader
└──── java.io.InputStreamReader
      └──── java.io.FileReader
```

Übersicht über die Reader

`CharArrayReader`	Lesen aus einem Char-Array
`PipedReader`	Verbinden von Threads via Pipes
`StringReader`	Lesen aus einem `String`
`BufferedReader`	Zusatzdienst: Pufferung, Zeilenweises Lesen
`LineNumberReader`	Lesen mit Zeilennummer-Struktur
`PushbackReader`	Zusätzlicher Dienst des Filters: Zurückstellen von Zeichen in den Eingabestrom
`InputStreamReader`	Abstraktion für Eingabeströme, z. B. aus Datei, über das Internet
`FileReader`	Abkürzung. Siehe nachstehendes Programm.

Erzeugen eines Readers

Der folgende Programmausschnitt zeigt, wie man einen Reader für eine Datei erzeugt und die Datei zeilenweise lesen kann. Dabei ist zu beachten, dass dieser Programmausschnitt eine `java.io.IOException` werfen kann. Vgl. hierzu auch das Beispiel auf S. 205, bei dem von der Datei `System.in` eingelesen wird. Der Reader sollte nur für eine Textdatei erzeugt werden. Für binäre Daten ist er nicht sinnvoll.

```
// Entweder kurz mit dem bequemen FileReader
    BufferedReader b = new BufferedReader (
                           new FileReader ("name"));
/* oder alternativ etwas länger
    BufferedReader b = new BufferedReader (
                           new InputStreamReader (
                           new FileInputStream ("name")));
*/
    String s = null;
    while ((s = b.readLine ()) != null) {
        ... Bearbeiten der Zeile s ...
        ...
    }
    b.close ();
```

Die Standard-Eingabe

UNIX und Windows sehen für Anwendungen eine Standard-Eingaberichtung vor. Diese wird oft auch mit `stdin` bezeichnet. Java-Programme können über das **`static`**-Attribut `System.in` auf diesen `InputStream` zugreifen.

Anwendung: Zeilenweise Eingabe von Tastatur

Zum Einlesen von Zeichen von Tastatur wendet man gemäß der Skizze auf Seite 205 einen `InputStreamReader` auf den Eingabestrom `System.in` an. Mit einem Puffer wird die Eingabe effizienter.

Beispiel: Einlesen einer Zeile von Tastatur in Java

```
import java.io.*;

public class MyReadLine {
  private static BufferedReader b = null;

  public static String readln() {
    try {
      return b.readLine();
    } catch (IOException e) {
      e.printStackTrace(System.err);
    }
    return null;
  }

  public static void main(String[] args) {
    b = new BufferedReader(new InputStreamReader(System.in));
    String s = null;
    while ((s = MyReadLine.readln()) != null)
      System.out.println(">" + s + "<");
  }
}
```

Hinweis: Das Programm liest bis zum Dateiende. Wenn das Programm von Tastatur liest, kann es durch Eingabe des Dateiende-Kennzeichens beendet werden. Dies ist je nach Betriebssystem `^Z` bzw. `^D`, nicht aber `^C`, welches einen Abbruch des Prozesses bewirkt (`^C` wird durch die Tastenkombination Strg+C eingegeben).

Programmlauf

Das Programm kann den Inhalt einer Textdatei ausgeben, wenn es mit der Umlenkung

```
java MyReadLine < Dateiname
```

aufgerufen wird. In diesem Fall „lenkt“ das Betriebssystem UNIX bzw. Windows die Eingabe auf die durch „Dateiname“angegebene Datei um, sofern diese gefunden wird.

5.1.2 Ausgabe in Java

Die Basisklasse für Ausgaben ist `OutputStream`. Sie bietet aber nur Transferdienste für Daten ohne jede Umformung an. Die Klasse `PrintStream` enthält die `print(...)` bzw. `println (...)`-Anweisungen für elementare Datentypen sowie für Objekte. Sie ist damit besonders nützlich, wenn es um die Ausgabe von Daten als Text geht, wie es z.B. bei Ausgaben auf die Konsole der Fall ist. Für die Ausgabe von Text empfiehlt sich die `PrintWriter`-Klasse. Insbesondere die `printf`-Methode hilft bei einer formatierten Ausgabe.

Klassenhierarchie für die Ausgabe-Streams

```
java.io.OutputStream
├── java.io.ByteArrayOutputStream
├── java.io.FileOutputStream
├── java.io.ObjectOutputStream
├── java.io.PipedOutputStream
└── java.io.FilterOutputStream
    ├── java.io.BufferedOutputStream
    ├── java.io.DataOutputStream
    ├── java.security.DigestOutputStream
    ├── java.util.zip.CheckedOutputStream
    ├── java.io.PrintStream
    │   └── java.rmi.server.LogStream
    └── java.util.zip.DeflaterOutputStream
        ├── java.util.zip.GZIPOutputStream
        └── java.util.zip.ZipOutputStream
            └── java.util.jar.JarOutputStream
```

Einige Methoden der Klasse `OutputStream`

`void close ();`	Schließen des Streams und Freigabe aller belegten Ressourcen.
`void write(int b);`	Schreiben des niederwertigen Bytes von b. Die 24 höherwertigen Bits werden ignoriert.

`int write(`
`byte[] buf,`
`int off,`
`int len);`
	Schreiben von `len` Bytes aus dem Feld `buf` ab dem Byte `off`. Optimal zum Schreiben von Byte-Feldern.

`void flush();`	`flush()` soll das System veranlassen, vorher mit `write()` geschriebene Bytes tatsächlich in den Ausgabestrom zu schreiben. Falls in einer Datei nach Schreibvorgängen Daten fehlen, ist `flush()` eine gute Wahl.

Übersicht über Methoden der Klasse `PrintWriter` (`PrintStream` analog)

`void close ();`	Schließen des Streams und Freigabe aller belegten Ressourcen.
`void write(int c);`	Schreiben des Zeichens in den niederwertigen 16 Bits von c. Die 16 höherwertigen Bits werden ignoriert.

`int write(`
`char[] cbuf,`
`int off,`
`int len);`
	Schreiben von `len` Zeichen aus dem Feld `cbuf` ab dem Zeichen mit dem Index `off`.

`void flush();`	`flush()` soll das System veranlassen, vorher geschriebene Bytes tatsächlich in den Ausgabestrom zu schreiben. Falls in einer Datei nach Schreibvorgängen Daten fehlen, ist `flush()` eine gute Wahl.
`void print (xx d);`	`xx` ist einer der elementaren Datentypen, ein String oder ein Objekt. Bei elementaren Datentypen werden die übergebenen Daten in Text umgewandelt und ausgegeben. Ein Objekt wird mit der Methode `String.valueOf(Object)` in Text umgewandelt und ausgegeben.

void println (xx d);	Wie print(..). Aber es wird zusätzlich eine neue Zeile begonnen. Falls der PrintWriter mit der Auto-Flush-Option im Konstruktor eingerichtet war, wird die flush()-Methode angewandt.

Die printf-Methode

```
public PrintWriter printf(String format, Object... args);
```

Die `printf`-Methode der Klasse `PrintWriter` gibt die durch `args` bezeichnete Folge von Objekten gemäß dem `String format` aus. Die Formatierung ist in Abschnitt 4.1.2 beschrieben.

Übersicht über Streams zur Ausgabe

ByteArrayOutputStream	Schreiben in ein ByteArray
FileOutputStream	Schreiben in eine Datei
ObjectOutputStream	Serialisieren von Objekten
PipedOutputStream	Verbinden von Threads via Pipes

Übersicht über Filter für Streams zur Ausgabe

BufferedOutputStream	Gepufferter Ausgabestrom. Nicht jeder Aufruf wird an das zugrunde liegende E/A-System durchgereicht. Vorsicht: hier können bei plötzlichem Programmende Daten verloren gehen.
DataOutputStream	Reichhaltige Formatierung von Daten im Internet-Format. Vorsicht: Keine Textausgabe!
PrintStream	Komfortable Ausgabe für die einzelnen Datentypen im lesbaren Format wie z.B. nach System.out
CheckedOutputStream	Ausgabestrom mit Prüfsumme für .zip-Archiv
DigestOutputStream	Ausgabe mit Digest-Bildung (MD5, SHA)
DeflaterOutputStream	Ausgabe in Archiv: .zip, .jar

Klassenhierarchie für die Writer

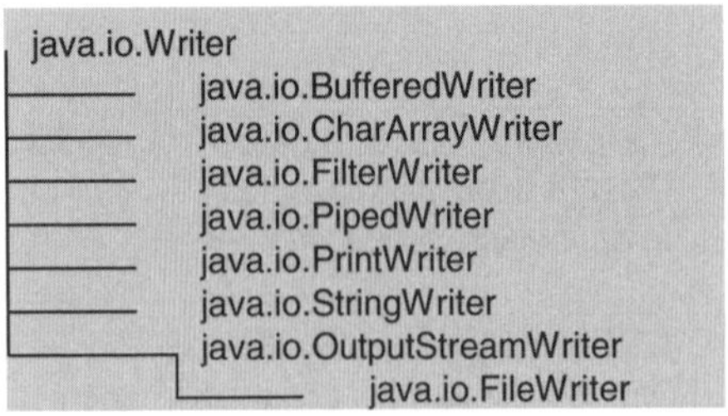

Übersicht über die Writer

BufferedWriter	Zusatzdienst: Pufferung, zeilenweises Schreiben
CharArrayWriter	Schreiben in einen Char-Array
FileWriter	Abkürzung

`FilterWriter`	Schreiben mit Zeilennummer-Struktur
`OutputStreamWriter`	Abstraktion für Ausgabeströme, z. B. aus Datei, über das Internet
`PipedWriter`	Verbinden von Threads via Pipes
`SequenceWriter`	Mehrere Dateien (wie eine Datei) nacheinander bearbeiten
`StringWriter`	Schreiben in einen `String`

Die Standard-Ausgabe

UNIX und Windows sehen für Anwendungen eine Standard-Ausgaberichtung `stdout` vor. Java-Programme können über das **`static`**-Attribut `System.out` auf diesen `PrintStream` zugreifen. Für Fehlermeldungen ist dagegen die Ausgaberichtung `stderr`, die in Java über `System.err` ansprechbar ist, besser geeignet. Denn mit dem Befehl

```
java Programm > Dateiname
```

lenkt man die Ausgabe des Programms nach `stdout` in die durch „Dateiname" angegebene Datei um, nicht aber die Ausgaben nach `stderr`. Auf diese Weise kann man Anzeigen über Fehler auf der Ausgabekonsole lesen.

5.2 Anwendungsbeispiele

Dieses Kapitel stellt einige typische Situationen aus der Dateiverarbeitung vor.

5.2.1 Byteweise Verarbeitung von Dateien

Ein Programm soll einen Dateinamen von `System.in` einlesen. `System.in` ist ein `InputStream`. Das Programm soll die Datei mit dem eingegebenen Namen öffnen und byteweise lesen und ausgeben.

Vorgehen

Zunächst liest man den Dateinamen ein. Danach versucht man, eine Datei dieses Namens zu öffnen. Dabei muss man auf die Programmausnahme `java.io.FileNotFoundException` achten, denn die Datei könnte nicht vorhanden sein. Schließlich bearbeitet die Eingabedatei in der klassischen Schleife:

```
while (!End of file (Eingabedatei)) {
  Byte als int lesen;
  Byte schreiben;
}
```

Jedes `Byte` muss als **`int`** gelesen werden, um die EOF-Kennung –1 (End Of File) verarbeiten zu können: Da ein Byte alle Werte von 0 bis 255 annehmen kann, kann man in den 8 Bit des Bytes die EOF-Kennung nicht verschlüsseln. Beim Lesen und beim Schließen können `IOException`-Ausnahmen auftreten.
Das Programm gibt alle Anfragen nach `System.out` aus. Somit kann man das Programm auch zum Kopieren von Dateien verwenden, wenn man es wie im Folgenden beschrieben aufruft. Der Name der Ausgangsdatei wird angefordert und das Ergebnis wird in die Datei „ZielDatei" geschrieben.

```
java DateiBytesLesen > ZielDatei
```

Programm

```
// Eine Datei wird byteweise abgearbeitet
import java.io.*;

public class DateiBytesLesen {
  public static void main (String[] args) {
    // Einlesen des Dateinamens
    System.out.print ("Dateiname?:");
    String dateiName = null;
    try {
      // Dateiname : Vgl. Beispiel Anfang Kapitel 5
     BufferedReader b =
        new BufferedReader(new InputStreamReader(System.in));
      dateiName = b.readLine ();
    } catch (IOException e) {
      e.printStackTrace (System.err);
      return;
    }
    System.err.println ("Dateiname= " + dateiName);

    // Öffnen der Datei. Vorsicht: es könnte keine
    // Datei mit dem o.a. Namen existieren.
    FileInputStream f = null;
    try {
      f = new FileInputStream (dateiName);
    } catch (FileNotFoundException io) {
      System.err.println ("Datei " + DateiName +
                          " nicht gefunden.");
      return;
    }

    // Lesen der Zeichen der Datei.
    int ch;
    try {
      while ((ch = f.read ()) != -1)
        System.out.write (ch);
      f.close ();
    } catch (IOException e) {
      e.printStackTrace (System.err);
      return;
    }
  }
}
```

Hinweis: Obiges Programm liest die Datei über einen `Stream`. Dadurch wird die Datei Byte für Byte so gelesen, wie sie auf dem Datenträger abgespeichert ist. Wenn man sie zeichenweise lesen will, benötigt man einen `Reader`, der die Bytes in Zeichen vom Typ **`char`** umwandelt. Nachstehend sind die hierfür in obigem Programm zu ändernden Teile angegeben. Zur Ausgabe dient die `print (`**`char`**`)`-Methode eines `PrintStreams`. Da die `read()` einer Readerklasse jedes Zeichen als **`int`** liefert, musste dieses **`int`** zur Ausgabe auf **`char`** gecastet werden.

Umstellung auf zeichenweises Lesen

```
    BufferedReader b = null;
    try {
      b = new BufferedReader (
          new InputStreamReader (
          new FileInputStream (DateiName)));
    } catch (FileNotFoundException io) {
```

```
      System.err.println ("Datei " + DateiName +
                          " nicht gefunden.");
      return;
    }

    // Lesen der Zeichen der Datei
    int ch;
    try {
      while ((ch = b.read ()) != -1) {
        System.out.print ((char)ch);
      }
      b.close ();
    } catch (IOException e) {
      System.err.println (e);
      return;
    }
```

5.2.2 Blockweise Verarbeitung von Dateien

Das Programm soll eine Datei binär kopieren. Man darf sie nicht auf sich selbst kopieren, denn wenn sie vor dem ersten Lesen zum Schreiben geöffnet würde, wäre der Inhalt gelöscht. Eine vorhandene Datei darf nur mit dem Einverständnis des Anwenders überschrieben werden.

Vorgehen

Für die Es soll ein `FileInputStream` bzw. ein `FileOutputStream` benutzt werden. Damit wird eine binäre Kopie von Dateien möglich. Es ist effizienter, eine Datei blockweise zu bearbeiten. Die Namen der Quell- und der Zieldatei sollen in der Kommandozeile übergeben werden. Wenn eine Datei auf sich selbst kopiert wird, führt das bei vielen Systemen zum Löschen der Datei. Um dies zu vermeiden, wird zunächst die Datei zur Eingabe geöffnet, und danach die Ausgabedatei.
Nach diesen umfangreichen Vorbereitungen kann man die Datei in einer `read-write`-Schleife kopieren.

Programm

```
import java.io.*;

public class DateiBlockVerarbeitung {
  final static int BUFSIZE = 80;

  public void kopieren (String Quelle, String Ziel) {
    FileInputStream  Eingabe = null;
    FileOutputStream Ausgabe = null;

    try {
      Eingabe = new FileInputStream (Quelle);
    } catch (Exception e) {
      System.err.println ("Fehler: Datei " + Quelle +
        " nicht gefunden");
      return;
    }

    try {
      Ausgabe = new FileOutputStream (Ziel);
    } catch (Exception e) {
      try {
```

```
          Eingabe.close ();
        } catch (IOException e1) {
          System.err.println ("Fehler: kann Datei " + Quelle +
               " nicht schliessen");
          return;
        }
        System.err.println ("Fehler: kann Datei " + Ziel +
             " nicht anlegen");
        return;
      }

      int nbytes = -1;
      byte b[] = new byte [BUFSIZE];
      try {
        while ((nbytes = Eingabe.read (b, 0, BUFSIZE)) != -1) {
          Ausgabe.write (b, 0, nbytes);
        }
      } catch (Exception e) {
        System.err.println ("Fehler bei Kopieren");
        return;
      }
    }

    public static void main (String[] args) {
      if (args.length != 2) {
        System.err.println (
             "Aufruf java DateiBlockVerarbeitung quelle ziel");
        System.exit (1);
      }

      DateiBlockVerarbeitung d = new DateiBlockVerarbeitung ();
      d.kopieren (args[0], args[1]);
    }
  }
```

Die eigentliche Kopierschleife

5.2.3 Daten im Format für das Internet verarbeiten

Wenn man Daten zwischen verschiedenen Plattformen austauschen will, muss man auf die Portabilität achten. Wenn ein Rechner das niedrigstwertige der 4 Bytes einer 32-Bit-Zahl beim Abspeichern an der niedrigsten Adresse ablegt, spricht man von *Little Endian*. Hier ist die ganze Zahl `0x01234567` im Speicher als `0x67453412` codiert. *Big Endian* Rechner speichern das höchstwertige Byte an der niedrigsten Adresse. Für die Zahl `0x01234567` erhält man `0x01234567`. Die Klassen `DataOutputStream` zur Ausgabe und `DataInputStream` zur Eingabe lösen dieses Problem nicht nur für die elementaren Datentypen, sondern auch für `String`. Eine formatierte Ein-/Ausgabe von Daten als Text können sie nicht leisten. Dazu kann man die Klassen `java.util.Scanner` und `java.io.PrintWriter` einsetzen.

Vorgehen

Das Programm schreibt die Daten mit den `write`***<Typ>***-Befehlen der Klasse `DataOutputStream` und liest sie mit den `read`***<Typ>***-Methoden von `DataInputStream`. ***<Typ>*** kann dabei `Boolean`, `Byte`, `Char`, `Double`, `Float`, `Int`, `Long`, `Short` bzw. `Bytes` sein. Bytes schreibt man mit `void write(byte[] b, int off, int len)`. Zum Lesen von Bytes dient die Methode `int read(byte[] b, int off, int len)`. Sie liefert die Anzahl der gelesenen Bytes.

Für Strings sind die Methoden `String readUTF()` bzw. **`void`** `writeUTF (String str)` einzusetzen. Sie lesen bzw. schreiben Zeichenketten in modifizierter UTF-8-Darstellung.
Das Programm schreibt die Daten in eine Datei und liest sie auch von dort. Die Datei könnte auf einen anderen Rechner übertragen werden. Ein Programm auf dem anderen Rechner würde die Daten korrekt wiederherstellen und weiterverarbeiten. Die wichtigste Anwendung der `DataInputStream` bzw. `DataOutputStream`-Klassen ergibt sich mit den in Abschnitt 8.2 besprochenen Sockets, die Streams zum Transfer von Daten liefern.

Programm

```
import java.io.*;

public class DataOutputDemo {
  // Ausgabe der Daten in Datei xx
  public void testOutput () {
    try {
      DataOutputStream out =
          new DataOutputStream (new FileOutputStream ("xx"));
      out.writeBoolean (true);
      out.writeByte    (1);
      out.writeChar    ('a');
      out.writeDouble  (1.0);
      out.writeFloat   (2.0f);
      out.writeInt     (0x1234567);
      out.writeLong    (0x123456789ABCDEFl);
      out.writeShort   (0x1234);
    }
    catch (IOException e) {
      System.err.println (e);
    }
  }

  // Einlesen der Daten von Datei xx und Anzeige auf Konsole
  void testInput () {
    try {
      DataInputStream in =
          new DataInputStream (new FileInputStream ("xx"));
      System.out.println (in.readBoolean());
      System.out.println (in.readByte());
      System.out.println (in.readChar());
      System.out.println (in.readDouble());
      System.out.println (in.readFloat());
      System.out.println (in.readInt());
      System.out.println (in.readLong());
      System.out.println (in.readShort());
    }
    catch (IOException e) {
      System.err.println (e);
    }
  }

  public static void main (String[] args) {
    if (args.length == 0) {
      System.out.println (
            "Aufruf : java DataOutputDemo (read|write)");
    } else {
      DataOutputDemo demo = new DataOutputDemo ();
      if (args[0].equalsIgnoreCase ("write"))
        demo.testOutput ();
```

```
        else if (args[0].equalsIgnoreCase ("read"))
          demo.testInput ();
      }
    }
  }
```

Inhalt der Datei, die mit `TestOutput` erzeugt wurde

```
01 01 00 61 3F F0 00 00 00 00 00 00 40 00 00 00
01 23 45 67 01 23 45 67 89 AB CD EF 12 34
```

Ausgabe der Routine `TestInput` für die erzeugte Datei

```
1
a
1.0
2.0
19088743
81985529216486895
4660
```

5.2.4 Auflistung aller Dateien in einem Verzeichnis

Die Klasse `File` dient zur Bearbeitung von Katalogeinträgen von Dateien auf dem Rechner, auf dem die Java-Anwendung läuft. Dabei unterscheidet man zwischen Verzeichnissen sowie gewöhnlichen Dateien. Die Abschnitte 5.2.1 und 5.2.2 zeigen den Zugriff auf die Inhalte der Dateien. Das folgende Programm bearbeitet keine Inhalte von Dateien. Es listet alle Einträge für ein Verzeichnis auf.
Ein Aufruf der Methode `list()` der Klasse `File` liefert einen Array aus Zeichenketten mit den Namen der im Verzeichnis enthaltenen Dateien. Das Feld `length` enthält wie bei jedem Array die Anzahl der Komponenten. Die Namen der Dateien werden mit einer vierstelligen Nummerierung versehen ausgegeben. Diese Formatierung wird von der Methode `format()` der Klasse `DecimalFormat` aus dem Paket `java.text` besorgt.

```
import java.io.*;
import java.text.*;

public class DirListing {

  public static void main (String[] args) {
    File f = new File (args[0]);
    String filenames[] = f.list ();

    if (filenames != null) {
      // Die Ausgabe soll vierstellig erfolgen
      DecimalFormat dformat = new DecimalFormat ("0000");
      for (int i = 0; i < filenames.length; i++)
        System.out.println (dformat.format(i)+" " +
                            filenames[i]);
    }
  }
}
```

Auflistung aller Dateien einschließlich aller Unterverzeichnisse

Obiges Programm listet für ein angegebenes Verzeichnis alle Dateien auf. Wenn man diese Auflistung per Programm abarbeitet, kann man wiederum für alle darin enthaltenen Verzeichnisse diese Ausgabe starten usw. Diese rekursive Technik des Durchlaufs durch ein Verzeichnis führt dann im Endeffekt zur Ausgabe aller Dateien des Verzeichnisses.

```
// Ausgabe aller Dateien eines Verzeichnisses
// sowie aller Dateien in allen Unterverzeichnissen
import java.io.*;

public class DirListingRecursive {
  // Die Attribute einer Datei
  private String name = "";
  private long length = 0;
  private long lastModified = 0;
  private boolean isDirectory = false;

  // Alle Dateien des Verzeichnisses als Objekte im Objekt
  // Dieses wird auch vom Konstruktor aufgebaut
  private DirListingRecursive[] list = null;

  public DirListingRecursive (String dirname) {
    // Setze alle Attribute ausser list
    File f = new File (dirname);
    name = f.getName ();
    length = f.length ();
    lastModified = f.lastModified ();
    isDirectory = f.isDirectory();

    // Falls dies ein Verzeichnis ist:
    // Rekursiv den Dateibaum hinab"tauchen", list setzen
    if (isDirectory) {
      String filenames[] = f.list ();
      list = new DirListingRecursive[filenames.length];
      for (int i = 0; i < filenames.length; i++) {
        list[i] = new DirListingRecursive (dirname +
          File.separatorChar + filenames[i]);
      }
    }
  }

  // Selbstdarstellung
  public void print (int depth) {
    for (int i = 0; i < depth*2; i++)
      System.out.print (' ');
    System.out.println (name);

    if (isDirectory) {
      for (int i = 0; i < list.length; i++)
        if (list[i].isDirectory)
          list[i].print (depth+1);
      for (int i = 0; i < list.length; i++)
        if (!list[i].isDirectory)
          list[i].print (depth+1);
    }
  }

  public static void main(String[] args) {
  // In der Kommandozeile muss der Name des
  // Verzeichnisses übergeben werden
    DirListingRecursive f = new DirListingRecursive(args[0]);
    f.print (0);
  }
}
```

5.2.5 Zugriff auf die Einträge in einem ZIP-Archiv

ZIP-Archive dienen der kompakten Aufbewahrung von Dateien. In einem Archiv können nicht nur mehrere Dateien enthalten sein, sondern die Dateien können zusätzlich in komprimierter Form aufbewahrt werden. Java unterstützt seit dem JDK 1.1 mit dem Paket `java.util.zip` die Bearbeitung solcher Archive direkt aus Java-Programmen heraus. Der Zugriff auf das Archiv kann in mehreren Ebenen erfolgen:

- `ZipFile z = new ZipFile (Name)`
- Aufzählung aller `ZipEntry`-Einträge `z.entries()` durchlaufen
- Lesen einer zugehörigen Datei mit `z.getInputStream(ZipEntry ze)`

Das folgende Programm öffnet ein Archiv. Dann gibt es der Reihe nach alle Einträge aus.

```
import java.io.*;
import java.util.*;
import java.util.zip.*;
public class readZIP {
  public void readEntries (String name) {
    try {
      ZipFile zip = new ZipFile (name);
      Enumeration e = zip.entries ();
      while (e.hasMoreElements ()) {
        ZipEntry ze = (ZipEntry)e.nextElement();
        System.out.println (ze.getName());
      }
    } catch (java.io.IOException e) {
      System.err.println (e);
    }
  }

  public static void main (String[] args) {
    readZIP r = new readZIP ();
    r.readEntries (args[0]);
  }
}
```

5.3 Die IO-Tools

Viele Programme erwarten Eingaben von Zahlen als Text. Für dieses Standardproblem in Java wurden die IO-Tools entwickelt. Das Package `iotools` besteht aus den folgenden Klassen (jede Klasse bietet Methoden zur Ein- bzw. Ausgabe für die Datentypen **byte**, **char**, **short**, **int**, **long**, **float**, **double** und `String` an):

`SimpleIO`	Einfache Methoden zur Eingabe quasi analog zu den `read()`-Befehlen von Pascal bzw. der `scanf()`-Anweisung von C. Es müssen keine Exemplare der Klasse erzeugt werden. Die **static**-Methoden lesen von `System.in` und werfen *keine* Programmausnahmen. Stattdessen wird im Fehlerfall der Programmlauf mit einer Fehlermeldung abgebrochen.
`ReadFile`	Lesen von Daten der o.a. Typen aus Datei. Vor Benutzung muss ein Exemplar dieser Klasse erzeugt werden. Damit kann ein Programm gleichzeitig aus mehreren Dateien mit ReadFile lesen.
`WriteFile`	Ausgabe von Daten der o.a. Typen in Datei. Diese Klasse bietet gegen-

	über einem `PrintWriter` keine erweiterte Funktionalität, hält aber eine Schnittstelle analog zu `ReadFile` bereit.

In Abschnitt 5.3.1 stellen wir den Entwurf und die Implementierung der IO-Tools vor. In Abschnitt 5.3.2 beschreiben wir die Anwendung der IO-Tools.

5.3.1 Entwurf der IO-Tools

Die IO-Tools lesen aus einem Eingabestrom, der sich in der folgenden Skizze von links nach rechts erstreckt. Der Eingabestrom wird Zeichen für Zeichen gelesen. Der sog. Lesezeiger enthält das aktuelle Zeichen c.

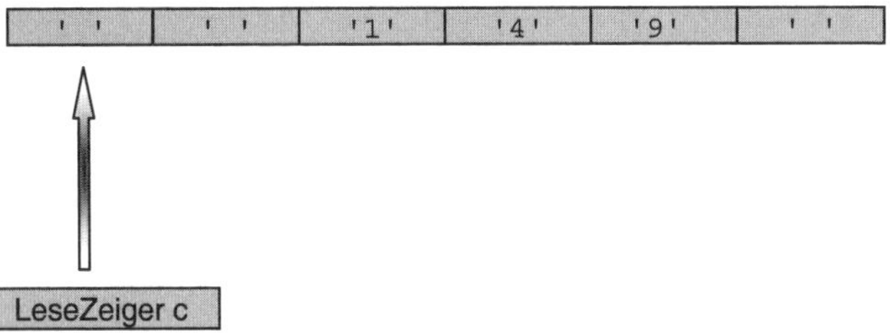

Wird eine `read...()`-Methode aufgerufen, überspringt die Methode `readToken()` zunächst alle Leerzeichen oder Zeilentrenner. Wenn dann der Anfang eines „Wortes" gefunden wird, sammelt man alle Bestandteile auf, bis man auf ein Leerzeichen, Zeilentrenner oder ein ähnlich bedeutungsloses Zeichen stößt. Im obigen Beispiel hätte die Routine die Zeichenfolge `"149"` aufgebaut. Diese Zeichenfolge wandelt man in das gewünschte Zahlenformat um und liefert sie an den Aufrufer der Methode zurück.

Hinweis: Bei dieser Technik des Aufsammelns der Zeichen können sich naturgemäß Probleme ergeben, wenn Leseanweisungen für einzelne Zeichen zwischen Leseanweisungen für Zahlen gestreut werden, da beim Lesen von Zahlen der Lesezeiger c nicht nur um Ziffern, sondern auch um Zeichen weiterbewegt wird. Dies ist dieselbe Situation wie bei `read()` in Pascal oder `scanf(...)` in C.

Beispiel: die Klasse `SimpleIO` in Auszügen

```
package iotools;
import java.io.*;
import java.util.*;

public class ReadSimple {

  private static BufferedReader b = null;
  private static int c = ' ';

  static {
    b = new BufferedReader (new InputStreamReader (System.in));
  }

  private static void nextChar () throws java.io.IOException {
    c = b.read ();
  }

  /**
   * Liefert das naechste Wort im Eingabestrom zurueck.
   * Leerzeichen, Zeilentrenner ... (White Space)
```

```
     * werden uebersprungen. ....
     */
    static public String readToken () {
      if (c < 0)
        return null;
      StringBuffer buffer = new StringBuffer ();
      boolean stop = false;
      try {
        // Ueberspringe Leerzeichen
        while (c > 0 && Character.isWhitespace ((char)c))
          nextChar ();
        if (c < 0)
          return null;
        do {
          buffer.append ((char)c);
          nextChar ();
          stop = ((c < 0) || Character.isWhitespace ((char)c));
        } while (!stop);
      } catch (IOException io) {
        if (buffer.length () == 0)
          return null;
      }
      return buffer.toString ();
    }

    /**
     * Liefert die naechste Zeile im Eingabestrom zurueck.
     * Die Suche erstreckt sich auf den Rest der aktuellen Zeile
     * d.h. das Ergebnis kann auch eine leere Zeile sein.
     */
    static public String readString () {
      try {
        return b.readLine ();
      } catch (java.io.IOException io) {
        System.out.println ("Fehler bei Eingabe: " + io);
        System.exit (1);
        return "";
      }
    }
    /**
     * Liefert die naechste double-Zahl im Eingabestrom.
     * Leerzeichen, Zeilentrenner ... (White Space)
     * werden uebersprungen.
     */
    static public double readDouble () {
      try {
        String s = readToken ();
        if (s == null)
          throw new IOException ("EOF");
        return new Double (s).doubleValue ();
      } catch (java.io.IOException io) {
        System.out.println ("Fehler bei Eingabe: " + io);
        System.exit (1);
        return 0.0;
      } catch (java.lang.NumberFormatException nfe) {
          System.out.println ("Eingabe ungueltig: " + nfe);
          System.exit (1);
          return 0.0;
      }
    }
    ... usw. Methoden für alle elementaren Datentypen ...
}
```

Erstellen eines Packages und Ablage im Archiv (\ bei Windows)

```
jar -cfM iotools.jar iotools\*.class.
```

Dieses Kommando muss aus dem Verzeichnis heraus eingegeben werden, in dem sich das Unterverzeichnis für das Package `iotools` befindet. Die Option `-M` verhindert, dass ein Manifest-Eintrag im Archiv entsteht.

Ansicht des Archivs mit WinZip

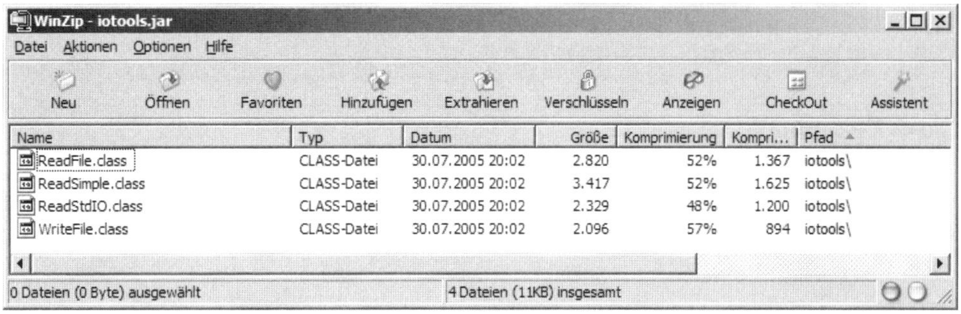

Erstellen der Dokumentation mit javadoc

Das Programm `javadoc` erstellt aus den Quellprogrammen eine Dokumentation im Stil der Dokumentation zum JDK im HTML-Format. Diese oft auch als „Single-Source" bezeichnete Technik ermöglicht es, dass die Programme und die Dokumentation leicht auf demselben Stand bleiben können. Als Vorbereitung kann man spezielle Kommentare in das Programm eingeben. Diese Kommentare werden dann in der Dokumentation zur entsprechenden Klasse, Methode oder zum Attribut gezogen. Das folgende Beispiel soll dies verdeutlichen:
Zur Generierung der Dokumentation wechselt man in das Verzeichnis, in dem sich das zu dokumentierende Package befindet, und aktiviert das Programm mit dem Aufruf

```
javadoc *.java
```

Eingabe an javadoc: Auszug aus einem Quellprogramm

```
/**
 * Eine Klasse zur einfachen Eingabe von Standard-Eingabe<p>
 * Standard-Eingabe : sofern nicht umgelenkt: Tastatur<p>
 * <pre>
 *    double d = iotools.ReadSimple.readDouble ();
 *    System.out.println (d);
 * </pre>
 *
 * @author   Fritz Jobst
 * @version 1, 1
 * @see      java.lang.Double
   .... usw...
 * @see      java.lang.Long
 */
public class ReadSimple {
     ..... private-Deklarationen

   /**
    * Liefert das naechste Wort im Eingabestrom zurueck.
```

```
 * Leerzeichen, Zeilentrenner ... (White Space)
 * werden uebersprungen.
 *
 *
 * @param
 * @return    Die gefundene Zeichenfolge.
 * @see       java.lang.Character
 * @see       java.lang.StringBuffer
 */
static public String readToken () {
 ... Implementierung
```

Von javadoc generierte Dokumentation

iotools

Class ReadSimple

```
java.lang.Object
  |
  +--iotools.ReadSimple
```

---

public class **ReadSimple**
extends java.lang.Object
Eine Klasse zur einfachen Eingabe von Standard-Eingabe
Standard-Eingabe : sofern nicht umgelenkt: Tastatur

```
double d = iotools.ReadSimple.readDouble ();
System.out.println (d);
```

See Also:
java.lang.Double, java.lang.Float, java.lang.Character, java.lang.Byte, java.lang.Short, java.lang.Integer, java.lang.Long

---

Constructor Summary

ReadSimple()

...

static java.lang.String	**readToken**() Liefert das naechste Wort im Eingabestrom zurueck.

...

Method Detail

readToken

public static java.lang.String **readToken**()
Liefert das naechste Wort im Eingabestrom zurueck. Leerzeichen, Zeilentrenner ... (White Space) werden uebersprungen.
Parameters:
-
Returns:
Die gefundene Zeichenfolge.
See Also:
java.lang.Character, StringBuffer

> **Hinweis:** javadoc generiert auch einen eigenen Rahmen zur Navigation im Package, der hier nicht geschrieben ist. Mit seiner Hilfe kann man wie in der Dokumentation zum JDK leicht zwischen den einzelnen Klassen wechseln.

5.3.2 Benutzung der IO-Tools

Die Klassen der IO-Tools liegen in dem Archiv `iotools.jar`. Dieses Archiv muss in den Pfad für die Klassen aufgenommen werden. Wenn dieses Archiv z.B. unter dem Dateinamen `D:\java\iotools.jar` abgespeichert ist, ist der Klassenpfad bei Windows-Betriebssystemen wie folgt zu setzen:

```
SET CLASSPATH=%CLASSPATH%;D:\java\iotools.jar
```

Zum Importieren benutzt man im Programm die folgende Anweisung:

```
import iotools.*;
```

Beispiel: Anwendung von `SimpleIO`

Ein Programm soll zwei Zahlen einlesen und die Summe ausgeben.

Programm

```
import iotools.*;
import java.io.*;

public class IOToolsDemo1 {
  public static void main (String[] args) {
    System.out.println ("Bitte zwei Zahlen eingeben");
    int z1 = ReadSimple.readInteger ();
    int z2 = ReadSimple.readInteger ();
    int z3 = z1 + z2;
    System.out.println ("Ergebnis : " +z3);
  }
}
```

Probelauf (Eingabe wurde eingerahmt)

```
>java IOToolsDemo1
Bitte zwei Zahlen eingeben
10 20
Ergebnis : 30
```

Beispiel: Anwendung von `ReadFile` und `WriteFile`

Eine Reihe von Gleitpunktzahlen steht in einer Datei. Das Programm soll die Summe dieser Zahlen in eine Datei ausgeben. Der Name der Datei mit den Zahlen muss als erstes Argument in der Kommandozeile übergeben werden, der Name der Ausgabedatei als zweites Argument. Vor dem Ablauf des Programms ist die Eingabedatei mit einem Text-Editor zu erstellen und abzuspeichern.

Programm

```
import iotools.*;
import java.io.*;

public class IOToolsDemo2 {
  // Methode zum Schließen einer Eingabedatei
  public static void close (ReadFile rf) {
```

```
      if (rf != null) {
        try {
          rf.close ();
        } catch (IOException e) {
          System.err.println ("Kann Datei nicht schliessen");
          System.exit (1);
        }
      }
    }

    public static void main (String[] args) {
      // Eingabedatei rf
      ReadFile rf = null;
      try {
        rf = new ReadFile (args[0]);
      } catch (Exception e) {
        close (rf);
        System.err.println ("Fehler beim Oeffnen der Dateien");
        return;
      }
      double summe = 0.0;
      try {
        while (true) {
          double zahl = rf.readDouble ();
          summe += zahl;
        }
      } catch (IOException e) {
        close (rf);
        if (!e.getMessage ().equals ("EOF")) {
          System.err.println ("Fehler bei Eingabe");
          return;
        }
      }

      // Ausgabedatei wf
      WriteFile wf = null;
      try {
        wf = new WriteFile (args[1]);
        wf.writeDouble (summe);
        wf.close ();
      } catch (IOException e) {
          System.err.println ("Fehler bei Schreiben");
      }
    }
  }
```

Zusammenfassung

Grundlage der Ein-/Ausgabe in Java sind Streams mit den abstrakten Basisklassen `InputStream` für Eingaben und `OutputStream` für Ausgaben. Konkrete Klassen wie `FileInputStream` können dann dank der Objektorientierung überall anstelle der Abstraktion `InputStream` benutzt werden. Zur Bearbeitung von Textdateien setzt Java `Reader`- bzw. `Writer`-Klassen ein. Diese besorgen die Umwandlung von Zeichen in Bytes. Da jede Ein-/Ausgabeoperation fehlschlagen kann, benötigt man das Exception-Handling.

Filter funktionieren unabhängig von der konkreten Art und Weise eines Ein- bzw. Ausgabestroms. Sie benutzen Zugriffsroutinen, die in den jeweiligen Implementierungen überschrieben wurden. Deswegen kann man mit den in diesem Kapitel besprochenen Techniken auch Anwendungen für das Internet programmieren. Dies wird dann in Kapitel 11 für ein Applet benutzt, das Verbindung zu seinem Ausgangshost aufnimmt.

Die Klasse `StreamTokenizer` bietet Hilfsfunktionen zum Zerlegen von Textdateien in die Bestandteile: Worte und Zahlen.

Aufgaben

1. Geben Sie ein Programm an, das eine Textdatei einliest. Der Inhalt soll in Großbuchstaben wieder ausgegeben werden. Zählen Sie auch die Anzahl der Zeichen in der Datei. Dabei sollten Zeilentrenner unberücksichtigt bleiben.
2. Geben Sie ein Programm an, das eine bestimmte Datei in einem Verzeichnis sucht. Als Ausgangsbasis bietet sich das Programm `DirListing` aus 5.2.4 an.
3. Geben Sie ein Programm an, das eine bestimmte Datei in einem Verzeichnis einschließlich aller Unterverzeichnisse sucht. Als Ausgangsbasis bietet sich das Programm `DirListingRecursive` aus 5.2.4 an.
4. Ein Programm soll eine Prozedur für das jeweilige Betriebssystem zum Übersetzen aller Java-Programme in einem Verzeichnis erstellen. Diese spezielle Funktionalität könnte man zwar einfacher mit dem Befehl `javac *.java` erreichen, doch manchmal ist es nützlich, Jobs für Dateien zu erzeugen.
5. Ein Eingabestrom (`stdin : System.in`) enthält Worte aus den Buchstaben 'a' bis 'z' in Groß- bzw. Kleinschreibung bzw. Ziffern. Zwischen je zwei Worten befindet sich mindestens ein Leerraum, ein Zeilentrenner oder ein sonstiges Zeichen.
   Dieser Eingabestrom ist einzulesen und in einem *Blocksatz* mit 60 Zeichen je Zeile auf die Standardausgabe (`stdout: System.out`) wieder auszugeben. Dabei sind die Leerräume zwischen den einzelnen Worten einer Zeile so mit Leerzeichen aufzufüllen, dass die Zeile jeweils genau 60 Zeichen enthält.
   Die Leerräume sollen möglichst gleichmäßig zwischen die Worte verteilt werden, wie es unten für das Beispiel einer Zeile beschrieben ist.
   Das Programm besitzt den Namen `Blocksatz.java`. Der Aufruf des Programms kann also mittels Umlenkung der Ein-/Ausgabe erfolgen:

   ```
   java Blocksatz <dateiein >dateiaus
   ```

   Beispiel mit Nummerierung der Spalten der Zeile

   ```
          0         10        20        30        40.       50        60
          123456789012345678901234567890123456789012345678901234567890
   stdin: Viel Erfolg bei der Loesung der Aufgabe
   stdout:Viel     Erfolg     bei    der     Loesung    der    Aufgabe
   ```

   Zum Vorgehen
   Die Worte können mit einem `StreamTokenizer` gelesen werden. In diesem Fall sollte man die Methode `eolIsSignificant(...)` benutzen. Als Alternative bietet sich zeilenweises Lesen an, wobei man einen `StringTokenizer` einsetzen kann. Das Programm soll die einzelnen Worte in eine Java-Liste `java.util.ArrayList` eintragen. Falls die Worte nicht mehr in eine Zeile passen, sollen die Worte gemäß o.a. Vorgaben ausgegeben werden. Vergessen Sie nicht, auch die letzte Zeile auszugeben.
6. Geben Sie ein Programm an, das eine Codierung einer Textdatei in der Form `=XY` rückgängig macht. Dabei sind X und Y hexadezimale Ziffern. Jede Zeichenfolge der Form `=XY` in der Eingabedatei soll durch das Zeichen mit der Codierung `X*256 + Y` ersetzt werden.
   Anmerkung
   Die o.a. Codierung wird häufig in Mails benutzt. Falls Sie eine Mail in dieser Form erhalten, und Ihr Mail-Client den Text nicht anzeigt, können Sie die Lösung dieser Aufgabe zur Anzeige des Textes der Mail einsetzen. Vgl. Abschnitt 8.2.3.

6 Nebenläufigkeit in Java: Threads

Unter Nebenläufigkeit versteht man das gleichzeitige oder quasi-gleichzeitige Ablaufen von Aktivitäten im Rechner. Diese Aktivitäten heißen in Java „Programmfäden" oder Threads. Wenn z.B. eine Aktivität im Programm darin besteht, Daten über das Internet zu lesen, wird dieser Vorgang des Lesens immer dann blockiert, wenn gerade keine Daten verfügbar sind. Damit könnte dieses Programm auch nicht mehr auf andere Ereignisse, z.B. solchen von der grafischen Benutzeroberfläche, reagieren. Deswegen betraut man hier einen Thread mit der Reaktion auf solche Ereignisse. So lässt sich vermeiden, dass die Benutzeroberfläche „einfriert", während ein Programm gerade eine länger dauernde Aktivität ausführt.
Threads fehlen in manchen Betriebssystemen völlig. Die meisten Programmiersprachen bieten keine eingebaute Unterstützung für Threads: Threads werden dort wie alle anderen Aufrufe an das System behandelt. In Java sind Threads hingegen integraler Bestandteil der Sprache. Threads gehören – auch in Java – zu den fortgeschrittenen Techniken der Programmierung.
In diesem Kapitel begründen wir, warum Threads gerade in einer Programmiersprache für das Internet bzw. Intranet nützlich sind.
Bei der Anwendung lassen sich zwei Standard-Fälle unterscheiden:

- Einstieg, einfache Animationen
- Volle Ausnutzung der Möglichkeiten von Threads

Bei der Lösung einfacher Probleme stellen die theoretischen Grundlagen der Threads einen nicht unbedingt erforderlichen Ballast dar, für komplexe Abläufe sind sie dagegen zur vollen Beherrschung von Java unverzichtbar. Deswegen führen wir zunächst theoriefrei in die elementaren Anwendungen von Threads in Java ein. Daran schließt sich die Aufbereitung der Theorie aus dem Fachgebiet „Betriebssysteme" der Informatik für die Threads sowie die Synchronisation speziell für Java an. Diese Grundlagen vertiefen wir an Hand wichtiger Standardsituationen der Prozesskommunikation: die Kopplung asynchron laufender Erzeuger und Verbraucher oder das Problem der Leser und Schreiber.
Bei der Programmierung mit mehreren Threads besteht die Gefahr von Systemverklemmungen (Deadlocks). Diese Problematik sowie Strategien zur Beherrschung gefährlicher Situationen werden anhand des klassischen Problems der fünf Philosophen erarbeitet.

6.1 Einstieg in Threads in Java

6.1.1 Programmierung von Threads

Zur Implementierung von Threads in Java gibt es die Klasse `Thread` aus dem Package `java.lang`. Threads kann man in Java auf zwei verschiedene Arten realisieren:

- als Unterklasse von `Thread`;
- durch Implementierung der `Runnable`-Schnittstelle.

Wenn man in einem Programm die Klasse `MeineKlasse` mit der Haupteigenschaft „MeineKlasse ist ein Thread" hat, sollte man `MeineKlasse` als Unterklasse von `Thread` implementieren.

Wenn man aber mit einem GUI-Objekt (vgl. Kapitel 7 bzw. Kapitel 9), das als Unterklasse irgendwelcher GUI-Klassen geschrieben ist, konfrontiert wird, kann dies keine Unterklasse von `Thread` sein, weil Java keine Mehrfachvererbung kennt.

```
java.lang.Object
 |
 └──── java.awt.Component
        |
        └──── java.awt.Container
               |
               └──── java.awt.Panel
                      |
                      └──── java.applet.Applet
```

In diesem Sinne ist ein `Applet` kein Thread, aber ein `Applet` kann sich verhalten wie ein Thread, indem es eine `Runnable`-Schnittstelle implementiert.

Beispiel: Threads

Das folgende Beispiel zeigt die beiden Techniken zur Implementierung von Threads. `ErsterThread` ist als Spezialfall eines Threads, `ZweiterThread` als Implementierung einer `Runnable`-Schnittstelle geschrieben. Beide Threads durchlaufen in ihrer `run()`-Methode eine Schleife, in der sie eine zufällige Zeitspanne zwischen 0 und 1000 ms warten und dann den Wert des Schleifenzählers ausgeben.

Programm

```java
class ErsterThread extends Thread {
  public void run () {
    for (int i = 0; i < 10; i++)
      try {
        sleep (Math.round (1000.0*Math.random ()));
        System.out.println (toString () + " " + i);
      }
      catch (InterruptedException e) {
        System.err.println (e);
      }
  }
}

class ZweiterThread implements Runnable {
  private Thread thread;
  public ZweiterThread () {
    thread = new Thread (this);
  }
  public void start () {
    thread.start ();
  }
  public void join () throws InterruptedException {
    thread.join ();
  }
  public void run () {
    for (int i = 0; i < 10; i++)
      try {
       thread.sleep (Math.round (1000.0*Math.random ()));
       System.out.println (thread.toString () + " " + i);
      }
      catch (InterruptedException e) {
        System.err.println (e);
      }
```

```
34.   }
35. }
36.
37. public class ThreadDemo {
38.   static public void main (String[] args) {
39.     ErsterThread thread1  = new ErsterThread ();
40.     thread1.start ();
41.     ZweiterThread thread2 = new ZweiterThread ();
42.     thread2.start ();
43.     try {
44.       thread1.join (); // Warte auf den 1. Thread
45.       thread2.join (); // Warte auf den 2. Thread
46.     }
47.     catch (InterruptedException e) {
48.       System.err.println (e);
49.     }
50.   }
51. }
```

Ausgabe des Programms

```
Thread[Thread-1,5,main] 0
Thread[Thread-1,5,main] 1
Thread[Thread-1,5,main] 2
Thread[Thread-2,5,main] 0
Thread[Thread-2,5,main] 1
Thread[Thread-1,5,main] 3
Thread[Thread-1,5,main] 4
Thread[Thread-2,5,main] 2
Thread[Thread-1,5,main] 5
Thread[Thread-1,5,main] 6
Thread[Thread-2,5,main] 3
Thread[Thread-1,5,main] 7
Thread[Thread-1,5,main] 8
Thread[Thread-2,5,main] 4
Thread[Thread-1,5,main] 9
Thread[Thread-2,5,main] 5
Thread[Thread-2,5,main] 6
Thread[Thread-2,5,main] 7
Thread[Thread-2,5,main] 8
Thread[Thread-2,5,main] 9
```

Zu `ErsterThread` (Zeilen 1 bis 12)

Die `run()`-Methode von `Thread` wird überschrieben. Dies ist die Routine, die als Thread abläuft. Im Gegensatz zu Implementierungen von Threads in C bzw. C++ läuft dieser Thread in der Form einer eigenen Klasse. Threads sind in Java in das Konzept der Objektorientierung eingebunden.

Zu `ZweiterThread` (Zeilen 14 bis 35)

`ZweiterThread` ist kein Thread, verhält sich aber wie einer. `ZweiterThread` implementiert eine `Runnable`-Schnittstelle. Da `ZweiterThread` kein Thread ist, benötigt es eine Instanz von `Thread`. Diese Instanz von `Thread` wird nun mit `ZweiterThread` durch den Aufruf des Konstruktors von `Thread` in Zeile 17 verbunden: damit läuft die `run`-Methode von `ZweiterThread` als eigener Thread. Wie andere Methoden hat sie damit Zugriff auf alle Komponenten von `ZweiterThread`.
Da `ZweiterThread` kein Thread ist, fehlen ihm auch die Thread-Methoden wie `start()` und `join()`. Diese müssen dann in den Zeilen 19 bis 21 bzw. 22 bis 24 angegeben werden.

In Zeile 28 wird der Thread gewissermaßen „schlafen gelegt". Im Gegensatz zu `ErsterThread`, der sich in Zeile 5 selbst schlafen legt, muss die benutzte Instanz von `Thread` in Zeile 28 schlafen gelegt werden. Dies läuft aber in dem Thread, der `ZweiterThread` zugrunde liegt, ab.

> **Hinweis:** Die Art der Anbindung der `run()`-Methode in der Klasse `ZweiterThread` ist für jede nicht von `Thread` abgeleitete Klasse erforderlich, da Java keine Mehrfachvererbung kennt.
> Diese Technik des „Durchreichens" von Aufträgen an eine andere Klasse wird auch als *Delegation* bezeichnet. Eclipse unterstützt dieses allgemeine Verfahren unter dem Menüpunkt *Source/Generate Delegate Methods*

Zum Hauptprogramm (Zeilen 37 bis 51)

Das Hauptprogramm startet in den Zeilen 40 und 42 die Threads `thread1` und `thread2` nacheinander. Dennoch vermischen sich die Ausgaben der beiden Threads. Bei jedem Ablauf ergibt sich eine völlig andere Reihenfolge der Ausgaben. Die Routinen

```
thread1.run ()
thread2.run ()
```

laufen gleichzeitig. Diesen Umstand bezeichnet man in der Informatik auch mit dem Wort „Co-Routinen".
In Zeile 44 und 45 wartet das Hauptprogramm auf die Threads `thread1` und `thread2`. Wenn man bedenkt, dass das Hauptprogramm auch als Thread `main` läuft, müsste man diesen Umstand präziser formulieren als:

`main` wartet auf das Ende von `thread1` und `thread2`.

Dieses Warten wurde eingefügt, da sich sonst das Laufzeitsystem von Java in manchen Versionen der Software nicht korrekt beendet (Abhilfe : Cntrl-C).

Skizze zum Ablauf

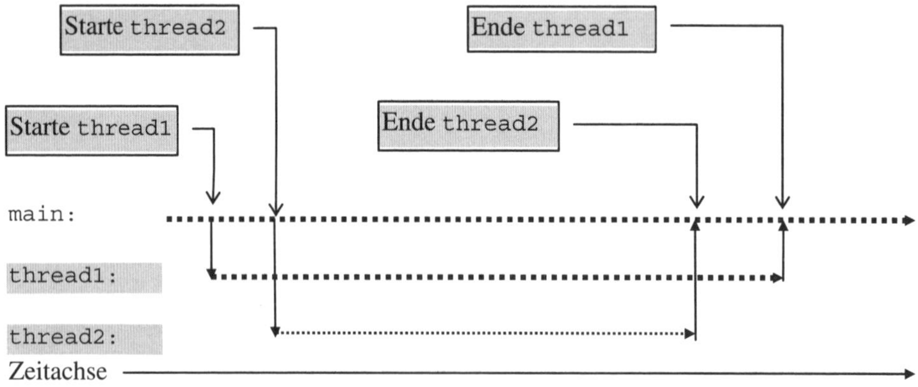

Die Threads `main`, `thread1` und `thread2` sind gestrichelt dargestellt. Nach dem Start von `thread1` sind beliebige Zeitlagen denkbar. So kann `thread1` bereits vor dem Start von `thread2` wieder beendet sein. Auch steht nicht fest, welcher der Threads `thread1` bzw. `thread2` sich zuerst beendet.

`main` wartet auf das Ende der beiden Threads. Dieser Thread wird sich also erst nach dem Ende der beiden Threads `thread1` bzw. `thread2` beenden.

6.1.2 Threads in Applets für Animationen

Applets sind zwar keineswegs statische Gebilde, dennoch bringen erst Threads Bewegung in Applets. Threads können als aktive Elemente dafür sorgen, dass „die Bilder laufen lernen".

Eine blinkende Fläche

Ein Punkt soll mit einem Applet zum Blinken gebracht werden. Die Aufgabe wird mit einem Thread gelöst, der das Applet periodisch zum Neuaufbau des Bildes zwingt. Dabei wird abwechselnd in der Hintergrundfarbe `lightGray` bzw. in der Farbe `cyan` mit einem gefüllten Oval gemalt. Auf diese Weise entsteht der Eindruck des Blinkens.

Programm

```
import java.applet.Applet;
import java.awt.Graphics;
import java.awt.Color;

public class Blinker extends Applet implements Runnable {
  Thread thread;
  boolean blink;
  boolean stopthread = false;

  public Blinker () {
    blink = false;
    thread = null;
  }

  public void start() {
    if (thread == null) {
      thread = new Thread(this, "Blinker");
      thread.start();
    }
  }

  public void run() {
    while (thread != null) {
      if (stopthread)
        return;
      repaint();
      try {
        thread.sleep(1000);
      }
      catch (InterruptedException e) {
      }
    }
  }

  public void paint(Graphics g) {
    blink = !blink;
    if (blink)
      g.setColor (Color.cyan);
    else
      g.setColor (Color.lightGray);
    g.fillArc (1, 1, getWidth()-1,
```

```
                        getHeight()-1, 0, 360);
    }

    public void stop() {
      stopthread = true;
      thread = null;
    }

  }
```

.html-Datei

```
<hr>
<DL>
<DT><applet code=Blinker.class width=20 height=20></applet>
    <A HREF="#ANFORDE">Anforderungsprofil</A>
<DL>
<DT><applet code=Blinker.class width=20 height=20></applet>
    <A HREF="#PROBLEM">Problematik der Applets</A>
<DT><applet code=Blinker.class width=20 height=20></applet>
    <A HREF="#ALLGEME">Allgemeine Kriterien f&uuml;r Applets</A>
<DT><applet code=Blinker.class width=20 height=20></applet>
    <A HREF="#TESTBAR">Testbarkeit</A>
<DT><applet code=Blinker.class width=20 height=20></applet>
    <A HREF="#VERFUEG">Verf&uuml;gbarkeit von Applets</A>
</DL>
</DL>
```

Ausgabe des Programms

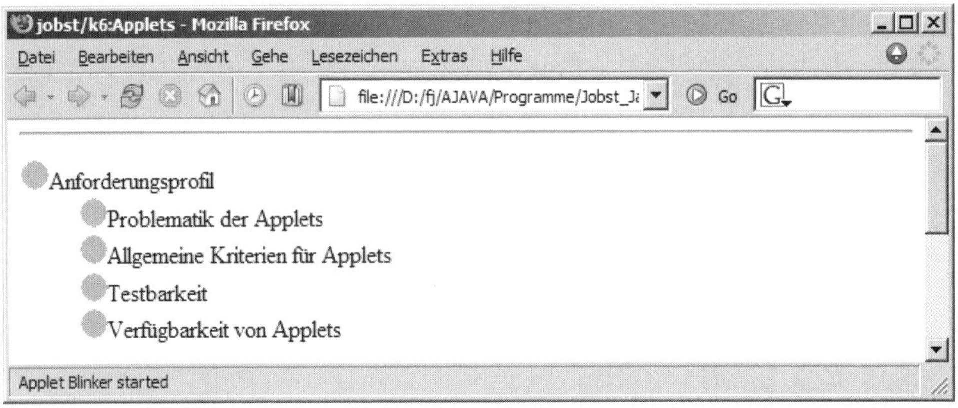

Das Bild zeigt natürlich nur eine statische Aufnahme des Geschehens zu einem Zeitpunkt, wenn alle fünf Applets den Kreis in ihrer Fläche mit einer anderen Farbe als der Hintergrundfarbe „ausgemalt" hatten.

Systembelastung durch Threads

Dieses Beispiel kann leicht zu einer starken Belastung des Browsers durch viele Threads führen. Das folgende Bild zeigt die Anzahl der Threads des Browsers Firefox im Systemmonitor *Perfmon* von Windows XP. Bei der Anzeige einer html-Seite ohne Applet wurden 28 Threads gezählt. Beim Laden der o. a. Seite wurden zunächst 47 Threads gezählt. Nach einiger Zeit waren noch 41 Threads aktiv.

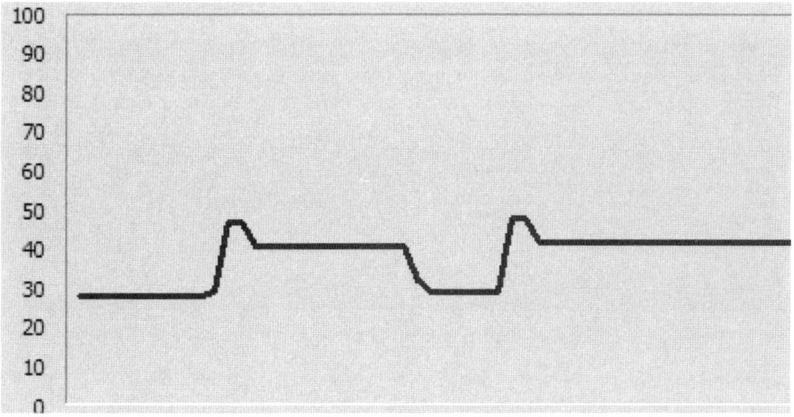

Tanzende Schrift

Ein Applet soll das Standardproblem der tanzenden Schrift lösen. Dabei gibt man einen festen Text in periodischen Abständen aus. Jeder einzelne Buchstabe soll sich in der y-Richtung (Höhe) hin- und herbewegen. Die Farbe jedes Buchstaben soll variabel sein.
Zur Lösung speichern wir sämtliche Farben in einem Feld, mit Ausnahme der (normalen) Hintergrundfarbe Hellgrau. Aus diesem Feld wählen wir die Farben mit einem durch `Math.random()` ermittelten Index.

Programm

```
import java.applet.Applet;
import java.awt.*;

public class TanzendeSchrift extends Applet
  implements Runnable {
  static final Color[] Palette = {
    Color.black,      // Die Farbe Schwarz
    Color.blue,       // Die Farbe Blau
    Color.cyan,       // Die Farbe Cyan
    Color.darkGray,   // Die Farbe Dunkelgrau
    Color.gray,       // Die Farbe Grau
    Color.green,      // Die Farbe Gruen
    Color.magenta,    // Die Farbe Magenta
    Color.orange,     // Die Farbe Orange
    Color.pink,       // Die Farbe Pink
    Color.red,        // Die Farbe Rot
    Color.white,      // Die Farbe Weiss
    //Color.yellow,     // Die Farbe Gelb
  };
  private volatile Thread thread;

  public TanzendeSchrift () {
    thread = null;
  }

  public void start () {
    if (thread == null) {
      setSize (220, 100);
      thread = new Thread (this, "Schrift");
      thread.start ();
    }
```

```
    }

    public void run () {
      while (thread != null) {
        repaint ();
        try {
          thread.sleep (200);
        } catch (InterruptedException e) {
        }
      }
    }

    public void paint (Graphics g) {
      char text[] = {'T', 'a', 'n', 'z', 'e', 'n', 'd', 'e', ' ',
        'S', 'c', 'h', 'r', 'i', 'f', 't'};

      g.setFont (new Font("Helvetica", Font.BOLD, 20));
      FontMetrics m = g.getFontMetrics ();
      int height = m.getHeight () + 5;
      int width = m.charWidth (text[0]);

      for (int i = 1; i < text.length; i++)
        if (m.charWidth (text[i]) > width)
          width = m.charWidth (text[i]);

      for (int i = 0; i < text.length; i++) {
        int start = (int)Math.round (20*Math.random ());
        g.setColor (Palette[start % Palette.length]);
        g.drawChars (text, i, 1, i*width, height + start);
      }
    }

    public void stop () {
      thread = null;
    }
  }
```

Ausgabe des Programms

Anzeige der Threads im Browser

Das Java-Plug-in der Version 1.5.0 ermöglicht die Anzeige einer Java-Konsole. Dieses Fenster kann Befehle ausführen, die u. a. der Statusanzeige dienen. Mit dem Kommando t kann man die Liste der Threads anzeigen. Für eine HTML-Seite mit „Blinker" und „Tanzender Schrift" ergibt sich folgende Ausgabe:

```
Java Plug-in 1.5.0
Verwendung der JRE-Version 1.5.0 Java HotSpot(TM) Client VM
Home-Verzeichnis des Benutzers = ...
```

```
----------------------------------------------------
c:   Konsolenfenster schließen
f:   Objekte in Finalisierungswarteschlange finalisieren
g:   Speicherbereinigung
h:   Diese Hilfemeldung anzeigen
l:   ClassLoader-Liste ausgeben
m:   Speicherbelegung anzeigen
o:   Protokollierung auslösen
p:   Proxy-Konfiguration neu laden
q:   Konsole ausblenden
r:   Richtlinien-Konfiguration neu laden
s:   System- und Bereitstellungseigenschaften ausgeben
t:   Threadliste ausgeben
v:   Thread-Stack ausgeben
x:   ClassLoader-Cache löschen
0-5: Trace-Stufe auf <n> setzen
----------------------------------------------------

Threadliste ausgeben...
Group main,ac=22,agc=2,pri=10
    main,5,alive
    Java2D Disposer,10,alive,daemon
    AWT-Shutdown,5,alive
    AWT-Windows,6,alive,daemon
    traceMsgQueueThread,5,alive
    AWT-EventQueue-0,6,alive
Group Plugin Thread Group,ac=3,agc=0,pri=10
    AWT-EventQueue-1,6,alive
    ConsoleWriterThread,6,alive,daemon
    TimerQueue,5,alive,daemon
Group file:/D:/fj/…/-threadGroup,ac=13,agc=0,pri=4
    thread applet-Blinker.class,4,alive
    thread applet-Blinker.class,4,alive
    thread applet-Blinker.class,4,alive
    thread applet-Blinker.class,4,alive
    thread applet-Blinker.class,4,alive
    thread applet-TanzendeSchrift.class,4,alive
    AWT-EventQueue-2,4,alive
    Blinker,4,alive
    Blinker,4,alive
    Schrift,4,alive
    Blinker,4,alive
    Blinker,4,alive
    Blinker,4,alive
```

Anzeige von Threads in einer Konsole

Mit der Tastenkombination Ctrl+Break (bzw. Strg+Untbr) erhält man einen sog. „full thread dump". Dabei wird der Zustand jedes Threads angezeigt. Man bekommt Auskunft darüber, ob ein Thread gerade wartet bzw. schläft (`sleep`, vgl. den folgenden Abschnitt).

Zusammenfassung

Threads in Applets können in HTML-Seiten Bewegung bringen. Bereits mit einfachen Mitteln erzielt man interessante Effekte. Wenn hingegen langwierige Aktivitäten in den Threads erforderlich werden, etwa komplexe Berechnungen oder der Transport von Bildern über das Internet, darf dies keinesfalls in der `paint()`-Methode des Applets erfolgen. Will man die Abläufe der Threads verzahnen, gilt es, sich zunächst mit den theoretischen Grundlagen der Threads vertraut zu machen.

6.2 Grundlagen zu Threads

6.2.1 Nutzen von Threads

Prozesse

Jede Aktivität bei einem Computer unter einem Betriebssystem wie etwa UNIX oder Windows läuft in Form eines Prozesses. Verschiedene Prozesse können quasi gleichzeitig am Rechner laufen. So läuft ein Browser für das Internet als Prozess, die Textverarbeitung oder ein Compiler ebenso.
Jeder dieser Prozesse besteht aus seinem Ausführungskontext, einem Programm und Daten. Der Ausführungskontext ist in klassischen Betriebssystemen genau einmal für jeden Prozess vorhanden und im Prinzip wie folgt aufgebaut [18]:

- Programmzähler: Verweis auf die nächste Anweisung
- Stack: Stapel für lokale Variable und Unterprogrammaufrufe
- Registersatz: die Register der CPU
- Zustand: laufend, blockiert ...

Dazu braucht jeder Prozess den Bezug auf das Dateisystem wie etwa lokale Verzeichnisse. Die Ablaufsteuerung in dem Betriebssystem schaltet zwischen den Prozessen um. Dieser Vorgang sollte für die einzelnen Prozesse transparent sein.

Problem: Browser im Internet

Wenn jeder Prozess über genau einen Ausführungskontext verfügt, kann in jedem Prozess zu einem Zeitpunkt maximal eine Aktivität erfolgen. Ein Browser für das Internet hat verschiedene Aufgaben:

- Holen von HTML-Seiten über das Internet
- Holen von Bildern über das Internet
- Reaktion auf Benutzereingaben
- Anzeige am Bildschirm

Bekanntlich kann das Laden von Seiten aus dem Internet einen unkalkulierbaren Zeitaufwand erfordern. Wenn sich der Prozess auf diese Aktivität verlegt, ist er eine gewisse Zeit lang andere Aufgaben blockiert. Die Folge wird ein Programm mit unerträglich langen Wartezeiten sein.

Lösung: Threads

Wenn nun ein Prozess mehrere Ausführungskontexte hätte, könnte er gleichzeitig seine o. a. Aufgaben durchführen. Ein Ausführungskontext könnte eine Seite über das Internet holen, ein anderer die bereits erhaltenen Teile am Bildschirm anzeigen und ein weiterer auf die Eingaben des Anwenders reagieren. Aus diesem Grunde erlauben moderne Betriebssysteme für jeden Prozess mehrere Ausführungskontexte. Alternativ spricht man auch von „leichtgewichtigen Prozessen“ oder anschaulich von „Fäden“. Jeder Prozess kann aus mehreren dieser „Threads“ bestehen.

Threads und Daten

Jeder Thread läuft unabhängig von den anderen Threads des jeweiligen Prozesses. Er benutzt den Adressraum des Prozesses, d.h. jeder Thread hat Zugriff auf alle globalen Variab-

len des Prozesses einschließlich aller geöffneten Dateien oder Verbindungen im Internet. Die Register sowie der Stack sind hingegen dem jeweiligen Thread zugeordnet, aber nicht vor Zugriffen anderer Threads geschützt. Lokale Variable eines Threads können aber von anderen Threads nur sinnvoll benutzt werden, wenn deren Adressen preisgegeben werden. Ein Schutz vor Fehlern anderer Threads ist nicht gegeben.
Die Vorteile liegen in der Parallelisierbarkeit von Abläufen. Diese Abläufe müssen dann wieder synchronisert werden, damit die Durchführung der Aufgaben der verschiedenen Threads koordiniert wird.

Organisationsmodelle

Zur Organisation von Abläufen mit Threads nennt Tanenbaum [20] drei grundsätzlich verschiedene Modelle:

- das Verteiler-Arbeiter-Modell
- das Team-Modell
- das Pipeline-Modell

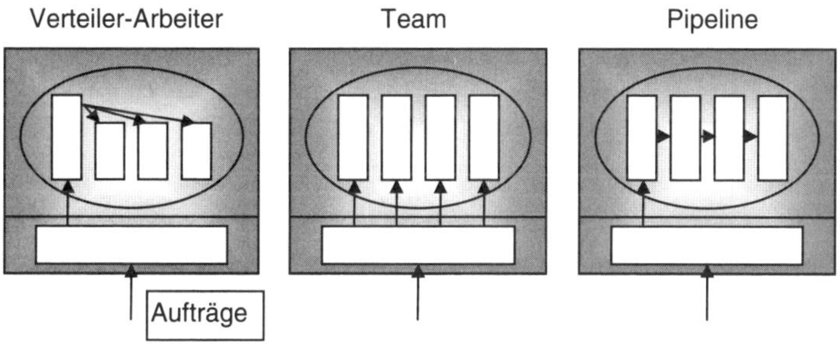

Unterstützung der Organisationsmodelle nach Tanenbaum im JDK 1.5

Beim Verteiler-Arbeiter-Modell versorgt ein Verteiler diverse Arbeiter mit Aufträgen. Im JDK 1.5 bietet sich hierfür eine `BlockingQueue` an. Vgl. Abschnitt 6.4.1. Der Verteiler stellt die Aufträge in diese Warteschlange, die Arbeiter entnehmen die Aufträge. Im Pipeline-Modell wird eine Tätigkeit wie am Fließband in mehreren Stationen abgewickelt. Wenn eine `BlockingQueue` zur Übergabe von Teilergebnissen benutzt wird, dann können die einzelnen Stationen unabhängig voneinander arbeiten. Sog. `CyclicBarrier`-Instanzen unterstützen das Team-Modell in JDK 1.5. Alle Bearbeiter-Threads können Aufträge aus einer `BlockingQueue` holen. Sie können eine `CyclicBarrier` benutzen, um ihre Ergebnisse auszutauschen oder zu einem Ganzen zusammenzusetzen, wenn alle Teile fertig sind. Vgl. Abschnitt 6.4.

6.2.2 Wettrennen

Jeder Thread wird für sich unabhängig von den anderen Threads ausgeführt. Dadurch kann ein Thread Daten eines anderen Threads überschreiben. Die dabei möglichen Fehler sind sporadischer Natur und lassen sich kaum reproduzieren. Deswegen wurde im Folgenden zur Illustration von Wettrennen ein einfaches Programm gewählt. Es enthält einen Zähler, der von zwei Threads simultan bearbeitet wird. Ein Thread erhöht den Zähler mit dem Anfangswert 0 um einen festen Wert `increment`, ein anderer erniedrigt ihn um den Wert `increment`. Beide Threads führen ihre Operationen gleich oft aus. Damit sollten sich die Aktionen am Ende in der Summe ausgleichen, der Zähler müsste dann gleich 0 sein.

```
// Diese Klasse definiert einen Zähler,
// der von einem Thread um die Größe increment
// weitergeschaltet wird.
// In der Anwendung wird als increment nur +1 bzw. -1 benutzt.
// Das Programm entstand in Kooperation mit
// Herrn Dipl. Inf. (FH) Martin Opel

public class IncDecThreads extends Thread {
  // Maximim für die Iteration
  public static final long MAX = 10000000;
  // Um die folgende Größe weiterschalten
  private long increment = 0;

  // Festlegung des Wertes von increment
  public IncDecThreads (long increment) {
    this.increment = increment;
  }

  // Erzeuge die Threads, Ablauf, Warten auf die Threads
  public static void main (String[] args) {
    IncDecThreads thread1 = new IncDecThreads(+1);
    IncDecThreads thread2 = new IncDecThreads(-1);
    long start = System.currentTimeMillis ();
    thread1.start();
    thread2.start();
    try {
      thread1.join ();
      thread2.join ();
    } catch (Exception e) {
    }
    System.out.printf ("zaehler: %10d nach %6d ms\n",
              zähler, System.currentTimeMillis ()-start);
  }

  // Dies ist der Zähler, der von diversen Threads
  // bearbeitet wird.
  static long zähler=0;

  // Unsynchronisiert geht es schnell, aber....
  public void demoUnSync () {
    for (long i = 0; i < MAX; i++) {
      zähler = zähler + increment;
    }
  }


  public void run() {
    demoUnSync ();  // Unsynchronisiertes Zählen
  }
}
```

Probeläufe (Zusammengefasst)

```
>java IncDecThreads
zaehler:          0 nach    250 ms
zaehler:    5290173 nach    281 ms
zaehler:   -5754527 nach    281 ms
zaehler:   -5676351 nach    235 ms
zaehler:          0 nach    250 ms
zaehler:    5189995 nach    296 ms
zaehler:          0 nach    235 ms
```

Die Abläufe von `demoUnSync()` bringen kein einheitliches Ergebnis. Von korrekten Abläufen, bei denen am Ende der Zähler auf 0 ist, reichen die Ergebnisse von positiven Werten bis zu negativen Zahlen. Es scheint so, als ob ein korrekter Ablauf nur möglich ist, wenn das Programm schnell abläuft. Die Probeläufe wurden auf einem Intel-Pentium-M-Prozessor mit 1.60 GHz durchgeführt.

Analyse des Problems

Um der Ursache dieser rätselhaften Abläufe auf die Spur zu kommen, disassemblieren wir das vom Compiler erzeugte Programm mit dem Java-Decompiler `javap`. Mit dem Aufruf `javap -c IncDecThreads` erhält man den Java-Bytecode für das Programm. Für diese Analyse ist nur jener Teil relevant, der den Zähler verändert. Dies ist die Methode `demoUnSync`. Kommentare sind kursiv gesetzt.

```
public void demoUnSync();
  Code:
   0:   lconst_0
   1:   lstore_1                  // i = 0
   2:   lload_1                   // Lade i
   3:   ldc2_w  #17;              //long 100000001
   6:   lcmp                      // Vergleich
   7:   ifge    28                // Falls >= : goto 28
   10:  getstatic         #14;    // Lade zähler
   13:  aload_0                   // Adresse Objekt
   14:  getfield           #2;    // Lade increment
   17:  ladd                      // zähler+increment
   18:  putstatic         #14;    // Speichere bei zähler
   21:  lload_1                   // Lade i
   22:  lconst_1                  // Lade Konstante 1
   23:  ladd                      // i+1
   24:  lstore_1                  // Speichere bei i
   25:  goto     2                // goto 2
   28:  return
```

Das folgende Bild zeigt einen möglichen Ablauf, bei dem sich die beiden Threads gegenseitig unterbrechen.

Hinweis:	In Java gibt es ab JDK 1.5 im Package `java.util.concurrent.atomic` die sog. „atomic variables" zur Lösung dieses Problems.

Skizze zum Ablauf

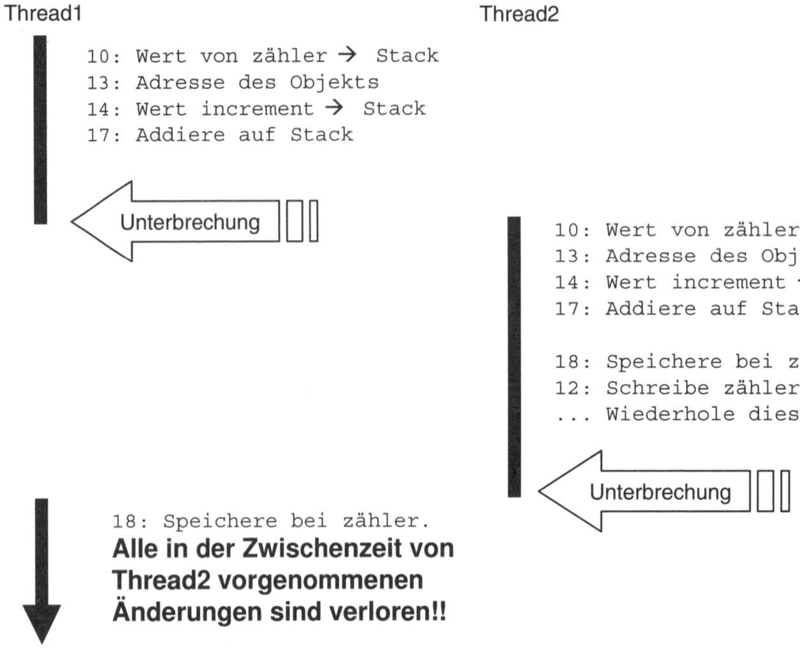

Hinweis: Wenn sich eine Aktion nicht unterbrechen lässt, wird sie als atomar bezeichnet. Das Beispiel zeigt, dass so einfache Dinge wie das Schalten eines Zählers nicht atomar sind. Deswegen bieten manche Betriebssysteme spezielle Befehle zum atomaren Schalten von Zählern an.
Wenn man den Zähler `MAX` auf kleine Werte setzt, kann man keine Fehler beobachten. Dies liegt daran, dass der Thread seine Arbeit im Rahmen seiner von Java zugeteilten Zeitscheibe abschließen und die in der Skizze dargestellte Unterbrechung nicht auftreten kann.

Lösung des Problems mit Synchronisierung

Die Methode `demoSync()` enthält eine Verriegelung des kritischen Abschnitts, in dem die Variable `zähler` gelesen und von jedem Thread intern bearbeitet wird. Der grau hinterlegte Bereich ist **`synchronized`**, d.h. er kann nur von einem Thread zu einem Zeitpunkt betreten werden. Dieser Programmabschnitt liefert eine korrekte Lösung für einen Zähler.

```
// Dieses Objekt dient der Synchronisierung.
// Deswegen nützt es nur dann, wenn es von allen
// zu synchronisierenden Threads benutzt wird.
static Object o = new Object ();
// Synchronisierter Zugriff vgl. Abschnitt 2.3
public void demoSync () {
  for (long i = 0; i < MAX; i++) {
    synchronized (o) {
      zähler = zähler + increment;
    }
  }
}
```

Probeläufe mit `demoSync()` (Zusammengefasst)

```
>java IncDecThreads
zaehler:              0 nach   3375 ms
zaehler:              0 nach   3625 ms
zaehler:              0 nach   3625 ms
zaehler:              0 nach   3625 ms
zaehler:              0 nach   3406 ms
zaehler:              0 nach   3453 ms
zaehler:              0 nach   3625 ms
```

Interpretation des Ergebnisses

Bei diesen Probeläufen tritt wie erwartet kein Fehler auf. Allerdings dürfte diese Tatsache allein nicht als Beweis für die Korrektheit des Programms herangezogen werden. Ein Programmlauf zeigt höchstens die Anwesenheit von Fehlern, nicht aber deren Abwesenheit. Die synchronisierte Variante benötigt wesentlich mehr Zeit als die unsynchronisierte.

Atomic Variables in JDK 1.5

Das obige Beispiel beweist, dass nicht einmal das Schreiben einer Zahl problemlos ist, wenn mehrere Threads miteinander konkurrieren. Die korrekte Version des Programms mit Synchronisierung kostet aber eine erhebliche Laufzeit. Zur Lösung dieses Problems führt JDK 1.5 die sog. „Atomic Variables" ein. Mit den Operationen `decrementAndGet()` sowie `incrementAndGet()` der Klasse `AtomicLong` im Package `java.util.concurrent.atomic` kann man den Zähler Thread-sicher implementieren, ohne selber die Sperr-Mechanismen von Java zu benutzen.

```
// Ab JDK 1.5
import java.util.concurrent.atomic.AtomicLong;
 ...
  static AtomicLong atomicZähler = new AtomicLong(0);
  // Ab JDK 1.5:
  public void demoJava5 () {
    for (long i = 0; i < MAX; i++) {
      atomicZähler.addAndGet (increment);
    }
  }
```

Probeläufe mit `AtomicLong` (zusammengefasst)

```
>java IncDecThreads
zaehler:              0 nach    672 ms
zaehler:              0 nach    625 ms
zaehler:              0 nach    625 ms
zaehler:              0 nach    625 ms
zaehler:              0 nach    625 ms
zaehler:              0 nach    625 ms
zaehler:              0 nach    625 ms
```

Interpretation des Ergebnisses

Die Atomic-Variablen in JDK 1.5 bieten eine korrekte Lösung des Zähler-Problems, die im Vergleich zum korrekten, synchronisierten Ansatz erheblich schneller läuft.

6.2.3 Zustände von Threads

Threads haben verschiedene Zustände, die sie zum Teil selbst beeinflussen können und die auch von ihrer Umgebung manipulierbar sind. Für Threads in Java bietet sich eine Darstellung mit fünf Zuständen an.

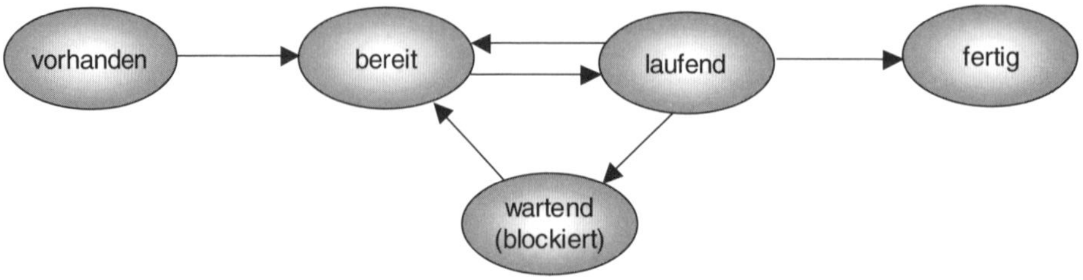

Beschreibung der Zustände

Zustand	Beschreibung
vorhanden	Der Thread wurde mit **new** als Instanz erzeugt.
bereit	Der Thread ist ablaufbereit. Die Ablaufsteuerung hat aber alle CPUs des Systems an andere Threads vergeben. Dies könnte z.B. nach einem `yield()`-Aufruf eines Threads der Fall sein.
laufend	Der Thread läuft auf einer der CPUs des Systems.
wartend	Dem Thread fehlen Betriebsmittel, z.B. der Ablauf einer Frist (per `sleep()` schlafen gelegt) oder ein Signal eines anderen Threads.
fertig	Der Thread hat den Ausgang seiner `run()`-Methode erreicht.

Beschreibung der Zustandsübergänge

Übergänge	Beschreibung
vorhanden → bereit	Der `start()`-Aufruf aktiviert die `run()`- Methode des Threads.
bereit → laufend	Die Ablaufsteuerung teilt dem Thread eine CPU zu.
laufend → wartend	Der Thread hat sich selbst per `sleep()` oder `wait()` schlafen gelegt. Dies kann auch im Ablauf eines Aufrufs einer Bibliotheksmethode erfolgen.
laufend → bereit	Die Ablaufsteuerung entzieht dem Thread die CPU. Dies ist z.B. nach einem `yield()`-Aufruf des Threads, aber auch aus anderen Gründen erfolgt (z.B. Ablauf einer Zeitscheibe).
laufend → fertig	Ein Thread hat das Ende seiner `run()`-Methode erreicht.
wartend → bereit	Ein Ereignis für den Thread ist eingetroffen. Dies kann auch eine Unterbrechung sein, die von einem anderen Thread ausgelöst wurde.

Unterbrechungen eines Threads

Ein Thread kann von anderen Threads unterbrochen werden. Falls der Thread im Zustand „wartend" war, so wird er dadurch „bereit". Zur Information erhält er eine Programmausnahme: `InterruptedException` bzw. `ClosedByInterruptException`. Falls er im Zustand „bereit“ oder „laufend“ war, wird sein Status auf „unterbrochen“ gesetzt.

Hinweis:	Threads dürfen nicht von anderen Threads per `stop()` oder `suspend()` an der Ausführung gehindert werden. Dies könnte dazu führen, dass sog. „Aufräumarbeiten“ unterbleiben. *Die entsprechenden Methoden aus älteren JDK-Versionen sind unsicher und müssen gemieden werden.* Als Alternative zu diesen „deprecated“-Aufrufen bieten sich Konstruktionen über `interrupt()` an. Siehe hierzu auch den nächsten Abschnitt. Details zu diesem komplexen Thema findet man im JDK unter: *jdk-Verzeichnis/docs/guide/misc/threadPrimitiveDeprecation.html*

6.2.4 Wichtige Methoden für Threads

Threads gehören in Java zur Sprache und infolgedessen zum Package `java.lang`. Wichtige Methoden finden sich in den Klassen `Thread`, `ThreadGroup` und `Object`. Threads können zu `ThreadGroups` zusammengefasst werden. Die Klasse Object enthält Vorbereitungen für die Synchronisierung der Nebenläufigkeiten. Das Interface `Runnable` hat nur die `run()`-Methode.

Die Klasse Thread

Aufruf/Konstruktor	**Funktion**
`Thread();`	Konstruiert einen neuen Thread.
`Thread(String name);`	Konstruiert einen neuen Thread mit dem angegebenen Namen.
`Thread( ThreadGroup group, String name);`	Konstruiert einen neuen Thread mit dem angegebenen Namen, der zur angegebenen Gruppe von Threads gehört.
`Thread(Runnable target);` `...`	Konstruiert einen neuen Thread für die angegebene Klasse, die eine `run()`-Methode implementieren muss.
`static int activeCount();`	Liefert die Anzahl der aktiven Threads in der `ThreadGroup` des Aufrufers.
`static Thread currentThread();`	Liefert das momentan laufende Thread-Objekt. Nicht überflüssig, wenn der Thread über die `Runnable`-Schnittstelle konstruiert wurde.
`String getName();` `void setName(String name);`	`get`/`set`-Methoden für den Namen.
`int getPriority();` `void setPriority( int newPriority);`	`get`/`set`-Methoden für die Priorität. Diese muss zwischen `Thread.MIN_PRIORITY` und `Thread.MAX_PRIORITY` liegen.
`static boolean interrupted();`	Testet, ob der aktuelle Thread unterbrochen wurde.
`boolean isInterrupted();`	Testet, ob dieser Thread unterbrochen wurde.
`void join();`	Wartet auf das Ende dieses Threads.
`void join(long millis);`	Wartet max. `millis` Millisekunden auf das Ende dieses Threads.
`void interrupt();`	Unterbricht diesen Thread. Dies gilt auch dann,

	wenn der Thread infolge einer `wait()`-, `join()`- oder `sleep()` Operation im Zustand „wartend" ist. Der Thread erhält in diesem Fall eine `InterruptedException`, sein Status gilt aber nicht als unterbrochen.
`boolean isInterrupted();`	Testet, ob dieser Thread unterbrochen wurde.
`static boolean interrupted();`	Testet, ob der laufende Thread unterbrochen wurde. Dadurch wird der Status des Threads auf „nicht unterbrochen" gesetzt.
`static void yield();`	Der laufende Thread gibt einen Hinweis, dass er unterbrechbar ist.
`void start();`	Mitteilung an die JVM, das vorliegende Thread-Objekt dynamisch zu starten. Es soll eine neuer Thread erzeugt und die `run()`-Methode für dieses Objekt aufgerufen werden. Ein Zweitstart ist nicht möglich.
`void sleep(long millis);`	„Schlafen" der angegebenen Anzahl Millisekunden.
`String toString();`	Liefert eine textuelle Darstellung.

Die Klasse ThreadGroup

Die Klasse `ThreadGroup` kann sowohl Threads als auch andere `ThreadGroups` enthalten. Sie dient zur Zusammenfassung einzelner Threads zu Threadgruppen. Sie erlaubt nicht nur die Aufzählung der Mitglieder der Gruppe, sondern auch das Unterbrechen der kompletten Gruppe einschließlich aller Untergruppen.

Aufruf	**Funktion**

`ThreadGroup(String name);`
`ThreadGroup(`
`  ThreadGroup parent,`
`  String name);`
	Konstruiert eine neue Gruppe, entweder eigenständig oder als Untergruppe der `parent`-Gruppe.

`int activeCount();`	Schätzt die Anzahl der aktiven Threads der Gruppe. Sollte vor `enumerate(...)`-Methoden aufgerufen werden, um die Rückgabefelder ausreichend zu dimensionieren.
`void destroy();`	Zerstörung der Gruppe einschließlich aller Untergruppen. Die Threads müssen vorher beendet worden sein.

`int enumerate(`
`  Thread[] list,`
`  boolean recurse);`
	Liefert die aktiven Threads im angegebenen Feld. Falls `recurse=true`, werden auch die Untergruppen durchlaufen. Die Anzahl der Threads wird geliefert. Falls der Platz nicht ausreicht, erfährt der Aufrufer nichts davon.

`int getMaxPriority()`	Liefert die maximale Priorität eines Threads der Gruppe.
`String getName()`	Liefert den Namen der Gruppe.
`ThreadGroup getParent()`	Liefert die Vorgängergruppe.
`void interrupt()`	Dies führt zu einem Aufruf der `interrupt()`-Methode für die Threads in der Gruppe und in

	allen Untergruppen.
`void list();`	Ausgabe von Information nach `System.out`.
`void setMaxPriority(int pri);`	Setzt die maximale Priorität eines Threads der Gruppe.
`String toString();`	Liefert eine textuelle Darstellung.

Die Klasse ThreadLocal

Wenn mehrere Threads im Sinne der Organisationsformen aus Abschnitt 6.2.1 arbeiten, kann es sinnvoll sein, den einzelnen Threads die Ablage von Daten zu ermöglichen, auf die nur der jeweilige Thread Zugriff hat. Dies könnten z.B. die Auftragsdaten sein.
Die Klassen `ThreadLocal` bzw. `InheritableThreadLocal` erlauben es Threads, ein Objekt mit „individuellen" Daten aufzubewahren.

Beispiel: Ziehung von Seriennummern durch Threads

Die Klasse `SerialNum` enthält eine statische private Klasse, die Seriennummern für Threads liefert. Die Seriennummer wird für jeden Thread beim ersten Aufruf ermittelt, sie ändert sich durch nachfolgende Aufrufe desselben Threads nicht.

```
public class SerialNum {
  // Die nächste Nummer:
  private static int nextSerialNum = 0;

  private static ThreadLocal serialNum = new ThreadLocal() {
    protected synchronized Object initialValue() { // vgl. 6.3
      return new Integer(nextSerialNum++);
    }
  };

  public static int get() {
    return ((Integer) (serialNum.get())).intValue();
  }
}
```

Aufruf	Funktion
`Object get();`	Liefert den Wert des Thread-lokalen Objekts.
`protected Object initialValue();`	Sind Thread-lokale Daten gewünscht, muss diese Methode implementiert werden (siehe obiges Beispiel). Diese Methode wird beim ersten `get()`-Aufruf benutzt, um den Wert für die Daten zu ermitteln.
`void set(Object value);`	Setzt den Wert des Thread-lokalen Objekts.

Alternative ab JDK 1.5

Zum Ziehen von Seriennummern bietet sich die Klasse `AtomicInteger` an. Die in [28] angegebene Klasse `Sequencer` löst das Problem für 32-Bit-Zahlen. Für 64-Bit-Zahlen verwendet man `AtomicLong`.

```
class Sequencer {
  private AtomicInteger sequenceNumber = new AtomicInteger(0);
  public long next() {
    return sequenceNumber.getAndIncrement();
  }
}
```

6.3 Monitore in Java

6.3.1 Grundlagen

Bei Programmen mit mehreren Threads müssen die Aktivitäten der einzelnen Threads aufeinander abgestimmt werden. Wettrennen zwischen den einzelnen Threads, die zu Inkonsistenzen im Datenbereich führen könnten, müssen vermieden werden. Hierzu gibt es in der Informatik verschiedene, von der Leistungsfähigkeit her gleichwertige Ansätze. In der Praxis zeigen sich besonders starke Unterschiede der einzelnen Ideen im Hinblick auf die einfache Entwicklung korrekter Programme. Die Diskussion in der Literatur zeigt die Vorteile des Konzepts der Monitore nach Vorschlägen von C.A. Hoare und P.B. Hansen gerade unter diesem Aspekt [2]. Ein Monitor besteht dabei aus

- Daten, die nur von Zugriffsroutinen aus bearbeitet werden können;
- Zugriffsroutinen;
- genau definierten Zugängen zum Monitor;
- sog. Condition-Variablen.

Zugänge zum Monitor sind ausschließlich über die definierten Zugangsroutinen möglich. Zu einem Zeitpunkt kann maximal ein Thread in einem Monitor sein. Damit werden Wettrennen zwischen Threads von Haus aus unterbunden. Die Condition-Variablen dienen zum Warten auf das Eintreten von Ereignissen und zum Benachrichtigen von Prozessen.

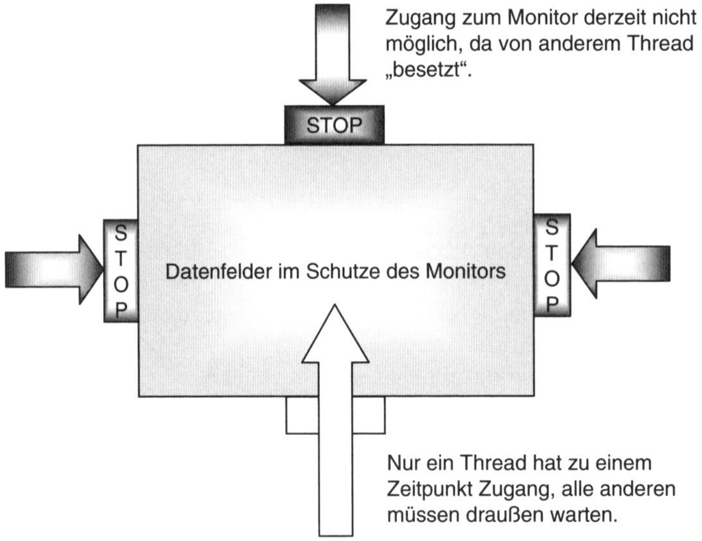

Die Java-Monitore entsprechen der Formulierung von Lampson und Redell, wie sie im Mesa-System von Xerox [25] eingesetzt wurden.

6.3.2 Anwendung der Monitore in Java

Verhindern von Wettrennen mit Monitoren

Java ist eine objektorientierte Sprache, deswegen sind Monitore in Java mit dem Konzept der Objekte verbunden. Wenn in einer Klasse eine Methode mit dem Modifizierer **synchronized** angegeben ist, erzeugt das Java-Laufzeitsystem für jede Instanz einen einzigen damit verbundenen Monitor. Zugriffe auf die Instanz über **synchronized**-Methoden werden dann vom Java-Laufzeitsystem synchronisiert.

Falsch:

```
class Punkt {
  private float x, y;
  ... Konstruktoren
  void setzePunkt (float x, float y) {
    this.x = x;
    this.y = y;
  }

  Punkt liesPunkt () {
    return new Punkt (x, y);
  }
}
```

Der Vorgang könnte hier in einem Thread unterbrochen werden!

Durch eine Unterbrechung eines Threads, der gerade die Methode `liesPunkt` an der gekennzeichneten Stelle ausführt, durch einen anderen Thread, der die Methode `setzePunkt` ausführt, könnte der Fall eintreten, dass die Methode `liesPunkt` die x-Koordinate des alten Punktes und die y-Koordinate des neuen Punktes liefert. Vgl. Abschnitt 6.2.2.

Richtig:

```
class Punkt {

  private float x, y;

  ... Konstruktoren ...

  synchronized void setzePunkt (float x, float y) {
    this.x = x;
    this.y = y;
  }

  synchronized Punkt liesPunkt () {
    return new Punkt (x, y);
  }
}
```

Wenn die Zugriffsmethoden mit dem Schlüsselwort **synchronized** versehen sind, kann zu einem Zeitpunkt nur eine der **synchronized** -Methoden aufgerufen werden. Falls derjenige Thread, der die Daten ausliest, unterbrochen und ein zweiter Thread mit Schreibzugriffen aktiv wird, muss der zweite Thread warten, bis der erste (der Leser) den Monitor verlassen hat.

Hinweise:

1. Java erlaubt neben der Synchronisation von Methoden auch eine Synchronisation von einzelnen Programmabschnitten.

2. Java-Monitore sind reentrant. Ein Thread, der im Monitor ist, blockiert sich selbst nicht dadurch, dass er eine andere synchronisierte Methode aufruft. Dies erleichtert die Entwicklung von Software erheblich. Andernfalls müsste man jeden Aufruf einer Methode daraufhin untersuchen, ob er direkt oder indirekt zu einer Blockade des Monitors führen könnte.

3. Die Gefahr der Verfälschung von Daten droht nicht nur bei mehreren Java-Anweisungen, sondern auch bei einzelnen Anweisungen wie etwa `Zähler++`. Denn zum Ausführen dieser Anweisung muss die Variable `Zähler` von der CPU aus dem Speicher gelesen, weitergeschaltet und dann wieder zurück in den Speicher geschrieben werden. Jede Unterbrechung dieses Ablaufs kann zu Inkonsistenzen führen. Auf Rechnern mit mehreren CPUs sind parallele Abläufe jeder Art denkbar. Vgl. Abschnitt 6.2.2.

Warten auf Ereignisse mit Monitoren

Wenn ein Thread zur Bildschirmanzeige von Daten auf die Daten warten muss, die ein anderer Thread über das Internet heranholt, dann muss der erste Thread auf ein Ereignis des zweiten Threads warten. Wenn der erste Thread dieses „Warten" in Form von aktivem Warten dadurch implementiert, dass er in einer Schleife ständig eine Variable abfragt, wird unnötig CPU verbraucht, die für andere Aufgaben am Rechner fehlt. Außerdem könnte ein niederpriorer Thread daran gehindert werden, die Tätigkeit zu verrichten, auf deren Ende gewartet wird. Für dieses „Warten" dient in Java der `wait()`-Aufruf. Er sorgt dafür, dass dem aufrufenden Thread die CPU entzogen wird. Der Thread wird „schlafen gelegt" und verbraucht danach keine CPU-Zeit mehr. Der Thread verlässt auf diesem Weg sofort den Monitor, sonst wäre dieser für den Zugang anderer Threads blockiert.
Wenn der zweite Thread die Daten geholt oder wenigstens einen brauchbaren Teil davon beschafft hat, muss der erste wieder „aufgeweckt" werden. Außerdem müssen die Daten übergeben werden. Dieses Problem löst man in Java mit folgenden Aufrufen:

```
notify ();    // Benachrichtige einen wartenden Thread
notifyAll (); // Benachrichtige ALLE wartenden Threads
```

Diese Aufrufe kann man nur aus einem Monitor heraus absetzen. Die Benachrichtigung gilt dann für Threads, die an eben diesem Monitor per `wait()` schlafen gelegt wurden. Der `notify()`-Aufruf befreit *einen* der per `wait()` schlafen gelegten Threads. Der Thread muss aber bei dem in Java implementierten Konzept der Monitore noch auf Zugang zum Monitor warten, denn der andere Thread verlässt infolge seines Aufrufs zur Benachrichtigung den Monitor keineswegs sofort. Außerdem könnte ein anderer Thread vor dem mit `notify()` aktivierten Thread Zugang zum Monitor erhalten.

Hinweis: Dies steht im Gegensatz zum ursprünglichen Konzept der Monitore. Dort führte die Benachrichtigung des per `wait()` vertagten Threads zu dessen unmittelbarem Zugang zum Monitor. In der Konsequenz musste die Benachrichtigung zum sofortigen Verlassen des Monitors durch den informierenden Thread führen.
Ein aus seinem `wait()` „befreiter" Thread muss die Bedingung, die die Ursache für sein Warten ist, wieder überprüfen, denn ein anderer Thread könnte inzwischen (nicht gleichzeitig, aber vorher!) im Monitor gewesen sein und z.B. die Daten abgeholt haben.
Monitore mit `notify()` ermöglichen es im Gegensatz zum ursprünglichen Konzept der Monitore auch, dass eine Funktion ein Ergebnis aus einem Monitor liefert. Ist `notify()` die letzte Aktion in einem Monitor, würde der Monitor verlassen werden. Damit würde eine nachfolgend in einer Methode angegebene `return`-Anweisung nicht mehr durch den Monitor synchronisiert, da sie bereits von außerhalb des Moni-

tors erfolgte. Ein synchronisierter Zugriff auf Daten des Monitors (etwa zum Auslesen) wäre dann nicht mehr gegeben.

6.4 Framework für Nebenläufigkeit

Aus den vielen Problemen im Bereich der Nebenläufigkeit kristallisieren sich einige Situationen heraus, die immer wieder auftreten:

- Erzeuger und Verbraucher von Informationen
- Leser und Schreiber
- Semaphoren
- ...

Diese Probleme wurden vor dem JDK 1.5 von den Java-Entwicklern individuell gelöst, wie der geneigte Leser auch in den früheren Ausgaben dieses Buches feststellen kann. Ab JDK 1.5 können die obigen und viele anderen Probleme mit den „Concurrency Utilities" im Package `java.util.concurrency` bearbeitet werden.

Scheduling Framework

Das Executor-Framework dient der Standardisierung der Erzeugung, des Schedulings, der Ausführung und der Kontrolle asynchroner Abläufe durch Richtlinien. Außerdem bieten Implementierungen diverse Möglichkeiten der Ausführung: im laufenden Thread, in einem einzelnen Hintergrund-Thread wie in Swing, in einem neu zu erzeugenden Thread oder in einem Thread-Pool. Durch konfigurierbare Richtlinien für die Länge von Warteschlangen oder die Sättigungsgrade von Ressourcen lässt sich die Stabilität von Anwendungen verbessern.

Concurrent Collections

Mit neuen Sammlungen wie den `Queue` und `BlockingQueue`-Schnittstellen und den performanten Implementierungen für `Map`, `List`, and `Queue` können Lösungen für Warteschlangen-Probleme effizient, zuverlässig und leicht lesbar formuliert werden. Die Erzeuger-Verbraucher-Kopplung in Abschnitt 6.4.1 wird mit diesen Hilfsmitteln realisiert.

Atomic Variables

Mit speziellen Klassen lassen sich unteilbare Operationen sowohl auf primitiven Datentypen wie **`int`** als auch auf Klassen auf vielen Plattformen effizienter als durch Synchronisierung erstellen. Dies ist die Basis für leistungsfähige Algorithmen auf der einen Seite oder einfache Implementierungen von Zählern und Reihenfolgen auf der anderen. Die Lösungsvariante des Problems mit dem Wettrennen in Abschnitt 6.2.2 mit `AtomicLong` zeigt die Effizienz dieser Klassen.

Synchronizers

Java-Monitore stellen ein einheitliches Schema für die Synchronisierung dar. In der Praxis treten verschiedene Anwendungsfälle auf wie Semaphoren, wechselseitiger Ausschluss, Barrieren, Latches (Riegel) und Austauscher. Das JDK 1.5 bietet direkte Lösungen für diese Situationen an und dient so auch der Vereinheitlichung.

Locks

Allgemeine Sperren können in Java mit **synchronized** implementiert werden. Das Package `java.util.concurrent.locks` bietet eine Reihe von anwendungsorientierten Sperrmechanismen mit der gleichen Semantik wie **synchronized**. Zusätzlich können Zeitlimits für das Warten auf eine Sperre oder mehrfache Bedingungen auf Zuteilung der Sperre angegeben werden. Der Zugang zu den Sperren kann fair oder nach dem Zufallsprinzip erfolgen. Außerdem können auf Zugang zu Sperren wartende Threads unterbrochen werden. In Abschnitt 6.4.2 wird das Leser-Schreiber-Problem mit der Klasse `ReentrantReadWriteLock` gelöst.

Nanosekunden genaue Zeitmessung

Die Methode `System.nanoTime` liefert die Zeit in der im jeweiligen System verfügbaren höchsten Auflösung, eventuell in Nanosekunden. Solche Zeitangaben können in den Methoden benutzt werden, die Timeouts akzeptieren, wie `BlockingQueue.offer`, `BlockingQueue.poll`, `Lock.tryLock`, `Condition.await`, und `Thread.sleep`.

6.4.1 Erzeuger-Verbraucher-Kopplung

Aufgabenstellung

Gerade bei der Programmierung von Anwendungen für das Internet können bei der Übertragung von Daten erhebliche Wartezeiten auftreten. Eine Parallelisierung der Abläufe z.B. zur Anzeige von Teilen der Daten kann die Verarbeitung erheblich beschleunigen. Diese Situation bezeichnet man als Erzeuger-Verbraucher-Kopplung. Die Gruppe der Erzeuger erzeugt Daten asynchron zu den Verbrauchern. Herschel und Pieper [10] verdeutlichen die Situation am Beispiel von Pizzabäckern und Besuchern im Restaurant: Pizzabäcker produzieren Pizzas auf Vorrat, sofern noch Platz auf der Theke ist. Die Besucher verzehren diese Pizzas, sofern welche auf der Theke vorhanden sind.
Dieses Problem bezeichnet man als Erzeuger-Verbraucher-Kopplung mit beschränktem Puffer (im Beispiel: die Größe der Theke).

Lösung mit BlockingQueue und ArrayBlockingQueue

Der Erzeuger stellt mit `put` jeweils ein `Integer`-Objekt in den Puffer, der Verbraucher entnimmt jeweils ein Objekt mit `take`. Der Puffer ist als `ArrayBlockingQueue` implementiert. Erzeuger und Verbraucher werden an den Puffer synchronisiert. Dieses Verhalten lässt sich mit einer `ArrayList` nur dadurch erzielen, dass man selbst den erforderlichen Programmcode für die Synchronisierung erstellt:

- Blockieren des Erzeugers, wenn kein Platz mehr da ist.
- Aufwecken des Erzeugers, wenn wieder Platz da ist.
- Blockieren des Verbrauchers, wenn kein Objekt da ist.
- Aufwecken des Verbrauchers, wenn wieder ein Objekt da ist.

Dieses Verhalten wird von der Implementierung der Klasse `ArrayBlockingQueue` bereits zur Verfügung gestellt.

Programm

```
// Die Erzeuger-Verbraucher-Kopplung mit JDK 1.5: BlockingQueue
// Problem : Der Verbraucher wartet ewig, falls der
// Erzeuger nichts mehr liefert. Zur Loesung dieses Problems:
// Vgl. ErzeugerVerbraucher.java (Allgemeiner Fall)
```

```
import java.util.*;
import java.util.concurrent.*;

// Der Erzeuger erzeugt in einer Schleife Daten und liefert sie
//  via einer asynchronen Kopplung an Verbraucher.
class Erzeuger extends Thread {

  private BlockingQueue <Integer> puffer;

  public Erzeuger(BlockingQueue <Integer> puffer) {
    this.puffer = puffer;
  }

  public void run() {
    for (int i = 0; i < 5; i++) {
      try {
        puffer.put (i);
        sleep (Math.round (100.0 * Math.random ()));
      }
      catch (InterruptedException e) {
        e.printStackTrace (System.err);
      }
    }
  }
}

// Der Verbraucher holt Daten aus dem Puffer
class Verbraucher extends Thread {

  private BlockingQueue <Integer> puffer;

  public Verbraucher(BlockingQueue <Integer> puffer) {
    this.puffer = puffer;
  }

  public void run() {
    try {
      while (true) {
        System.out.println (toString () + " erhielt: " +
           puffer.take ());
      }
    }
    catch (InterruptedException e) {
      e.printStackTrace (System.err);
    }
  }
}

// Starte Erzeuger und Verbraucher : Ein Testrahmen
public class ErzeugerVerbraucherDemo {
  static public void main(String args[])
      throws InterruptedException {
    BlockingQueue <Integer> puffer
                  = new ArrayBlockingQueue <Integer> (100);
    new Erzeuger (puffer).start ();
    new Verbraucher (puffer).start ();
    new Verbraucher (puffer).start ();
  }
}
```

Probelauf

```
Thread[Thread-1,5,main] erhielt: 0
Thread[Thread-1,5,main] erhielt: 1
Thread[Thread-2,5,main] erhielt: 2
Thread[Thread-1,5,main] erhielt: 3
Thread[Thread-2,5,main] erhielt: 4
```

Ausgabe bei Unterbrechung mit Strg+Untbr (Auszug)

```
Full thread dump Java HotSpot(TM) Client VM (1.5.0-b64 ...):
"Thread-2" prio=5 tid=0x00aac348 nid=0x904 waiting on condition
        at sun.misc.Unsafe.park(Native Method) ...
        at java.util.concurrent.ArrayBlockingQueue.take(...)
        at Verbraucher.run(ErzeugerVerbraucherDemo.java:46)

"Thread-1" prio=5 tid=0x00aac1c8 nid=0x31c waiting on condition
        at sun.misc.Unsafe.park(Native Method) ...
        at java.util.concurrent.ArrayBlockingQueue.take(...)
        at Verbraucher.run(ErzeugerVerbraucherDemo.java:46)
```

Hinweis: Die Verwaltung des Monitors benachrichtigt den Verbraucher nicht, wenn kein Erzeuger vorhanden ist (bzw. wenn sich der letzte Erzeuger beendet hat). Auch der Erzeuger wird nicht informiert, wenn kein Verbraucher zur Abnahme der Objekte vorhanden ist. Die obige Ausgabe zeigt den Zustand der Verbraucher-Threads nach Beendigung des Erzeuger-Threads.
Das Hauptprogramm wartet nicht auf die Beendigung der von ihm erzeugten Threads. Es muss dann über das Betriebssystem z.B. mit Strg+C abgebrochen werden.

Beendigung der Verbraucher, falls kein Erzeuger mehr vorhanden ist

Die Implementierungen der Schnittstelle `BlockingQueue` bieten keine Unterstützung für das Beenden der Warteschlange an. Dies kann z. B. dann erforderlich werden, wenn der letzte Erzeuger verschwindet. Man muss ein Zugangsprotokoll zur Warteschlange erfinden, in dessen Rahmen sich die Erzeuger an- und abmelden. Bei Abmeldung des letzten Erzeugers müssen die Verbraucher informiert werden, dass weiteres Warten sinnlos ist.
Ein gängiger Lösungsansatz besteht darin, den Verbrauchern beim Schließen der Warteschlange einen speziellen Wert zu liefern. Da die Zugriffe auf die Warteschlange Objekte liefern, wäre die Codierung des Endes der Daten mit dem Wert **`null`** ideal. Spezielle Zahlen (Z. B. `-1`) als Werte für „Ende der Daten" haben den Nachteil, dass dadurch der Vorrat der erlaubten Werte in der Warteschlange eingeschränkt wird.
Leider nimmt die Warteschlange **`null`**-Werte nicht an. Deswegen muss man den Weg über das Zugangsprotokoll wählen.

6.4.2 Leser-Schreiber-Problem

Durch eine gleichzeitige Anwesenheit von Lesern und Schreibern können Inkonsistenzen in Datenstrukturen auftreten. Mehrere Schreiber überschreiben sich wechselseitig die Daten. Ein Schreiber kann Daten für Leser zum Teil ändern, Leser können zum Teil geänderte, zum Teil unveränderte Daten benutzen. Zur Lösung dieses Problems kann man einen Monitor benutzen. Man definiert synchronisierte Zugangsroutinen für Leser und Schreiber und versperrt den gleichzeitigen Zugang für mehrere Threads.
Diese Lösung stellt die Konsistenz der Daten sicher, sie kann aber Nachteile seitens der Geschwindigkeit des Systems bringen. Ein Leser sperrt bei dieser Lösung nicht nur Schrei-

ber aus, sondern auch alle anderen Leser. Da Leser keine Daten verändern, ist eine Aussperrung der anderen Leser durch Leser nicht erforderlich. Sie kann in der Praxis zu einer drastischen Verringerung der Leistungsfähigkeit von Systemen führen.
Dieses Problem wird auch als Leser-Schreiber-Problem bezeichnet.

Vorgaben für eine Lösung

Threads müssen ihren Zugang zu dem zu verwaltenden Gebiet („kritisches Gebiet") mit Zugangsroutinen anmelden. Wenn kein Thread in dem kritischen Gebiet ist, soll der Thread Zugang erhalten. Ein Schreiber sperrt alle Leser und Schreiber aus, bis er das kritische Gebiet verlassen hat. Ein Leser sperrt hingegen nur Schreiber aus. Weitere Wünsche von Lesern nach Zugang zu dem kritischen Gebiet sollen trotz der Anwesenheit von Lesern erfüllt werden, allerdings nur bis zu einer festen oberen Schranke. Auf diese Weise erhalten die Leser den Vorrang vor eventuell bereits auf Zugang wartenden Schreibern. Dies kann dazu führen, dass Schreibzugriffe aufgeschoben werden. Es gibt somit keinerlei Garantie für Schreiber auf Zugang zum kritischen Gebiet innerhalb einer definierten Zeitschranke.

Konzept zur Lösung mit Vorrang für die Leser

Ein Monitor `ReaderWriterMonitor` mit den vier Zugangsroutinen `ReaderIn()`, `ReaderOut()`, `WriterIn()` und `WriterOut()` übernimmt die Steuerung. Die Routine `ReaderIn()` gewährt den Zugang, wenn kein Schreiber und weniger als die Maximalzahl der Leser in dem Gebiet sind. In diesem Fall wird der Zähler für die Anzahl der Leser hochgeschaltet, und die Routine kehrt zum Aufrufer zurück. Andernfalls blockiert die Routine den aufrufenden Thread mit `wait`.
`WriterIn()` überprüft, ob Leser oder Schreiber in dem kritischen Gebiet sind. Ist dies der Fall, wird der aufrufende Thread blockiert. Andernfalls wird der Zähler für die Schreiber auf 1 gesetzt, und die Routine kehrt zum Aufrufer zurück.
`ReaderOut()` schaltet den Zähler für die Leser zurück und setzt ein `notify()` ab. Falls ein Thread in diesem Monitor mit `wait()` blockiert wurde, wird diese Blockade aufgehoben. Der deblockierte Thread muss dann noch auf den Zugang zum Monitor warten und im Monitor wieder die Wartebedingung testen.
`WriterOut()` schaltet den Zähler für die Schreiber zurück und setzt ein `notify()` ab. Auch hier wird ggfs. ein per `wait()` blockierter Prozess aktiviert. Das kann ja nach Lage der Dinge ein Leser oder ein Schreiber sein.

Programm

```
// Der exklusive Zugang zu einem kritischen Gebiet reduziert die
// Parallelität für Lesezugriffe unnötig. Schreibzugriffe da-
// gegen zerstören die Konsistenz von Daten im kritischen Gebiet.
// Dieser Ansatz gibt Lesern Zutritt zu einem Gebiet.
// Schreiber müssen auf exklusiven Zugang warten.

import java.util.concurrent.*;
import java.util.concurrent.locks.*;

// Der Schreiber versucht, den kritischen Bereich
// exklusiv zu belegen.
class Writer extends Thread {
  private ReadWriteLock rwl;
  private static int No = 0;
  private static synchronized int getNo () {
    return No++;
  }
```

```
  public Writer (String Name, ReadWriteLock rwl) {
    super (Name);
    this.rwl = rwl;
  }

  public void run () {
    Lock lock = rwl.writeLock();
    for (int i = 0; i < 3; i++) {
      int n = getNo ();
      try {
        lock.lock ();
        System.out.println (this + " Schreiber im Gebiet");
        sleep (Math.round (1000.0*Math.random ()));
        System.out.println (this + " Schreiber aus dem Gebiet");
        lock.unlock();
      } catch (InterruptedException e) {
        System.err.println (e);
      }
    }
    System.out.println ("Ende " + toString ());
  }
}

// Der Leser versucht eine nicht-exklusive Belegung des
// kritischen Bereichs
class Reader extends Thread {
  private ReadWriteLock rwl;
  private static int No = 0;
  private static synchronized int getNo () {
    return No++;
  }

  public Reader (String Name, ReadWriteLock rwl) {
    super (Name);
    this.rwl = rwl;
  }

  public void run () {
    Lock lock = rwl.readLock();
    for (int i = 0; i < 3; i++) {
      int n = getNo ();
      try {
        lock.lock ();
        System.out.println (this + "Als Leser im Gebiet ");
        try {
          sleep (Math.round (1000.0*Math.random ()));
        } catch (InterruptedException e) {
          e.printStackTrace (System.err);
        }

        System.out.println (this + "Leser aus dem Gebiet");
        lock.unlock();
      } finally {
       //lock.unlock();
      }
    }
    System.out.println ("Ende " + toString ());
  }
}

// Aufgaben des Hauptprogramms
// 1. Erzeuge die Instanzen des Monitors und aller Threads
```

```
// 2. Starte alle Threads
// 3. Warte auf das Ende aller Threads
public class LeserSchreiber {
  final static int READERS = 2;
  final static int WRITERS = 1;
  static public void main (String args[])
        throws InterruptedException {
    ReadWriteLock rwl = new ReentrantReadWriteLock ();
    Thread threads[] = new Thread[WRITERS+READERS];
    for (int i = 0; i < WRITERS; i++)
      threads[i] = new Writer ("Writer", rwl);
    for (int i = 0; i < READERS; i++)
      threads[i+WRITERS] = new Reader ("Reader " + i, rwl);
    threads[1].start (); // Reader 1
    threads[0].start (); // !!! Writer
    threads[2].start (); // Reader 2
    for (int i = 0; i < threads.length; i++)
      threads[i].join ();
    System.out.println ("Ende main");
  }
}
```

Probelauf

```
>java LeserSchreiber
Thread[Reader 0,5,main]Als Leser im Gebiet
Thread[Reader 1,5,main]Als Leser im Gebiet
Thread[Reader 1,5,main]Leser aus dem Gebiet
Thread[Reader 1,5,main]Als Leser im Gebiet
Thread[Reader 1,5,main]Leser aus dem Gebiet
Thread[Reader 1,5,main]Als Leser im Gebiet
Thread[Reader 0,5,main]Leser aus dem Gebiet
Thread[Reader 0,5,main]Als Leser im Gebiet
Thread[Reader 1,5,main]Leser aus dem Gebiet
Ende Thread[Reader 1,5,main]
Thread[Reader 0,5,main]Leser aus dem Gebiet
Thread[Writer,5,main] Schreiber im Gebiet
Thread[Writer,5,main] Schreiber aus dem Gebiet
Thread[Writer,5,main] Schreiber im Gebiet
Thread[Writer,5,main] Schreiber aus dem Gebiet
Thread[Writer,5,main] Schreiber im Gebiet
Thread[Writer,5,main] Schreiber aus dem Gebiet
Thread[Reader 0,5,main]Als Leser im Gebiet
Ende Thread[Writer,5,main]
Thread[Reader 0,5,main]Leser aus dem Gebiet
Ende Thread[Reader 0,5,main]
Ende main
```

Anmerkung

Das Protokoll zeigt, dass der Schreiber nicht in Gegenwart eines Lesers in das kritische Gebiet eintreten kann.

6.4.3 Semaphoren

Weithin bekannt ist das auf E.W. Dijkstra [3, 15, 17, 18] zurückgehende Konzept der Semaphoren, eine Art von Flaggen zur Regelung des Zugangs zu kritischen Gebieten. Das Konzept der Monitore in Java ist auf einer höheren Ebene angesiedelt als die Semaphoren. So erscheint es auf den ersten Blick wenig sinnvoll oder sogar gefährlich, Semaphoren durch Monitore darzustellen. Doch es gibt viele Lösungsvorschläge für Probleme im Bereich der Nebenläufigkeit auf der Basis von Semaphoren. Aus diesem Grunde werden Semaphoren hier besprochen. Dies erlaubt eine einfache Adaption bekannter, korrekter Algorithmen mit Semaphoren in Java-Programme.

Definition von Semaphoren

Eine Semaphore ist als abstrakte Datenstruktur definiert. Jede Semaphore enthält eine ganzzahlige Variable sowie zwei Routinen P und V. Nach [21] können die Bezeichnungen P und V auf die holländischen Begriffe Passeeren, Probeeren bzw. Vrygeven, Verlaat, Verhagen zurückgeführt werden. Die Operationen P und V bestehen intern aus mehreren Schritten, die jedoch als unteilbare bzw. atomare Aktion ablaufen müssen. Die ganzzahlige Variable hat einen bestimmten Anfangswert, der in Java mit Konstruktor `Semaphore(int permits)` gesetzt wird.

Eine **P-Operation** testet die ganzzahlige Variable. Ist deren Wert gleich null, wird der aufrufende Thread blockiert. Ist deren Wert größer als null, wird der Wert um eins verringert und die P-Operation kehrt unmittelbar zum Aufrufer zurück. Die P-Operation wird in Java mit `void acquire()` bzw. `void acquire(int permits)` codiert. Die zweite Form der P-Operation testet die ganzzahlige Variable, ob noch die angeforderte Anzahl „permits" zur Verfügung steht. Wenn ja, wird die ganzzahlige Variable um diesen Wert verringert. Widrigenfalls muss der Aufrufer warten, bis die angeforderte Anzahl „permits" vorhanden ist. Wenn eine Anwendung nicht blockiert werden darf, kann `boolean tryAcquire ()` bzw. `boolean tryAcquire(int permits)` eingesetzt werden. Diese Aufrufe kehren mit `false` zurück, falls die P-Operation fehlgeschlagen hätte.

Eine **V-Operation** auf eine Semaphore `s` inkrementiert die zu `s` gehörige ganzzahlige Variable. Falls mindestens ein Thread infolge einer P-Operation auf `s` blockiert war, wird einer der blockierten Threads wieder ablaufbereit. Die V-Operation wird in Java als `void release()` bzw. `void release (int permits)` geschrieben.

Ist der Anfangswert der Semaphore gleich 1 oder 0 und wird er in den P- und V-Operationen jeweils um 1 erhöht bzw. erniedrigt, so spricht man auch von einer *binären Semaphore*.

Semaphoren mit Java

```
// Die klassischen Semaphoren in Java.
import java.util.concurrent.*;

class TestThread extends Thread {
  private Semaphore s;

  public TestThread (Semaphore s) {
    this.s = s;
  }

  public void randomSleep (int time) {
    try {
      sleep (Math.round (time*Math.random ()));
    }
    catch (InterruptedException e) {
      System.out.println (e);
    }
  }

  public void run () {
    try {
      for (int i = 0; i < 5; i++) {
```

```
          s.acquire ();
          System.out.println ("Semaphore belegt " + this);
          randomSleep (1000);
          System.out.println ("Semaphore frei   " + this);
          s.release ();
          randomSleep (100);
        }
      } catch (InterruptedException e) {
        e.printStackTrace (System.err);
        System.exit (1);
      }
    }
}

public class SemaphorenDemo extends Thread {
  static public void main (String args[])
          throws InterruptedException
  {
    Semaphore s = new Semaphore (1); // Binaere Semaphore
    Thread threads[] = new Thread[3];
    for (int i = 0; i < threads.length; i++)
      threads[i] = new TestThread (s);
    for (int i = 0; i < threads.length; i++)
      threads[i].start ();
    for (int i = 0; i < threads.length; i++)
      threads[i].join ();
  }
}
```

6.5 Deadlocks

Der Begriff „Deadlock“ wird anhand des Problems der speisenden fünf Philosophen erläutert. Ausgehend von der Theorie der Informatik zu diesem Thema wird eine Strategie zur Vermeidung von Deadlocks vorgestellt und am Beispiel der fünf Philosophen implementiert. Besonderer Wert wird auf eine Strategie zur Lösung gelegt, die sich auch auf andere Problemfälle der Synchronisierung von Threads übertragen lässt.

6.5.1 Die fünf Philosophen

1965 stellte Dijkstra das Synchronisationsproblem der fünf Philosophen vor. Fünf Philosophen sitzen um einen Tisch. Jeder Philosoph hat einen Teller mit Essen vor sich sowie eine Gabel neben sich. Jeder Philosoph benötigt zum Essen zwei Gabeln: eine Gabel auf seiner linken und eine Gabel auf seiner rechten Seite. Jeder Philosoph durchläuft verschiedene Phasen. Zunächst denkt jeder Philosoph, danach wird er hungrig und versucht, die zum Essen benötigten zwei Gabeln zu bekommen. Wenn er die beiden Gabeln hat, beginnt er zu essen. Nach der Mahlzeit legt der Philosoph die Gabeln wieder zurück, und der Zyklus Denken-Hunger-Essen beginnt wieder von vorne [20].

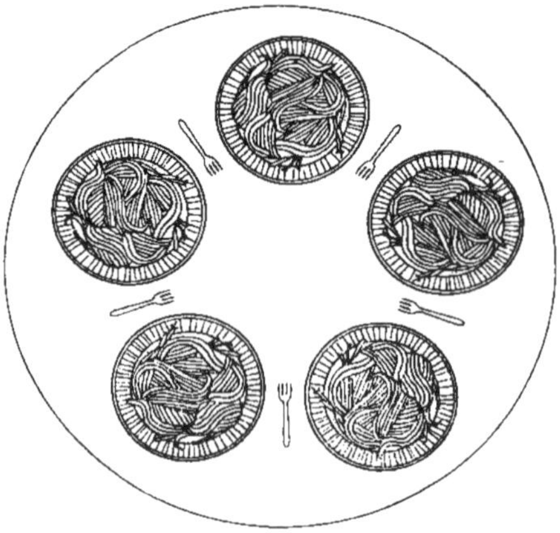

Gesucht ist ein Verfahren zur Synchronisierung der konkurrierenden Zugriffe auf die Gabeln, bei dem maximale Parallelität herrscht und sichergestellt ist, dass kein Philosoph verhungert.

Falscher Ansatz

Die Philosophen werden nummeriert: 0 1, 2, 3, 4. Der Zugriff auf die Gabeln erfolgt nach dem Schema

```
void Philosopher(int i){
  while (true) {
    think ();                   // Denken : Zufaellige Dauer
    take (LEFT);                // linke Gabel nehmen
    take (RIGHT);               // rechte Gabel nehmen
                                // Der Philosoph hat zwei Gabeln
    eat ();                     // Essen : Zufaellige Dauer
    put (LEFT);                 // linke Gabel zuruecklegen
    put (RIGHT);                // rechte Gabel zuruecklegen
  }
}
```

Problem

Ein Szenario ist denkbar, bei dem jeder Philosoph die Gabel zu seiner linken Seite ergreift. Damit gibt es für keinen der fünf Philosophen einen Zugriff auf die Gabel zu seiner rechten Seite: Jeder Philosoph hat eine Gabel, jeder wartet darauf, dass ein anderer Philosoph isst und danach die Gabeln wieder zurücklegt.

Deadlock

Eine solche kreisförmige Wartesituation heißt Deadlock. Jeder Beteiligte wartet auf ein Ereignis eines anderen Beteiligten.

6.5.2 Maßnahmen gegen Deadlocks

Nach Coffman und anderen (vgl. [25, 32]) gibt es Deadlocks nur dann, wenn vier Bedingungen gleichzeitig erfüllt sind:

Exklusive Belegung	Betriebsmittel werden entweder von genau einem Thread belegt oder sind frei.
Belegen und Warten	Threads belegen Betriebsmittel und warten während der Belegung auf die Zuteilung weiterer Betriebsmittel.
Kein erzwungenes Freigeben	Betriebsmittel können nicht entzogen werden, sondern müssen von den Threads zurückgegeben werden.
Zyklische Wartebedingung	Es gibt eine Kette aus zwei oder mehr Threads, wobei jeder Thread auf ein von einem anderen Thread der Kette belegtes Betriebsmittel wartet.

Bei dem o. a. Beispiel der fünf Philosophen treffen alle vier Umstände zusammen.

6.5.3 Lösungsvorschlag

In Java steht der Komfort der Monitore zur Verfügung. In einem Monitor kann man frei von allen Problemen der Synchronisierung Abfragen formulieren, denn das Java-Laufzeitsystem schützt das Programm vor unliebsamen Unterbrechungen durch andere Threads. Es bietet sich an, Deadlocks durch Vermeidung der Bedingung „Belegen und Warten" auszuhebeln.[7] So sollte jeder Philosoph auf zwei Gabeln warten: auf die Gabel zu seiner linken und seiner rechten Seite. Er darf aber keine Gabel nehmen, solange er nur eine Gabel erhält. Erst wenn er beide Gabeln erhält, kann er essen. Danach werden die Gabeln wieder zurückgelegt und der Kreislauf im Leben des Philosophen beginnt wieder von vorn.

Programm

```
// Programm  :  Fuenf Philosophen unter Java
// Literatur :  [25]

// Der Monitor Manager gibt nur dann Gabeln heraus, wenn
// ein Philosoph wirklich zwei Gabeln erhalten kann.
// Dadurch wird das Kriterium Belegen UND Warten verletzt,
// ein Deadlock kann sich nicht einstellen.
class Manager {
  public final static int N = 5;
  private static int phils[];
  private final static int NOTHING = 0;
  private final static int EATING = 1;

  static {
    phils = new int [N];
    for (int i = 0; i < N; i++)
      phils[i] = NOTHING; // Eigentlich der Defaultwert
  }

  // Routinen zum Ermitteln der Nummern der Gabeln
  private int left (int i) { return (i+N-1) % N; }
  private int right (int i) { return (i+1) % N; }

  // Aufnehmen von zwei Gabeln. Symbolisch dadurch
  // gelöst, dass die Nachbarn getestet werden.
  // Wenn nur ein Nachbar isst, fehlt eine Gabel.
  synchronized public void TakeForks (int no) {
```

[7] In Windows™ gibt es einen Aufruf `WaitForMultipleObjects`, mit dem man auf das Belegen von verschiedenen Ressourcen mit einem Aufruf warten kann. Unter UNIX können mehrere Semaphoren mit einem Aufruf bearbeitet werden.

```
    while (phils[left(no)] == EATING ||
           phils[right(no)] == EATING) {
      try {
        wait ();
      } catch (InterruptedException e){}
    }
    phils[no] = EATING;
  }

  // Zuruecklegen von zwei Gabeln. Dies wird dadurch
  // implementiert, dass der Zustand auf NOTHING gesetzt
  // wird. Außerdem wird ein wartender Thread benachrichtigt.
  synchronized public void PutForks (int no) {
    phils[no] = NOTHING;
    notifyAll ();
  }
```

Benachrichtige alle auf Gabeln wartenden Philosophen

```
  // Testausgabe: Zustand des Systems der Philosophen
  synchronized public void display () {
    String s = "Philosophen : ";
    for (int i = 0; i < N; i++)
      if (phils[i] == EATING)
        s = s + " " + i;
    System.out.println (s);
  }
}
// Ein Philosoph kennt nur die Zustaende
// NOTHING oder EAT. Dazwischen wird im Monitor
// Manager auf Zugang zu den Gabeln gewartet.
class Philosopher extends Thread {
  int no;
  Manager m;  // Besitz des Monitors

  public Philosopher (int no, Manager m) {
    super ("Phil. " + no);
    this.no = no;
    this.m = m;
  }

  void Eat () {
    m.display ();
    try {
      sleep(500);
    }
    catch (InterruptedException e) {}
  }

  void Think () {
    try {
      sleep (1000);
    } catch (InterruptedException e) {}
  }

  public void run () {
    for (int j = 0; j < 5; j++) {
      Think ();
      m.TakeForks (no);  // Warten auf Zugang
      Eat ();
      m.PutForks (no);   // Abmelden
    }
  }
```

```
    // Erzeugung der Instanzen des Monitors und der Threads
    // Start der Philosophen
    // Warte auf das Ende der Tafelrunde
    public static void main (String[] args) {
      Manager m = new Manager ();
      Thread p[] = new Thread [Manager.N];
      for (int i = 0; i < p.length; i++)
        p[i] = new Philosopher (i, m);
      for (int i = 0; i < p.length; i++)
        p[i].start ();
      for (int i = 0; i < p.length; i++) {
        try {
          p[i].join ();
        } catch (Exception e) {
          System.err.println (e);
        }
      }
    }
}
```

Probelauf

```
Philosophen :  0
Philosophen :  0 2
Philosophen :  1
Philosophen :  3
Philosophen :  0 3
Philosophen :  4
Philosophen :  1 4
Philosophen :  3
Philosophen :  0 3
Philosophen :  0 2
Philosophen :  2 4
Philosophen :  1 4
Philosophen :  1 3
Philosophen :  0 3
Philosophen :  0 2
Philosophen :  2 4
Philosophen :  1 4
Philosophen :  1 3
Philosophen :  0 3
Philosophen :  0 2
Philosophen :  2 4
Philosophen :  1 4
Philosophen :  1 3
Philosophen :  2
Philosophen :  2 4
```

Zu einem Zeitpunkt können höchstens zwei Philosophen essen. Diese sitzen *nicht* nebeneinander.

> **Hinweis:** Auch bei dieser Lösung besteht die Gefahr, dass ein Philosoph kein Essen erhält. Der Fall könnte dann eintreten, wenn er zwei „ständig hungrige" Nachbarn hat. In diesem Fall müsste der Manager für einen Zugang zur Tafel nach endlicher Zeit sorgen.

6.6 Swing und Threads

Dieser Abschnitt beschäftigt sich mit einer Thread-Problematik bei grafischen Benutzeroberflächen mit Swing. Er setzt Kenntnisse aus Kapitel 7 voraus.

Grafische Benutzeroberflächen können in Java mit Swing erstellt werden. Bei länger dauernden Abläufen kann die GUI „einfrieren". In diesem Fall könnte man daran denken, diese Aktivitäten in einen Thread auszulagern.
Die meisten Swing-Methoden sind jedoch nicht Thread-sicher. Die Empfehlung der Firma Sun in der Dokumentation zu diesem Thema lautet: „Änderungen in der Benutzeroberfläche dürfen nur durch den GUI-Thread erfolgen."
Die folgende Skizze soll dieses Problem veranschaulichen und gleichzeitig den Weg zu Lösungen weisen. Abschließend wird ein Ansatz mit Hilfe der SwingUtilities gezeigt.

Arbeitsweise des GUI-Threads

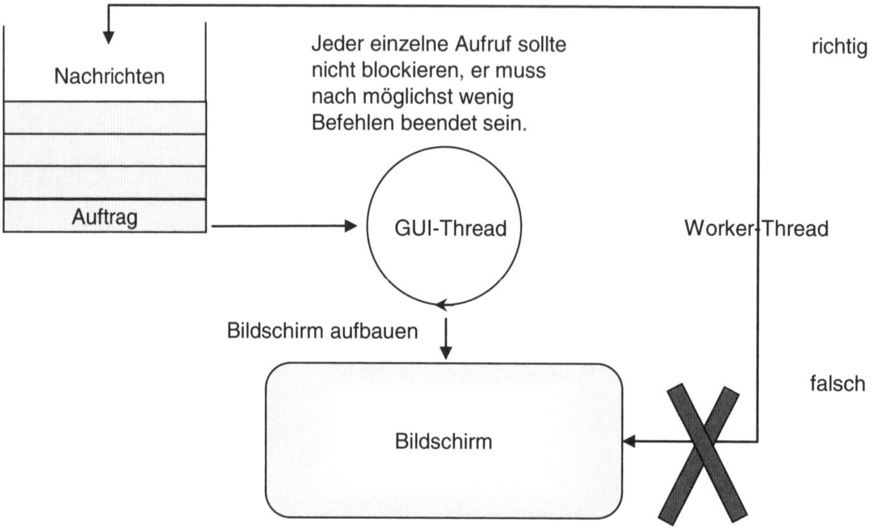

Problemanalyse

Der GUI-Thread wartet an seinem Auftrags-Puffer auf Arbeit. Dies könnte z.B. eine Reaktion auf ein `ActionEvent` sein. Wenn die durch den Schalter ausgelöste Aktivität zu lange dauert, kann der GUI-Thread in dieser Zeit keine anderen Aufträge bearbeiten, die z.B. von der Maus herrühren. Dies erklärt das „Einfrieren" der GUI.
Wenn man in der Bearbeitung des ActionEvents einen Thread `Worker` mit der Durchführung des länger dauernden Auftrags betraut, darf der GUI-Thread nicht auf das Ende des Worker-Threads warten, sonst würde die GUI wieder einfrieren. Deswegen ist eine klassische Erzeuger-Verbraucher-Kopplung nach Abschnitt 6.4.1 zwischen dem GUI-Thread und dem `Worker`-Thread zur Anzeige von Ergebnissen des `Worker`-Threads nicht sinnvoll.
Außerdem darf der Worker-Thread nicht direkt auf die GUI einwirken, denn der GUI-Thread könnte in dieser Zeit aktiv sein. Der `Worker`-Thread muss also – wie im obigen Bild dargestellt – seine Aufträge über den Nachrichtenpuffer an den GUI-Thread erteilen.

Lösungsansatz

Diese Aufträge des `Worker`-Threads können über die `repaint()`-Methode indirekt erteilt werden, nachdem man die Daten für die Aktualisierung der Anzeige Thread-sicher gesetzt hat. Alternativ steht in der Klasse `javax.swing.SwingUtilities` die Methode **`void`** `invokeLater ( Runnable doRun)` zur Verfügung. Mit dem nachstehend angegebenen

Programmteil aus dem Java-Tutorial [31] kann man für eine Ausführung einer Aktion aus dem GUI-Thread sorgen.

```
Runnable doHelloWorld = new Runnable() {
  public void run() {
   // Bezug zum aktuellen Thread:
   ... Thread.currentThread();
    }
 };

SwingUtilities.invokeLater(doHelloWorld);
```

Eine Parallelität zwischen dem GUI-Thread und dem in der o.a. Methode benutzten Thread ist auch hiermit nicht erreicht. Dies schafft man erst mit Hilfe der Klasse `SwingWorker`. Diese Klasse gehört nicht zum Java-API und liegt im Jahr 2005 in der Version 3 vor. Die hell schattiert dargestellte Methode `construct()` läuft parallel zum GUI-Thread. Die dunkler schattierte Methode `finished ()` wird über `invokeLater()` aufgerufen, konkurriert also nicht mit dem GUI-Thread.

```
public void actionPerformed(ActionEvent e) {
  ...
 final SwingWorker worker = new SwingWorker() {
   public Object construct() {
     //..Parallel zum GUI-Thread arbeiten
     //  Das darf dann auch dauern...
     return ...;
   }

  public void finished() {
     // Diese Methode wird über invokeLater vom
     // GUI-Thread aufgerufen. Mit Object get()
     // kann das Ergebnis von construct() angezeigt werden.
  }
  };
    worker.start();  //für  SwingWorker 3 erforderlich
...
}
```

Anwendung

Das folgende Programm zeigt Threads, die in Schritten von 0 bis 200 zählen. Der „Fortschritt" bei dieser Arbeit wird in der Klasse durch einen von links nach rechts laufenden Balken `SwingThreadPaintDemo` angezeigt. Die Anzeige wird aus den Threads heraus nach Aufruf der schattiert dargestellten Methode `setFill (...)` mit `repaint()` für die einzelnen Fortschrittsbalken veranlasst.

```
import java.awt.*;
import java.awt.event.*;
import javax.swing.*;

class SwingPaintComponent extends JComponent {
  private static Color[] palette = {
    Color.black,       // Die Farbe schwarz
    // Farben wie beim Applet S. 233
  };
  private static int colorIndex = 0;
  private int myColorIndex;
  private double fill = 0.0;

  public synchronized void setFill (double fill) {
    this.fill = fill;
    repaint ();
  }

  public SwingPaintComponent () {
    if (colorIndex == palette.length)
      colorIndex = 0;
    myColorIndex = colorIndex++;
  }

  protected void paintComponent(Graphics g) {
    int x = (int)(getWidth () * fill);
    int y = getHeight ();
    g.setColor (palette[myColorIndex]);
    g.fillRect (0, 0, x-1, y-1);
    g.drawRect (0, 0, x-1, y-1);
  }
}

class SwingThreadPaintDemo extends JFrame
    implements ActionListener{
  private SwingPaintComponent[] spc =
          new SwingPaintComponent[20];

  private int nextComponent = 0;
  public int getNext () {
    if (nextComponent == spc.length)
      nextComponent = 0;
    return nextComponent++;
  }

  public SwingThreadPaintDemo() {
    super ("Threads unter Swing");
    setDefaultCloseOperation(JFrame.EXIT_ON_CLOSE);
    getContentPane().setLayout (new BorderLayout ());
    JButton button =
             new JButton ("Start den nächsten Thread...");
    getContentPane().add (button, BorderLayout.NORTH);
    button.addActionListener (this);

    JPanel panel = new JPanel ();
    panel.setLayout (new GridLayout (spc.length, 1));
    for (int i = 0; i < spc.length; i++) {
      spc[i] = new SwingPaintComponent ();
      panel.add (spc[i]);
    }
    getContentPane().add (panel, BorderLayout.CENTER);
```

```
    setSize (400, 400);
    setVisible (true);
  }

  public static void main(String[] args) {
    SwingThreadPaintDemo stpd = new SwingThreadPaintDemo();
  }


  class MySwingWorker extends SwingWorker {
    // Construct macht die Arbeit. Das kann und darf dauern,
    // denn die Arbeit wird in einem Thread gemacht.
    // Zugriffe auf die GUI könnten zum Chaos führen.
    private int no = 0;
    public void setNo (int no) {
      this.no = no;
    }
    // Der Thread soll von 0 bis ziel zählen.
    // Nach jedem Schritt wird eine zufällige
    // Dauer gewartet.
    // Die Statusanzeige wird zwar aus construct heraus gesetzt,
    // aber nur über die Thread-sichere Methode repaint()
    public Object construct() {
      Thread t = Thread.currentThread ();
      int ziel = 200; // So viele Schritte bis zum Ziel
      for (int i = 0; i <= ziel; i++) {
        try {
          t.sleep ((int)(Math.random()*100));
        } catch (Exception te) {
        }
        // Direktes Verändern der GUI NICHT SICHER
        // Nur Veränderungen über den sog. GUI-Thread möglich
        spc[no].setFill (i / (double)ziel );
      }
      return null;
    }

    // Diese Methode wird vom GUI-Thread aufgerufen
    // Der Thread des SwingWorkers sorgt über
    // invokeLater für den Aufruf
    // D.h. hier darf man die GUI direkt verändern,
    // nicht aber in construct.
    public void finished() {
      // get ist hier Thread-sicher
      // Object result = get ();
    }
  }


  // SwingWorker laut Java-Tutorial aktivieren
  public void actionPerformed (ActionEvent e) {
    //  ...
    MySwingWorker worker = new MySwingWorker();
    int i = getNext ();
    worker.setNo (i);
    worker.start();
    // Start des SwingWorkers
    // Dieser ruft dann in die finished ()-Methode
    // via invokeLater Thread-Sicher auf.
  }
}
```

Zusammenfassung zu Kapitel 6

Threads sorgen für Leben in den Java-Applets. Sie treiben die Animationen an. Darüber hinaus ist eine Parallelverarbeitung möglich. Die schwierigen Probleme mit der Synchronisation können mit Monitoren relativ übersichtlich gelöst werden.
Wenn es zu Wartesituationen in Monitoren kommen kann, muss eine theoretisch fundierte Lösung benutzt werden, da Fehler im Programmlauf sporadischer Natur sind: sie können auftreten, müssen es aber nicht. Ein solcher Fehler wäre etwa ein Deadlock, eine Systemverklemmung. Deswegen wurden in diesem Kapitel die von der Informatik gebotenen theoretischen Hilfsmittel besonders herausgestellt.
Viele Probleme in Anwendungen lassen sich aber mit Hilfe der hier vorgestellten Erzeuger-Verbraucher-Kopplung, des Leser-Schreiber-Problems oder mit bekannten Algorithmen für Semaphoren lösen. Weiterführende Lösungsansätze findet man in [16].

Aufgaben

1. Ein Applet soll die Uhrzeit in der Mitte seiner Zeichenfläche anzeigen. Die Anzeige soll im Format Stunden:Minuten:Sekunden erfolgen. Die Anzeige soll nach jeweils einer Sekunde neu aufgebaut werden.
2. Um Kunden in der Reihenfolge ihres Eintreffens zu bedienen, besteht folgendes System: Es gibt eine Wartenummer und eine Bediennummer. Jeder *Kunde* zieht zunächst eine Nummer (=Wartenummer): `zieheWarteNummer()`. Dadurch wird die Wartenummer für den nächsten Kunden um 1 weitergeschaltet. Dann kann er warten, bis die Wartenummer als Bediennummer aufgerufen wird: `warteAufAufrufNummer (nr)`. Wenn er nicht auf seine Bedienung warten will, kann er etwas anderes tun und zwischendurch den Stand der Bediennummer abfragen: `liesBedienNummer()`.
   Die *Bediener* verwenden auch eine Nummer (=Bediennummer). Nach jedem Bedienvorgang schalten sie diese Nummer weiter: `schalteBedienNummer()`.
   Dieses System soll mit Hilfe von Monitoren (bzw. von Semaphoren) programmiert werden. Geben Sie eine Klasse `Event` an. Ergänzen Sie hierzu das unten angegebene Programm.

```
class Event {
  int Wartenummer  = 0;
  int Bediennummer = 0;

// Auslesen der aktuellen Wartenummer,
// Schalten der Wartenummer um 1 nach oben
  public              int zieheWarteNummer () {
     .............
  }

// Auslesen der aktuellen Bediennummer
  public              int liesBedienNummer () {
   ...............
  }

  // Warte auf den Aufruf der Nummer als Bediennummer.
  // Falls die aktuelle Bediennummer kleiner als Nummer ist,
  // soll der aufrufende Prozess auf den durch
  // Nummer bezeichneten Stand warten.
  public              void warteAufAufrufNummer (int Nummer) {
   ...............
  }

  // Dieser Aufruf schaltet den Wert von der Bediennummer
```

```
    // weiter. Wenn Prozesse warten,
    // so sollen sie aktiviert werden.
    public              void schalteBedienNummer () {
     ...............
    }
}
```

3. In bestimmten Ländern herrschen bei Banken strenge Sicherheitsauflagen. Im Schalterraum dürfen sich nicht mehr als eine bestimmte Anzahl Kunden (=MAXKUNDEN) gleichzeitig aufhalten. Außerdem darf man den Schalterraum nur über eine Sicherheitsschleuse betreten bzw. verlassen. So lässt sich die Anzahl der Personen durch die Steuerung der Sicherheitsschleuse regeln. In dieser Schleuse darf sich zu einem Zeitpunkt höchstens eine Person aufhalten (sog. Personen-Vereinzeler). Die Schleuse lässt Personen hinaus, aber niemanden in den Schalterraum hinein, wenn die Höchstzahl der Personen sich dort bereits aufhält. Geben Sie zur Lösung dieses Problems eine Java-Klasse `SicherheitSchleuse` mit den Methoden `ichWillRein()` zum Betreten des Schalterraums und `ichWillRaus()` zum Verlassen an.

7 Graphik-Anwendungen in Java

Das JDK enthält seit der Version 1.0 als „Alternative Window Toolkit“ (vgl. [5], bzw. „Abstract Window Toolkit“ im JDK) in dem Package `java.awt` eine umfangreiche Sammlung von Klassen zur Programmierung von graphischen Anwendungen und graphischen Benutzeroberflächen (GUI = Graphical User Interface). Damit kann man sowohl für Applets in HTML-Seiten als auch für Anwendungen, die unter den jeweiligen Betriebssystemen laufen, Vektorgraphiken und die Interaktion von Anwendern mit der GUI programmieren. Mit JDK 1.1 stellte Sun die Bearbeitung von Ereignissen auf das sog. Delegation-Event-Model nach dem Beobachter-Entwurfsmuster um. Ab dem JDK 1.2 stehen in Java 2 mit den sog. Swing-Klassen als Weiterentwicklung von Netscapes Internet Foundation Classes IFC leistungsfähige GUI-Bausteine im Java-System zur Verfügung.
Für graphische Benutzeroberflächen gibt es im JDK die üblichen Möglichkeiten: Menüs, Maus, Steuerelemente und Dialoge. Bei Applets gibt es Einschränkungen, denn aus Sicherheitsgründen dürfen die in Web-Seiten eingebetteten Applikationen nicht auf lokale Daten zugreifen. Damit entfallen für Applets Dialoge zum Anzeigen von Inhaltsverzeichnissen und zum Auswählen von Dateien.
Sog. Layout-Manager stellen flexible Methoden zur variablen Gestaltung von Benutzeroberflächen bereit, denn Anwendungen für das Internet müssen auf Bildschirmen jeder denkbaren Größe benutzbar sein.
Zur Einführung in GUI-Anwendungen in Java gehen wir in mehreren Schritten vor:

- Struktur von GUI-Anwendungen: Übersicht, Strategien
- Die Ereignissteuerung
- Elemente des AWT und von Swing: technikorientiert, Grundlagen
- Kurs: Projekte für graphische Benutzeroberflächen

Im ersten Punkt besprechen wir den Aufbau von GUI-Anwendungen, im zweiten Punkt die Ereignissteuerung von Java 1.1. Die dort benutzten Mechanismen sind auch für Beans wichtig. Im dritten Punkt führen wir die einzelnen Bestandteile des AWT sowie elementare Komponenten der Swing-Bibliotheken ein und stellen sie anhand einzelner Programm-Beispiele vertieft dar. Die Swing-Klassen enthalten leistungsfähige Controls, wie etwa das Tree-Control zur Bedienung von Systemen mit Hierarchie, bis hin zu Baukästen für interaktive Editoren. Eine ausführliche Darstellung der Möglichkeiten der Swing-Klassen findet sich etwa in [23]. Der Kurs beschäftigt sich dann mit typischen Projekten im Umfeld der GUI-Programmierung. Damit deckt dieses Kapitel auch einen weiten Bereich der Funktionalität von Applets ab, die gesondert in Kapitel 11 behandelt werden.

7.1 Struktur von GUI-Anwendungen

Mit Java 2 kann man GUI-Anwendungen nicht nur auf das AWT aufsetzen, sondern auch das Swing-Klassensystem als Basis für Anwendungen benutzen. Beim Design von Swing wurde bei den elementaren Möglichkeiten auf weitgehende Kompatibilität zu Ideen und Struktur des AWT geachtet. Deswegen behandelt die folgende Darstellung die Möglichkeiten von AWT und Swing so weit wie möglich parallel.

7.1.1 Hierarchie der Fenster: Fenster im Fenster...

Bei GUI-Anwendungen in Java ist zwischen den eingebetteten Applets bzw. Komponenten auf der einen Seite sowie den Fenstern („Windows“) im Sinne der jeweiligen Plattform auf der anderen Seite zu unterscheiden.

Fenster unter `java.awt`

Die graphische Anwendung besteht aus einem Hauptfenster. Dies ist im Sinne von Java ein `Container`, der untergeordnete Fenster enthalten kann. Jeder dieser `Container` kann seinerseits wieder über Container als Komponenten verfügen, denn ein `Container` ist eine `Component`-Klasse im Sinne der Klassenhierarchie. So ergibt sich eine Hierarchie der Fenster im Sinne der Anordnung der graphischen Objekte auf der Bildschirmfläche, die klar von der oben angegebenen Klassenhierarchie zu unterscheiden ist. Der `Container` veranlasst seine Komponenten zu ihrer Darstellung.
Der einfachste Container in AWT ist ein `Panel`, der auch die Basis für `Applets` bildet. `Panels` können jedoch auch zur Montage von Controls oder anderer Komponenten in andere Fenster als Komponenten eingebaut werden, denn ein `Panel` ist `Component`.
Die Klasse `Window` steht für selbstständige Fenster, wie sie aus einem Java-Programm heraus geöffnet werden können. Ein `Window` ist eine rechteckige Fläche am Bildschirm, ohne Rahmen und Titelzeile. Ein `Frame` ist ein `Window` mit Rahmen und Titelzeile. Ein `Frame` kann eine Menüleiste enthalten und dient als Prototyp für GUI-Anwendungen, wenn man nicht gerade einen `Dialog` wählt. Dialoge können modal (die Anwendung muss auf das Ende des Dialogs warten) oder nichtmodal (die Anwendung läuft parallel zum Dialog) sein.
`FileDialog` ist ein spezieller `Dialog`, der mit dem Peer-Konzept die Abbildung der Dateiauswahl auf diejenige Plattform vornimmt, auf der das Java-Programm läuft.

Programm

```
import java.awt.*;

public class MyFrame extends Frame {
  public MyFrame (String Title) {
    super (Title);
    add (new Button ("AWT-Button"), BorderLayout.NORTH);
    setSize (300, 100);
    setVisible(true);
  }
  public static void main (String [] args) {
    new MyFrame ("Java Anwendung mit AWT");
  }
}
```

Fenster unter Swing (elementar)

Unter Swing ist hingegen bereits ein `JComponent` ein `Container`, d.h. auch die grundlegenden Bausteine können ihrerseits Komponenten enthalten.
Den AWT-Klassen `Window`, `Frame`, `Applet` und `Dialog` entsprechen die Swing-Klassen `JFrame`, `JWindow`, `JApplet` sowie `JDialog`. Diese Swing-Klassen sind direkt von den entsprechenden AWT-Klassen abgeleitet. Im Unterschied zu den AWT-Klassen enthalten diese Swing-Klassen die Komponenten nicht direkt, sondern einen für alle einheitlichen Komponentenverwalter, der die `JRootPane`-Schnittstelle implementiert. `getContentPa-`

`ne()` liefert den zugeordneten Komponentenverwalter. Ab JDK 1.5 kann man Komponenten mit `add(...)` hinzufügen und auf diesen Komponentenverwalter verzichten.

```
java.awt.Window
├──────── javax.swing.JWindow
├──────── java.awt.Dialog
│           └──────── javax.swing.JDialog
└──────── java.awt.Frame
            └──────── javax.swing.JFrame
```

Die vier o.a. Swing-Klassen sind die einzigen „heavyweighted" Klassen von Swing im Sinne von Abschnitt 7.5.2. Diese Klassen sind damit im Gegensatz zu allen anderen Swing-Klassen eng an die jeweilige Plattform gebunden.
Dagegen ist `javax.swing.JFileChooser` weder von `Dialog` noch von `JDialog`, sondern von `JComponent` abgeleitet, also „lightweighted".

Programm

```java
import javax.swing.*;

public class MyJFrame extends JFrame{
  public MyJFrame (String Title) {
    super (Title);
    add(new JButton ("Swing-Button"), BorderLayout.NORTH);
    setSize (300, 100);
    setVisible(true);
  }

  public static void main (String [] args) {
    new MyJFrame ("Java Anwendung mit Swing");
  }
}
```

Die Anzeigen beider Programme am Bildschirm

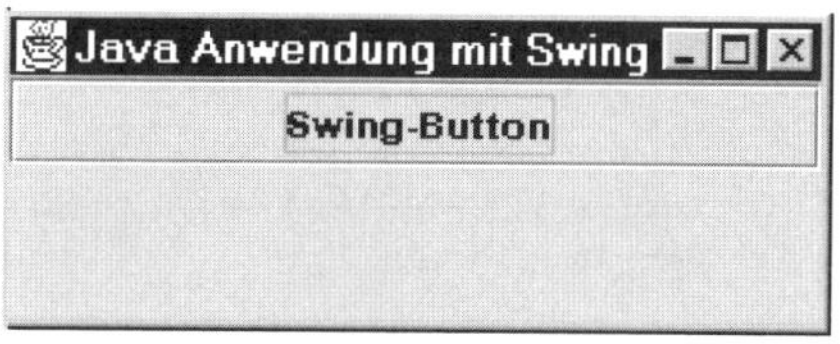

Hinweis:	Die oben angegebenen Programme können nur durch Abbruch der jeweiligen Prozesse beendet werden, da sie auf keinerlei Ereignisse, also auch nicht auf „Fenster schließen" reagieren. Dies gilt auch für die Swing-Anwendung, die bei Drücken des Knopfes zum Beenden nur unsichtbar wird.

7.1.2 Prinzip der ereignisgesteuerten Programmierung

Bei Anwendungen für graphische Benutzeroberflächen haben sich eine Reihe von festen Steuerelementen durchgesetzt: Schalter, Rollbalken etc. Diese sog. Controls werden auch von Java unterstützt. Darüber hinaus besteht bei graphischen Benutzeroberflächen eine komplexe Wechselwirkung zwischen dem Anwender und dem Programm. Programme für die Welt der Konsolen wurden vom System gestartet. Die Umwelt des Programms benutzte den Einsprungpunkt `main`, danach übernahm das Programm die Kontrolle über alle Abläufe. Die Abläufe stellten häufig einen Zyklus aus Schreib- bzw. Lesevorgängen dar. Schon die Integration der Maus passte nicht in dieses einfache Konzept: was sollte ein Programm mit Meldungen der Maus anfangen, während es auf den Abschluss einer Eingabe an der Konsole (=Tastatur) wartete?
Aus diesem Grunde beruhen Programme für graphische Benutzeroberflächen auf einer anderen Philosophie der Interaktion: die Programme werden von der Umgebung gesteuert. Zur Implementierung in Programmen gibt es die Strategien

a) Definition von Einsprungpunkten für diverse Aktionen: Mausbewegungen, Tastatur, Ziehen von Rollbalken, Drücken von Schaltern usw.

b) Definition eines Einsprungpunktes und Verzweigen zur Behandlung aufgrund des Typs des speziellen Ereignisses.

c) Konzept der Ereignisse mit Quellen von Ereignissen sowie Beobachtern.

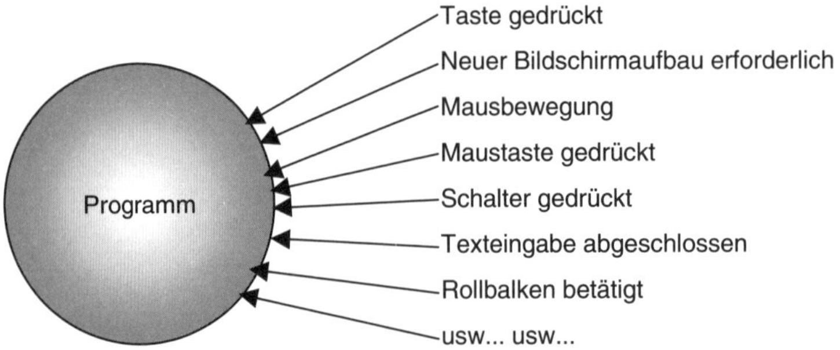

In jedem Fall spricht man von einer ereignisgesteuerten Programmierung.

a) lässt sich nahtlos in die objektorientierte Programmierung einbetten. Man definiert in den Basisklassen Methoden zur Behandlung der diversen Ereignisse; die jeweilige Anwendung muss von diesen Basisklassen abgeleitet werden und die Methoden überschreiben, die auf die zu bearbeitenden Ereignisse reagieren. Diese Vorgehensweise ist für kleine Systeme gut geeignet. Einsteiger erzielen rasche Fortschritte bei der Programmierung.
Bei der Implementierung müssen die Basisklassen über jedes Ereignis informiert werden, auch wenn es nicht bearbeitet wird. Ferner kann die Tabelle der Methoden zur Bearbeitung (VMT, vgl.Abschnitt 3.1.4) sehr lang werden.

b) entspricht eher der Denkweise bei der prozeduralen Programmierung, ist aber sehr flexibel z.B. bei Einführung neuer Ereignisse. Auch bei dieser Vorgehensweise muss die Basisklasse von allen Ereignissen benachrichtigt werden.

a) und b) haben als Nachteil eine implizite Verbindung der Ereignisse mit dem Programm zur Folge. Wegen der daraus resultierenden Nachteile bei der Laufzeit und der komplexen

Konstruktionen bei der Anmeldung einzelner Programme zur Bearbeitung von Ereignissen wurden ab dem JDK 1.1

c) Ereignisse explizit Beobachtern zugeordnet. Jede Klasse kann Beobachterschnittstellen für bestimmte Ereignisse bzw. Gruppen von Ereignissen implementieren. Die Anmeldung von Beobachtern zur Benachrichtigung vom Eintreten bestimmter Ereignisse muss jedoch immer explizit erfolgen, d.h. es muss Programmcode angegeben werden. Die Prinzipien dieser Strategie wurden in Abschnitt 3.7.4 vorgestellt, Details werden in Abschnitt 7.2.1 erläutert.

7.1.3 Klassenhierarchie von GUI-Bausteinen

Klassenhierarchie der AWT-Controls

```
java.awt.Component
|-------- java.awt.Button
|-------- java.awt.Canvas
|-------- java.awt.Checkbox
|-------- java.awt.Choice
|-------- java.awt.Label
|-------- java.awt.List
|-------- java.awt.Scrollbar
|-------- java.awt.TextComponent
|          |-------- java.awt.TextArea
|          |-------- java.awt.TextField
|-------- java.awt.Container
           |-------- java.awt.ScrollPane
           |-------- java.awt.Panel
           |          |-------- java.applet.Applet
           |-------- java.awt.Window
                      |-------- java.awt.Frame
                      |-------- java.awt.Dialog
                                 |-------- java.awt.FileDialog
```

Alle Komponenten graphischer Anwendungen sind von `Component` abgeleitete Klassen. Sie verfügen damit über alle Attribute und Methoden von `Component`, sofern diese nicht **`private`** sind. In der Klasse `Component` sind wichtige Methoden wie etwa die Ereignissteuerung zusammengefasst. Außerdem gibt es in jeder Komponente die Attribute einer GUI-Welt, wie etwa Zeichensatz, Farben für Vordergrund und Hintergrund usw.
Seit dem JDK 1.1 kann man direkt von `Component` abgeleitete Klassen definieren, die sog. „lightweighted components". Solche Komponenten haben im Gegensatz zu den Controls `Canvas`, `Choice`, ..., `TextField` keinen zugeordneten plattformspezifischen „Peer" zur Implementierung. Damit lassen sich solche Komponenten z.B. mit transparentem Hintergrund übereinander legen.

Klassenhierarchie der Swing-Controls

Die Klasse `JComponent` ist von `java.awt.Container` und damit indirekt von `java.awt.Component` abgeleitet. Damit sind alle Swing-Controls „lightweighted".
Das Package `javax.swing` enthält neben den o. a. elementaren Controls wesentlich erweiterte Möglichkeiten. Hierfür wird auf [23] verwiesen.

7.1.4 Elementare Controls und deren Einbindung

Die folgende Tabelle enthält Controls aus dem Package `java.awt` sowie die entsprechenden Möglichkeiten mit den Swing-Klassen aus `javax.swing`.

AWT	Swing	Beschreibung
`Canvas`		Zeichenfläche für Programme
`Component`	`JComponent`	Basis für Komponenten `JComponent` ist selbst Container
`Panel`	`JPanel`	„Pinnwand" als Container für Controls
`Choice`	`JComboBox`	Auswahl aus einem Pop-Up-Fenster
`Scrollbar`	`JScrollbar`	Rollbalken
`Checkbox`	`JCheckbox` `JRadioButton`	Checkbox und Radiobuttons
`Button`	`JButton`	Schalter
`Label`	`JLabel`	Statischer Text
`List`	`JList`	Auswahl aus einer Liste von Möglichkeiten
`TextComponent`	`text.` `JTextComponent`	Oberbegriff für Textfelder
`TextArea`	`JTextArea`	Mehrzeiliges Textfeld
`TextField`	`JTextField`	Einzeiliges Textfeld

`Canvas` ist eine Zeichenfläche. Mit `Canvas` ist ein sog. Peer verbunden. Dieser Peer hängt von der Plattform ab und stellt die Funktionalität der Klasse zur Verfügung. Deswegen entspricht ein `Canvas` einem Fenster. Damit wird bei der Darstellung des Fensters der Hintergrund gelöscht. Danach sind Graphikausgaben mit den Elementen der Graphikprogrammierung `java.awt.Graphics` möglich. Man kann Text ausgeben, Linien und Figuren zeichnen. Bei Bildern bietet Java Unterstützung für die Probleme, die durch den verzögerten Transfer über das Internet auftreten können. Mit einem `ImageObserver` kann man den Fortschritt bei der Übertragung z.B. über relativ langsame Modems mitverfolgen und für eine Schritt haltende Anzeige sorgen. `Canvas` ist im JDK 1.0 die Basis für vom Benutzer definierte Komponenten in Java. Ab dem JDK 1.1 können eigene Komponenten direkt von `Component` bzw. bei Swing von `JComponent` abgeleitet werden. Im Gegensatz zu Komponenten bei AWT sind Komponenten bei Swing selbst Container, können also ihrerseits andere Komponenten enthalten.

AWT-Controls in einem Rahmen

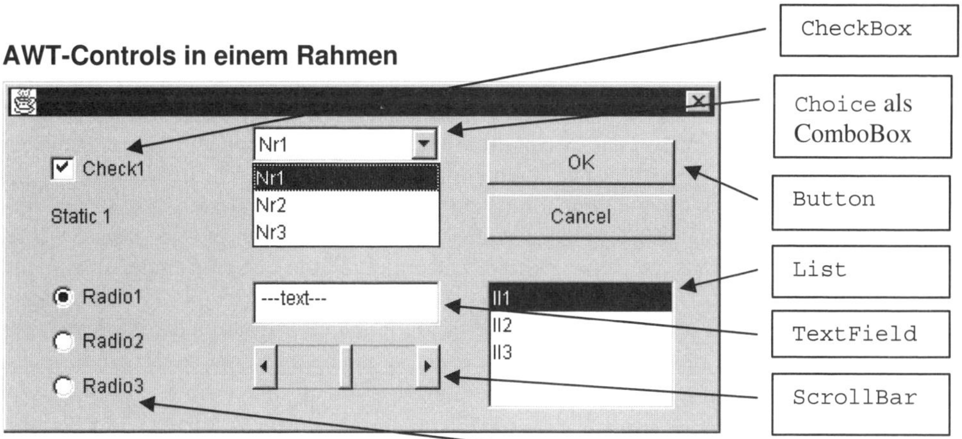

Oben: „Windows"-Look&Feel

Elementare Swing-Controls in einem Rahmen

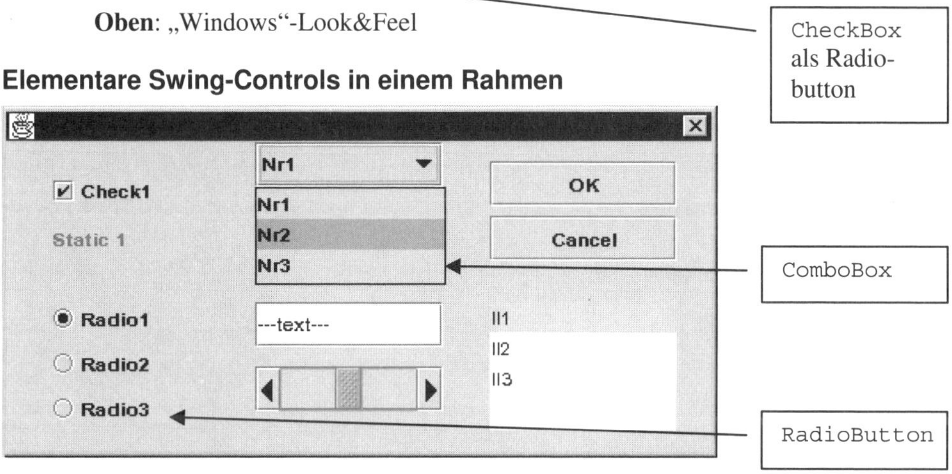

Oben: „metal"-Look&Feel. **Unten**: „motif"-Look&Feel

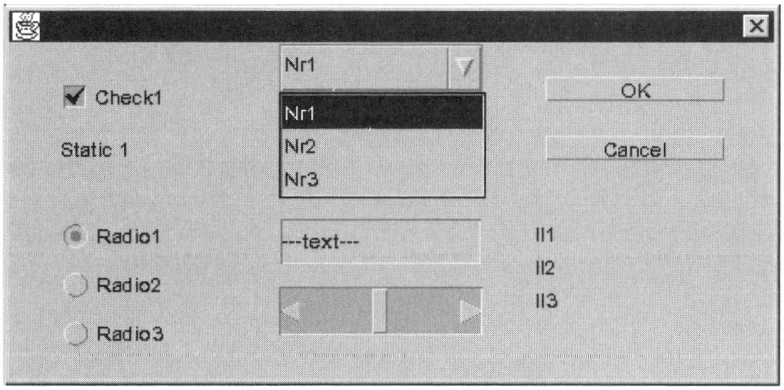

Diese Controls sind dann Komponenten übergeordneter Fenster. Jedes Control belegt einen Fensterbereich. Die Nachrichten, wie etwa Mausbewegungen, werden von den vorgefertigten Controls zu „höherwertigen" Aktionen „verdichtet": Drücken eines Schalters statt Mausklick etc.

Die von Controls generierten Ereignisse werden in der Ereignissteuerung unter 7.2.1 näher beschrieben.

7.1.5 Das Model-View-Controller-Paradigma und Swing

Swing trennt die Daten der Controls strikt von der Implementierung der Ansicht sowie der Interaktion mit dem Benutzer der Software. Dieses auch als *Model-View-Controller* (MVC) bezeichnete Paradigma entkoppelt das interne Modell (*Model*) von der Darstellung der Daten am Bildschirm (*View*) und der Interaktion mit dem Anwender (*Controller*). Wenn sich das *Model* ändert, wird die *View* informiert und kann die geänderten Daten anzeigen. Damit kann man ein und dieselben Daten auf verschiedene Weisen präsentieren. So lässt sich eine Tabelle als Matrix anzeigen oder die Daten durch ein entsprechendes Diagramm visualisieren. Sogar den Look&Feel der jeweiligen Plattform kann man – wie im Beispiel auf der vorherigen Seite gezeigt – während des Programmlaufs austauschen. Ansichten der Daten können geändert bzw. neu eingerichtet werden, ohne auf die interne Darstellung der Daten achten zu müssen.

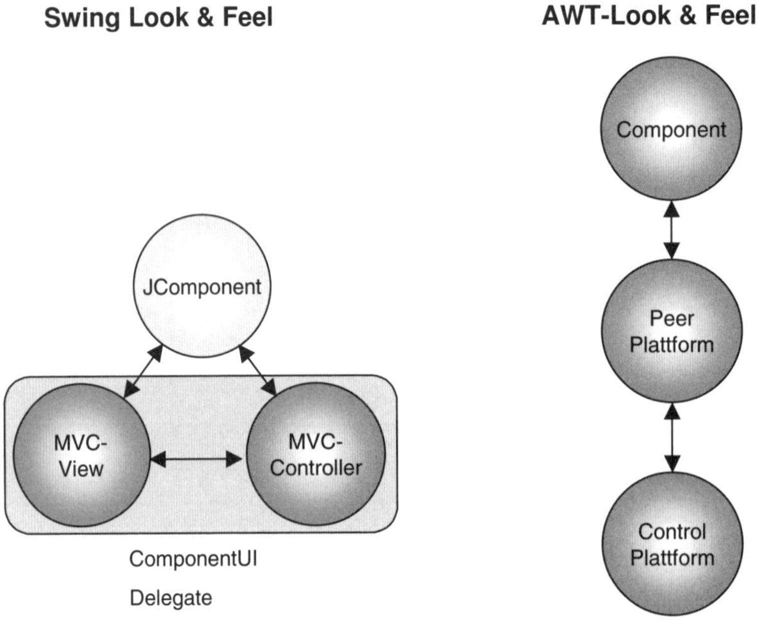

Wegen der komplexen Interaktion zwischen der Darstellung und dem *Controller* wurden *View* und *Controller* zum sog. *Delegate* zusammengefasst. Dadurch wird die Programmierung erheblich vereinfacht. Der sog. *Delegate* kommuniziert mit dem *Model* nur, um von Letzterem Daten zur Darstellung zu holen bzw. bei Änderung einzutragen. Dazu muss das *Model* eine entsprechende Schnittstelle implementieren. Daneben muss der *Delegate* vom *Model* bei eigenen Änderungen an den Daten informiert werden (fire Events), um seine Darstellung zu aktualisieren.

Für elementare Controls wie AWTs `Button` wurden die Schnittstellen in Swings `JButton` so gewählt, dass sie zu AWT so weit wie möglich kompatibel sind. Die Struktur der MVC-Architektur bleibt damit in einfachen Beispielen verborgen. Sie wird nur in Anwendungen wie in den Abschnitten 7.4.6 bzw. 7.4.7 oder 7.6 beschrieben sichtbar.

7.1.6 Anordnung der Komponenten

Fenster können vom Anwender verkleinert und vergrößert werden. Dies betrifft insbesondere auch alle Komponenten in den Fenstern, die durch eine Verkleinerung im schlimmsten Fall unsichtbar werden oder bei einer Vergrößerung den vorhandenen Platz nicht optimal ausnutzen könnten. Das Problem der Größenänderung ist in Web-Seiten noch gravierender. AWT bzw. Swing in Java schaffen Abhilfe mittels der sog. `LayoutManager`. Jeder `Container` hat einen `LayoutManager`. Dieser ist zuständig für die Anordnung der Komponenten. Hierzu wird der `LayoutManager` vom `Container` vor der Anzeige der Komponenten aufgerufen, um die Größe und Lage der Komponenten relativ innerhalb des Fensters des `Containers` zu berechnen. Der `Layoutmanager` benutzt die `Component`-Methoden zur Berechnung der minimalen Größe sowie der bevorzugten Größe einer Komponente, die von selbst erstellten Komponenten dann auch implementiert werden sollten. Nur für solchermaßen „genormte" Komponenten ist ein Zusammenwirken `Component-Container-LayoutManager` möglich. Falls der `LayoutManager` explizit auf **`null`** gesetzt wurde, bleiben sie in Größe und Lage unverändert. Dies entspricht der festen Platzierung von Komponenten.
`LayoutManager` können unterschiedliche Strategien hinsichtlich der Platzierung der Komponenten eines `Containers` verfolgen. Java bietet seit JDK 1.0 fünf verschiedene Möglichkeiten (zusammen mit der festen Anordnung sechs) an:

`BorderLayout`	Anordnung der Komponenten: links, rechts, oben, Mitte, unten
`CardLayout`	Überlagerung der Komponenten
`FlowLayout`	Komponenten der Reihe nach anordnen
`GridLayout`	Komponenten im Matrix-Raster anordnen
`GridBagLayout`	Komponenten in einem flexiblen Matrix-Raster anordnen: Zellen in Abhängigkeit von anderen Zellen positionieren
`BoxLayout` nur Swing	Hier werden die Komponenten entweder in einer Zeile oder einer Spalte angeordnet. Die Größe der Komponenten wird nicht geändert. Die größte Komponente gibt die Rastergröße vor.

Diese `LayoutManager` sind für jeden `Container` frei zuordenbar, die Algorithmen bzw. die Strategie ist nicht in die `Container` hart einprogrammiert. Wenn man noch daran denkt, dass ein `Container` seinerseits andere `Container` enthalten kann und dass für jeden dieser enthaltenen `Container` jeweils eine eigene Strategie der Platzierung gewählt werden kann, ergibt sich in Java eine Fülle von Möglichkeiten der Anordnung von Komponenten in graphischen Benutzeroberflächen. Dies kann man auch als Schachtelung bezeichnen.
Die Layoutmanager sind ein Spezialfall des in [8] beschriebenen Strategiemusters.

Zusammenfassung

Auch in Java zeigt sich die ordnende Kraft der Objektorientierung gerade bei Benutzeroberflächen. Das AWT bietet übliche Bausteine für GUIs, die über ereignisgesteuerte Programmierung zusammenarbeiten. Komponenten werden in Containern zusammengefasst und können von Managern für das Layout flexibel angeordnet werden.

7.2 Ereignissteuerung

In diesem Abschnitt werden die Ereignisse eingeführt. Quellen (=*Source*) erzeugen Ereignisse (=*Events*), Beobachter (=*Listener*) registrieren sich bei den Quellen, um über Ereignise informiert zu werden.

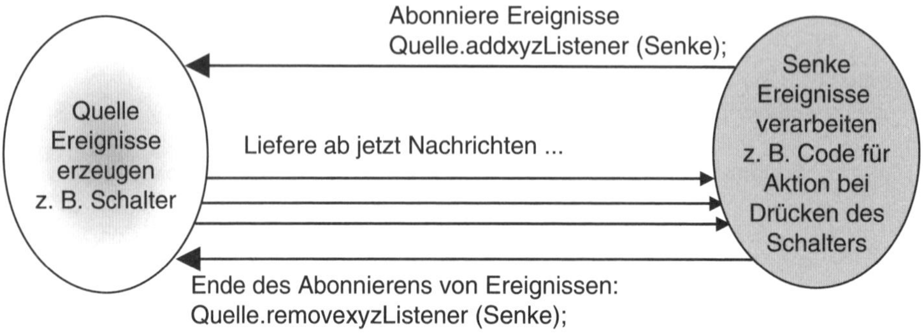

Man kann dies mit dem Abonnieren einer Zeitung vergleichen. Die Zeitungen (=Ereignisse) werden nur an die Abonnenten ausgeliefert, und dies auch nur so lange, bis die Bestellung widerrufen wird.

7.2.1 Das „Delegation Event Model" in Java AWT 1.1

Da es verschiedene Typen v on Ereignissen gibt, wird eine Klassenhierarchie benötigt, die ihre Wurzel in der Klasse `java.util.EventObject` hat. Damit ist die objektorientierte Modellierung der Ereignisse wesentlich konsequent in die Tat umgesetzt.

Hierarchie ausgewählter Ereignisse

```
java.util.EventObject
    java.awt.AWTEvent
        java.awt.event.ActionEvent
        java.awt.event.AdjustmentEvent
        java.awt.event.HierarchyEvent
        java.awt.event.InputMethodEvent
        java.awt.event.InvocationEvent
        java.awt.event.ItemEvent
        java.awt.event.TextEvent
        java.awt.event.ComponentEvent
            java.awt.event.ContainerEvent
            java.awt.event.FocusEvent
            java.awt.event.PaintEvent
            java.awt.event.WindowEvent
            java.awt.event.InputEvent
                java.awt.event.KeyEvent
                java.awt.event.MouseEvent
```

Die Namensgebung ist systematisch. Die verschiedenen Ereignisse heißen `<xx>Event`, z. B. `ActionEvent`. Die Ereignissteuerung kennt für jedes Ereignis eine Quelle *Source* sowie die Beobachter *Listener*. Die Zuordnung der Quelle zum Beobachter ist frei programmierbar und muss *explizit* durchgeführt werden: es gibt keine *implizite* Zuordnung.

Bei der Verbreitung von Ereignissen ist zwischen „single-cast" und „multi-cast" zu unterscheiden. Für „single-cast"- Ereignisse wird der Beobachter mit `set`**<xx>**`Listener` festgelegt. Für „multi-cast"-Ereignisse können beliebig viele Beobachter mit `add`**<xx>**`Listener` hinzugefügt werden.
Die Bearbeiter müssen spezifische **<xx>**`Listener`-Schnittstellen implementieren. Die Ereignissteuerung ruft eine Methode dieser Schnittstelle auf. Als Parameter wird ein Objekt einer Unterklasse von `EventObject` mit der Beschreibung des Ereignisses übergeben.
Die Quelle ist ein Objekt, die ein Ereignis neu anlegt (Sun: „fire Events"). Die Quelle definiert den Typ des Ereignisses, indem sie Methoden zur Registrierung der Beobachter anbietet. Die Quelle kann z.B. eine GUI-Komponente sein.
Anwendungsprogramme können eigene Event-Typen als Unterklassen der Klasse `EventObject` realisieren. Die id-Werte müssen oberhalb von `AWTEvent.RESERVED_ID_MAX` gewählt werden.

Hinweis:	Ereignisse, für die kein Beobachter angemeldet wurde, bleiben unbeobachtet, auch wenn die entsprechenden Routinen zur Reaktion codiert wurden.

7.2.1.1 Beispiel : Window-Ereignisse bearbeiten

```
import java.awt.*;
import java.awt.event.*;

class Frame1 extends Frame implements WindowListener {
  public Frame1 (String Title) {
    super (Title);
    setSize (300, 200);
    setVisible (true);
    addWindowListener (this); // Anmeldung als Beobachter
  }
  // Pflichten als WindowListener. Unerlässlich!!!!
  public void windowClosed(WindowEvent event) {}
  public void windowDeiconified(WindowEvent event) {}
  public void windowIconified(WindowEvent event) {}
  public void windowActivated(WindowEvent event) {}
  public void windowDeactivated(WindowEvent event) {}
  public void windowOpened(WindowEvent event) {}
  public void windowClosing(WindowEvent event) {
    System.exit(0);
  }
  public static void main (String [] args) {
    new Frame1 ("1. Frame");
  }
}
```

Hinweis:	`Frame1` muss als `WindowListener` alle Methoden dieser Schnittstelle implementieren, auch wenn diese wie im obigen Beispiel nicht benutzt werden. `Frame1` muss sich explizit als Beobachter für Ereignisse anmelden. Im Beispiel meldet sich `Frame1` „bei sich selbst" an.

7.2.1.2 Typen von Ereignissen

Das AWT 1.1 unterscheidet bei Ereignissen zwischen Low-Level und Semantic-Level. Low-Level-Ereignisse modellieren einfache Eingaben (Tasten, Maus) oder Fensterereignisse:

ComponentEvent	Die Komponente wurde vergrößert; verkleinert; verschoben.
FocusEvent	Die Komponente hat den Fokus erhalten; verloren.
KeyEvent	Eine Taste wurde gedrückt; losgelassen ...
MouseEvent	Maustaste gedrückt; losgelassen ...
ContainerEvent	Der Container hat eine Komponente erhalten; verloren ...
WindowEvent	Fenster schließen ...

Semantic-Level-Ereignisse werden von logischen Komponenten der GUI erzeugt. Sie sind aber nicht spezifisch für bestimmte Komponenten. So können ein Schalter, ein Menüpunkt oder ein List-Objekt ein ActionEvent erzeugen.

ActionEvent	Ein Kommando ausführen.
AdjustmentEvent	Ein Wert wurde angepasst.
ItemEvent	Der Zustand eines Eintrags hat sich geändert.
TextEvent	Ein Text hat sich geändert.

7.2.2 Event Listeners: die Beobachter

Im Prinzip hat ein EventListener-Interface für jeden Ereignistyp eine spezielle Methode parat. Aus Gründen der Übersichtlichkeit sind manchmal verschiedene Methoden zu einer einzigen zusammengefasst.

Low-Level-Listener-Schnittstellen

```
java.util. EventListener
    java.awt.event.ComponentListener
    java.awt.event.ContainerListener
    java.awt.event.FocusListener
    java.awt.event.KeyListener
    java.awt.event.MouseListener
    java.awt.event.MouseMotionListener
    java.awt.event.WindowListener
```

Semantic-Level-Listener-Schnittstellen

```
java.util.EventListener
    java.awt.event.ActionListener
    java.awt.event.AdjustmentListener
    java.awt.event.ItemListener
    java.awt.event.TextListener
```

7.2.3 Event-Quellen

Die von einem Objekt erzeugten („fired") Events sind durch die set<xx>Listener bzw. add<xx>Listener-Methoden bestimmt. Damit können die Events sowohl anhand der Dokumentation (durch den Programmierer) als auch durch Laufzeit-Techniken der Introspektion (von sog. Buildern für Beans etwa) identifiziert werden. Vgl. Abschnitt 4.1.3.
Alle AWT-Ereignisse unterstützen das „multi-cast"-Modell. Es gibt keinerlei Information darüber, in welcher Reihenfolge die einer Quelle zugeordneten Beobachter über das Auftreten eines Ereignisses benachrichtigt werden. Garantiert ist nur, dass diese Tatsache keine

besonderen Vorkehrungen von Seiten des Programmierers erfordert, denn jeder Bearbeiter erhält eine Kopie des Original-Ereignisses.
Um eine garantierte Reihenfolge bei der Bearbeitung zu erreichen, muss der Programmierer die Ereignisse selbst in eine Reihenfolge bringen, indem er für alle Ereignisse nur einen einzigen Beobachter schreibt.

Quellen für Low-Level-Events

`Component`	`addComponentListener (ComponentListener l)`
	`addFocusListener (FocusListener l)`
	`addKeyListener (KeyListener l)`
	`addMouseListener (MouseListener l)`
	`addMouseMotionListener(MouseMotionListener l)`

`Container`	`addContainerListener (ContainerListener l)`
`Dialog`	`addWindowListener (WindowListener l)`
`Frame`	`addWindowListener (WindowListener l)`

Quellen für Semantic-Level-Events

`Button`	`addActionListener (ActionListener l)`
`Choice`	`addItemListener (ItemListener l)`
`Checkbox`	`addItemListener (ItemListener l)`
`CheckboxMenuItem`	`addItemListener (ItemListener l)`
`List`	`addActionListener (ActionListener l)` `addItemListener (ItemListener l)`
`MenuItem`	`addActionListener (ActionListener l)`
`Scrollbar`	`addAdjustmentListener (AdjustmentListener l)`
`TextArea`	`addTextListener (TextListener l)`
`TextField`	`addActionListener (ActionListener l)` `addTextListener (TextListener l)`

7.2.4 Listener-Schnittstellen und Adapter

Die Schnittstellen verlangen von einer Klasse eine vollständige Implementierung, auch wenn man nicht alle Typen von Ereignissen bearbeiten will. Abhilfe schaffen hier die sog. Adapter-Klassen, die für jeden Typ eine vordefinierte Routine beinhalten. Damit meldet man zur Bearbeitung z.B. der Maus-Ereignisse eine Sub-Klasse von `MouseAdapter` an. Will man jetzt nur das `MousePressed`-Event bearbeiten, so überschreibt man nur die entsprechende Methode.

Adapter-Klassen im AWT

```
java.awt.event.ComponentAdapter
java.awt.event.FocusAdapter
java.awt.event.KeyAdapter
java.awt.event.MouseAdapter
java.awt.event.MouseMotionAdapter
java.awt.event.WindowAdapter
```

Es gibt nur Adapter-Klassen für Low-Level-Ereignisse, da die Schnittstellen für Semantik-Level-Ereignisse jeweils über nur eine Methode (d.h. bereits die maximale Feinheit) verfügen.

Die folgende Aufstellung der Listener-Schnittstellen und Adapter-Klassen enthält für jede Adapter-Klasse die Methoden zur Behandlung der Ereignisse, die mit den „Pflichten“ der `<xx>Listener`-Schnittstellen identisch sind.

Listener-Schnittstellen und Adapter

Interface	Methode
`ActionListener`	`actionPerformed(ActionEvent)`
`ItemListener`	`itemStateChanged(ItemEvent)`

`WindowListener`
→ `WindowAdapter`
	`windowClosing(WindowEvent)`
	`windowOpened(WindowEvent)`
	`windowIconified(WindowEvent)`
	`windowDeiconified(WindowEvent)`
	`windowClosed(WindowEvent)`
	`windowActivated(WindowEvent)`
	`windowDeactivated(WindowEvent)`

`ComponentListener`
→`ComponentAdapter`
	`componentMoved(ComponentEvent)`
	`componentHidden(ComponentEvent)`
	`componentResized(ComponentEvent)`
	`componentShown(ComponentEvent)`

`AdjustmentListener` *Alternative in AWT 1.1: die neue* `ScrollPane` *Klasse*	`adjustmentValueChanged(AdjustmentEvent)`
`ItemListener`	`itemStateChanged(ItemEvent)`
`MouseMotionListener` → `MouseMotionAdapter`	`mouseDragged(MouseEvent)` `mouseMoved(MouseEvent)`

`MouseListener`
→`MouseAdapter`
	`mousePressed(MouseEvent)`
	`mouseReleased(MouseEvent)`
	`mouseEntered(MouseEvent)`
	`mouseExited(MouseEvent)`
	`mouseClicked(MouseEvent)`

`KeyListener`
→ `KeyAdapter`
	`keyPressed(KeyEvent)`
	`keyReleased(KeyEvent)`
	`keyTyped(KeyEvent)`

`FocusListener` →`FocusAdapter`	`focusGained(FocusEvent)` `focusLost(FocusEvent)`
`ContainerListener` → `ContainerAdapter`	`componentAdded(ContainerEvent)` `componentRemoved(ContainerEvent)`
`TextListener`	`textValueChanged(TextEvent)`

Praktische Anwendungen

Bei der Programmierung müsste man für jeden Beobachter eine Subklasse einer Adapter-Klasse schreiben. Der eleganteste Weg hierzu sind die inneren Klassen in Java 1.1. (vgl. Abschnitt 3.2.5). Wenn ein Frame etwa nur das Ereignis `windowClosing` bearbeiten will, braucht bloß die entsprechende Routine überschrieben zu werden.

Beispiel : Window-Ereignisse bearbeiten

```
import java.awt.*;
import java.awt.event.*;

public class Frame2 extends Frame {
```

```
    public Frame2 (String Title) {
      super (Title);
      setSize (300, 200);
      setVisible (true);
      addWindowListener (new MyWindowAdapter());
    }

    class MyWindowAdapter extends WindowAdapter {
      public void windowClosing (WindowEvent event) {
        System.exit (0);
      }
    }
    public static void main (String[] args) {
      new Frame2 ("2. Frame");
    }
  }
```

7.3 Layoutmanager

GUI-Systeme mit starren Anordnungen ihrer Komponenten sind für Anwendungen im Internet nicht ausreichend: es gibt verschiedene GUI-Systeme – wie Macintosh, Microsoft-Windows oder X-Windows – alle Bildschirmgrößen sind denkbar. Java erlaubt natürlich auch feste Anordnungen von Komponenten in Containern in AWT bzw. Swing, ermöglicht darüber hinaus aber auch die Platzierung nach diversen Strategien. Durch diese Trennung eines Containers von der Strategie zur Anordnung seiner Komponenten ermöglicht das JDK eine Fülle von Lösungen zur Anordnung grafischer Komponenten. Der Anwender kann auch seine eigenen Layout-Manager schreiben. Ein solcher Manager muss die `LayoutManager`-(bzw. die `LayoutManager2`-)-Schnittstelle implementieren. Die Zuordnung eines solchen Managers `mgr` zu einem Container `xyz` erfolgt mit dem Aufruf:

```
xyz. setLayout (mgr); // oder aus einem
setLayout (mgr);     // Container heraus für sich selbst
```

Beispiele

```
1. setLayout (null);
2. setLayout (new FlowLayout());
```

Mit 1. schaltet man jede dynamische Platzierung ab. Mit 2. weist man einer Komponente ein sog. `FlowLayout` zu.

7.3.1 BorderLayout

Im JDK wird bei `Frame`, `Applet` und `Dialog` (bzw. `JFrame`, `JApplet` und `JDialog`) ein sog. `BorderLayout` angenommen, sofern nicht ausdrücklich ein anderes Layout gesetzt wird. Dieses Layout kennt für seine vier Ränder und die Mitte die Bezeichnungen entsprechend der Windrose:

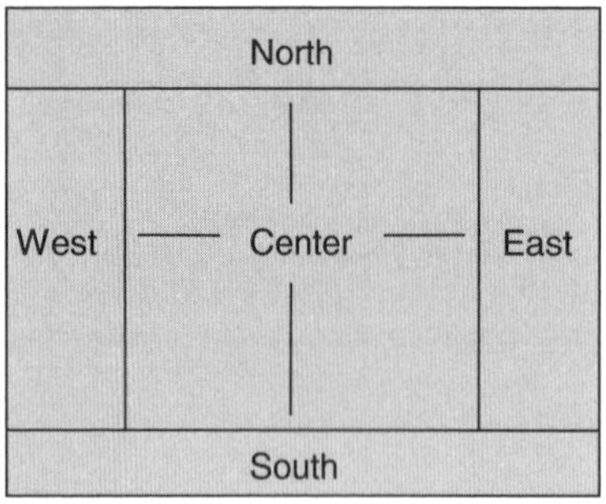

Beispiele

```
1. add (new meine_Zeichenflaeche (), BorderLayout.CENTER);
2. add (new Button ("Hallo"), BorderLayout.CENTER);
```

Mit 1. fügt man eine Zeichenfläche in der Mitte hinzu. Mit 2. fügt man oben einen Schalter ein. Dieser wird sich dann über die ganze Breite des Fensters erstrecken. Wenn eine der fünf möglichen Komponenten auf der Bildfläche fehlt, werden die übrigen so „gestreckt", dass keine Lücke entsteht. Wenn also z.B. nur die CENTER-Komponente vorhanden ist, füllt sie das ganze Fenster aus.

Programm

```
import java.awt.*;
import java.awt.event.*;

public class BorderDemo extends Frame {

  public BorderDemo (String Title) {
    super (Title);
    setSize (300, 200);

    // Keine explizite Zuordnung nötig:
    // BorderLayout ist das Default-Layout für Frame
    add (BorderLayout.NORTH,   new Button ("Norden"));
    add (BorderLayout.SOUTH,   new Button ("Süden"));
    add (BorderLayout.WEST,    new Button ("Westen"));
    add (BorderLayout.EAST,    new Button ("Osten"));
    add (BorderLayout.CENTER,  new Button ("Die Mitte"));

    addWindowListener(new WindowAdapter() {
      public void windowClosing(WindowEvent event) {
        System.exit(0);
      }
    });
    setVisible(true);
  }

  public static void main (String[] args) {
    new BorderDemo ("BorderLayout");
  }
}
```

Eine Ausgabemöglichkeit

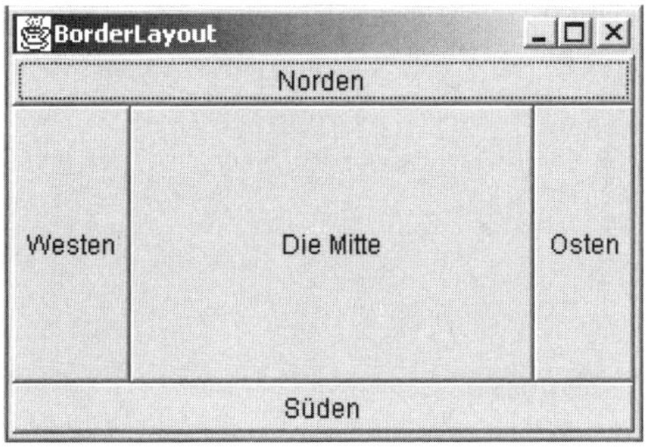

Anwendung

`BorderLayout` löst übliche Anordnungsprobleme für Zeichenflächen und Controls. Controls können am Rand in Form sog. Toolbars einmontiert werden. Eine Toolbar wird dann ihrerseits ein `Panel` sein, auf dem Schalter oder Knöpfe erscheinen.

7.3.2 FlowLayout

Im JDK wird bei `Panel` standardmäßig ein sog. `FlowLayout` angenommen. Bei diesem Layout werden die Komponenten der Reihe nach von links nach rechts in einem Fenster in der Folge ihres Eintrags in einem Container angeordnet. Wenn eine „Zeile“ voll ist, wird die nächste Komponente in die nächste Zeile platziert. Die Komponenten jeder Zeile werden zentriert angeordnet, wenn im Konstruktor nichts anderes angegeben wurde. Die folgende Tabelle zeigt die Parameter für die Ausrichtung.

`FlowLayout.LEFT`	Linksbündige Anordnung jeder Zeile.
`FlowLayout.CENTER`	Zentrierte Anordnung jeder Zeile (Default).
`FlowLayout.RIGHT`	Rechtsbündige Anordnung jeder Zeile.
`FlowLayout.LEADING`	Für sprachabhängige Ausrichtung. Bei Links-Rechts-Ausrichtung wie `LEFT`.
`FlowLayout.TRAILING`	Für sprachabhängige Ausrichtung. Bei Links-Rechts-Ausrichtung wie `RIGHT`.

Programm

```
import java.awt.*;
import java.awt.event.*;

public class FlowDemoParameter extends Frame {

  public FlowDemoParameter (String Title, String Layout) {
    super (Title);

    int L = 0;
    try {
      L = Integer.parseInt (Layout);
    } catch (Exception e) { }

    setLayout (new FlowLayout (L));
    setSize (200, 150);
    for (int i = 1; i <= 7; i++) {
```

```
        String s = "";
        for (int j = 0; j < i; j++)
          s += "S";
        add (new Button (s));
      }
      addWindowListener(new WindowAdapter() {
        public void windowClosing(WindowEvent event) {
          System.exit(0);
        }
      });
      setVisible(true);
    }

    public static void main (String[] args) {
      new FlowDemoParameter ("FlowLayout", args[0]);
    }
  }
```

Ausgabemöglichkeiten

FlowLayout.LEFT	FlowLayout.CENTER	FlowLayout.RIGHT
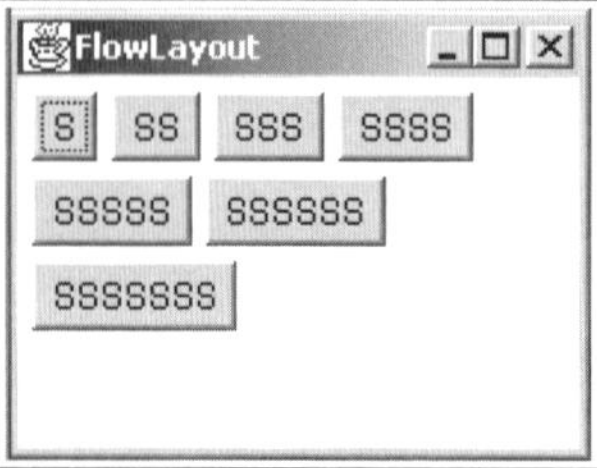	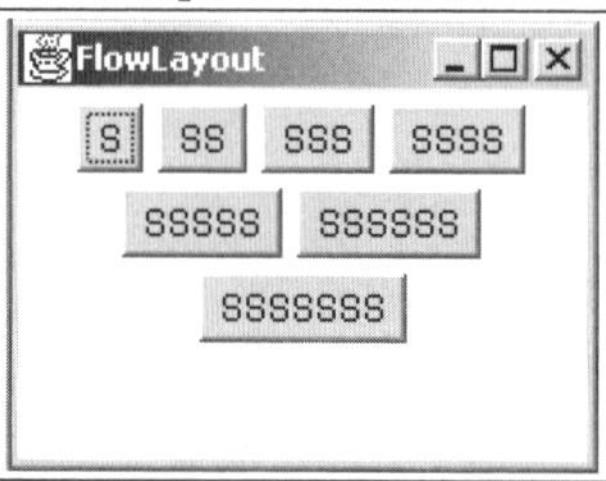	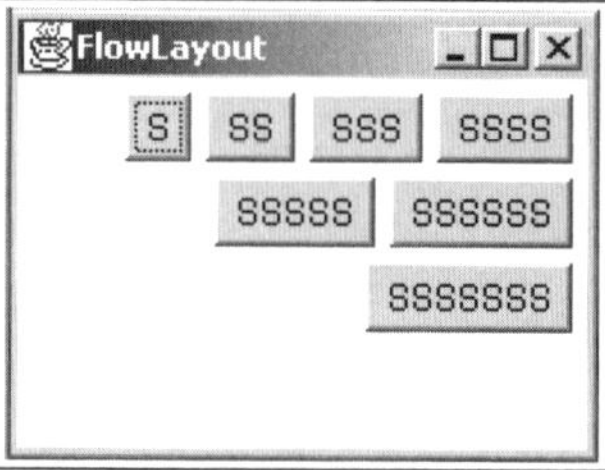

7.3.3 GridLayout

Mit `GridLayout` kann man Komponenten matrixartig in einem n×m-Raster aus n Zeilen und m Spalten anordnen. Der Spezialfall 1×m liefert eine Anordnung in einer Zeile, der Fall n×1 definiert eine Anordnung in einer Spalte. Diese Fälle können also zur Implementierung von Toolbars aus Schaltern benutzt werden.

Programm

```
  import java.awt.*;
  import java.awt.event.*;

  public class GridDemo extends Frame {
    public GridDemo (String Title) {
      super (Title);
      setLayout (new GridLayout (2, 4));
      setSize (300, 200);
      for (int i = 0; i <= 7; i++)
        add (new Button ("Schalter " + i));
      addWindowListener(new WindowAdapter() {
        public void windowClosing(WindowEvent event) {
          System.exit(0);
        }
      });
      setVisible(true);
    }

    public static void main (String[] args) {
```

```
      new GridDemo ("GridLayout");
    }
  }
```

Eine Ausgabemöglichkeit

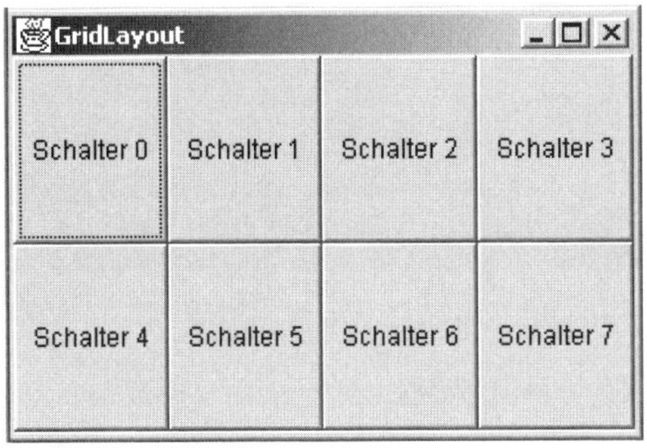

7.3.4 CardLayout

`CardLayout` sorgt dafür, dass wie in einem Kartenstapel jeweils nur eine der Komponenten eines Containers sichtbar ist. Mit Aufrufen wie `first(Container)`, `last (Container)`, `next(Container)` kann zwischen den Komponenten wie zwischen Karten hin- und hergeschaltet werden.

Anwendung

Mit `CardLayout` kann man zwischen verschiedenen Sätzen von Steuerelementen schalten. Damit lassen sich komplizierte Auswahlen von Parametern realisieren, wie man sie etwa mit tabulatorartigen Steuerelementen in modernen Betriebssystemen findet. Es muss ein Steuerelement zur Steuerung der Anzeige sichtbar bleiben.

Programm

```
import java.awt.*;
import java.awt.event.*;

public class CardDemo extends Frame implements ActionListener {
  private Panel panelCenter;
  private Button first, next, last;

  public CardDemo (String Title) {
    super (Title);
    Panel panelNorth = new Panel ();
    panelNorth.add (first = new Button ("first"));
    panelNorth.add (next  = new Button ("next"));
    panelNorth.add (last  = new Button ("last"));
    panelCenter = new Panel ();
    add ("North", panelNorth);

    panelCenter.setLayout (new CardLayout ());
    add ("Center", panelCenter);
    setSize (300, 200);

    for (int i = 1; i <= 7; i++)
      panelCenter.add ("Schalter " + i,
         new Button ("Schalter " + i));
```

```
      setVisible(true);
      first.addActionListener (this);
      next .addActionListener (this);
      last .addActionListener (this);
      addWindowListener(new WindowAdapter() {
        public void windowClosing(WindowEvent event) {
          System.exit(0);
        }
      });
    }

    public void actionPerformed(ActionEvent event) {
      CardLayout cl = (CardLayout)panelCenter.getLayout();
      if (first == event.getSource ())
        cl.first (panelCenter);
      else if (next == event.getSource ())
        cl.next (panelCenter);
      else if (last == event.getSource ())
        cl.last (panelCenter);
    }
    public static void main (String[] args) {
      new CardDemo ("CardLayout");
    }
  }
```

Ausgabemöglichkeiten

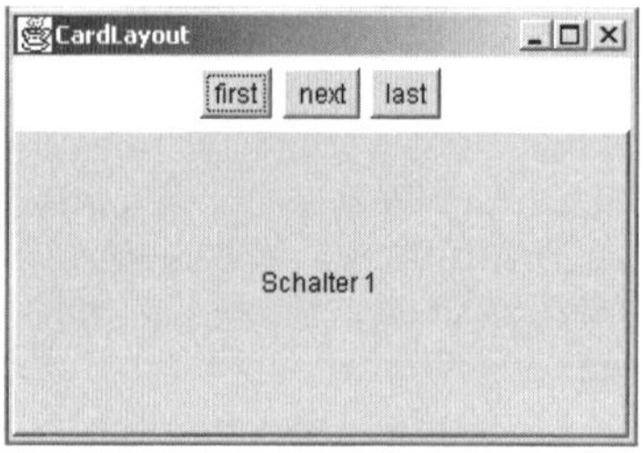

...schalten ...

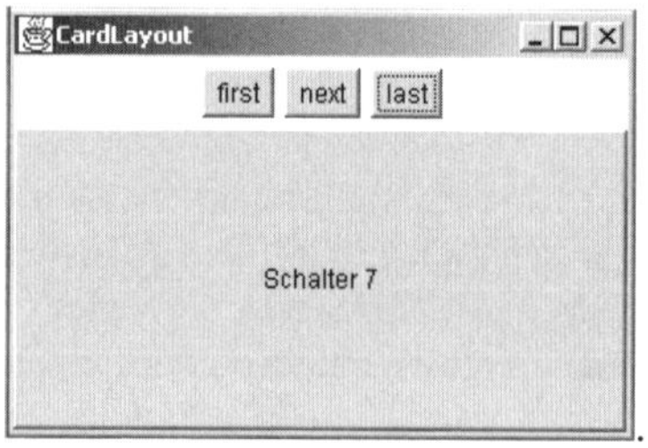

.

7.3.5 GridBagLayout

`GridBagLayout` erlaubt eine rasterartige Anordnung von Komponenten. Im Gegensatz zu `GridLayout` lässt sich die Anordnung der Komponenten noch beeinflussen, sodass man Effekte ähnlich einer Gruppierung von Controls erreichen kann. Diese Steuerung erfolgt mit diversen Attributen der Klasse `GridBagConstraints`.

`gridx, gridy`

Mit diesen Parametern gibt man die linke, obere Ecke der Komponente an. Die am weitesten links oben stehende Komponente hat die Adresse `gridx = 0, gridy = 0`. Mit dem Default-Wert `GridBagConstraints.RELATIVE` für `gridx` (bzw. für `gridy`) bestimmt man, dass die Komponente rechts (bzw. unter) der zuletzt dem Container hinzugefügten Komponente angeordnet wird.

`gridwidth, gridheight`

Mit diesen Parametern mit den Default-Werten 1 legt man die Anzahl der Zeilen (`gridwidth`) bzw. die Anzahl der Spalten (`gridheight`) fest. Der Wert `GridBag-`

`Constraints.REMAINDER` bestimmt, dass die Komponente die letzte in der Zeile (`gridwidth`) bzw. in der Spalte (`gridheight`) ist.
`GridBagConstraints.RELATIVE` bewirkt, dass die Komponente die nächste in der Zeile (`gridwidth`) bzw. der Spalte (`gridheight`) ist.

fill

Wenn eine Komponente kleiner als der ihr zur Verfügung stehende Bereich ist, wird sie gemäß diesem Parameter an die Größe angepasst:

`GridBagConstraints.NONE`	keine Anpassung (Default-Wert)
`GridBagConstraints. HORIZONTAL`	nur horizontale Anpassung
`GridBagConstraints. VERTICAL`	nur vertikale Anpassung
`GridBagConstraints. BOTH`	horizontale und vertikale Anpassung

ipadx, ipady

Legt die interne Einbettung einer Komponente fest. Damit wird die Anzahl der Pixel festgeschrieben, die der Layout-Manager zur minimalen Größe der Komponente hinzuaddiert.

insets

Legt die interne Einbettung einer Komponente fest. Damit wird der Abstand einer Komponente zwischen dem Rand und der „Zeichenfläche" festgelegt.

anchor

Wenn eine Komponente kleiner als die ihr zur Verfügung stehende Fläche ist, legt dieser Wert fest, wie die Komponente innerhalb dieser Fläche platziert wird. Mit den folgenden Werten bestimmt man die Ausrichtung.

```
GridBagConstraints.CENTER (Default-Wert)
GridBagConstraints.NORTH
GridBagConstraints. NORTHEAST
GridBagConstraints.EAST
GridBagConstraints. SOUTHEAST
GridBagConstraints.SOUTH
GridBagConstraints. SOUTHWEST
GridBagConstraints.WEST
GridBagConstraints. NORTHWEST
```

weightx, weighty

Dieser Parameter legt die Gewichtung einer Komponente in x- und y-Richtung fest. Der Default-Wert ist 0. Wenn nicht für mindestens eine Komponente einer Zeile (`weightx`) bzw. Spalte (`weighty`) ein Wert ungleich 0 angegeben ist, kleben alle Komponenten im Zentrum ihres Containers zusammen. In diesem Fall ordnet `GridBagLayout` den frei verfügbaren Platz zwischen den Zellen und dem Rand des Containers an.

Hinweis: Beim ersten Schalter (mit der Aufschrift „`Schalter0`") wird bei den Constraints das Attribut `gridheight` auf 2 gesetzt. Damit umspannt diese Komponente zwei Zeilen. Danach wurde dieses Attribut auf 1 zurückgesetzt.
Die Steuerung der Zeilen übernimmt das Attribut `gridwidth`. Wenn dieses auf `GridBagConstraints.REMAINDER` gesetzt wird, füllt die Komponente den Rest der Zeile aus.
Im Beispiel wird immer mit demselben Constraints-Objekt `c` gearbeitet, denn der Befehl `setConstraints` benutzt jeweils eine Kopie dieses Objekts.

Programm

```
import java.awt.*;
import java.awt.event.*;

public class GridBagDemo extends Frame {
  Button b[] = new Button [6];

  public GridBagDemo (String Title) {
    super (Title);

    GridBagLayout l = new GridBagLayout ();
    setLayout (l);
    setSize (300, 200);

    for (int i = 0; i < b.length; i++)
      b[i] = new Button ("Schalter " + i);

    GridBagConstraints c = new GridBagConstraints ();

    c.fill    = GridBagConstraints.BOTH;
    c.weightx = 1;
    c.weighty = 1;
    c.gridheight = 2;
    l.setConstraints (b[0], c);
    add (b[0]); // Schalter 0

    c.gridheight = 1;
    l.setConstraints (b[1], c);
    add (b[1]); // Schalter 1

    c.gridwidth = GridBagConstraints.REMAINDER;
    l.setConstraints (b[2], c);
    add (b[2]); // Schalter 2

    c.gridwidth = 1;
    l.setConstraints (b[3], c);
    add (b[3]); // Schalter 3

    c.gridwidth = 1;
    l.setConstraints (b[4], c);
    add (b[4]); // Schalter 4

    c.gridwidth = GridBagConstraints.REMAINDER;
    c.gridy = GridBagConstraints.RELATIVE;
    l.setConstraints (b[5], c);
    add (b[5]); // Schalter 5

    setVisible(true);
    addWindowListener(new MyWindowAdapter());
  }

  class MyWindowAdapter extends WindowAdapter {
    public void windowClosing(WindowEvent event) {
      System.exit(0);
    }
  }

  public static void main (String[] args) {
    new GridBagDemo ("GridBagLayout");
  }
}
```

Ausgabemöglichkeit

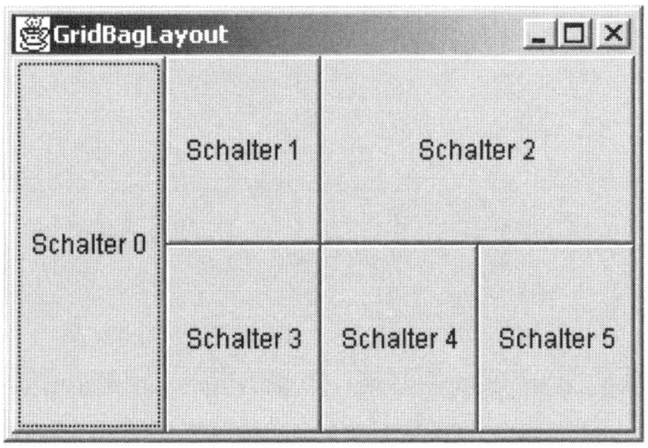

7.3.6 BoxLayout (nur Swing)

Das BoxLayout in Swing erlaubt die Anzeige von Elementen in Zeilen (`X_AXIS`) und Spalten (`Y_AXIS`). Die Größe der Komponenten wird nicht geändert. Die größte Komponente gibt die Rastergröße vor. Zusammen mit der im nächsten Abschnitt beschriebenen Möglichkeit der Schachtelung von Layouts lassen sich hiermit zu `GridBagLayout` ähnliche Effekte auf einfachere Weise erreichen.

Anzeige am Bildschirm

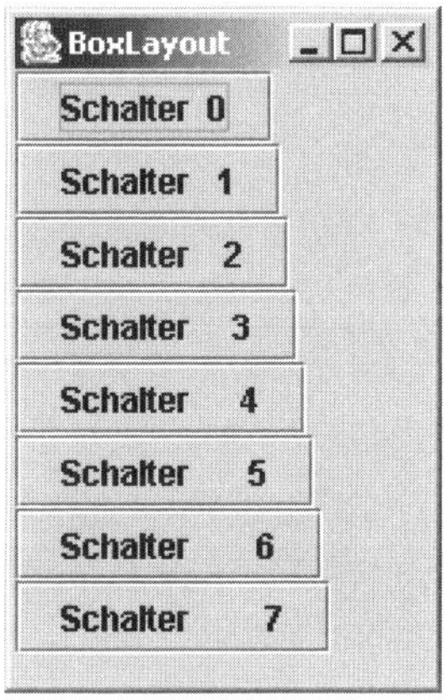

Programm

```
import java.awt.*;
import java.awt.event.*;
import javax.swing.*;

public class JBoxDemo extends JFrame {
  public JBoxDemo (String Title) {
    super (Title);
    setDefaultCloseOperation (EXIT_ON_CLOSE);
    Panel p = new Panel ();
    p.setLayout (new BoxLayout(p, BoxLayout.Y_AXIS ));
    setSize (400, 200);
    getContentPane().add (p);
    String text = "Schalter            ";
```

```
      for (int i = 0; i <= 7; i++)
        p.add (new JButton (text.substring (0, i + 10) + i));
      setVisible(true);
    }

    public static void main (String [] args) {
      new JBoxDemo ("BoxLayout");
    }
  }
```

7.3.7 Schachtelung der Layouts

Jeder Container kann seinerseits Container enthalten. Da jedem Container ein Layout-Manager zugeordnet ist, kann man innerhalb eines Layouts vollständige Layouts einschachteln. Damit lassen sich komplexe Anordnungen der Steuerelemente aufbauen. Das folgende Beispiel zeigt, wie in ein BorderLayout fünf Container integriert werden. Dabei hat jeder dieser Container ein anderes Objekt der Klasse `GridLayout` als Manager.

Programm

```
import java.awt.*;
import java.awt.event.*;

class MyPanel extends Panel {
  private int Zeilen, Spalten;
  private String Text;
  public MyPanel (String Text, int Zeilen, int Spalten) {
    this.Zeilen  = Zeilen;
    this.Spalten = Spalten;
    this.Text    = Text;
    setLayout (new GridLayout (Zeilen, Spalten));
    for (int i = 0; i < Zeilen*Spalten; i++)
      add (new Button (Text + " - " + (i+1)));
  }
}

public class NestedDemo extends Frame {
  public NestedDemo (String Title) {
    super (Title);
    setSize (640, 480);
    add (BorderLayout.NORTH,  new MyPanel ("N", 1, 4));
    add (BorderLayout.SOUTH,  new MyPanel ("S", 1, 8));
    add (BorderLayout.WEST,   new MyPanel ("W", 5, 1));
    add (BorderLayout.EAST,   new MyPanel ("O", 7, 1));
    add (BorderLayout.CENTER, new MyPanel ("Z", 4, 3));
    addWindowListener(new WindowAdapter() {
        public void windowClosing(WindowEvent event) {
        System.exit(0);
      }
    });
    setVisible(true);
  }

  public static void main (String[] args) {
    new NestedDemo ("Geschachtelte Layouts");
  }
}
```

Ausgabemöglichkeit

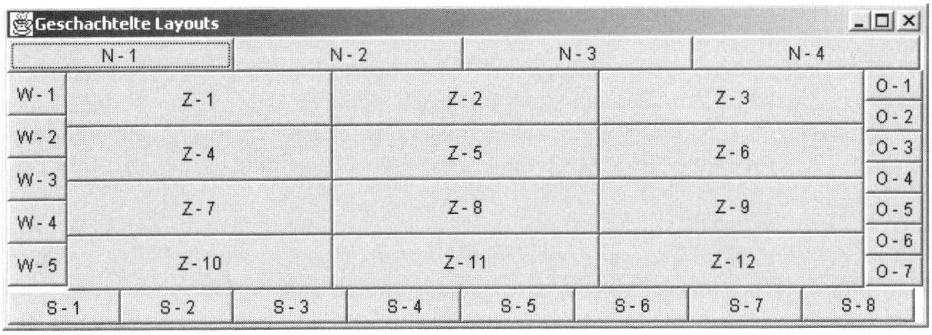

7.4 Steuerelemente in Benutzeroberflächen

Benutzeroberflächen erlauben eine Steuerung von Anwendungsprogrammen über Schalter, Textfelder usw., die sog. Steuerelemente bzw. Controls. Dieser Abschnitt soll elementare Aspekte des AWT bzw. von Swing für die Perspektive der Implementierung beschreiben. Der Kurs in Abschnitt 7.5 wird auf diesen Abschnitt Bezug nehmen. Im Unterschied zum projektorientierten Kurs orientiert sich dieser Teil an den technologischen Grundlagen.

Elementare Steuerelemente für AWT und Swing

Alle Steuerelemente sind Komponenten. Im Folgenden wird die Grundfunktionalität der Steuerelemente besprochen. Dazu ist jeweils ein Programm sowie dessen Anzeige am Bildschirm angegeben.

7.4.1 Zeichenflächen: Canvas bzw. JComponent

`Canvas` ist ein rechteckiges Fenster mit der Basisfunktionalität für Zeichenflächen. Wenn in ein `Canvas`-Objekt gezeichnet werden soll, muss die `paint()`- bzw. die `update()`-Methode überschrieben werden. Die `paint()`-Methode wird vom AWT aufgerufen, sofern ein vollständiger Neuaufbau des Fensters erforderlich ist. Deswegen wird auch die Fläche innerhalb des Fensters gelöscht. Vor Aufruf der `update()`-Methode wird die Fläche im Fenster nicht gelöscht. Diese Methode eignet sich zur Darstellung von Änderungen am Bildschirm.
Eine Instanz einer Klasse kann als Beobachter für `InputEvents` eines Canvas angemeldet werden: Maus, Tastatur.
Anstelle eines `Canvas` kann man auch von `Component` abgeleitete Klassen als „lightweighted components" zum Zeichnen einsetzen. Der Hintergrund wird dabei im Gegensatz zu `Canvas` nicht gelöscht. In Swing wird man hierfür die Basiskomponente `JComponent` bzw. `JPanel` benutzen. In Swing sollte anstelle von `paint(...)` die Methode `paintComponent (Graphics g)` benutzt werden.

7.4.2 Schalter: Button bzw. JButton

Ein `Button` bzw. ein `JButton` ist eine Fensterfläche mit der Funktionalität eines Schalters mit Text. Wenn der Schalter gedrückt wird, sendet Java ein `ActionEvent`-Objekt an alle mit `addActionListener()` bei dem Button registrierten Beobachter.

Die Methode `getActionCommand()` des Events liefert den Text des Schalters. Die Methode `getSource()` der Basisklasse `EventObject` von `ActionEvent` liefert das Objekt, das das Ereignis ausgelöst hat.
Zur Reaktion auf das Ereignis „Schalter gedrückt" kann es erforderlich sein, den gedrückten Schalter zu ermitteln. Hierzu kann man für jeden Schalter eine eigene Instanz eines `ActionListeners` registrieren. Wenn man nur einen Beobachter für alle Schalter registrieren will, muss dieser anhand des zugestellten Ereignisses den gedrückten Schalter lokalisieren.
Wenn der Text des Schalters eindeutig ist, kann er in der Reaktion auf das durch das Drücken des Schalters ausgelöste Ereignis als Identifikation dienen. In diesem Fall erspart man sich die Probleme mit der Aufbewahrung der Instanzvariablen des Schalters.

```
// Irgendwo
... add (new Button ("OK")); // nicht für BorderLayout
// ACTION-Event
if ("OK".equals (event. getActionCommand())) {
  //  OK gedrueckt. Reaktion hier codieren
```

Wenn diese Eindeutigkeit nicht gegeben ist, kann im Java-Programm jede Instanz eines Schalters aufbewahrt werden. In der Reaktion auf ein Ereignis fragt man dann die Instanzen der Schalter der Reihe nach durch, bis der gedrückte Schalter gefunden wurde.

```
// In der Klasse, in der die Ereignisse behandelt werden
..Button OKButton = new Button ("OK");
  add (OKButton); // nicht für BorderLayout
// ACTION-Event
  if (OKButton == event.getSource()))
    OK gedrueckt. Reaktion hier codieren
```

Programm: AWT

```
import java.awt.*;
import java.awt.event.*;

public class ButtonDemo extends Frame implements ActionListener {
  public ButtonDemo (String Title) {
    super (Title);
    setLayout (new FlowLayout ());
    setSize (250, 160);
    for (int i = 1; i <= 5; i++) {
      Button b = null;
      add (b = new Button ("Schalter " + i));
      b.addActionListener (this);
    }

    addWindowListener (new WindowAdapter() {
      public void windowClosing (WindowEvent event) {
        System.exit (0);
      };
    });
    setVisible(true);
  }

  public void actionPerformed(ActionEvent event) {
    System.out.println ("gedrueckt wurde: " +
           event.getActionCommand());
  }

  public static void main (String[] args) {
```

```
    new ButtonDemo ("Button-Demo");
  }
}
```

Programm: Swing

In Swing-Programmen kann man die Schalter mit Bildern hinterlegen. Dazu benötigt man ein Bild in einem der gängigen Formate in einer Datei. Mit Hilfe der Klasse `ImageIcon` wird es geladen und kann im Konstruktor eines `JButton` übergeben werden. Die Methode `setRolloverIcon (ImageIcon icon)` kann dafür sorgen, dass das Bild `icon` angezeigt wird, sobald der Mauszeiger über dem Schalter liegt, wenn `setRolloverEnabled` mit **`true`** aufgerufen wurde. `setTootTipText (String text)` ist für das Erscheinen eines Hinweises zum Schalter verantwortlich, sobald sich die Maus einige Zeit in der Nähe des Schalters befindet.

```
import java.awt.*;
import java.awt.event.*;
import javax.swing.*;

public class JButtonDemo extends JFrame
                         implements ActionListener{

  public JButtonDemo (String Title) {
    super (Title);
    setDefaultCloseOperation (EXIT_ON_CLOSE);
    setLayout (new FlowLayout ());

    ImageIcon smileIcon1 = new ImageIcon("smile1.gif");
    ImageIcon smileIcon2 = new ImageIcon("smile2.gif");
    ImageIcon smileIconAni = new ImageIcon("anismile.gif");

    setSize (640, 160);
    for (int i = 1; i <= 5; i++) {
      JButton b = null;
      String text = "Schalter " + i;
      // Für gerade und ungerade I wechselnde Bilder:
      add (b = new JButton (text,
           ((i&1)==0?smileIcon1:smileIcon2)));
      b.setToolTipText("Tipp : " + text);
      // Ein Button wird gesondert behandelt...
      if (i == 1) {
        b.setRolloverIcon(smileIconAni);
        // Icon, das beim Mauszeiger erscheinen soll
        b.setRolloverEnabled(true);
        // Reagiert, wenn der Mauszeiger darueber liegt
      }
      b.addActionListener (this);
    }
    setVisible(true);
  }

  public void actionPerformed(ActionEvent event) {
    System.out.println ("gedrueckt wurde: " +
       event.getActionCommand());
  }

  public static void main (String [] args) {
    new JButtonDemo ("Button-Demo");
  }
}
```

Hinweis: Ab JDK 1.5 kann der Aufruf `getContentPane()` bei `add()` und `setLayout()` entfallen.

GUI-Anzeige in AWT bzw. Swing

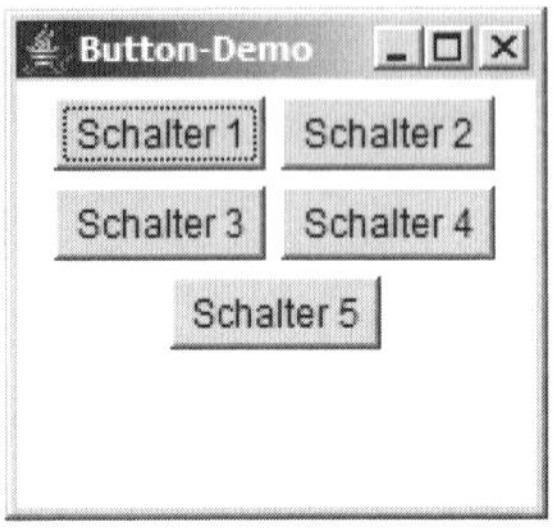

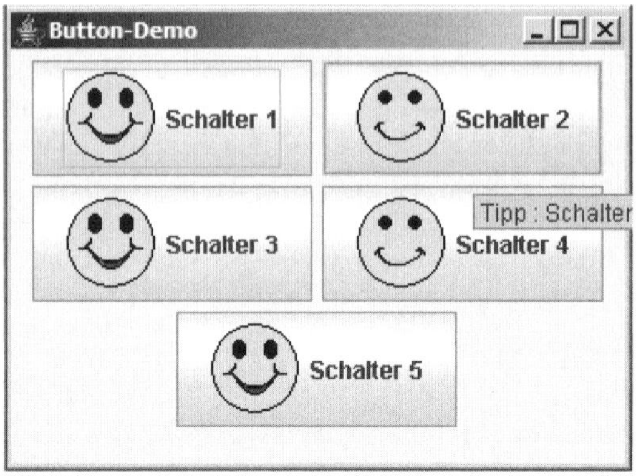

Textausgabe nach Drücken von Schalter 1, 2, 3, 4, 5

```
java ButtonDemo
gedrueckt wurde: Schalter 1
gedrueckt wurde: Schalter 2
gedrueckt wurde: Schalter 3
gedrueckt wurde: Schalter 4
gedrueckt wurde: Schalter 5
```

7.4.3 Auswahl

Die `Choice`-Klasse in AWT liefert eine Auswahlmöglichkeit aus Texten in einem Popup-Menü. Die aktuelle Auswahl lässt sich programmiert setzen und wird in der Titelzeile des Controls angezeigt. `addItem()` dient zum Hinzufügen von Texten in die Auswahl, `select()` zur programmierten Auswahl. In Swing liefert die Klasse `JComboBox` die entsprechende Funktionalität. Die Swing-Alternativen wurden nachstehend eingerahmt.

```
Choice Objekte = new Choice ();         // AWT
JComboBox Objekte = new JComboBox (); // Swing
Objekte.addItem ("Stadt");
Objekte.addItem ("Land");
Objekte.addItem ("Fluss");
// Auswahl eines Eintrags ueber Index
Objekte.select (1);             // "Land" gewaehlt
Objekte.setSelectedIndex (1); // Swing: "Land" gewaehlt
```

Wenn der Anwender einen Eintrag ausgewählt hat, wird eine Instanz eines `ItemEvents` gesandt. `getItem()` liefert den auslösenden Eintrag.

Programm für AWT

```
import java.awt.*;
import java.awt.event.*;

public class ChoiceDemo extends Frame implements ItemListener {
  public ChoiceDemo (String Title) {
    super (Title);
```

```
    Choice choice = new Choice ();
    for (int i = 1; i <= 5; i++)
      choice.addItem ("Auswahl " + i);

    choice.select (1);
    choice.addItemListener (this);
    add (choice, BorderLayout.NORTH);
    addWindowListener (new WindowAdapter() {
      public void windowClosing (WindowEvent event) {
        System.exit (0);
      };
    });
    setSize (400, 200);
    setVisible (true);
  }

  // Pflichten als Item-Listener
  public void itemStateChanged (ItemEvent event) {
    System.out.println ("choice " + event.getItem ());
    System.out.println (event.paramString ());
  }

  public static void main (String [] args) {
    new ChoiceDemo ("Choice-Demo");
  }
}
```

Programm für Swing

```
import java.awt.*;
import java.awt.event.*;
import javax.swing.*;

public class JComboBoxDemo extends JFrame  {

   public JComboBoxDemo(String Title) {
    super (Title);
    setDefaultCloseOperation (EXIT_ON_CLOSE);

    JComboBox comboBox = new JComboBox ();
    for (int i = 1; i <= 5; i++)
      comboBox.addItem ("Auswahl " + i);

    comboBox.setSelectedIndex(3);
    comboBox.addItemListener (new MyItemListener ());
    add (comboBox, BorderLayout.NORTH);
    setSize (300, 200);
    setVisible (true);
  }

  // Reaktion auf Zustandsänderungen
  class MyItemListener implements ItemListener {
    // Pflichten als Item-Listener
    public void itemStateChanged (ItemEvent event) {
      if (event.getStateChange () == ItemEvent.SELECTED)
        System.out.print ("Neu an gewaehlt : ");
      else
        System.out.print ("Abgewaehlt : ");
      System.out.println (event.getItem ());

    }
  }
```

```
    public static void main (String [] args) {
      new JComboBoxDemo("JComboBox-Demo");
    }
  }
```

GUI-Anzeige in AWT bzw. Swing

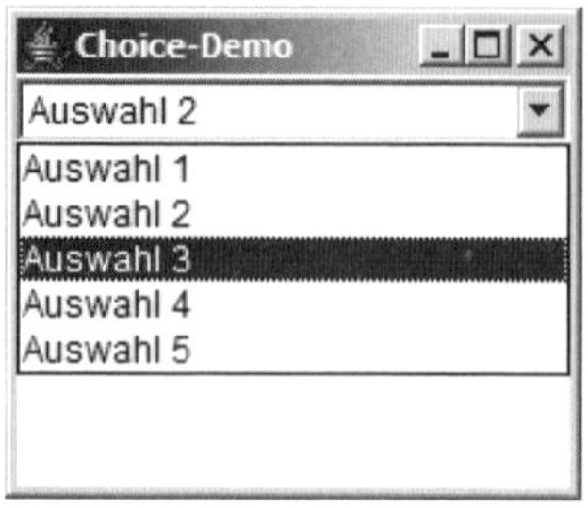

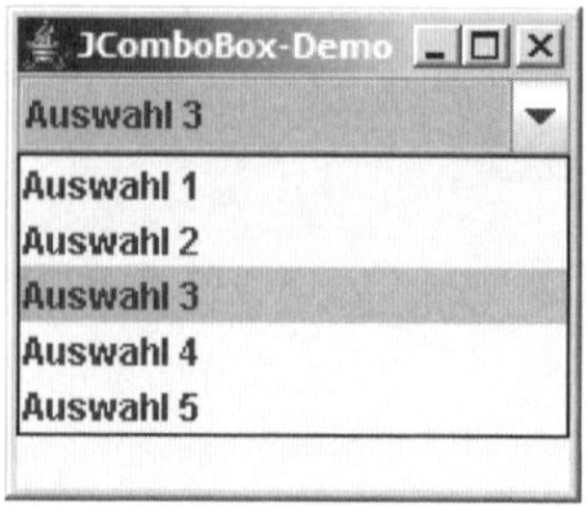

7.4.4 Checkbox und Radiobutton

In AWT kann man mit der Klasse `Checkbox` sowohl Checkboxen als auch Radiobuttons implementieren. In Swing hingegen gibt es für jede Funktionalität eine eigene Klasse: `JCheckBox` bzw. `JRadioButton`.

Eine Checkbox in AWT

```
add (new Checkbox ("Titelzeile ausgeben"));
// oder alternativ mit gesetzter Markierung
add (new Checkbox ("Titelzeile ausgeben", null, true));
```

Eine Checkbox in Swing

```
add (new JCheckBox ("Titelzeile ausgeben"));
// oder alternativ mit gesetzter Markierung
add (new JCheckBox ("Titelzeile ausgeben"), true);
```

Das Java-System wird auf Klicken des Anwenders die Markierung der Checkbox alternativ löschen bzw. setzen und das Java-Programm hiervon benachrichtigen.

Eine Gruppe von Radiobuttons in AWT

```
CheckboxGroup group = new CheckboxGroup ();
add (new Checkbox ("rot", group, true));   <------ Markiert!
add (new Checkbox ("grün", group, false));
add (new Checkbox ("blau", group, false));
```

Eine Instanz von `CheckboxGroup` dient zum Gruppieren einer beliebigen Anzahl von Checkboxen. Nur ein Mitglied dieser Gruppe kann im Zustand *markiert* sein, alle anderen sind nicht markiert.

Eine Gruppe von Radiobuttons in Swing

```
JRadioButton r;                                    Markiert
ButtonGroup bg =  new ButtonGroup();             <-
add (r = new JRadioButton ("rot", true)));
bg.add (r);
add (r = new JRadioButton ("gruen")));
bg.add (r);
add (r = new JRadioButton ("gelb")));
bg.add (r);
```

Wenn der Anwender auf eine Checkbox bzw. einen Radiobutton in der Gruppe klickt, wird das Java-System die Markierung hierauf setzen bzw. lassen. In allen anderen Mitgliedern der Gruppe wird die Markierung zurückgesetzt. Alle bei dem Steuerelement registrierten Beobachter erhalten ein `ItemEvent`.

Programm für AWT

```
import java.awt.*;
import java.awt.event.*;
public class CheckBoxDemo extends Frame
                          implements ItemListener {
  Panel n = new Panel ();
  Panel s = new Panel ();
  private final static int N = 5;

  public CheckBoxDemo (String Title) {
    super (Title);
    // GridLayout 2 Zeilen 5 Spalten
    setLayout (new BorderLayout ());
    add (n, BorderLayout.NORTH);
    add (s, BorderLayout.SOUTH);

    n.setLayout (new GridLayout (2, N));
    setSize (480, 100);
    Checkbox c = null;

    // Einzelne Checkboxen
    for (int i = 1; i <= N; i++) {
      n.add (c = new Checkbox ("Schalter " + i));
      c.addItemListener (this);
    }

    // Checkboxen zu einer Gruppe zusammenfassen
    // Das liefert Radiobuttons
    CheckboxGroup group = new CheckboxGroup ();
    for (int i = 1; i <= N; i++) {
      // Checkmarke nur fuer Schalter 2
      n.add (c = new Checkbox ("Schalter " + i, group, (i==2)));
      c.addItemListener (this);
    }

    addWindowListener (new WindowAdapter() {
      public void windowClosing (WindowEvent event) {
        System.exit (0);
      };
    });

    setVisible(true);
  }

  // Pflichten als Item-Listener
  public void itemStateChanged (ItemEvent event) {
    System.out.println(event.paramString ());
  }

  public static void main (String[] args) {
    new CheckBoxDemo ("Checkbox-Demo");
  }
}
```

Programm für Swing

```
import java.awt.*;
import java.awt.event.*;
import javax.swing.*;

public class JCheckBoxDemo extends JFrame
                           implements ItemListener{
  private final static int N = 5;

  public JCheckBoxDemo (String Title) {
    super (Title);
    setDefaultCloseOperation (EXIT_ON_CLOSE);
    setLayout (new GridLayout (2, N));
    setSize (400, 100);

    // Einzelne Checkboxen
    JCheckBox cb = null;
    for (int i = 1; i <= N; i++) {
      add (cb = new JCheckBox ("Schalter " + i));
      cb.addItemListener (this);
    }

    // Radiobuttons zu einer Gruppe zusammenfassen
    JRadioButton r;
    ButtonGroup bg =  new ButtonGroup();
    for (int i = 1; i <= N; i++) {
      // Checkmarke nur fuer Schalter 2
      add (r = new JRadioButton ("Schalter " + i, (i==2)));
      bg.add (r);
      r.addItemListener (this);
    }
    setVisible(true);
  }

  // Pflichten als Item-Listener
  public void itemStateChanged (ItemEvent event) {
    System.out.println ("choice " + event.getSource ());
  }

  public static void main (String [] args) {
    new JCheckBoxDemo ("JCheckBox/JRadioButton-Demo");
  }
}
```

GUI-Anzeige in AWT bzw. Swing

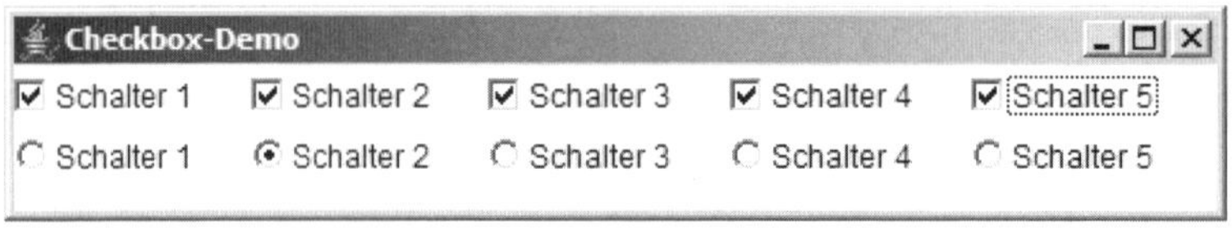

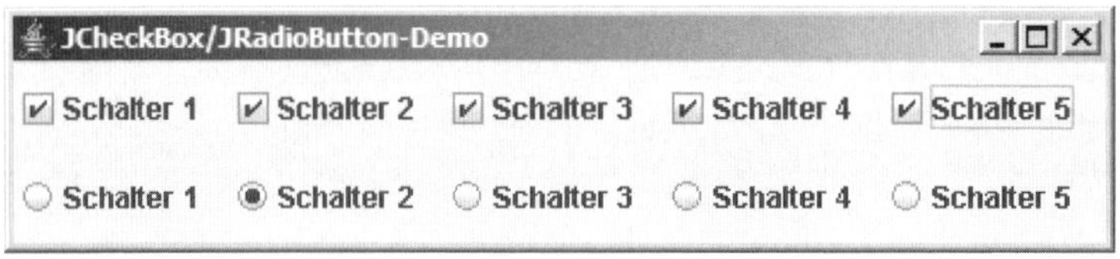

Hinweis: Im Checkbox-Demo wurden vom Anwender alle Checkboxen in der ersten Zeile angeklickt. Da sie voneinander unabhängig sind, können alle gleichzeitig aktiviert werden.

7.4.5 Statischer Text

Ein `Label` bzw. ein `JLabel` ist ein Control zur Anzeige von Text. Der Anwender kann ihn nicht verändern, wohl aber das Programm. In Swing kann man mit Bildern die Funktionalität visualisieren, und mit HTML die Text-Darstellung optisch ansprechend gestalten.

```
// AWT
Label anzahl;
add (anzahl = new Label ("Anzahl..."));
// Spaeter ....
anzahl.setText ("1234");

// Swing
JLabel anzahl;
add (anzahl = new JLabel ("Anzahl..."));
// Spaeter ....
anzahl.setText ("1234");
```

Programm für AWT

```
import java.awt.*;
import java.awt.event.*;

public class LabelDemo extends Frame {
  public LabelDemo (String Title) {
    super (Title);
    setLayout (new FlowLayout ());
    setSize (250, 160);
    for (int i = 1; i <= 5; i++) {
      Label l = new Label ("Label " + i);
      // Wähle programmiert Zeichensatz und Schriftgröße
      l.setFont(new Font("Serif", Font.PLAIN, 14+i));
      // Setze die Schriftfarbe
      l.setForeground(Color.BLUE);
      add (l);
    }
    addWindowListener (new WindowAdapter() {
      public void windowClosing (WindowEvent event) {
        System.exit (0);
      };
    });
    setVisible(true);
  }
  public static void main (String [] args) {
    new LabelDemo ("Label-Demo");
  }
}
```

Programm für Swing

```
import java.awt.*;
import java.awt.event.*;
import javax.swing.*;

public class JLabelDemo extends JFrame {
```

```
    public JLabelDemo (String Title) {
      super (Title);
      setDefaultCloseOperation (EXIT_ON_CLOSE);
      setLayout (new FlowLayout ());
      // Bild für die anzeige:
      ImageIcon icon = new ImageIcon ("smile1.gif");
      setSize (250, 160);
      for (int i = 1; i <= 5; i++) {
        // HTML-Text
        String text =
            "<html><b><u>Label</u><br>"+ i + "</b></html>";
        JLabel l = new JLabel (text, icon, SwingConstants.RIGHT);
        add (l);
      }
      setVisible(true);
    }

    public static void main (String [] args) {
      new JLabelDemo ("Swing-Label-Demo");
    }
  }
```

Probelauf für AWT und für Swing

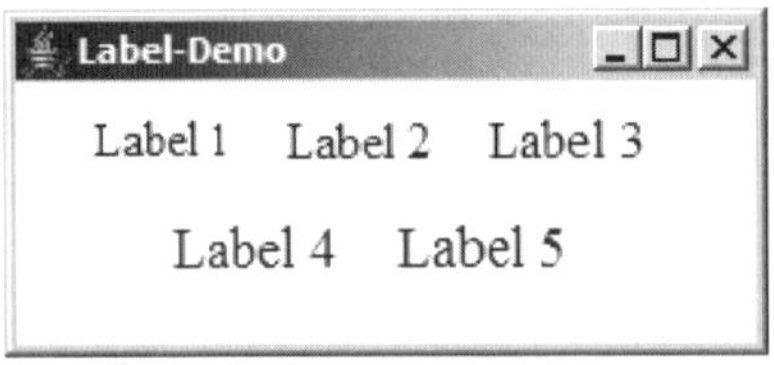

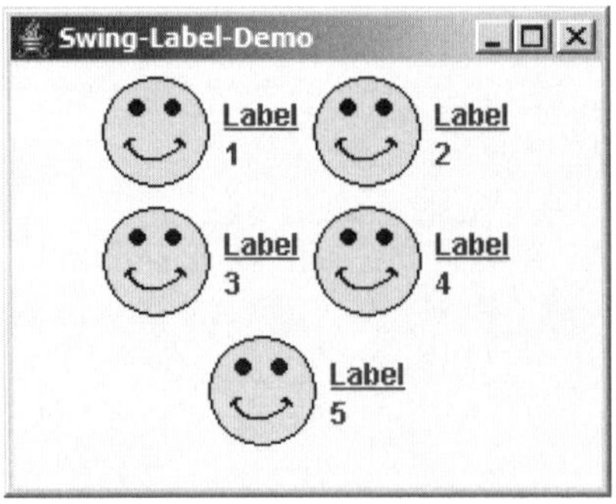

7.4.6 Listen zur Auswahl

Ein `List`- bzw. `JList`-Control dient der Selektion von Texten aus einer vom Programm zu definierenden Folge. Die Folge der Texte wird in einem Fenster angezeigt. Wenn dieses nicht alle Zeilen anzeigen kann, wird bei `List` das Fenster mit einem Rollbalken zur Auswahl des aktuellen Abschnitts aus der Liste der Texte versehen. Für das Swing-Control `jList = new JList(...)` müsste dies explizt durch Einbindung in einen rollbaren Container besorgt werden:

```
JScrollPane scrollPane = new JScrollPane (jlist);
```

Es ist zwischen Einfach- und Mehrfachselektion zu unterscheiden. Dieses Merkmal lässt sich bei der Erzeugung eines `List`-Controls im Konstruktor setzen, oder dynamisch mit `setMultipleSelections (boolean)`. Der Anwender kann Elemente einer Liste mit einem Einfachklick auswählen. Das JDK kann ein Programm hiervon mit einem `ItemEvent` benachrichtigen. Wenn der Anwender dagegen auf einen Eintrag doppelklickt, kann das Programm mit einem `ActionEvent` benachrichtigt werden.

Wichtige Aufrufe für AWT

```
List ();
```

```
List (int rows, boolean multipleSelections);
addItem (String text);
addItem (String text, int position);
select (int Position);
```

Die Konstruktoren erzeugen ein neues `List`-Control. Die Anzahl der Zeilen lässt sich angeben. Wenn man den Parameter `multipleSelections` des Konstruktors auf **`true`** setzt, können mehrere Einträge selektiert werden. Mit `additem()` fügt man Einträge hinten bzw. an beliebiger Position hinzu. `select()` setzt bzw. verändert die momentane Auswahl.

Wichtige Aufrufe für Swing

```
String[] data = {"one", "two", "free", "four"};
JList dataList = new JList(data);

for(int i = 0; i < dataList.getModel().getSize(); i++) {
  System.out.println(dataList.getModel().getElementAt(i));
}
```

Programm für AWT

```
import java.awt.*;
import java.awt.event.*;

public class ListDemo extends Frame
   implements ActionListener, ItemListener {
  private List list = null;
  public ListDemo (String Title) {
    super (Title);
    setSize (250, 200);

    list = new List (3, true);
    for (int i = 1; i <= 10; i++)
      list.add ("Auswahl " + i);
    list.select (3);
    list.select (7);
    list.addActionListener (this);
    list.addItemListener (this);
    add (list, BorderLayout.CENTER);
    addWindowListener (new WindowAdapter() {
      public void windowClosing (WindowEvent event) {
        System.exit (0);
      };
    });
    setVisible(true);
  }

   // Doppelklick
  public void actionPerformed (ActionEvent event) {
    System.out.println ("Action: " + event.getActionCommand());
    printSelectedItems ();
  }

  // Einfachklick
  public void itemStateChanged (ItemEvent event){
    System.out.println ("Item: " + event.paramString());
    printSelectedItems ();
  }

  public void printSelectedItems () {
    String items[] = list.getSelectedItems ();
    System.out.print ("List : ");
```

```
      for (String s: items)
        System.out.print (" " + s);
      System.out.println (" gewaehlt");
    }

    public static void main (String [] args) {
      new ListDemo ("List-Demo");
    }
  }
```

Programm für Swing

```
import java.awt.*;
import java.awt.event.*;
import javax.swing.*;
import javax.swing.event.*;

public class JListDemo extends JFrame
       implements ListSelectionListener{
  private JList list = null;

  public JListDemo (String Title) {
    super (Title);
    setDefaultCloseOperation (EXIT_ON_CLOSE);
    setSize (250, 200);
    // Aufbau der Daten für das List-Steuerelement
    String data[] = new String [10];
    for (int i = 0; i < data.length; i++)
      data[i] = new String ("Auswahl " + i);
    list = new JList (data);

    // Nur lesender Zugriff auf die Elemente über das
    // zugeordnete Default-Datenmodell
    for (int i = 0; i < list.getModel().getSize(); i++)
      System.out.println(list.getModel().getElementAt(i));
    // Die rollbare Fläche
    JScrollPane scrollPane = new JScrollPane(list);

    // Voreinstellung ausgewählter Indices
    int[] selectedIndices = {3, 7};
    list.setSelectedIndices (selectedIndices);

    add (scrollPane, BorderLayout.CENTER);
    list.addListSelectionListener (this);
    setVisible(true);
  }

  public void printSelectedItems () {
    Object[] selecteditems = list.getSelectedValues ();
    System.out.print ("Komponente : ");
    for (Object item: selecteditems)
      System.out.print (" " + item);
    System.out.println (" gewaehlt");
  }

  // Die Klasse ListController kann die Ereignisse bearbeiten
  public void valueChanged (ListSelectionEvent event) {
    System.out.println (event);
    System.out.println ("Gedrueckt wurde: "+event.getFirstIndex()
                           + " .. " + event.getLastIndex ());
    printSelectedItems ();
  }
```

```
    public static void main (String [] args) {
      new JListDemo ("JList-Demo");
    }
}
```

GUI-Anzeige in AWT bzw. Swing

Der Zustand des Controls wurde durch Doppelklick auf Auswahl 2 verändert.

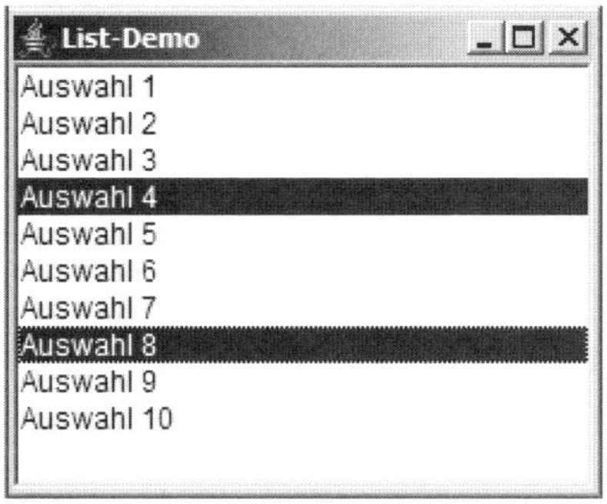

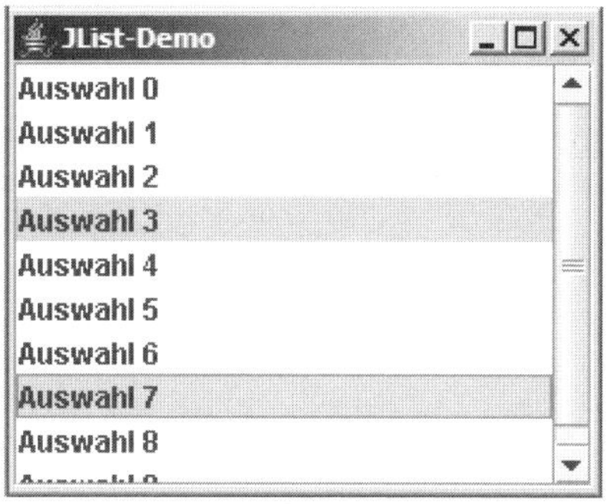

7.4.7 Textfelder

7.4.7.1 Textfelder unter AWT

`TextComponent` ist unter AWT die Basisklasse für alle Steuerelemente, die der Editierung von Text dienen. Es bietet u.a. die Methoden `void setText(String text)` zum Setzen und `String getText()` zum Auslesen des aktuellen Textes aus einem Textfeld. Mit `String getSelectedText()` liest man den selektierten Text aus, mit den Routinen `int getSelectionEnd()` und `int getSelectionStart()` ermittelt man die Grenzen der Selektion.

TextField

`TextField` dient der Editierung von einzeiligem Text. Textfelder können mit den Aufrufen

```
new TextField ("blau");
new TextField ("grün", 20);
```

angelegt werden. Die Angabe einer Spaltenbreite in Zeicheneinheiten ist also optional. Dieses Steuerelement sendet eine Instanz der Ereignisklasse `TextEvent`, wenn sich der Wert des Textes ändert. Der Beobachter muss hierzu die Routine `textValueChanged (TextEvent)` implementieren. Der Anwender kann Textbereiche selektieren. Das Java-Programm wird darüber nicht in Form eines Ereignisses informiert.

TextArea

`TextArea` dient der Editierung von mehrzeiligem Text. Ein solches Steuerelement erhält bezüglich der Zeilen und Spalten vom AWT Scrollbars, mit denen der Anwender auf die zu bearbeitenden Abschnitte positionieren kann.

Programm für AWT

```
import java.awt.*;
import java.awt.event.*;
// Sofortige Reaktion auf Eingaben!!!!!!!
```

```
public class TextDemo
  extends Frame
  implements ActionListener, TextListener {

  // Mehrzeiliges Textfeld
  private TextArea  ta= new TextArea ("1\n2\n3\n4\n5\n6\n7\n");
  //Textzeile
  private TextField tf = new TextField ("Textzeile........");

  public TextDemo (String Title) {
    // BorderLayout == Default
    super (Title);
    setSize (250, 300);
    add (new Label ("Texteingabe: Geben Sie bitte Text ein"),
                    BorderLayout.NORTH);
    add (ta, BorderLayout.CENTER);
    add (tf, BorderLayout.SOUTH);

    ta.addTextListener (this);
    tf.addTextListener (this);
    // ActionListener für TextArea nicht sinnvoll.
    // Denn: dort bewirkt ein Enter nur eine neue Zeile
    // Bei einzelnen Zeilen : Enter ==> Abschluß der Eingabe
    // Dies wird vom ActionListener bewirkt.
    tf.addActionListener (this);

    addWindowListener (new WindowAdapter() {
      public void windowClosing (WindowEvent event) {
        System.exit (0);
      };
    });
    setVisible (true);
  }

  public void actionPerformed (ActionEvent event) {
    // Text aus Textfeld ausgeben
    System.out.println ("Action: " + event.getActionCommand());
  }

  public void textValueChanged(TextEvent event) {
    // Die Quelle ist in jedem Fall eine Textkomponente
    TextComponent t = (TextComponent)event.getSource();
    System.out.println ("Neuer Inhalt" + t.getText ());
  }

  public static void main (String [] args) {
    new TextDemo ("Text-Demo");
  }
}
```

7.4.7.2 Textfelder unter Swing

`JTextComponent` ist unter Swing die Basisklasse für alle Controls, die der Editierung von Text dienen. `JTextField` dient der Editierung von einzeiligem, `JTextArea` der von mehrzeiligem Text. Im Gegensatz zu AWT enthalten die Controls den Text nicht, sondern nach dem Mode-View-Controller-Paradigma ist die interne Darstellung der Daten (Model) von der Ansicht (View) und der Interaktion (Controller) entkoppelt. Die interne Darstellung muss vom Anwender einer Textkomponente unter Swing nicht realisiert werden, wenn er mit der Implementierung als `PlainDocument` zufrieden ist. Zur Reaktion auf Änderungen im Text kann man die `DocumentListener`-Schnittstelle implementieren.

```
// Registrieren als Beobachter:
textControl.getDocument().addDocumentListener (Z.B. this);
// Reaktion auf Änderungen im Text
public void changedUpdate (DocumentEvent e);
public void insertUpdate (DocumentEvent e);
public void removeUpdate (DocumentEvent e);
// In den Routinen : Zugriff auf den Text:
Document d = e. getDocument ();
String s = d.getText (0, d.getLength());
```

`JTextArea` bringt im Gegensatz zu `TextArea` nicht automatisch Rollbalken an, wenn die Textzeilen nicht mehr in das Fenster passen. Aber `JTextArea` implementiert die `Scrollable`-Eigenschaft von Swing, sodass man das Text-Control durch Einbettung in ein `JScrollPane`-Objekt mit Rollbalken versehen kann.

Bentzerdefinierte Eigenschaften für Eingabefelder

In manchen Anwendungen ist es sinnvoll, nur bestimmte Eingaben in Textfeldern zuzulassen. Nicht umsonst gelten gerade Textfelder als Fehlerquelle bei der Bedienung von Programmen. Hierzu legt man Spezialisierungen von `JTextField` und `PlainDocument` an, wie im folgenden Beispiel gezeigt. Dort wird nur die Eingabe von Kleinbuchstaben erlaubt bzw. die Schreibweise bei abweichender Eingabe einfach geändert.

Programm für Swing

```
import java.awt.*;
import java.awt.event.*;
import javax.swing.*;
import javax.swing.event.*;
import javax.swing.text.*;

// Ein Textfeld, das automatisch alle Eingaben in
// Kleinbuchstaben konvertiert.
class LowerCaseField extends JTextField {
  public LowerCaseField(int cols) {
    super(cols);
  }
  public LowerCaseField(String text, int cols) {
    super(text, cols);
  }
  public LowerCaseField(String text) {
    super(text);
  }

  protected Document createDefaultModel() {
    return new LowerCaseDocument();
  }
```

```
    static class LowerCaseDocument extends PlainDocument {
      public void insertString(int offset, String text,
                               AttributeSet a)
        throws BadLocationException {
        if (text != null)
          super.insertString(offset, text.toLowerCase(), a);
      }
    }
  }

  public class JTextDemo extends JFrame implements DocumentListener
  {
    private JTextArea ta = new JTextArea ("1\n2\n3\n4\n5\n6\n7");
    private JTextField tf1= new JTextField ("Hello World") ;
    private LowerCaseField tflower =
                              new LowerCaseField ("Hello World");

    public JTextDemo (String Title) {
      super (Title);
      setDefaultCloseOperation (EXIT_ON_CLOSE);
      setSize (250, 300);
      setLayout (new GridLayout (3, 1));

      // Text ggf.s mit Rollbalken versehen
      add (new JScrollPane (ta));
      // Die Textfelder: ohne und mit Konvertierung
      add (tf1);
      add (tflower);
      setVisible (true);

      // Registrieren als Beobachter
      ta.getDocument().addDocumentListener (this);
      tf1.getDocument().addDocumentListener (this);
      tflower.getDocument().addDocumentListener (this);
    }

    void displayText (Document d) {
      try {
        String s = d.getText (0, d.getLength());
        System.out.println (s);
      } catch (javax.swing.text.BadLocationException e) {
        System.out.println ("BadLocationException" + e);
      }
    }

    // Implementiere die DocumentListener-Schnittstelle
    public void changedUpdate (DocumentEvent e) {
      displayText (e.getDocument ());
    }

    public void insertUpdate(DocumentEvent e) {
      displayText (e.getDocument ());
    }

    public void removeUpdate (DocumentEvent e) {
      displayText (e.getDocument ());
    }

    public static void main (String [] args) {
      new JTextDemo ("Text-Demo");
    }
  }
```

Probelauf für AWT bzw. Swing

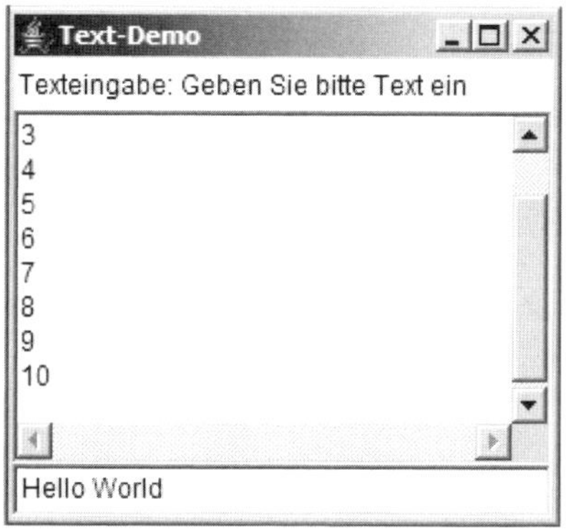

Das rechte Feld enthält im unteren Teil das Steuerelement, das nur Kleinbuchstaben akzeptiert. Beachten Sie den Unterschied zum mittleren Feld nach der Eingabe nach jeweils gleicher Eingabe `DDDD`.

7.4.8 Rollbalken

Ein `Scrollbar`- bzw. ein `JScrollbar`-Control dient dem Anwender zur Auswahl eines Zahlenwertes aus einem vorgegebenen Bereich. Solche Rollbalken lassen sich vertikal bzw. horizontal anordnen.

Der Anwender kann einen Rollbalken durch Klicken auf die Markierung auf- bzw. abbewegen, er kann den „Schieber" des Rollbalkens erfassen und bewegen oder auf die neben dem Schieber liegende Leiste des Rollbalkens klicken. Registrierte Beobachter (`addAdjustmentListener`) erhalten bei AWT und Swing `AdjustmentEvents`:

Aktion	**`getAdjustmentType()` liefert**
Klicken auf Markierung aufwärts	`UNIT_DECREMENT`
Klicken auf Markierung abwärts	`UNIT_INCREMENT`
Klicken auf Leiste neben Schieber aufwärts	`BLOCK_DECREMENT`
Klicken auf Leiste neben Schieber abwärts	`BLOCK_INCREMENT`
Ziehen des Schiebers	`TRACK`

Rollbalken für Swing

Swing bietet für Rollbalken die View und den Controller. Die zu verwaltenden Daten müssen durch Angabe eines *Model* beschrieben werden. Im Rahmen des MVC-Paradigmas beschreibt ein `DefaultBoundedRangeModel` das Intervall als *Model* mit den Parametern `value, extent, minimum und maximum` im Konstruktor.

Programm für AWT

```
import java.awt.*;
import java.awt.event.*;
```

```
public class ScrollbarDemo extends Frame
    implements AdjustmentListener {
  private Scrollbar h = null, v = null;
  public ScrollbarDemo (String Title) {
    super (Title);
    setSize (300, 300);
    setLayout (null);
    h = new Scrollbar (Scrollbar.HORIZONTAL, 50, 20, 0, 100);
    v = new Scrollbar (Scrollbar.VERTICAL, 50, 20, 0, 100);
    h.setBounds (50,  50, 150,  30);
    v.setBounds (50, 100,  30, 150);
    add (h); add (v);
    h.addAdjustmentListener (this);
    v.addAdjustmentListener (this);
    addWindowListener (new WindowAdapter() {
      public void windowClosing (WindowEvent event) {
        System.exit (0);
      };
    });

    setVisible(true);
  }

  public void adjustmentValueChanged(AdjustmentEvent event) {
    switch (event.getAdjustmentType ()) {
      case AdjustmentEvent.UNIT_INCREMENT:
      case AdjustmentEvent.UNIT_DECREMENT:
      case AdjustmentEvent.BLOCK_INCREMENT:
      case AdjustmentEvent.BLOCK_DECREMENT:
      case AdjustmentEvent.TRACK:
        if (event.getSource() == h) {
          System.out.println ("h  " + event.paramString ());
        }
        else if (event.getSource() == v) {
          System.out.println ("v  " + event.paramString ());
        }
    }
  }
  public static void main (String[] args) {
    new ScrollbarDemo ("Scrollbar-Demo");
  }
}
```

Programm für Swing

```
import java.awt.*;
import java.awt.event.*;
import javax.swing.*;

public class JScrollbarDemo extends JFrame
      implements AdjustmentListener {
  private JScrollBar h = null, v = null;

  public JScrollbarDemo (String Title) {
    super (Title);
    setDefaultCloseOperation (EXIT_ON_CLOSE);
    setSize (300, 300);

    // Fixe Anordnung der Scrollbars
    getContentPane().setLayout (null);
    h = new JScrollBar (JScrollBar.HORIZONTAL);
    v = new JScrollBar (JScrollBar.VERTICAL);
```

```
    // Platzierung der Scrollbars
    h.setLocation (20,20);
    h.setSize (100, 20);
    v.setLocation (200, 20);
    v.setSize (20, 200);

    // Zuweisung des Models zur Darstellung der Daten
    h.setModel (new DefaultBoundedRangeModel (50, 20,  0, 170));
    v.setModel (new DefaultBoundedRangeModel (50, 20,  0, 170));
    getContentPane().add (h);
    getContentPane().add (v);
    h.addAdjustmentListener (this);
    v.addAdjustmentListener (this);
    setVisible(true);
  }

  public void adjustmentValueChanged (AdjustmentEvent event) {
    // event.getAdjustmentType () liefert
    // nur noch AdjustmentEvent.TRACK
    // Überzeugen Sie sich selbst
    switch (event.getAdjustmentType ()) {
      case AdjustmentEvent.UNIT_INCREMENT:
      case AdjustmentEvent.UNIT_DECREMENT:
      case AdjustmentEvent.BLOCK_INCREMENT:
      case AdjustmentEvent.BLOCK_DECREMENT:
      case AdjustmentEvent.TRACK:
        if (event.getSource() == h) {
          System.out.println ("h  " + event.paramString ());
        }
        else if (event.getSource() == v) {
          System.out.println ("v  " + event.paramString ());
        }
    }
  }


  public static void main (String [] args) {
    new JScrollbarDemo ("Scrollbar-Demo");
  }
}
```

Probelauf für AWT und Swing

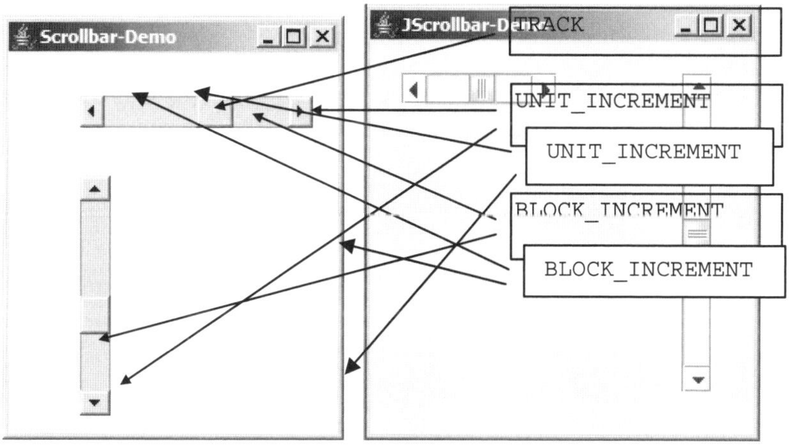

Text-Ausgabe für AWT und Swing

Aktionen: Klicken auf den horizontalen Rollbalken, Klicken auf den vertikalen Rollbalken, Ziehen am Schieber des vertikalen Rollbalkens.

```
h  ADJUSTMENT_VALUE_CHANGED,adjType=UNIT_INCREMENT,value=51
h  ADJUSTMENT_VALUE_CHANGED,adjType=BLOCK_INCREMENT,value=61
v  ADJUSTMENT_VALUE_CHANGED,adjType=BLOCK_DECREMENT,value=40
v  ADJUSTMENT_VALUE_CHANGED,adjType=BLOCK_INCREMENT,value=50
v  ADJUSTMENT_VALUE_CHANGED,adjType=UNIT_DECREMENT,value=49
v  ADJUSTMENT_VALUE_CHANGED,adjType=UNIT_INCREMENT,value=50
v  ADJUSTMENT_VALUE_CHANGED,adjType=TRACK,value=50
v  ADJUSTMENT_VALUE_CHANGED,adjType=TRACK,value=49
v  ADJUSTMENT_VALUE_CHANGED,adjType=TRACK,value=48
v  ADJUSTMENT_VALUE_CHANGED,adjType=TRACK,value=47
v  ADJUSTMENT_VALUE_CHANGED,adjType=TRACK,value=46
```

Hinweis: Das Ziehen des Schiebers kann eine Reihe von Ereignissen nach sich ziehen: das Programm wird u.U. förmlich mit Ereignissen überschüttet. Wird jedes Ereignis bearbeitet, kann es u.U. im Programm zu einem Stau bei der Bearbeitung kommen.

Zusammenfassung

AWT und Swing bieten elementare Steuerelemente sowie Container. Basisklasse unter AWT für eigene „heavyweighted“ Graphikfenster ist `Canvas`, für „lightweighted“-Komponenten `Component` bzw. `JComponent` für Swing. Der einfachste Container zur Aufnahme von Komponenten graphischer Anwendungen ist ein `Panel`. In Swing kann eine Komponente andere Komponenten enthalten. Im Gegensatz zu AWT wird bei Swing die interne Darstellung der Daten *Model* von der Ansicht *View* und der Interaktion *Controller* entkoppelt. Deswegen kann man in Swing die Daten nicht direkt an die Controls übergeben, sondern muss sie an das zugrunde liegende *Model* übertragen. Swing erfordert keine Auseinandersetzung mit der MVC-Architektur bei einfachen Steuerelementen wie Schaltern.

7.4.9 Menüs in Java

Frames kann man in Java mit einer Menüleiste versehen, sie implementieren die `MenuContainer`-Schnittstelle. Die Menüleiste erhält vom `Frame` alle sie betreffenden Ereignisse. Der Anwender kann aus einem Menü einen Punkt auswählen; das Programm wird hiervon mit einem `ActionEvent` benachrichtigt. Menüs müssen in Java programmiert erstellt werden. Es gibt im JDK keine Ressourcen, wie in anderen GUI-Systemen üblich. Auch GUI-Builder erzeugen keine Ressourcen, sondern Java-Code.

Jedes Java-Menü kann seinerseits wieder ein Menü enthalten. Dabei kann jeder Eintrag ein gewöhnlicher Menüpunkt, ein Menüpunkt mit einer Marke oder ein Submenü sein. Das folgende Bild zeigt alle Fälle.

Ansicht eines Menüs

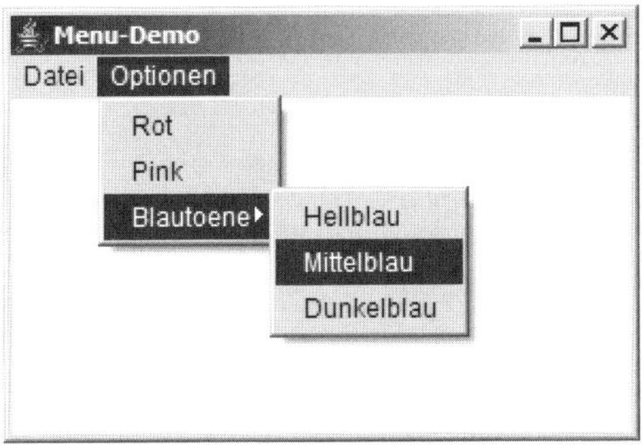

Einbauen eines Menüs in einen Frame

Der Aufruf `setMenuBar` baut ein Menü in einem Frame ein. Danach lassen sich zu dieser Menüleiste beliebig viele Menüs hinzufügen. Jedem dieser Menüs kann man Einträge hinzufügen, die dann untereinander angeordnet angezeigt werden.

```
MenuBar mMenuBar = new MenuBar ();
setMenuBar (mMenuBar); // Im Frame möglich
Menu mMenu = new Menu ("Datei")
mMenuBar.add (mMenu);
mMenu.add (m_Sichern = new MenuItem ("&Sichern"));
```

Reaktion auf die Nachrichten

Bei der Reaktion auf Nachrichten muss man die Quelle gefunden ermitteln, vgl. hierzu auch Abschnitt 7.1.2 .Wenn der Text der Menüeinträge eindeutig ist, kann man ihn zur Suche benutzen. Entweder durchsucht man die Folge der Texte oder ein Wörterbuch `HashMap` aus Abschnitt 4.3.4.
Wenn diese Eindeutigkeit der Texte a priori nicht gegeben ist, kann man die Instanzen der Menüeinträge im Frame aufbewahren. Trifft dann ein Ereignis ein, kann man die `getSource()`-Methode dazu benutzen, den Ursprung der Nachricht zu finden. Man muss der Reihe nach alle Instanzen im Menü mit dem Ziel des Ereignisses vergleichen, bis man fertig ist oder die Quelle des Ereignisses gefunden hat. Diese Vorgehensweise ist im nachfolgenden Programm implementiert.
Als Alternative könnte man für jeden Menüeintrag eine eigene Klasse mit einer eigenen Ereignisbehandlung schreiben. Jede dieser Klassen registriert sich dann bei dem Menüpunkt, für den sie zuständig ist, als Beobachter. Damit entfällt die Suche nach der Ursache für das Ereignis.

Programm für AWT

```
import java.awt.*;
import java.awt.event.*;

public class FrameMenu extends Frame
   implements ActionListener, ItemListener {
  public FrameMenu (String Title) {
    super (Title);
    initializeMenus ();
    setSize (300, 200);
    addWindowListener(new WindowAdapter() {
        public void windowClosing(WindowEvent event) {
```

```
            System.exit(0);
        }
    });
    setVisible (true);
  }

  // Variablen zur Reaktion auf Ereignisse aus dem Menue
  private MenuItem
    m_Sichern, m_Oeffnen,
    m_ROT,
    m_HELLBLAU, m_MITTELBLAU, m_DUNKELBLAU;
  private CheckboxMenuItem
    m_PINK;

  // Suche den auslösenden Eintrag im Menü
  // Alle möglichen Quellen werden der Reihe nach untersucht
  public void actionPerformed (ActionEvent event) {
    if (event.getSource() == m_Sichern) {
       System.out.println ("m_Sichern aktiviert");
    } else if (event.getSource() == m_Oeffnen) {
       System.out.println ("m_Oeffnen aktiviert");
    } else if (event.getSource() == m_ROT) {
       System.out.println ("m_ROT aktiviert");
    } else if (event.getSource() == m_HELLBLAU) {
       System.out.println ("m_HELLBLAU aktiviert");
    } else if (event.getSource() == m_MITTELBLAU) {
       System.out.println ("m_MITTELBLAU aktiviert");
    } else if (event.getSource() == m_DUNKELBLAU) {
       System.out.println ("m_DUNKELBLAU aktiviert");
    }
  }

  public void initializeMenus () {
    MenuBar mMenuBar = new MenuBar ();
    setMenuBar (mMenuBar);
    Menu mMenu;

    // 1. Untermenü : Datei-Menü
    mMenuBar.add (mMenu = new Menu ("Datei"));
    mMenu.add (m_Sichern = new MenuItem ("Sichern"));
    mMenu.add (m_Oeffnen = new MenuItem ("Oeffnen"));

    // 2. Untermenü : Optionen-Menü
    mMenuBar.add (mMenu = new Menu ("Optionen"));
    mMenu.add (m_ROT =  new MenuItem ("Rot"));
    mMenu.add (m_PINK = new CheckboxMenuItem ("Pink"));
    Menu mSubMenu = new Menu ("Blautoene");
    mMenu.add (mSubMenu);
    mSubMenu.add (m_HELLBLAU   = new MenuItem ("Hellblau"));
    mSubMenu.add (m_MITTELBLAU = new MenuItem ("Mittelblau"));
    mSubMenu.add (m_DUNKELBLAU = new MenuItem ("Dunkelblau"));

    // Registriere diese Klasse als Beobachter für alle Einträge
    // Alternative : Pro Eintrag eine Klasse schreiben
    m_Sichern.addActionListener    (this);
    m_Oeffnen.addActionListener    (this);
    m_ROT.addActionListener        (this);
    m_HELLBLAU.addActionListener   (this);
    m_MITTELBLAU.addActionListener (this);
    m_DUNKELBLAU.addActionListener (this);
    m_PINK.addActionListener       (this);
    m_PINK.addItemListener         (this);
```

```
    }

    public void itemStateChanged (ItemEvent event) {
      String sel = (event.getStateChange()==
          ItemEvent.DESELECTED)?"DESELECTED":"SELECTED";
      System.out.println ("m_PINK " + sel);
    }

    public static void main (String [] args) {
      new FrameMenu ("Menu-Demo");
    }
  }
```

Menüs für Swing

Diese können wie Menüs für AWT behandelt werden. Es werden alle AWT-Komponenten `xyz` durch die Swing-Komponenten `Jxyz` ersetzt. Ausnahme: Die Komponente `CheckboxMenuItem` wird durch `JCheckBoxMenuItem` ersetzt. Das Programm für Swing ist aus Platzgründen nur auf der CD oder über das Internet verfügbar.

7.5 Kurs: GUI-Anwendungen

Die Implementierung von GUI-Anwendungen beginnt mit Fenstern ohne konkrete Aufgaben, wie sie in Abschnitt 7.2.1.1 besprochen wurden. In solche Rahmen für Anwendungen werden dann der Reihe nach die GUI-Elemente des AWT eingebaut. Die einzelnen Teile dieses Abschnitts führen von der Technik des Fensteraufbaus bis zur Programmierung von Anwendungen, die über Ereignisse gesteuert werden.
Die entsprechenden Programme für Swing finden Sie auf der Homepage des Autors.

7.5.1 Einbau einer Graphik-Komponente

In einem ersten Abschnitt wird ein elementares Beispiel vorgestellt. Der zweite Abschnitt behandelt eine Situation, in der ein vertieftes Verständnis für den Aufbau der Anzeige eines Programms auf dem Bildschirm erforderlich ist.

7.5.1.1 Eine elementare Graphik-Komponente

Ziel

Eine Anwendung soll eine einfache Zeichnung ausgeben.

Vorgehen

Ein `Frame` ist eine `Component`, kann als autarke Graphikkomponente auch malen. Auf der anderen Seite ist er aber auch ein `Container`. Hier könnten Konflikte mit Controls entstehen, die auf der Fläche des `Frame` platziert werden. Um solchen Problemen aus dem Weg zu gehen, sollte man gleich eine eigene Zeichenfläche `MyCanvas` von `Canvas` ableiten. Diese Zeichenfläche fügt man als Komponente in den `Container` ein. Jeder Container hat aber einen Manager für das Layout. Die Voreinstellung im JDK ist ein sog. `BorderLayout`. Mit dem Aufruf

```
add (meine Zeichenfläche, BorderLayout.CENTER);
```

kann man dann die Zeichenfläche in der Mitte hinzufügen. Wenn eine der fünf möglichen Komponenten auf der Bildfläche fehlt, werden die übrigen Komponenten so „gestreckt", dass keine Lücke entsteht. Wenn also z.B. nur die „Center"-Komponente vorhanden ist, füllt sie das ganze Fenster aus.
Das Graphik-Koordinatensystem beschreiben wir in Abschnitt 1.6.2.

Hinweis:	Direkt in den Frame zu malen, kann zu Problemen mit der Größe des Fensters führen, denn der Frame schließt seinen Rahmen mit ein. Außerdem kann es zu Kollisionen mit Controls kommen.

Programm

```
import java.awt.*;
import java.awt.event.*;

class MyCanvas extends Canvas {
  public void paint (Graphics g) {
    Rectangle r = getBounds ();
    int b = r.width - 1;
    int h = r.height - 1;
    g.drawRect (0, 0, b, h);
    g.drawLine (0, 0, b, h);
    g.drawLine (b, 0, 0, h);
  }
}

public class GraphikFrame extends Frame {
  public GraphikFrame (String Title) {
    super (Title);
    setSize (300, 200);
    add (new MyCanvas (), BorderLayout.CENTER);
    addWindowListener(new WindowAdapter() {
        public void windowClosing(WindowEvent event) {
        System.exit(0);
      }
    });
    setVisible(true);
  }

  public static void main (String [] args) {
    new GraphikFrame ("Graphik-Frame");
  }
}
```

Ausgabe

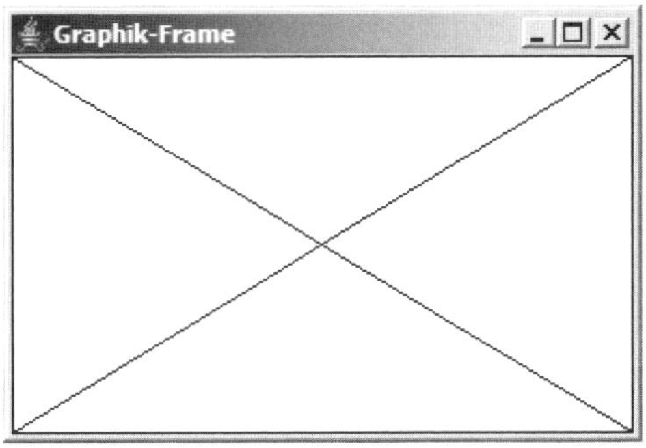

7.5.1.2 Ein Schachbrett

Ziel

Ein Programm soll in einem Frame ein Schachbrett mit 8x8 Feldern als Gitter anzeigen. Wenn ein Mausklick innerhalb eines Rechtecks erfolgt, dann soll das betreffende Rechteck ab diesem Zeitpunkt gefüllt dargestellt werden.. Die Anzeige soll nicht verschwinden, wenn der Anwender das Fenster überdeckt und dann wieder in den Vordergrund schiebt. Wenn sich die Größe des Fensters ändert, soll das Programm die Anzeige des Schachbretts mit den veränderten Größen neu aufbauen.

Beispiel für eine Bildschirmanzeige nach einigen Klicks

Problemanalyse: Struktur der Anwendung

Die Anwendung schreibt man als eine von `Frame` abgeleitete Klasse. Für die Arbeitsfläche verwendet man eine von `Canvas` abgeleitete Klasse `MyCanvas`, die man im Frame im Zentrum einsetzt.

Problemanalyse: Größe der Rechtecke

Die Größe des Gitters kann man nur aus der aktuellen Größe des Feldes berechnen. Hierzu liest man die Breite bzw. die Höhe der Arbeitsfläche mit `getWidth()` bzw. `getHeight()` aus und teilt diese Werte durch 8. Wenn die Breite nicht durch 8 teilbar ist, bleibt ein Rest ungenutzt. Dieser zeigt sich auch in obigem Probelauf als weißer Streifen am rechten Rand. Dieser Streifen lässt sich nur dann beseitigen, wenn man die einzelnen Rechtecke nicht gleich breit bzw. hoch gestaltet.

Das Gitter kann am einfachsten in Form von 8 waagrechten bzw. 8 senkrechten Linien gezeichnet werden.

Problemanalyse: Ereignissteuerung

Die Arbeitsfläche `MyCanvas` kann einen Maus-Adapter als innere Klasse verwenden, die im Konstruktor als Beobachter für Mausereignisse registriert wird. Konkret reagiert sie nur auf einen Klick, d.h. nur die Methode `mouseClicked(...)` ist zu überschreiben. Der Beobachter notiert dann den Punkt als Attribut der Klasse `MyCanvas`.

Die Methoden `update(...)` und `paint(...)`

In der Klasse Component sind die Methoden **`void`** `paint(Graphics g)` und **`void`** `update (Graphics g)` für den Aufbau des Bildschirms zuständig. `paint(...)` wird vom Java-Laufzeitsystem aufgerufen, wenn ein völliger Neuaufbau des Bildschirms erforderlich ist. Dies ist z.B. dann der Fall, wenn ein vorher überdecktes Fenster nun in Teilen oder ganz sichtbar wird. Auch wenn ein Fenster vorher als Icon dargestellt war und nun wieder groß angezeigt wird, oder wenn sich die Größe eines Fensters ändert, muss das Programm den Bildschirm im Bereich des Fensters völlig neu aufbauen.
Was kann man tun, wenn das Programm erkennt, dass ein Teil des Fensters neu zu zeichnen ist? Für diesen Fall kann man das Java-Laufzeitsystem mit einem Aufruf einer `repaint()`-Methode informieren. Es wird dann irgendwann die `update(...)`-Methode der Komponente aufrufen.
Wenn man die die `update(...)`-Methode einer Komponente, z.B. von `MyCanvas`, nicht überschreibt, dann löscht sie zunächst das Fenster, indem sie es mit der Hintergrundfarbe füllt. Danach setzt sie die Farbe für den Graphik-Kontext auf die Vordergrundfarbe und ruft die `paint(...)`-Methode der Komponente auf.

Problemanalyse: Wie kommt die Anzeige auf den Bildschirm?

Nach einem Ereignis kann die `repaint()`-Methode von `MyCanvas` aufgerufen werden. Danach sorgt das Java-Laufzeitsystem für einen Aufruf der `update(...)`-Methode der Klasse `Component`. Diese löscht den Hintergrund, setzt die Vordergrundfarbe und ruft die `paint(...)`-Methode auf. Man könnte also zur Minimierung des Programmieraufwands nur die `paint(...)`-Methode von `MyCanvas` überschreiben und bei jedem Mausklick das komplette Bild vollständig neu aufbauen. Diese Arbeit ist ohnehin unerlässlich, denn die `paint(...)`-Methode muss sowieso für die unvermeidlichen Neuaufbau-Situationen geschrieben werden.

Problemanalyse: Optimierung der Anzeige

Wenn man wie beschrieben vorgeht, kann die Anzeige auch auf einem schnellen Rechner flackern. Deswegen sollte man auch die `update(...)`-Methode angeben, die dann indirekt über `repaint()` bei jedem Mausklick aufgerufen wird. Sie sollte den Bildschirm nicht komplett neu aufbauen, sondern nur den aktuellen Befehl ausführen, nämlich das angeklickte Feld ausfüllen.

Programm

```
import java.awt.*;
import java.awt.event.*;
class MyCanvas extends Canvas {
  // Notiere alle bisherigen Klicks in einem Feld
```

```
    private boolean klicks[][];
    // Der Punkt, auf den zuletzt geklickt wurde
    private Point klick = null;

    public MyCanvas () {
      // bisher keine Klicks
      klicks = new boolean [8][8];
      for (int i = 0; i < klicks.length; i++)
        for (int j = 0; j < klicks[i].length; j++)
          klicks[i][j] = false;
      // Zur artgerechten Behandlung der Maus
      addMouseListener (new MyMouseListener ());
    }

    // update : wie der Name sagt: nur aktualisieren
    // d.h.: der letzte Klick wird angezeigt
    // Ansonsten bleibt alles beim alten!
    public void update (Graphics g) {
      // Berechne die Breite und Höhe der Felder
      Rectangle r = getBounds ();
      int b = r.width - 1;
      int h = r.height - 1;
      double y = (double)h / klicks.length;
      double x = (double)b / klicks[0].length;
      // Ermittle das Feld, auf das geklickt wurde
      if (klick != null) {
         int zeile = (int)(klick.y / y);
         int spalte =(int)(klick.x / x);
         g.fillRect ((int)(x*spalte), (int)(y*zeile),
                     (int)x+1,        (int)y+1);
         klick = null;
         klicks[zeile][spalte] = true;
      }
    }

    // paint : wie der Name sagt: neu malen
    // Das Gitter wird gezeichnet.
    // Danach werden alle bisher geklickten Rechtecke gefärbt
    public void paint (Graphics g) {
      // Berechne die Breite und Höhe der Felder
      Rectangle r = getBounds ();
      int b = r.width - 1;
      int h = r.height - 1;
      double y = (double)h / klicks.length;
      double x = (double)b / klicks[0].length;

      // Waagrechte Linien
      for (int i = 0; i < klicks.length; i++) {
        g.drawLine (0, (int)(y*i), b, (int)(y*i));
      }

      // Senkrechte Linien
      for (int i = 0; i < klicks[0].length; i++) {
         g.drawLine ((int)(x*i), 0, (int)(x*i), h);
      }

      // Ermittle das Feld, auf das geklickt wurde
      if (klick != null) {
         int zeile = (int)(klick.y / y);
         int spalte =(int)(klick.x / x);
         klick = null;
         klicks[zeile][spalte] = true;
```

```
      }

      for (int i = 0; i < klicks.length; i++)
        for (int j = 0; j < klicks[i].length; j++)
          if (klicks[i][j])
            g.fillRect ((int)(x*j), (int)(y*i),
                        (int)x+1,   (int)y+1);
    }

    // Die Ereignisbehandlung
    // Der Punkt wird notiert.
    // Danach: repaint signalisiert Handlungsbedarf
    class MyMouseListener extends java.awt.event.MouseAdapter {
      public void mouseClicked (MouseEvent event) {
        klick = event.getPoint ();
        repaint();
      }
    }
  }

  public class Schachbrett extends Frame {
    public Schachbrett (String Title) {
      super (Title);
      setSize (300, 200);
      add (new MyCanvas (), BorderLayout.CENTER);
      addWindowListener(new WindowAdapter() {
          public void windowClosing(WindowEvent event) {
          System.exit(0);
          }
      });
      setVisible(true);
    }

    public static void main (String [] args) {
      new Schachbrett ("Schachbrett. Bitte auf das Feld klicken.");
    }
  }
```

7.5.2 Leichtgewichtige Komponenten

Ziel

Mehrere Zeichnungen sollen transparent am Bildschirm übereinander erscheinen.

Vorgehen

Beim Neuzeichnen eines `Canvas` löscht das Java-Laufzeitsystem das Rechteck, das der `Canvas` belegt. Will man über einen Hintergrund transparent zeichnen, muss man die Klasse für die Zeichnung direkt von `Component` ableiten. Dies liefert sog. „leichtgewichtige" Komponenten. Sie können auch dazu dienen, Zeichnungen transparent über Hintergrundbilder zu legen.

Im Beispiel soll eine Komponente einen Kreis in „ihre" Fläche zeichnen. Das Hauptprogramm legt dann mehrere der Komponenten nacheinander in Richtung der x-Achse an. Zur Demonstration sollen auch von `Canvas` abgeleitete „schwergewichtige" Komponenten ähnlicher Funktionalität dargestellt werden. (Vgl. auch 7.5.9)

Ausgabe

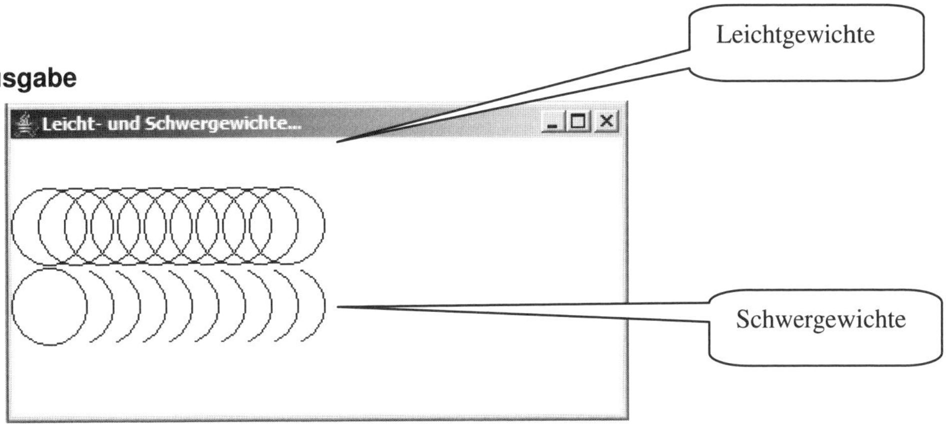

Programm

```
import java.awt.*;
import java.awt.event.*;

// Leichtgewichtige Komponente: Sie zeigt einen Kreis an
// Der Hintergrund wird nicht gelöscht
class MyLightComponent extends Component {
  public MyLightComponent (int x, int y) {
    setLocation (x, y);
    setSize (50, 50);
  }
  public MyLightComponent () {
    setSize (50, 50);
  }

  public Dimension getPreferredSize() {
    return getSize ();
  }
  public Dimension getMinimumSize() {
    return getSize ();
  }

  public void paint (Graphics g) {
    update (g);
  }
  public void update (Graphics g) {
    int mx = getSize ().width;
    int my = getSize ().height;
    g.drawOval (0, 0, mx-2, my-2);
  }
}

// Schwergewichtige Komponente: Sie zeigt einen Kreis an
// Der Hintergrund wird gelöscht
class MyHeavyComponent extends Canvas {
  public MyHeavyComponent (int x, int y) {
    setLocation (x, y);
    setSize (50, 50);
  }

  public MyHeavyComponent () {
    setSize (50, 50);
  }
```

```
  public Dimension getPreferredSize() {
    return getSize ();
  }

  public Dimension getMinimumSize() {
    return getSize ();
  }

  public void paint (Graphics g) {
    update (g);
  }

  public void update (Graphics g) {
    int mx = getSize ().width;
    int my = getSize ().height;
    g.drawOval (0, 0, mx-2, my-2);
  }
}

class MyPanel extends Panel {
  public MyPanel () {
    setLayout (null);
    for (int i = 0; i < 10; i++)
      add (new MyLightComponent (i*17, 30));

    for (int i = 0; i < 10; i++)
      add (new MyHeavyComponent (i*17, 80));
  }
}

public class FrameLight extends Frame{
  public FrameLight (String Title) {
    super (Title);
    setSize (400, 200);
    add (new MyPanel(), BorderLayout.CENTER);
    addWindowListener(new WindowAdapter() {
        public void windowClosing(WindowEvent event) {
        System.exit(0);
      }
    });
    setVisible (true);
  }

  public static void main (String [] args) {
    new FrameLight ("Leicht- und Schwergewichte...");
  }
}
```

7.5.3 Einbau von Steuerelementen

Ziel

Ein Programm soll vom Anwender gesteuert werden können. Auf Mausklick hin soll ein einfaches geometrisches Objekt in diversen Farben gezeichnet werden.

Vorgehen

Die Fläche des Fensters wird in zwei Gebiete aufgeteilt:

- Das Gebiet `MyPanel` für die Schalter: oben, `"North"` für ein `BorderLayout`
- Die Zeichenfläche `MyCanvas`: in der Mitte, `"Center"` für ein `BorderLayout`

Die Fläche `MyCanvas` zeichnet sich selbst. Wenn sie als Beobachter für die Zustandsänderungen der Steuerschalter registriert wird, kann sie „selbst" darauf reagieren.
Der Fläche `MyPanel` (`"North"`) werden Controls hinzugefügt. Da jeweils nur in einer Farbe gezeichnet werden soll, werden Radiobuttons gewählt, denn beim Drücken eines Knopfes „springen" die anderen heraus. Die Knöpfe werden in den dargestellten Farben angezeigt. Die Knöpfe zur Steuerung gehören zu `MyPanel`. `MyPanel` muss also entweder diese Knöpfe an andere Teile des Programms übergeben oder jemanden (die Instanz von `MyCanvas`) als Beobachter für die Änderungen des Zustands der Schalter anmelden. Deswegen erhält `MyPanel` eine Instanz von `MyCanvas` als Parameter.

Programm

```
import java.awt.*;
import java.awt.event.*;

// MyCanvas : Zeichnen und auf Befehle reagieren
class MyCanvas extends Canvas implements ItemListener{
  public MyCanvas () {
    setForeground (Color.red); // Zu Beginn: rot
  }
  public void paint (Graphics g) {
    Rectangle r = getBounds ();
    int b = r.width - 1;
    int h = r.height - 1;
    g.drawRect (0, 0, b, h);
    g.drawLine (0, 0, b, h);
    g.drawLine (b, 0, 0, h);
  }
  // Pflichten als Item-Listener
  public void itemStateChanged (ItemEvent event) {
    setForeground (((Component)event.getSource ()).
       getBackground ());
    repaint ();
  }
}

// MyPanel enthält die Controls. Die Zeichenfläche wird als
// Beobachter für Zustandsänderungen der Controls registriert.
class MyPanel extends Panel  {
  MyPanel (MyCanvas c) {
    setLayout (new FlowLayout ());
    // Anlegen der Checkboxen
```

```
    Checkbox rot, gruen, blau;
    CheckboxGroup group = new CheckboxGroup ();
    rot   = new Checkbox ("rot",   group, true);
    gruen = new Checkbox ("gruen", group, false);
    blau  = new Checkbox ("blau",  group, false);
    add (rot); add (gruen); add (blau);
    // Hintergrundfarben der Checkboxen setzen
    rot.  setBackground (Color.red);
    gruen.setBackground (Color.green);
    blau. setBackground (Color.blue);
    // Den Canvas als Beobachter bei allen Checkboxen reg.
    rot.  addItemListener (c);
    gruen.addItemListener (c);
    blau. addItemListener (c);
  }
}

public class Frame_Controls extends Frame {
  public Frame_Controls (String Title) {
    super (Title);
    setSize (300, 200);
    MyCanvas c = new MyCanvas ();
    add (c, BorderLayout.CENTER);                // Zeichenfläche
    add (new MyPanel (c), BorderLayout.NORTH); // Steuerung
    addWindowListener(new WindowAdapter() {
        public void windowClosing(WindowEvent event) {
        System.exit(0);
      }
    });
    setVisible(true);
  }
  public static void main (String [] args) {
    new Frame_Controls ("Frame mit Controls");
  }
}
```

Ausgabe

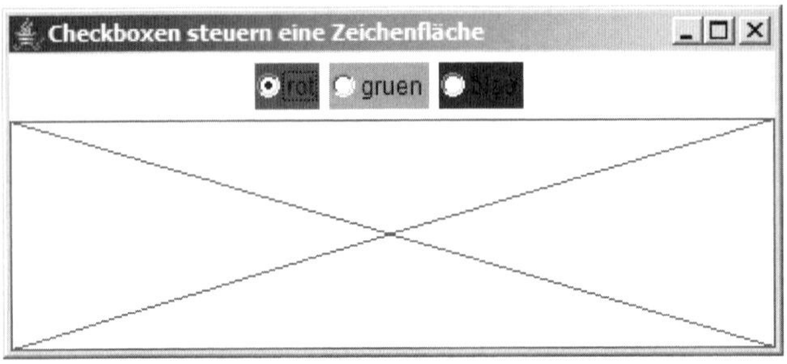

Anmerkungen

Die Zeilen 18–20 enthalten die Methode zum Setzen der Farbe der Malfläche als Reaktion auf das Betätigen der Controls. Die Zeilen 9–16 enthalten den Programmcode für die Ausgabe: Ein Rechteck um die Malfläche sowie die Diagonalen (als Test, ob die Koordinaten korrekt gelesen wurden).
Zeile 31 eröffnet eine neue `CheckboxGroup`. Sie dient dazu, die in den Zeilen 32, 33 und 34 angelegten Checkboxen zu einer Gruppe von Radiobuttons zusammenzufassen. Der anfangs markierte Radiobutton muss als dritten Parameter `true` erhalten, alle anderen Radiobuttons den Parameter `false`. Die Zeilen 37–39 setzen noch den Hintergrund der Controls, entsprechend ihrer Aufgabe.
In Zeile 51 legt das Hauptfenster eine Instanz der Malfläche an und fügt sie in Zeile 52 in der Mitte zum Hauptfenster hinzu. Diese Instanz muss benannt werden, denn sie wird an die Instanz der Klasse MyPanel übergeben, damit sie dort als Beobachter für die Radiobutton-Ereignisse registriert werden kann. In Zeile 53 wird eine anonyme Instanz des Fensters („Toolbar") mit den Schaltern angelegt und oben eingefügt.

7.5.4 Ein Malprogramm

Ziel

Ein Programm soll alle Bewegungen in seinem Fenster bei gedrückter (linker) Maustaste aufzeichnen und am Fenster wiedergeben. Damit kann der Anwender einfache Freihandzeichnungen erstellen. Wenn das Fenster neu gezeichnet wird, soll die Zeichnung nicht verschwinden, sondern erneut am Bildschirm angezeigt werden.

Vorgehen

Das Fenster des Programms wird als Spezialfall von `Canvas` implementiert. Diese Instanz muss sich als Beobachter für Mausereignisse aller Art registrieren:

```
MouseListener, MouseMotionListener
```

Die Mauskoordinaten können aus dem zugestellten Ereignis `MouseEvent event` mit den Aufrufen `event.getX()` bzw. `event.getY()` ausgelesen werden. In einem ersten Ansatz könnte man beim Ereignis `mousePressed` die Position der Maus als Anfangspunkt einer Linie notieren, um dann bei `mouseReleased` bzw. `mouseDragged` die dann überlieferten Koordinaten als Endpunkt dieser Linie zu notieren. Dann müsste noch per `repaint()` das Neuzeichnen des Bildes aktiviert werden.
Dies hätte den Nachteil, dass die auf diese Weise erhaltene Zeichnung nach gewissen Ereignissen verschwindet, z.B. sobald die Fenstergröße verändert wird. In diesem Fall wird nämlich der Bildhintergrund gelöscht und die `paint()`-Methode angestoßen.
Um die Zeichnung zu erhalten, muss sie jedesmal neu aufgebaut werden. Dazu werden die Koordinaten mit protokolliert. Hierfür eignet sich ein `ArrayList`-Objekt für `Point`-Objekte. Solche Sammlungen erlauben es, Elemente in beliebiger Anzahl hinzuzufügen. Vgl. hierzu Abschnitt 4.2.2.

Programm

```
import java.awt.*;
import java.util.*;
import java.awt.event.*;

```

```
class MalFlaeche extends Canvas
    implements MouseListener, MouseMotionListener {
  private Point from, to;
  private final static Point end = new Point (-1, -1);
  // Notizblock fuer die Punkte der Mausbewegungen
  private java.util.List<Point>list=new ArrayList<Point>();

  public MalFlaeche () {
    from = new Point (end);
    to   = new Point (end);
    setVisible(true);
    addMouseMotionListener(this);
    addMouseListener(this);
  }

  // MouseMotionListener
  public void mouseDragged (MouseEvent event) {
    int mousex = event.getX ();
    int mousey = event.getY ();
    to.x = mousex;
    to.y = mousey;
    // Neuen Punkt aufzeichnen
    list.add(new Point (mousex, mousey));
    repaint ();
  }

  public void mouseMoved (MouseEvent event) {}
  // Ende der MouseMotionListener-Implementierung

  // MouseListener
  public void mouseClicked (MouseEvent event) {
    // Nur als Anfangspunkt notieren
    from.x = event.getX();
    from.y = event.getY();
  }

  public void mousePressed (MouseEvent event) {
    // Nur als Anfangspunkt notieren
    from.x = event.getX();
    from.y = event.getY();
  }

  public void mouseReleased (MouseEvent event) {
    // Neuen Punkt aufzeichnen
    list.add (new Point (event.getX (), event.getY ()));
    list.add (end); // Endpunkt des Kantenzuges markieren
  }

  public void mouseEntered (MouseEvent event) {
    // Nur als Anfangspunkt notieren
    from.x = event.getX();
    from.y = event.getY();
  }

  public void mouseExited (MouseEvent event) {
    // Neuen Punkt aufzeichnen
    list.add (new Point (event.getX (), event.getY ()));
    list.add (end); // Endpunkt des Kantenzuges markieren
  }
```

```
    // Ende der MouseListener-Implementierung

    // paint rekonstruiert den kompletten Kantenzug
    public void paint (Graphics g) {
      Point p = new Point (end);
      for (Point q : list) {
        // Die eingetreuten Endpunkte auslassen
        if (!(p.equals (end) || q.equals(end)))
          g.drawLine (p.x, p.y, q.x, q.y);
        p.setLocation (q);
      }
    }
    // update zeichnet nur die letzte Linie des Kantenzuges
    public void update (Graphics g) {
      g.drawLine (from.x, from.y, to.x, to.y);
      from.x = to.x;
      from.y = to.y;
    }
  }

  public class Malprogramm extends Frame {
    public Malprogramm (String Title) {
      super (Title);
      add (new MalFlaeche (), BorderLayout.CENTER);
      setSize (300, 200);
      addWindowListener(new WindowAdapter() {
          public void windowClosing(WindowEvent event) {
          System.exit(0);
        }
      });
      setVisible (true);
    }

    public static void main (String[] args) {
      new Malprogramm ("Malprogramm");
    }
  }
```

Anzeige am Bildschirm

Erläuterung

Das Malprogramm soll auch nichtzusammenhängende Kantenzüge aufzeichnen können. Deswegen muss in der Liste `list` jedes Ende eines Kantenzuges aufgezeichnet werden. Dies erfolgt hier in Form unmöglicher Koordinaten, denn der Punkt *(–1, –1)* liegt außerhalb

der Zeichenfläche. Bei der Ausgabe in Zeile 69 überspringt das Programm einen solchen „unmöglichen Punkt“, damit man nicht den letzten Punkt eines Kantenzuges mit dem ersten Punkt des nächsten Kantenzuges zu einer geschlossenen Linie verbindet.
Die Zeilen 20–27 zeichnen eine Mausbewegung auf. Der Aufruf `repaint()` in Zeile 28 sorgt indirekt für die Aktivierung der `update()`-Methode, die nur die letzte Linie im Kantenzug zeichnet. Man kann davon ausgehen, dass die anderen Teile vorhanden sind.
Die `mousePressed()` bzw. `mouseEntered()`-Nachrichten (Zeilen 41–45 bzw. 53–57) notieren einen Anfangspunkt für eine Linie. Mit der `mouseReleased()`-Nachricht ist ein Kantenzug beendet. Der letzte Punkt wird noch an den Vektor der Punkte angehängt, gefolgt von einem „unmöglichen Punkt“ als Endemarke.
Die `paint()`-Methode in 67–75 muss den Kantenzug vollständig ausgeben. Hierfür durchläuft sie die Liste der notierten Punkte. Sofern nicht gerade ein „unmöglicher Punkt“ vorliegt, verbindet sie jeden Punkt durch eine Linie in Zeile 72 mit dem nächstfolgenden.
Die `update()`-Methode (Zeilen 77–82) unterscheidet sich vollständig von der `paint()`-Methode. Wie der Name besagt, aktualisiert sie nur die Anzeige auf dem Bildschirm.

Hinweis: Bei Verzicht auf die `update()`-Methode wird ständig die `paint()`-Methode angestoßen. Dies kann bei manchen Programmen zum Flimmern des Bildschirms sowie zu hohen Laufzeiten führen, da da der Rechner ständig den kompletten Inhalt des Fensters löschen und die Graphik neu erstellen muss.

7.5.5 Turtle-Graphik

Ziel

Es soll eine Klasse für die Implementierung der Turtle-Graphik angegeben werden. Diese Klasse soll dann dazu benutzt werden, Schneeflocken und Hilbertkurven zu zeichnen. Die Schneeflocken bzw. Hilbertkurven sollen in jeweils eigenen Routinen gezeichnet werden.

Vorgehen: Turtle

Eine Turtle-Graphik besteht aus einer „Schildkröte“, die über eine Zeichenfläche bewegt wird. Die „Schildkröte“ befindet sich auf einem durch die Koordinaten `x`, `y` bestimmten Punkt und zeigt in eine durch einen Winkel `angle` bestimmte Richtung. Sie dreht sich bei einem `turn(Winkel)`-Befehl um den angegebenen Winkel und fährt bei einem `move (Länge)`-Befehl in der momentan eingeschlagenen Richtung eine Strecke der angegebenen Länge. Wenn sie bei einem `move()`-Befehl sichtbar ist, hinterlässt die „Schildkröte“ eine Spur auf der imaginären Zeichenfläche, sonst hat sie sich nur fortbewegt.
Für die Turtle-Graphik wird eine eigene Klasse `Turtle` geschrieben. Sie enthält als Daten die Position `x`, `y` und den Richtungswinkel `angle` der „Schildkröte“.

```
class Turtle {
  private double x, y, angle;            // Position und Winkel
  final public void show ();             // sichtbar werden
  final public void hide ();             // unsichtbar werden
  final public void turn (double angle); // drehen
  final public void nove (Graphics g, double length);
  //Fahre eine Strecke, wenn sichtbar: Zeichne Spur
}
```

Vorgehen: Benutzeroberfläche

Der Rahmen `TurtleDemo` umfasst die Fläche für die Anwendung. Er ordnet seine Komponenten mit einem `BorderLayout` an. Oben (`BorderLayout.NORTH`) setzt er ein Panel mit den Controls zur Steuerung des Programms ein, in der Mitte (`BorderLayout.CENTER`) liegt die Arbeitsfläche. Diese Fläche kann ihrerseits verschiedene Ausgaben darstellen, hier bietet sich ein `CardLayout` an. Die Umschaltung dieses Teils des Bildschirms erfolgt von der oben liegenden Arbeitsfläche `TurtleDemo` aus, die sich deswegen als Beobachter für die `ItemEvents` der `Checkbox`-Controls sowie des `List`-Controls registrieren muss. In der Ereignissteuerung muss man die Quelle ermitteln und alle Fenster benachrichtigen. Wenn man eine andere Graphik wünscht, aktiviert man die entsprechende Funktionalität über das Umschalten der sichtbaren Fläche des `CardLayouts`. Alternativ zu den Möglichkeiten mit dem `CardLayout`-Manager hätte sich hier eine variable Implementierung des jeweiligen Algorithmus für die Graphik angeboten.

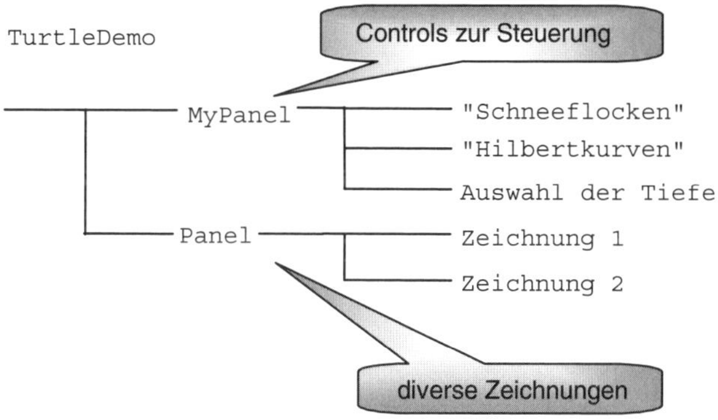

Ausgaben

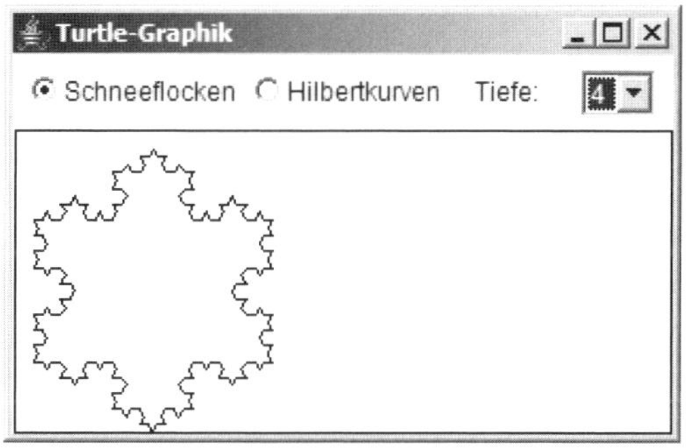

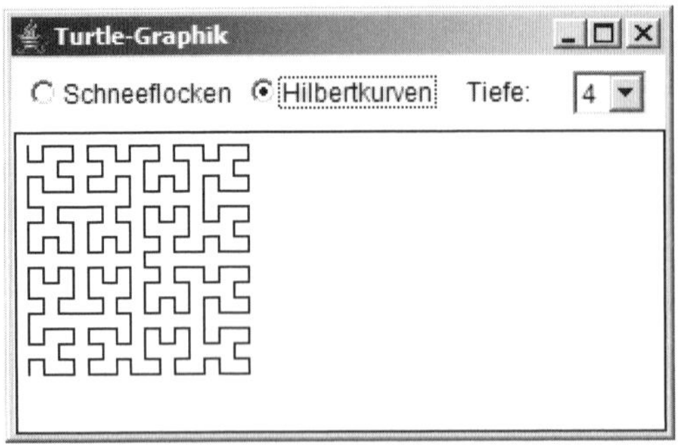

Programm

```
import java.awt.*;
import java.awt.event.*;

// Die Turtle-Graphik
class Turtle {
  // Die Turtle hat einen Punkt sowie eine Richtung in Form eines
Winkels
  private double x, y, angle;
  // Ausdehnung der Zeichenfläche
  private int xMax, yMax;
  private boolean visible;

  public Turtle (int x, int y) {
    init (x, y, x / 2, y / 2, 0);
  }

  // Setze nur die Turtle neu
  final public void start (double x, double y, double angle) {
    this.x = x; this.y = y; this.angle = angle;
  }

  // Vollständige Initialisierung
  final public void init (int xMax, int yMax, int x, int y, int
angle) {
    this.xMax = xMax;  this.yMax= yMax; visible = true;
    start (x, y, angle);
  }

  // Anzeigen und Verstecken der Turtle
  final public void show () { visible = true; }
  final public void hide () { visible = false; }

  // Drehen um einen Winkel: 0..360 Grad
  final public void turn (double angle) {
    this.angle += angle;
    this.angle = Math.IEEEremainder (this.angle, 360.0);
  }

  // Turtle-Bewegung
  final public void move (Graphics g, double Length) {
    double XN, YN;
    if (angle == 0) {
      XN = x + Length;    YN = y;
    } else if (angle == 90.0) {
      XN = x;             YN = y + Length;
    } else if (angle == 180.0) {
```

```
        XN = x - Length;   YN = y;
      } else if (angle == 270.0) {
        XN = x;            YN = y - Length;
      } else {
        XN = x + Length * Math.cos (angle / 180.0 * Math.PI);
        YN = y + Length * Math.sin (angle / 180.0 * Math.PI);
      }

      if (visible)
        g.drawLine ((int)Math.round (x), (int)Math.round (y),
                    (int)Math.round (XN),(int)Math.round (YN));
      x = XN;  y = YN;
    }
  }

  // Basisklasse fuer alle eigenen Zeichen-Klassen
  // Subklassen : Schneeflocken, Hilbertkurven
  class MyCanvas extends Canvas {
    protected int depth;
    protected Turtle MyTurtle = null;
    protected Graphics graphic = null;

    public void setdepth (int depth) {
      this.depth = depth;
      repaint ();
    }

    public MyCanvas () {
      setdepth (3);
      MyTurtle = new Turtle (0, 0);
    }
  }

  class Schneeflocken extends MyCanvas {

    // Der richtige Haken fuer Schneeflockenkurven
    private void haken (int n, double laenge) {
      if (n == 1)
        MyTurtle.move (graphic, laenge); // Gerade
      else {
        haken (n-1, laenge / 3);
        MyTurtle.turn (-60); haken (n-1, laenge / 3);
        MyTurtle.turn (120); haken (n-1, laenge / 3);
        MyTurtle.turn (-60); haken (n-1, laenge / 3);
      }
    }
    // Eine Schneeflocke besteht aus drei "Haken".
    // Drehung um 120 Grad zwischen den "Haken"
    private void schneeflocke (int n, double laenge) {
      for (int i = 1; i <= 3; i++) {
        haken (n, laenge);
        MyTurtle.turn (120);
      }
    }

    public void paint (Graphics g) {
      graphic = g;
      int w = getSize ().width;
      int h = getSize ().height;
      int l = w;
      if (l > h)
        l = h;
```

```
      int x = 10; int y = (int)(0.3 * l);
      MyTurtle.init (w, h, x, y, 0);
      schneeflocke (depth , (int)(0.8*l));
      g.drawRect (1, 1, getSize().width-2, getSize().height-2);
    }
  }

  class Hilbertkurven extends MyCanvas {

    private final static boolean Odd (int n) {
      return (n&1) != 0;
    }

    // Hilbertkurve der Ordnung n mit Kantenlaenge laenge
    // LR = Rechtsdrehen oder Linksdrehen der Kurve
    // LR wechselt zwischen 0 und 1
    private final static int wechsleWinkel (boolean lr) {
      if (lr)
        return 0;
      return 180;
    }

    // Hilbertkurven der Tiefe n, der Länge laenge
    // Links- oder Rechtdrehen: LR
    private void hilbert (int n, double laenge, boolean LR) {
      if (n == 0)
        MyTurtle.turn (180);
      else {
        hilbert (n-1, laenge, !LR);// Drehrichtung wechseln
        if (Odd (n))
          MyTurtle.turn (90+wechsleWinkel(LR));
        MyTurtle.move (graphic, laenge);
        if (!Odd (n))
          MyTurtle.turn (90+wechsleWinkel(LR));
        hilbert (n-1, laenge, LR);// in gleicher Richtung weiter
        if (Odd (n))
          MyTurtle.turn (90+wechsleWinkel(!LR));
        MyTurtle.move (graphic, laenge);
        if (Odd (n))
          MyTurtle.turn (90+wechsleWinkel(!LR));
        hilbert (n-1, laenge, LR);// in gleicher Richtung weiter
        if (!Odd (n))
          MyTurtle.turn (90+wechsleWinkel(LR));
        MyTurtle.move (graphic, laenge);

        if (Odd (n))
          MyTurtle.turn (90+wechsleWinkel(LR));
        hilbert (n-1, laenge, !LR);// Drehrichtung wechseln
      }
    }

    public void paint (Graphics g) {
      graphic = g;
      g.drawRect (1, 1, getSize().width-2, getSize().height-2);
      int w = getSize ().width;
      int h = getSize ().height;
      int min = w;
      if (min > h)
        min = h;
      int l = (int)(0.9 * min / (2 << (depth-1)));
      if (l == 0)
        l = 4;
```

```
      int x = 1;
      int y = 0;
      if (Odd (depth))
        y = h - 1;
      else
        y = 1;
      MyTurtle.init (w, h, x, y, 0);
      hilbert (depth, 1, true);
    }
  }

  class MyPanel extends Panel {
    public MyPanel (TurtleDemo t) {
      Checkbox cSchneeflocken, cHilbertkurven;
      setLayout (new FlowLayout ());
      CheckboxGroup group = new CheckboxGroup ();
      add (cSchneeflocken =
         new Checkbox ("Schneeflocken", group, true));
      add (cHilbertkurven =
         new Checkbox ("Hilbertkurven", group, false));
      add (new Label ("  Tiefe: "));
      Choice choice = new Choice();

      for (int i = 1; i <= 6; i++)
        choice.addItem (""+i); // addItem erwartet String
      cHilbertkurven.addItemListener (t);
      cSchneeflocken.addItemListener (t);
      choice.select ("3");
      choice.addItemListener (t);
      add (choice);
    }
  }

  public class TurtleDemo extends Frame implements ItemListener {
    private Panel p = null;
    public TurtleDemo (String Title) {
      super (Title);
      setSize (360, 200);
      setLayout(new BorderLayout());
      p = new Panel (new CardLayout ());
      add (new MyPanel (this), BorderLayout.NORTH);
      p.add ("Schneeflocken", new Schneeflocken ());
      p.add ("Hilbertkurven", new Hilbertkurven ());
      add (p, BorderLayout.CENTER);
      addWindowListener(new WindowAdapter() {
          public void windowClosing(WindowEvent event) {
          System.exit(0);
        }
      });
    }

    // Pflichten als ItemListener
    public void itemStateChanged (ItemEvent event) {
      Component source = (Component)event.getSource ();
      if (source instanceof Checkbox) {
        CardLayout l = (CardLayout)p.getLayout ();
        l.show (p, ((Checkbox)source).getLabel());
      } else if (source instanceof Choice) {
        Choice c = (Choice)source;
        int d = c.getSelectedIndex()+1;
        // Indices laufen ab 0, Tiefe läuft ab 1
```

```
        int ncomponents = p.getComponentCount();
        for (int i = 0; i < ncomponents; i++) {
          MyCanvas comp = (MyCanvas)p.getComponent (i);
          comp.setdepth (d);
        }
      }
    }

    public static void main (String [] args) {
      new TurtleDemo ("Turtle-Graphik").setVisible (true);
    }
  }
```

7.5.6 Rollbalken

Ziel

Eine Anwendung soll die Hintergrundfarbe setzen. Die Farben liest man über einen Farbmischer mit Hilfe von Scrollbars für die Grundbestandteile Rot, Grün und Blau (RGB) ein. Das Programm soll jede Veränderung der Farbwerte sofort anzeigen.

Vorgehen

Wir teilen die Fläche der Anwendung in eine Zeichenfläche und einen Teil für die Controls auf. Die Controls nehmen den oberen Teil des Bildschirms ein. Für jede Farbe legen wir im Bereich der Controls eine Zeile an: Text für die Farbe, Anzeige des momentanen Wertes in dem Bereich 0 bis einschließlich 255 sowie ein Rollbalken zur Auswahl des Wertes. Diese Anordnung realisieren wir mit einem 3x3-Gridlayout auf dem Bildschirm.
Wir lesen die Werte nur über die Rollbalken ein und benutzen sie unmittelbar zur Auswahl der Hintergrundfarbe. Dieser Vorgang erzeugt beim Ziehen des Schiebers am Rollbalken eine hohe Last und kann bei langsameren Rechnern dazu führen, dass die Anzeige nicht mit der Position des Schiebers Schritt halten kann.

Programm

```
import java.awt.*;
import java.awt.event.*;

// Die Malfläche
class MyCanvas extends Canvas {
  private Color BackGround;
  public MyCanvas () {}
  public void setColor (int r, int g, int b) {
    BackGround = new Color (r, g, b);
    setBackground (BackGround);
    repaint ();
  }
  public void paint (Graphics g) {}
  // Automatisches Löschen benutzen
  }

// ScrollbarDemo enthält die Malfläche sowie ein Control-Panel
public class ScrollbarDemo extends Frame
       implements AdjustmentListener {
  // Farbanteile rot grün blau
  private int irot = 0,igruen = 0,iblau = 255;
  private MyCanvas Malfläche;          // Die Fläche zum Malen
  private Panel p;                     // Controls montieren
  private Scrollbar  rot,   gruen,   blau; // Rollbalken
```

```
private TextField t_rot, t_gruen, t_blau; // Textanzeige

// Begrenzen der Farbwerte auf das Intervall 0..255
final static int clip (int i) {
  if (i < 0)    return 0;
  if (i > 255)  return 255;
  return i;
}

public ScrollbarDemo (String Title) {
  super (Title);
  setSize (300, 200);
  add (p = new Panel (), BorderLayout.NORTH);
  // Scrollbars als Regler für die Farbwerte
  final int RB = 40; // Breite des Reglers
  // Gesamtbreite = 255+Breite des Reglers
  rot  =new Scrollbar(Scrollbar.HORIZONTAL,  0, RB, 0, 255+RB);
  gruen=new Scrollbar(Scrollbar.HORIZONTAL,0, RB, 0, 255+RB);
  blau =new Scrollbar(Scrollbar.HORIZONTAL,255, RB, 0, 255+RB);

  // Anzeige der Zahlenwerte für die Regler
  t_rot   = new TextField (  "0", 4);
  t_gruen = new TextField (  "0", 4);
  t_blau  = new TextField ("255", 4);

  // Aufbau des Layouts als Matrix mit 3 Zeilen, 2 Spalten
  p.setLayout (new GridLayout (3, 2));
  p.add(new Label("rot : "));   p.add(t_rot);   p.add(rot);
  p.add(new Label("gruen : ")); p.add(t_gruen); p.add(gruen);
  p.add(new Label("blau : "));  p.add(t_blau);  p.add(blau);

  // Einbau der Malfläche
  add (Malfläche = new MyCanvas (), BorderLayout.CENTER);
  Malfläche.setColor (irot, igruen, iblau);
  setVisible (true);

  // Registriere als Beobachter
  rot. addAdjustmentListener (this);
  gruen.addAdjustmentListener (this);
  blau. addAdjustmentListener (this);
  addWindowListener(new WindowAdapter() {
    public void windowClosing(WindowEvent event) {
      System.exit(0);
    }
  });
}

// Die Reaktion auf Ereignisse der Rollbalken
public void adjustmentValueChanged (AdjustmentEvent event) {
  switch (event.getAdjustmentType ()) {
  case AdjustmentEvent.UNIT_INCREMENT:
  case AdjustmentEvent.UNIT_DECREMENT:
  case AdjustmentEvent.BLOCK_INCREMENT:
  case AdjustmentEvent.BLOCK_DECREMENT:
  case AdjustmentEvent.TRACK:
    if (event.getSource() == rot) {
      irot = clip (event.getValue ());
      t_rot.setText (""+irot);
    }
    else if (event.getSource() == gruen) {
      igruen = clip (event.getValue ());
      t_gruen.setText (""+igruen);
```

```
      }
      else if (event.getSource() == blau) {
        iblau = clip (event.getValue ());
        t_blau.setText (""+iblau);
      }
      Malfläche.setColor (irot, igruen, iblau);
    }
  }

  public static void main (String [] args) {
    new ScrollbarDemo ("Schieberegler-Demo");
  }
}
```

Ausgabe

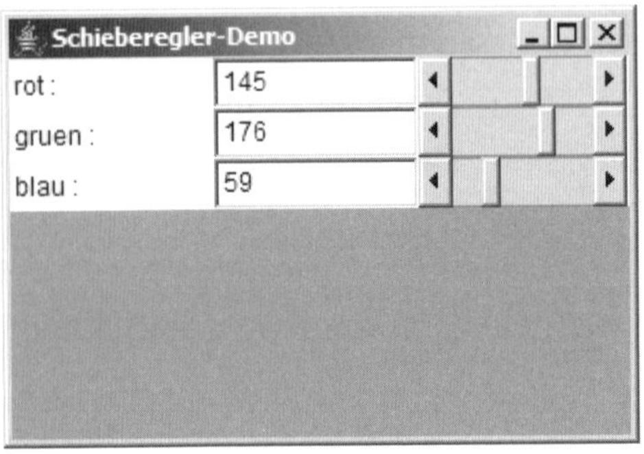

7.5.7 Dialoge in Java

Ziel

Eine Anwendung soll Parameter mit einem Dialog einlesen. Dazu übergibt es die Daten an einen Dialog. Er soll zeigen, wie ein Programm auf die Interaktion des Anwenders mit dem Dialog reagiert. Der Dialog gibt die Daten an die Anwendung zurück.

Modale Dialoge

Ein Dialog ist ein temporäres Fenster zur Interaktion mit dem Anwender. Man unterscheidet

- modale Dialoge: die Anwendung muss auf das Ende des Dialogs warten;
- nichtmodale Dialoge: die Anwendung läuft unabhängig zum Dialog weiter.

Wenn ein Programm auf Daten wartet, ist ein modaler Dialog angebracht. Für das Beispiel im vorigen Abschnitt hingegen wählt man einen nichtmodalen Dialog, da man die momentane Farbe sofort anzeigen will.

Transfer von Daten zwischen Rahmen und Dialog

Einen Dialog legt man in Java in einem Frame z.B. mit dem Aufruf an:

```
Dialog d = new Dialog (this, modal_oder_nicht_modal);
```

Transfer von Daten für Dialoge

Dialoge dienen häufig zum Editieren von Daten. Der Dialog erhält zu diesem Zweck eine Referenz auf das im Hauptprogramm erzeugte Exemplar der Klasse `MyDialogData` mit den Parametern. Über diese Referenz kann der Dialog sowohl die Daten zur Anzeige auslesen als auch ggfs. Änderungen an das Hauptprogramm transferieren.

```
class MyDialogData {
  private final String Init []
                 = { "hellblau", "mittelblau", "dunkelblau" };

  // 0 == hellblau, 1 == mittelblau, 2 == dunkelblau
  private int selected = 0; // Dieser Wert wird editiert

  public void setValue (int i) {
    if (0 <= i && i <= 2)
      selected = i;
  }
  public int getValue () { return selected; }

  public int getMaxItem() { return Init.length; }
  public String getString (int i) { return Init[i]; }
  public String toString () { return Init[selected]; }
}
```

Vorgehen

Ein Rahmenprogramm erhält ein Menü, das u.a. die Anwahl eines Dialogs ermöglicht. Dieser modale Dialog erhält bei seinem Start eine Liste von Alternativen zur Auswahl (eine Instanz von `MyDialogData`):
Er zeigt diese Alternativen in einem `List`-Control an. Der Anwender kann einen der Punkte auswählen. Er muss den Dialog mit "OK" oder "Cancel" abschließen. Wenn der Anwender "OK" drückt, aktualisiert der Dialog die Auswahl der Farbe in der übergebenen Instanz von `MyDialogData`, in der natürlich das Feld `selected` aktualisiert wurde. Wenn der Anwender `"Cancel"` drückt, ändern sich die Daten nicht.

Programm

```
import java.awt.*;
import java.awt.event.*;

// DialogDemo ist ein Frame, der über einen Menü-Eintrag
// einen Dialog aufruft.
// Nach Ablauf des Dialogs wird das Ergebnis angezeigt.
public class DialogDemo extends Frame implements ActionListener {

  public DialogDemo (String Title) {
    super (Title);
    InitializeMenus ();
    setSize (300, 200);
    addWindowListener(new WindowAdapter() {
        public void windowClosing(WindowEvent event) {
        System.exit(0);
      }
    });
    setVisible(true);
  }

  // Variable zur Reaktion auf Ereignisse aus dem Menue
  private MenuItem mIDD_BLAU;

  // Daten für den Dialog
  // Dieses Exemplar wird von Dialog und Frame benutzt.
  private MyDialogData data = new MyDialogData ();
```

```
  void onSelectIDD_BLAU () {
    System.out.println ("onSelectIDD_BLAU activated");
    new MyDialog (this, data);
    System.out.println ("Dialog-Anweisung ausgefuehrt..." +
       data);
  }

  public void actionPerformed(ActionEvent event) {
    if (event.getSource() == mIDD_BLAU)
      onSelectIDD_BLAU ();
  }

  public void InitializeMenus () {
    MenuBar menubar = new MenuBar ();
    setMenuBar (menubar);
    Menu m;
    menubar.add (m = new Menu ("Optionen"));
    m.add (mIDD_BLAU = new MenuItem ("Blau..."));
    mIDD_BLAU.addActionListener (this);
  }


  public static void main (String [] args) {
    new DialogDemo ("Dialog-Demo");
  }
}

// Die Daten für den Dialog.
// Der Dialog soll eine Zahl einlesen: selected
// 0, 1, 2 (0 = hellblau 1 = mittelblau, 2 = dunkelblau
// Dazu gibt es noch die Textdarstellung

class MyDialogData {
  // Daten : welche Farbe wurde gewählt?
  private int selected = 0;



  // Für die Darstellung als Text
  private final String Init [] =
     { "hellblau", "mittelblau", "dunkelblau" };

  // get/set-Methode für die Daten
  public int getValue () {
    return selected;
  }

  public void setValue (int i) {
    if (0 <= i && i <= 2)
      selected = i;
  }

  // Textuelle Darstellung der i-ten Farbe
  public String getString (int i) {
    return Init[i];
  }

  // Maximalwert
  public int getMaxItem() {
    return 2;
  }
```

```
    public String toString () {
      return Init[selected];
    }
  }


  // Der Dialog reagiert auf ActionEvent
  // Prinzip:
  // Der Dialog erhält Daten in der Klasse MyDialogData
  // Diese Daten werden in den Controls des Dialogs angezeigt.
  // Bei Abschluss des Dialogs mit OK:    Überschreibe die Daten
  // Bei Abschluss des Dialogs mit Cancel:Keine Änderung der Daten!
  //
  // Besonderheit:
  // Der Dialog wird gleich im Konstruktor angezeigt
  class MyDialog extends Dialog
          implements ActionListener, ItemListener {
    private Frame parent;
    private MyDialogData data;    // Daten fuer den Austausch
    private Button mOk, mCancel; // Definition der Controls
    private List mListe;          // Control : Auswahl des Blau-Tons

    public MyDialog (Frame parent, MyDialogData data) {
      super (parent, true); // Dialog ist modal
      this.parent = parent; // Fuer Ruckmeldung
      this.data = data;     // Sichere Daten fuer Controls
      addAllMembers ();     // Aufbau GUI
      pack ();              // Minimalgroesse
      setVisible(true);     // Sofortige Anzeige des Dialogs.
    }

    // Nicht für die Funktion erforderlich, nur zur Information
    public void itemStateChanged(ItemEvent event) {
      System.out.println ("Event: " + event);
    }



    // Reaktion auf die Aktionsereignisse durch Suche nach Auslöser
    public void actionPerformed(ActionEvent event) {
      Object source = event.getSource();
      System.out.println ("Dialog " + " " + event);
      if (source == mOk) {
        data.setValue (mListe.getSelectedIndex ());
        dispose ();
      }
      if (source == mCancel) {
        dispose ();
      }
    }

    void addAllMembers () {
      Panel mCenter = new Panel ();
      Panel mSouth  = new Panel ();

      mSouth.add (mOk = new Button ("OK"));
      mSouth.add (mCancel = new Button ("Cancel"));
      mListe = new List (10, false);
      for (int i = 0; i <= data.getMaxItem (); i++)
        mListe.add (data.getString (i));
      mListe.select (data.getValue ());
      mCenter.add (mListe);
```

```
        add (mCenter, BorderLayout.CENTER);
        add (mSouth,  BorderLayout.SOUTH);
        mOk.addActionListener (this);
        mCancel.addActionListener (this);
        mListe.addActionListener (this);
    }
}
```

Anzeige von Rahmenprogramm und Dialog

Dialog:

Erläuterung zum Rahmenprogramm `DialogDemo`

Im Konstruktor wird durch Aufruf von `InitializeMenus` das Menü aufgebaut und das Fenster mit der `setVisible()`-Methode angezeigt. Wenn in `actionPerformed` ein `ActionEvent` eintrifft, muss das Programm die Quelle hierfür finden. Wenn der Anwender das Ereignis über das Anwählen des Menüpunktes ausgelöst hat, wird die Routine `nSelectIDD` aufgerufen. Dabei kann man einen neuer Dialog eröffnen:

```
new MyDialog (this, data = new MyDialogData ());
```

Dieser neue Dialog dient der Eingabe von Daten und erhält den aktuellen Stand der Daten in Form eines neuen Datensatzes mit drei Texten für einen blauen Farbton sowie eine Zahl für die aktuelle Auswahl, die der Dialog anzeigen soll. Die Ausgaben nach `System.out` im Quellprogramm protokollieren beim Ablauf die gewählten Parameter.

Erläuterung zum Dialog `MyDialog`

`MyDialog` muss den Verweis auf die übergebenen Daten abspeichern, damit sich bei Ende des Dialogs die geänderten Werte zurückschreiben lassen. Ebenso notiert man die übergebenen Daten. Im Beispiel sind für alle Controls im Dialog Datenfelder auf der Ebene des Dialogs `MyDialog` angelegt, um die von den Controls an den Dialog gesandten Ereignisse zuordnen zu können.
Der Konstruktor von `MyDialog` erzeugt einen modalen Dialog, fügt alle Controls hinzu und zeigt die Komponenten des Dialogs an. Am Ende des Dialogs liest man bei `"OK"` den aktuelle Wert aus dem Control aus:

```
data.setValue (mListe.getSelectedIndex ());
```

Die Routine `addAllMembers` benutzt das `BorderLayout`, um im oberen Bereich das `List`-Control mit der Auswahl der Blautöne anzuzeigen. Im unteren Bereich (`"South"`) werden die Buttons mit `"OK"` bzw. `"Cancel"` platziert.

7.5.8 Datei-Dialoge in Java

Ziel

Eine Anwendung soll einen Dateinamen über einen Datei-Dialog einlesen. Dabei wird zwischen der Auswahl eines Namens einer Datei zum Lesen sowie zum Schreiben unterschieden. Der Inhalt der Datei soll am Bildschirm als Text angezeigt werden. Dies ist natürlich nur bei Textdateien wie etwa Java-Programmen sinnvoll.

Vorgehen

Dateidialoge werden vom Java-System direkt auf die jeweilige Plattform abgebildet. Streng genommen sind es keine Dialoge, da sie nicht mit den in Java vorhandenen Controls implementiert werden. Die Daten aus dem `FileDialog` kann man mit `getDirectory()` bzw. `getFile()` bei Ende des Dateidialogs auslesen.
Bei der Auswahl von Dateien sind Lese- und Schreibzugriffe zu unterscheiden. Bei Schreibzugriffen ist es eine Überlegung wert, vor Überschreiben einer Datei beim Anwender anzufragen, ob dieser Vorgang wirklich in seinem Sinne ist. Dies wird über den Parameter `mode` eines Konstruktors der Klasse `FileDialog` gesteuert. Für den Wert `FileDialog.LOAD` erhält man einen Dialog zum Öffnen einer Datei, mit `FileDialog.SAVE` dagegen einen Dialog zum Schreiben einer Datei.
Hat man erst einmal einen Dateinamen eingelesen, wird zur Anzeige der Datei ein `BufferedReader` instantiiert. Mit der Methode `ready()` testet man die Verfügbarkeit weiterer Zeilen, die mit `readLine()` eingelesen werden können. Die Anzeige der Zeilen kann mit einem List-Control mit wenig Aufwand implementiert werden, da man die Zeilen der anzuzeigenden Datei nur mit `add()` zu den vorhandenen Zeilen im Control hinzufügen muss.

Programm

```
import java.awt.*;
import java.io.*;
import java.awt.event.*;

public class FileDialogDemo extends Frame
      implements ActionListener {

  // Variable zur Reaktion auf Ereignisse aus dem Menue
  private MenuItem mIDD_Sichern, mIDD_Öffnen;
  private List mZeilen; // Die Zeilen einer Text-Datei
  private void loadFile (String Name) {
    // Entferne alte Einträge aus dem List-Control
    mZeilen.removeAll ();
    try{
      // a) Öffnen der Datei
      BufferedReader file =
         new BufferedReader (new FileReader(Name));

      // b) Lesen der zeilen in einer Schleife
      while (file.ready())
        mZeilen.add (file.readLine ());

      // c) Schließen der Datei
      file.close ();
    } catch (Exception e) {
      System.err.println (e);
    }
  }
```

```
  public FileDialogDemo (String Title) {
    super (Title);
    mZeilen = new List ();
    add (mZeilen, BorderLayout.CENTER) ;
    setSize (300, 200);

    // Anlegen des Menüs
    MenuBar menubar = new MenuBar ();
    setMenuBar (menubar);
    Menu m;
    menubar.add (m = new Menu ("Datei"));
    m.add (mIDD_Sichern = new MenuItem ("Sichern"));
    m.add (mIDD_Öffnen = new MenuItem ("Öffnen"));

    // Zuweisen der Ereignisbehandlung
    mIDD_Sichern.addActionListener (this);
    mIDD_Öffnen. addActionListener (this);
    addWindowListener(new WindowAdapter() {
        public void windowClosing(WindowEvent event) {
        System.exit(0);
      }
    });
    setVisible (true);
  }

  private void ShowFileSelectBox (int load_save) {
    FileDialog Dir =
         new FileDialog (this, "Filename?", load_save);
    Dir.setDirectory (".");
    Dir.show ();
    String Name = Dir.getFile ();
    if (Name != null) {
      if (load_save == FileDialog.LOAD)
        loadFile (Dir.getDirectory () + Name);
      else
        System.out.println ("Sichern nicht implementiert");
    }
  }

  public void actionPerformed(ActionEvent event) {
    if (event.getSource() == mIDD_Öffnen)
      ShowFileSelectBox (FileDialog.LOAD);
    else if (event.getSource() == mIDD_Sichern)
      ShowFileSelectBox (FileDialog.SAVE);
  }

  public static void main (String [] args) {
    new FileDialogDemo ("File-Dialog-Demo");
  }
}
```

7.5.9 Eigene Komponenten entwickeln

Autor

Herr Dipl. Inf. (FH) Stefan Gasteiger hat die Programme in diesem Kapitel im Rahmen einer Java-Projektarbeit entwickelt.

Ziel

Eine Fortschrittsanzeige in Form eines Balkens soll den Fortschritt bei einer Tätigkeit angezeigen. Die Anzeige soll als Control in einem Package `control` implementiert werden, das sich um weitere Controls erweitert lässt.

Vorgehen

Wir leiten die Fortschrittsanzeige `ProgressBar` von der Klasse `Canvas` ab. Neben den Methoden, die alle Layout-Managern fordern, gibt es noch Schnittstellen zur Gestaltung des Äußeren der Controls sowie zum Setzen der Anzeige. Die Anzeige selbst erfolgt dann durch Auffüllen der Zeichenfläche des Controls.
Die Datei `ProgressTest.java` enthält ein Applet, das als Testtreiber für das entwickelte Control `ProgressBar` dient. Die Datei `ProgressBar.java` gehört zum Package `control` und liegt in dem Verzeichnis `control`. `control` kann z.B. ein Unterverzeichnis des Verzeichnisses sein, in dem das Quellprogramm des Testtreibers liegt. In jedem Fall muss `control` ein Unterverzeichnis eines der Pfade in `CLASSPATH` sein.

Programm: das Control

```
// Autor  : Stefan Gasteiger
// Changes: Fritz Jobst

package controls;
import java.awt.*;

public class ProgressBar extends Canvas {
  public final static int HORIZONTAL = 0;
  public final static int VERTICAL = 1;
  public final static int NONE = 0;
  public final static int SIMPLE = 1;
  public final static int DIMENSIONAL = 2;

  protected int min = 0;
  protected int max = 100;
  protected int value = 0;
  protected int direction = HORIZONTAL;
  protected int framestyle = NONE;

  public ProgressBar() {}

  public ProgressBar (int direction) {
    this();
    if (direction == VERTICAL)
      this.direction = VERTICAL;
  }

  public int getValue ()      { return value;     }
  public int getMax ()        { return max;       }
  public int getMin ()        { return min;       }
  public int getDirection()   { return direction; }

  public float getPercentage () {
    return (value - min) / (float) (max - min);
  }

  public void setMin (int m) {
    if (m >= max)
      return;
```

```
    if (value < m)
      value = m;
    min = m;
    repaint();
  }

  public void setMax (int m) {
    if (m <= min)
      return;
    if (value > m)
      value = m;
    max = m;
    repaint();
  }

  public void setValue (int v) {
    value = v;
    if (value > max)
      value = max;
    if (value < min)
      value = min;
    repaint();
  }

  public void setDirection (int direction) {
    if ((direction != HORIZONTAL) && (direction != VERTICAL))
      return;
    this.direction = direction;
    repaint();
  }


  public void setFrameStyle (int style) {
    if ((style != NONE) && (style != SIMPLE) &&
        (style != DIMENSIONAL))
      return;
    this.framestyle = style;
    repaint();
  }

  public void setForeground (Color c) {
    super.setForeground (c);
    repaint ();
  }

  public Dimension getPreferredSize() {
    return getMinimumSize ();
  }

  public Dimension getMinimumSize () {
    int x, y;

    if (framestyle == NONE)
      x = y = 20;
    else if (framestyle == SIMPLE)
      x = y = 20;
    else
      x = y = 24;

    if (direction == HORIZONTAL)
      x += 40;
    else
```

```
      y += 40;
    return new Dimension (x, y);
  }

  public void paint (Graphics g) {
    int myTop, myRight, myLeft, myBottom;
    int myWidth, myHeight;
    int outTop, outWidth, outHeight;
    Dimension d = this.getSize ();
    myTop = d.height - 6;
    myRight = d.width - 1;
    myLeft = myBottom = 0;
    switch (framestyle) {
    case SIMPLE:
      g.setColor (Color.black);
      g.drawRect (0, 0, myRight, myTop);
      myLeft = myBottom = 1;
      myRight--;
      myTop--;
      break;
    case DIMENSIONAL:
      g.setColor (Color.black);
      g.drawLine (0, 0, myRight, 0);
      g.drawLine (0, 0, 0, myTop);
      g.setColor (Color.gray);
      g.drawLine (1, 1, myRight - 1, 1);
      g.drawLine (1, 1, 1, myTop - 1);

      g.setColor (Color.white);
      g.drawLine (1, myTop, myRight, myTop);
      g.drawLine (myRight, myTop, myRight, 1);
      myLeft = myBottom = 2;
      myRight--;
      myTop--;
      break;
    default:
      break;
    }

    myWidth = myRight - myLeft + 1;
    myHeight = myTop - myBottom + 1;

    if (direction == HORIZONTAL) {
      outWidth = Math.round(myWidth * getPercentage());
      outHeight = myHeight;
      outTop = myBottom;
    } else {
      outWidth = myWidth;
      outHeight = Math.round(myHeight * getPercentage());
      outTop = myTop - outHeight + 1;
    }

    g.setColor (getForeground());
    g.fillRect (myLeft, outTop, outWidth , outHeight);
  }
}
```

Programm: ein Testtreiber

```
// Autor : Stefan Gasteiger
// Changes:Fritz Jobst
import java.awt.*;
```

```
import java.applet.*;
import controls.ProgressBar;

public class ProgressTest extends Applet implements Runnable {
  ProgressBar pgb1, pgb2;
  Thread ProgressThread = null;
  private int ActVal;

  public void init () {}

  public void start () {
    setLayout (new FlowLayout ());
    pgb2 = new ProgressBar(ProgressBar.HORIZONTAL);
    add (pgb2);
    pgb1 = new ProgressBar(ProgressBar.HORIZONTAL);
    add (pgb1);
    ActVal = 0;
    pgb1.setForeground (Color.blue);
    pgb1.setMin (0);
    pgb1.setMax (10);
    pgb1.setFrameStyle(ProgressBar.DIMENSIONAL);
    pgb2.setForeground (Color.yellow);
    pgb2.setMin (0);
    pgb2.setMax (10);
    pgb2.setFrameStyle(ProgressBar.DIMENSIONAL);
    if (ProgressThread == null) {
      ProgressThread = new Thread (this);
      ProgressThread.start();
    }
  }

  public void stop () {
    if ((ProgressThread != null) && ProgressThread.isAlive())
      ProgressThread.stop();
    ProgressThread = null;
  }

  public void run() {
    while (true) {
      try {
        ProgressThread.sleep(1000);
        ActVal++;
        if (ActVal > pgb1.getMax())
          ActVal = pgb1.getMin();
        pgb1.setValue(ActVal);
        pgb2.setValue(pgb1.getMax() - ActVal);
      }
      catch (InterruptedException e) {
        ;
      }
    }
  }
}
```

Eine HTML-Datei zur Anzeige des Applets

```
<APPLET code="ProgressTest.class" width=200 height=200>
</APPLET>
```

Ausgabe

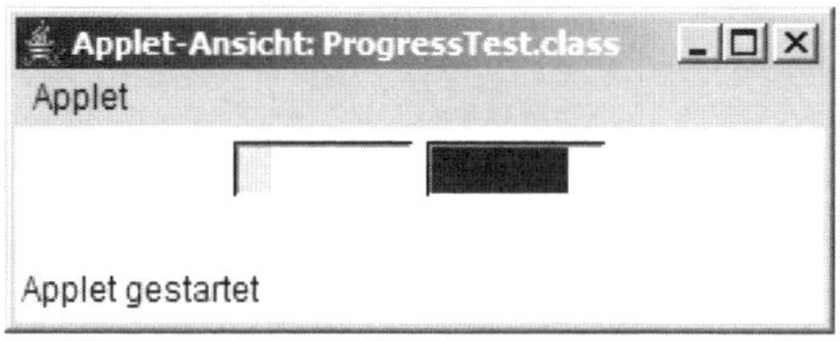

7.5.10 Die Türme von Hanoi

Ziel

Ein Applet soll die Folge der Züge zur Lösung der Türme von Hanoi ausgeben.

Problemanalyse

Die Türme von Hanoi bestehen aus drei Stapeln. Jeder Stapel enthält mehrere Scheiben. Das Programm muss eine interne Darstellung (Modellierung) für dieses Problem finden. Das Programm muss diese internen Daten am Bildschirm anzeigen.

Was ist ein Turm?

Ein Turm hat eine Grundlage (=Basis) und einen Stapel aus Scheiben. Jede Scheibe ist durch eine Nummer eindeutig identifiziert. Die Nummer steht für die Breite der Scheibe und wird für die Anzeige am Bildschirm benutzt. Auch die Basis ist als Zahl dargestellt. Ein Turm erlaubt nur die Operationen *Wegnehmen* und *Anfügen* einer Scheibe. Dies geschieht jeweils am oberen Ende. Ein Turm verhält sich damit im Sinne der Informatik wie ein Stapel (andere Bezeichnung: Stack), der die folgenden Operationen erlaubt:

```
push (Scheibe);
Scheibe = pop ();
```

Daneben muss es für jeden Turm noch eine Initialisierung als leerer Turm auf einer Basis sowie eine Ausgabeoperation geben. Die Ausgabeoperation `draw(...x, y,...)` soll den Turm an einer durch x und y vorgegebenen Stelle am Bildschirm zeichnen. Die Klasse `OneTower` modelliert einen Turm, die Klasse `TowerOfhanoi` die drei Türme.

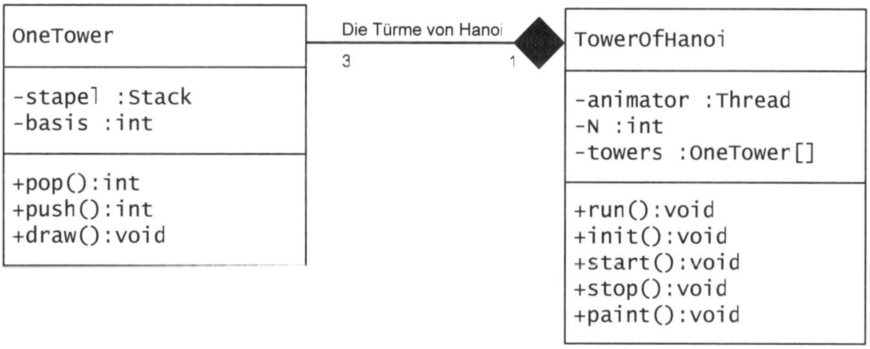

Jeder Turm hat als Mitglied einen Stapel. Er stellt dessen Operationen für die Anwender zur Verfügung. Eclipse unterstützt diesen Prozess unter dem Menüpunkt *Source/Generate Delegate Methods*. Dazu klickt man auf das Attribut `stapel` und wählt dann den angegebenen

Menüpunkt. Dann entscheidet man, für welche Methoden die Delegationsmethoden zu generieren sind.

Gesamtsystem

Das Gesamtsystem besteht aus drei Türmen. Die Routine zum Initialisieren legt zunächst drei leere Türme an. Dann legt sie per `push` auf einen Turm *N* Scheiben. Man beginnt mit der größten Scheibe und legt dann immer kleinere Scheiben obenauf.

Was ist ein Zug?

Ein Zug wird durch Wegnehmen (es kann nur von oben genommen werden, also `pop`) einer Scheibe von einem Stapel i und durch Ablegen eben dieser Scheibe oben auf einem anderen Stapel j realisiert:

```
Stapel[j].push (pop (von Stapel i));
```

Ausgabe: Momentaufnahmen der Animation

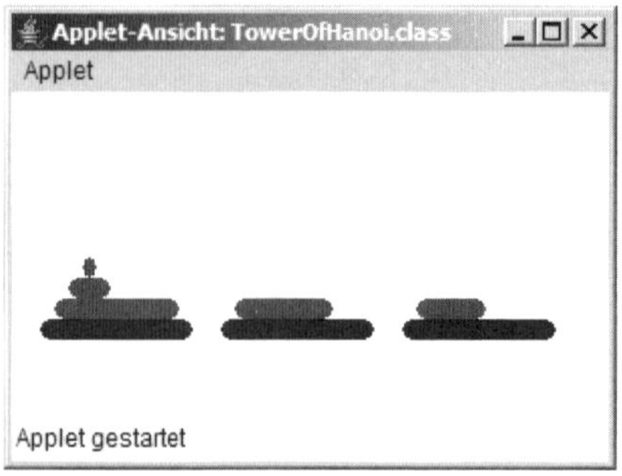

.später..

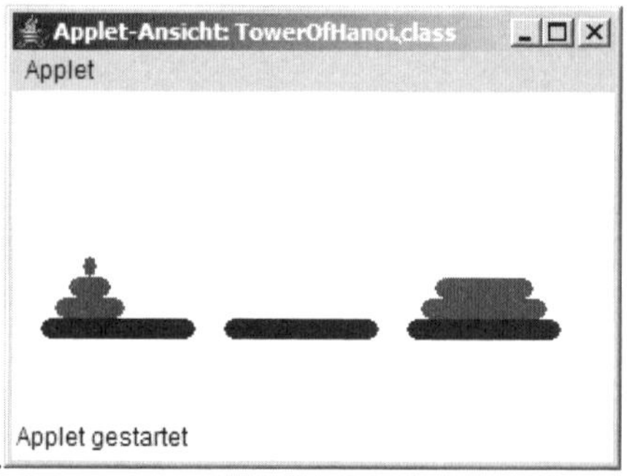

Programm

```
import java.applet.Applet;
import java.awt.Color;
import java.awt.Graphics;
import java.util.Stack;

class OneTower {
  private Stack<Integer> stapel = new Stack<Integer>();
  private int basis = 0;

  public OneTower (int maxTowers) {
    this.basis = maxTowers;
  }

  public synchronized int pop() {
    return stapel.pop();
  }

  public Integer push(int arg0) {
    return stapel.push(arg0);
  }

  // Ausgabe eines Turms bei den Koordinaten X und Y
  public void draw (Graphics g, int Y, int X,
                    int width, int height) {
    drawItem (g, Y+1, X-1, basis*2+1, Color.blue, width, height);
```

```
    for (int i = 0; i < stapel.size(); i++) {
      int j = 2*stapel.elementAt(i)-1;
      if (j > 0)
        drawItem (g, Y-i, X+i, j, Color.red, width, height);
      }
  }

  // Ausgabe einer Scheibe
  private void drawItem (Graphics g, int y, int x,
                int itemSize, Color c, int width, int height) {
    int deltax = width / 40;
    int deltay = height / 15;
    g.setColor (c);
    g.fillRoundRect (x*deltax, y*deltay,
             itemSize*deltax, deltay, 10, 10);
  }
}

public class TowerOfHanoi extends Applet implements Runnable {
  private Thread animator;    // Der Thread sorgt für Bewegung
  private int N;              // Anzahl der Türme
  private OneTower [] towers; // Drei Stapel für die Türme

  public void init () {
    N = 5;                     // Fünf Türme
    towers = new OneTower [3]; // Drei Stapel
    for (int i = 0; i < towers.length; i++)
      towers[i] = new OneTower (N);
    // auf Stapel 0 liegen bereits am Anfang Scheiben
    // N == 3 : Scheibe 2, Scheibe 1, Scheibe 0 (zuoberst)
    for (int i = 0; i < N; i++)
      towers[0].push (N-i);
  }

  public void start () {
    animator = new Thread (this);
    animator.start ();
  }

  void Tow (int from, int help, int to, int n, int nTowers) {
    if (n==0)
      try {
        if (animator == null)
          return;
        Thread.sleep (1000);
        // Lege die vom Stapel "from" geholte Scheibe auf "to"
        towers[to].push (towers[from].pop());
        repaint ();
      }
      catch (InterruptedException e) {
        return;
      }
    else {
      Tow (from, to,   help, n-1, nTowers);
      Tow (from, 0,    to,   0,   0      );
      Tow (help, from, to,   n-1, nTowers);
    }
  }

  public void run () {
    Tow (0, 1, 2, N-1, N-1);
  }
```

```
    public void paint (Graphics g) {
      for (int i = 0; i < 3; i++)
        towers[i].draw (g, 10, 3 + (N*2+3)*i,
                        getSize().width, getSize().height);
    }

    public void stop () {
      if (animator != null) {
        animator = null;
      }
    }
  }
```

Ergänzung

Diese Animation berechnet den jeweils nächsten Zug, wartet dann und zeigt dann die Änderung an. Die Geschwindigkeit des Computers bestimmt damit den Fortschritt bei der Animation. Wenn man eine Berechnung parallel zur Animation haben will (z.B. um unabhängig von Ausführungsgeschwindigkeiten zu werden), braucht man neben dem Thread zur Animation einen Thread zur Berechnung (z.B einen Thread als Zuggenerator bei komplexen Rechnungen). Diese Threads können dann strukturiert über eine Erzeuger-Verbraucher-Kopplung verbunden werden, wie sie in Kapitel 6 vorgestellt wurde.

7.6 Steuerelemente unter Swing

Dieser Abschnitt erläutert das Prinzip der Zusammenarbeit zwischen Swing und einer Anwendung. Was muss der Anwender konkret tun, um die Dienste von Swing in Anspruch zu nehmen? Als Anwendung werden die Swing-Steuerelemente `JList` und `JComboBox` vertieft dargestellt. Zur Anzeige von Tabellen dient in Swing das Steuerelement `JTable`. `JTree` erlaubt die Visualisierung von Bäumen in grafischen Benutzeroberflächen.

7.6.1 Übersicht: Aufgabenverteilung Swing-Anwender

Diese Darstellung von Swing erfordert eine erneute Betrachtung des MVC-Paradigmas aus Abschnitt 7.1.5. Denn bisher wurden die Modelle für die Datenhaltung nicht so ausführlich besprochen, wie es z.B. für Tabellen erforderlich ist.
Das Prinzip der Zusammenarbeit zwischen Swing und dem Anwender ergibt sich aus der MVC-Architektur. Der Anwender hat die Daten (*Model*), Swing sorgt für die Anzeige und Interaktion mit dem Anwender.

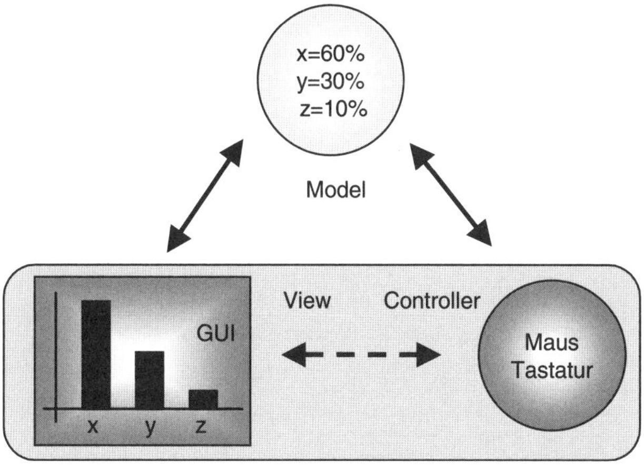

Nach dem Start übernimmt Swing die Steuerung des Ablaufs. In der vereinfachten Darstellung aus Abschnitt 7.4 übergibt der Anwender seine Daten an Swing. Im Allgemeinen „braucht Swing die Daten nicht", es muss „nur wissen, was darzustellen ist" (*Model*) und „wie es darzustellen ist" (*Renderer*). Dazu fragt Swing den Anwender über `Model`-Schnittstellen nach den Daten. Der Anwender wird Swing-Fragestellungen wie

- Wie viele Elemente gibt es bei den Daten? (*Model*)
- Gib mir das Element in Zeile i! (*Model*)

beantworten müssen. Dies funktioniert, solange sich die Daten nicht ändern. Swing kann nicht permanent fragen, ob sich eine Änderung eingestellt hat. Swing muss über Ereignisse `fireEvent(...)` von Änderungen unterrichtet werden, um die Anzeige wieder auf den aktuellen Stand bringen zu können. Diese Model-Schnittstellen sind spezifisch für die einzelnen Steuerelemente.

Zur Darstellung der Daten bietet Swing einen voreingestellten Modus an. Spezielle Wünsche bei der Darstellung kann Swing erfüllen, indem es sich beim Aufbau der Anzeige der Daten mit der folgenden Frage an den „Besitzer der Daten" wendet:

- Wie soll ich das Element Nr. i darstellen? (*Renderer*)

Der Anwender liefert auf diese Frage ein GUI-Element der Klasse `Component`, das dann von Swing an der gefragten Stelle eingesetzt wird.

7.6.2 Details: JList und JComboBox

Swing übernimmt die Visualisierung von Daten als List-Steuerelement, wenn der Anwender das Interface `javax.swing.ListModel` implementiert. Der Anwender muss nur die eine Frage „`getElementAt(int i)`" beantworten. Dies reicht als Vertrag zwischen dem Anwender und Swing nur dann, wenn sich die Daten nicht ändern. Hierfür sind `add`- bzw. `removeListDataListener()`-Methoden vorgesehen. Damit müsste jeder Anwender noch die Verwaltung der Beobachter implementieren. Swing vereinfacht die Programmierung mit dem „Halbfertigfabrikat" `AbstractListModel`. Davon sollte man seine Model-Klassen für List-Steuerelemente ableiten.

Model für JList und JComboBox

Comboboxen können in Swing Daten nicht nur anzeigen, sondern erlauben zusätzlich deren Editieren. Die folgende UML zeigt die Swing-Architektur für Listen und Comboboxen im Zusammenhang und verdeutlicht die Auswirkungen der „Änderbarkeit“ von Daten bei Comboboxen.

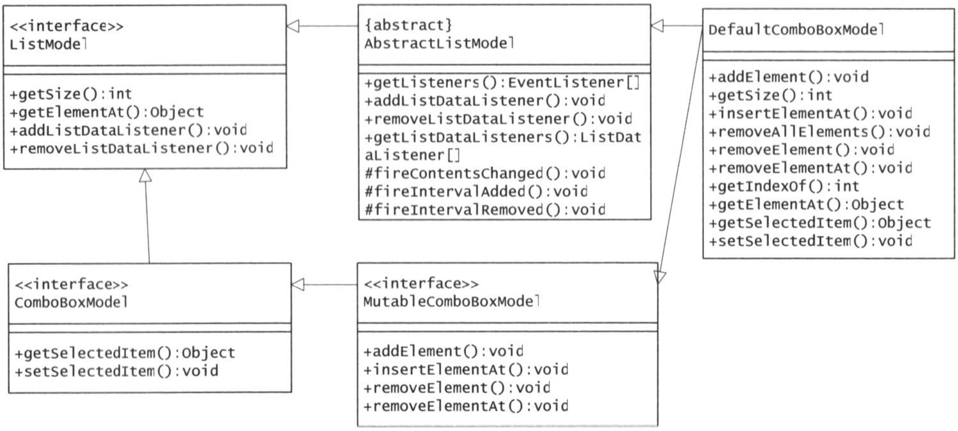

Renderer

Zur Darstellung ist die `ListCellRenderer`-Schnittstelle zu implementieren. Sie hat nur eine Methode, die eine GUI-Komponente liefern muss.

```
public Component getListCellRendererComponent
  (JList list, // Die Liste
  Object value,// Der anzuzeigende Wert. nicht nur Text möglich!
  int index,    // Zur Information: der Index
  boolean isSelected,    // Ausgewählt?
  boolean cellHasFocus) // Hat die Komponente den Fokus?
```

JList

Das folgende Programm zeigt die Kommunikation zwischen Swing und dem Anwender für Listen bei den Daten (hell unterlegt) und bei der Darstellung (dunkler unterlegt). Das Beispiel geht auf eine Anwendung aus dem JDK zurück und zeigt, dass das Model die Daten nicht „haben muss“, sondern nur die Fragen von Swing nach den Daten zu beantworten hat. Die Methode `getSize()` muss die Anzahl der Elemente liefern. Swing erwartet von `getElementAt(int index)` das Element an der Position `index`.

```
import java.awt.*;
import java.awt.event.*;
import javax.swing.*;
import javax.swing.event.*;

public class JListModelRendererDemo extends JFrame
    implements ListSelectionListener {
  JList list = null;

  public JListModelRendererDemo (String Title) {
    super (Title);
    setDefaultCloseOperation (EXIT_ON_CLOSE);
    setSize (250, 200);
```

```
    // Aufbau der Daten für das List-Steuerelement
    // Dieses Beispiel beruht auf dem JDK
    ListModel myData = new AbstractListModel() {
      public int getSize() { return Short.MAX_VALUE; }
      public Object getElementAt(int index) {
        return "zahl " + index;
      }
    };

    list = new JList(myData);

    // Die Listenimplementierung soll nicht für alle Elemente
    // die Höhe oder Breite ausrechnen, das dauert zu lange.
    // Deswegen verwendet man einen "Prototypen".
    // Alternativ könnte man auch mit
    // setFixedCellHeight und setFixedCellWidth
    // Breite und Höhe festlegen.
    list.setPrototypeCellValue(myData.
        getElementAt (Short.MAX_VALUE));

    // Die rollbare Fläche
    JScrollPane scrollPane = new JScrollPane(list);

    // Voreinstellung ausgewählter Indices
    int[] selectedIndices = {3, 7};
    list.setSelectedIndices (selectedIndices);

    getContentPane().add (scrollPane, BorderLayout.CENTER);
    list.addListSelectionListener (this);
    list.setCellRenderer(new MyCellRenderer());

    setVisible(true);
  }

  public void printSelectedItems () {
    Object[] so = list.getSelectedValues ();
    System.out.print ("Komponente : ");
    for (int i = 0; i < so.length; i++)
      System.out.print (" " + so[i]);
    System.out.println (" gewaehlt");
  }

  // Die Klasse ListController kann die Ereignisse bearbeiten
  public void valueChanged (ListSelectionEvent event) {
    System.out.println (event);
    System.out.println ("Gedrueckt wurde: " +
          event.getFirstIndex () + " .. " +
          event.getLastIndex ());
    printSelectedItems ();
  }

  public static void main (String [] args) {
    new JListModelRendererDemo ("JListModelRenderer-Demo");
  }
}

class MyCellRenderer extends JLabel implements ListCellRenderer {
  public MyCellRenderer() {
    setOpaque(true);
  }
  public Component getListCellRendererComponent(
    JList list, Object value, int index, boolean isSelected,
```

```
      boolean cellHasFocus) {
      setHorizontalAlignment(SwingConstants.CENTER);
      // Ein schöner Rand für die Komponente
      setBorder(BorderFactory.createEtchedBorder());
      setText(value.toString());
      // Die Farben des Look&Feel benutzen
      if (isSelected) {
        setBackground
            (UIManager.getColor("List.selectionBackground"));
        setForeground
            (UIManager.getColor("List.selectionForeground"));
      } else {
        setBackground(UIManager.getColor("List.background"));
        setForeground(UIManager.getColor("List.foreground"));
      }
      return this;
    }
  }
```

Ablauf

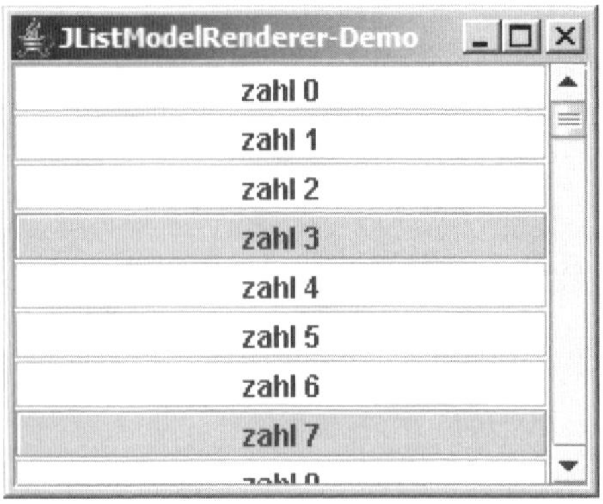

Hinweis: Die Look&Feel-Eigenschaften des List-Controls können über die Klasse `UIManager` erforscht und gesetzt werden. Der Leser kann sich vollständige Beschreibungen über die Suchmaschine Google beschaffen. Als Schlüsselwort bei der Suche ist einer der oben erwähnten Texte zur Bezeichnung der Eigenschaften einzugeben.

JComboBox

Nach dem UML-Klassendiagramm auf Seite 352 ist es sinnvoll, für Comboboxen das `DefaultComboBoxModel` als Basis für eigene Model-Klassen zu benutzen. Man ergänzt die `List`-Model-Schnittstelle um Methoden zum Einbringen und Entfernen von Elementen. Wegen der Ähnlichkeit zum `JList`-Beispiel finden Sie das Beispiel nur in den Unterlagen des Autors im Internet.

7.6.3 JTable

Mit Tabellen kann man Informationen übersichtlich darstellen. Eine Tabelle setzt sich aus der Überschrift sowie den Zeilen zusammen. Jede Zeile besteht aus einzelnen Spalten. Die folgende Pizza-Tabelle hat 4 Zeilen mit jeweils drei Spalten : *Nr*, *Name* und *Preis*. Jede

Spalte enthält Daten in einem für die Spalte spezifischen Format, wie hier **`int`**, `String` bzw. **`double`**.

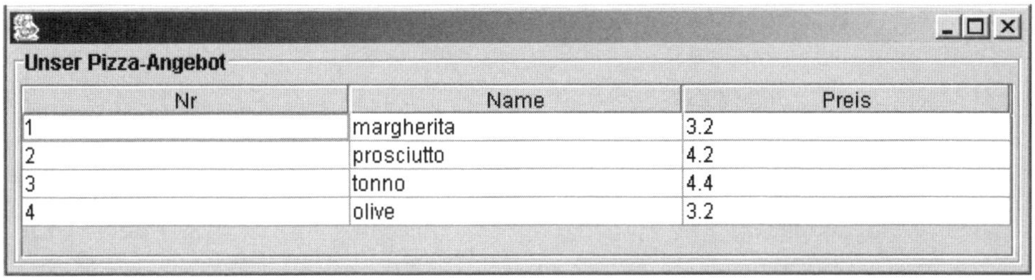

Eine Tabelle kann als Anzeige einer 2-dimensionalen nxm-Matrix aus n Zeilen zu je m Spalten verstanden werden. Die Swing-Klasse `JTable` visualisiert solche Daten. Der Anwender muss die `TableModel`-Schnittstelle implementieren. Als komfortable Ausgangsbasis für eigene Implementierungen bietet sich die Klasse `AbstractTableModel` an. Sie implementiert die Benachrichtigung bei Änderung der Daten.

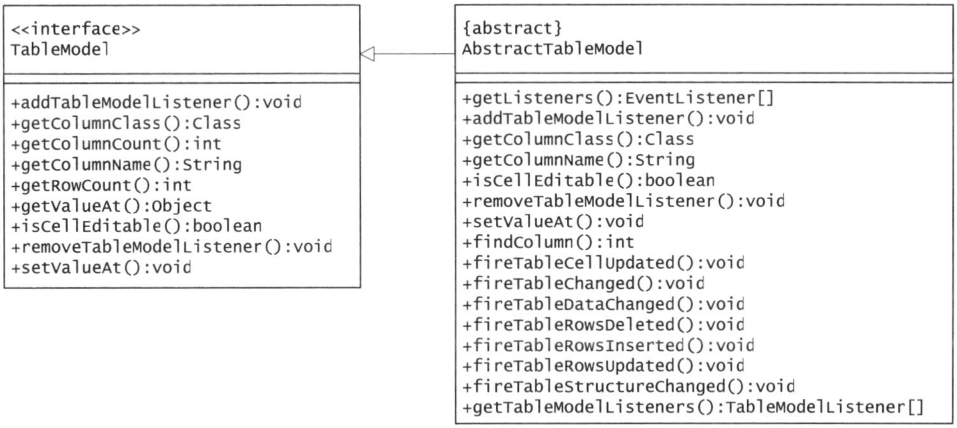

Damit müssen Anwender im Minimalfall Swing nur noch Auskunft erteilen über:

- `Anzahl der Zeilen` **`int`** `getRowCount ()`
- `Anzahl der Spalten` **`int`** `getRowCount ()`
- `Element bei i, j` `Object getValueAt(`**`int`** `row,` **`int`** `col)`

Diese Schnittstelle kann man offensichtlich nicht weiter reduzieren. Auf der anderen Seiten bietet Swing Anwendern eine breite Palette von Möglichkeiten zur Kontrolle über alle Spalten, sowohl was die Darstellung der Daten als auch was ihre Editierung betrifft. Dann sind folgende Schnittstellen zu implementieren:

- `TableCellEditor` Editor für die Zellen
- `TableCellRenderer` Darstellung der Zellen
- `TableColumnModel` Darstellung der Spalten
- `TableModel` Daten für die Tabelle (siehe oben)

Beispiel

Das elementare Beispiel soll die Zahlen *n*1000 +m* mit *n = 0,...* und *m = 0, ..., 5* in einer Tabelle anzeigen. Bei der Implementierung des `TableModel` berechnet man jedes Element und liefert die Anzahl der Zeilen bzw. Spalten an Swing.

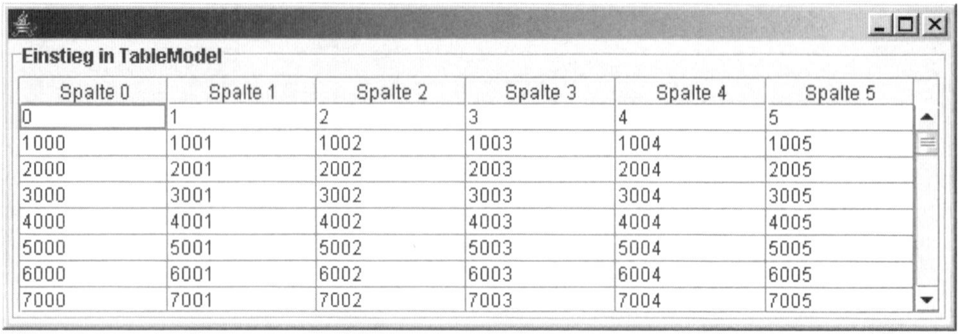

Spalte 0	Spalte 1	Spalte 2	Spalte 3	Spalte 4	Spalte 5
0	1	2	3	4	5
1000	1001	1002	1003	1004	1005
2000	2001	2002	2003	2004	2005
3000	3001	3002	3003	3004	3005
4000	4001	4002	4003	4004	4005
5000	5001	5002	5003	5004	5005
6000	6001	6002	6003	6004	6005
7000	7001	7002	7003	7004	7005

Programm

```
import javax.swing.*;
import java.awt.*;
import java.awt.event.*;
import javax.swing.table.*;

public class JTableDemo extends JFrame {

  public JTableDemo () {
    setDefaultCloseOperation (EXIT_ON_CLOSE);
    setSize (600, 200);
    TableModel dataModel = new AbstractTableModel() {
      public String getColumnName(int column) {
        return "Spalte " + column;
      }
      public int getColumnCount() { return 6; }
      public int getRowCount() { return Short.MAX_VALUE / 16;}
      public Object getValueAt(int row, int col) {
           return new Long((row*1000)+col);
      }
    };
    JTable table = new JTable(dataModel);
    JScrollPane scrollpane = new JScrollPane(table);

    JPanel mainPanel =
        createTitledPanel("Einstieg in TableModel");
    mainPanel.add (scrollpane, BorderLayout.CENTER);
    getContentPane().add(mainPanel);
    setVisible (true);
  }
  // Erstellt ein Panel mit Rahmen
  public static JPanel createTitledPanel(String title) {
    JPanel p = new JPanel();
    p.setBorder(
      BorderFactory.createTitledBorder(
      BorderFactory.createEtchedBorder(), title));
    p.setLayout(new BorderLayout());
    return p;
  }
```

```
    public static void main (String args[]) {
      new JTableDemo ();
    }
  }
```

Anzeige von Tabellen bei Datenbanken

In Kapitel 12 über JDBC ist in Abschnitt 12.5.2 als Beispiel die generische Darstellung für Ergebnisse von Abfragen aus dem Java-Tutorial [31] angegeben.

7.6.4 JTree

Das `JTree`-Steuerelement dient der Visualisierung baumartig strukturierter Daten, wie sie z.B. in einem Dateisystem vorkommen. Das Dateisystem besteht aus einzelnen Elementen. Jedes Element kann eine Datei oder ein Verzeichnis sein. Wenn das Element ein Verzeichnis ist, dann enthält es seinerseits andere Elemente. Kein Element kann in zwei Verzeichnissen liegen.[8] Baumartig strukturierte Daten modellieren generell Teile-Ganzes-Beziehungen. Damit lassen sich häufig komplexe Sachverhalte darstellen und vom Benutzer der Programme editieren.
In diesem Abschnitt wird das Modell für die Knoten eines Baumes in Swing dargestellt. Daran schließt sich ein Beispielprogramm für eine Swing-Anwendung an. Das Beispiel zeigt die Anzeige des Baumes sowie die Möglichkeiten der Reaktion des Programms, wenn der Benutzer auf einzelne Knoten der Anzeige klickt.

Ansicht eines Baumes

Zur Darstellung Baum-strukturierter Daten übergibt der Anwender einen Baum an Swing. Der Baum enthält Knoten der Klasse `DefaultMutableTreeNode` aus dem Package `javax.swing.tree`. Ein Baum könnte wie folgt aufgebaut sein:

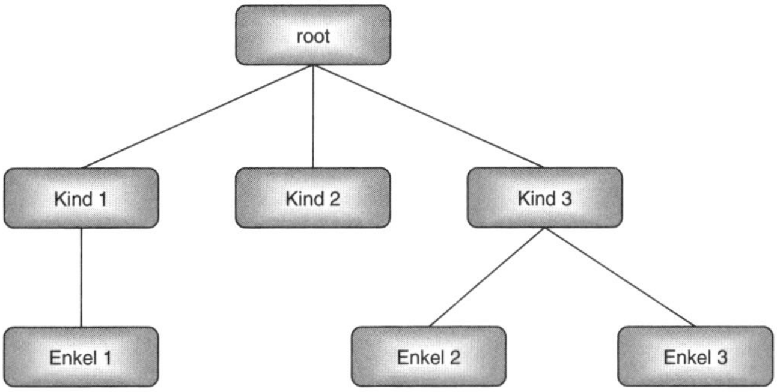

Programmierte Erstellung des Baums in Java

```
  public DefaultMutableTreeNode (createTree () {
    DefaultMutableTreeNode  rootNode, node;
    // Wurzel
    rootNode = new DefaultMutableTreeNode("root");
    // Kinder und Kindeskinder (= Enkel)
    node = new DefaultMutableTreeNode("Kind 1");
    rootNode.add(node);
    node.add(new DefaultMutableTreeNode("Enkel 1"));
```

[8] Hardlinks unter UNIX passen natürlich nicht in dieses Schema.

```
    rootNode.add(node = new DefaultMutableTreeNode("Kind 2"));

    node = new DefaultMutableTreeNode("Kind 3");
    rootNode.add(node);

    node.add(new DefaultMutableTreeNode("Enkel 2"));
    node.add(new DefaultMutableTreeNode("Enkel 3"));
    return root;
  }
```

Übergabe des Baums an Swing

```
DefaultMutableTreeNode root = xyz.createTree ();
JTree treeView = new JTree(root);
// Die JTree-Komponente treeView kann in
// die GUI eingefügt werden
```

Anzeige des Baums mit Swing

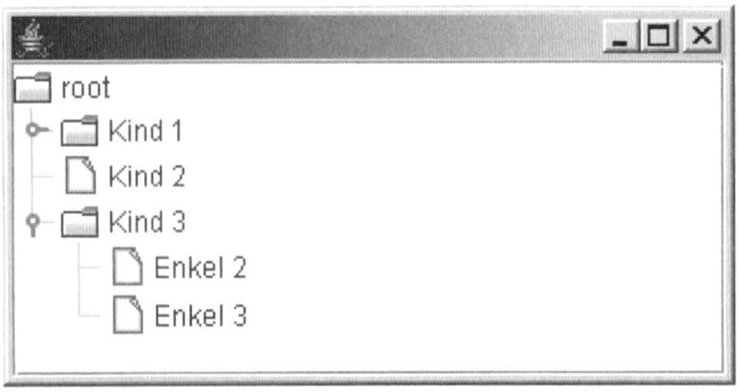

Übersicht der Klasse DefaultMutableTreeNode

Obiges Programm benützt Knoten mit Text. Daneben kann jeder Knoten ein vom Anwender zu definierendes Objekt enthalten. Hierzu dienen die Methoden `void setUserObject(Object o)` und `Object getUserObject()`.
Die Klasse `DefaultMutableTreeNode` enthält Methoden zum Navigieren im Baum in Richtung Eltern-(`Parent`), Geschwister-(`Sibling`) und Kindknoten (`Child`).

```
TreeNode getParent();
TreeNode getChildAt(int);
int getChildCount();
TreeNode getFirstChild();
TreeNode getLastChild();
TreeNode getChildAfter(TreeNode node);
TreeNode getChildBefore(TreeNode node);
int getSiblingCount();
DefaultMutableTreeNode getNextSibling();
DefaultMutableTreeNode getPreviousSibling();
```

Besonders komfortabel sind die Aufzählungen, die ein Durchlaufen des Baumes oder Teilen davon erlauben. Bei der *breadthFirst*-Aufzählung werden zuerst alle Knoten der höheren Ebene betreten, danach die Knoten der nächsten Ebene. Bei der *depthFirst*-Aufzählung „steigt" man zunächst die Tiefe des Baumes hinab und betritt alle Kindknoten, bevor man die zugehörigen Elternknoten betritt. Dies entspricht der *postorder*-Reihenfolge. Bei *preorder* wird zuerst der Elternknoten betreten, dann alle Kindknoten.

```
Enumeration children();
Enumeration preorderEnumeration();
```

```
Enumeration postorderEnumeration();
Enumeration breadthFirstEnumeration();
Enumeration depthFirstEnumeration();
```

Probelauf

breadthFirst	depthFirst	postorder	preorder
root	Enkel 1	Enkel 1	root
Kind 1	Kind 1	Kind 1	Kind 1
Kind 2	Kind 2	Kind 2	Enkel 1
Kind 3	Enkel 2	Enkel 2	Kind 2
Enkel 1	Enkel 3	Enkel 3	Kind 3
Enkel 2	Kind 3	Kind 3	Enkel 2
Enkel 3	root	root	Enkel 3

Der Probelauf zeigt die Reihenfolge, in der die Knoten des Baumes bei den einzelnen Verfahren betreten werden.

Die folgenden Methoden geben Auskunft:

int getDepth()	Tiefe: maximale Länge eines Pfades ab hier zu Nachfolgeknoten.
int getLevel()	Länge des Pfades von der Wurzel bis zu diesem Knoten.
boolean isLeaf()	Ist dieser Knoten ein Blatt?

Programm

Das folgende Programm „TreeTrainer" zeigt den Aufbau eines Baumes. Man braucht nur die Methode `getTree()` auszutauschen, um neue Anwendungen für `JTree` zu programmieren. Damit lässt sich das Verhalten des Baums studieren.

```
import javax.swing.*;
import javax.swing.border.*;
import javax.swing.tree.*;
import javax.swing.event.*;
import java.awt.*;
import java.util.Enumeration;

class TreeTrainer {
  public static DefaultMutableTreeNode getTree () {
    ... Siehe oben
  }
}

// Anbindung von JTree
public class MyTreeTrainer extends JFrame {

  // Die Ansicht des Baumes wird erzeugt.
  public JTree createTreeView () {
    DefaultMutableTreeNode root = TreeTrainer.getTree ();
    JTree treeView = new JTree(root);

    treeView.getSelectionModel().setSelectionMode
               (TreeSelectionModel.SINGLE_TREE_SELECTION);
    treeView.setMinimumSize (new Dimension(200, 50));
    treeView.addTreeSelectionListener(
       new MyTreeSelectionListener ());
```

```
      return treeView;
    }

    // Reaktion auf Auswahl einzelner Knoten
    class MyTreeSelectionListener
        implements TreeSelectionListener {
      public void valueChanged(TreeSelectionEvent e) {
        // letzte Komponente des Pfades zum Knoten
        DefaultMutableTreeNode dmtn
          = (DefaultMutableTreeNode)e.getPath().
              getLastPathComponent();

        // Der vollständige Pfad zum Knoten
        TreePath tp = e.getPath ();
        Object[] pfade = tp.getPath();
        for (int i = 0; i < pfade.length; i++)
          System.out.print (pfade[i].toString() + "/");

        System.out.println (e.getPath());
        String name = dmtn.toString ();
        System.out.println (name);
      }
    }

    // Aufbau der GUI
    public MyTreeTrainer () {
      setDefaultCloseOperation (EXIT_ON_CLOSE);
      setSize (600, 600);

      JPanel mainPanel = new JPanel();
      mainPanel.setLayout (new BorderLayout());

      JTree tree = createTreeView ();
      JScrollPane scrollPane = new JScrollPane (tree);
      mainPanel.add(scrollPane, BorderLayout.CENTER);
      getContentPane().add (mainPanel);
      setVisible (true);
    }

    public static void main (String[] args) {
      new MyTreeTrainer();
    }
  }
```

Zusammenfassung (Swing)

Swing übernimmt bei der Darstellung und Interaktion der Programme die Initiative über Tastatur und Maus. Während des Ablaufs fragt Swing beim Besitzer der Daten an, welche Daten vorhanden (Model) und wie sie darzustellen sind (Renderer). Spontane Änderungen der Daten sind Swing über `fireEvent(...)`-Methoden mitzuteilen.

Zusammenfassung

Das Package `java.awt` dient der Programmierung von Graphik und dem Aufbau von Benutzeroberflächen. Die Funktionalität wird einschließlich der Steuerung durch Ereignisse vollständig ausprogrammiert und ist im Gegensatz zu anderen GUI-Systemen jederzeit anhand des Quellprogramms nachvollziehbar. Eine graphische Anwendung besteht aus einzelnen Bausteinen (`Component`), die hierarchisch gegliedert sein können: `Container` ist `Component`. Also können Bausteine ihrerseits wieder aus darin enthaltenen Bausteinen

aufgebaut sein. Ereignisse werden an das sie betreffende Fenster gesandt und können dort bearbeitet werden. Wenn dies nicht der Fall ist, erhält das umschließende Fenster das Ereignis. So können Fenster Ereignisse für Controls bearbeiten, die sie umschließen.
Layoutmanager übernehmen die Anordnung der Bausteine in Fenstern mit verschiedenen Strategien. Diese flexiblen Möglichkeiten zur Gestaltung von Benutzeroberflächen sind gerade bei Anwendungen im Internet hilfreich.

Aufgaben

1. Geben Sie einen Frame mit drei Schaltern mit der Aufschrift „eins", „zwei", „drei" zur Eingabe sowie einem List-Control zur Anzeige an. Das List-Control soll bei Drücken eines Schalters den zusätzlichen Text „Schalter" + Aufschrift erhalten.

2. Geben Sie einen Frame mit einem Textfeld zur Eingabe sowie einem Label zur Anzeige an. Die Anzeige soll den Wert der Eingabe mit 1.95 multipliziert enthalten.
   Die Anzeige soll bei jeder Änderung im Textfeld aktualisiert werden. Falls das Textfeld ungültige Ziffern enthält, soll dies auf dem Label angezeigt werden.

3. Geben Sie einen Frame an, der im oberen Teil drei Schalter in einer Toolbar `MyToolbar` enthält. Im zentralen Teil soll eine Zeichenfläche `MyCanvas` zur Anzeige der Aktionen eingebaut werden. Die drei Schalter in der Toolbar sollen mit den Aufschriften „rot", „grün" bzw. „gelb" versehen sein.
   Die Anzeige soll in `MyCanvas` erfolgen. Ein mit der Farbe der Aufschrift des gedrückten Schalters gefülltes Quadrat mit der Kantenlänge 20 Pixel, dessen Mitte mit der Mitte der Zeichenfläche zusammenfällt, soll gezeichnet werden. Das gefüllte Quadrat soll immer angezeigt werden. Startfarbe: „rot".
   Bei jedem Drücken eines der Schalter soll das Quadrat neu gezeichnet werden.

4. Ein Dialog `PersonDialog` soll als Personendaten den Vor- und Nachnamen einlesen. Der Dialog wird von einem Frame `PersonFrame` aus aufgerufen. Dort werden die Ergebnisse der Eingabe angezeigt. Nach Drücken von „OK" soll der Dialog geschlossen werden. Die Daten für Nachname und Vorname sollen übernommen und im Frame angezeigt werden. Nach Drücken von „Cancel" sollen die Eingaben des Anwenders verworfen werden, die Anzeige im Frame darf sich nicht ändern.

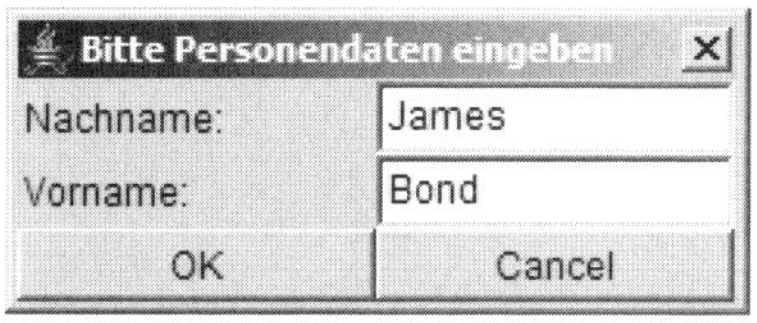

5. Geben Sie ein Java-Programm an, das ein reguläres n-Eck zeichnet. Der Mittelpunkt des n-Ecks soll der Mittelpunkt der Zeichenfläche sein. In der Skizze ist die Ausgabe für n=8 dargestellt.

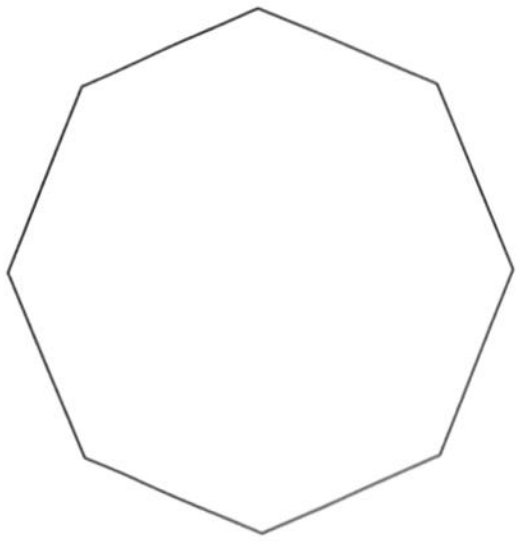

Das reguläre n-Eck ist ein Polygon mit n Punkten P_0, P_1, $P_{n-1.}$ Die Punkte P_i liegen auf einem Kreis um den Mittelpunkt (mx, my) mit Radius r1. Der Winkel beträgt dann α = 360 / n (im Gradmaß). Damit ergeben sich für den Punkt P_i = (pxi, pyi) die Koordinaten

pxi = mx + r1 * cos (α*i) pyi = my + r1* sin (α*i)

Die so erhaltenen Punkte P_0, P_1, P_{n-1} sollen zu einem Polygon p der Klasse `java.awt.Polygon` hinzugefügt werden. Das Polygon p kann mit `g.fillPolygon (p)` gezeichnet und gefüllt werden.

6. Das Programm `MyFrame` besteht aus einem „Auge“, das scheinbar der Mausbewegung folgt, wie diese Momentaufnahmen zeigen:

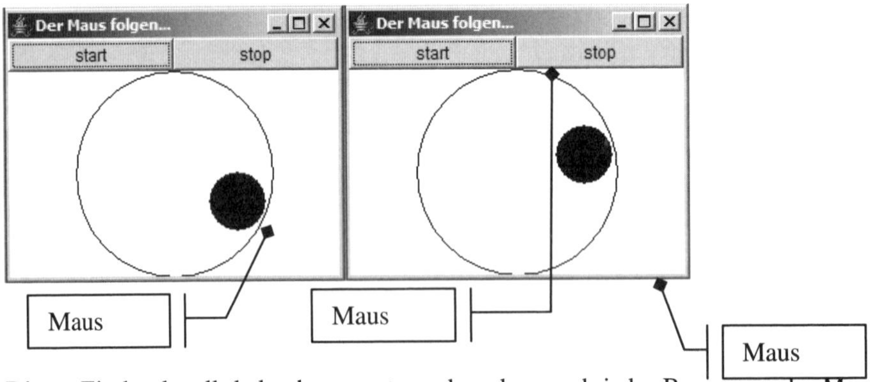

Dieser Eindruck soll dadurch erzeugt werden, dass nach jeder Bewegung der Maus ein gefüllter Kreis (als Augapfel) in Richtung der Mausposition innerhalb eines Kreises (das Auge) gezeichnet wird.

Zur Berechnung

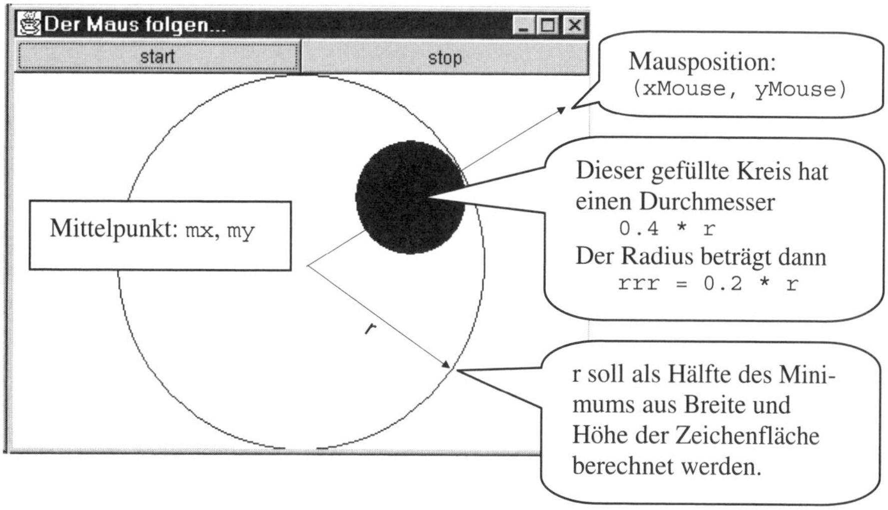

`(mx, my)` bezeichnet den Mittelpunkt der Zeichenfläche:

`mx = Breite / 2. my = Höhe / 2.`

Für den Mittelpunkt `(mx1, my1)` eines gefüllten Kreises vom Radius `rrr = 0.2 * r` gilt somit:

```
mx1 = xMouse / Abstand * r * 0.8

my1 = yMouse / Abstand * r * 0.8
```

„Abstand" ist der Abstand der Maus vom Mittelpunkt der Zeichenfläche. Alle Koordinaten sind hier in Bezug auf den Mittelpunkt der Zeichenfläche gegeben.
Geben Sie einen Frame `MyFrame` an, der im oberen Bereich (siehe Bild) eine „Toolbar" `MyToolbar` (abgeleitet von `Panel`) mit zwei Schaltern hat. Nach Drücken von `start` soll das Zeichnen im unteren Bereich `XMouse` (abgeleitet von `Canvas`) mit dem „Reagieren auf die Maus" beginnen, nach Drücken von `stop` enden.

7. Bei einem Mausklick *innerhalb des Polygons* der vorigen Aufgabe (vgl. Beschreibung der Klasse java.awt.Polygon!) soll das Polygon die Farbe wechseln. Setzen Sie hierfür die Farbe im Graphikkontext `Graphics g` auf die jeweils nächste Farbe (wie unten angegeben, Nachfolger von Rot wird wieder Schwarz).

```
Color[] Farben = {
    Color.black,
    // Farben wie im Applet S. 233
    //Color.white,
};
```

8. **Turtle-Grafik**

Die Turtle bewegt sich über die Ebene. Sie kann sich wie folgt bewegen:

a) geradeaus fahren: Aufruf `move (Länge)`

b) stehend drehen : Aufruf `turn (Winkel in Grad)`

Sie führt einen Stift mit. Diesen kann sie absenken (`show`) oder anheben (`hide`). Mit abgesenktem Stift wird gezeichnet. Sie können die Turtle aus 7.5.5 benutzen oder die

Klasse als Übung selbst schreiben.

Aufgaben

Zeichnen Sie mit der Turtle regelmäßige n-Ecken, n= 3, 4, ...
Zeichnen Sie mit der Turtle einen Mäander.

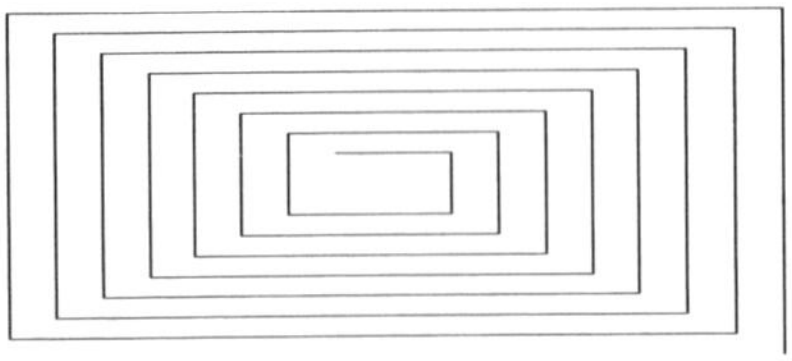

Zeichnen Sie die Schneeflocke 1. Ordnung:

Zeichnen Sie die Schneeflocke 2. Ordnung:

Anleitung:

Länge = Länge 1. Ordnung / 3

```
1: move (Länge)
2: turn (-60)
3: move (Länge)
4: turn (120)
5: move (Länge)
6: turn (-60)
7: move (Länge)
```

Aufgabe

Zeichnen Sie die Schneeflocke n. Ordnung:

Länge = Länge (n–1). Ordnung / 3

```
1: Schneeflocke (Ordnung -1, Länge)
2: Turn (-60)
3: Schneeflocke (Ordnung -1, Länge)
4: Turn (120)
5: Schneeflocke (Ordnung -1, Länge)
6: Turn (-60)
7: Schneeflocke (Ordnung -1, Länge)
```

9. **Conway's Game of Life (*)**

„Schauplatz des Spiels ist ein unendliches zweidimensionales Gitter aus quadratischen Zellen, die je nach dem Zustand der acht Nachbarfelder tot oder lebendig sind. Die Zeit

verstreicht in diskreten Schritten. Von einem Schlag der kosmischen Uhr bis zum nächsten verharrt die Zelle im zuvor eingenommenen Zustand, beim Gong aber wird nach den folgenden einfachen Regeln erneut über Leben und Tod entschieden:
Eine Zelle, die zur Zeit t tot war, wird dann und nur dann zur Zeit t+1 lebendig, wenn genau drei ihrer acht Nachbarn zur Zeit t gelebt haben.
Eine Zelle, die zur Zeit t gelebt hat, stirbt zur Zeit t+1 dann und nur dann, wenn zur Zeit t weniger als zwei oder mehr als drei Nachbarn am Leben waren.“ (Nach [6], Seite 187).
Realisieren Sie Conway's Game of Life in Java.

10. **Acht Damen (*)**

    Acht Damen sind so auf ein Schachbrett zu setzen, dass sie sich gegenseitig nicht bedrohen. Geben Sie für dieses klassische Problem eine Lösung in Java an. Auf Knopfdruck sollte die jeweils nächste Lösung angezeigt werden.

11. **Labyrinth (*)**

    Die Maus sucht den Weg aus dem Labyrinth.

12. Geben Sie ein `Applet` „Schreibmaschine“ (`Frame`) an. Die Schreibmaschine hat einen Anfangsbuchstaben (z.B. 'A') und wird durch drei Buttons gesteuert: Vorwärts ("v") : 'A' → 'B', Zurück ("^"): 'B'→'A' , OK ("--OK--") die Eingabe wird akzeptiert und an die bisherige Eingabe angehängt.

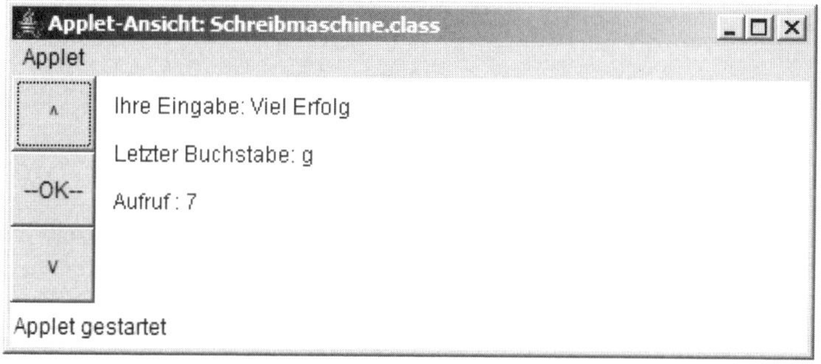

    Das Applet zeigt bei (10, 20) den gesamten Text an. Bei (10, 50) wird der letzte eingegebene Buchstabe angezeigt. Wenn einer der Buttons gedrückt wird, soll in der Zeichenfläche die Anzeige mit dem ausgewählten Buchstaben sowie dem bisher aufgesammelten Text erscheinen.
    Geben Sie die drei Klassen `Schreibmaschine`, `MyToolbar` (für die Buttons) sowie `MyCanvas` (für die Zeichenfläche an)

13. Das unten angegebene Programm enthält eine Zeichenfläche der Klasse `XCanvas`.

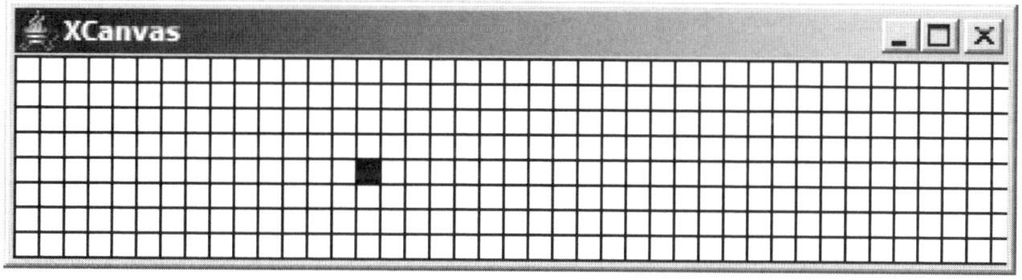

Aufgabe

Die `paint(...)`-Methode dieser Klasse soll Gitternetzlinien zeichnen, d.h. es sollen zur x- bzw. y-Achse parallele Geraden gezeichnet werden. Diese Geraden sollen bei den y- bzw. x-Werten 10, 20, 30 usw. liegen und bis zur Höhe bzw. Breite der Zeichenfläche `XCanvas` verlaufen.

Aufgabe

Wenn die Maus mit den Koordinaten (x, y) im Inneren eines bestimmten Quadrats

$$10*i < x < 10*(i+1),\ 10*j < y < 10*(j+1) \quad (*)$$

bewegt wird, soll das entsprechende Quadrat (d.h. alle Punkte mit (*)) schwarz gefüllt dargestellt werden. Es soll jeweils nur jenes Quadrat schwarz gefüllt dargestellt werden, in dem sich die Maus gerade befindet. Wenn die Maus die Zeichenfläche verlässt, soll keines der Rechtecke gefüllt dargestellt sein.
Vermeiden Sie das Neuzeichnen, wenn sich die Maus nur im Inneren eines bestimmten Quadrats bewegt, ohne dieses Quadrat zu verlassen.

14. Zeichnen einer Kurve für den schiefen Wurf

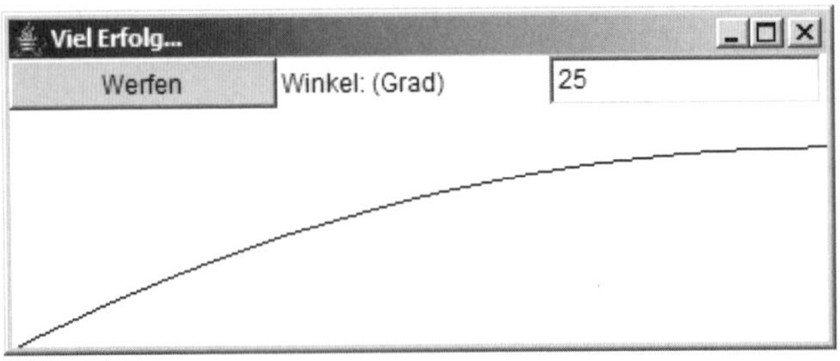

Ein Frame enthält eine „Toolbar“ `MyToolbar` sowie eine Zeichenfläche `MyCanvas`. Die „Toolbar“ `MyToolbar` soll einen Schalter mit der Aufschrift „Werfen“, ein Textfeld ohne Eingabemöglichkeit mit der Aufschrift „Winkel: (Grad)“ sowie ein Textfeld (*) mit Anfangswert „45“ zur Eingabe eines Winkels enthalten.
Wenn der Schalter gedrückt wird bzw. wenn sich das Eingabetextfeld (*) ändert, soll die Kurve für den schiefen Wurf in der Zeichenfläche `MyCanvas` neu angezeigt werden.

```
interface MyCommander {
  public void werfen (double winkel);
}
```

Die Klasse `MyCanvas` soll die `MyCommander`-Schnittstelle implementieren. Benützen Sie in der Klasse `MyToolbar` für eine Instanz `mc` von `MyCommander` den Aufruf `mc.werfen(winkel)`.

Hinweis

Die Kurve soll mit der Methode `drawPolyline(int x[], int y[], int AnzahlPunkte);` der Klasse `Graphics` gezeichnet werden. Die einzelnen Punkte in den Feldern x bzw. y sollen mit den Formeln für den schiefen Wurf:

$$x[t] = t * v_0 * \cos(\alpha) \text{ bzw.}$$

$$y[t] = t * v_0 * \sin(\alpha) - \frac{1}{2} g * t^2$$

mit den Werten g = 9.81, v_0 = 100, t = 0.00; 0.01; 0.02; 0.03; usw. berechnet werden. Der Winkel α soll im o.a. Textfeld (*) eingegeben werden. Dabei sind jeweils für 100 Werte von t die Koordinaten x[t] bzw. y[t] zu berechnen.

15. Ein Dialog `PersonDialog` soll als Personendaten den Vornamen und Nachnamen einlesen. Der Dialog wird von einem `JFrame PersonFrame` aus aufgerufen. Dort werden die Ergebnisse der Eingabe angezeigt. Der Dialog soll Steuerelemente zur Eingabe von Name und Vorname sowie zur Erklärung dieser Steuerelemente (z.B. `JLabel` mit Aufschrift „Name“ usw.) und die Schalter „OK“ bzw. „Cancel“ enthalten. Nach Drücken von „OK“ soll der Dialog geschlossen werden. Die Daten für Nachname und Vorname sollen übernommen und im JFrame angezeigt werden. Nach Drücken von „Cancel“ sollen die Eingaben des Anwenders verworfen werden, die Anzeige im `JFrame` darf sich nicht ändern.

16. Sie arbeiten in einem Schönheitsstudio und wollen den KundInnen verschiedene Möglichkeiten des Designs präsentieren. Eine Swing-Anwendung soll den Kunden eine Vorschau auf mögliche Ergebnisse bieten.
Ein Programm soll vier Komponenten zur Darstellung einer Person anbieten: Kinn, Brille, Haare sowie Zähne. Jede dieser Optionen kann unabhängig von den anderen ausgewählt werden. Das Beispiel zeigt die Möglichkeiten der Darstellung mit/mit/mit/mit bzw. ohne/mit/mit/mit (Kinn, Brille, Haare, Zähne). (Nach dem Java-Tutorial [31], dort finden Sie auch die Bilder.)

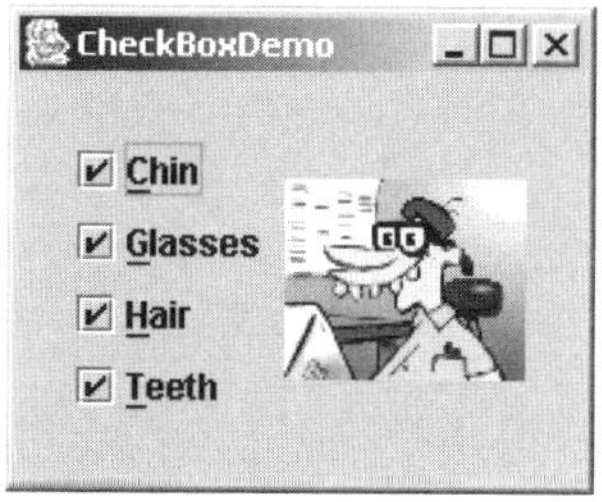

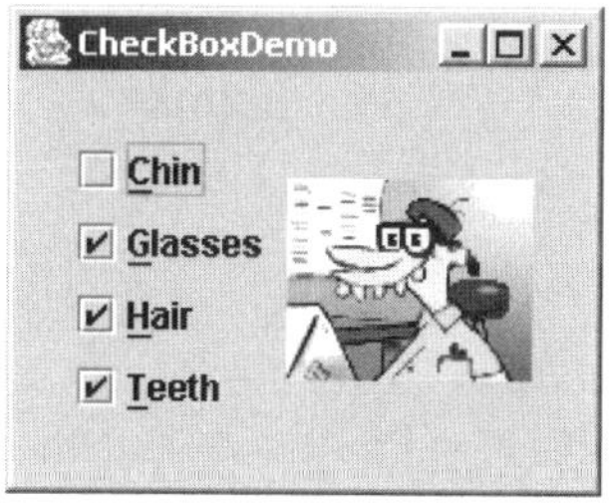

17. Lesen Sie den Namen eines Verzeichnisses ein und zeigen Sie alle Dateien in einer Swing-Tabelle an. Dabei sind die Spalten Name, Größe, Typ, Datum der letzten Änderung sowie eine Checkbox, ob ein Inhaltsverzeichnis vorliegt, anzuzeigen.
Hinweis:
   - Die Klasse `java.io.File` enthält alle Hilfsmittel zur Bearbeitung von Dateien und Verzeichnissen.
   - Verwenden Sie eine Unterklasse von `AbstractTableModel`. Diese soll die geforderten Daten einlesen.

18. (*)Das Programm soll die Fläche des Bildschirms in eine linke bzw. rechte Hälfte aufteilen. In der linken Hälfte soll das `JTree`-Steuerelement benutzt werden, um den Dateibaum anzuzeigen. In der rechten Hälfte soll die Tabelle aus der vorigen Aufgabe die Anzeige des Inhalts des gerade in der linken Hälfte gewählten Verzeichnisses durchführen.

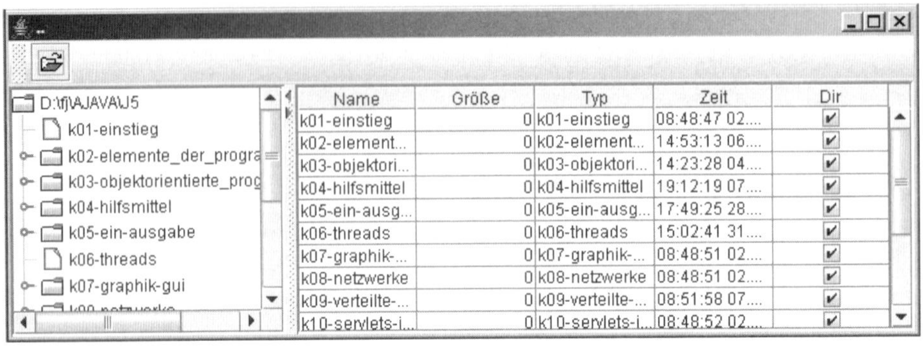

8 Programmierung in Netzwerken

Java ist als Programmiersprache im Internet ohne die eingebaute Fähigkeit der Programmierung von Anwendungen im Netzwerk nicht denkbar. Die Basis bilden die Sockets. Dieses Kapitel behandelt diese fundamentale Technik der Verbindung von Anwendungen auf verschiedenen Rechnern. Die Zusammenarbeit solcher Programme über das Internet beruht auf Sockets als Prinzip für die Client-Server-Architekturen. Darauf setzen Internet-Protokolle für das World Wide Web (http: Hypertext Transfer Protocol), Dateitransfer (ftp: File Transfer Protocol) und Email (smtp: Simple Mail Transfer Protocol) auf.

Das nächste Kapitel über verteilte Anwendungen führt den Socket-Ansatz anhand der Fallstudie „Telefonauskunft" fort. Im übernächsten Kapitel zeigen Servlets und JavaServer Pages die Anwendung des http-Protokolls bei der Zusammenarbeit von Anwendungen im Unternehmen und Internet.

8.1 Programmierung von Sockets

Das Client-Server-Modell ist im Internet weit verbreitet. Bei diesem Modell besteht eine Anwendung aus zwei Teilen:

- Client Der Client (Auftraggeber) fragt Dienste nach.
- Server Der Server (Auftragnehmer) bietet Dienste an.

Das World Wide Web funktioniert nach diesem Prinzip. Häufig ist auf dem System des Anwenders ein Browser als Client installiert. Der Anwender benutzt beim Zugriff auf das Internet diesen Client und erteilt ihm unter Verwendung einer URL (Uniform Resource Locator) Aufträge. So bezeichnen die URLs für das http-Protokoll (Hypertext Transfer Protocol)

```
http://java.sun.com/
http://www.omg.org/
```

interessante Anlaufstellen im World Wide Web. Jede Ressource wird im Internet durch ihre URL benannt. Eine URL besteht aus der Bezeichnung für das Protokoll (oben http) sowie der eigentlichen Adresse im Internet. Mit einer URL kann in einem Browser, aber auch in Java eine Ressource im Internet eindeutig angesprochen werden. Ein Protokoll besteht aus einzelnen Nachrichten in einem bestimmten Aufbau, die in einer festgelegten Reihenfolge zwischen den Partnern der Kommunikation, also Client und Server, ausgetauscht werden.

Hinweis: Alle Programme dieses Kapitels sind auf JDK 1.5 abgestimmt. Die Unterschiede zwischen einzelnen Versionen von Java treten bei Problemen, wie sie in diesem Abschnitt behandelt werden, klar zutage. Deswegen wird für diesen Abschnitt die Installation von JDK 1.5 empfohlen.

8.1.1 Grundlagen von Netzwerken

Die nachfolgende Grafik zeigt die Schichten der Netzwerkprogrammierung. Java-Programme bewegen sich auf der Anwendungsschicht. Sie kommen nicht mit der Transport- bzw. Netzwerkschicht in Berührung, wenn das Package `java.net` benutzt wird.

Anwendung (http, ftp, smtp, telnet, ...)
Transport (TCP, UDP)
Vermittlung (IP)
Sicherung und Übertragung (Geräte, Treiber)

Das Socket-Interface wurde zur Programmierung verteilter Anwendungen auf TCP/IP-Netzwerken (Transmission Control Protocol/Internet Protocol) für UNIX-Rechner entwickelt. UDP bedeutet User Datagram Protocol. Die Socket-Abstraktion setzt zwei Prozesse voraus, die auch auf demselben Rechner laufen können. Ein Socket ist dabei als ein Endpunkt einer Kommunikation im Netzwerk zu verstehen. Um eine Verbindung zu ermöglichen, braucht man zwei solcher Enden. Dabei gibt es zwei Typen von Verbindungen:

- verbindungsorientiert: sequenzielle Bearbeitung in Streams möglich (TCP);
- verbindungsfrei: Datagramme, einzelne Pakete von Nachrichten (UDP).

Bei den Enden der Socket-Schnittstelle ist grundsätzlich zwischen der Client- und der Server-Seite zu unterscheiden. Es liegt in der Natur der Server-Seite, Dienste anzubieten. Die Dienste haben zum Teil „wohlbekannte“ Nummern. Jede dieser Nummern entspricht dann einem sog. Port, an dem der Server auf eingehende Aufträge „horcht“. Für einen Web-Server ist dies Port 80.
Diese Ports können von den Programmen nicht willkürlich gewählt werden, die Koordinierungsstelle IANA (`www.iana.org`) regelt die Vergabe der sog. „well known ports“.
Die folgende Tabelle zeigt eine kleine Auswahl von Ports für bekannte Dienste.

`echo`	`7/tcp`	Echo
`echo`	`7/udp`	Echo
`qotd`	`17/tcp`	Quote of the Day
`qotd`	`17/udp`	Quote of the Day
`msp`	`18/tcp`	Message Send Protocol
`msp`	`18/udp`	Message Send Protocol
`chargen`	`19/tcp`	Character Generator
`chargen`	`19/udp`	Character Generator
`ftp-data`	`20/tcp`	File Transfer [Default Data]
`ftp-data`	`20/udp`	File Transfer [Default Data]
`ftp`	`21/tcp`	File Transfer [Control]
`ftp`	`21/udp`	File Transfer [Control]
`ssh`	`22/tcp`	SSH Remote Login Protocol
`ssh`	`22/udp`	SSH Remote Login Protocol
`telnet`	`23/tcp`	Telnet

`telnet`	`23/udp`	Telnet
`smtp`	`25/tcp`	Simple Mail Transfer
`smtp`	`25/udp`	Simple Mail Transfer
`http`	`80/tcp`	World Wide Web HTTP
`http`	`80/udp`	World Wide Web HTTP

Der Client nimmt Verbindung zum Server auf und fordert mit einer bestimmten Port-Nummer einen bestimmten Dienst an. Ein Client braucht also die IP-Adresse, die Nummer eines Dienstes sowie die Art des Protokolls (in obiger Datei: `tcp` bzw. `udp`). Der Server braucht keine IP-Adresse, er läuft ja auf einem bestimmten Rechner. Er benötigt nur eine Portnummer. Server können so konstruiert sein, dass sie gleichzeitig mehrere Anforderungen bearbeiten. Man spricht dann von parallelen Servern. Wenn ein Server die Anforderungen der Reihe nach bearbeitet, spricht man von einem sequenziellen Server.
Für die Programmierung eigener Anwendungen ist besonders der eigene Rechner, der „lokale Host" von Bedeutung. Er ist unter den folgenden Bezeichnungen ansprechbar. Bei der zweiten Darstellung ist die Internet-Adresse direkt in der Form aus vier Bytes in dezimaler Schreibweise angegeben: das „Loop-Back"-Gerät.

```
localhost
127.0.0.1
```

Bei der verteilten Verarbeitung werden zwischen Client und Server Informationen ausgetauscht. Das Internet-Protokoll IP arbeitet mit einzelnen Datenblöcken. Bei der Übertragung kann es Überholvorgänge geben. Außerdem können Datenblöcke abhanden kommen. Verbindungsorientierte Sockets übernehmen die Aufgabe, die Reihenfolge der Datenblöcke beim Empfänger zu wahren. Außerdem werden Übertragungsfehler behandelt. Aus der Sicht des Programmierers bieten solche Verbindungen die in Java durch das Wort „Stream" beschriebenen Eigenschaften. Als „Stream" kann man eine Datei über das Internet wie eine lokal am Rechner vorhandene Datei bearbeiten.

8.1.2 Sockets in Java

8.1.2.1 Verbindungsorientierte Kommunikation

Die Klassen `java.net.Socket` bzw. `java.net.ServerSocket` beinhalten die Methoden zur Kommunikation mittels Streams zwischen den einzelnen Prozessen. `DatagramSocket` dient zum Verschicken und Empfangen von einzelnen Datenpaketen, wobei weder der Empfang noch die Reihenfolge von der Transportschicht garantiert werden. Die Klasse `java.net.InetAddr` hilft bei der Darstellung von IP-Adressen für das Internet, während `java.net.URL` das Arbeiten mit den URLs unterstützt.

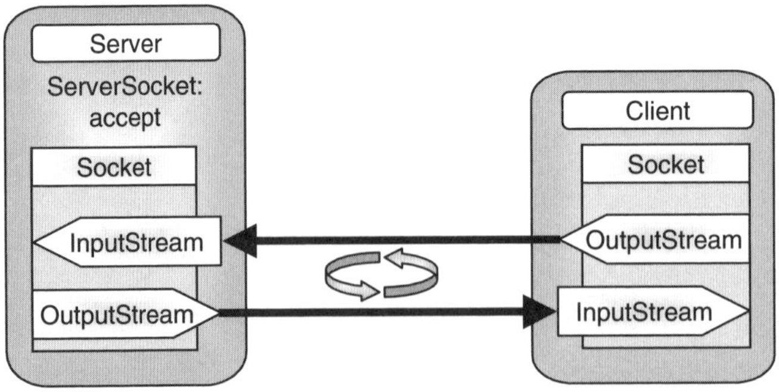

In Java ist der Zugriff auf Sockets mit den Klassen `Socket` und `ServerSocket` gekapselt. Der Programmierer ist von den Niederungen spezieller Implementierungen auf den verschiedenen Architekturen völlig entlastet. Die Anlage einer Instanz der Klasse `ServerSocket` beinhaltet alle Funktionen zum Anlegen eines Server-Sockets. `accept` liefert dann einen Socket für eine am Server eingehende Verbindung, die ein Client durch Anlage eines Sockets eröffnet hat. Auch in Java können Client und Server am selben Rechner als verschiedene Prozesse laufen.
Java vereinfacht die Verbindung zwischen den Endpunkten der Kommunikation durch mit den Sockets verbundene Streams. Damit wird die Programmierung von Sockets auf Probleme reduziert, wie man sie bei der Bearbeitung von Dateien kennt. Besonders vorteilhaft für die Sicherheit wirkt sich das Exception-Handling von Java aus.

Prinzipieller Aufbau einer Client-Anwendung

```
try {
  Socket client = new Socket (Host, PortNummer);
  InputStream  in  = client.getInputStream ();
  OutputStream out = client.getOutputStream ();
  // Lesen von in: ggfs Reader von Kap. 5 benutzen
  // Schreiben nach out. ggfs. PrintWriter von Kap. 6 benutzen
 .......
  // Schließen der Streams und der Verbindung
  } catch (IOException ioe) {
      // Fehlerbehandlung
  }
```

Prinzipieller Aufbau einer sequenziellen Server-Anwendung

```
try {
  ServerSocket server = new ServerSocket (PortNummer);
  while (true) {
    Socket verbindung = server.accept ();
    InputStream  in  = verbindung.getInputStream ();
    OutputStream out = verbindung.getOutputStream ();
    // Lesen von in und Schreiben nach out
   .......
    // Schließen der Streams und der Verbindung
    // Herunterfahren des Servers ? -> Schleife verlassen
  } catch (Exception e) {
      // Fehlerbehandlung für IOException, SecurityException,
      // SocketTimeoutException, IllegalBlockingModeException
  }
}
// Schließen des Servers
```

Der Serverbetrieb muss dann von Hand am Server durch Abbruch des Java-Programms oder von Clients durch spezielle Kommandos beendet werden.

Prinzipieller Aufbau einer parallelen Server-Anwendung

Eine parallele Server-Anwendung unterscheidet sich von einer sequenziellen Anwendung dadurch, dass bei jeder mit `accept()` angenommenen Verbindung ein Thread zu deren Bearbeitung gestartet wird. Der Server bearbeitet die Verbindung nicht mehr weiter, sondern horcht wieder am Socket, ob weitere Verbindungen eingehen. Der Serverbetrieb muss dann – wie beim sequenziellen Server – am Server durch Abbruch des Java-Programms oder von Clients durch spezielle Kommandos beendet werden.

```
class ServerThread extends Thread {
  Socket verbindung = null;

  ServerThread (Socket verbindung) {
    this.verbindung = verbindung;
  }

  void run () {
    try {
      InputStream  in  = verbindung.getInputStream ();
      OutputStream out = verbindung.getOutputStream ();
      // Lesen von in und Schreiben nach out
..    .....
      // Schließen der Streams und der Verbindung
    } catch (IOException ioe) {
      // Fehlerbehandlung
    }
  }
}

// Server-Klasse
class Server {
  // ... irgendeine Methode fuer die Arbeit im Server
  ServerSocket server = new ServerSocket (PortNummer);
  while (true) {
    try {
      Socket verbindung = server.accept ();
    } catch (Exception e) {
      // Fehlerbehandlung für IOException, SecurityException,
      // SocketTimeoutException, IllegalBlockingModeException
    }
    ServerThread serverthread =
             new ServerThread (verbindung);
    serverthread.start ();
  // Herunterfahren des Servers ? -> Schleife verlassen?
  }
// Schließen des Servers
```

Parallele Server sind in Java mit einem gegenüber sequenziellen Servern kaum erhöhten Aufwand zu realisieren. Wenn im Programm zwischen dem Aufbau der Verbindung und der Bearbeitung der Verbindung wie oben getrennt wird, wird die Software-Struktur übersichtlicher. Probleme können aber auftreten, wenn die parallelen Server auf gemeinsame Ressourcen zugreifen. Vgl hierzu Kapitel 6.

> **Hinweis:** Client und Server müssen nicht in derselben Sprache geschrieben werden. So ist die Verbindung von Clients, die per Applet in HTML-Seiten eingebunden sind, mit in C bzw. C++ programmierten Servern möglich.

Ausgewählte Konstruktoren und Methoden der Klasse Socket

`Socket(String host, int port) throws IOException, UnknownHostException;`	Erzeugt einen Stream-Socket und verbindet ihn zum angegebenen Port auf dem angegebenen Host.
`Socket( InetAddress address, int port) throws IOException;`	Erzeugt einen Stream-Socket und verbindet ihn zum angegebenen Port auf der angegebenen Adresse.
`void close() throws IOException;`	Schließt den Socket.
`InputStream getInputStream() throws IOException;`	Gibt einen InputStream für diesen Socket zurück. Dieser kann, wie in Kap. 5 beschrieben, bearbeitet werden.
`InetAddress getLocalAddress();`	Liefert die lokale Adresse, an die der Socket gebunden ist.
`OutputStream getOutputStream() throws IOException;`	Gibt einen OutputStream für diesen Socket zurück. Dieser kann wie in Kap. 5 beschrieben bearbeitet werden.
`boolean isClosed();`	Genau dann wahr, wenn Socket geschlossen.
`boolean isConnected();`	Genau dann wahr, wenn Socket verbunden.

Ausgewählte Konstruktoren und Methoden der Klasse ServerSocket

`ServerSocket() throws IOException;`	Erzeugt einen ungebundenen Server-Socket.
`ServerSocket(int port) throws IOException;`	Erzeugt einen Server-Socket an dem angegebenen Port. Wenn 0 angegeben ist, wird ein beliebiger freier Port gewählt. Auch eine `SecurityException` ist möglich.
`Socket accept();`	Horcht auf eine an diesem Socket eingehende Verbindung und akzeptiert sie.
`void close();`	Schließt diesen Socket.
`InetAddress getInetAddress();`	Gibt die lokale Adresse des Server-Sockets zurück.
`boolean isBound();`	Liefert den Bindungs-Status des Server-Sockets.
`boolean isClosed();`	Genau dann wahr, wenn Socket geschlossen.

8.1.2.2 Verbindungslose Kommunikation

Mit verbindungsfreien Sockets kann man einzelne Datenpakete versenden. Jedes Paket ist unabhängig von den anderen. Der empfangende Prozess muss ein Byte-Array zur Verfügung stellen, in das die Nachricht passt. Ist die Nachricht zu lang, wird sie gekürzt. Senden (`send`) blockiert nicht, Empfangen (`receive`) blockiert, außer wenn man einen Time-Out angibt. Die Empfangsmethode `receive` nimmt jede Nachricht an, die an den Socket adressiert ist. Der Absender lässt sich aus der Nachricht auslesen.

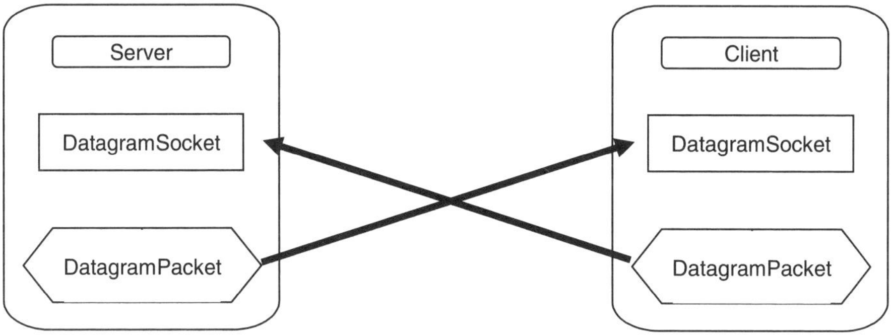

Fehlermöglichkeiten

- Pakete können verloren gehen.
- Einzelne Pakete können andere Pakete überholen.

Beispielprogramm: Client für UDP

Ein Client schickt eine in der Kommandozeile übergebene Nachricht an einen Server. Der Server zeigt die Daten auf `System.out` an und schickt die Daten des Clients zu diesem zurück, der sie dann ausgibt.

```
import java.io.*;
import java.net.*;

public class UDPClient {
  public static void main(String args[]) {
    // Aufruf java UDPClient nachricht host port
    DatagramSocket socket = null;
    try {
      socket = new DatagramSocket();
      byte[] nachricht = args[0].getBytes();
      InetAddress aHost = InetAddress.getByName(args[1]);
      int port = Integer.parseInt(args[2]);
      DatagramPacket request = new DatagramPacket(
                      nachricht, nachricht.length, aHost, port);
      socket.send(request);
      byte[] buffer = new byte[1000];
      DatagramPacket antwort = new DatagramPacket(
                      buffer, buffer.length);
      socket.receive(antwort);
      System.out.println ("Antwort: " +
         new String(antwort.getData(), 0, antwort.getLength()));
    } catch (IOException e) {
      e.printStackTrace(System.err);
    } finally {
      if (socket != null)
        socket.close();
    }
  }
}
```

Beispielprogramm: Server für UDP

```
import java.io.IOException;
import java.net.*;
```

```
public class UDPServer {
  public static void main(String[] args) {
    // Aufruf java UDPServer port
    DatagramSocket socket = null;
    try {
      socket = new DatagramSocket(Integer.parseInt(args[0]));
      byte[] buffer = new byte[1000];
      while (true) {
        DatagramPacket anfrage = new DatagramPacket(
             buffer, buffer.length);
        socket.receive(anfrage);
        DatagramPacket antwort = new DatagramPacket(
             anfrage.getData(), anfrage .getLength(),
             anfrage.getAddress(), anfrage.getPort());
        System.out.printf("Erhalten: %d bytes %d %s\n",
             anfrage.getLength(), anfrage.getData().length,
             new String(anfrage.getData()));
        socket.send(antwort);
      }
    } catch (IOException e) {
      e.printStackTrace(System.err);
    } finally {
      if (socket != null)
        socket.close();
    }
  }
}
```

Ausgewählte Konstruktoren und Methoden der Klasse DatagramSocket

`DatagramSocket(int port) throws SocketException;`	Erzeugt einen Datagramm Socket und bindet ihn an den angegebenen Port auf der lokalen Maschine.
`DatagramSocket (int port, InetAddress laddr);`	Erzeugt einen Datagramm-Socket und bindet ihn an die angegebene Adresse. Vgl. `Inet-SocketAddress`.
`void close();`	Schließt diesen Datagramm-Socket.
`void send(DatagramPacket p) throws IOException;`	Sendet ein Datagramm-Paket.
`void receive(DatagramPacket p) throws IOException;`	Empfängt ein Datagramm-Paket.

Ausgewählte Konstruktoren und Methoden der Klasse DatagramPacket

`DatagramPacket (byte[] buf, int length);`	Konstruiert ein `DatagramPacket` zum Empfang eines Pakets in der angegebenen Länge.
`DatagramPacket (byte[] buf, int length, SocketAddress address);`	Konstruiert ein `DatagramPacket` zum Senden eines Pakets in der angegebenen Länge an den angegebenen Host.
`void setData(byte[] buf);`	Setzt den Puffer.
`void setData(byte[] buf, int offset, int length);`	Setzt den Puffer.
`void setLength(int length);`	Setzt die Länge.
`void setPort(int port);`	Setzt den Port für den Empfänger.

`void setSocketAddress (SocketAddress address);`	Setzt die Adresse für den Empfänger.

8.1.2.3 Java Klassen für Internet-Adressen und zur Darstellung von URLs

Ausgewählte Konstruktoren und Methoden der Klasse InetSocketAddress

`InetSocketAddress (InetAddress addr, int port);`	Erzeugt eine Socket-Adresse aus einer IP-Adresse und einer Port-Nummer.
`InetSocketAddress (String hostname, int port)`	Erzeugt eine Socket-Adresse aus einem Hostnamen und einer Port-Nummer.
`InetAddress getAddress();`	Liefert die Internet-Adresse.
`String getHostName();`	Liefert den Hostnamen.
`int getPort();`	Liefert die Port-Nummer.

Ausgewählte Methoden der Klasse InetAddr

Diese Klasse hat keinen Konstruktor. Sie liefert Auskünfte über die Internetadresse, die einer Verbindung zugrunde liegt.

`static InetAddress getByAddress (byte[] addr);`	Liefert das `InetAddress`-Objekt für eine im Byte-Format gegebene Internet-Adresse.
`static InetAddress getByName(String host);`	Liefert die Internet-Adresse eines Host.
`String getHostAddress();`	Liefert die IP-Adresse als Zeichenkette.
`String getHostName();`	Liefert den Hostnamen für eine Internet-Adresse.
`static InetAddress getLocalHost();`	Liefert den Localhost.

Ausgewählte Konstruktoren und Methoden der Klasse URL

`URL(String protocol, String host, int port, String file) throws MalformedURLException;`	Erzeugt eine URL aus dem Protokoll, Host, Port und Datei.
`URL(String spec) throws MalformedURLException;`	Erzeugt eine URL aus einer URL-Spezifikation in Textform.
`String getQuery();`	Liefert den Abfrageanteil einer URL (d.h. die Zeichenfolge nach dem Fragezeichen ‚?').
`String getPath();`	Liefert den Pfad einer URL.
`int getPort();`	Liefert den Port einer URL.
`String getProtocol();`	Liefert das Protokoll einer URL.
`String getHost();`	Liefert den Host einer URL. Das Format entspricht RFC 2732, d.h. für eine IPv6-Adresse wird die Adresse in Klammern ('[' und ']') geliefert.
`String getFile();.`	Liefert den Dateinamen dieser URL.

`InputStream openStream() throws IOException;`	Liefert einen Eingabestrom, um von der URL zu lesen.

8.2 Java-Programme für Internet-Protokolle

Das Internet bietet u.a. die Dienste `http`, `ftp` und `smtp` an. Diese Dienste sind in Form sog. Protokolle standardisiert:

`http`	Hypertext Transfer Protocol
`ftp`	File Transfer Protocol
`smtp`	Simple Mail Transfer Protocol

All diese Protokolle basieren auf der Socket-Schnittstelle, sodass einer Implementierung in Java nichts im Wege steht. Direkt auf den o.a. Protokollen aufzusetzen, ist aufwändig. Ziel dieses Abschnitts ist es nicht, die einzelnen Protokolle umfassend zu behandeln. Stattdessen soll das im Java-System gebotene Potenzial anhand einführender Beispiele zur Problemlösung für den Leser erschlossen werden. Für eine vertiefte Darstellung wird auf [13] verwiesen.

Hinweis: Die Programme dieses Abschnitts benutzen zum Teil Klassen aus den `sun.net.*`-Packages. Diese Packages sind nicht dokumentiert und von möglichen Änderungen betroffen. Der Leser möge dies beachten, wenn er die entsprechenden Programme in seine Lösungen integrieren will.

Dieser Abschnitt soll beim Einsteigen in die Programmierung dieser Protokolle helfen. Damit kann man elementare Zugriffe auf HTML-Seiten in Java-Programme integrieren. Ferner transferieren wir Dateien mittels `ftp` versenden Emails aus Java-Programmen.

8.2.1 Ein Client für http

Eine `http`-Transaktion besteht aus dem vom Client initiierten Aufbau einer Verbindung, dem Stellen einer Anforderung, der Antwort des Servers sowie dem Schließen der Verbindung durch den Client bzw. den Server. `http` ist ein zustandsloses Protokoll, es liefert also keine Informationen über die Reihenfolge einzelner Anfragen. Wenn in einer Anwendung sog. Sitzungen gewünscht werden, müssen sie von den Programmierern selbst implementiert werden.
In diesem Abschnitt werden Dateien von einem Web-Server geholt. Im ersten Beispiel wird die Datei über die komfortablen Methoden der URL-Klasse heruntergeladen. Das zweite Beispiel setzt direkt auf der `http`-Schnittstelle auf.

Herunterladen einer Datei von einem Web-Server

```
import java.net.URL;
import java.io.*;

public class HTTPReadURL {

  // Ermittle den Dateinamen zum lokalen Abspeichern
  public static String getFileName (String name) {
    int i = name.lastIndexOf ('/');
    if (i < 0)
      return name;
```

```
      else
        return name.substring (i+1);
    }

    public static void main (String args[]) {
      if (args.length < 1)
        System.err.println ("Aufruf: java HTTPReadURL url");
      else
        try {
          URL u = new URL (args[0]);

          byte b[] = new byte[1492];
          InputStream in = u.openStream ();
          FileOutputStream fos =
               new FileOutputStream (getFileName (args[0]));
          int l;
          while ((l = in.read (b)) > 0)
            fos.write (b, 0, l);
          fos.close ();
          in.close ();
        } catch (Exception e){
          System.err.println (e);
        }
    }
  }
```

Hinweis: Das Lesen der Datei über die URL wird identisch zur Verarbeitung einer lokalen Datei programmiert. Dies zeigt einmal mehr die Stärke des objektorientierten Designs des Java-Klassensystems.

Client: über Sockets programmiert

Der Client nimmt Verbindung zum Web-Server auf. Er stellt eine Anforderung in einem bestimmten Format und erhält als Antwort einen Meldungskopf sowie Daten. Das folgende Bild zeigt den prinzipiellen Ablauf.

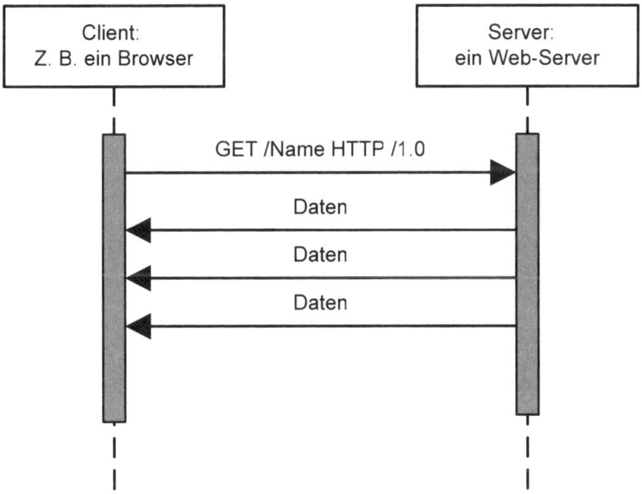

Beispiel: GET-Anforderung einer Seite (vereinfacht)

1	`GET /index.html HTTP/1.0`
4	

Die Anforderung besteht aus mindestens zwei Zeilen. In der ersten Zeile werden der Name der gewünschten Datei (hier `index.html`) sowie das Protokoll angegeben. Die zweite Zeile ist eine Leerzeile. Sie ist unerlässlich und schließt die Anforderung ab.
Die `GET`-Anforderung kann auch zum Zugriff auf CGI-Skripten direkt ausprogrammiert werden. In diesem Fall müssen auf die angeforderte Datei nach dem Fragezeichen die Parameter folgen:

```
GET xyz.cgi?name=wasihrwollt&nummer=1234 HTTP/1.0
```

Für eine Darstellung des `http`-Protokolls siehe RFC (Request For Comment) 2616 `http://www.w3.org/Protocols/`.

Die Antwort des Servers

Die Antwort des Servers besteht aus einem Meldungskopf, der von einer Leerzeile abgeschlossen wird. Danach folgt entweder das angeforderte Dokument oder ein Dokument mit der Fehlermeldung, falls die Anforderung fehlgeschlagen ist.

Antwort, wenn Datei gefunden (Apache Web-Server)

```
HTTP/1.1 200 OK
Date: Wed, 13 Jul 2005 21:06:53 GMT
Server: Apache/1.3.33 (Unix) PHP/4.3.10
Last-Modified: Sun, 20 Apr 2003 20:24:34 GMT
ETag: "31a301-d4e-3ea30202"
Accept-Ranges: bytes
Content-Length: 3406
Connection: close
Content-Type: text/html

<HTML lang="de">
<HEAD> usw... usw ... insgesamt 3406 Bytes
```

Antwort, wenn Datei nicht gefunden (Microsoft IIS)

```
HTTP/1.1 400 Bad Request
Server: Microsoft-IIS/5.1
Date: Wed, 13 Jul 2005 21:03:54 GMT
Content-Type: text/html
Content-Length: 79
```

Hinweis: Dateinamen bei einer `GET`-Anforderung müssen mit / beginnen, wie man obiger Fehlermeldung eines Apache-Servers entnehmen kann.

Programm für den http-Client

```
// Ziel:    Eine HTTP-Seite mit der HTTP-Anforderung GET über
//          Java auslesen und ausgeben
// Wichtig: Dateinamen immer mit / beginnen

import java.io.*;
import java.net.*;
import java.util.*;

public class HTTPClient {
```

```
static Socket        client = null; // Verbindung zum Host
static PrintStream   ps     = null; // Schreibseite des Socket
static InputStream   in     = null; // Leseseite des Socket

// Alle geöffneten Ressourcen schließen
static void closeAll () {
  try {
    if (ps != null)
      ps.close ();
    if (in != null)
      in.close ();
    if (client != null)
      client.close ();
  } catch (IOException e) {
    System.err.println (e);
  }
}

// Ein Dokument wird vom Host angefordert.
static void getDocument (String host, String name, int port){
  try {
    // Öffne den Client-Socket
    client = new Socket (host, port);
    // Verbinde die Streams
    PrintStream ps =
      new PrintStream (client.getOutputStream ());

    // Vorbereitung der Kopfzeilen für die Anfrage
    String requestLines[] = {
      "GET " + name + " HTTP/1.0",
      "" // Leerzeile bitte nicht löschen !
    };

    // Anfrage an Server stellen.
    for (int i = 0; i < requestLines.length; i++)
      ps.println (requestLines[i]);

    // Auslesen der Antwort des Servers
    // Zeige die Antwort(einschl. der übertragenen Datei)an.
    // Dies ist nur für Text-Dateien sinnvoll.
    in = client.getInputStream ();
    int ch = -1;
    while ((ch = in.read ()) != -1)
      System.out.write (ch);

  } catch (IOException e) {
    System.err.println (e);
  }
}

public static void main (String args[]) {
  if (args.length < 2) {
    System.err.println (
          "Aufruf: java HTTPClient Host Dateiname [port]");
    return;
  }
  String host = args[0];
  String name = args[1];
  int port    = 80; // HTTP-Port : Default = 80

  if (args.length == 3) {
    try {
```

```
            port = Integer.parseInt (args[2]);
          } catch (Exception e) {
          }
        }

        getDocument (host, name, port);
        closeAll ();
      }
    }
```

Aufruf (Beispiel)

```
java HTTPDemo localhost "/index.html"
java HTTPDemo "java.sun.com" "/index.html"
```

8.2.2 Ein Client für ftp

Das File Transfer Protocol beinhaltet eine Befehls- und eine Datenverbindung[13]. Die Details sind in der Klasse `sun.net.FtpClient` gekapselt. Mit dieser Klasse kann eine Verbindung zu einem ftp-Server aufgenommen werden:

```
FtpClient client = new FtpClient (...hostname...);
```

Nach einem `client.login (user, passwort)`-Kommando können übliche `ftp`-Kommandos wie `ascii()`, `binary()` oder `cd (Verzeichnis)` abgesetzt werden. Zu beachten ist, dass sowohl das `list()`- als auch das `get(Dateiname)`-Kommando die von `InputStream` abgeleitete Klasse `sun.net.TelnetInputStream` liefert. Dieser `InputStream` kann wie in Kapitel 5 beschrieben bearbeitet werden.

Hinweis

Mit dem `javap`-Kommando kann man sich die Mitglieder einer Klasse anzeigen lassen. So erhält man alle Mitglieder der o.a. Klasse mit dem Kommando

```
javap sun.net.ftp.FtpClient
```

Ziel

Ein Programm soll sich bei einem `ftp`-Server einloggen. Danach wird der Inhalt des Verzeichnisses ausgegeben. Auf Wunsch wird eine Textdatei transferiert und auf Konsole ausgegeben.

Programm für den ftp-Client

```
import sun.net.*;
import sun.net.ftp.*;
import java.io.*;
public class FTPClient {
  public static void main (String args[]) {
    if (args.length < 3)
      System.out.println("Aufruf FTPDemo server user password");
    else {
      try {
        FtpClient ftp = new FtpClient (args[0]);
        ftp.login (args[1], args[2]);
        ftp.ascii (); // Hier: ASCII-Transfermodus benutzen
        BufferedReader r;
        InputStream t;
        String line = null;
        // Ausgabe des aktuellen Verzeichnisses des Servers
```

```
        t = ftp.list ();
        line = null;
        r = new BufferedReader(new InputStreamReader(t));
        while ((line = r.readLine ()) != null)
          System.out.println (line); // Ausgabe des Inhalts
        t.close ();
        // Lesen einer Datei und Ausgabe auf Konsole
        if (args.length > 3) {
          t = ftp.get (args[3]);
          r = new BufferedReader(new InputStreamReader(t));
          while ((line = r.readLine ()) != null)
            System.out.println (line);
          t.close ();
        }
      }
      catch (IOException e) {
        System.out.println (e);
      }
    }
  }
}
```

Aufruf (Syntax)

```
java host username passwort [dateiname]
```

Probelauf

```
>java FTPClient ftp.uni-heidelberg.de anonymous x@y.d
-rw-r--r--   1 ftp      ftp           530 Nov 13  1996 Index
drwxr-xr-x   6 ftp      ftp          4096 Mar 30  1996 LizenzInfo
drwxr-xr-x   4 ftp      ftp          4096 Aug 20  1996 Workshops
drwxr-xr-x   2 ftp      ftp          4096 Jul 13 13:59 drop
drwxr-xr-x   3 ftp      ftp         28672 Jul 13 14:00 incoming
drwxr-xr-x   2 ftp      ftp          4096 Oct 25  2004 mirrors
...
-rw-r--r--   1 ftp      ftp             0 Sep 24  2004 test
```

8.2.3 Ein Client für smtp

Für manche Anwendung ist das Versenden von Emails nützlich. Dieser Versand muss nach dem `smtp` (Simple Mail Transfer Protocol) erfolgen. Viele Programmierer werden von der Komplexität der einschlägigen RFCs abgeschreckt. Das `smtp` ist im RFC 821 von Postel beschrieben. Für den Anwender der Klasse `sun.net.smtp.SmtpClient` reduziert sich die Programmierung einer Email in einfachen Fällen auf einen linearen Ablauf:

- Anlegen einer Instanz der Klasse `SmtpClient`.
- Die Kommandos `from` (Absender angeben) und `to` (Empfänger) absetzen.
- Einen `PrintStream` zum komfortablen „Ausdrucken" des Mail-Textes von der o.a. Instanz abholen.
- Den Text der Mail auf diesen `PrintStream` ausgeben.
- Die Instanz explizit schließen.

Programm: smtp-Client

```
// Zweck: Versenden einer Mail via Socket/SmtpClient
// Vorsicht: die sun.net.*-Klassen werden benutzt!
//
import java.util.*;
```

```
import java.io.*;
import sun.net.*;
import sun.net.smtp.*;

// Codierung von Zeichen in der Form =XY
// Dabei ist XY die hexadezimale Darstellung des Zeichens
class Code {
  // Quoted_printable == QP - Codierung
  public static String QP (String s) {
    StringBuffer ss = new StringBuffer (s.length () + 5);
    for (int i = 0; i < s.length(); i++) {
      int ii = s.charAt (i);
      if (ii > 128 || ii == '=')
        ss.append ("="+Integer.toHexString (ii));
      else  ss.append (s.charAt (i));
    }
    return ss.toString();
  }
}

// Eine Mail via Socket/SmtpClient senden
public class SMTPDemo {

  public void sendMail (String MailServer,
          String From, String To,
          String Subject, String MessageText) {
    try {
      SmtpClient s = new SmtpClient (MailServer);
      s.from (From);    // Absender
      s.to   (To);      // Empfänger
      // p dient zum Senden des Textes
      PrintStream p = s.startMessage ();

      // Einige in der Praxis bewährte Felder in der Mail
      p.println (
         "Content-transfer-encoding: Quoted-printable");
      p.println ("From : " + From);
      p.println ("To :   " + To);
      p.println ("Subject : " + Subject);

      // Den übergebenen Text codiert senden
      p.println (Code.QP(MessageText));
      // sofortiges Schließen des Socket
      s.closeServer ();
    } catch (sun.net.smtp.SmtpProtocolException e) {
      System.err.println ("SmtpProtocolException : " + e);
    } catch (IOException e) {
      System.err.println ("IOException : " + e);
    }
  }

  public static void main (String args[]) {
    SMTPDemo smtp = new SMTPDemo();
    if (args.length < 5)
      System.err.println (
        "Aufruf :  java SMTPDemo MailServer From To Subject" +
        MessageText");
    else
      smtp.sendMail (args[0], args[1], args[2],
                     args[3], args[4]);
  }
}
```

Aufruf (Syntax)

```
java SMTPDemo MailServer From To Subject MessageText
```

Parameter (wie der Text der Email) sollten beim Aufruf in Hochkommas eingeschlossen werden. Damit wird die Shell daran gehindert, den Inhalt der Parameter zu interpretieren.

Hinweis: Java bietet mit dem System `JavaMail` ein umfassendes System zur Programmierung von Emails aus Java-Programmen. Das hier vorgestellte Programm ist nur eine Lösung für einen elementaren Spezialfall der Email-Problematik.

Zusammenfassung

Verteilte Anwendungen im Internet beruhen auf der Client-Server-Architektur. Ein Server bietet auf einem Rechner einen bestimmten Dienst an. Hierfür „horcht“ er an einem sog. Port auf eingehende Verbindungen. Ein Port entspricht einer Nummer für einen Dienst, man kann auch an den Drucker-Port bei Personal-Computern denken.

Ein Client benötigt zum Aufbau einer Verbindung nicht nur einen Dienst, sondern auch einen Host als Anbieter des Dienstes. Aus beiden Daten wird die sog. URL aufgebaut. Sie kann auch einen Dateinamen enthalten.

Wenn die Verbindung zustande gekommen ist, werden Signale und Daten nach festgelegten Protokollen ausgetauscht. Diese Protokolle können, wie etwa das File Transfer Protocol ftp, u. U. mehr als einen Port benutzen. Das Protokoll legt das Format der Daten und der Steuerbefehle sowie die Reihenfolge der Befehle fest.

Auch wenn ein Client in Java geschrieben ist, muss der Server deswegen keineswegs in derselben Sprache geschrieben sein. Für den Server kommt jede Sprache in Frage, die Sockets unterstützt, z.B. die Sprache C.

9 Verteilte Anwendungen

Java ist seit seiner Entstehung eine Programmiersprache für verteilte Systeme. Darunter versteht man Anwendungen, deren Teile sich auf verschiedenen Rechnern befinden. Die Zusammenarbeit solcher Programme beruht auf Sockets als Prinzip für die Client-Server-Architekturen. Im Rahmen des http-Protokolls können Anwender über das Internet Bestellungen aufgeben, Reisen buchen usw. Anwender können also auf einem Server Aktivitäten auslösen und auf Antworten des Servers reagieren.
Bei der Zusammenarbeit zwischen Auftraggebern und Auftragnehmern haben sich verschiedene zum Teil recht komplexe und umfangreiche Technologien entwickelt:

- Sockets (vgl. Kapitel 8)
- CGI-Schnittstelle (Common Gateway Interface) (siehe beiliegende CD)
- RMI (Remote Methode Invocation) (vgl. Abschnitt 9.3)
- CORBA (Common Object Request Broker) (vgl. Abschnitt 9.4)
- Servlets (vgl. Abschnitt 10.1)
- JSP (JavaServer-Pages) (vgl. Abschnitt 10.5)

Neben der Einführung in die Programmierung verteilter Anwendungen werden die Leistungsmerkmale der einzelnen Techniken am Beispiel der „Telefonauskunft“ behandelt.
Die Abschnitte 9.2 bis 9.4 behandeln jeweils einen der in Java möglichen Lösungsansätze sowohl theoretisch als auch projektorientiert.
Beim Projekt der Telefonauskunft gibt es Clients auf diversen Rechnern. Diese fragen an einer zentralen Stelle, dem Server, nach den Telefonnummern von Teilnehmern. Die Clients verwenden einen String für den Namen des Teilnehmers und erhalten eine Nummer.
Da die Beispiele dieses Kapitels die gleiche Aufgabenstellung bearbeiten, kann in einigen Beispielen gemeinsamer Code benutzt werden. Client und Server haben bei allen Ansätzen die gleiche Kernfunktionalität, unterscheiden sich aber wesentlich in der Art der Verbindung der Teile und der Anpassung, wie im nächsten Abschnitt dargestellt.

9.1 Das Projekt „Telefonauskunft“

Die Telefonauskunft liefert für jeden gegebenen Namen eine Nummer. Anwender können diesen Dienst von beliebigen Rechnern aus in Anspruch nehmen. Der Dienst ist durch die folgende Schnittstelle `ITelefonbuch` festgelegt.

```
package tb;
public interface ITelefonBuch {
  public int sucheNummer (String Name);
}
```

Der Dienst wird auf einem Server erbracht. Dafür benötigt der Server eine Tabelle mit der Zuordnung von Namen zu Nummern. Diese Tabelle könnte in einer Datenbank verwaltet, aber auch für die Zwecke dieser Einführung im Programm des Servers gehalten werden. Die zuständige Java-Klasse heißt bei jeder Java-Lösung *tb.TelefonbuchImpl.java*. Dies gilt für alle Lösungswege, außer bei der CGI-Schnittstelle (nur auf der Homepage des Autors). Dort ist der Server in der Programmiersprache C angegeben.
Anwender können bei CGI, Servlets und JSP ein HTML-Formular benutzen. Bei Sockets, RMI und CORBA benötigt man ein Programm auf dem Rechner des Anwenders, welches

sowohl als Applet (vgl. Kapitel 11) wie auch als GUI-Anwendung (vgl. Kapitel 7) geschrieben wird. Dieses Programm soll über das Internet eine Anfrage an den Host stellen, von dem es geladen wurde.

Aufbau einer Lösung

Client	Server
`GUIPanel.java`	*`TelefonbuchImpl.java`*
`TelefonbuchApplet.java`	`TelefonbuchServer.java`
evtl. `Telefonbuch.html`	...
	`ITelefonBuch.java`

Jede Lösung in den Abschnitten 9.2 bis 9.4 besteht aus Client- und Serveranteilen. Die hierzu gehörigen Programme sind jeweils vollständig in einem eigenen Verzeichnis abgespeichert. Kursiv markierte Programme sind bei allen Lösungsansätzen identisch, außer bei der Schnittstelle. Diese ist nur funktional identisch.

Programm	Funktion
`GUIPanel.java`	Grafische Benutzeroberfläche. Sie ist identisch in allen Beispielen.
`TelefonbuchApplet.java`	Client-Applet
evtl. `Telefonbuch.html`	HTML-Seite mit Formular für den Client
`TelefonbuchImpl.java` im Package `tb`.	Die Implementierung der Funktionalität. Sie ist in allen Beispielen identisch, auch bei Servlets und JSP.
`TelefonbuchServer.java`	Dieser Server nimmt die Anfrage (2) auf, ruft die entsprechenden Methoden in (3) auf, verarbeitet die Ergebnisse aus (4) und leitet diese in (5) zum Client weiter.
`ITelefonBuch.java`	Diese Schnittstelle wird vom Server zur Verfügung gestellt.

Benutzeroberfläche GUIPanel.java

Wenn der Server die Anfrage über die http-Schnittstelle bedient, wie es bei CGI, Servlets oder JavaServer Pages der Fall ist, dient das Formular `Telefonbuch.html` als Client. Alternativ kann man den Client auch als Java-Applet in der Datei `TelefonbuchApplet.java` schreiben und von dort eine `GET`- oder `POST`-Anforderung an den Web-Server stellen. Für RMI- oder CORBA-Server bietet sich als Client in jedem Fall ein Java-Applet an. Die grafische Benutzeroberfläche `GUIPanel` des Applets wird in allen Anwendungen benutzt.

Grafische Benutzeroberfläche für einen Java-Client: GUIPanel.java

```
// GUI zum Einlesen eines Namens und zur Anzeige
// des Ergebnisses: die Nummer

import java.awt.*;
import java.awt.event.*;
import javax.swing.*;

public class GUIPanel extends JPanel {
  private JButton startSuche;
```

```
  private JLabel Label_Name, Label_Nummer, Nummer;
  private JTextField Name;

  // Initialisierung der GUI
  public GUIPanel (ActionListener actionHandler) {
    Label_Name = new JLabel ("Name");
    Name = new JTextField ("", 40);
    Label_Nummer = new JLabel ("Nummer");
    Nummer = new JLabel ("--");
    startSuche = new JButton ("Start der Suche: drücken");

    GridBagLayout l = new GridBagLayout ();
    setLayout (l);
    GridBagConstraints c = new GridBagConstraints ();
    c.fill    = GridBagConstraints.BOTH;
    c.weightx = 1; c.weighty = 1; c.gridheight = 1;

    // Name und Feld zur Eingabe in einer Zeile
    l.setConstraints (Label_Name, c);
    add (Label_Name);
    c.gridwidth = GridBagConstraints.REMAINDER;
    l.setConstraints (Name, c);
    add (Name);

    // Nummer und Feld zur Eingabe in einer Zeile
    c.gridwidth = 1;
    l.setConstraints (Label_Nummer, c);
    add (Label_Nummer);
    c.gridwidth = GridBagConstraints.REMAINDER;
    l.setConstraints (Nummer, c);
    add (Nummer);

    // Schalter in eigener Zeile
    c.gridwidth = GridBagConstraints.REMAINDER;
    l.setConstraints (startSuche, c);
    add (startSuche);
    startSuche.addActionListener (actionHandler);
  }

  public String getName () {
    return Name.getText ();
  }

  public void setNummer (String text) {
    Nummer.setText (text);
  }

  public void setNummer (int zahl) {
    setNummer ("" + zahl);
  }
}
```

Der Server: TelefonbuchImpl.java

```
// Datei: TelefonbuchImpl.java
// Implementierung der Suche nach Namen
import java.util.*;

public class TelefonbuchImpl implements ITelefonBuch {
  // Die Hashmap erledigt die Zuordnung Name --> Nummer
  private Map<String,Integer> Namen =
                    new HashMap<String,Integer> ();
```

```
    // Konstruktor: Zuordnung der Namen zu Nummern
    public TelefonbuchImpl ()  {
      Namen.put (new String ("kaiser"), 1001);
      Namen.put (new String ("koenig"), 1002);
      Namen.put (new String ("herzog"), 1003);
    }

    // Der Dienst dieser Klasse: Suchen nach Nummern
    public int sucheNummer (String Name)  {
      Integer i = Namen.get (Name);
      if (i == null)
        return -1;
      return i.intValue();
    }
  }
```

Von diesem Server wird nur die Eigenschaft benutzt, dass er die Schnittstelle `ITelefonBuch` implementiert. So lässt er sich beliebig austauschen. Natürlich könnte man die Zuordnung auch durch Anbindung an eine Datenbank über JDBC implementieren (vgl. Kapitel 12). Hier stehen jedoch die Aspekte der verteilten Verarbeitung im Vordergrund.

9.2 Implementierung der Telefonauskunft mit Sockets

Bei einer Anwendung auf einem Computer kann der Client die Methoden des Servers aufrufen. Wenn der Server in einem anderen Prozess bzw. auf einem anderen Computer läuft, ist dies nicht möglich. Wie das dann entstehende Problem gelöst wird, zeigt das folgende Bild.

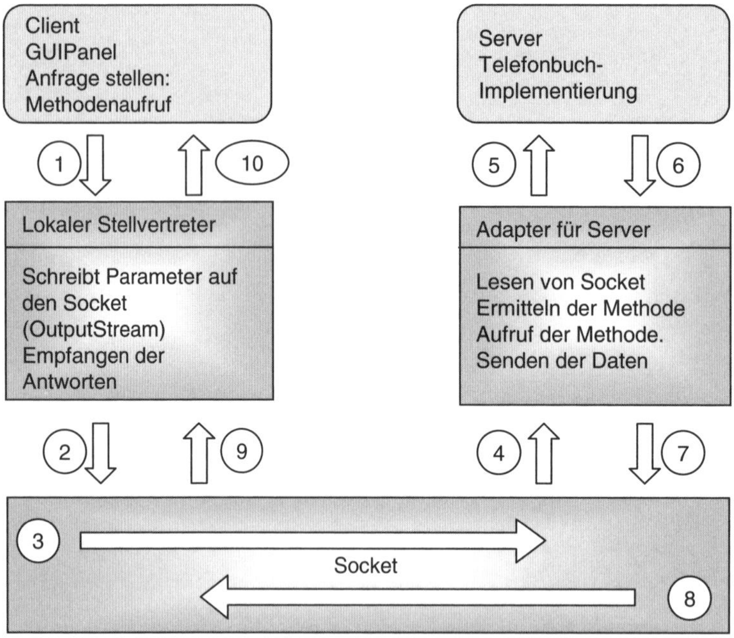

Jetzt muss der Client seine Anfrage an einen lokalen Stellvertreter richten (1). Dieser schreibt die gewünschte Methode in den Socket, verpackt die Parameter (2) und leitet die Anfrage an den Server weiter (3). Dort ermittelt ein Programmteil (4) die gewünschte Me-

thode der gewünschten Klasse und versorgt den Aufruf mit den Parametern. Dann wird die eigentliche Implementierung aufgerufen (5). Sie liefert ein Ergebnis ab (6), das vom Adapter wieder auf den Socket geschrieben wird (7). Der lokale Stellvertreter wartet auf die Antwort (8) und packt die Ergebnisse aus (9). Dann liefert die im lokalen Stellvertreter aufgerufene Methode ihr Ergebnis beim Aufrufer ab (10).
Dies ist das allgemeine Schema der Client-Server-Kommunikation. Diese Struktur prägt das hier vorliegende Beispiel.

Vorgehen

Das Applet `TelefonbuchApplet` nimmt mit TCP-Sockets Verbindung zum Host auf, von dem es geladen wurde. Wenn die Anfrage per Knopfdruck gestartet wird, werden die Daten zur Anwendung `TelefonbuchServer` auf der Hostseite übermittelt. Dort wird die Java-Klasse `TelefonbuchImpl` benutzt. Sie sucht den entsprechenden Namen und überträgt das Ergebnis zum Applet. Das Applet kann dann die Anzeige für den Anwender durchführen.

Programm: TelefonbuchApplet

```
import java.awt.*;
import java.awt.event.*;
import java.applet.*;
import java.net.*;
import java.io.*;
import java.applet.Applet;
import javax.swing.*;

public class TelefonbuchApplet extends JApplet
       implements ActionListener {
  // Der selbstgewählte Port oberhalb 1000
  private final static int port = 0xCafe;
  private Socket socketToHost = null;
  private PrintWriter os = null;
  private BufferedReader  in = null;
  private GUIPanel myPanel;

  public void init () {
    getContentPane().add (
      (myPanel = new GUIPanel (this)), BorderLayout.CENTER);
  }

  // Schließen aller Streams bzw. des Sockets
  public void closeAll () {
    try {
      if (os != null)
        os.close ();
      if (in != null)
        in.close ();
      if (socketToHost != null)
        socketToHost.close ();
    } catch (IOException e) {
      System.out.println (e);
    }
    socketToHost = null; os = null; in = null;
  }

  // Versuch der Verbindungsaufnahme
  boolean connectToHost () {
    if (socketToHost != null)
      return true;
```

```
    String host = getDocumentBase().getHost ();
    try {
      socketToHost = new Socket (host, port);
      os = new PrintWriter (socketToHost.getOutputStream ());
      in = new BufferedReader (
           new InputStreamReader (
             socketToHost.getInputStream ()));
      return true;
    } catch (UnknownHostException e) {
      System.err.println (e);
    } catch (IOException e) {
      System.err.println (e);
    }
    closeAll ();
    return false;
  }

  // Reaktion auf Druecken des Schalters: Starte die Anfrage
  public void actionPerformed (ActionEvent event) {
    if (!connectToHost ())
      return;
    try {
      String t = myPanel.getName ();
      System.out.println ("Anfordern " + t);
      os.println (t);  // (2) Schreiben auf Socket
      os.flush ();     // (3) Schreiben auf Socket

      // Die Antwort wird gelesen.
      // Der Wert fuer KUNDENNUMMER wird gesucht.
      myPanel.setNummer (in.readLine ()); // (9, 10)
    } catch (IOException e) {
      System.err.println (e);
    }
    closeAll ();
  }

}
```

Programm: TelefonbuchServer.java

```
import java.net.*;
import java.io.*;

public class TelefonbuchServer {
  final static int port = 0xCafe;
  private Socket con = null;
  private PrintWriter os = null;
  private InputStream in = null;
  private BufferedReader bin = null;

  // Schließen aller Streams bzw. des Sockets
  public void closeAll () {
    try {
      if (os != null)
        os.close ();
      if (in != null)
        in.close ();
      if (con != null)
        con.close ();
      if (bin != null)
        bin.close ();
    } catch (IOException e) {
```

```
        System.out.println (e);
      }
      con = null; os = null; in = null; bin = null;
    }

    tb.ITelefonBuch telefonbuch = null;

    public TelefonbuchServer () {
      telefonbuch = new tb.TelefonbuchImpl ();
    }

    public void ServeConnection () { // (4)
      // Verbinde die Streams
      try {
        os = new PrintWriter (con.getOutputStream ());
        in = con.getInputStream ();
        bin = new BufferedReader (new InputStreamReader(in));

        // Der Name des Kunden
        String Name = bin.readLine ();// (4)
        // Suche den Kunden in der Datenbank
        int nr = telefonbuch.sucheNummer (Name); // (5, 6)
        System.out.println ("Schreibe nun " + nr);
        os.println (nr); // Kundennummer auf den Stream // (7)
        os.flush ();      // (8)
      } catch (IOException e) {
        System.out.println (e);
      }
      closeAll ();
    }

    public void Serve () {
      // Server-Socket an Port 0xCafe öffnen
      try {
        ServerSocket s = new ServerSocket (port);
        if (telefonbuch == null) {
          System.err.println (
           "Fehler: kann Telefonbuch nicht erstellen");
          System.exit (1);
        }
        System.out.println ("Socket: " + s);
        while (true) {
          System.out.println ("Warte auf Verbindung");
          con = s.accept (); // (4)
          System.out.println ("accept : " + con);
          ServeConnection ();
        }
      } catch (Exception e) {
        System.err.println ("Fehler " + e);
        System.exit (1);     // Herunterfahren des Servers
      }
    }

    public static void main (String args[]) {
      new TelefonbuchServer ().Serve ();
    }
  }
```

Zusammenfassung

Die Lösung benutzt Sockets. Die Daten werden in einem ad hoc entwickelten Protokoll ausgetauscht. Der Telefonbuch-Server muss als Java-Programm auf dem Host installiert und gestartet werden, bevor der Client dessen Dienste benutzen kann. Das Java-Sicherheitsmodell erlaubt Applets die Verbindungsaufnahme nur zu dem Rechner, von dem es geladen wurde. Deswegen muss der Telefonbuch-Server auf dem gleichen Rechner wie der Web-Server laufen.

Das Ziel des nächsten Abschnitts ist es, den Server in ein Standard-Verfahren zu integrieren. Dann muss nicht für jedes Problem ein eigenes Protokoll für das Erstellen von Aufträgen auf dem Client, die Annahme des Auftrags auf dem Server, das Ein- und Auspacken der Parameter sowie für die Kommunikation zwischen Client und Server entwickelt werden.

Zusammenfassung

Das Text-Format wird als universelles Format zum Austausch von Informationen zwischen Client und Server benutzt. Dieses Vorgehen ist nicht besonders elegant. Wenn es in großem Stil eingesetzt werden soll, ist es kostspielig und fehleranfällig. Dem steht als Vorteil die weite Verbreitung der CGI-Schnittstelle gegenüber. Auch ist die Integration der Aktivitäten auf dem Server relativ leicht, denn es genügt, das Skript anzugeben und die Sicherheitseinstellungen auf dem Web-Server anzupassen. Der ohnehin laufende Web-Server startet dann das auszuführende Programm in der einen oder anderen Form als „Web-Server-Erweiterungsmodul". Allerdings erfolgt die Aktivierung des Programms jedes Mal als eigener Prozess, wodurch auf dem Web-Server ein erheblicher Aufwand entsteht. Dieses Problem wird in Java durch die Servlets und JavaServer Pages gelöst. Beide Techniken werden im nächsten Kapitel besprochen.

9.3 RMI

Ein Methodenaufruf in Java enthält einen Sprung auf die entsprechende Adresse im Programm. Dabei werden Parameter übergeben und die Rückkehradresse wird festgehalten. Diese Implementierung setzt voraus, dass die aufrufende und die gerufene Methode im Adressraum eines gemeinsamen Prozesses liegen. Bei verteilten Anwendungen oder Anwendungen, die aus mehreren Prozessen bestehen, ist damit kein Aufruf einer Methode möglich. Wenn man dagegen das bereits beschriebene Beispiel der Telefonauskunft betrachtet, ist die Aufteilung der Anwendung in Client und Server nur natürlich. Damit öffnet sich eine scheinbar unüberwindliche Kluft zwischen dem Bedarf in den Anwendungen und den technischen Möglichkeiten bei der Implementierung. Zur Lösung dieses Problems diente der klassische Socket-Ansatz, wie er in Abschnitt 8.1.2 und 9.2 vorgestellt wurde. Dieser Ansatz besteht aus vielen aufwändigen und fehleranfälligen Schritten, wie im Bild auf Seite 390 gezeigt.

Mit RMI (Remote Method Invocation) können Methoden auf entfernten Rechnern bzw. in anderen Prozessen aufgerufen werden. Dabei müssen die im Bild auf Seite 390 genannten Arbeitsschritte nicht mehr programmiert werden. Diese im Grunde rein mechanischen Tätigkeiten werden vom Java Development Kit automatisiert. Damit können sich Entwickler von Anwendungen auf ihre eigentliche Tätigkeit konzentrieren. Die Infrastruktur zur Kommunikation in Form der lokalen Stellvertreter und der Server-Anbindung muss nicht mehr erstellt werden.

Bei größeren Anwendungen kann es viele Objekte geben, deren Methoden aufgerufen werden. Das RMI-Konzept unterstützt die Suche nach diesen Objekten mit einem Namensdienst. Dieser Dienst liefert auf Anfrage eine Referenz auf eine Schnittstelle zurück. Diese lässt sich wie ein lokal vorhandenes Objekt nutzen. Damit ist eine nahtlose und elegante Integration verteilter Anwendungen in das Java-Konzept gelungen.

9.3.1 Prinzip von RMI

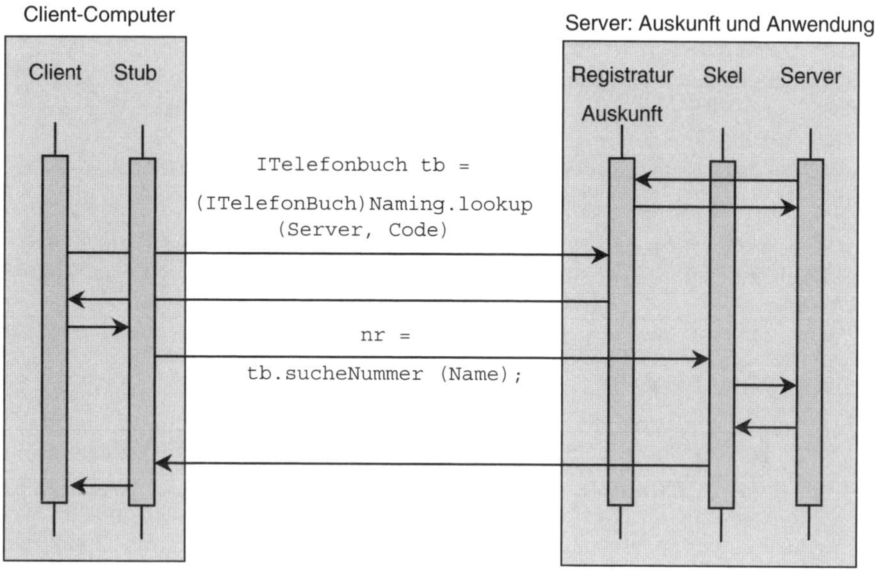

Anforderungsprofil

Zur Client-/Server-Kommunikation in der Socket-Implementierung wurden nur elementare Hilfsmittel benutzt. Jede der Anwendungen ver- bzw. entpackt die Daten in das bzw. aus dem vereinbarten Format. Eine Zusammenarbeit auf der Java-Ebene findet nicht einmal auf der Ebene der Daten, geschweige denn auf der Objektebene statt.
Das besprochene Problem ist aber ein Spezialfall des Themas „Verteilte Anwendungen". Wünschenswert wäre der Zugriff auf die Ressourcen am Host in der *gleichen* Weise wie auf die Programmteile des Applets, also die Ortstransparenz für die Programmierung. Ein Aufruf einer Abfrage auf dem Host könnte damit im Programm in der Form

```
int kundenNummer = connection.get (kundenName);
```

durchgeführt werden.
Systematische Lösungsansätze für dieses Problem liegen in CORBA (Common Object Request Broker Architecture) in Form sog. „Object Request Broker" bzw. in Java durch RMI vor. Damit wird im Applet die Grenze zwischen Host- und Client-Computer aufgehoben. Die Lösung in CORBA erlaubt es auch, Java-Programme mit in anderen Sprachen (wie etwa C++) erstellten Programmen zu koppeln. Die RMI-Lösung ist hingegen eine reine Java-Lösung. Dabei entfällt der durch die Sprachunabhängigkeit von CORBA bedingte Programmieraufwand. Auch der Transport von Klassen ist unter RMI wegen des Java-Features „write once, run everywhere" prinzipiell möglich.
Der Client kann die Methode auf dem entfernten Rechner nicht direkt aufrufen, er ruft einen lokalen „Stellvertreter", der auch als *Stub* bezeichnet wird. Dieser Stellvertreter nimmt Verbindung zu dem Computer auf, der die Implementierung der gewünschten Methode liefert. Über eine Vermittlungsstelle auf einem Server, die sog. Registratur, wird die imple-

mentierende Instanz anhand ihres Namens auf dem Server gefunden. Der Stellvertreter versendet die Parameter an sein Pendant auf dem so ermittelten Server, dem *Skeleton*, und wartet auf dessen Rückmeldung. Der Skeleton übernimmt die Parameter vom Netz und ruft die für ihn lokale Methode der Implementierung auf. Falls ein Funktionsresultat vorliegt oder ein Objekt verändert wird, sorgt er für dessen Transport zum Stellvertreter auf dem Client. Beim Ergebnis einer Methode oder einem veränderten Objekt liegt es nun am Stellvertreter, die Daten aus dem Netz auszulesen und lokal auf dem Client zur Verfügung zu stellen. Natürlich können nur serialisierbare Klassen so über das Netz verschickt werden.
Im Gegensatz zum Vorgehen bei der Socket-Lösung muss weder der lokale Stellvertreter noch der Skeleton auf dem Server generiert werden.

Hinweis: Java kennt von Haus aus „Objects by Value". Damit können Exemplare serialisierbarer Klassen von einem Rechner zum anderen verschickt werden, um dort ihre Arbeit zu verrichten. Dies kann nicht für alle Klassen gelten, man braucht dabei nur an die Datenbestände einer Bank zu denken, die nicht auf jeden Client-Rechner kopiert werden sollen.

Zu den generierten Klassen

Der RMI-Compiler `rmic` erzeugt `TelefonbuchServer_Skel.java` und `TelefonbuchServer_Stub.java` und sorgt für deren Übersetzung. Da diese Quellprogramme nicht benötigt werden, löscht `rmic` diese gleich wieder. Ab JDK 1.5 muss er nicht einmal mehr explizit aufgerufen werden. Zum Verständnis der Abläufe sind wichtige Stellen als Auszug aus beiden Quellprogrammen angegeben. Dabei wurden **`try-catch`**-Blöcke, Optimierungen und weniger relevante Programmteile ausgeblendet.

TelefonbuchServer_Stub: lokaler Stellvertreter

Der RMI-Client ruft den lokalen Stellvertreter auf. Dieser schreibt Informationen über die gerufene Methode und die Parameter auf einen Socket. Die Antwort liest er von diesem Socket und liefert sie als Ergebnis der Stellvertreter-Methode.

```
// implementation of sucheNummer(String)
public int sucheNummer(String $param_String_1)
  throws java.rmi.RemoteException
{
  // Entweder über die Reflection-Architektur
  Object $result =
     ref.invoke(this,
     $method sucheNummer 0, // Aus der Klasse ausgelesen
     new java.lang.Object[] {$param String 1}, // Kundenname
     -2414708197451912096L);
   return ((java.lang.Integer) $result).intValue();
  // oder alternativ
  RemoteCall call = …;
  ObjectOutput out = call.getOutputStream();
  out.writeObject($param String 1);
  ref.invoke(call);
  int $result;
  ObjectInput in = call.getInputStream();
  $result = in.readInt();
  return $result;
}
```

TelefonbuchServer_Skel: Aufragsannahme und Steuerung

Der oben genannte Stellvertreter schreibt die Daten für die Anforderung auf einen Socket. An diesem wartet ein RMI-Verteiler auf Aufträge. Die Auftragsannahme ermittelt die gerufene Methode und bereitet die Parameter vor. Damit wird die gewünschte Methode im Server (siehe nächsten Abschnitt, Punkt 3) aufgerufen. Das Ergebnis wird auf den Socket für den oben erwähnten Stellvertreter geschrieben, der sie an den Aufrufer zurückliefert.

```
public void dispatch
  (Remote obj, RemoteCall call, int opnum, long hash)
   throws java.lang.Exception
{
   TelefonbuchServer server = (TelefonbuchServer) obj;
   switch (opnum) {
   case 0: // sucheNummer(String)
     {
       String $param_String_1;
       ObjectInput in = call.getInputStream();
       $param_String_1 = (String) in.readObject();
       int $result = server.sucheNummer($param_String_1);
       ObjectOutput out = call.getResultStream(true);
       out.writeInt($result);
     }
}
```

9.3.2 Praktische Durchführung mit RMI: Telefonauskunft

Der Einsatz von RMI erfordert Arbeiten während der Entwicklung und des Ablaufs der Programme. Dabei gibt es jeweils mehrere Phasen bzw. Schritte, bei denen es zum Teil wesentlich auf die Reihenfolge ankommt.

Entwicklung (E)

1. Definition einer „entfernten Schnittstelle“
2. Implementierung des Clients: Anwendung und Applet
3. Implementierung des Servers

Ablauf der Programme (A)

1. Start einer Registratur als „Auskunftsstelle“ auf dem Server
2. Start des Dienstes auf dem Server
3. Anwendung: Clients

Bei der Entwicklung kann natürlich auch der Server vor dem Client implementiert werden. Die Generierung setzt in jedem Fall auf der Implementierung des Servers auf.

Zu E1: Definition einer „entfernten Schnittstelle“

Jede entfernte Schnittstelle muss `public` sein und die `java.rmi.Remote`-Schnittstelle erweitern. Jede der Methoden muss die Ausnahme `java.rmi.RemoteException` werfen bzw. sie mit `try-catch` abfangen.

```
public interface ITelefonBuch extends java.rmi.Remote {
  public int sucheNummer (String Name)
    throws java.rmi.RemoteException;
}
```

Zu E2: Implementierung des Clients: Anwendung und Applet

Der Client einer verteilten Anwendung kann sowohl als Anwendung als auch als Applet realisiert werden. Die folgenden Beispiele zeigen beide Varianten.
Eine Anwendung holt sich die Referenz zur Schnittstelle von der RMI-Auskunft. Hierzu muss sie den Host sowie den Port kennen, auf dem dieser Auskunftsdienst läuft. Im folgenden Beispiel horcht der RMI-Auskunftsdienst an seinem Standard-Port 1099. Der Host wird als erstes Argument in der Kommandozeile übergeben. Mit der von der Auskunft gelieferten Referenz nimmt der Client Verbindung zum Server auf und ermittelt so die Telefonnummer zum übergebenen Namen

```
// Der Client fragt nach dem Objekt und ruft es auf.
import java.rmi.*;

public class TelefonbuchClient {
  public static void main(String[] args) {
    // args[0] : der Host
    // args[1] : der Name, dessen Telefonnummer gesucht wird.
    try {
      String reg = "//" + args[0] + "/ITelefonBuch";
      tb.ITelefonBuch b = (tb.ITelefonBuch) Naming.lookup(reg);

      // Aufruf des Servers
      System.out.println (b.sucheNummer (args[1]));

    } catch (Exception e) {
      e.printStackTrace (System.err);
    }
  }
}
```

Zum Aufbau der Verbindung eines Applets zum Host wird dessen Name über `getCodeBase().getHost()` aus dem Applet ausgelesen. Zu anderen Rechnern kann ohnehin keine Verbindung aufgenommen werden, das Java-Sicherheitsmodell steht dem im Wege. Der „Vermittlungsservice“ von RMI läuft im Beispiel auf diesem Host standardmäßig auf Port 1099, sodass die Angabe des Namens der gewünschten entfernten Implementierung zur Kontaktaufnahme genügt. Wenn der Bezug zur Implementierung der entfernten Instanz erst einmal hergestellt ist, kann man einfach die Methoden der entfernten Schnittstelle – und auch keine anderen – aufrufen. Der einzige Unterschied zum „üblichen“ Aufruf liegt in der Möglichkeit, dass beim Aufruf entfernter Methoden die Programmausnahme `java.rmi.RemoteException` auftreten könnte.

```
import java.awt.*;
import java.awt.event.*;
import java.applet.Applet;
import java.rmi.*;
import javax.swing.*;

public class TelefonbuchApplet extends JApplet
    implements ActionListener {
  private ITelefonBuch connection = null;
  private GUIPanel myPanel;

  public void init () {
    getContentPane().add (
      (myPanel = new GUIPanel (this)), BorderLayout.CENTER);
  }
```

```
  boolean connectToHost () {
    if (connection != null)
      return true;
    try {
      String reg =
        "//" + getCodeBase().getHost() + "/ITelefonBuch";
      connection = (ITelefonBuch) Naming.lookup(reg);
      return true;
    } catch (Exception e) {
      if (connection != null)
        System.out.println ("connection " + connection);
      System.out.println("Binden nicht moeglich :");
      e.printStackTrace();
      return false;
    }
  }

  // Reaktion auf Druecken des Schalters: Starte die Anfrage
  public void actionPerformed (ActionEvent event) {
    if (!connectToHost ())
      return;
    int nr = -1;
    try {
      nr = connection.sucheNummer (myPanel.getName ());
    } catch (java.rmi.RemoteException e) {
    }
    myPanel.setNummer (nr);
  }
}
```

Zu E3: Implementierung des Servers

Die „eigentliche" Server-Funktionalität wird von `TelefonbuchImpl` geliefert. Diese muss jedoch von einer Adapter-Klasse wie `TelefonbuchServer` an die RMI-Middleware angebunden werden.

In diesem Programm wird ein „Security Manager" gesetzt. Dieser ist erforderlich, um die Zugriffe auf den Server zu kontrollieren. Man darf dabei nicht vergessen, dass über RMI Methoden auf dem Server zum Ablauf gebracht werden können, d.h. jede Anwendung hat auch mit „böswilligen" Aufrufen zu rechnen. Nach dem Anlegen einer Instanz wird sie bei der Registratur des Servers unter dem Namen `"ITelefonBuch"` angemeldet. Damit kann die Registratur diese Instanz von `SucheKundeImpl` auf Anfrage an einen Client „vermitteln".

Der Konstruktor der Klasse `TelefonbuchServer` kann die Programmausnahme `java.rmi.RemoteException` werfen, da RMI während der Konstruktion prüft, ob eine Kommunikation über das Netz möglich ist.

```
import java.rmi.*;
import java.rmi.server.UnicastRemoteObject;

// Der Telefonbuch-Server als Umwickler für die Funktionalität
// der ITelefonbuch-Schnittstelle
public class TelefonbuchServer
  extends UnicastRemoteObject implements tb.ITelefonBuch {

  private TelefonbuchImpl tbi = new tb.TelefonbuchImpl ();

  // Delegation an das Mitglied
  public int sucheNummer (String Name) {
    return tbi.sucheNummer (Name);
```

```
  }

  public TelefonbuchServer ()
    throws java.rmi.RemoteException {
  }

  public static void main(String args[]) {
    // Setzen des Security-Managers
    if (System.getSecurityManager() == null) {
      System.setSecurityManager(new RMISecurityManager());
    }
    final String rmiID = "ITelefonBuch";
    try {
      TelefonbuchServer obj = new TelefonbuchServer();
      Naming.rebind (rmiID, obj);
      System.out.println ("TelefonBuch online. ID = " + rmiID);
    } catch (Exception e) {
      System.err.println (e);
    }
  }
}
```

Hinweis: Dieser Server delegiert die Arbeit an ein Mitglied, das dadurch nicht in die RMI-Klassen- und Schnittstellenhierarchie eingebunden ist. Dies lässt sich in der Praxis bei vorhandenem Programmcode nicht anders lösen, weil dieser häufig so benutzt werden muss wie er ist.

Zu A1: Start einer Registratur als „Auskunftsstelle" auf dem Server

Man meldet Implementierungen von entfernten Schnittstellen unter bestimmten Namen an. Clients können über eben diesen Namen den Bezug dazu herstellen.
Die Registratur kann als Hintergrundprozess laufen. Sie muss natürlich gestartet sein, bevor die erste Anmeldung bzw. Anfrage erfolgreich ablaufen kann.
Unter Windows lässt sich dieser Prozess wie folgt starten:

```
start rmiregistry
```

Zu A2: Start des Dienstes auf dem Server

Die Implementierung kann auf dem Server nach der Registratur gestartet werden. Sie legt eine Instanz an und meldet diese bei der Registratur an. Danach wickelt diese Instanz alle Anfragen von Clients ab, die für den registrierten Namen eingehen. Der folgende Befehl muss in einer Zeile eingegeben werden.

```
java -Djava.rmi.server.codebase=file:"Der vollständige Pfad"
-Djava.rmi.server.hostname=localhost
-Djava.security.policy=java.policy TelefonbuchServer
```

Datei java.policy

```
grant
{
  permission java.net.SocketPermission "*:1024-65535",
                  "connect,accept,resolve";
  permission java.net.SocketPermission "*:80", "connect";
};
```

Zu A3: Anwendung: Clients

Das Applet muss nur geladen werden, z.B. über den `appletviewer` oder über einen Browser. Dazu benötigt man einen lokalen Web-Server. Die Anwendung erfordert bei Aufruf die Angabe des Namens des Rechners, auf dem die Registratur läuft; außerdem die des Namens des Teilnehmers, dessen Nummer gesucht wird.

9.4 CORBA

Im Gegensatz zum Java-System RMI stellt CORBA (Common Object Request Broker Architecture) von der Object Management Group OMG ein offenes System für Client-Server-Anwendungen dar. Anwendungen können objektorientiert entworfen werden, ohne Rücksicht auf die Sprache der Implementierungen der Klassen oder den Ort der Instanziierung der Objekte nehmen zu müssen. Jede CORBA-Funktionalität wird von Objekten erbracht. Die Objekte sind über ihre Objekt-Referenz erreichbar, ihre Methoden werden ortstransparent aktiviert.
CORBA unterstützt verschiedene Programmiersprachen wie C, C++, Java, COBOL, Smalltalk, Ada, Lisp und Python.
Anwendungen können auf verschiedene Rechner verteilt werden, Aufrufe von Methoden von Instanzen sind auf Rechnern möglich, auf denen kein Exemplar der angesprochenen Instanz läuft. Ein lokaler Stellvertreter nimmt die Aufträge des Clients einschließlich der Parameter eines Methodenaufrufs entgegen. Der Auftrag geht dann über ein Netzwerk mit dem IIOP (Internet InterORB Protocol) an einen sog. Skeleton auf einem Server, der die vom Client angesprochene Instanz mit den Parametern versorgt, danach aufruft und die Ergebnisse wieder an den lokalen Stellvertreter zur Auslieferung an den Client zurückschickt. Diese Phasen folgen dem Schema, wie im Bild auf Seite **Fehler! Textmarke nicht definiert.** angegeben. Die einzelnen Arbeitsschritte müssen nicht mehr von Hand erstellt werden, sie werden im Rahmen des CORBA-Systems generiert bzw. vom Laufzeitsystem abgewickelt.
Neben diesen synchronen Aktivierungen von Methoden kennt CORBA auch die Definition asynchroner Methoden (**`oneway`**).

9.4.1 Prinzip der Entwicklung in CORBA

CORBA ist unabhängig von Programmiersprachen. Client und Server können in verschiedenen Sprachen geschrieben werden. Schwierigkeiten der Verständigung unter Teilnehmern an einer verteilten Anwendung sollen durch einen Vertrag vermieden werden. Ein solcher Vertrag in der Sprache *Interface Definition Language* steht am Anfang der Entwicklung. Er definiert die Aufgaben in der Partnerschaft der Teilnehmer an der verteilten Verarbeitung. Hierzu stellt die IDL Konstrukte zur Definition von Datentypen, Methoden und Ausnahmen zur Verfügung. Ein einzelnes IDL-Modul kann eine Sammlung von Schnittstellen enthalten. Jede dieser Schnittstellen definiert die Art und Weise, wie ein Objekt benutzt werden kann.

CORBA: Entwicklung

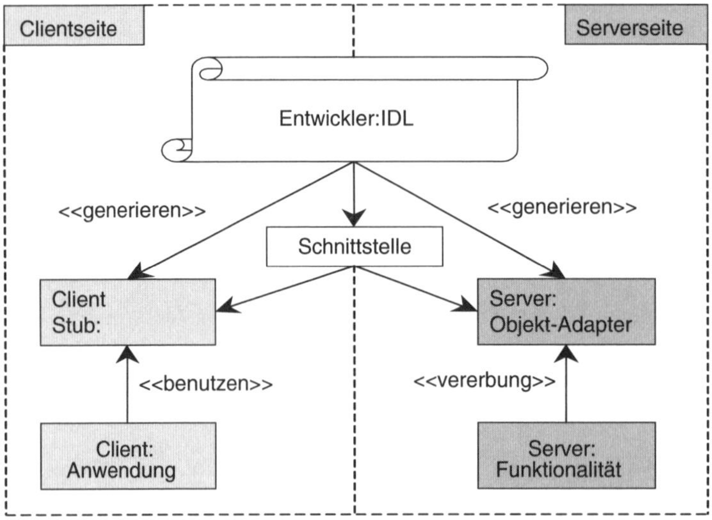

Damit der IDL-Vertrag eingehalten wird, werden daraus die Anschlüsse für Client und Server in den jeweils gewünschten Programmiersprachen generiert. Dieser Schritt ist bei RMI überflüssig, hier genügt es, ein Java-Interface zu definieren, da alle Teilnehmer in Java implementiert sind und dieses Interface benutzen müssen. Die Funktionalität der Server-Seite wird über Vererbung eingebunden. Auf der Client-Seite wird der lokale Stub als Ansprechpartner für Aufträge an den Server benutzt.

CORBA: Ablauf der Programme (vereinfacht)

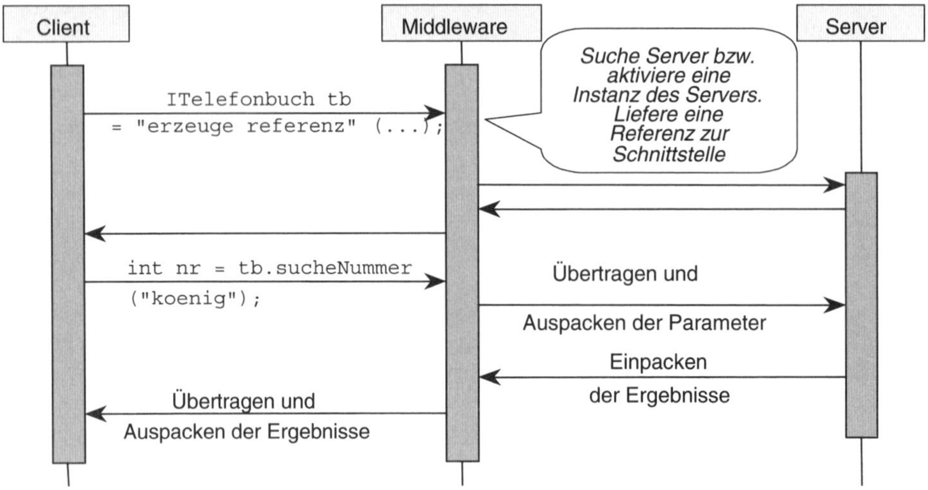

Beim Ablauf bezieht der Client eine Objektreferenz. CORBA bietet hierzu verschiedene Wege an. Im angegebenen Beispiel wurde die IOR (Interoperable Object Reference) benutzt. CORBA bietet die Möglichkeit, eine Objektreferenz in Textform, die sog. IOR, umzuwandeln. Mit Hilfe dieses Textes kann ein Client eine Schnittstelle in der Sprache seiner Wahl anfordern und benützen. Natürlich gibt es in CORBA auch einen Namensdienst

(„White Pages“), von dem man eine solche Referenz über einen Namen anfordern kann. Solche Namensdienste sind in verschiedener Form auch im JDK enthalten. Sie finden auf der Homepage des Autors unter seinem Material für die Vorlesung „Verteilte Systeme“ mehr dazu.
Die Darstellung oben ist vereinfacht. Der Client kommuniziert mit dem lokalen Stub. Erst dieser wendet sich an den Server. Dort wird der zuständige Objekt-Adapter ermittelt. Dann wird die gewünschte Methode ausgelesen und die Parameter für den Aufruf der Methode des Server-Objekts vom Socket geholt. Nach dem Aufruf werden die Ergebnisse auf den Socket geschrieben. Auf der Client-Seite wartet der lokale Stellvertreter auf die Antwort vom Server, packt die Ergebnisse aus und liefert sie an den Client zurück.

9.4.2 Praktische Durchführung mit CORBA: Telefonauskunft

Der Einsatz von CORBA erfordert Arbeiten während der Entwicklung und des Ablaufs der Programme. Dabei gibt es jeweils mehrere Phasen bzw. Schritte, bei denen es zum Teil wesentlich auf die Reihenfolge ankommt.

Entwicklung (E)

1. Aufsetzen eines Vertrags in IDL
2. Generierung von Stub (→ Client) und Skeleton (→ Server)
3. Implementierung des Clients: Anwendung und Applet
4. Implementierung des Servers

Ablauf der Programme (A)

1. Optional: Start einer Registratur als „Auskunftsstelle“ auf dem Server
2. Start des Dienstes auf dem Server
3. Anwendung: Clients

Zu E1: Aufsetzen eines Vertrags in IDL

Im Gegensatz zu RMI kann man Client und Server in verschiedenen Sprachen implementieren. Also muss mann die Schnittstelle unabhängig von der Sprache definieren. Dazu dient die *Interface Definition Language* IDL. Zusammen mit Abbildungen der Bestandteile der IDL auf die Typen in den jeweiligen Programmiersprachen ergibt sich ein System der Kopplung von Programmen in beliebigen Programmiersprachen auf beliebigen Rechnern.
Das IDL-Dokument stellt den Ausgangspunkt der Zusammenarbeit zwischen Client und Server als eine Art Vertrag dar. Der IDL-Compiler `idlj` generiert einer IDL-Datei die Schnittstellen für Client und Server in den gewünschten Programmiersprachen.

```
module auskunft
{
  interface ITelefonbuch
  {
    long sucheNummer (in string name);
  };
};
```

Ein Modul fasst alle Definitionen zusammen. Ein Modul kann mehrere **`interface`**-Definitionen mit den jeweils angegebenen Methoden enthalten. Bei den Parametern ist zwischen reinen Eingabeparametern (Kennzeichen **`in`**), reinen Ausgabeparametern (Kennzeichen **`out`**) und Parametern für Ein-/Ausgabe (**`inout`**) zu unterscheiden.

Zu E2: Generierung von Stub für den Client und Skeleton für den Server

Der Aufruf des IDL-Compilers `idlj` lautet für diese Anwendung wie folgt:

```
idlj -fall auskunft.idl
```

Aus dem Modul `auskunft.idl` generiert `idlj` das Package `auskunft` mit folgenden Java-Programmen:

`ITelefonbuch.java`	IDL-Schnittstelle in Java umgesetzt. Diese Schnittstelle muss von den Anwendungen benutzt werden.
`ITelefonbuchHelper.java`	Hilfsdienste.
`ITelefonbuchHolder.java`	Umwickler der Klasse `ITelefonbuch`.
`ITelefonbuchPOA.java`	Basisklasse für Implementierung der Server-Funktionalität, der Objekt-Adapter.
`_ITelefonbuchStub.java`	Der lokale Stellvertreter für den Client.
`ITelefonbuchOperations`	Alle Operationen der Schnittstelle.

Für die Implementierung des Dienstes ist die generierte Schnittstelle wichtig. In der Datei `ITelefonbuchOperations.java` wird auch die Umsetzung der Typen in der Sprache IDL in die entsprechenden Typen in der Sprache Java sichtbar.

```
package auskunft;

public interface ITelefonbuchOperations
{
  int sucheNummer (String name);
} // interface ITelefonbuchOperations
```

Zu E3: Implementierung des Dienstes für den Server

Auf dem Server muss sowohl die „eigentliche" Funktionalität als auch deren Anbindung an CORBA für die Vermittlung der Dienste an die Clients geschrieben werden. Erstere ist von CORBA unabhängig, setzt aber auf der von `idlj` generierten Klasse `ITelefonbuchPOA` auf. Die Funktionalität des Dienstes wird durch Überschreiben der Methode `int sucheNummer (String)` in der Klasse `ITelefonbuchPOA` mit CORBA verbunden.

```
import java.util.*;
import org.omg.CORBA.*;
import org.omg.PortableServer.*;
import org.omg.PortableServer.POA;

import auskunft.*;

// Umwicklerklasse für die Telefonbuchfunktionalität
class ITelefonbuchImplCORBA extends ITelefonbuchPOA {
  private TelefonbuchImpl tbi = new tb.TelefonbuchImpl ();

  public int sucheNummer (String Name) {
    return tbi.sucheNummer (Name);
  }
}

// Anbindung der Instanz für Clients über CORBA
public class TelefonbuchServer {
  public static void main(String args[]) {
    try {
      // ORB einrichten und mit Parametern versorgen
      org.omg.CORBA.ORB orb =
```

```
            org.omg.CORBA.ORB.init(args, null);

        //  Initialisierung des Portable Object Adapters
        POA rootPOA = POAHelper.narrow (
          orb.resolve_initial_references("RootPOA"));
        rootPOA.the_POAManager().activate();

        // Instanz der Implementierung des Kunden-Such-Dienstes
        ITelefonbuchImplCORBA telefonbuchImpl
            = new ITelefonbuchImplCORBA ();

        // Übergabe des Kunden-Such-Dienstes an den ORB
        org.omg.CORBA.Object ref =
          rootPOA.servant_to_reference(telefonbuchImpl);

        // Umwandlung der Objektreferenz in Text für Clients
        CORBAUtil.object2ior (orb, ref, "ITelefonbuch");
        // Warten auf die Anforderungen von den Clients
        orb.run();
      } catch (Exception e) {
        System.err.println (" Fehler: ");
        e.printStackTrace (System.err);
      }
    }
}
```

Die Datei CORBAUtil.java

Diese Datei kapselt die CORBA-Methoden `string_to_objekt` und `object_to_string` zum Konvertieren einer textuellen IOR in eine Objektreferenz und umgekehrt. Die IOR wird aus einer Datei gelesen. Bei Applets reicht dies nicht aus, da ein Zugriff auf Dateien eines entfernten Rechners nicht möglich ist. Hier muss die IOR über eine URL vom selben Host wie das Applet gelesen werden. Sie finden diese Datei auf der Begleit-CD.

Zu E4: Implementierung der Aufrufe im Client

Ein Client kann sowohl als Anwendung als auch als Applet geschrieben werden. Der Client initialisiert den Object Request Broker. Dann wird über die IOR eine Referenz auf ein allgemeines CORBA-Objekt angefordert. Der `narrow-Cast` aus der Helper-Klasse zur Schnittstelle besorgt die Umwandlung in eine Referenz auf die angeforderte Schnittstelle.

```
import org.omg.CORBA.*;
import auskunft.*;

public class TelefonbuchClient  {
  public static void main(String args[]) {
    try {
      // Erzeuge und initialisiere den ORB
      ORB orb = ORB.init(args, null);

      // Referenz auf ein CORBA-Objekt
      org.omg.CORBA.Object obj =
          CORBAUtil.ior2object (orb, "ITelefonbuch", null);

      // Narrow-Cast auf ITelefonbuch
      ITelefonbuch tb = ITelefonbuchHelper.narrow (obj);

      // Aufruf des Servers
      System.out.println (tb.sucheNummer (args[0]));
```

```
      } catch (Exception e) {
        e.printStackTrace(System.out);
      }
    }
  }
```

Ein Client als Applet

Das Applet liest die IOR von seinem Ursprungshost. Vgl. Datei `CORBAUtil.java`.

```
import java.awt.*;
import java.awt.event.*;
import java.applet.Applet;
import java.util.Properties;
import java.net.URL;
import java.io.*;
import javax.swing.*;

//import org.omg.CosNaming.*;
import org.omg.CORBA.*;

import auskunft.*;

public class TelefonbuchApplet extends JApplet
    implements ActionListener {
  ITelefonbuch connection = null;

  GUIPanel myPanel;
  public void init () {
    getContentPane().add (
         (myPanel = new GUIPanel (this)), BorderLayout.CENTER);
  }

  boolean connectToHost () {
    if (connection != null)
      return true;
    try {
      // ORB erzeugen
      ORB orb = ORB.init(this, null);
      org.omg.CORBA.Object obj
        = CORBAUtil.ior2object (orb, "ITelefonbuch.ior", this);
      connection = ITelefonbuchHelper.narrow (obj);
    } catch (Exception e) {
      System.err.println ("Fehler : " + e) ;
      e.printStackTrace (System.err);
      return false;
    }
    return true;
  }

  public void actionPerformed (ActionEvent event) {
    if (!connectToHost ())
      return;
    int nr = -1;

    try {
      nr = connection.sucheNummer (myPanel.getName ());
    } catch (Exception e) {
      e.printStackTrace(System.out);
    }
```

```
        myPanel.setNummer (nr);
    }
}
```

Zu A1: Start des Dienstes auf dem Server

```
java TelefonbuchServer
```

Dieser Aufruf startet den Dienst auf dem Server. Der Server erzeugt die IOR als Textdatei und legt sie in der Datei `ITelefonbuch.ior` ab. Er läuft als Hintergrundprozess bzw. in einem eigenen Fenster. Host und Port kann man beim Start des Servers auch in der Form `ORBInitialPort port -ORBInitialHost host` angeben. Der Server liefert in der Datei `ITelefonbuch.ior` die IOR, die der Client zur Verbindungsaufnahme benutzt.

```
java TelefonbuchServer
```

Zu A2: Start des Clients

Der Client braucht die IOR in einer Datei mit dem Namen `ITelefonbuch.ior` für seinen Start. Die vom Server erzeugte `.ior`-Datei muss also in das Verzeichnis für den Client kopiert werden, und sei es per ftp oder Email.

```
java TelefonbuchClient Name
```

Der Parameter Name soll der im Telefonbuch gesuchte Name sein. Das Programm liefert dann die Telefonnummer bzw. –1, falls die Suche Name ergebnislos verläuft.
Wenn der Client als Applet gestartet werden soll, muss ein Web-Server installiert worden sein. Alle Programme und Klassen aus diesem Abschnitt müssen in einem Verzeichnis liegen, das der Web-Server auf Anfrage ausliefert, z.B. `CORBA`. In diesem Verzeichnis muss auch eine html-Datei liegen, die das angegebene Applet enthält.

Datei Telefonbuch.html

```
<html>
<title>Anfrage am Server</title>
<body>
<h1>Anfrage am Server</h1>
<p>
<applet CODE = "TelefonbuchApplet.class" width=400 height=200>
</applet>
</body>
</html>
```

Aufruf des Appletviewers

```
appletviewer http://localhost/CORBA/Telefonbuch.html
appletviewer http://w.x.y.z/CORBA/Telefonbuch.html
```

Hinweis: Bei Applets kann es ein Problem mit der Java-Sicherheit geben. Der unter A1 angegebene Server benutzt unter Umständen nicht die IP-Nummer 127.0.0.1 für `localhost`, sondern die ihm zugewiesene IP-Nummer im Netzwerk. Dann muss diese IP-Nummer ermittelt und beim Applet-Viewer oder Browser in der Form des o. a. 2. Aufrufs eingegeben werden. Dann kann CORBA vom Client aus zum Rechner des Servers Kontakt aufnehmen, denn die IP-Nummern stimmen überein. Andernfalls scheitert der Kontakt am Java-Sicherheitsmodell.

Zusammenfassung

Die Kommunikation eines Applets mit dem Host mit Sockets in 9.2 benutzt Schnittstellen, die zwischen dem Client-Applet und dem Server präzise eingehalten werden müssen, ohne dass dies maschinell unterstützt wäre. Dieses Manko haftet auch der CGI-Schnittstelle an. Der Vorteil der CGI-Lösung (siehe Homepage des Autors) liegt darin, dass sie auf der Server-Seite relativ leicht in das System integrierbar ist. Der Nachteil gegenüber 9.2 liegt im aufwändigen CGI-Protokoll.

Die RMI-Schnittstelle in 9.3 bietet gegenüber beiden o. a. Lösungsansätzen den Vorteil, dass die Client- und die Server-Seite über eine gemeinsame Schnittstelle verbunden werden. Der Transfer der Daten von Rechner zu Rechner erfordert für den Client nur die Aufnahme der Verbindung zum Server, der restliche Teil der Arbeit wird vom RMI-System abgewickelt.

Der Ansatz über CORBA in 9.4 erlaubt Kopplungen von Systemen, die in verschiedenen Programmiersprachen geschrieben sind. Client und Server können über das IIOP (Internet Inter-Orb Protocol) zusammenarbeiten. Das CORBA-System erlaubt ohne Bindung an spezifische Hersteller den Zugriff auf Dienste. Die CORBA-Lösung ist allerdings aufwändiger zu implementieren, da sie den Umweg über die sprachneutrale Definition der Schnittstelle erfordert. Da diese Schnittstelle für alle Sprachen einheitlich sein muss und außerdem aus der „Vor-Java-Zeit" stammt, ist in vielen Fällen die Anpassung auf Java noch wesentlich aufwändiger, als das einführende Beispiel der Telefonauskunft erkennen lässt.

10 Servlets und JavaServer Pages

Servlets behalten die Vorteile der CGI-Schnittstelle bei, ohne deren Nachteile in Kauf zu nehmen. Man verfolgt dabei eine ähnliche Philosophie wie bei den Applets und benutzt neben einem Web-Server einen Servlet-Verwalter bzw. Servlet-Container. Der Web-Server überträgt auf Anfrage statische Seiten zum Client. Im Gegensatz dazu liefert der Web-Server bei einem Servlet als Antwort nicht den Inhalt der Seite aus, sondern leitet die Ausgabe des angegebenen Servlets an den Aufrufer weiter.
Servlets enthalten also Programme, die z.B. HTML-Seiten erzeugen. Der HTML-Code wird in Servlets in ein Java-Programm eingebettet. Somit können Web-Designer nicht direkt an den HTML-Seiten arbeiten.
Deswegen hat auch die Firma Sun ein Konzept nach der bewährten Formel „HTML+Code=Server-Element" vorgelegt. Die JavaServer Pages (JSP) bestehen aus HTML-Seiten, die um aktive Inhalte in `<% ... %>` bereichert werden können. Diese aktiven Inhalte programmiert man in Java. Sie unterliegen damit nicht den engen Grenzen einer einfachen Skriptsprache. JavaServer Pages werden im Web-Server-System in Servlets umgewandelt. Beim eigentlichen Ablauf auf dem Server liegt damit wie bei Servlets ein reines Java-Programm vor. Das Bild auf Seite 439 zeigt dies in der Übersicht.
Dieses Kapitel stellt zunächst Servlets und dann JavaServer Pages vor. Nach einer Einführung und einer Darstellung der entsprechenden Java-Packages führen Fallstudien in die praxisorientierte Anwendung ein.

10.1 Servlets

Der Web-Server wartet auf Anforderungen an einem bestimmten Port (meist 80). Der Servlet-Container verwaltet die Servlets auf der anderen Seite. Bei einer Anforderung prüft der Web-Server, ob ein Servlet vorliegt. In diesem Fall leitet er die Anfrage an den Verwalter der Servlets weiter. Dieser ermittelt das zuständige Servlet. Dann werden die Parameter in der Anforderung für einen Zugriff im Servlet vorbereitet und ein „Ausgabe-`PrintWriter`" `out` für das Servlet bereitgestellt. Das Servlet schreibt seine Antwort mit `print...(...)`-Methoden (vgl. Kapitel 5).

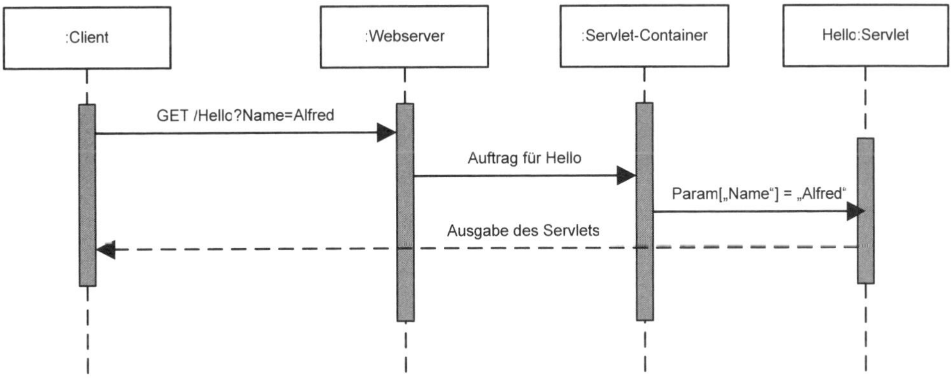

Der Servlet-Container stellt im Verbund mit dem Web-Server sicher, dass diese Ausgabe an den Browser auf der Client-Seite weitergeleitet wird. Im Unterschied zu einem statischen

Dokument wie einer HTML-Seite oder einem Bild wird bei einem Servlet nicht der Inhalt des Dokuments an den Client gesandt, sondern die Ausgabe des Programms. Die Antwort wird berechnet, sie kann in einem der MIME-Formate wie `.html`, `.gif` oder `.pdf` usw. erfolgen. MIME bedeutet *Multipurpose Internet Mail Extensions*. Im Zusammenhang mit http ist die Interpretation *Multimedia Internet Message Extensions* gebräuchlich.

Zum Servlet-Container

Er lädt die für die Ausführung dieses Servlets erforderlichen Klassen, falls sie nicht bereits geladen sind, und erzeugt die Instanzen der Servlets, sofern erforderlich. Er sorgt für die Ausführung der `init()`-Methode des Servlets und stellt sicher, dass sie genau einmal, und zwar vor allen anderen Methoden durchlaufen wird. Dann wird ein Thread mit der Ausführung des für eine Anfrage vorgesehenen Servlets beauftragt. Der Thread kann z. B. in einem Thread-Pool schon vorhanden sein oder wird ad hoc erzeugt. Nach Ablauf aller Aktivitäten kann die `destroy()`-Methode eines Servlets aufgerufen werden. Nach Aufruf der `destroy()`-Methode ist sichergestellt, dass das Servlet keinen Auftrag vom Servlet-Container erhält.

Ablauf im Detail

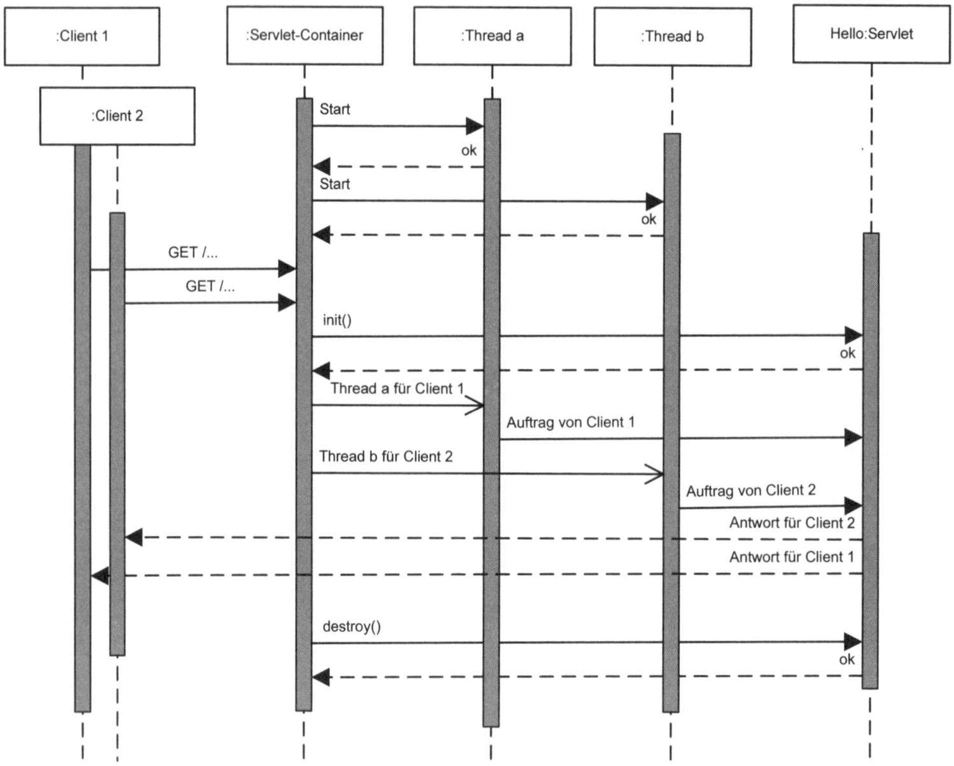

Lebenszyklus von Servlets

Der Servlet-Container verwaltet die Servlets. Er lädt sie bei Bedarf und entlädt sie. Dabei hält der Web-Server eine bestimmte zeitliche Reihenfolge bei Aufrufen der Methoden eines Servlets ein, die man auch als *Lebenszyklus* bezeichnet.
Servlets können eine `init()`-Methode überschreiben. Es ist garantiert, dass diese Methode genau einmal in der Existenz dieses Objekts vor allen anderen Methoden aufgerufen wird. Dies ist in obigem Bild als Aufruf aus dem Container heraus dargestellt. Außerdem wird der Lauf dieser Methode abgeschlossen, bevor irgendeine andere Methode ausgeführt wird. So kann man Initialisierungen ohne das Risiko von Nebenläufigkeiten durchführen. Wenn die Initialisierung fehlschlägt, kann das Servlet eine `ServletException` werfen. Dann wird der Aufruf des Servlets mit einer Fehlermeldung abgebrochen. Die `init()`-Methode kann man z.B. zum Aufbau einer JDBC-Verbindung zu einer Datenbank benutzen.
Danach kann die `service()`-Methode von diversen Threads mehrmals aufgerufen werden. Da das Servlet nur einmal geladen und initialisiert wird, können alle Anforderungen effizient abgewickelt werden. Im Bild oben sehen Sie, wie sich zwei Anforderungen an ein Servlet zeitlich überlappen.
Die `destroy()`-Methode dient Aufräumungsarbeiten. Damit kann man z.B. Verbindungen zu einer Datenbank freigeben. Diese Methode kann nur aufgerufen werden, wenn kein Thread die `service()`-Methode durchläuft. Nach Ablauf der `destroy()`-Methode wird die `service()`-Methode nicht mehr benützt.
Die generische `service()` Methode ruft in Servlets für `http` Anforderungen wie `GET` oder `POST` die `doXXX()`-Methoden auf. In oben stehendem Beispiel sehen Sie die `doGet(...)`-Methode.

Vorteile des Einsatzes von Threads im Servlet-Container

Man vermeidet, dass bei jeder Anforderung ein eigener Prozess gestartet wird. Im Gegensatz zu solchen Aktivierungsmodellen wie ISAPI von Microsoft (Internet Server Application Programming Interface) oder NSAPI von Netscape (Netscape Server Application Programming Interface), bei denen Threads in Maschinensprach-Programmen die jeweiligen Anfragen bearbeiten, ist die Fehlerwirkbreite einzelner Threads in Java reduziert. Der Absturz eines Servlets wird nicht so leicht wie bei Programmen in Maschinensprache den Absturz des Web-Servers auslösen.
Zur Ausführung von Servlets wird ein „Servletrunner“ (oder Container für Servlets) benötigt. Der Web-Server Apache-Tomcat ist die Referenzimplementierung für Servlets und JavaServer Pages. Er kann über `http://jakarta.apache.org` heruntergeladen werden.

10.2 Zur Installation von Tomcat

Der Server Apache-Tomcat kann über die URL `http://jakarta.apache.org/` erreicht werden. Dort finden sich die Dokumentation, die Quellen sowie Binärdateien zum Herunterladen. Für diesen Abschnitt wurde eine Version 5.0.19 benutzt. Sie finden diese auf der Begleit-CD. Sie unterstützt die Versionen 2.3 der Spezifikation für Servlets [30] sowie 1.2 für JavaServer Pages [29]. Der Tomcat-Server ist die Referenz-Implementierung für JavaServer Pages. Der Server wird in einem Verzeichnis installiert, das wir in diesem Abschnitt als Stammverzeichnis bezeichnen. Alle benötigten Dateien und Verzeichnisse liegen in diesem Verzeichnis.

Wichtige Verzeichnisse im Stammverzeichnis nach der Installation

Verzeichnis	Beschreibung
`bin`	Ausführbare Programme, u. a. Skripten zum Start (`startup`) bzw. Herunterfahren des Servers (`shutdown`).
`conf`	`server.xml` – die Hauptkonfigurationsdatei von Tomcat.
`doc`	Enthält einige Dokumentationen zu Tomcat.
`lib`	Enthält verschiedene `*.jar` Dateien für Tomcat.
`logs`	Hier speichert Tomcat Ablaufprotokolle.
`webapps`	Enthält Beispiele zu Web-Applikationen.
`work`	Tomcat speichert hier temporäre Dateien. Dort liegen z.B. die generierten Servlets für jsp.

Mit dem Skript `startup` aus dem Verzeichnis `bin` kann man den Webserver starten. Zur Überprüfung des Starterfolgs kann man in einem Browser eine Abfrage eingeben:

```
http://localhost:8080/
```

Dann sollte man im Browser eine Meldung des Web-Servers sehen.

Aufbau eines Verzeichnisses eigener Anwendungen: JoExamples

```
| ← Hauptverzeichnis für html, gif undauch jsp-Dateien
+---jsp ← Platz für jsp-Elemente
\---WEB-INF ← Platz für die Datei web.xml
    +---classes ← Servlets
    |   +---bean1 ← Unterverzeichnis für bean1
    |   \---beanx ← Unterverzeichnis für beanx
    \---lib ← Platz für jar-Dateien der Web-Anwendung
```

Die Datei web.xml

Die Datei web.xml definiert die Eigenschaften einer Web-Anwendung. Sie muss der Spezifikation gemäß http://java.sun.com/dtd/web-app_2_3.dtd genügen.
Bei der Umsetzung von Namen für Servlets ist der zweistufige Prozess zu beachten. Der Name in einer URL wird zunächst auf einen internen Namen für den Container abgebildet.

Web-Server → `url-pattern` → `servlet-name` → `servlet-class`

Dieser interne Name (`servlet-name`) muss dann dem Klassennamen eines Java-Servlets (`servlet-class`) entsprechen. Hierzu dienen die Abschnitte `servlet` und `servlet-mapping`, deren Reihenfolge einzuhalten ist. Innerhalb einer Servlet-Definition können Parameter für die Initialisierung angegeben werden (vgl. Abschnitt 10.3.3). Diese Parameter können in der `init(...)`-Methode ausgelesen werden.
In der sog. `welcome-file-list` kann man die Standard-Namen für Seiten festlegen. Im folgenden Beispiel würde bei einem Aufruf `http://...host.../JoExamples/` die Datei `.../webapps/JoExamples/index.html` angezeigt.

```
<?xml version="1.0" encoding="ISO-8859-1"?>
<!DOCTYPE web-app PUBLIC
"-//Sun Microsystems, Inc.//DTD Web Application 2.3//EN"
"http://java.sun.com/dtd/web-app_2_3.dtd">
<web-app>
    <!-- Servlets -->
   <servlet>
      <servlet-name>HelloDemo</servlet-name>
      <servlet-class>MyHelloWorldServlet</servlet-class>
   </servlet>

   <servlet>
      <servlet-name>InitDemo</servlet-name>
      <servlet-class>MyInitServlet</servlet-class>
        <init-param>
           <param-name>farbe</param-name>
           <param-value>gelb</param-value>
        </init-param>
   </servlet>

    <!-- Danach die Umbenennungen der Servlets -->
   <servlet-mapping>
      <servlet-name>InitDemo </servlet-name>
      <url-pattern>/Init</url-pattern>
   </servlet-mapping>

   <servlet-mapping>
      <servlet-name>HelloDemo</servlet-name>
      <url-pattern>/HelloDemo</url-pattern>
   </servlet-mapping>


   <welcome-file-list>
      <welcome-file>index.html</welcome-file>
   </welcome-file-list>
</web-app>
```

Name für den Servlet-Container

Name der Servlet-Klasse

Definition des Parameters farbe=gelb

Name für den Servlet-Container

Name im Web-Server Bezug von anderen Seiten

10.3 Erstellung von Servlets

Ein Servlet für eine http Anforderung wird von der Basisklasse `HttpServlet` abgeleitet. Dieses Servlet bearbeitet eine der Anforderungen im Rahmen des http-Protokolls, wie etwa `GET` oder `POST`. Wenn man die entsprechenden Methoden der Basisklasse überschreibt, kann man eigene Aktionen einbinden. Das Servlet wird im Parameter `request` über die Anforderung und im Parameter `response` über die mögliche Antwort informiert. Das Servlet kann dazu Befehle zur Ausgabe über einen `PrintWriter` benutzen. Diese Ausgabe wird vom Web-Server an den Benutzer des Servlets weitergeleitet.

Ein Hello-World-Servlet für http: MyHelloWorldServlet.java

```
import java.io.*;
import javax.servlet.*;
import javax.servlet.http.*;

public class MyHelloWorldServlet extends HttpServlet {

  public void doGet(HttpServletRequest request,
                    HttpServletResponse response)
    throws IOException, ServletException
  {
    response.setContentType("text/html");

    PrintWriter out = response.getWriter();

    out.println("<html>");
    out.println("<body>");

    out.println("<h1>");
    out.println("Hello World Servlet");
    out.println("</h1>");

    out.println("</body>");
    out.println("</html>");
  }
}
```

Die `doGet()`-Methode setzt in der grau hinterlegten Anweisung `text/html` als den Typ für die Antwort. Danach wird der mit `out` bezeichnete `PrintWriter` benutzt, um die Antwort auszugeben.

Ein JSP-Element mit gleicher Funktionalität: HelloWorld.jsp

```
<html>
<body>
<h1>
Hello World Servlet
</h1>
</body>
</html>
```

Die Datei HelloWorld.jsp wird in ein Servlet HelloWorld_jsp.java umgewandelt, das Java-Programm wird compiliert und zum Ablauf gebracht. Servlet und JSP-Element haben die gleiche Funktionalität. Im Gegensatz zum Servlet läuft das JSP-Element in einer Sitzung, weil das die Standard-Einstellung für JSP-Elemente ist.

Anzeige in Mozilla Firefox

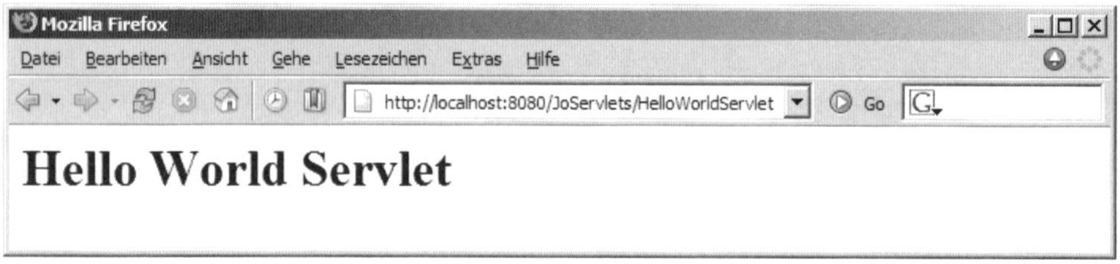

Vollständige Antwort des Servers (hier Tomcat 5 mit Java-Web-Services-Pack-1.4)

```
HTTP/1.1 200 OK
Content-Type: text/html
Content-Length: 68
Date: Sat, 11 Jun 2005 19:06:26 GMT
Server: Sun-Java-System/Web-Services-Pack-1.4
Connection: close

<html>
<body>
<h1>
Hello World Servlet
</h1>
</body>
</html>
```

Der grau hinterlegte Teil ist der sog. Header. Einträge darin können mit den `response.setXX()`-Methoden veranlasst werden.

10.3.1 Das Package javax.servlet

Servlets werden in den Packages `javax.servlet` sowie `javax.servlet.http` definiert. im ersten Package wird eine allgemeine Funktionalität für Servlets behandelt, im zweiten die speziellen Eigenschaften von Servlets für das http-Protokoll.
Die abstrakte Klasse `javax.servlet.GenericServlet` implementiert die Schnittstellen `javax.servlet.Servlet`- und `javax.servlet.ServletConfig`. Sie definiert ein generisches, von Protokollen unabhängiges Servlet. Als Ausgangsbasis für Anwendungen im Rahmen des `http`-Protokolls ist `javax.servlet.http.HttpServlet` gedacht. Diese Klasse aus dem Package `javax.servlet.http` ist in der folgenden Grafik grau hinterlegt. Die Methoden `doGet(...)` und `doPost(...)` sind zum Überschreiben gedacht. Damit wird die Funktionalität eines Anwendungsprogramms in das Servlet-Konzept eingebunden.

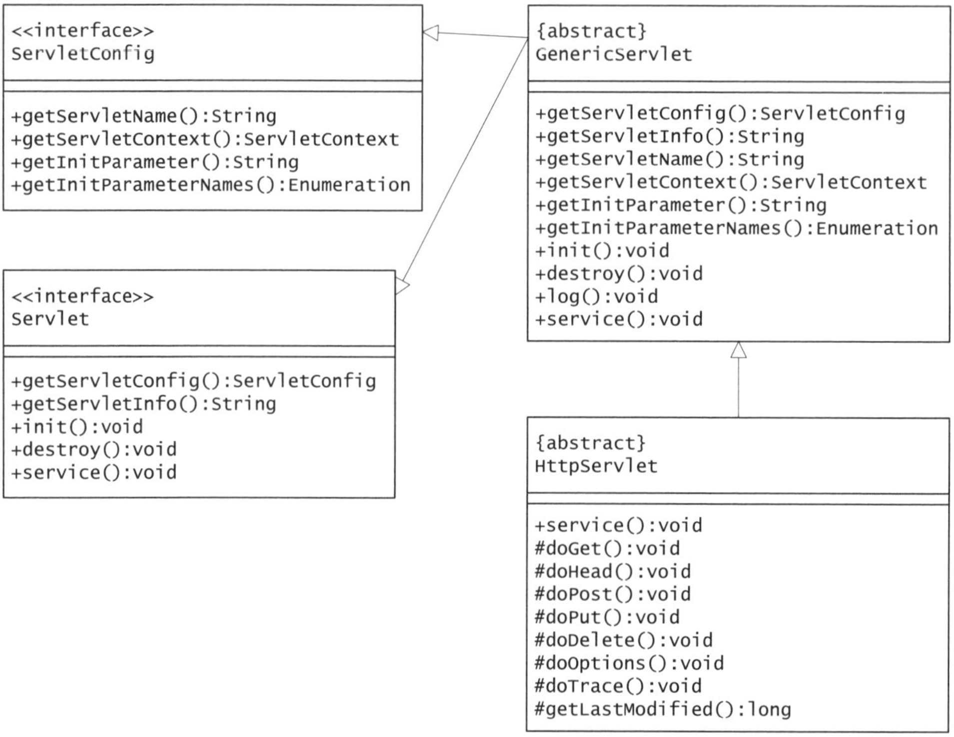

Die folgenden Tabellen enthalten Auszüge aus der Dokumentation von Sun. Vollständige Unterlagen finden Sie in der Dokumentation zu den Servlets in der j2ee-Edition von Java bzw. in der Tomcat-Insallation unter docs zum Servlet-Api, nicht jedoch im JDK.

Die Schnittstelle Servlet

Aufruf	**Funktion**
`void init( ServletConfig config);`	Diese Initialisierung wird vor allen anderen Methoden aufgerufen. Das Servlet wird nicht aktiviert, falls diese Methode eine `ServletException` wirft oder nicht innerhalb einer definierten Zeit zum Server zurückkehrt.
`ServletConfig getServletConfig();`	Die gelieferte Information dient der Initialisierung.
`String getServletInfo();`	Liefert z.B. Author, Version oder Copyright.
`void service( ServletRequest req, ServletResponse res);`	Wird vom Web-Server zur Anforderung eines Dienstes des Servlets aufgerufen. *Das Servlet muss mit mehreren Threads rechnen.*
`void destroy();`	Kann nur als letzte Methode des Servlets vom Server aufgerufen werden. Freigabe von Ressourcen.

Die Schnittstelle ServletConfig

Der Servlet-Container liefert während der Initialisierung ein Objekt, das dem Servlet den Zugriff auf Informationen ermöglicht.

Aufruf	Funktion
`String getInitParameter( String name);`	Liest einen Initialisierungsparameter.
`Enumeration getInitParameterNames();`	Liefert eine Aufzählung aller Namen von Parametern (z.B. für Test).
`ServletContext getServletContext();`	Liefert den Servlet-Kontext.

Die Schnittstelle RequestDispatcher

Anforderungen an das Servlet können an andere Ressourcen weitergegeben werden.

Aufruf	Funktion
`void forward( ServletRequest request, ServletResponse response);`	Weiterleitung der Anfrage an eine andere Ressource: Servlet, JSP-, oder HTML-Datei.
`void include( ServletRequest request, ServletResponse response);`	Einschließen anderer Ressourcen dieses Web-Servers.

Die Schnittstelle ServletContext

Diese Schnittstelle definiert die Methoden zur Kommunikation eines Servlets mit dem Servlet-Container. Jede Web-Applikation hat ihren eigenen Kontext. Der Servlet-Kontext kann über die Schnittstelle `ServletConfig` ermittelt werden.

Aufruf	Funktion
`Object getAttribute( String name);`	Lesen eines Attributs.
`String getRealPath( String path);`	Liefert den realen Pfad zu einem virtuellen Pfad.
`RequestDispatcher getRequestDispatcher( String urlpath);`	Liefert ein Objekt zum Zugriff auf die angegebene Ressource, die in der Form `/dir/dir/file.ext` angegeben sein muss. Für `forward` und `include` (vgl. `RequestDispatcher`).
`void log(String msg);`	Ausgabe eines Textes in die log-Datei. Diese muss im Web-Server konfiguriert werden.
`void log( String message, Throwable throwable);`	Ausgabe eines Textes sowie des Protokolls der Stack-Analyse in die log-Datei.
`void removeAttribute( String name);`	Entfernen eines Attributs.
`void setAttribute( String name, Object object);`	Setzen eines Attributs. Die Namen für die Attribute sollten den Konventionen über Namen für Packages folgen.

Die Schnittstelle ServletRequest

Der Servlet-Container baut ein `ServletRequest`-Objekt mit den Informationen über die Anfrage für die `servlet`-Methode auf.

Aufruf	Funktion
`Object getAttribute( String name);`	Lesen eines Attributs.
`ServletInputStream getInputStream();`	InputStream zum Zugriff auf die Eingabe für ein Servlet.
`String getParameter( String name);`	Zugriff auf einen Parameter (z.B. aus einem Formular).
`Enumeration getParameterNames();`	Liefert eine Aufzählung der Namen aller Parameter.
`String[] getParameterValues( String name);`	Liefert ein Feld mit den Namen aller Parameter.
`String getRemoteAddr();`	Liefert die Adresse des Clients. Entspricht in CGI dem Wert von `REMOTE_ADDR`.
`String getRemoteHost();`	Liefert den Namen des Rechners, von dem die Anfrage gestellt wurde. Entspricht in CGI dem Wert von `REMOTE_HOST`.
`String getServerName();`	Liefert den Namen des Servers, auf dem das Servlet läuft. Entspricht in CGI dem Wert von `SERVER_NAME`.
`int getServerPort();`	Liefert den Port des Servers, auf dem das Servlet läuft. Entspricht in CGI dem Wert von `SERVER_PORT`.
`void setAttribute( String key, Object o);`	Setzen eines Attributs. Die Namen für die Attribute sollten den Konventionen über Namen für Packages folgen.

Die Schnittstelle ServletResponse

Die Methoden dieser Schnittstelle dienen sowohl zur Erstellung des Headers der Antwort als auch des Rumpfs.

Aufruf	Funktion
`ServletOutputStream getOutputStream();`	Liefert einen `ServletOutputStream` für binäre Ausgaben des Servlets.
`PrintWriter getWriter();`	Liefert einen `PrintWriter` für die Ausgabe des Servlets. Damit können HTML-Texte für den Browser erstellt werden, von dem die Anfrage kam.
`void setContentLength(int len);`	Setzt die Länge der Antwort.
`void setContentType( String type);`	Setzt den Typ der Antwort. Siehe RFC 2045. Für Text: `"text/html"`.

Die Schnittstelle SingleThreadModel

Diese Schnittstelle hat keine Methoden. Der Servlet-Container garantiert, dass keine zwei Threads gleichzeitig die Service-Methode des Servlets aufrufen. Dies schützt aber nicht vor Synchronisationsproblemen durch statische Variablen in Klassen außerhalb des Servlets, denn der Servlet-Container kann gleichzeitig zwei Exemplare des Servlets erzeugen und diese jeweils einem Thread zur Ausführung übergeben.

Die abstrakte Klasse GenericServlet

Durch diese Klasse wird ein generisches, protokollunabhängiges Servlet definiert. Für http-Servlets ist die Klasse `HttpServlet` zu benutzen.
`GenericServlet` implementiert die `Servlet` und die `ServletConfig`-Schnittstellen. Darüber hinaus gibt es `log(...)`-Methoden, wie sie in der Schnittstelle `ServletContext` definiert werden.

Die abstrakte Klasse ServletInputStream

Sie definiert einen `InputStream` zum Lesen binärer Daten bei `POST`- bzw. `PUT`-Anfragen. Die `ServletRequest`-Methode `getInputStream()` liefert Objekte dieser Klasse.

Die abstrakte Klasse ServletOutputStream

Mit diesem `OutputStream` können binäre Daten zum Client gesandt werden. Die `ServletResponse`-Methode `getOutputStream()` liefert Objekte dieser Klasse.

Ausnahmen

Eine `ServletException` definiert eine allgemeine Ausnahme in einem Servlet. Als Unterklasse dient `UnavailableException` zur Anzeige von Zuständen des Servlets, in denen es unfähig zur Durchführung von Anfragen ist. Das Auftreten einer solchen Ausnahme sollte mit einer `log`-Methode protokolliert werden.

10.3.2 Das Package javax.servlet.http

Dieses Package definiert die speziellen Möglichkeiten für Servlets im Rahmen des http-Protokolls. Die Interaktion zwischen einem Client und einem Servlet kann sich über mehr als eine Anfrage und Antwort erstrecken. Als Beispiel kann eine Anfrage eines Clients an eine Suchmaschine dienen, bei der es viele Ergebnisse gibt, von denen aber jeweils nur eine kleine Anzahl angezeigt wird. So kann die Anfrage nach „Java" an die Suchmaschine `www.google.de` mehr als 24 000 000 Treffer liefern. Die Ergebnisse lassen sich nacheinander anzeigen.
Man spricht in diesem Fall von Sitzungen. Solche Sitzungen sind in dem zustandslosen Protokoll http nicht von vorneherein vorgesehen, sie müssen entweder vom Entwickler oder vom System nachgebaut werden. In jedem Fall muss der Server in der Lage sein, eine Verbindung zwischen aufeinander folgenden Anforderungen eines Clients herzustellen.

Cookies

Der Server fügt seiner Antwort ein sog. Cookie bei. Dieses Cookie enthält Kennzeichen zur Identifizierung der Anfrage. Der Browser kann es bei der nächsten Anforderung des Clients wieder an den Server übermitteln. Damit kann der Server die einzelnen Anfragen zuordnen.

Hinweis: Die Daten, die Server mit Cookies von Clients erhalten, können zum Ausspionieren des Clients missbraucht werden. Deswegen kann man Cookies im Browser abschalten. Dann stehen sie natürlich auch nicht als Hilfsmittel zur Realisierung von Sitzungen zur Verfügung.

URL-Codierung

Der Server fügt in seine Antwort eine URL ein, in der die Sitzungsnummer und die laufende Anfrage verschlüsselt ist. Wenn der Client aufgrund dieser Antwort eine neue Anfrage mit dieser URL sendet, kann der Server diese Anfrage einer vorhergehenden zuordnen.

Versteckte Informationen in Formularen

Formulare in HTML-Seiten können Felder mit dem Attribut `HIDDEN` haben. Diese Felder werden nicht angezeigt. Deshalb benutzen viele Server solche Felder, um dort die Sitzungsnummer und laufende Nummer der Anfrage zu hinterlegen. Mit der nächsten Anfrage erhält der Server diese Nummer wieder und kann sie der Sitzung zuordnen.

Zugriff auf Parameter

Formulare in HTML-Seiten können Eingabefelder enthalten. Die zugeordneten Parameter müssen bei den verschiedenen Anfragen im Server ermittelt werden. Für Servlets gibt es einen bequemen Zugriff auf die Werte der Parameter über den Namen der Parameter.

Die Schnittstelle HttpServletRequest

Diese Erweiterung der `ServletRequest`-Schnittstelle definiert, welche Informationen für Servlets von der Anforderung her zur Verfügung stehen.

Aufruf	**Funktion**
`Cookie[] getCookies()`	Liefert die mit der Anfrage übermittelten Cookies.
`String getMethod();`	Liefert die Anforderungsmethode `POST` bzw. `GET`.
`String getPathInfo();`	Liefert den Anteil des Pfades aus der URL bei der Anforderung.
`String getPathTranslated()`	Liefert den realen Pfad. Entspricht der CGI-Variablen `PATH_TRANSLATED`.
`String getQueryString()`	Liefert den Anteil der Anfrage an der URL, d.h. die Zeichen nach dem Fragezeichen `?`. Entspricht der CGI-Variablen `QUERY_STRING`. Der Wert ist null, falls nichts angegeben wurde.
`String getRemoteUser()`	Liefert den entfernten Benutzer, falls sich dieser via http-Authentikation eingeloggt hat. CGI variable `REMOTE_USER`. Der Wert ist null, falls nichts angegeben wurde.
`String getServletPath();`	Liefert den Pfad-Anteil in der Anfrage. Entspricht der CGI-Variablen `SCRIPT_NAME`.
`HttpSession getSession();`	Liefert in die mit dem Servlet verbundene Sit-

	zung. Falls diese noch nicht vorhanden war, wird sie durch den Aufruf erzeugt.
`HttpSession getSession(boolean create);`	Liefert in die mit dem Servlet verbundene Sitzung. Falls diese noch nicht vorhanden war, wird sie durch den Aufruf erzeugt, sofern `create = true`..

Die Schnittstelle HttpServletResponse

Diese Erweiterung der `ServletResponse`-Schnittstelle definiert die besonderen Möglichkeiten des http-Protokolls bei der Erstellung einer Antwort des Servlets an den Browser. Insbesondere kann das Servlet einen Status-Code zurückliefern, den zurückgeschriebenen Meldungskopf beeinflussen, Cookies übermitteln, oder die URL-Codierung aktivieren. Diese Klasse enthält außerdem die Status-Codes für Antworten. Vgl. hierzu die Dokumentation für Servlets.

Aufruf	Funktion
`void addCookie(Cookie cookie);`	Fügt das angegebene Cookie zur Anfrage hinzu. Der Aufruf kann mehrfach benutzt werden.
`String encodeURL(String url);`	Codierung der URL, indem eine Kennzahl für die Sitzung eingeschlossen wird. Dies unterbleibt, falls keine Sitzung vorliegt oder Cookies möglich sind.
`void sendError(int sc)`	Sende einen Fehlercode, z.B. `SC_NOT_FOUND`.
`void setStatus(int sc)`	Setze den Status-Code, z.B. `SC_OK`.

Die Schnittstelle HttpSession

Diese Schnittstelle liefert die Hilfsmittel zum Aufbau von Sitzungen. Ein wesentliches Hilfsmittel hierzu ist die Bindung von Objekten an Sitzungen mit `setAttribute(()` sowie die Lösung der Bindung durch `removeAttribute(...)`. Objekte können von diesen Änderungen benachrichtigt werden. Hierzu dient die Schnittstelle `HttpSessionBindingListener`. Außerdem kann die Entstehungszeit ausgelesen und die Sitzung beendet werden. Der Server kann eine Sitzung nach einer Periode der Untätigkeit auch beenden, sonst würden Ressourcen des Rechners unnötig durch unbeendete Sitzungen blockiert. Das folgende Beispiel zeigt, wie ein zu einer Sitzung gehöriger Wert ausgelesen, verändert und wieder zurückgeschrieben wird.

```
// Ermittle die Sitzung
HttpSession session = request.getSession(true);
// Lies das Objekt ("sessiontest.counter" aus
ival = (Integer) session.getAttribute("sessiontest.counter");
// Noch nicht da: Dann auf 1 setzen
if (ival==null)
  ival = new Integer(1);
else
  ival = new Integer(ival.intValue() + 1);
// Zurückspeichern des Objektes
session.setAttribute("sessiontest.counter", ival);
```

Aufruf	Funktion
`long getCreationTime();`	Liefert die Entstehungszeit.
`long getLastAccessedTime();`	Liefert die Zeit der letzten Aktivität.
`Object getAttribute (String name);`	Liefert den Wert für den angegebenen Namen.
`void setAttribute (String name, Object value);`	Setze den Wert für den angegebenen Namen.
`void removeValue(String name);`	Entferne den Wert.
`void setMaxInactiveInterval (int interval);`	Setze die maximale Zeitdauer für eine Inaktivität. Danach könnte die Sitzung vom Server entfernt werden.
`String getId();`	Liefert die Zeichenfolge, die die Sitzung identifiziert.
`void invalidate();`	Verwerfen der Sitzung und Freigabe aller damit verbundenen Objekte.
`boolean isNew();`	Liefert true, wenn der Server die Sitzung erzeugt hat, der Client aber nicht beigetreten ist (Z.B. wg. abgeschalteter Cookies).

Die Schnittstelle HttpSessionBindingListener

Diese Schnittstelle dient der Information von Objekten, ob sie an eine Sitzung gebunden sind. Damit können Ressourcen belegt bzw. freigegeben werden.

Aufruf	Funktion
`void valueBound( HttpSessionBindingEvent ev);`	Informiert ein Objekt, dass es an eine Sitzung gebunden ist.
`void valueUnbound( HttpSessionBindingEvent ev);`	Informiert ein Objekt, dass die Bindung zu einer Sitzung gelöst ist.

Die Klasse Cookie

Das Servlet kann mit der Methode `addCookie(...)` Cookies an eine Antwort anhängen. Jedes Cookie wird als zusätzliche Information im Kopf der Anfrage realisiert. Der Browser schickt es auch wieder im Kopf seiner Anfrage zurück.

Aufruf	Funktion
`String getName();`	Liest den Namen des Cookies.
`String getAttribute();` `void setValue(String newValue)`	Die Value-Eigenschaft.
`int getVersion();` `void setVersion(int v);`	Die Version-Eigenschaft.
`String getPath();` `void setPath(String uri)`	Die Pfad-Eigenschaft.
`String getComment();` `void setComment (String c);`	Die Comment-Eigenschaft.

Die Klasse HttpServlet

Die hier angegebenen Methoden sind **protected**, d.h. sie können nicht benutzt, sondern nur überschrieben werden. Für die http-Anforderungen gibt es die `doXXX`-Methoden. Hier sind nur die Methoden für `POST` und `GET` aufgeführt.

Aufruf	Funktion
`void doGet( HttpServletRequest req, HttpServletResponse resp)`	Zum Überschreiben für `GET`-Anforderungen.
`void doPost( HttpServletRequest req, HttpServletResponse resp)`	Zum Überschreiben für `POST`-Anforderungen.
`void service( HttpServletRequest req, HttpServletResponse resp)`	Die allgemeine Service-Routine. Programmierer werden an ihrer Stelle die `doXXX`-Methoden benutzen.

Die Klasse HttpSessionBindingEvent

Aufruf	Funktion
`String getName();`	Liefert den Namen, unter dem das Objekt an eine Sitzung gebunden ist (bzw. war).
`HttpSession getSession();`	Liefert die Sitzung, an die das Objekt gebunden ist (bzw. war).

10.3.3 Hilfsprogramme für Datenbankzugriff und Tabellen

Der folgende Abschnitt führt Sie projektorientiert in die Arbeit mit Servlets und JavaServer Pages ein. Einige der vorgestellten Projekte beschäftigen sich mit Datenbanken, Ergebnismengen von Anfragen oder Tabellen. Diese Hilfsmittel sind im Package `util` zusammengefasst und aus Platzgründen nur auf der CD und auf der Homepage des Autors angegeben.

`MyConnectDatabase.java`	Verbinden zu einer Datenbank
`TabellenBean.java`	Stellt Anfragen an eine Datenbank. Der `ResultSet` wird in ein Feld umgewandelt und kann in einzelnen Abschnitten angezeigt werden. Die Eigenschaften sind als Bean für den Einsatz in JavaServer Pages ausgeführt.
`Table2HTML.java`	Methoden zum Ausgeben von Tabellen in HTML-Code: Aufbau der Tabellen, Ausgabe von Spalten und Zeilen sowie eines kompletten `ResultSet`.

10.4 Projekte mit Servlets

Die konkreten Projekte in diesem Abschnitt sollen in die Anwendung der in den vorigen Abschnitten vorgestellten Möglichkeiten mit Servlets einführen.

1. Zugriff auf Parameter einer Anfrage
2. Telefonauskunft
3. Sitzungen
4. Abfragen an Datenbanken

10.4.1 Projekt: Zugriff auf Parameter einer Anfrage

Ein Servlet reagiert dynamisch auf Anforderungen. Der Zugriff auf die Parameter einer Anfrage ist in Servlets über die `HttpServletRequest`-Schnittstelle (vgl. Seite 420) sehr bequem für den Entwickler gelöst. Der Entwickler muss weder zwischen `GET`-bzw. `POST` unterscheiden, noch muss er in die Textverarbeitung einsteigen, um eine Anfrage über die CGI-Schnittstelle zu analysieren.

```
String paramValues[] = request. getParameterValues(paramName);
```

Dieser Aufruf liefert alle Parameterwerte für einen angegebenen Parameternamen. Einzelne Elemente eines HTML-Formulars können mehrere Werte für einen Parameter liefern.
Die Anwendung von Steuerelementen demonstriert das Beispiel „Pizzaservice“. Das Beispiel zeigt die Ansicht auf der Client-Seite sowie die Implementierung auf der Server-Seite. Die Verwendung der HTML-Steuerelemente in einem Formular und die Antwort des Servlets im Browser werden anhand eines Bildschirmausdrucks veranschaulicht. Für den Server wird der HTML-Code sowie das Servlet dargestellt.
Die Steuerelemente im Formular sind mit `f1`...`f6` bezeichnet, die Antworten des Servlets mit `a1` ... `a6` und der zugehörige HTML-Code mit `h1`...`h6`.

Anzeige eines Formulars im Browser (Client)

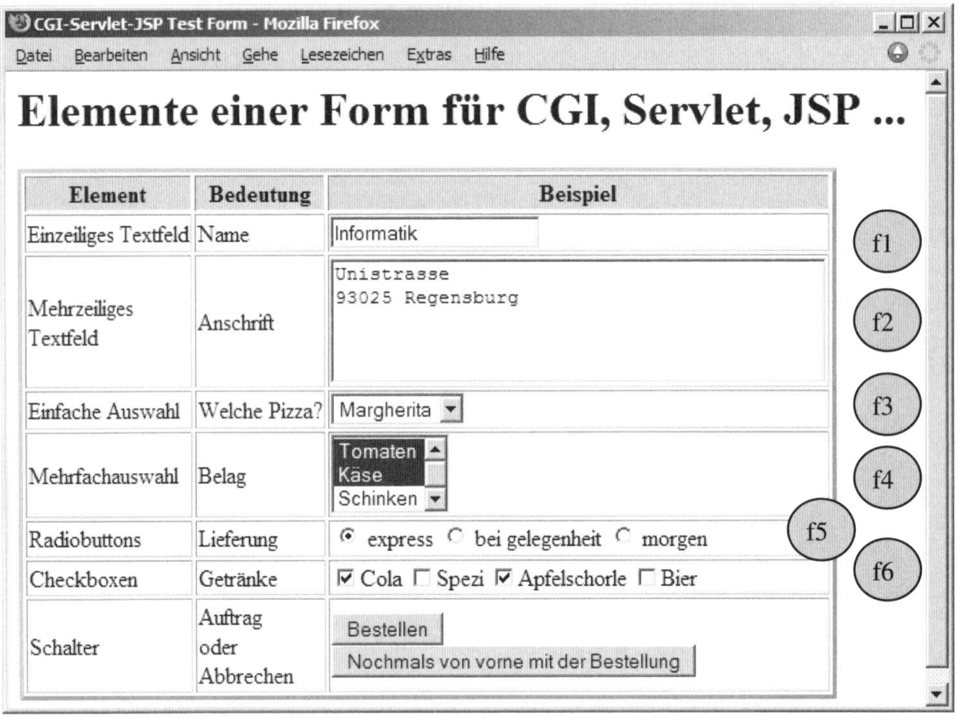

Antwort des Servlets

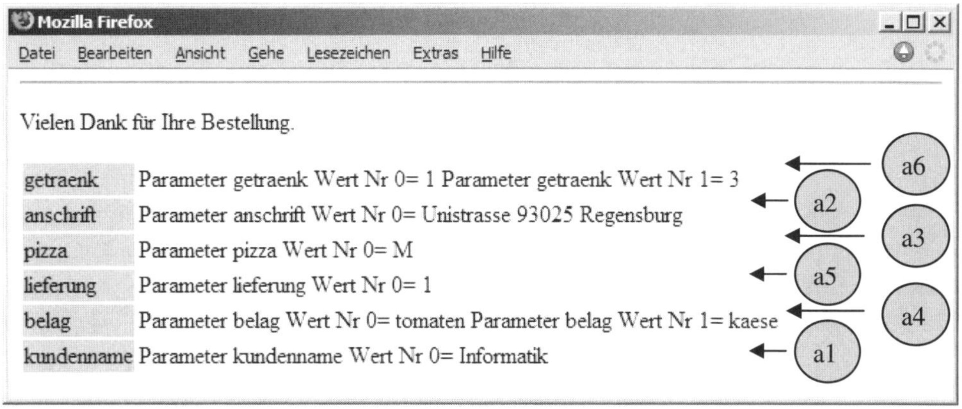

Quelltext des Formulars

Das Formular enthält einen Aufruf für das Servlet `RequestServlet`. Dieser ist im Quelltext grau hinterlegt. Ferner sind die HTML-Steuerelemente für einzeilige und mehrzeilige Textfelder, einfache und Mehrfachauswahl, sowie Radiobuttons und Checkboxen angegeben. Der HTML-Code für diese Steuerelemente ist durch Rahmen hervorgehoben. Die Mehrfachauswahl sowie Checkboxen können mehrere Parameterwerte zurückliefern. Dies ist bei der Programmierung von Parameterzugriffen in Servlets besonders zu beachten.

```
<html>
<head>
   <meta http-equiv="Content-Type" content="text/html;
      charset=iso-8859-1">
   <title>CGI-Servlet-JSP Test Form</title>
</head>
<body>

<h1>Elemente einer Form f&uuml;r CGI, Servlet, JSP ...</h1>

<form method="POST" action="RequestServlet">
<table border="3">
<tr bgcolor="#CCCCCC">
<th>Element</th>
<th>Bedeutung</th>
<th>Beispiel</th>
</tr>
<tr>
<td>Einzeiliges Textfeld </td><td>Name</td>
<td>
<input type="text" name="kundenname">                        h1
</td>
</tr>

<tr>
<td>Mehrzeiliges<br> Textfeld </td><td>Anschrift</td>
<td>
<textarea NAME="anschrift" ROWS=4 COLS=40>Unistrasse<br>     h2
93025 Regensburg</textarea>
</td>
</tr>

<tr>
```

```
<td>Einfache Auswahl </td><td>Welche Pizza?</td>
<td>
<select name="pizza">
<option value="M">Margherita
<option value="S">Salami                                    h3
<option value="K">Knoblauch
<option value="T">Thunfisch
</select>
</td>
</tr>

<tr>
<td>Mehrfachauswahl </td><td>Belag</td>
<td>
<select name="belag" multiple>
<option value="tomaten">  Tomaten
<option value="kaese">    K&auml;se                          h4
<option value="schinken"> Schinken
</select>
</td>
</tr>

<tr>
<td>Radiobuttons </td><td>Lieferung</td>
<td>
<input type="radio" name="lieferung" value="1" checked> express
<input type="radio" name="lieferung" value="2">bei gelegenheit
<input type="radio" name="lieferung" value="3">morgen
</td>                                                        h5
</tr>

<tr>
<td>Checkboxen </td><td>Getr&auml;nke</td>
<td>
<input type="checkbox" name="getraenk" value="1">Cola        h6
<input type="checkbox" name="getraenk" value="2">Spezi
<input type="checkbox" name="getraenk" value="3">Apfelschorle
<input type="checkbox" name="getraenk" value="4">Bier
</td>
</tr>

<tr>
<td>Schalter </td><td>Auftrag <br>oder<br> Abbrechen</td>
<td>
<input type="submit" value="Bestellen"><br>
<input type="reset" value=
    "Nochmals von vorne mit der Bestellung">
</td>

</tr>
</table>
</form>

</body>
</html>
```

Das Servlet RequestServlet

```
import java.io.IOException;
import java.io.PrintWriter;
import javax.servlet.*;
import javax.servlet.http.*;
```

```
public class RequestServlet extends HttpServlet {

  private void printParamValues (
      HttpServletRequest request,
      PrintWriter out,
      String paramName) {
    String paramValues[] =
          request.getParameterValues(paramName);
    if (paramValues != null)
      for (int i = 0; i < paramValues.length; i++)
        out.println ("Parameter " + paramName +
                    " Wert Nr " +  i + "= " + paramValues[i]);
  }

  public void doGet(HttpServletRequest request,
                    HttpServletResponse response)
    throws IOException, ServletException
  {
    response.setContentType("text/html");

    PrintWriter out = response.getWriter();
    out.println("<html>");
    out.println("<body>");
    out.println("<head>");


    out.println("<hr>");
    out.println(
          "<p>Vielen Dank f&uuml;r Ihre Bestellung.</p>");
    out.println("<table border=3>");
    java.util.Enumeration ep = request.getParameterNames();
    while (ep.hasMoreElements()) {
      String paramName = (String)ep.nextElement();
      out.println("<tr><td bgcolor=\"#CCCCCC\">" + paramName);
      out.print("</td><td>");
      printParamValues (request, out, paramName);
      out.print("</td></tr>");
    }
    out.println("</table>");
  }

  public void doPost(HttpServletRequest request,
                     HttpServletResponse response)
    throws IOException, ServletException
  {
    doGet(request, response);
  }
}
```

10.4.2 Projekt: Telefonauskunft mit Servlets

In Abschnitt 9.1 wurde das Projekt der *Telefonauskunft* vorgestellt. Diese Aufgabenstellung lässt sich auch mit Servlets bearbeiten. Der Client kann die Auskunft über ein Formular einer HTML-Seite oder ein Applet ansprechen. Der Server ermittelt die Nummer und liefert sie als HTML-Seite zurück, wo sie angezeigt wird.

Die Lösung des Projekts besteht aus:

- HTML-Seite `Telefonbuch.html`
- Applet für den Client: `TelefonbuchApplet.java`
- Servlet `TelefonbuchServlet.java`
- der Implementierung des Telefonbuchs `tb.TelefonbuchImpl.java`
- `servlet`- und `servlet-mapping`-Eintrag in `web.xml`

Das Applet demonstriert eine Kopplung zwischen einem Servlet und einem Applet.

Die Datei TelefonbuchServlet.java

```
import java.io.*;
import java.text.*;
import java.util.*;
import javax.servlet.*;
import javax.servlet.http.*;

public class TelefonbuchServlet extends HttpServlet {
  // Bearbeite die Anfrage. Das Servlet liefert als
  // Ergebnis die Nummer aus der Verwaltung
  // NAME=... der Parameter
  public void doGet(HttpServletRequest request,
                    HttpServletResponse response)
    throws IOException, ServletException
  {
    response.setContentType("text/html");

    PrintWriter out = response.getWriter();
    out.println("<html>");
    out.println("<body");

    String Name = request.getParameter("NAME");

    tb.TelefonbuchImpl tbimpl = new tb.TelefonbuchImpl ();
    out.println ("<h3>\n" + "KUNDENNUMMER=" +
      tbimpl.sucheNummer (Name) + "\n</H3>");
    out.println("<p>");
    out.println("</body");
    out.println("</html>");
  }

  // doGet macht alles...
  public void doPost(HttpServletRequest request,
                     HttpServletResponse response)
    throws IOException, ServletException {
     doGet(request, response);
  }
}
```

Die Datei TelefonbuchApplet.java

Das Applet entspricht weitgehend dem Applet aus der CGI-Anfrage auf der Begleit-CD. Deshalb sind hier nur die wichtigsten Änderungen bei `POST` angegeben. Der Header für die Anfrage sowie die Parameter sind grau hinterlegt.

```
String info = "NAME=" + myPanel.getName ();
// Weitere Parameter: Anhaengen mit "&"
String[] lines = {
  "POST /JoExamples/TelefonbuchServlet  HTTP/1.0",
```

```
            "Content-length: " + info.length(),
            "Content-type: application/x-www-form-urlencoded",
            ""
        };
        // Starte die Anfrage gemaess CGI-Schnittstelle
        // Schreibe den Header fuer HTTP
        for (int i = 0; i < lines.length; i++)
          os.println (lines[i]);

        // Die Parameter in der Syntax fuer HTTP
        os.println (info);
        os.flush ();
```

10.4.3 Projekt: Sitzungen

Grundlagen

Das http-Protokoll ist zustandslos. Clients richten `GET`- bzw. `POST`-Anfragen[9] an den Server. Der Server antwortet. Damit ist die Kommunikation beendet.

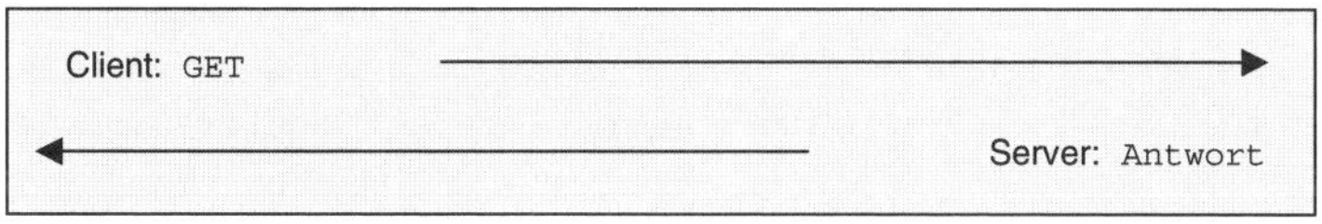

Mit dieser „einsilbigen“ Kommunikationsform lässt sich ein Problem wie eine komplexe Buchung, die aus mehreren Schritten besteht, oder eine Überweisung als Online-Banking nicht lösen. Dort besteht die Kommunikation zwischen Client und Server aus mehreren Schritten, die in einer bestimmten Reihenfolge angeordnet sind. Bei einer Überweisung im Online-Banking meldet man man sich zunächst beim Server der jeweiligen Bank an und weist sich durch Kontonummer und Passwort aus. Danach fordert man ein Überweisungsformular an. Dann füllt man es aus und sendet es zur Bank. Danach fordert die Bank noch eine TAN vom Online-Kunden an. Diese Schritte laufen alle in einer sog. Sitzung ab. Man kann die Kunden nicht dadurch verschrecken, dass sie bei jedem Schritt die Anmeldeprozedur über sich ergehen lassen müssen. Der Rechner muss sich den Zusammenhang zwischen den einzelnen voneinander völlig unabhängigen Schritten „merken“. Außerdem darf er die Schritte der verschiedenen Kunden nicht untereinander zuordnen.
Der Web-Server löst dieses Problem auf mehreren Ebenen:

- Zuordnung der Teile einer Kommunikation zu einer „Sitzung“.
- Abspeichern von Information zu dieser „Sitzung“ auf dem Server.
- Leichter Zugriff für ein Servlet zu dieser Information auf dem Server.

[9] Diese Darstellung beschränkt sich auf `GET` und `POST`.

Zuordnung der Teile einer Kommunikation zu einer „Sitzung“

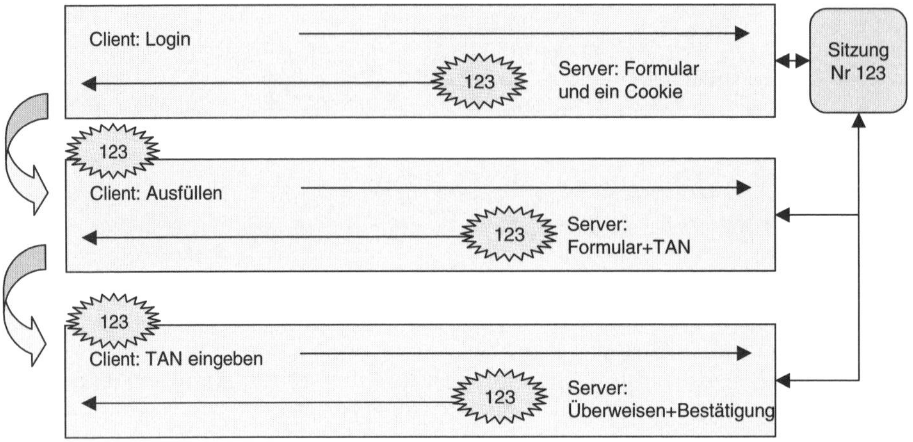

Die einzelnen Schritte der Kommunikation sind völlig unabhängig voneinander. Wenn man einen Zusammenhang zwischen den Teilen herstellen will, muss der Server bei der Antwort eine Information mitgeben, die diesen ersten Schritt identifiziert. Wenn eine Anfrage am Server eintrifft, muss diese Information dazu verwendet werden, einen Zusammenhang zwischen den Teilen herzustellen. Dazu gibt es verschiedene Ansätze. In obigem Bild wurde die Idee der *Cookies* dargestellt. Dieses Anhängsel an die Antwort muss eine Identifikation der Sitzung ermöglichen. Dafür verwenden viele Server eine 128 Bit lange Zufallszahl, die sog. SESSION-ID. Der Server kann sie im Cookie verpacken, er kann sie auch über das sog. URL-Rewriting an die URL anhängen. Die beiden folgenden Bilder zeigen Informationen über verschieden implementierte Sitzungen.

Aufgabe von Informationen über eine Sitzung im Browser

Die folgenden Bilder zeigen den Verlauf einer Sitzung. Ein Servlet baut eine Anzeige auf, sei es erstmalig oder bei wiederholtem Aufruf. Dabei werden Informationen über die Sitzung angezeigt. Ein Text kann eingegeben werden. Beim ersten Mal wird vom Servlet eine Sitzung eröffnet. In dieser Sitzung kann man Objekte mit Namen abspeichern. Aus der Sitzung lassen sich die Objekte über den Namen ermitteln. Damit kann ein Servlet eine beliebige Fülle von Informationen im Zusammenhang mit der Sitzung auf dem Server abspeichern, auslesen und bearbeiten.
Das erste Bild zeigt die Anzeige des Servlets nach vier Besuchen auf der Seite. Bei jedem Besuch wurde ein Text „1-“ usw. eingegeben. Das Servlet zeigt das Datum der Erstellung sowie der letzten Benutzung an. Außerdem wird der Betrachter darüber informiert, ob die Sitzung über Cookies realisiert ist. Das zweite Bild zeigt eine Sitzung mit abgeschalteten Cookies.

Hinweis: Das Servlet zeigt die Anzahl der Besuche auf der Seite an und unterscheidet dabei zwischen Besuchen innerhalb und außerhalb der Sitzung.
Man erkennt, dass das Servlet nur einmal geladen wurde. Es wurde aber mehrfach innerhalb und außerhalb der Sitzung benutzt. Beim Design von Servlets ist also unbedingt auf die mehrfache Benutzbarkeit zu achten.
Wenn zwei Threads gleichzeitig den Code eines Servlets bearbeiten können, muss das Servlet Thread-sicher geschrieben sein.

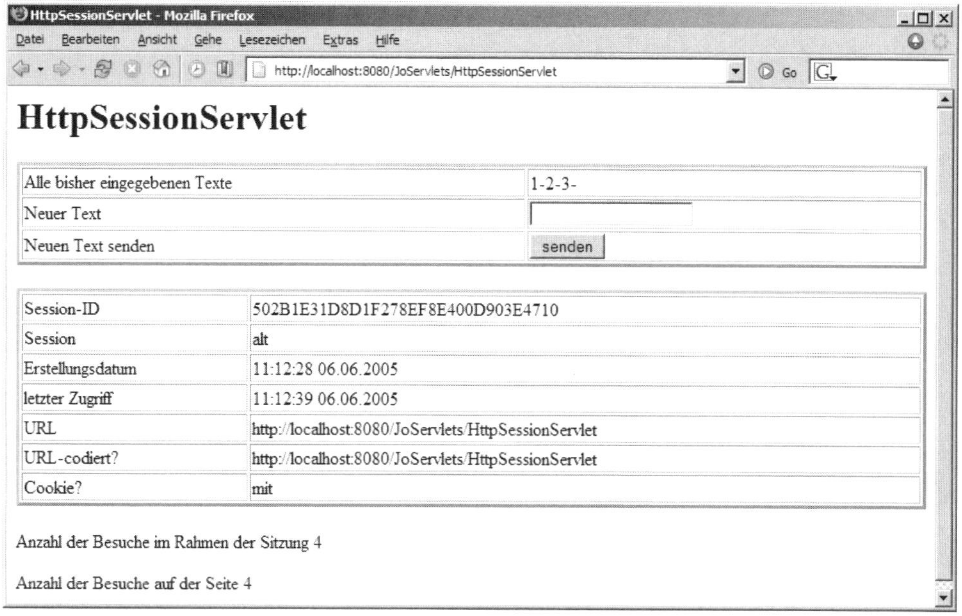

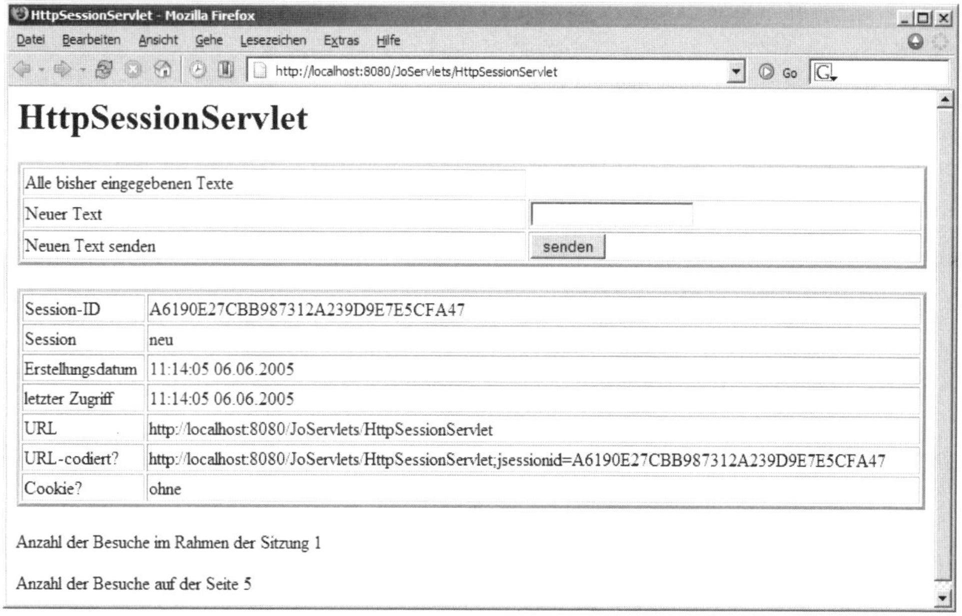

Anzeige von Cookies in Mozilla Firefox

Der Browser kann unter /Extras/Einstellungen/Datenschutz/Cookies die momentan abgespeicherten Cookies anzeigen. Man erkennt den Zusammenhang mit der Sitzung im ersten Bild.

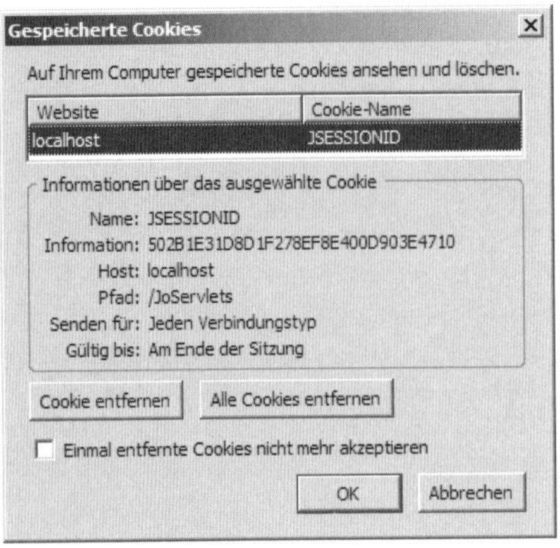

Zum Servlet HttpSessionServlet

Das Servlet legt einen Sitzungskontext `session` an (vgl. Seite 421). In diesem Sitzungskontext kann man Objekte (genauer gesagt: Objekt-Referenzen) mit `setAttribute (Name, Objekt)` abspeichern und mit `getAttribute (Name)` wieder auslesen.
Das Hilfsprogramm `util.Table2HTML` unterstützt die Ausgabe im Servlet. Ein Objekt der Klasse `SitzungsAttribute` speichert alle Daten für die Sitzung.

```
public class SitzungsAttribute {
  public SitzungsAttribute () {}
  public SitzungsAttribute(
    int  besuche,
    String  texte) {
    this.besuche = besuche;
```

```
    this.texte = texte;
  }

  private int besuche;
  private String texte;

  public void setBesuche (int value) {
    this.besuche = value;
  }
  public int getBesuche () {
    return besuche;
  }

  public void setTexte (String value) {
    this.texte = value;
  }
  public String getTexte () {
    return texte;
  }
}
```

Das Servlet HttpSessionServlet

```
import javax.servlet.http.*;
import javax.servlet.*;
import java.io.*;
import java.util.Date;
import java.util.concurrent.atomic.*;

public class HttpSessionServlet extends HttpServlet {

  static final String SESSION =  "HttpSessionServlet ";
  static final String FORM_TEXT = "FORM-TEXT";

  private AtomicInteger besuchsZähler = new AtomicInteger(0);
  private String nameDerKlasse = getClass().getName();
  private util.Table2HTML tp = null;

  public void doGet(HttpServletRequest request,
                    HttpServletResponse response)
      throws ServletException, IOException {
    besuchsZähler.addAndGet(1);

    HttpSession session = request.getSession(true);
    SitzungsAttribute attr = null;
    if (session.isNew()) {
      attr = new SitzungsAttribute(0, "");
      session.setAttribute(SESSION, attr);
    } else {
      attr = (SitzungsAttribute) session.getAttribute(SESSION);
      if (attr == null)
        attr = new SitzungsAttribute(0, "??");
    }
    attr.setBesuche(attr.getBesuche() + 1);
    response.setContentType("text/html");

    PrintWriter out = response.getWriter();
    tp = new util.Table2HTML(out);

    out.println("<html>");
    out.println("<head>");
    out.println("<title>" + nameDerKlasse + "</title>");
```

```
    out.println("</head>");
    out.println("<body>");
    out.println("<h1>" + nameDerKlasse + "</h1>");

    String neuerText = request.getParameter(FORM_TEXT);
    if (neuerText == null)
      neuerText = "";
    attr.setTexte(attr.getTexte() + neuerText);

    tp.printHeader();
    out.print("<form action=" +
      response.encodeURL(nameDerKlasse) + " method=POST>");
    tp.printRow(new String[] { "Alle bisher eingegebenen Texte",
        attr.getTexte() });
    tp.printRow(new String[] { "Neuer Text ",
        "<input type=text size=20 name="
        + FORM_TEXT + " VALUE= \"\">" });
    tp.printRow(new String[] { "Neuen Text senden",
        "<input type=submit value = senden>" });
    out.println("</form>");
    tp.printFooter();

    // Informationen über die Sitzung anzeigen
    java.text.SimpleDateFormat sdf =
      new java.text.SimpleDateFormat("HH:mm:ss dd.MM.yyyy");

    tp.printHeader();
    tp.printRow(new String[]{"Session-ID", session.getId() });
    tp.printRow(new String[]{"Session",
                    session.isNew()?"neu":"alt"});
    tp.printRow(new String[] { "Erstellungsdatum",
        sdf.format(new Date(session.getCreationTime())) });
    tp.printRow(new String[] { "letzter Zugriff",
        sdf.format(new Date(session.getLastAccessedTime())) });
    String requestURL = request.getRequestURL().toString();
    tp.printRow(new String[] { "URL", requestURL });
    tp.printRow(new String[] { "URL-codiert?",
            response.encodeURL(requestURL) });
    tp.printRow(new String[] { "Cookie?",
        request.isRequestedSessionIdFromCookie() ? "mit" : "ohne"
});
    tp.printFooter();

    out.printf("Anzahl der Besuche im Rahmen der Sitzung %d<p>",
         attr.getBesuche());
    out.printf("Anzahl der Besuche auf der Seite %d<p>",
         besuchsZähler.get());

    out.println("</pre>");
    out.println("</body>");
    out.println("</html>");
    tp = null;
  }

  public void doPost(
        HttpServletRequest request, HttpServletResponse response)
      throws ServletException, IOException {
    doGet(request, response);
  }
}
```

10.4.4 Projekt: Anbindung an eine Datenbank

Das Servlet `TabellenServlet` setzt eine SQL-Anfrage an eine Datenbank auf dem Server ab. Das Ergebnis wird angezeigt, siehe nachstehendes Bild. Die im Beispiel benutzte Datenbank „Kunden" mit der gleichnamigen Tabelle finden Sie in Kapitel 12.

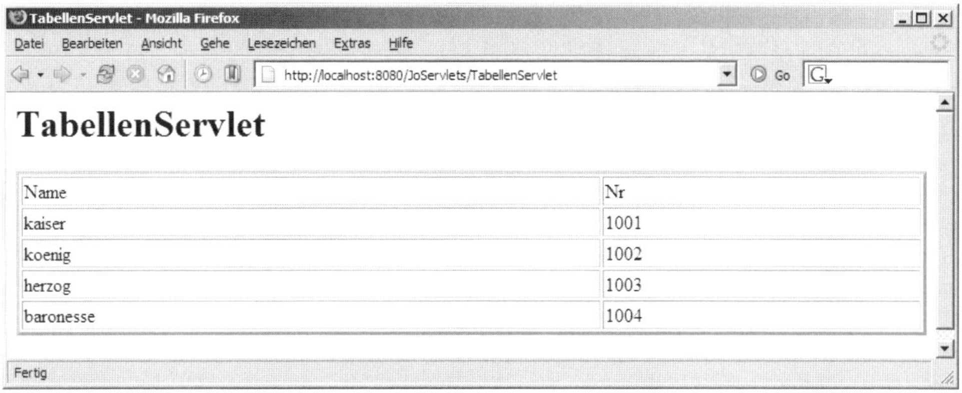

Aufbau der Verbindung zur Datenbank

Die Programmierung von Datenbankzugriffen in einem Servlet unterscheidet sich nicht von der für „gewöhnliche Programme" in Kapitel 12. Das Servlet kann die Verbindung zur Datenbank in der `init()`-Methode aufbauen und in der `destroy()`-Methode lösen. Dazwischen kann man über diese Verbindung auf die Datenbank zugreifen.

Hilfsmittel: das Package util (siehe Seite 423)

Die Hilfsmittel zur Bearbeitung der Datenbank finden sich in einem Package `util`. Die Klasse `MyConnectDatabase.java` stellt die Verbindung zur Datenbank her. Die Klasse `Table2HTML.java` bietet allgemeine Routinen zur Anzeige von Tabellen, insbesondere kann ein `ResultSet` mit Hilfe seiner Metadaten in der Form einer HTML-Tabelle ausgegeben werden.

Große Ergebnismengen

Einzelne Abfragen können riesige Ergebnismengen liefern, man braucht dabei nur an die Suchmaschinen zu denken. Wenn man die komplette Ergebnismenge in einer Tabelle anzeigt, überlastet man sowohl den Betrachter als auch den Server und das Netzwerk. Hier empfiehlt es sich, die Tabelle seitenweise anzuzeigen. Dies programmiert man im Rahmen einer Sitzung. Die Sitzung „merkt" sich, welche Zeilen als nächste anzuzeigen sind, und überträgt sie auf Anforderung zum Betrachter. Dabei gibt es zwei verschiedene Wege:

- Einmaliges Berechnen der Ergebnismenge und Abspeichern in der Sitzung.
- Die Ergebnismenge wird jedes Mal neu berechnet.

Die erste Methode erfordert mehr Speicherplatz, die zweite mehr Laufzeit. Dies ist einer der klassischen Zielkonflikte in der Informatik, für den es keine allgemeine Lösung gibt.

Das Servlet TabellenServlet

```
import java.io.*;
import java.sql.*;
```

```
import javax.servlet.ServletException;
import javax.servlet.http.*;

public class TabellenServlet extends HttpServlet {
  // Connection und Statement für die Zugriffe
  // auf die Datenbank
  private Connection con = null;
  private Statement stmt = null;
  private String className = getClass().getName();

  public void init() throws ServletException {
    util.MyConnectDatabase mcd = new util.MyConnectDatabase();
    if (mcd.connect("uebung"))
      con = mcd.getConnection();
    else
      throw new ServletException(
             "Keine Verbindung zur Datenbank");
    try {
      stmt = con.createStatement();
    } catch (Exception e) {
      throw new ServletException(e);
    }
  }

  public void doGet(
      HttpServletRequest request, HttpServletResponse response)
      throws ServletException, IOException {

    HttpSession session = request.getSession();
    response.setContentType("text/html");

    PrintWriter out = response.getWriter();
    util.Table2HTML tp = new util.Table2HTML(out);

    out.println("<html>");
    out.println("<head>");
    out.println("<title>" + className + "</title>");
    out.println("</head>");
    out.println("<body>");
    out.println("<h1>" + className + "</h1>");

    try {
      ResultSet rs = stmt.executeQuery("SELECT * FROM kunden");
      tp.printHeader();
      tp.printResultSet(rs, 0, Integer.MAX_VALUE);
      tp.printFooter();
    } catch (Exception e) {
      out.println("<pre>");
      e.printStackTrace(out);
      out.println("</pre>");
    }

    out.println("</body>");
    out.println("</html>");
  }

  public void destroy() {
    try {
      if (stmt != null)
        stmt.close();
      if (con != null)
        con.close();
```

```
        } catch (SQLException e) {
        }
    }

    public void doPost(
        HttpServletRequest request, HttpServletResponse response)
        throws ServletException, IOException {
      doGet(request, response);
    }
}
```

10.5 JavaServer Pages JSP

Servlets können Anfragen an Web-Server mit dynamischen Inhalten liefern, da auf dem Server der entsprechende Programmcode zum Ablauf gebracht wird. Servlets sind Programme, in denen die Steuerung des Ablaufs (Controller) zusammen mit der Verwaltung der Daten (Model) und der Erzeugung der Darstellung (View) enthalten ist. Zur Trennung dieser Ebenen wurden die JavaServer Pages (JSP) eingeführt. Sie entsprechen HTML-Seiten mit eingebetteten Direktiven und Anweisungen für die Funktionalität der aktiven Inhalte. Ersteres wird in der JSP-Spezifikation [29] auch als Schema bezeichnet, Letzteres als Element. Das Schema definiert die Darstellung, es wird im Wesentlichen wieder ausgegeben. Dieser Ausgabeprozess kann durch die eher statischen Direktiven im Schema sowie die dynamischen Elemente modifiziert werden. Ein typisches Beispiel für ein Schema ist eine Tabelle, die z.B. als Abfrage in einer Datenbank entsteht. Das Format wird in HTML definiert. Die Inhalte der Zellen werden dynamisch mit den aktuellen Inhalten gefüllt.
Durch diese Trennung der Darstellungs- von der Ausführungsebene ist im betrieblichen Einsatz auch eine Zuordnung der Spezialisten zu den verschiedenen Aufgaben wie Web-Design und Entwicklung von Anwendungen möglich. Dies gilt umso mehr, als JSP-Elemente nicht nur den Mix aus dem Schema und den Elementen zulassen, sondern auch die Trennung in HTML-Dokumente und Programm-Dokumente in Form von Java-Beans ausdrücklich unterstützen (vgl. Kapitel 13).

10.5.1 Einführung

Man kann JavaServer Pages als HTML-Seiten mit dynamischen Inhalten betrachten. Sie stehen unter dem Motto „Wo immer möglich: Deklarieren statt Programmieren“. Dieser Abschnitt führt anhand eines „Hello World“-Beispiels in die Anwendung sowie die Abläufe in den Containern für JSP und Servlets hinter den Kulissen ein.

Beispiel: HelloWorld.jsp

```
<html>
<body>

<h1>Hello World</h1>

</body>
</html>
```

Anzeige im Browser

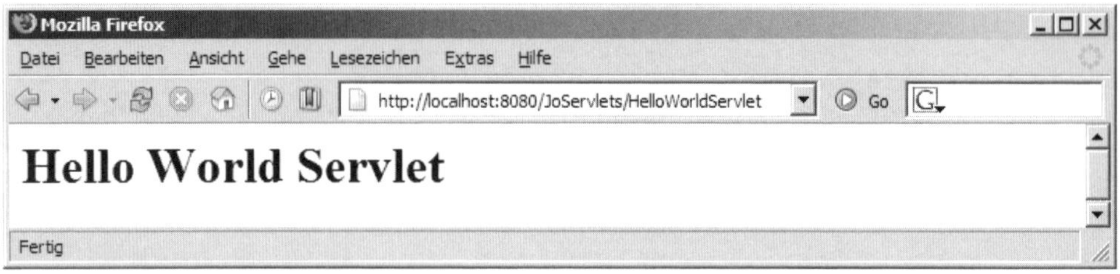

Zum Ablauf

Das jsp-Dokument `HelloWorld.jsp` wurde in dem Verzeichnis `webapps/JoServlets` abgelegt. Nach dem Start von Tomcat an Port 8080 kann das Dokument mit der oben dargestellten URL angefordert werden.

Anatomie des Beispiels

Dieses JSP-Element unterscheidet sich nicht von einer HTML-Seite. Im Gegensatz dazu stehen die internen Abläufe. Der Web-Server liefert nicht einfach den Text dieses JSP-Elements zurück, sondern im Rahmen der allgemeinen Abläufe wird ein Umweg über Servlets eingeschlagen.

Erläuterung zum nächsten Bild

1. Mit der URL `http://localhost:8080/JoExamples/HelloWorld.jsp` fordert ein Client ein Dokument vom Web-Server an. Dieser stellt fest, dass ein JSP-Element angefordert wurde.
2. Die Anforderung wird an den Servlet-Container weitergereicht. Der Servlet-Container prüft, ob ein dem Namen entsprechendes Servlet vorhanden ist: `HelloWorld_jsp.java` bzw. `HelloWorld_jsp.class`.
3. Wenn dies nicht der Fall ist, wird die Anfrage an den jsp-Container weitergereicht.
4. Dieser findet das Dokument.
5. Dann wird das Dokument nach Java übersetzt `HelloWorld_jsp.java` und kompiliert: `HelloWorld$jsp.class`.
6. Der Servlet-Container beauftragt einen Thread mit der `service(...)`-Methode dieses Servlets, welches die Antwort erzeugt.

Ablauf des Zugriffs auf ein jsp-Dokument

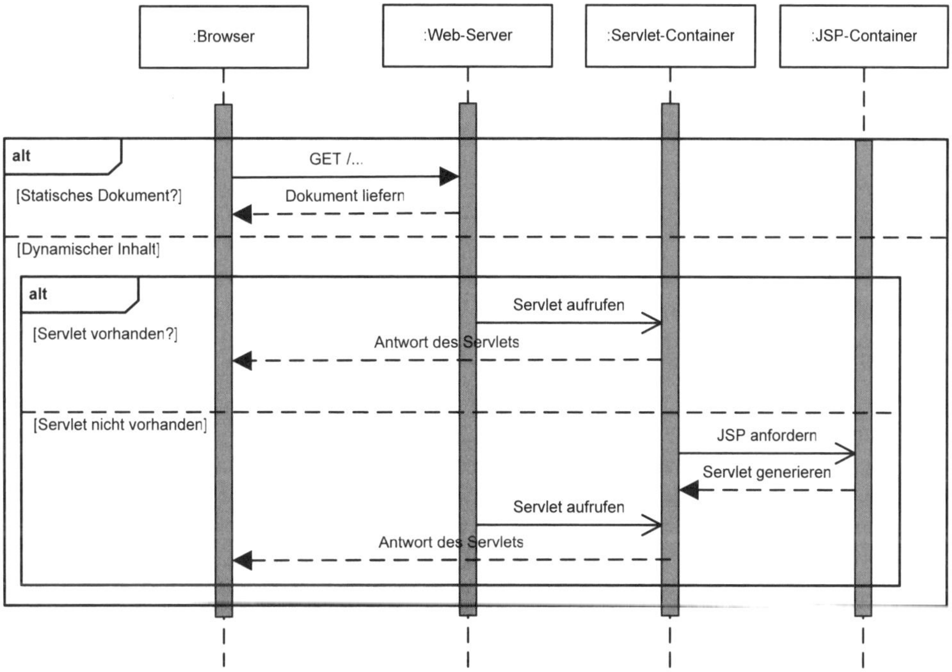

Servlet für Hello World.jsp

Der JSP-Compiler erzeugt aus einem JSP-Element ein Servlet. Dabei fügt er die statischen HTML-Elemente ebenso wie die dynamischen Elemente in das Java-Programm ein. Bei der Bearbeitung der Anfrage für das JSP-Element wurde im Unterverzeichnis `JoServlets\org\apache\jsp\jsp` die Datei `HelloWorld$jsp.java` erstellt.

```
package org.apache.jsp.jsp;

import javax.servlet.*;
import javax.servlet.http.*;
import javax.servlet.jsp.*;

public final class HelloWorld_jsp
    extends org.apache.jasper.runtime.HttpJspBase
    implements org.apache.jasper.runtime.JspSourceDependent {

  private static java.util.Vector _jspx_dependants;

  public java.util.List getDependants() {
    return _jspx_dependants;
  }

  public void _jspService(HttpServletRequest request,
                          HttpServletResponse response)
        throws java.io.IOException, ServletException {

    JspFactory _jspxFactory = null;
    PageContext pageContext = null;
    HttpSession session = null;
```

```
      ServletContext application = null;
      ServletConfig config = null;
      JspWriter out = null;
      Object page = this;
      JspWriter _jspx_out = null;
      PageContext _jspx_page_context = null;

      try {
        _jspxFactory = JspFactory.getDefaultFactory();
        response.setContentType("text/html");
        pageContext = _jspxFactory.getPageContext(
                 this, request, response, null, true, 8192, true);
        _jspx_page_context = pageContext;
        application = pageContext.getServletContext();
        config = pageContext.getServletConfig();
        session = pageContext.getSession();
        out = pageContext.getOut();
        _jspx_out = out;

        out.write("<html>\r\n");
        out.write("<body>\r\n");
        out.write("\r\n");
        out.write("<h1>Hello World</h1>\r\n");
        out.write("\r\n");
        out.write("</body>\r\n");
        out.write("</html>\r\n");
      } catch (Throwable t) {
        if (!(t instanceof SkipPageException)){
          out = _jspx_out;
          if (out != null && out.getBufferSize() != 0)
            out.clearBuffer();
          if (_jspx_page_context != null)
              _jspx_page_context.handlePageException(t);
        }
      } finally {
        if (_jspxFactory != null)
            _jspxFactory.releasePageContext(_jspx_page_context);
      }
    }
  }
```

Hinweis: Beachten Sie die generierten lokalen Variablen der Methode `_jspService`. Zusammen mit den Parametern der Methode sind die sog. impliziten Objekte (vgl. Abschnitt 10.5.4) des vorliegenden jsp-Dokuments in Tomcat auf diese Weise realisiert.

10.5.2 Direktiven

Eine JavaServer Page ist als Schema zu verstehen, das mittels JSP-Elementen modifiziert werden kann. JSP-Elemente können verschiedene Direktiven enthalten. Diese Direktiven legen statische Eigenschaften fest oder dienen der Einfügung von Programmcode.

Statische Direktiven im „HTML-Stil"

`<%@ page %>`	Allgemeine Festlegungen für das gesamte Dokument.
`<%@ include %>`	Statische Dokumenteinbindung: mit übersetzen
`<%@ taglib %>`	Einbindung einer Befehlsbibliothek

Einbindung von Programmcode

`<%! %>`	Deklaration einer Variablen bzw. einer Methode. Einbindung auf der Ebene der Klasse
`<%= %>`	Java-Ausdruck. Einbindung in die Methode `_jspService`. *Immer ohne abschließenden ;*
`<% %>`	Scriptlet: Java-Quellprogrammteil. Einbindung in die Methode `_jspService`.

Die Page-Direktive

```
<%@ page Attribute...%>
```

Attribut	Standardwert	Beispiel
`contentType`	`text/html;charset=ISO-8859-1`	`contentType="text/xml"`
`language`	`java`	`language="java"`
`extends`	-	`extends="ServletABC"`
`import`	-	`import="java.io.*"`
`session`	`true`	`session="false"`
`errorPage`	-	`errorPage="/Error.jsp"`
`isErrorPage`	`false`	`isErrorPage="true"`
`isThreadSafe`	`false`	`isThreadSafe="true"`

Beispiele

```
<%@ page language="java" contentType="text/html"
   session="false" %>
```

Die Attribute einer `page`-Direktive gelten für das gesamte Dokument. Sie können auf mehrere `page`-Direktiven verteilt werden.
Das Attribut `contentType` dient der Festlegung des Typs des von der JSP erzeugten Antwortdokuments. Standardmäßig wird eine HTML-Ausgabe erzeugt, doch auch die Erzeugung anderer Formate wie etwa `.gif` ist möglich. Der sog. MIME-Typ (Multipurpose Internet Mail Extension) beschreibt das Ausgabeformat.
Das Attribut `language` legt die in den Skriptdirektiven verwendete Programmiersprache fest. Die JSP-Spezifikation 1.2 [29] erlaubt nur den Wert `java`.
Mit `extends` kann man eine vollqualifiziert bezeichnete Oberklasse angeben, von der das aus der JSP-Datei erzeugte Servlet abgeleitet wird. Dieses Attribut ist mit Vorsicht anzuwenden, da Container hier bereits Klassen vordefinieren können.
Das `import`-Attribut zum Importieren von Java-Klassen und Packages darf als Einziges mehrfach belegt werden.
Wenn das Attribut `isErrorPage` auf `"true"` gesetzt wird, dann steht das implizit definierte Objekt `exception` zur Verfügung. Dieses kann zur Erstellung von selbstdefinierten Fehlermeldungen benutzt werden.
Wenn das Attribut `isThreadSafe="true"` gesetzt wird, können vom Servlet-Container bei Anfragen nach dem Dokument mehrere Threads gleichzeitig mit der Instanz des erzeugten Servlets arbeiten. Vgl. Abschnitt 10.3.2.
Wenn das `session`-Attribut `"true"` ist, steht die implizite Variable `session` vom Typ `HttpSession` zur Verfügung.

Die include-Direktive

Das im `file`-Attribut der `<%@ include %>`-Direktive angegebene Dokument wird mit übersetzt.

Beispiel:

```
<%@ include file="/tabellenausgabe.jsp" %>
```

Scriplets

In `<% ... %>` eingeschlossener Java-Code wird direkt in das aus dem JSP-Element erzeugte Servlet übernommen.

```
<%
java.util.Date zeit = new java.util.Date();
out.println (zeit.toString();
%>
```

Beispiel

```
<%@ page import="java.util.*" %>

<% if (Calendar.getInstance().get(Calendar.AM_PM)
    == Calendar.AM) {%>
Guten Morgen
<% } else { %>
Sch&ouml;nen Nachmittag
<% } %>
```

Scriptlets werden in der Reihenfolge des Auftretens in die erzeugte Seite übernommen. Die Zusammenstellung der Teile muss ein Java-Programm ergeben. Die Zeichenfolge `%>` in einem Scriptlet würde das Ende des Scriptlets im JSP-Element markieren. Wenn man diese Zeichenfolge benötigt, kann man sie in der Form `%\>` angeben.

Ausdrücke

Das Ergebnis eines in `<%= ... %>` angegebenen Ausdrucks wird direkt in die Antwort auf die Anfrage übernommen. Das obige Programmfragment lässt sich damit umstellen auf:

```
<% java.util.Date zeit = new java.util.Date(); %>
<%= zeit.toString()%>
```

Deklarationen

Mit Deklarationen werden Variable oder Methoden erklärt. Sie sollten nach [29] auch nur solche Anweisungen enthalten. Diese Deklarationen werden zusammen mit der entsprechenden Seite initialisiert und stehen anderen Deklarationen, Scriptlets und Ausdrücken zur Verfügung. Damit ergibt sich eine dritte Form für obiges Programmfragment:

```
<%! java.util.Date zeit = new java.util.Date(); %>
<%= zeit.toString() %>
```

Beispiele

```
<%! int i; %>
<%! int i = 0; %>
<%! public String f(int i) { if (i<3) return("..."); ... } %>
```

Im ersten Beispiel wird eine `int`-Variable mit Gültigkeit für die Seite erklärt. Das zweite Beispiel ist analog, initialisiert aber die Variable. Im dritten Beispiel wird eine Methode mit globaler Gültigkeit für die Seite erklärt.

10.5.3 Aktionen

Aktionen können auf den Ausgabestream `out` wirken. Sie können auch Objekte erzeugen oder verändern. Aktionen müssen in einem JSP-Element in XML-Darstellung angegeben werden. Die jsp-Spezifikation 1.2 definiert Standard-Aktionen. Die Syntax hierfür lautet:

```
<jsp:aktion parameter />
```

oder alternativ:

```
<jsp:aktionx parameter >
  <jsp:param name = "..." value = "..." />
  <jsp:param name = "..." value = "..." />
</jsp:aktionx>
```

Die folgende Tabelle zeigt die Standard-Aktionen.

`<jsp:forward>`	Dynamische Anfrage-Umleitung.
`<jsp:include>`	Dynamische Dokumenteinbindung.
`<jsp:param>`	Definition eines Parameterwertes: `Name = Wert`
`<jsp:useBean>`	Lokalisierung/Erzeugung von Beans (Anwendungsobjekt).
`<jsp:getProperty>`	Auslesen von Bean-Eigenschaften.
`<jsp:setProperty>`	Setzen von Bean-Eigenschaften.
`<jsp:plugin>`	Definition eines Plugins. Dies kann auch ein Standard-Plugin eines Herstellers, z. B. der Firma Sun, sein. Es wird die entsprechende `OBJECT`-bzw. -`EMBED`-Anweisung im HTML-Code erzeugt.
`<jsp:params>`	Nur als Kind einer `jsp:plugin`-Aktion definiert. Dient dort der Definition der Liste von Parametern, die von der `jsp:fallback`-Anweisung für den Fehlerfall gefolgt wird.
`<jsp:fallback>`	Nur als Kind einer jsp:`plugin`-Aktion definiert.

`<jsp:forward>` und `<jsp:include>` sorgen für dynamische Inhalte.

Die Aktionen `<jsp:useBean>`, `<jsp:getProperty>` und `<jsp:getProperty>` beziehen sich auf die Einbindung von Anwendungsobjekten im Rahmen der Trennung der Funktionalität einer Anwendung (Model) von der Präsentation (View) und der Interaktion mit dem Anwender (Controller). Diese Anweisungen legen also die Fundamente für MVC-Architekturen in JavaServer Pages.

<jsp:include page="relativeURLspec" />

Mit einer `<jsp:include>`-Aktion wird die angegebene Seite dynamisch während der Bearbeitung der Anfrage einbezogen. Dies steht im Gegensatz zur statisch wirkenden `<%@ include %>`-Direktive.

```
<jsp:include page="/templates/copyright.html" flush="false" />
```

Das flush-Attribut steuert die Pufferung, der Standardwert ist "false". Wenn dieser Wert auf "true"steht, wird der Puffer vor der Einfügung geleert, sonst nicht. Die Funktionalität entspricht der Schnittstelle RequestDispatcher aus dem Package javax.servlet.

<jsp:forward page="relativeURLspec" />

Eine <jsp:forward>-Aktion leitet die Anfrage auf die angegebene URL weiter. Dies kann eine statische HTML-Seite, ein Servlet oder ein JSP-Element sein. Mit der Weiterleitung endet die Bearbeitung des aktuellen JSP-Elements. Dabei können Parameter an die Seite mit übergeben werden. Diese Parameter sind wie übliche Parameter an eine HTML-Seite zu verstehen. Wenn die Werte der Parameter aus einer Anfrage an das aktuelle JSP-Element entstanden sind, werden diese alten Werte durch die jetzt angegebenen Werte überschrieben. Die Funktionalität entspricht der Schnittstelle RequestDispatcher aus dem Package javax.servlet.

Beispiele

```
<% String whereTo =  "/templates/"+someValue; %>
<jsp:forward page='<%= whereTo %>' />

<jsp:forward page="/abc.html">
  <jsp:param name="frucht" value="Erdbeeere" />
</jsp:forward>
```

Das erste Beispiel zeigt eine Weiterleitung an eine berechnete URL. Das zweite Beispiel zeigt eine Weiterleitung an eine statische HTML-Seite. Diese erhält alle Parameter des JSP-Elements und zuzüglich den Parameter "frucht" mit dem Wert "Erdbeere". Falls der Parameter "frucht" als Parameter für das JSP-Element vorkam, wird er durch den hier angegebenen Wert "Erdbeere" ersetzt.

Verbindung zu Anwendungsobjekten: <jsp:useBean ... />

<jsp:useBean> erlaubt die Erzeugung und Nutzung von Anwendungsobjekten in Form von Java-Beans in Server-Anwendungen.

Attribute	Bedeutung
id	Bezeichner des Anwendungsobjekts im Kontext seiner Lebensdauer. Unter diesem Namen wird das Objekt im JSP-Element angesprochen.
class	Der voll qualifizierte Klassenbezeichner.
type	Typbezeichner für Referenzvariable. Kann abweichend vom Typ der implementierenden Bean angegeben werden. Aber der angegebene Typ muss auch zur Laufzeit per cast-Anweisung im Container möglich sein.
scope	Gültigkeit des Anwendungsobjekts: page, request, session, application
beanname	Name der Bean, wie er bei der instantiate()-Methode der Klasse java.beans.Beans erwartet wird. Der Name der Bean kann auch erst während der Anforderung berechnet werden.

Das Attribut scope

Wert	Bedeutung
`page`	Das Objekt ist nur auf derjenigen Seite benutzbar, auf der es erzeugt wurde. Das programm muss Referenzen auf solche Objekte nach Abarbeitung der Anfrage bzw. nach einem `<jsp:forward>` aufgeben. Das benannte Objekt lässt sich über das `pageContext`-Objekt erreichen.
`request`	Das Objekt ist in allen Seiten benutzbar, die mit der laufenden Anfrage beschäftigt sind. Dies gilt insbesondere für die `<jsp:forward>`-Aktion. Die Referenz wird im `request`-Objekt abgespeichert und kann über den Aufruf `request.getAttribute(name)` erreicht werden.
`session`	Das Objekt ist in allen Seiten benutzbar, die zur aktuellen Sitzung gehören. Objekte mit dieser Gültigkeit dürfen nur in Seiten definiert werden, die in der `<%@page ... %>`-Direktive Sitzungen zulassen. Die Referenz wird im `session`-Objekt abgespeichert und kann über den Aufruf `session.getAttribute(name)` erreicht werden.
`application`	Das Objekt ist in allen Seiten benutzbar, die zur selben Anwendung wie die erzeugende Seite gehören. Dies gilt auch außerhalb von Sitzungen. Die Referenz wird im `application`-Objekt abgespeichert und kann über den Aufruf `application.getAttribute(name)` erreicht werden.

Setzen von Eigenschaften in Beans

Die `<jsp:setProperty>`-Aktion setzt eine oder mehrere Eigenschaften in einer Bean. Die Eigenschaften der Bean werden mit der Java-Introspektion für Beans ermittelt. Vgl. Kapitel 13. Die Eigenschaften in der Bean müssen definiert sein, sonst tritt eine Programmausnahme ein. Mit einer Aktion können alle Eigenschaften einer Bean gesetzt werden, deren Namen den Parametern der Anfrage an die Seite (z.B. aus einem Formular) entsprechen.

```
<jsp:useBean id="ben" class="com.abc.User" scope="page">
  <jsp:setProperty name="ben" property="*" />
  <jsp:setProperty name="ben" property="name" />
  <jsp:setProperty name="ben" property="name" param="pname" />
  <jsp:setProperty name="ben" property="name" value="xyz" />
</jsp:useBean>
```

Im Beispiel wird ein Bean namens `com.abc.User` mit `ben` bezeichnet. In der ersten Aktion werden alle Eigenschaften der Bean gesetzt, deren Namen Parametern der Anfrage entsprechen. In der zweiten Aktion wird nur der Wert für den Parameter `"name"` übertragen. In der dritten Aktion erhält die Eigenschaft `"name"` der Bean den Wert des Parameters `"pname"` der Anfrage. In der letzten Aktion wird dieser Wert direkt auf `"xyz"` gesetzt.

Lesen von Beans-Eigenschaften

Die `<jsp:getProperty name="ben" property="name" />`-Aktion liest den Namen aus der mit `ben` bezeichneten Bean aus und überträgt ihn als Zeichenkette in den Stream `out` des JSP-Elements. Die Bean muss vorher mit einer `<jsp:useBean>`-Aktion zur Benutzung bereitgestellt worden sein.

10.5.4 Implizite Objekte

Implizite Objekte sind als vordefinierte Variablen eines JSP-Elements zu verstehen. Sie stehen im Rahmen der Gültigkeit auf dem JSP-Element zur Verfügung. Das `session`-Objekt steht nur im Rahmen einer Sitzung zur Verfügung, d.h. das `session`-Attribut in der `<%@ page-%>`-Direktive muss auf `"true"` gesetzt sein.

Objekt	Typ	Funktion	Scope
`request`	`ServletRequest`	Anfrage-Objekt	`request`
`response`	`ServletResponse`	Antwort-Objekt	`page`
`out`	`jsp.JspWriter`	Antwortdokument-Ausgabe	`page`
`page`	`Object`	„ausführende" Instanz der JSP	`page`
`pageContext`	`jsp.PageContext`	Seitenkontext	`page`
`session`	`http.HttpSession`	Benutzersitzungskontext	`session`
`application`	`ServletContext`	Anwendungskontext. Kann in einem Servlet mit `getServlet-Config().getContext()` bestimmt werden.	`application`
`config`	`ServletConfig`	Servlet-Konfiguration	`page`
`exception`	`Throwable`	Fehlerursache (für Fehlerseiten)	`page`

10.6 Tag-Bibliotheken

Mit Hilfe der `jsp:useBean`-Aktion können JSP-Anwendungen Programmcode in Java-Beans ansprechen. Die Java-Beans enthalten den Programmcode, die JSP-Elemente die Darstellung. Das ist ein Schritt in Richtung auf die Trennung dieser beiden Bereiche. Sog. Tag-Bibliotheken (Taglibs) erleichtern die Benutzung von externem Programmcode in JSP-Elementen. Da viele Anwendungen die gleichen Probleme lösen müssen, führte Sun mit der JSTL (JavaServer Pages Standard Tag Library) eine Standardbibliothek für grundlegende, immer wiederkehrende Operationen wie Ausgabe, Formatierung, Entscheidungen oder SQL-Zugriffe ein. Die unter http://jakarta.apache.org/taglibs/ erreichbaren Taglibs beim Apache-Jakarta-Projekt enthalten darüber hinaus Lösungen für Zeit und Datum, Regexp, JMS, JNDI, Mailer, Session, String etc. Das Beispiel zeigt den Zugriff auf ein Attribut einer Java-Bean. Der grau hinterlegte Teil benutzt den `out`-Befehl aus der Taglib `c`.

```
<jsp:useBean id="pizza" class="...name" scope="session" />
<!-- Bean benutzen -->
<jsp:setProperty name="pizza" property="*" />
<!-- Alle Eigenschaften der Bean aus Formular setzen -->
<jsp:getProperty name="pizza" property="kundenname"/>
<!-- Die Eigenschaft kundenname ansprechen -->
<c:out value ="${pizza.kundenname}" escapeXml="true"/>
<!-- Die Eigenschaft kundenname mit JSTL ansprechen -->
```

Grundlagen

Alle JSTL-Tags sind in XML formuliert. Es gibt vier Standard-Bibliotheken. In der 3. Spalte ist das Präfix in der Expression Language EL, in der 4. Spalte das Request-Time-Präfix angegeben.

core	Kernbestandteile	c	c_rt
fmt	Internationalisierungsfähige Formatierungen	fmt	fmt_rt
xml	SQL	sql	sql_rt
x	XML	x	x_rt

Einbindung einer Bibliothek in eine Web-Anwendung

Eine Taglib muss in der Datei `web.xml` angemeldet werden. Die Standard-Taglibs sind in die neueren Tomcat-Distributionen integriert. Damit entfallen die folgenden Anweisungen für `web.xml`. Die `.tld`-Dateien einer Tag-Bibliothek müssten, sofern sie nicht im Web-Server integriert sind, in das Verzeichnis `WEB-INF` kopiert werden.

```
<taglib>
  <taglib-uri>http://java.sun.com/jstl/fmt</taglib-uri>
  <taglib-location>/WEB-INF/fmt.tld</taglib-location>
</taglib>
<taglib>
  <taglib-uri>http://java.sun.com/jstl/core</taglib-uri>
  <taglib-location>/WEB-INF/c.tld</taglib-location>
</taglib>
<taglib>
  <taglib-uri>http://java.sun.com/jstl/sql</taglib-uri>
  <taglib-location>/WEB-INF/sql.tld</taglib-location>
</taglib>
<taglib>
  <taglib-uri>http://java.sun.com/jstl/x</taglib-uri>
  <taglib-location>/WEB-INF/x.tld</taglib-location>
</taglib>
```

Einbindung einer Bibliothek in ein JSP-Element

```
<%@ taglib prefix="c" uri=http://java.sun.com/jstl/core %>
… Damit steht die core-Bibliothek im JSP-Element zur Verfügung:
<c:out value="${ausdruck}"/>
```

10.6.1 Expression Language EL

Die Expression Language EL ist ab Version 2.0 in JSP integriert. Die Dokumentation findet man in der API-Beschreibung `javax.servlet.jsp.el`. Die EL entstand bei der Entwicklung der JSTL. Die EL beschreibt einfache Ausdrücke mit Vergleichs-, logischen und arithmetischen Operatoren. Sie erleichtert den Zugriff auf die impliziten Objekte einer JSP sowie auf Collections. EL-Ausdrücke können in allen Attributen benutzt werden.

```
<some:tag value="${expr}"/>
<some:tag value="some${expr}${expr}text${expr}"/>
<some:tag value="sometext"/>
```

Im ersten Beispiel wird der Wert des Ausdrucks berechnet. Der Wert des entstandenen Texts wird nach einer Umwandlung auf `some:tag` zugewiesen. Im zweiten Beispiel werden die Ausdrücke von links nach rechts ausgewertet, die so entstandenen Texte zusammengefügt und der Wert nach Umwandlung zugewiesen. Im dritten Beispiel wird der Wert umgewandelt und zugewiesen. Im folgenden Beispiel wird der Wert des Attributs a von bean1 mit 3 verglichen. Die mit ... gekennzeichneten Zeilen werden nur dann ausgewertet, wenn das Ergebnis des o. a. Vergleichs **true** ist.

```
<c:if test="${bean1.a < 3}">
...
</c:if>
```

Implizite Objekte

pageContext	pageContext Objekt für diese Web-Seite
pageScope, requestScope, sessionScope, applicationScope	Map-Collections mit Zuordnungen von Werten zu den jeweiligen Namen
param, paramValues	Parameter in der Anforderung wie bei JSP
header, headerValues	Header wie bei JSP
cookie	Map-Collection mit Zuordnung von Werten zu den jeweiligen Namen eines Cookies
initParam	Map-Collection mit den Werten aller Parameter der Initialisierung

Die folgende Tabelle aus [29] stellt den Zugriff auf einige der impliziten Objekte zusammen.

${pageContext.request.requestURI}	Die URI der Anforderung aus HttpServletRequest
${sessionScope.profile}	Das Attribut profile aus der Session (**null** falls nicht gefunden)
${param.productId}	Der Wert des productId-Parameters als String. (**null** falls nicht gefunden).
${paramValues.productId}	Alle Werte des productId-Parameters als String[] (**null** falls nicht gefunden)

Der „."-Operator definiet den Zugriff auf eine Eigenschaft. Wenn ein Ausdruck expr einen Array oder eine java.utl.List-Sammmlung beschreibt, dann bedeutet expr[i] das i-te Element der Sammlung. Wenn der Ausdruck expr für eine java.util.Map-Sammlung steht, dann liefert expr.schlüssel den zum Schlüssel gehörigen Wert.
Als arithmetische Operatoren stehen +, -, *, / (oder div) und % (oder mod) zur Verfügung, Vergleiche programmiert man mit ==, !=, <, >, <=, >=, die den Operatoren eq, ne, lt, gt, le und ge entsprechen. Der empty-Operator wird in Präfixform geschrieben und ermittelt, ob ein Objekt **null** oder leer ist.

10.6.2 Die Tag-Bibliotheken

10.6.2.1 Die core Taglib

Die core Tag-Bibliothek enthält Anweisungen für Alltagsprobleme bei der Entwicklung von JSP-Anwendungen wie Ausgaben, Auffangen von Programmausnahmen, Steuerung der Einbindung von Teilen und Wiederholung von Teilen. Außerdem lassen sich Werte von Variablen setzen, andere Quellen importieren und Anfragen weiterleiten. Alle Elemente der core Taglib befinden sich in der TLD /jstl-c und können mit dem Präfix c in JSP-

Elementen angesprochen werden. Details findet man im Dokument http://java.sun.com/webservices/docs/1.0/tutorial/doc/JSTL5.html#65106.

Übersicht: core-Taglib

Funktion	Tags
Unterstützung der Expression Language EL	catch
	out
	remove
	set

Kontrollfluss	choose
	  when
	  otherwise

	forEach
	forTokens
	if
URL Management	import param
	redirect param
	url param

core Taglib: Unterstützung der Expression Language EL

<c:out>	Einfügen des Wertes eines EL-Ausdrucks in eine Seite
	`<c:out value="value" [escapeXml="{true|false}"] [default="defaultValue"] />`
	`<c:out value = "${paramValues.kundenname}" />`

<c:set>	Setzen des Wertes einer Variablen `<c:set value="value" var="varName" [scope="{page|request|session|application}"]/>`

<c:catch>	Auffangen von Exceptions
	`<c:catch [var="varName"]>`
	  `Aktionen Typ von var = Typ der Exception`
	`</c:catch>`

<c:remove>	Entfernen einer Variablen `<c:remove var="varName" [scope="{page|request|session|application}"]/>`

Wenn `escapeXml = "true"` gilt, dann werden die Zeichen in der ersten Spalte in die Zeichenfolgen der zweiten Spalte der folgenden Tabelle umgewandelt.

<	<
>	>
&	&
'	'
"	"

core Taglib: Kontrollfluss

<c:catch>	Auffangen von Exceptions
	`<c:catch [var="varName"]>`
	  `Aktionen Typ von var = Typ der Exception`
	`</c:catch>`

<c:if>	Bedingtes Auswerten eines Bereichs des JSP-Elements `<c:if test="testCondition" [var="varName"]`

<table>
<tr><td></td><td>[scope="{page|request|session|application}"]>
Rumpf
</c:if></td></tr>
<tr><td><c:choose>
<c:when>
<c:otherwise></td><td>Auswahl eines Bereichs des JSP-Elements
<c:choose>
<c:when test="${param.kunde == 'vip'}">
...
</c:when>
<c:when test="${param.kunde == 'gut'}">
...
</c:when>
<c:otherwise>
...
</c:otherwise>
</c:choose></td></tr>
<tr><td><c:forEach></td><td>Iterator für alle Elemente einer Collection
<c:forEach[var="varName"] items="collection"
[varStatus="varStatusName"]
[begin="begin"] [end="end"] [step="step"]>
Rumpf: wird wiederholt
</c:forEach></td></tr>
<tr><td><c:forTokens></td><td>Iterator über eine Reihe von Tokens in einem String
<c:forTokens items="stringOfTokens"
delims="delimiters"
[var="varName"]
[varStatus="varStatusName"]
[begin="begin"] [end="end"] [step="step"]>
Rumpf: wird wiederholt
</c:forEach></td></tr>
</table>

core Taglib: Unterstützung für URLs

<table>
<tr><td><c:import></td><td>Einbetten einer Ressource. Wenn var angegeben ist, steht der Text unter dieser Variablen zur Verfügung.
<c:import url="url" [context="context"]
[var="varName"]
[scope="{page|request|session|application}"]
[charEncoding="charEncoding"]>
optional body content for <c:param> subtags
</c:import></td></tr>
<tr><td><c:redirect></td><td>Weiterleiten einer Anfrage. Die <c:param>-Einträge sind optional.
<c:redirect url="value" [context="context"]/>
<c:param>-Subtags
</c:redirect></td></tr>
<tr><td><c:url></td><td>Aufbau einer relativen URL. Die <c:param>-Einträge sind optional.
<c:url value="value" [context="context"]
[var="varName"]
[scope="{page|request|session|application}"]>
<c:param> subtags
</c:url></td></tr>
<tr><td><c:param></td><td>Parameter angeben
<c:param name="name">
Wert des Parameters
</c:param></td></tr>
</table>

Beispiel: Ausgabe aller Parameter einer Anfrage

```
<%@ taglib prefix="c" uri="http://java.sun.com/jstl/core" %>
```

```
<html>
<head>
  <title>Ausgabe aller Parameter</title>
</head>
<body bgcolor="white">

<table>
<c:forEach var="aParam" items="${paramValues}">
  <tr>
    <td bgcolor=\"#CCCCCC\">
      param: <c:out value="${aParam.key}"/>
    </td>
    <td>
      values:
      <c:forEach var="aValue" items="${aParam.value}">
        <c:out value="${aValue}"/>
      </c:forEach>
    </td>
  </tr>
</c:forEach>
</table>

</body>
</html>
```

Beispiel für den Aufbau einer URL und die Weiterleitung

```
<c:url value="/jstl/RequestGeneric.jsp" var="myUrl">
  <c:param name="name" value="zusatz1"/>
  <c:param name="country" value="Wert1"/>
</c:url>
<c:redirect url = "${myUrl}" />
```

10.6.2.2 Die fmt Taglib

JSTL bietet Unterstützung für die Internationalisierung sowie die Anpassung an landesspezifische Einstellungen. Darüber hinaus lassen sich Meldungstexte für Anwendungen erzeugen, die in mehreren Sprachen zur Verfügung stehen müssen. Man kann Zeit und Datum sowie Zahlen und Währungsangaben in den landesspezifischen Darstellungen anzeigen. Alle Elemente der core Taglib befinden sich in der TLD `/jstl-fmt` und lassen sich mit dem Präfix `fmt` in JSP-Elementen ansprechen. Details zur `fmt`-Taglib findet man unter http://java.sun.com/webservices/docs/1.0/tutorial/ doc/ JSTL7.html#63721

Übersicht ausgewählter Funktionen: fmt-Taglib

Funktion	Tags
Landesspezifische Einstellungen	`setLocale`
	`requestEncoding`
Generieren von Meldungen	`bundle`
	`message` `param`
	`setBundle`

Formatierung von Zahlen, Währungen, Zeit und Datum	`Formatierung von Zahlen`
	`<fmt:formatNumber value="Wert"`
	`[type="{number|currency|percent}"]`
	`[pattern="Muster zur Umsetzung"]`
	`[currencyCode="currencyCode"]`

	[currencySymbol="currencySymbol"] [groupingUsed="{true|false}"] [maxIntegerDigits="maxIntegerDigits"] [minIntegerDigits="minIntegerDigits"] [maxFractionDigits="maxFractionDigits"] [minFractionDigits="minFractionDigits"] [var="varName"] [scope="{page|request|session|application}"] />
	<fmt:formatDate value="date" [type="{time|date|both}"] [dateStyle="{default|short|medium|long|full}"] [timeStyle="{default|short|medium|long|full}"] [pattern=" Muster zur Umsetzung"] [timeZone="Zeitzone"] [var="varName"] [scope="{page|request|session|application}"]/>
	i
	parseNumber
	setTimeZone
	timeZone

Beispiel: JSP-Code

```
<jsp:useBean id="jetzt" class="java.util.Date" />
<fmt:formatDate value="${jetzt}" type="date" dateStyle="full"/>.

<fmt:formatNumber value="1000.001" pattern="#,#00.0#"/>
<fmt:formatNumber value="3456.78"
    type="currency" currencySymbol ="€" var = "betrag" />

 <c:out value = "${betrag}" />
```

Beispiel: Die Ausgabe

```
Montag, 20. Juni 2005.
1.000,0 3.456,78 €
```

10.6.2.3 Die sql Taglib

SQL-Zugriffe gehören zum Alltag in JSP-Entwicklungen. Die JSTL unterstützt dies in der `sql` Taglib direkt. Sie erlaubt die Einbettung von Datenquellen und die Übermittlung von SQL-Anweisungen an Datenbanken. Ein `ResultSet` lässt sich mit dem `forEach`-Iterator aus der `c` Taglib in Form einer Tabelle anzeigen. Alle Elemente der sql Taglib befinden sich in der TLD `/jstl-sql` und können mit dem Präfix `sql` in JSP-Elementen angesprochen werden. Details zur sql Taglib findet man unter http://java.sun.com/webservices/docs/1.0/tutorial/doc/JSTL8.html#63722.

Übersicht: die sql Taglib

Funktion	Tags
	setDataSource

SQL	query
	  dateParam
	  param

	transaction

	update dateParam param

Mit der sql Taglib lassen sich einfache Datenbankanwendungen oder Prototypen verfassen. Mit der `forEach`-Anweisung kann man einen `ResultSet` durchlaufen.

`<sql:query>`	Formulierung einer SQL-Abfrage. Der `ResultSet` im Sinne von JDBC steht unter `var` zur Verfügung.
	<sql:query var="varName"
	  [scope="{page|request|session|application}"]
	  [dataSource="dataSource"]
	  [maxRows="maxRows"]
	  [startRow="startRow"]>
	  Die SQL-Abfrage...
	  Optional: <sql:param> für Platzhalter "?"
	</sql:query>

`<sql:update>`	Führt eine SQL INSERT-, UPDATE-, oder DELETE-Anweisung aus. Man kann alle SQL-Anweisungen, die kein Ergebnis liefern, ausführten, z. B. alle SQL DDL-Anweisungen.
	<sql:update [dataSource="dataSource"]
	  [var="varName"]
	  [scope="{page|request|session|application}"]>
	  update Anweisung
	  Optional: <sql:param> für Platzhalter "?"
	</sql:update>

`<sql:transaction>`	Zusammenfassen der eingebetteten Anweisungen zu einer Transaktion. Die eingebetteten `<sql:query>` und `<sql:update>`-Anweisungen dürfen kein `datasource`-Element haben.
	<sql:transaction [dataSource="dataSource"]
	  [isolation=isolationLevel]>
	  <sql:query> und <sql:update> Anweisungen
	</sql:transaction>
	isolationLevel ::= "read_committed"
	  | "read_uncommitted"
	  | "repeatable_read"
	  | "serializable"

`<sql:param>`	Setzt einen Wert für einen Parameter-Platzhalter `"?"` in einer SQL-Abfrage. <sql:param> *value = "Parameter Wert"* </sql:param>
`<sql:dateParam>`	Setzt einen Datumswert für einen Parameter-Platzhalter "?" in einer SQL-Abfrage. <sql:dateParam value= "*value*" type="[timestamp|time|date] "/>

Die Schnittstelle Result

Die Schnittstelle `Result` beschreibt das Ergebnis einer `query`-Operation.

`SortedMap[] getRows()`	Map für alle Zeilen
`String[] getColumnNames()`	Array für alle Spaltennamen
`Object[][] getRowsByIndex()`	2-dim-Array für die Ergebnisse
`int getRowCount()`	Zähler für alle Zeilen

boolean isLimitedByMaxRows()	Indikator, ob nur ein Teilergebnis geliefert wurde, wobei die Anzahl der Zeilen begrenzt ist

Mit dem forEach-Konstrukt kann man Sammlungen bequem durchlaufen und anzeigen, wie das folgende Beispiel zeigt.

Beispiel

```
<%@ taglib prefix="sql" uri="http://java.sun.com/jstl/sql" %>
<%@ taglib prefix="c" uri="http://java.sun.com/jstl/core" %>

<html>
<body bgcolor="white">

<h1>Zugriff auf Datenbank </h1>

<sql:setDataSource
  var="Beispiel"
  driver="sun.jdbc.odbc.JdbcOdbcDriver"
  url="jdbc:odbc:sbdemo"
  user=""
  password=""
/>

  <sql:query var="ergebnis" dataSource="${Beispiel}" >
    SELECT * FROM mannschaft
  </sql:query>

<%-- Einfachster Aufbau einer Tabelle --%>
<table border="3">
  <tr>
  <%-- Namen der Spalten herausziehen --%>
  <c:forEach var="columnName" items="${ergebnis.columnNames}">
    <th><c:out value="${columnName}"/></th>
  </c:forEach>

  <%-- Namen der Zeilen herausziehen --%>
  <c:forEach var="row" items="${ergebnis.rowsByIndex}">
    <tr>
      <c:forEach var="column" items="${row}">
        <td><c:out value="${column}"/></td>
      </c:forEach>
  </c:forEach>
</table>

<hr>

</body>
</html>
```

10.6.2.4 Die XML-Bibliothek

Die XML-Bibliothek erlaubt XSLT-Umformungen von XML-strukturierten Daten. Außerdem kann man mit Hilfe der XPath-Notation Daten aus XML-Dokumenten herausziehen.

Übersicht: die xml Taglib

Funktion	Tags
Grundfunktionen	Ergebnis anzeigen `<x:out select="XPathExpression"`

	[escapeXml="{true|false}"]/>
	Parsen eines XML-Dokuments <x:parse xml="XMLDocument" {var="var" [scope="scope"]|varDom="var" } [filter="filter"]/>
	Berechnen eines XPath-Ausdrucks <x:set select="XPathExpression" var="varName" [scope="{page|request|session|application}"]/>
Kontrollfluss für XPath	Auswahl aus Alternativen <x:choose> Rumpf (<x:when> und <x:otherwise> Tags) </x:choose> <x:when select="XPathExpression"> Rumpf </x:when> <x:otherwise> Rumpf </x:otherwise>
	Ergebnismenge auswerten <x:forEach [var="varName"] select="XPathExpression"> Rumpf </x:forEach>
	Auswahl einer Alternative <x:if select="XPathExpression" [var="varName"] [scope="{page|request|session|application}"]> Rumpf </x:if>
XSLT-Transformation	<x:transform xml="XMLDocument" xslt="XSLTStylesheet" [{var="varName" [scope="scopeName"] |result="resultObject"}]

Alle Elemente der XML-Taglib befinden sich in der TLD /jstl-xml und können mit dem Präfix xml in JSP-Elementen angesprochen werden. Details zur XML Taglib findet man unter http://java.sun.com/webservices/docs/1.0/tutorial/doc/JSTL6.html#63716

Beispiel: Auflistung von Kunden erzeugen

Das Programm soll alle Kunden auflisten. Dazu geben wir im ersten der grau hinterlegten Blöcke ein XSLT-Schema an, im zweiten eine XML-Datei mit den aufzubereitenden Daten. Die transform-Anweisung besorgt die Umformung der Daten gemäß dem Schema.

```
<%@ taglib uri="http://java.sun.com/jstl/xml" prefix="x" %>

<c:set var="xsl">
  <?xml version="1.0" ?>
  <xsl:stylesheet
  xmlns:xsl="http://www.w3.org/1999/XSL/Transform" version="1.0">

  <xsl:template match = "/">
    <xsl:apply-templates />
  </xsl:template>

  <xsl:template match = "kunden">
    <html>
```

```
      <body>
        <table border = "1">
          <tr>
            <td>Name</td>
            <td>Nr  </td>
          </tr>
          <!-- Alle Kunden auflisten -->
          <xsl:for-each select="kunde">
            <tr>
              <td> <xsl:value-of select="name" /> </td>
              <td> <xsl:value-of select="nr" />   </td>
            </tr>
          </xsl:for-each>
        </table>
      </body>
    </html>
  </xsl:template>

</xsl:stylesheet>
</c:set>

<c:set var = "xml">
  <kunden>
    <kunde>
      <name>koenig</name>
      <nr>1000</nr>
    </kunde>
    <kunde>
      <name>herzog</name>
      <nr>1001</nr>
    </kunde>
  </kunden>
</c:set>
```

Alternative Lösung

Diese Variante benutzt die oben im zweiten grau hinterlegten Block definierten XML-Daten. Das XML-Dokument wird mit `<x:parse>` analysiert. Danach lassen sich einzelne Elemente mit XPath-Ausdrücken ansprechen: `<x:out select = "$doc/kunden"/>`. Das folgende Beispiel zeigt die Ausgabe des XML-Dokuments als Tabelle.

```
<x:transform xml = "${xml}" xslt="${xslt}" />

<x:parse xml="${xml}" var="doc"/>

<table border = "1" >
<x:forEach var= "${xml}" select="$doc//kunde">
  <tr>
  <td><x:out select="name" /></td>
  <td><x:out select="nr" /></td>
  </tr>
</x:forEach>
<table>
```

10.7 Projekte mit JavaServer Pages

Die folgenden Beispiele führen in die Anwendung der besprochenen JSP und JSTL-Technologien ein.

10.7.1 Projekt: Zugriff auf Parameter einer Anfrage

Auf Seite 424 sehen Sie ein HTML-Formular für einen Pizzaservice. Dieses Formular hat Parameter, die hier über `PizzaService.jsp` ausgewertet werden sollen. Das Programm zur Bearbeitung der Anfrage in diesem Formular ist aus der jsp-Datei in das Bean `pizzaservice.PizzaBestellung.java` ausgelagert. Die Übertragung der Parameterwerte aus dem Formular in das Bean mit den entsprechenden Eigenschaften gelingt mit einer einzigen, im folgenden Programm markierten `setProperty`-Aktion. Allerdings steht die `getProperty`-Aktion für Felder nicht zur Verfügung. Wenn man alle Werte eines Feldes auslesen will, könnte man analog zum Servlet in 10.4.1 vorgehen. Dazu könnte man das implizite Objekt `request` des Servlets benutzen. Alternativ lässt sich die indizierte Eigenschaft, wie im Beispiel markiert, auslesen. Das folgende Programm überträgt die gelesenen Parameterwerte aus dem Bean zum Anwender zurück.

PizzaService.jsp

```
<%@ taglib prefix="c" uri="http://java.sun.com/jstl/core" %>
<html>
<title>Pizzaservice</title>

<jsp:useBean id="pizza"
    class="pizzaservice.PizzaBestellung" scope="session" />

<jsp:setProperty name="pizza" property="*" />

<body bgcolor="white">


<h1>PizzaBestellung</h1>
<ul>
<li>Kundenname  : <c:out value ="${pizza.kundenname}"/></li>
<li>Anschrift   : <c:out value ="${pizza.anschrift}"  /></li>
<li>Pizza       : <c:out value ="${pizza.pizza}"      /></li>
<li>Belag       :
  <c:forEach var="current" items="${pizza.belag}">
    <c:out value="${current}" />
  </c:forEach>

<li>Lieferung   : <c:out value ="${pizza.lieferung}"  /></li>
<li>Getraenk    :
  <c:forEach var="current" items="${pizza.getraenk}">
    <c:out value="${current}" />
  </c:forEach>
</li>
</ul>

</body>
</html>
```

pizzaservice.PizzaBestellung.java

Dieses Bean hat eine Reihe von Eigenschaften, deren Bearbeitung einheitlich erfolgt. Deswegen ist im Buch nur ein Ausschnitt aus dem Programm angegeben. Die indizierte Eigenschaft `getraenk` ist im Listing markiert.

```
package pizzaservice;

public class PizzaBestellung {
  public PizzaBestellung () {}
```

```
    public PizzaBestellung(
        String kundenname,
        String anschrift,
        String pizza,
        String[] belag,
        int lieferung,
        int[] getraenk) {
      this.kundenname = kundenname;
      this.anschrift = anschrift;
      this.pizza = pizza;
      this.belag = belag;
      this.lieferung = lieferung;
      this.getraenk = getraenk;
    }
    private String kundenname;
    private String anschrift;
    private String pizza;
    private String[] belag;
    private int lieferung;
    private int[] getraenk;
    public void setKundenname (String kundenname) {
      this.kundenname = kundenname;
    }
    public String getKundenname () {
      return kundenname;
    }
    ... get/set-Methoden für alle Attribute ...
  }
```

10.7.2 Projekt: Telefonauskunft mit jsp

In Abschnitt 9.1 wurde das Projekt *Telefonauskunft* vorgestellt. Diese Aufgabenstellung wurde in 10.4.2 mit Servlets gelöst. Sie lässt sich auch mit JavaServer Pages bearbeiten. Der Client kann die Auskunft über ein Formular einer HTML-Seite anfordern, der Server liefert die Auskunft. Dieses Projekt besteht aus:

- einem HTML-Formular `Telefonbuch.html`
- einer JavaServer Page `Telefonbuch.jsp`
- der Implementierung des Telefonbuchs `tb.TelefonbuchImpl.java`

In der Datei `Telefonbuch.jsp` wird mit einer `setProperty`-Aktion die Eigenschaft `name` aus dem Formular in das zugehörige Java-Bean übertragen. Das Bean liefert jetzt auf die getProperty-Aktion über die Eigenschaft `nummer` die zugeordnete Telefonnummer zurück. Am Ende der Antwort wird noch die Datei `Telefonbuch.html` angezeigt, um eine neue Anfrage zu ermöglichen. Diese Lösung benötigt kein eingebettetes Java.

Telefonbuch.html

```
<html>
<body>

<form method="POST" action="Telefonbuch.jsp">
  <input type="text" size="40" name="name">
     Geben Sie hier den Namen ein<br>
  <input type="submit" value="Abschicken">
  <input type="reset"  value="Zurücksetzen">
</form>

</body>
```

```
</html>
<html>
```

Telefonbuch.jsp

```
<%@ taglib prefix="c" uri="http://java.sun.com/jstl/core" %>
<jsp:useBean id="tel"
  class="telefonbuch.AuskunftBean" scope="session" />
<jsp:setProperty name="tel" property="*" />

<h1>TelefonbuchImplementierung</h1>

<c:if test="${tel.init}">
Kundennummer = <c:out value = "${tel.nummer}" />
</c:if>

</body>
<%@ include file ="Telefonbuch.html" %>
</html>
```

10.7.3 Projekt: Anbindung von Datenbanken mit jsp

In Abschnitt 10.4.4 wurde das entsprechende Problem für Servlets gelöst. Bei der Lösung für JavaServer Pages kann das bei Servlets eingesetzte TabellenBean wieder benutzt werden. In der HTML-Seite zur Eingabe der Anfrage an eine Datenbank muss nur bei der Aktion anstelle des Servlets `TabellenAnzeige.jsp` angegeben werden.
Die Eigenschaft `scope="session"` für das Tabellenbean sorgt dafür, dass dieses Bean in der Sitzung aufbewahrt wird.

TabellenAnzeige.jsp

```
<html>
<jsp:useBean id="abfrage" class="db.TabellenBean"
             scope="session" />
<jsp:setProperty name="abfrage" property="*" />

<body bgcolor="white">
<form  method="POST" action="TabellenAnzeige.jsp">
<table border = 3>
<tr>
<td><input type=submit name = "submit" value ="next"></td>
<td><input type=submit name = "submit" value ="back"></td>
</tr>
</table>
</form>

<h1>Tabelle mit 15 Zeilen pro Seite</h1>

<% abfrage.init (); %>

<table border=3>
<%    for (int i = 0; i < abfrage.getRowCount(); i++) { %>
<tr>
<%      for (int j = 0; j < abfrage.getColCount (); j++) { %>
  <td> <%= abfrage.getElementAt (i, j) %> </td>
<%      } %>
</tr>
<%    } %>
</table>
```

```
  <% abfrage.nextPage (); %>

  </body>
  </html>
```

Hinweis: Beim Arbeiten mit jsp-Sitzungen empfiehlt es sich, Cookies im Browser zu aktivieren.

Lösung mit der sql Taglib

```
<%@ taglib prefix="sql" uri="http://java.sun.com/jstl/sql" %>
<%@ taglib prefix="c" uri="http://java.sun.com/jstl/core" %>

<html>
<head>
  <title>JSTL: SQL Beispiele Jobst</title>
</head>
<body bgcolor="white">

<h1>Zugriff auf Datenbank mit Firmen</h1>

<sql:setDataSource
  var="Beispiel"
  driver="---Treiber---"
  url="---url---"
  user="---user---"
  password="---password---"
/>

  <sql:query var="ergebnis" dataSource="${Beispiel}" >
    SELECT * FROM mannschaft
  </sql:query>

<%-- Einfachster Aufbau einer Tabelle --%>
<table border="3">
  <tr>
  <%-- Namen der Spalten herausziehen --%>
  <c:forEach var="columnName" items="${ergebnis.columnNames}">
    <th><c:out value="${columnName}"/></th>
  </c:forEach>

  <%-- Namen der Zeilen herausziehen --%>
  <c:forEach var="row" items="${ergebnis.rowsByIndex}">
    <tr>
      <c:forEach var="column" items="${row}">
        <td><c:out value="${column}"/></td>
      </c:forEach>
  </c:forEach>
</table>

<hr>

</body>
</html>
```

11 Applets

Applets sind Java-Anwendungen, die in HTML-Seiten eingebettet werden können. Der Browser lädt die Applets vom Server und weist ihnen ähnlich wie Bildern eine Fläche zu, die sie für graphische Ausgaben nutzen können. Erste Beispiele von Applets wie das berühmte Hangman-Spiel mit dem Java-Icon Duke zeigten aber nicht nur bewegte Bilder, sondern auch die Möglichkeit der Interaktion mit dem Programm per Maus.
In diesem Sinne sind Applets auch Software-Komponenten, ein Modell, das ausgehend vom Ur-Java 1.0.2 zu den sog. Java-Beans in Java 1.1 ausgebaut wurde. Solche Software-Komponenten liegen in Containern, wie es z.B. eine HTML-Seite sein kann. Der Container kann die Komponenten mit Informationen über die Umgebung versorgen: die Applets können Parameter von der HTML-Seite erhalten.
Moderne Container enthalten sog. Scripting-Engins. So kann man mit Netscapes Java-Script oder Microsofts Visual-Basic-Script Abläufe in HTML-Seiten automatisieren. Dieses Scripting schließt eine bidirektionale Kommunikation mit den Komponenten mit ein: Applets können von HTML-Seiten aus programmiert werden und ihrerseits auf die HTML-Seiten rückwirken, Letzteres aber nur mit ausdrücklicher Erlaubnis des Entwicklers der HTML-Seite.
Bei Applets und beim Scripting wird Software von einem Server auf Client-Computer transportiert, dort installiert und zum Ablauf gebracht. So können Applets im Intranet einen Beitrag zum Thema Software-Distribution und Installation in den großen Netzen der Firmen leisten. Dies gilt umso mehr, als die Applets gegebenenfalls Kontakt mit dem Computer, von dem sie geladen wurden, aufnehmen können. Damit kann man z.B. Datenbanken in großen Netzen anbinden.
Im Internet darf Software, die man auf seinem Rechner zum Ablauf bringt, keinen Schaden anrichten. Applets bieten hier zwei Sicherheitsmodelle an:

- Sicherheit durch begrenzte Wirkmöglichkeiten des Applets: Sandbox-Modell
- Vertrauensvorschuss: wir „vertrauen“ dem Lieferanten der Software

Die Funktionalität von Applets als GUI-Anwendung wird in Kapitel 7 beschrieben: ein `Applet` ist ein `Panel`. In diesem Kapitel werden die Aspekte der Einbettung von Applets sowie der Sicherheit behandelt. Beispiele beschäftigen sich mit der Aufnahme einer Verbindung des Applets zum Host, von dem es geladen wurde.

11.1 Besonderheiten von Applets

Mit den Methoden, die URLs (Uniform Resource Locator) verwenden, kann das Applet Verbindung zum Rechner aufnehmen, von dem es geladen wurde. Das Applet kann Bilder (`Image`) oder Audiodaten (`AudioClip`) nachladen. Beliebige Dateien können mit der Methode `InputStream openStream()` der Klasse `URL` vom Host zum Client transferiert werden. Applets können im Gegensatz zu anderen Anwendungen in Java mit der `play()`-Methode Audiodaten abspielen. Kooperation von Applets in ein und demselben Dokument ist mit Hilfe von Methoden der Schnittstelle `AppletContext` möglich. Der Browser kann mit einer Methode `showDocument()` dazu veranlasst werden, die unter der dort angegebenen URL spezifizierte Web-Seite anzuzeigen.

11.1.1 Wichtige Funktionen für Applets

Die folgenden Programmfragmente zeigen in Form von Miniatur-Projekten wichtige Tätigkeiten in Applets. Unter dem Host eines Applets wird jener Computer verstanden, von dem das Applet geladen wurde.

Bestimmen der URL des Applets

```
URL url_of_applet = getDocumentBase(); // HTML-Datei
URL url_of_applet = getCodeBase();     // class-Datei
```

In der ersten Zeile wird die URL des Verzeichnisses HTML-Seite bestimmt, in dem das Applet vorkam. In der zweiten Zeile wird die URL des Verzeichnisses berechnet, in der das Applet stand.

Bestimmen des Host-Rechners

Für Testzwecke kann es bequem sein, automatisch zwischen dem Laden über das `http`-Protokoll und dem Laden über das `file`-Protokoll zu unterscheiden. Das folgende Programm liest das Protokoll aus der URL eines Applets aus. Wenn das Applet über das `file`-Protokoll geladen wurde, muss es vom lokalen Rechner geladen worden sein. Ansonsten ermittelt man die Host-Adresse aus der URL.

```
String host; // Der Name des Hosts ist gesucht
if ("file".equals(getCodeBase().getProtocol()))
  host = InetAddress.getLocalHost().getHostName();
else
  host = getCodeBase().getHost();
```

Laden und Wiedergabe von Sound-Dateien

```
play (getCodeBase (), "audio/Name_einer_Audio_Datei.au");
```

Die Datei `Name_einer_Audio_Datei.au` muss sich im Unterverzeichnis `audio` des Verzeichnisses des Applets befinden.

Laden von Bildern

```
Image imgs = getImage (getCodeBase(), "giffile.gif");
```

Die Datei `giffile.gif` muss sich im selben Verzeichnis wie das Applet befinden.

Lesen von Dateien vom Host des Applets

Das folgende Programmfragment liest eine Datei `"Test.java"` zeilenweise in einen Vektor `lines` ein. Die Datei muss sich im selbem Verzeichnis wie das Applet befinden.

```
URL filename;
try {
 filename = new URL(getDocumentBase(), "Test.java");
} catch (java.net.MalformedURLException mfue) {
  System.err.println (mfue);
  return;
}
Vector lines = new Vector (20); // 20 Zeilen oder mehr?
try {


  InputStream is = filename.openStream ();
  BufferedReader r = new BufferedReader (
```

```
    new InputStreamReader (is));
  String s = null;
  while ((s = r.readLine()) != null)
    lines.addElement (s);
  is.close ();
} catch (IOException e) {
  System.err.println ("IO Error");
  return;
}
for (int i = 0; i < lines.size (); i ++)
  System.out.println (lines.elementAt (i));
```

Anzeigen von Information in der Statuszeile

```
showStatus (String);
```

Information über das Applet liefern

```
public String getAppletInfo() {
  return "Dies ist mein Applet";
}
```

Diese Methode kann überschrieben werden, um zukünftigen Browsern eine Schnittstelle zum Auslesen einer Kurzinformation über das Applet zu liefern.

Zugriff auf Parameter in der HTML-APPLET-Anweisung

```
public String getParameter (String name);
```

Mit dieser Routine kann der Wert des durch `name` bezeichneten Parameters aus der Applet-Anweisung ausgelesen werden.

Informationen über die Parameter eines Applets liefern

Beim Einbau eines Applets in eine HTML-Seite können Werte für die Parameter angegeben werden. Dazu sollten die Parameter in der Dokumentation des Applets beschrieben sein. Diese Schnittstelle zwischen dem Benutzer eines Applets und dem Entwickler kann auch vom Applet geliefert werden. Damit können sog. Builder für HTML-Seiten die Parameter interaktiv vom Entwickler derjenigen HTML-Seite abfragen, in die das Applet eingefügt werden soll. Das Beispiel stellt einen Auszug aus dem Animator-Applet des JDK dar.

```
public String[][] getParameterInfo() {
 return new String[][] {
  // Parameter Name      Wertetyp   Beschreibung
  {"imagesource",        "URL",     "a directory"},
  {"startup",            "URL",     "displayed at startup"},
  {"background",         "URL",     "displayed as background"},
  {"startimage",         "int",     "start index"}
 };
}
```

Anzeigen von HTML-Seiten veranlassen

Applets können den Browser dazu veranlassen, URLs in bestimmten Fenstern anzuzeigen. Das Fenster kann im zweiten Parameter angegeben werden.

```
void showDocument (URL url);
void showDocument (URL url, String targetWindow);
```

Werte für targetWindow

Wert	Anzeige des Dokuments
"_blank"	in einem neuen, unbenannten Fenster
"windowName"	in einem neuen Fenster namens windowName
"_self	in dem Fenster, das den Frame und das Applet enthält
"_parent"	im „parentFrame" des aktuellen Frames
"_top"	im Fenster des Applets, aber im Top-Level-Frame

Programm

```
URL url_fuer_html_seite = null;
try {
  url_fuer_html_seite = new URL("http://IrgendEineHTMLSeite");
}
catch(MalformedURLException e) {
  showStatus("Name fuer HTML-Seite??");
}
getAppletContext().showDocument (url_fuer_html_seite);
```

11.1.2 Methoden im Zusammenhang mit Applets

Ausgewählte Methoden für Applets

```
public synchronized class Applet extends Panel{
  public URL getDocumentBase ();
  public URL getCodeBase ();
  public String getParameter (String);
  public AppletContext getAppletContext ();
  public void resize (int, int);
  public void resize (Dimension);
  public void showStatus (String);
  public Image getImage (URL);
  public Image getImage (URL, String);
  public AudioClip getAudioClip (URL);
  public AudioClip getAudioClip (URL, String);
  public String getAppletInfo ();
  public String getParameterInfo ()[][];
  public void play (URL);
  public void play (URL, String);
  public void init ();
  public void start ();
  public void stop ();
  public void destroy ();
}
```

Schnittstelle des Applets zur Umgebung

```
public interface AppletContext extends Object {
  public AudioClip getAudioClip (URL);
  public Image getImage (URL);
  public Applet getApplet (String);
  public Enumeration getApplets ();
  public void showDocument (URL);
  public void showDocument (URL, String);
  public void showStatus (String);
}
```

Ausgabe von Audiodaten

```
interface AudioClip {
  void play ();
  void loop ();
  void stop ();
}
```

Start und Ende

Der Lebenszyklus einer „normalen“ Anwendung umfasst den Zeitraum vom Start bis zur Beendigung. Bei Applets ist die Situation komplizierter, denn sie können in dieser Zeit vom Bildschirm verschwinden, wenn der Anwender eine neue Web-Seite anwählt. Viele Applets nutzen diese Zeit, um im Hintergrund Bilder zu laden, die dann beim erneuten Aufsuchen der Seite schnell angezeigt werden können.

```
public class DemoApplet extends Applet {
  public void init()     // Bei Laden des Applets
  public void start()    // Nach Laden, Betreten der Seite
  public void stop()     // Verlassen der Seite
  public void destroy()  // Endgültiges Ende
}
```

In manchen Fällen können sich auf diese Weise eine Vielzahl von Applets ansammeln, wenn man mehrere Seiten besucht. Hier kann es auch sinnvoll sein, die `stop()`-Methode in den eigenen Applets zu überschreiben und dort Ressourcen freizugeben. Z. B. kann man eine Animation unterbrechen, wenn die entsprechende Seite nicht am Bildschirm angezeigt wird.
Manche Browser führen die Initialisierung per `init()` nicht durch, wenn eine Seite wieder geladen wird. Dies ist zu berücksichtigen, wenn man die Verteilung der Aufgaben zwischen `init()` und `start()` konzipiert.

Hinweis:	Drückt man beim Befehl „Aktualisieren“ im Browser die Umschalttaste, werden die Applets tatsächlich neu geladen und gestartet. Dies kann beim Test eines Applets den ansonsten erforderlichen Neustart des Browsers ersetzen. Wer Probleme mit der Java-Version vermeiden will, benutzt zum Test von Applets den Applet-Viewer.

11.1.3 Sicherheit

Die bekannten Probleme mit Viren, Minen oder trojanischen Pferden erschweren den Austausch von Programmen. Applets sind als Programme auch von dieser Thematik betroffen. Aus diesem Grunde dürfen über das Netz von einem Host auf einen Client-Rechner geladene Applets keine der folgenden Aktivitäten durchführen:

- Laden von Bibliotheken oder Definieren von externen Methoden
- Zugriffe auf das Dateisystem des lokalen Rechners[10]
- Aufnehmen von Verbindungen zu Rechnern, außer zum Host
- Starten von Programmen auf dem Client-Rechner
- Auslesen von Systemeigenschaften

[10] Deswegen ist auch der Dialog zur Dateiauswahl im Applet nicht möglich.

Diese Aktivitäten sollen von der höchsten Ebene des Java-Sicherheitskonzepts, den sog. Security-Managern, unterbunden werden. Dieses Sicherheitskonzept wird auch als sog. Sandbox-Modell bezeichnet: die Java-Anwendung ist in einer Art Laufstall eingeschlossen und in ihrem Spielraum im positiven wie im negativen Sinne begrenzt. Die Diskussion im Internet weist darauf hin, dass es durchaus Applets gibt, die diesen Laufstall verlassen können.
Ein über das Netz geladenes Applet kann aber mit Einverständnis des Anwenders ein Fenster mit den entsprechenden Rechten aufmachen. Dieses wird vom Browser in einer Signalfarbe markiert, sodass der Anwender jederzeit über den Status der Sicherheit informiert ist.

11.2 Die APPLET-Anweisung in HTML-Dokumenten

```
<applet code="MyApplet.class" width=100 height=140></applet>
```

Der Java-Code `MyApplet.class` wird im gleichen Verzeichnis wie die HTML-Datei, die o. a. Anweisung enthält, gesucht und mit einer Breite von 100 bzw. einer Höhe von 140 Pixeln aktiviert.

Syntax für das APPLET-Tag

```
'<' 'APPLET'
  ['CODEBASE' '=' codebaseURL]
   'CODE' '=' appletFile
  ['ALT' '=' alternateText]
  ['NAME' '=' appletInstanceName]
  'WIDTH' '=' pixels 'HEIGHT' '=' pixels
  ['ALIGN' '=' alignment]
  ['VSPACE' '=' pixels] ['HSPACE' '=' pixels]
  '>'
['<' 'PARAM' 'NAME' '=' appletAttribute1 'VALUE' '=' value '>']
['<' 'PARAM' 'NAME' '=' appletAttribute2 'VALUE' '=' value '>']
. . .
[ andere HTML-Anweisungen]
'</APPLET>'
```

'CODEBASE' '=' codebaseURL

Dieses Attribut gibt die Basis-URL für das Applet an. Wenn es fehlt, wird die Basis-URL des Dokuments verwendet.

'CODE' '=' appletFile

Dieses Attribut gibt den Dateinamen mit dem Bytecode des Applets an. Der Name ist relativ zur o.a. Basis-URL.

'ALT' '=' alternateText

Browser, die die APPLET-Anweisung verstehen, aber keinen Java-Code zum Ablauf bringen wollen, sollten alternativ den angegebenen Text ausgeben.

'NAME' '=' appletInstanceName

Dieses optionale Attribut dient dazu, die Instanzen für Applets auf einer gemeinsamen Seite zu benennen, und kann dazu benutzt werden, untereinander zu kommunizieren.

'WIDTH' '=' pixels 'HEIGHT' '=' pixels

Hier können Werte für die ursprüngliche Breite und Höhe für das Applet in Pixeln angegeben werden.

'ALIGN' '=' alignment

Ausrichtung für das Applet. Es sind dieselben Werte wie für die `IMG`-Anweisung möglich: `left`, `right`, `top`, `texttop`, `middle`, `absmiddle`, `baseline`, `bottom` sowie `absbottom`.

'VSPACE' '=' pixels 'HSPACE' '=' pixels

Auch diese Option entspricht jener bei der IMG-Anweisung. Man spezifiziert hiermit die Anzahl der Pixel ober- und unterhalb des Applets (VSPACE) sowie links und rechts davon (HSPACE).

'<' 'PARAM' 'NAME' '=' appletAttribute1 'VALUE' '=' value '>' . . .

Dies ist der einzige Weg zur Übergabe von Parametern an die jeweiligen Applets, die mit der `getParameter(String NAME)`-Methode darauf zugreifen können.

Zusammenfassung

Applets sind graphische Applikationen, die in HTML-Dokumente einbettbar sind. Die Programme können im Rahmen des HTTP-Protokolls über das Internet verschickt und auf Client-Computern zum Ablaufen gebracht werden. Aus Sicherheitsgründen dürfen Applets den Rechner des Clients weder ausforschen noch verändern, sie dürfen auch nur Verbindung zu jenem Host aufnehmen, von dem sie geladen wurden. Anwender können in ihrem Browser sogar jegliche Ausführung von Applets unterbinden. Applets können Threads enthalten, wie in Kapitel 6 dargestellt. Auf die Graphik-Möglichkeiten von Applets wird in Kapitel 7 eingegangen.

Zur Kontaktaufnahme von Applets mit dem Host gibt es verschiedene Ebenen: Sockets, die CGI-Schnittstelle, das Java-Protokoll RMI sowie das OMG-System CORBA. Auf der Socket-Ebene kann jedes Protokoll programmiert werden. Die CGI-Schnittstelle bietet auf der Server-Seite die Integration in die üblichen Dienste eines Web-Servers. RMI als reines Java-Protokoll ist optimal in Java integriert. Die Anbindung über CORBA hängt weder von Plattformen, noch von Sprachen, noch von Herstellern ab. Dies gilt allerdings nicht für das Umfeld der Anbindung der CORBA-Objekte. Diese Aspekte der Verarbeitung im Internet werden in Kapitel 8 vertieft.

Applets können mit JavaScript auf der sie enthaltenden HTML-Seite sowie mit anderen Applets auf dieser Seite kommunizieren. Dies ist aus Sicherheitsgründen nur dann erlaubt, wenn die `MAYSCRIPT`-Anweisung bei der Einbettung eines Applets benutzt wurde. JavaScript kann Dienste des Java-Systems und insbesondere der Applets benutzen, wie etwa zu Testzwecken die Ausgabe auf `System.out`.

Aufgaben

1. Die Aufgaben 1 - 14 des Kapitels 7 können auch für Applets bearbeitet werden.
2. (*) **Eine Simulation**
   In einem Applet soll Schneefall auf eine zufällige erzeugte Bergkette simuliert werden. Der Schnee soll möglichst naturgetreu in die Täler abrutschen. Das Applet soll bei seinem Ablauf keine zusätzliche Last auf dem Internet erzeugen.

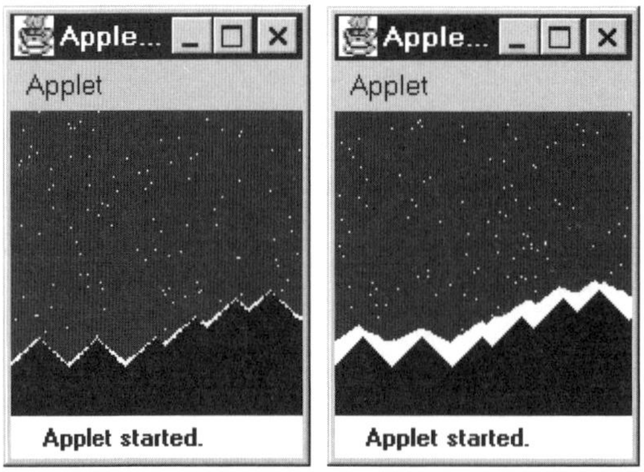

3. (*) **Eine Internet-Wahlmaschine**
In einem fernen Land gibt es Schwierigkeiten bei der Auszählung von Stimmzetteln. In Zukunft soll ein Client-/Server-Programmsystem als papierlose Wahlmaschine mit sofortiger Auszählung über das Internet eingesetzt werden.
Das Beispiel zeigt das Applet der Wahlmaschine für die vier zufällig gewählten Kandidaten Al, George, Pat und Ralph. Al und George haben bisher jeweils 3 Stimmen, Pat und Ralph jeweils 1 Stimme. Gewählt wird durch Drücken eines der 4 Schalter. Der Label rechts vom jeweiligen Schalter soll sofort nach dem Drücken des Schalters die neuen Ergebnisse anzeigen. Das Applet der Wahlmaschine benötigt pro Kandidat einen Schalter und ein Label-Feld.

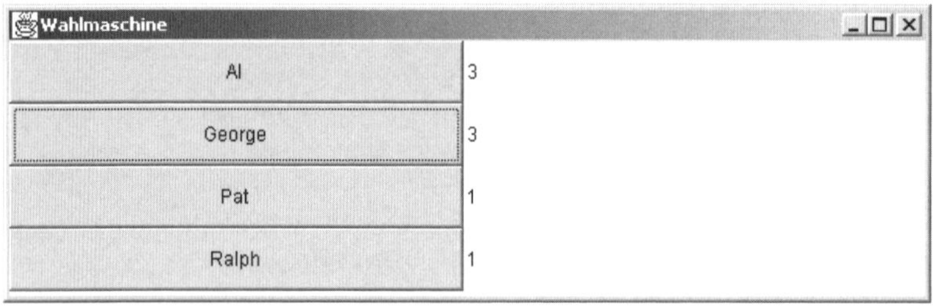

Die Wahlmaschine soll nach einer Stimmabgabe Kontakt mit dem Server aufnehmen. Auf dem Server soll die Stimmenzahl des gewählten Kandidaten erhöht werden. Danach soll die Stimmenzahl aller Kandidaten auf der lokalen Wahlmaschine angezeigt werden.
Die Wahlmaschine soll bei jedem Start die Liste der Kandidaten in variabler Anzahl über das Internet vom Server holen und anzeigen. Sie können die Wahlmaschine auch so programmieren, dass die Anzeige-Felder bei jeder Änderung aktualisiert werden.

12 Anbindung von Datenbanken mit JDBC

Mit Hilfe von JDBC (Java Database Connectivity) kann man Datenbanken aus Java-Programmen heraus über SQL-Befehle (Symbolic Query Language) bearbeiten, soweit die Datenbank diese unterstützt. Ein Java-Programm stellt seine Anforderungen an die Datenbank mit SQL-Anweisungen. Die Datenbank bearbeitet diese Anweisungen und liefert Ergebnisse.

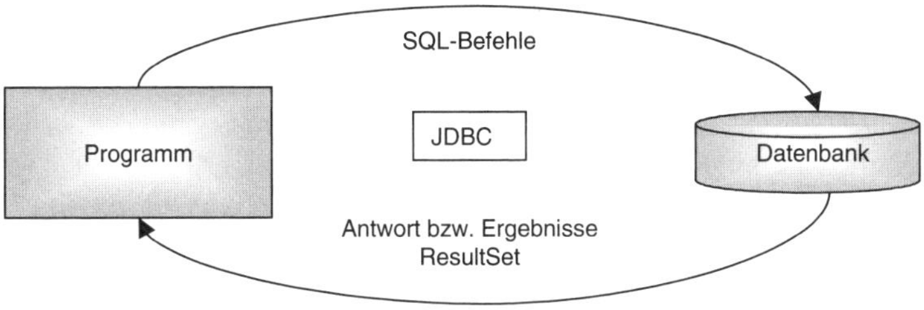

Ziel dieses Kapitels ist nur der Einstieg in die Bearbeitung von Datenbanken mit JDBC und keine Theorie der Datenbanken.

12.1 Prinzip von JDBC

In der Praxis haben sich zum Zweck der Verarbeitung von Datenbanken in Programmen zwei wesentlich unterschiedliche Wege herauskristallisiert:

a) Embedded SQL
b) ODBC: Open Database Connectivity

Beide Verfahren adressieren das Problem der Anbindung von Daten an streng typgebundene Programmiersprachen. Eine Tabelle einer Datenbank kann Datensätze verschiedener Typen enthalten: Ganzzahlen, Gleitpunktzahlen, Datumsangaben, Texte usw. Diese Typen müssen bei einem Transfer von der Datenbank zum Programm oder in der anderen Richtung an die Typen im Programm angeglichen werden. Dieser Prozess muss für jedes Datenfeld durchgeführt werden; er ist mühsam und fehleranfällig und sollte deswegen von der Software unterstützt werden.
Embedded SQL löst dieses Problem durch eine Beschreibungssprache für die Datentypen. Aus dieser Beschreibung werden mit einem Vorübersetzer Programmteile generiert. Der Entwickler ergänzt diese Programmteile um seine Anweisungen zur Verarbeitung der Daten. Diese eher statische Beschreibung der Daten kann eine Rekompilierung des Programms bei einem Wechsel der Datenbank erforderlich machen. Insbesondere ist die Erstellung generischer Programme zur Bearbeitung von Datenbanken problematisch.
Die ODBC-Schnittstelle arbeitet mit dynamischer Beschreibung der Daten. Der Programmierer teilt dem ODBC-System den Datentyp mit. Die Daten werden dann vom ODBC-System auf dem Weg von bzw. zur Datenbank konvertiert. Dieses aus der PC-Welt stammende System passt seiner Natur nach besonders gut zu dynamisch gebundenen Sprachen wie Visual Basic und hat von daher seinen Siegeszug zum Industriestandard angetreten. Auch bei streng typgebundenen Sprachen ergeben sich keine unüberwindlichen Schwierigkeiten, denn bei einem datenbankzentrierten Ansatz lesen Generatoren den Aufbau der

Daten aus der Datenbank aus und erzeugen die Programmteile zum Ansprechen der Daten in den Tabellen.
Da eine objektorientierte Sprache eine späte Bindung unterstützt, passt ein Ansatz nach b) gut zu Java. Im Gegensatz zu ODBC ist JDBC eine Schnittstellentechnik, die von Herstellern und Plattformen unabhängig ist. Auch muss JDBC nicht wie ODBC auf eine durch die Sprache C verursachte prozedurale Erblast Rücksicht nehmen, sondern lässt sich elegant konzipieren.

12.2 Grundlagen von JDBC

Eine Anwendung kann über die JDBC-Schnittstelle verschiedene Datenbanken bearbeiten. Sie bleibt dabei unabhängig von der jeweiligen Datenbank. Der Zugriff erfolgt über sog. Treiber, die vor jedem Zugriff auf die Datenbank geladen werden müssen. JDBC definiert aus Anwendersicht:

- die Klassen zum Absetzen der SQL-Befehle
- die Klassen mit den Metadaten: Reflexion der Datenbank
- die Klassen zum Bearbeiten der Ergebnisse der Abfragen
- die Klassen zum Auswerten von Fehlermeldungen
- den grundsätzlichen Ablauf zum Zugriff auf die Datenbank
- eine allgemeine Zuordnung von Java-Datentypen zu denen der Datenbank

Dabei wird SQL in JDBC nach dem ANSI-SQL-92-Standard (American National Standards Institute) eingesetzt. Dennoch gehört es zu den wichtigsten Vorbereitungen einer JDBC-Lösung, dass die tatsächlich von dem zur Verfügung stehenden Treiber gebotene Funktionalität ermittelt und in die Planung einbezogen wird. Die Probleme mit den verschiedenen Treibern sollen mit dem von Sun propagierten Gütesiegel „JDBC COMPLIANT™" behoben werden.

Hinweis: Unter `http://java.sun.com/products/jdbc/` erreicht man die Informationen von Sun zum Thema JDBC, z.B. eine Übersicht über aktuelle Treiber.

12.2.1 Grundlegende Abläufe (vereinfacht)

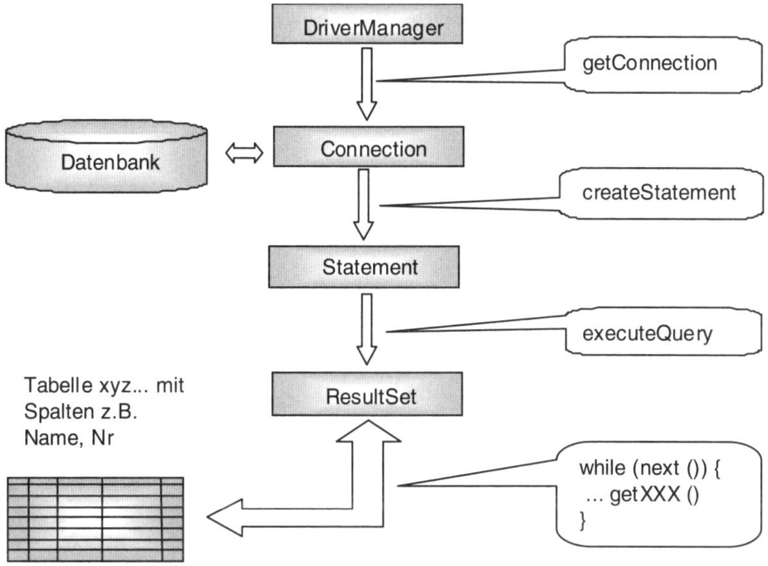

Vorbereitung des Programmlaufs

Der Treiber für den Zugriff auf die Datenbank wird dynamisch geladen. Er muss über den `CLASSPATH` auffindbar sein. Deswegen muss die Bibliothek mit dem Treiber in den Klassenpfad mit aufgenommen werden, wie in Kapitel 1 beschrieben. `ResultSet`

Grundlegende Abläufe als Java-Programm (vereinfacht)

```
1.  Class.forName ("---Name des Treibers ---");
2.  Connection con = DriverManager. getConnection (
3.     "jdbc-URL", "user", "password");
4.  Statement stmt = con.createStatement ();
5.  ResultSet rs = stmt. executeQuery (
6.     "SELECT Nr, Name FROM Kunden");
7.  while (rs.next ()) {
8.     int Nr      = rs.getInt ("Nr");
9.     String Name = rs.getString ("Name");
10. }
11. con.close ();
```

Zu Zeile 1: Ein Treiber wird durch Angabe des Namens der Klasse geladen. Als Beispiele sind Treiber für MySQL, Oracle bzw. für über ODBC erreichbare Datenbanken unter Windows angegeben.

```
Class.forName ("org.gjt.mm.mysql.Driver");            // MySQL
Class.forName ("sun.jdbc.odbc.JdbcOdbcDriver" );      // ODBC
Class.forName ("oracle.jdbc.driver.OracleDriver"); // Oracle
```

Zu Zeile 2, 3: Eine Verbindung zur Datenbank wird geöffnet. Hierzu braucht man die JDBC-URL, den Benutzer sowie dessen Passwort. Die Syntax für die JDBC-URL lautet:

```
jdbc:<subprotokoll>:<subname>
"jdbc:mysql:///Datenbank"      // MySQL auf lokalem Rechner
"jdbc:mysql:/Host//Datenbank" // MySQL auf (entferntem) Host
```

```
"jdbc:oracle:thin:@--- Ihr Host ---:1522:ora9i" // Oracle 9i
"jdbc:odbc:odbcname"        // ODBC-Datenbanken unter Windows (2)
```

Wenn auf einem Computer ODBC und die JDBC/ODBC-Bridge installiert sind, erfolgt der Zugriff auf die unter *odbcname* registrierte Datenbank gemäß o.a. Beispiel(2). Die Verbindung erlaubt den Zugriff auf die Datenbank über ein sog. `Statement`. Auch können mit dem Aufruf `getMetaData()` Metadaten über den Aufbau der Datenbank, wie z.B. das unterstützte SQL, ermittelt werden.

Zu Zeile 4: Ein `Statement` zum Ausführen von SQL-Anweisungen wird angelegt.

Zu Zeile 5, 6: Eine SQL-Anweisung wird ausgeführt. Aus der Tabelle `Kunden` werden `Nr` und `Name` ausgelesen. Das Ergebnis ist eine „Tabelle" vom Typ `ResultSet`. Diese „Tabelle" enthält für jeden Antwortdatensatz eine Zeile. Jede Zeile enthält die angeforderten Spalten. Im Beispiel sind dies `Nr` und `Name`.

Zu Zeile 7: Mit der `next()`-Methode durchläuft man die Tabelle der Ergebnisse. Nach der ersten Abfrage befindet sich der sog. Cursor (Markierung der aktuellen Zeile) vor der ersten Zeile. Die `next()`-Methode schaltet diesen Cursor. Sie liefert **`false`**, wenn dies nicht möglich ist und **`true`**, wenn es möglich ist. Jede Zeile des `ResultSet` enthält als Felder die Nummer und den Namen des „Kunden", auf die mit `getXXX()`-Anweisungen zugegriffen werden kann. `XXX` steht für einen Typ wie **`int`** oder `String` (vgl. Abschnitt 12.4). Auf diese Spalten der Tabelle kann man über den Namen der Spalte (wie im Beispiel) oder über die Nummer der Spalte zugreifen. Die Spalten sind fortlaufend ab 1 nummeriert.

Zu Zeile 11: Das Programm schließt die Verbindung, weil keine weitere Anfrage stattfindet. Die Verbindung kann für mehrere Anfragen benutzt werden. Damit vermeidet man den aufwändigen Auf- und Abbau von Verbindungen.

12.2.2 Einstieg in SQL

SQL ist eine bei IBM entwickelte Datenbanksprache, die auf dem Coddschen relationalen Datenmodell basiert. JDBC unterstützt den ANSI-SQL-92 Standard. Die folgende Beschreibung einer kleinen Teilmenge von SQL kann und will nicht vollständig sein.

Wichtige SQL-Befehle

```
SELECT select-Liste FROM Tabelle [ WHERE Boolescher Ausdruck ]

INSERT INTO Tabelle [ Spalten-Liste ] VALUES '(' Werte ')'

CREATE TABLE Tabelle '(' Spaltendefinition ')'

DROP TABLE Tabellen

UPDATE Tabelle SET Spalte = Wert [ WHERE Boolescher Ausdruck ]
```

Dabei gilt:

```
select-Liste              '*' | Spalten-Liste
Spalten-Liste             Spaltenname { ',' Spaltenname }
Boolescher Ausdruck       Vergleich [ (AND|OR) Vergleich ]
Vergleich                 Spaltenname ('<' | '>' | '=' | '<>' ) Wert
Spaltendefinition         Name Typ { ',' Name Typ }
Werte                     Wert { ',' Wert }
Typ                       INTEGER | VARCHAR '(' Anzahl der Zeichen ')'
```

In [] angegebene Ausdrücke sind optional. Mit {} geklammerte Ausdrücke können beliebig oft wiederholt, also auch weggelassen werden. | bezeichnet einander ausschließende Alternativen, z.B. (AND|OR) liefert entweder AND oder OR. In Hochkomma angegebene Zeichen müssen wie angegeben eingefügt werden, z.B. ','. Nach dem Datentyp kann eine Zusatzinformation angegeben werden, z.B. die Anzahl der Zeichen bei einem Text in der Datenbank.

Beispiel: SQL-Anweisungen für Kundeneinträge

Das folgende Beispiel zeigt SQL-Anweisungen für eine Tabelle Kunden mit Kundeneinträgen. Jeder Kunde hat einen Namen sowie eine Nummer. Der Name darf in diesem Beispiel aus max. 50 Zeichen bestehen. Nach dem Anlegen der Tabelle mit CREATE werden mit INSERT vier Datensätze in die Tabelle eingetragen. Die beiden SELECT-Befehle zeigen jeweils den Inhalt der Tabelle Kunden an.

```
CREATE TABLE Kunden (Name VARCHAR(50), Nr INTEGER)

INSERT INTO Kunden VALUES ('kaiser', 1001)
INSERT INTO Kunden VALUES ('koenig', 1002)
INSERT INTO Kunden VALUES ('herzog', 1003)
INSERT INTO Kunden VALUES ('baron',  1004)

SELECT * FROM Kunden
SELECT Name, NR FROM Kunden
```

Primärschlüssel für Spalten

Über den Primärschlüssel kann man jeden Datensatz in einer Tabelle eindeutig identifizieren (vgl. [22]). Wenn man eine Spalte als Primärschlüssel der Tabelle markieren will, gibt man dies nach der Beschreibung der Spalte an:

```
stmt.execute (
   "CREATE TABLE Kunden (Name VARCHAR (50), "+
   "Nr INTEGER PRIMARY KEY)");
```

12.2.3 Klassen und Schnittstellen im Package java.sql

In diesem Abschnitt finden Sie häufig verwendete Klassen und Schnittstellen sowie wichtige Methoden. Das folgende Diagramm enthält Pfeile mit gefüllten Spitzen für die „Liefert-Beziehung“. Die anderen Pfeile stehen für eine Vererbung von Schnittstellen.

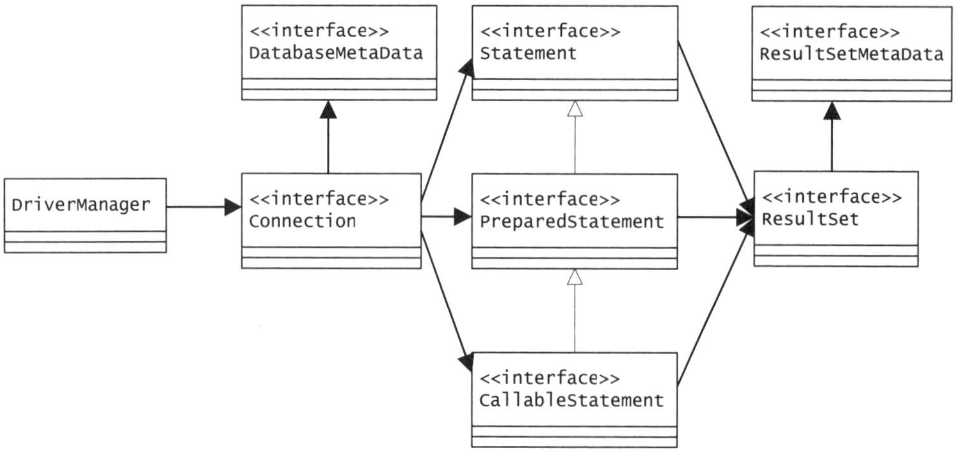

Zeit und Datum

Jede der Klassen `Date` bzw. `Time` erweitert die Klasse `java.util.Date`. Sie dienen der einheitlichen Darstellung von Uhrzeit und Datum.

Klasse	Erzeugen	Darstellen	Format
`Date`	**`public static`** `Date valueOf(String s);`	`String toString();`	`"hh:mm:ss"`
`Time`	**`public static`** `Time valueOf(String s)`	`String toString();`	`"yyyy-mm-dd"`

Verwaltung der Treiber

Die Klasse `DriverManager` stellt in ihren statischen Methoden die Basisdienste zur Verwaltung der JDBC-Treiber zur Verfügung. Während der Initialisierung dieser Klasse werden die über die `"jdbc.drivers"` Systemeigenschaft eingestellten Treiber geladen. Damit kann der Benutzer die JDBC-Treiber für seine Anwendungen einstellen. Das kann nach [28] in der Datei `~/.hotjava/properties` im Home-Verzeichnis des Anwenders mit der folgenden Zeile geschehen:

```
jdbc.drivers=org.xyz.Driver:sun.jdbc.odbc.JdbcOdbcDriver
```

Treiber können auch dynamisch über den Java-Klassenlader während der Laufzeit der Programme geladen werden.

```
Class.forName("sun.jdbc.odbc.JdbcOdbcDriver");
```

Seit JDK 1.4 kann die Verbindung zur Datenbank über die Schnittstelle `javax.sql.DataSource` hergestellt werden. Die damit verbundenen Manager sind über das JNDI (Java Naming and Directory API) erreichbar und sorgen für das sog. *Connection Pooling*, d.h. die Mehrfachverwendung der Verbindungen zur Datenbank in Anwendungen. Der Container der Treiber liefert auf Wunsch mit einer der folgenden Methoden die Verbindung zur Datenbank:

```
1. static Connection getConnection(String url);
2. getConnection(String url, Properties info);
3. getConnection(String url, String user, String password);
```

Im Gegensatz zur dritten Variante werden bei den beiden ersten Varianten `user` und `password` mittels Voreinstellungen in den Systemeigenschaften (1.) oder den angegebenen Eigenschaften (2.) übergeben. Dort muss sich dann ein Eintrag für `user` bzw. `password` finden lassen.

Die Schnittstelle Connection

Die Klasse `DriverManager` liefert über `getConnection()` eine Referenz auf eine Schnittstelle. Diese beschreibt die Verbindung (oft auch als Sitzung bezeichnet) zur Datenbank. Im Rahmen einer solchen Sitzung können Statements erzeugt werden:

Aufruf	**Funktion**
`Statement createStatement();`	Liefert ein Statement-Objekt. Dieses kann für SQL-Anweisungen ohne Parameter benutzt werden.
`DatabaseMetaData getMetaData();`	Liefert ein `DatabaseMetaData`-Objekt. Damit können zahlreiche Eigenschaften der Datenbank abgefragt werden. Vgl. Abschnitt 12.5.
`CallableStatement prepareCall(String sql);`	Ein `CallableStatement`-Objekt zum Aufruf von in der Datenbank gespeicherten Prozeduren wird erzeugt.
`PreparedStatement prepareStatement(String sql);`	Ein `PreparedStatement`-Objekt für mehrmalige Verwendung (mit oder ohne Parameter) wird erzeugt.
`Savepoint setSavepoint();`	Setze einen Sicherungspunkt für eine Transaktion.
`void commit();`	Macht alle Änderungen seit dem letzten `commit/rollback` in der Datenbank permanent und hebt alle Sperren in der Datenbank auf.
`void rollback();`	Macht alle Änderungen in der aktuellen Transaktion rückgängig und hebt alle Sperren in der Datenbank auf.
`void rollback (Savepoint savepoint);`	Macht alle Änderungen in der aktuellen Transaktion seit dem angegebenen Sicherungspunkt rückgängig und hebt alle Sperren in der Datenbank auf.
`boolean isClosed();`	Ermittelt, ob die Verbindung bereits geschlossen wurde.
`void close();`	Beendet die Verbindung und gibt alle damit verbundenen Ressourcen frei.

Die Schnittstelle Statement

Über ein Connection-Objekt kann man ein Statement-Objekt anfordern und damit die Datenbank bearbeiten. Die `execute... (...)`-Methoden übermitteln SQL-Anweisungen an die der Verbindung zugrunde liegende Datenbank.

Aufruf	Funktion
boolean execute(String sql);	Die angegebene SQL-Anweisung an die Datenbank zur Ausführung übergeben. Das Ergebnis muss mit getResultSet() oder getUpdateCount() ermittelt werden.
ResultSet executeQuery(String sql);	Führt eine SELECT-Anweisung aus.
int executeUpdate(String sql);	Führt eine INSERT-, UPDATE-, oder DELETE–Anweisung aus. Auch für SQL DDL-Anweisungen.
ResultSet getResultSet();	Hole die Ergebnisse.
int getUpdateCount();	Ermittle das Ergebnis als Zähler. Falls das Ergebnis über getResultSet() geholt werden muss, wird der Wert –1 geliefert.
void close();	Gibt alle vom Statement belegten Ressourcen sofort frei.

Die Schnittstelle PreparedStatement

Die Schnittstelle `PreparedStatement` wurde für die wiederholte Ausführung von Anweisungen als Erweiterung von Statement konzipiert. Im Aufruf `PreparedStatement prepareStatement(String sql)` der Schnittstelle `Connection` wird ein Schema für SQL-Anweisungen mitgegeben. Parameter in diesem Schema werden mit `,?'` gekennzeichnet und müssen dann vor jedem Aufruf einer `execute(...)`-Methode mit den `set...(...)`-Methoden gesetzt werden.

```
PreparedStatement pstmt = con.prepareStatement(
  "UPDATE EMPLOYEES SET SALARY = ? WHERE ID = ?");
  pstmt.setBigDecimal(1, 153833.00)
  pstmt.setInt(2, 110592)
  pmstmt.executeUpdate (); [ Vgl. Sun-Dokumentation]
```

Aufruf	Funktion
boolean execute();	Die im Aufruf prepareStatement(...) angegebene SQL-Anweisung an die Datenbank zur Ausführung übergeben. Das Ergebnis muss mit getResultSet() oder getUpdateCount() ermittelt werden.
ResultSet executeQuery();	Wie execute(), speziell für SELECT-Anweisungen.
int executeUpdate();	Führt eine INSERT-, UPDATE-, oder DELETE–Anweisung aus. Auch für SQL-DDL-Anweisungen.
void setDouble (**int** parameterIndex, **double** x);	Setze einen **double**-Parameter-Wert als Parameter Nr. parameterIndex.
void setInt (**int** parameterIndex, **int** x);	Setze einen **int**-Parameter-Wert als Parameter Nr. parameterIndex.

void setString (**int** parameterIndex, String x);	Setze einen String-Parameter-Wert als Parameter Nr. `parameterIndex`.
ResultSetMetaData getMetaData();	Metadaten des zu erwartenden Ergebnisses.

Hinweis: Die Parameter in `set... (...)`-Methoden werden ab 1 nummeriert. Dies steht im Gegensatz zum Zugriff auf Felder in Java.

Die Schnittstelle CallableStatement

Die Schnittstelle `CallableStatement` erweitert `PreparedStatement`. Sie dient dem Aufruf von in der Datenbank gespeicherten Prozeduren. Vor der Anwendung dieser Schnittstelle sollte überprüft werden, ob die Datenbank dieses Merkmal unterstützt. In Abschnitt 12.5 über Metadaten ist ein Beispiel eines Programms angegeben, das u. a. diese Eigenschaft einer Datenbank überprüft.
Eingabeparameter für solche gespeicherten Prozeduren werden wie bei `PreparedStatement` übergeben. Für Ausgabeparameter der gespeicherten Prozeduren gibt es in der Schnittstelle `CallableStatement` entsprechende `get... (...)`-Methoden.

Aufruf	**Funktion**
double getDouble(**int** parameterIndex);	Auslesen eines **`double`**-Wertes für einen out-Parameter einer gespeicherten Prozedur.
int getInt(**int** parameterIndex);	Auslesen eines **`int`**-Wertes für einen out-Parameter einer gespeicherten Prozedur.
String getString(**int** parameterIndex);	Auslesen eines `String`-Wertes für einen out-Parameter einer gespeicherten Prozedur.

Die Schnittstelle ResultSet

Die Schnittstelle `ResultSet` beschreibt Ergebnisse von Abfragen an relationale Datenbanken. Solche Ergebnisse sind auch wieder Relationen und erscheinen damit als Tabellen. Zu einem `ResultSet` gehört ein Cursor. Dieser befindet sich am Anfang vor der ersten Zeile und wird durch einen boolean `next()`-Aufruf auf die jeweils nächste Zeile gesetzt. Die Anzeige der `next()`-Methode ermöglicht eine klassische **`while`**-Schleife zum Iterieren über die Ergebnisse:

```
while (next()) {
  // Bearbeite die nächste Zeile
}
```

Wenn nichts anderes angegeben wurde, kann in den Ergebnissen nur sequentiell von vorne nach hinten gelesen werden, Änderungen in der Datenbank sind nicht möglich.
Das folgende Beispiel aus [] zeigt einen `ResultSet`, in dem auch rückwärts navigiert werden kann. Außerdem sind Änderungen der Daten möglich.

```
Statement stmt =
  con.createStatement(
    ResultSet.TYPE_SCROLL_INSENSITIVE,
    ResultSet.CONCUR_UPDATABLE);
ResultSet rs = stmt.executeQuery("SELECT a, b FROM TABLE2");
  // rs ist scrollbar
  // rs zeigt keine von anderen durchgeführten Änderungen an
  // Änderungen sind möglich
```

Zum Zugriff auf Daten in einer Zeile bietet ein `ResultSet get... (...)`-Methoden an. Dabei ist die Auswahl von Spalten mit `get... (int i)` über die Nummer der Spalte oder mit `get... ()` über den Namen der Spalte möglich. In Abschnitt 12.4 ist eine Aufstellung der Datentypen für solche Zugriffe auf Daten in Java angegeben.

Hinweis:	Die Nummerierung der Spalten erfolgt ab 1. Bei den Namen der Spalten muss auf die Groß- bzw. Kleinschreibung geachtet werden.

Seit dem JDBC 2.0 API kann ein `ResultSet` auch für Änderungen in der Datenbank benutzt werden. Dabei können sowohl Werte in einzelnen Spalten geändert als auch einzelne Zeilen eingefügt werden, wie die Beispiele aus [] zeigen.

Änderungen des Inhalts einer Spalte

In einem rollbaren `ResultSet` kann der Cursor frei vorwärts, rückwärts oder auf eine absolute Position gesetzt werden. Im folgenden Beispiel erhält die Spalte „`NAME`" der 5. Zeile einen neuen Wert.

```
// Cursor in die 5. Zeile
rs.absolute(5);
// Neuer Wert für die Spalte Name
rs.updateString("NAME", "AINSWORTH");
Zurückschreiben der Änderung in die Datenbank
rs.updateRow();
```

Einfügen einer Zeile

Ein änderbarer `ResultSet` hat eine spezielle Zeile, die zur Vorbereitung einer einzusetzenden Zeile dient. Die Spaltenwerte dieser Zeile können mit den `update... (...)`-Methoden zusammengestellt und dann in den Resultset sowie die der Verbindung zugrunde liegende Datenbank übernommen werden.

```
// Cursor in die "insert row" bewegen
rs.moveToInsertRow();
// Änderung der Werte in den Spalten 1, 2 und 3
rs.updateString(1, "AINSWORTH");
rs.updateInt(2,35);
rs.updateBoolean(3, true);
rs.insertRow();
rs.moveToCurrentRow();
```

Aufruf	**Funktion**
`boolean absolute(int zeile);`	Bewege den Cursor im ResultSet in die angegebene Zeile. Negative Zahlen geben Positionen ab der letzten Zeile an. Nur für `scrollable-ResultSets`.
`void beforeFirst();`	Bewege den Cursor vor die 1. Zeile
`boolean first();`	wie `absolute (1)`.
`boolean last ();`	wie `absolute (-1)`.
`int findColumn( String spaltenName);`	Liefert den Spaltenindex zur angegebenen Spalte.
`double getDouble( int spaltenIndex);`	Liefert den Wert der angegebenen Spalte.

`double getDouble( String spaltenName);`	Liefert den Wert der angegebenen Spalte.
`int getInt(int spaltenIndex);`	Liefert den Wert der angegebenen Spalte.
`int getInt(String spaltenName);`	Liefert den Wert der angegebenen Spalte.
`String getString( int spaltenIndex);`	Liefert den Wert der angegebenen Spalte.
`String getString( String spaltenName);`	Liefert den Wert der angegebenen Spalte.
`void moveToCurrentRow();`	Bewege den Cursor in die momentane Zeile. Wichtig nur zum Einfügen.
`void moveToInsertRow();`	Bewege den Cursor in die Einfügezeile.
`boolean next();`	Bewege den Cursor auf die nächste Zeile. Am Anfang: auf 1. Zeile.
`boolean previous();`	Bewege den Cursor auf die vorige Zeile. Nur für scrollable ResultSets.
`void updateDouble( int spaltenIndex, double x);`	Ändere den Wert der Spalte. Keine Änderung des Wertes in der Datenbank.
`void updateDouble( String spaltenName, double x);`	Ändere den Wert der Spalte. Keine Änderung des Wertes in der Datenbank.
`void updateInt( int spaltenIndex, int x);`	Ändere den Wert der Spalte. Keine Änderung des Wertes in der Datenbank.
`void updateInt( String spaltenName, int x);`	Ändere den Wert der Spalte. Keine Änderung des Wertes in der Datenbank.
`void updateString( int spaltenIndex, String x);`	Ändere den Wert der Spalte. Keine Änderung des Wertes in der Datenbank.
`void updateString( String spaltenName, String x);`	Ändere den Wert der Spalte. Keine Änderung des Wertes in der Datenbank.
`void updateRow();`	Änderung von Werten in der Datenbank nach den `update...(...)`-Methoden.
`ResultSetMetaData getMetaData();`	Liefere Beschreibungsdaten zur Ergebnismenge.

Hinweis: Zeilen werden ab 1 nummeriert, Spalten auch ab 1.

Die Schnittstelle ResultSetMetaData

Die Schnittstelle `ResultSetMetaData` dient nicht zum Zugriff auf Inhalte eines Ergebnisses, sondern liefert Informationen über den Aufbau der Ergebnismenge.

Aufruf	Funktion
`int getColumnCount();`	Anzahl der Spalten in der Ergebnismenge.
`String getColumnName( int spaltenNummer);`	Name der Spalte mit der angegebenen Nummer.
`int getColumnType( int spaltenNummer);`	Typ der Spalte mit der angegebenen Nummer. Die Bedeutung der gelieferten Konstanten ist in `java.sql.Types` beschrieben.
`String getColumnTypeName( int spaltenNummer);`	Name der Spalte mit der angegebenen Nummer als Klartext.

Die Schnittstelle DatabaseMetaData

Die Schnittstelle `DatabaseMetaData` liefert Informationen über die Datenbank als solche. Sie enthält zahlreiche Methoden, die die gewünschten Auskünfte liefern. Hiermit lassen sich Programme an verschiedene Datenbanken anpassen, denn nicht alle Hersteller implementieren die gleiche Funktionalität. Die mit dieser Schnittstelle gewonnenen Auskünfte lassen sog. generische Programme zu. Solche Programme passen sich den jeweiligen Tabellen und Typen der Tabellen an. Abschnitt 12.5 zeigt das Beispiel aus den Demo-Klassen zum JDK für Tabellen.
Auch ist die Generierung von Programmteilen im Sinne eines „Datenbank-zentrierten" Ansatzes möglich (vgl. Abschnitt 12.6).

Aufruf	Funktion
`ResultSet getAttributes( String catalog, String schemaPattern, String typeNamePattern, String attributeNamePattern);`	Liefert Attribute über die angegebene Datenbank. Vgl. Abschnitt 12.5 und die dort genannten Beispiele.
`ResultSet getTables( String catalog, String schemaPattern, String tableNamePattern, String[] types);`	Liefert eine Aufzählung von Tabellen in der Datenbank. Vgl. Abschnitt 12.5 und die dort genannten Beispiele.
`boolean supportsANSI92EntryLevelSQL();`	Ermittelt, ob die Datenbank die ANSI92 „entry level SQL"-Grammatik unterstützt.
`boolean supportsANSI92FullSQL()`	Ermittelt, ob die Datenbank die ANSI92 „full SQL"-Grammatik unterstützt.
`boolean supportsStoredProcedures();`	Liefert Auskunft, ob die Datenbank stored Procedures unterstützt.

Hinweis: Die hier genannten Methoden stellen nur einen kleinen Ausschnitt aus den Möglichkeiten des Packages `java.sql` dar.

12.3 Beispiel: die Kundendatenbank in JDBC

Eine Datenbank soll eine wie in obigem Beispiel definierte Tabelle `Kunden` enthalten. Kunden sollen anhand von Kriterien ausgewählt und vom Programm aufgelistet werden. Die

Programme sollen unabhängig von der Datenbank sein. Dieses Projekt wird in mehreren Schritten erarbeitet:

- Programmierung der Verbindung zu den Datenbanken;
- Hinweise zur Benutzung von MySQL bzw. Microsoft Access über JDBC;
- Einstieg: elementare Funktionen zum Zugriff;
- Vertiefung: Optimierung und ergänzende Funktionen.

12.3.1 Programmierung der Verbindung zu den Datenbanken

Ein Java-Programm nimmt über den Namen des Treibers sowie den Namen und das Passwort des Benutzers über die JDBC-URL Verbindung zur Datenbank auf. Wenn diese Zeichenketten im Programm angegeben sind, müssen sie bei einem Wechsel der Datenbank geändert werden. Deswegen ist nachstehend ein Programm angegeben, das solche Konstanten mit Hilfe der Klasse `java.util.ResourceBundle` aus einer `.properties`-Datei einliest. Wenn am Anfang einer Zeile einer solchen Datei das Zeichen `#` steht, gilt die gesamte Zeile als Kommentar. Alle Beispiele dieses Buches bauen die Verbindung zur Datenbank mit Hilfe der Klasse `MyConnectDatabase` auf.

Eine mögliche .properties-Datei: kunden.properties

```
#Oracle
#connections.jdbc.username=user
#connections.jdbc.password=geheim
#connections.jdbc.url=jdbc:oracle:thin:@rechner:port:ora9i
#connections.jdbc.driver=oracle.jdbc.driver.OracleDriver

#MySQL
#connections.jdbc.username=user
#connections.jdbc.password=geheim
#connections.jdbc.driver=org.gjt.mm.mysql.Driver
#connections.jdbc.url=jdbc:mysql:///Datenbank

#Access
connections.jdbc.username=user
connections.jdbc.password=geheim
connections.jdbc.driver=sun.jdbc.odbc.JdbcOdbcDriver
connections.jdbc.url=jdbc:odbc:--- odbc-Name

#PostgreSQL
#connections.jdbc.username=user
#connections.jdbc.password=geheim
#connections.jdbc.driver=org.postgresql.Driver
#connections.jdbc.url=jdbc:postgresql://localhost/user
```

Der Aufruf `java.util.ResourceBundle.getBundle (Name)` erwartet im Parameter Name den Text `"kunden"`, nicht `"kunden.properties"`. Der JDBC-ODBC-Treiber muss im Gegensatz zu den Treibern für die anderen Datenbanken nicht explizit in den Pfad aufgenommen werden.

Das Programm MyConnectDatabase

```
// Programm: Aufnahme einer Verbindung zur Datenbank
// Die Konstanten sind in einer .properties-Datei
// Dann muss das Programm nicht jedesmal neu übersetzt
// werden, wenn sich ein Name ändert.
```

```
import java.sql.*;  // Alle JDBC-Klassen importieren
import java.util.*; // Für ResourceBundle

public class MyConnectDatabase {
  // Connection für die Zugriffe auf die Datenbank
  private Connection con = null;
  // Der Name der .properties-Datei mit den Texten
  private String ResourceName = null;
  private ResourceBundle rb = null;

  public boolean init (String ResourceName) {
    try {
      this.ResourceName = ResourceName;
      rb = ResourceBundle.getBundle (ResourceName);
      return true;
    } catch (Exception e) {
       // NullPointerException oder MissingResourceException
       System.err.println (e);
    }
    return false;
  }

  // Aufbau der Verbindung zur Datenbank
  // Beachten Sie: Die Namen stehen in der Datei namens
  // ResourceName. z.B.: PizzaService.properties
  public boolean connect () {
    try {
      String username =
          rb.getString ("connections.jdbc.username");
      String password =
          rb.getString ("connections.jdbc.password");

      // Versuch: Laden des Treibers
      Class.forName(rb.getString ("connections.jdbc.driver"));

      // ggfs. Fehlerprotokoll einschalten
      // DriverManager.setLogStream(System.out);

      // Versuch: Aufbau der Verbindung zur Datenbank
      con = DriverManager.getConnection (
          rb.getString ("connections.jdbc.url"),
          username, password);
      return true;
    } catch (Exception e) {
       // SQLException, ClassNotFoundException
       System.err.println (e);
    }
    return false;
  }

  public boolean connect (String ResourceName) {
    init (ResourceName);
    return connect ();
  }

  public Connection getConnection () {
    return con;
  }
}
```

Hinweis: Beim Öffnen der Verbindung zur Datenbank muss das Passwort übergeben werden. Wenn sich dieses Passwort im Klartext im Programm oder in einer `.properties`-Datei befindet, kann es leicht ausgespäht werden. Als Alternative bleibt nur, das Passwort bei jedem Programmlauf einzulesen.

12.3.2 Vorbereitung: Datenbanken einrichten

Vor dem Zugriff auf Datenbanken müssen diese eingerichtet werden. Außerdem muss der Zugriff freigegeben werden. Diese Tätigkeiten hängen von der jeweiligen Datenbank ab. Für die Verwaltungstätigkeiten an einer Datenbank werden in der Regel die Rechte zur Administrierung benötigt.

Anbindung von Datenbanken über ODBC unter Windows

Die Anbindung von Datenbanken an Java via JDBC kann unter Windows über die sog. JDBC/ODBC-Brücke erfolgen. JDBC benutzt die ODBC-Schnittstelle, die über den Namen der ODBC-Datenquelle angesprochen wird.
Zur Vorbereitung muss man (bzw. der Systemverwalter) eine Datenbank unter Einstellungen/Systemsteuerung/Verwaltung/Datenquellen(ODBC) mit einem Namen `TestDB` als „System DSN“ eintragen. Für Access reicht die Auswahl einer Datenbank. Der Name `TestDB` dient dazu, um die Datenbank eindeutig anzusprechen.

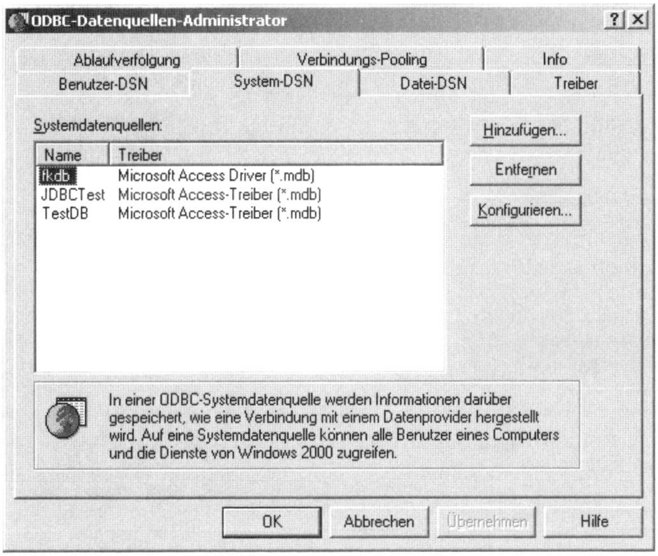

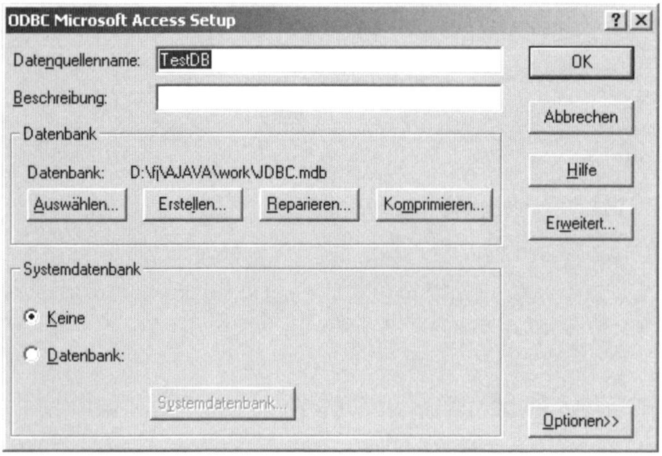

Dieser Name wird in JDBC als URL jdbc:odbc:**TestDB** angesprochen. Falls man für die Datei einen Benutzer sowie ein Passwort angibt, wird dieses natürlich auch zum Zugriff über JDBC benötigt.

```
String URL = "jdbc:odbc:TestDB";
Class.forName("sun.jdbc.odbc.JdbcOdbcDriver");
```

12.3.3 Zugriffe mit JDBC

Das Programm soll die Tabelle Kunden mit dem CREATE-Befehl von SQL erzeugen. Die erste Spalte beinhaltet den Namen des Kunden; sie wird deswegen als VARCHAR(50) angelegt. Die zweite Spalte gibt Auskunft über die als INTEGER definierte Kundennummer.

```
stmt. execute (
   "CREATE TABLE Kunden (Name VARCHAR (50), Nr INTEGER)");
```

Falls man die Tabelle erstellen kann, trägt man mit dem INSERT-Befehl einzelne Sätze ein. Für Literale in SQL ist unbedingt auf die Wahl des richtigen Hochkommas zu achten. In JDBC kann man die die execute() bzw. executeUpdate()-Methode benutzen.

```
stmt.executeUpdate (
  "INSERT INTO Kunden VALUES ('kaiser', 1001)");
```

Für Abfragen bietet sich die executeQuery "..." ()-Methode an, die einen sog. ResultSet zurückliefert. next() positioniert in dieser Ergebnismenge auf die jeweils nächste Zeile. get<Typ>()-Aufrufe beziehen sich dann auf die Spalten der so angewählten Zeile in der Ergebnistabelle.

Ändern von Inhalten

Zum Ändern von Daten in der Datenbank kann man den UPDATE-Befehl von SQL benutzen. Diesen Befehl führt man über JDBC via executeUpdate(...) aus.

```
stmt.executeUpdate (
     "UPDATE Kunden SET Name = 'baronesse' WHERE Nr = 1004");
```

Löschen von Tabellen

Eine eventuell bereits vorhandene Tabelle kann man mit dem SQL-Befehl DROP TABLE löschen. Falls die Tabelle nicht vorhanden ist, wird eine SQLException geworfen.

```
stmt.execute ("DROP TABLE Kunden");
```

Programm in Java

```
import java.sql.*;  // Alle JDBC-Klassen importieren

public class HelloDatenbank {
  // Connection und Statement für die Zugriffe
  // auf die Datenbank
  private Connection con = null;
  private Statement stmt = null;
  public void init (String ResourceName) {
    MyConnectDatabase mcd = new MyConnectDatabase ();
    if (mcd.connect (ResourceName))
      con = mcd.getConnection ();
    else
      System.exit (1);
    try {
      stmt = con.createStatement();
    } catch (Exception e) {
      System.err.println (e);
      System.exit (1);
    }
  }
  // Aufbau der Tabelle, falls noch nicht vorhanden
  public void createTable () throws SQLException {
    // SQL-Kommando zum Löschen der Tabelle
    try {
      stmt.execute ("DROP TABLE Kunden");
    } catch (Exception e) {}
    // SQL-Kommando zum Aufbau der Tabelle
    stmt.execute
           ("CREATE TABLE Kunden (Name VARCHAR (50), " +
            "Nr INTEGER)");
  }

  // Eintragen von Datensätzen in die Tabelle KUNDEN
  public void insertRecords () throws SQLException {
    stmt.executeUpdate
        ("INSERT INTO Kunden VALUES ('kaiser', 1001)");
    stmt.executeUpdate
        ("INSERT INTO Kunden VALUES ('koenig', 1002)");
    stmt.executeUpdate
        ("INSERT INTO Kunden VALUES ('herzog', 1003)");
    stmt.executeUpdate
        ("INSERT INTO Kunden VALUES ('baron',  1004)");
  }

  // Ändern von Daten in der Tabelle
  public void updateRecords () throws SQLException {
    stmt.executeUpdate (
      "UPDATE Kunden SET Name = 'baronesse' WHERE Nr = 1004");
  }

  public void executeQuery (String query) throws SQLException {
    System.out.println ("Ergebnis der Abfrage ");
    ResultSet rs = stmt.executeQuery (query);
    printRecords (rs);
  }

  // Anzeige von Datensätzen eines Resultset mit Name, Nr
  public void printRecords (ResultSet rs) throws SQLException {
```

```
      while (rs.next ()) {
        String Name = rs.getString ("Name");
        int    Nr   = rs.getInt ("Nr");
        System.out.println ("Name : " + Name + " Nr : " + Nr);
      }
    }

    public void demo () {
      try {
        createTable ();
        insertRecords ();
        updateRecords ();
        executeQuery ("SELECT * FROM Kunden");
        stmt.close ();
        con.close ();
      } catch (SQLException e) {
        System.err.println (e);
      }
    }

    public static void main(String[] args) {
      HelloDatenbank kdb = new HelloDatenbank ();
      kdb.init (args[0]);
      kdb.demo ();
    }
  }
```

Aufruf des Programms

Das Programm wird mit `java HelloDatenbank xyz` aufgerufen. Dabei bezeichnet `xyz.properties` eine Datei mit den auf Seite 480 genannten Definitionen.

Ausgabe des Programms

```
Ergebnis der Abfrage
Name : kaiser Nr : 1001
Name : koenig Nr : 1002
Name : herzog Nr : 1003
Name : baronesse Nr : 1004
```

12.3.4 Erweiterte Möglichkeiten mit JDBC

Wenn man ähnliche Aufträge an eine Datenbank mehrmals nacheinander absetzt, ist eine Implementierung mit `PreparedStatement` effizienter als mit `Statement`, wie z.B. beim Füllen einer Datenbank mit Werten.
Manche Datenbanken bieten die Speicherung von Prozeduren an. Wir entwickeln als Beispiel für eine sog. „Stored Procedure" eine Auswahlabfrage unter Access. Im Gegensatz zu den vorbereiteten Anweisungen sind „Stored Procedures" Teil der Datenbank.

PreparedStatement: Vorbereitete Anweisungen

Wenn ein und derselbe SQL-Befehl mehrmals aufgerufen wird, kann man in JDBC anstelle eines `Statement` ein `PreparedStatement` benutzen, sofern dies von der Datenbank unterstützt wird. Die Klasse `PreparedStatement` ist von `Statement` abgeleitet. Die parameterlose JDBC-Methode `executeUpdate()` der abgeleiteten Klasse `PreparedStatement` benutzt die bei der Neuanlage dieses „vorbereiteten Statements" übergebene SQL-Anweisung. Es müssen vor jedem Aufruf nur die Parameter neu gesetzt werden. Dies wird mit den `setXYZ()`-Methoden besorgt. Der erste Parameter gibt die fortlaufende Nummer des Parameters an. Dabei hat der erste Parameter die Nummer 1, der zweite die Nummer 2 usw.

```
PreparedStatement stmt = con.prepareStatement (
   "INSERT INTO Kunden VALUES (?, ?)");
stmt.setString (1, "kaiser"); stmt.setInt (2, 1001);
stmt.executeUpdate ();
stmt.setString (1, "koenig"); stmt.setInt (2, 1002);
stmt.executeUpdate ();
```

Stored Procedures: Aufruf von Abfragen

Abfragen und andere Aktionen auf der Datenbank können bei manchen Datenbanken in der Datenbank angelegt werden. Aus Java-Programmen kann man diese Routinen mit Hilfe der Schnittstelle `CallableStatement` aufrufen. Microsoft-Access bietet die sog. Auswahlabfragen:

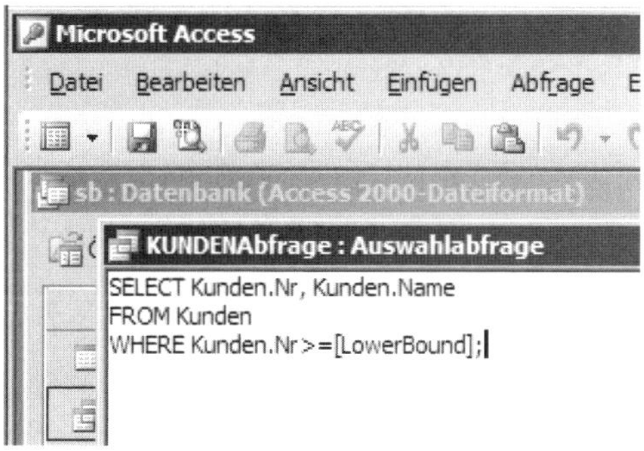

Die o. a. Auswahlabfrage `KUNDENAbfrage` muss als neue Abfrage angelegt werden. Dabei sollte man in der Entwurfsansicht die SQL-Darstellung zur Eingabe in Access wählen. Die Parameter müssen mit Hilfe der Schnittstelle `CallableStatement` definiert werden.

Zugriff aus Java-Programmen

Die Abfrage muss für alle Parameter ein `?` enthalten. Die Werte müssen dann entsprechend der Definition in der Datenbank vor dem Aufruf `executeQuery()` gesetzt werden.

```
CallableStatement stmt = con.prepareCall(
        "{call KUNDENAbfrage(?)}");
    stmt.setInt (1, ... irgendeine Zahl....);
    ResultSet rs = stmt.executeQuery ();
```

Programm in Java

Im Folgenden sind aus Platzgründen lediglich die Änderungen im Programm `KundenDatenbank` gegenüber dem Programm `HelloDatenbank` angegeben. Bei den Unterlagen zum Buch finden Sie die beiden vollständigen Programme.

```
// Eintragen von Datensätzen in die Tabelle KUNDEN
// hier: mit der Technik des prepared-Statements
public void insertPreparedRecords () throws SQLException {
  PreparedStatement stmt =
   con.prepareStatement ("INSERT INTO Kunden VALUES (?, ?)");
  stmt.setString (1, "kaiser"); stmt.setInt (2, 1001);
  stmt.executeUpdate ();
  stmt.setString (1, "koenig"); stmt.setInt (2, 1002);
  stmt.executeUpdate ();
```

```
    stmt.setString (1, "herzog"); stmt.setInt (2, 1003);
    stmt.executeUpdate ();
    stmt.setString (1, "baron");  stmt.setInt (2, 1004);
    stmt.executeUpdate ();
  }

  // Anzeige von Datensätzen über vorbereitete Abfrage
  public void executePreparedQuery (int lowerBound)
       throws SQLException {
    System.out.println ("Ergebnis der vorbereiteten Abfrage ");
    CallableStatement stmt =
        con.prepareCall("{call KUNDENAbfrage(?)}");
    stmt.setInt (1, lowerBound);
    ResultSet rs = stmt.executeQuery ();
    printRecords (rs);
  }

  // Die Aggregatfunktionen SUM, AVG und MAX
  // Anzahl der Datensätze und minimale Nummer
  public void AggregatFunktionen () throws SQLException{
    String query =
       "SELECT SUM(Nr), AVG(Nr), MAX(Nr) FROM Kunden";
    ResultSet rs = stmt.executeQuery(query);
    System.out.println(
       "Summe, Durchschnitt und Maximum der Kundennummern");
    while(rs.next())
      System.out.println(rs.getBigDecimal(1) + " "
       + rs.getBigDecimal(2) + " " + rs.getBigDecimal(3));

    // Anzahl Datensaetze und minimale Nummer
    query = "SELECT COUNT(*), MIN(Nr) FROM Kunden";
    rs = stmt.executeQuery (query);
    while(rs.next()){
      System.out.println ("Anzahl der Datensaetze: " +
         rs.getInt(1));
      System.out.println ("Minimale Nummer: " +  rs.getInt(2));
    }
  }

  public void demo () {
    try {
      createTable ();
      insertPreparedRecords ();
      //insertRecords ();
      updateRecords ();
      executeQuery ("SELECT * FROM Kunden");
      executePreparedQuery (1004);
      AggregatFunktionen ();
      con.close ();
    } catch (SQLException e) {
      System.err.println (e);
    }
  }

  public static void main(String[] args) {
    KundenDatenbank kdb = new KundenDatenbank ();
    kdb.init (args[0]);
    kdb.demo ();
  }
```

Aufruf des Programms

Das Programm wird mit `java KundenDatenbank xyz` aufgerufen. Dabei bezeichnet `xyz.properties` eine Datei mit den auf Seite 480 genannten Definitionen. Zum vollständigen Ablauf wird eine Datenbank wie Microsoft Access benötigt, die Stored Procedures unterstützt.

Ausgabe des Programms

```
Ergebnis der Abfrage
Name : kaiser Nr : 1001
Name : koenig Nr : 1002
Name : herzog Nr : 1003
Name : baronesse Nr : 1004
Ergebnis der vorbereiteten Abfrage
Name : baronesse Nr : 1004
Summe, Durchschnitt und Maximum der Kundennummern
4010.0 1002.5 1004
Anzahl der Datensaetze: 4
Minimale Nummer: 1001
```

Ergebnis: die Datenbank in Access

Das nächste Bild zeigt die Tabelle `Kunden` der Entwurfsansicht. Die Tabelle enthält die Spalten `Name` mit Typ Text und `Nr` mit Typ Zahl. Wenn die Spalte `Nr` als Primärschlüssel im Java-Programm gesetzt wird, wird dies von Access durch einen kleinen Schlüssel am linken Rand der Beschreibung der Spalte angezeigt.

Das nächste Bild zeigt die eingetragenen Datensätze. In der letzten Zeile wurde der Name per `UPDATE`-Befehl vom Java-Programm auf „baronesse" gesetzt.

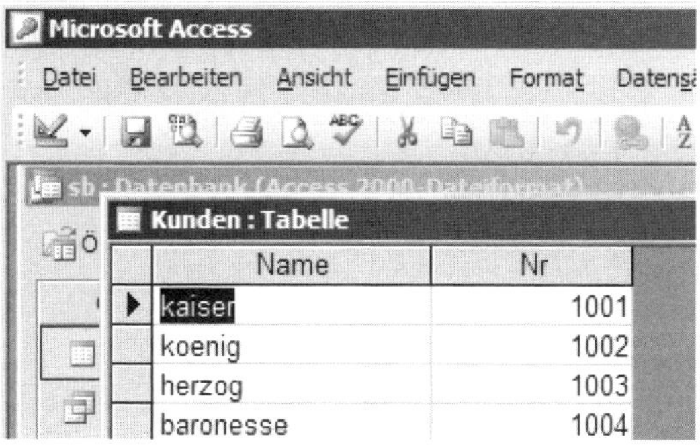

12.4 Datentypen in Java und SQL

Auf die Daten in den Spalten der Tabellen kann man wie im obigen Beispiel über fest einprogrammierte Typen zugreifen. Die folgende Tabelle stellt mögliche `(x)` und von Sun empfohlene `(X)` Zugriffe via `getXXX()` für die einzelnen SQL-Typen zusammen.

	TINYINT	SMALLINT	INTEGER	BIGINT	REAL	FLOAT	DOUBLE	DECIMAL	NUMERIC	BIT	CHAR	VARCHAR	LONGVARCR	BINARY	VARBINARY	LONGVARBINARY	DATE	TIME	TIMESTAMP
getByte (*)	X	x	x	x	x	x	x	x	x	x	x	x	x						
getShort (*)	x	X	x	x	x	x	x	x	x	x	x	x	x						
getInt (*)	x	x	X	x	x	x	x	x	x	x	x	x	x						
getLong (*)	x	x	x	X	x	x	x	x	x	x	x	x	x						
getFloat (*)	x	x	x	x	X	x	x	x	x	x	x	x	x						
getDouble (*)	x	x	x	x	x	X	X	x	x	x	x	x	x						
getBigDecimal	x	x	x	x	x	x	x	X	X	x	x	x	x						
getBoolean (*)	x	x	x	x	x	x	x	x	x	X	x	x	x						
getString	x	x	x	x	x	x	x	x	x	x	X	X	x	x	x	x	x	x	x
getBytes (*)														X	X	x			
getDate											x	x	x				X		x
getTime											x	x	x					X	x
getTimestamp											x	x	x				x		X
getAsciiStream											x	x	X	x	x	x			
getUnicodeStream											x	x	X	x	x	x			
getBinaryStream														x	x	X			
getObject	x	x	x	x	x	x	x	x	x	x	x	x	x	x	x	x	x	x	x

Die mit (*) gekennzeichneten Methoden liefern Java-Basistypen. Alle anderen Methoden liefern Instanzen von Klassen. `getObject()` liefert entsprechend dem SQL-Typ einer Spalte stets Unterklassen von Object.

JDBC Typ	Java: Ergebnistyp bei `getObject`
CHAR	`String`
VARCHAR	`String`
LONGVARCHAR	`String`
NUMERIC	`java.math.BigDecimal`
DECIMAL	`java.math.BigDecimal`
BIT	**`boolean`**
TINYINT	**`byte`**
SMALLINT	**`short`**
INTEGER	**`int`**
BIGINT	**`long`**
REAL	**`float`**
FLOAT	**`double`**

DOUBLE	**double**
BINARY	**byte**[]
VARBINARY	**byte**[]
LONGVARBINARY	**byte**[]
DATE	java.sql.Date
TIME	java.sql.Time
TIMESTAMP	java.sql.Timestamp

12.5 Metadaten

Unter Metadaten versteht man „Daten über Daten“, d.h. Beschreibungssätze über Daten in der Datenbank. JDBC erlaubt die dynamische Abfrage von Informationen über die Ergebnismenge `ResultSet`. Die Klasse `ResultSetMetaData` liefert die Beschreibung der Ergebnismenge.

12.5.1 Metadaten und die Auskunft über die Datenbank

Mit dem Aufruf

```
DatabaseMetaData dbMetaData = con.getMetaData();
```

verschafft man sich die Metadaten der Datenbank. Damit kann man Abfragen nach dem Stand der Implementierung der jeweiligen Datenbank stellen. Das folgende Programm zeigt die Anwendung.

```
import java.sql.*;
import java.text.*;

class DBAuskunft {
  // Connection und Statement für die Zugriffe
  // auf die Datenbank
  private Connection con = null;
  private Statement stmt = null;

  public void init (String ResourceName) {
    MyConnectDatabase mcd = new MyConnectDatabase ();
    if (mcd.connect (ResourceName))
      con = mcd.getConnection ();
    else
      System.exit (1);
  }

  public void demo () {
    try{
      ResultSet rs;
      stmt = con.createStatement();

      //Create DatabaseMetaData object
      DatabaseMetaData dbMetaData = con.getMetaData();

      //Get information about the database
      System.out.println(
         "Unterstuetzung fuer ANSI92EntryLevelSQ: " +
         dbMetaData.supportsANSI92EntryLevelSQL());
      System.out.println(
```

```
            "Unterstuetzung fuer ANSI92IntermediateSQL: " +
            dbMetaData.supportsANSI92IntermediateSQL());
         System.out.println(
            "Unterstuetzung fuer ANSI92FullSQL: " +
            dbMetaData.supportsANSI92FullSQL());
         System.out.println(
            "Unterstuetzung fuer StoredProcedures: "+
            dbMetaData.supportsStoredProcedures());
         System.out.println(
            "Quote string: "
            + dbMetaData.getIdentifierQuoteString());

         //Alle Datentypen in der DB
         System.out.println("Datentypen");
         rs = dbMetaData.getTypeInfo();
         while (rs.next())
           System.out.print(rs.getString("TYPE_NAME") + " ");
         System.out.println();

         //Alle Tabellen in der DB
         String[] tables ={"TABLE"};
         rs = dbMetaData.getTables(null,null,"%",tables);
         System.out.println("Tabellen in der DB");

         while(rs.next())
           System.out.print(rs.getString("TABLE_NAME") + " ");
         System.out.println();

         stmt.close();
         con.close ();
       } catch (Exception e) {
         e.printStackTrace();
       }
     }

     public static void main (String args[]) {
       if (args.length == 0) {
         System.err.println (
           "Aufruf java DBAuskunft Datenbankname");
         System.exit (1);
       } else {
         DBAuskunft dba = new DBAuskunft ();
         dba.init (args[0]);
         dba.demo ();
       }
     }
   }
```

12.5.2 Anwendung

Metadaten liefern Informationen über Datenbanken. Sie können als Ausgangspunkt für die dynamische Programmierung dienen: Ein Programm ermittelt zunächst die Eigenschaften der Daten. Dann werden Routinen zur Konvertierung der Daten in Abhängigkeit von ihren Typen benutzt. Damit lassen sich generische Programme zur Anzeige bzw. zur Änderung der Daten der Tabellen angeben. Der Vorteil dieser sich selbst an die Datenbank anpassenden Programme liegt eben darin, dass sie nicht bei allen Änderungen der Datenbank angepasst werden müssen.

Der Leser sei auf die Beispiele bei den Swing-Klassen des JDK im Unterverzeichnis `../Ihre-Java-Installation/demo/jfc/TableExample/src` verwiesen. Dort findet man das Programm `JDBCAdapter.java`. Dieser Adapter passt jeden `ResultSet` einer Abfrage an die Swing-Tabellen an. Dazu implementiert dieses Programm das `TableModel`-Interface, indem es die abstrakte Klasse `AbstractTableModel` erweitert.

```
public interface TableModel {
        public void addTableModelListener(TableModelListener l);
        public removeTableModelListener(TableModelListener l);
        public Class getColumnClass(int colIndex);
        public int getColumnCount();
        public String getColumnName();
        public int getRowCount();
        public Object getValueAt(int row, int col);
        public setValueAt(int row, int col);
        public boolean isCellEditable(int row, int col);
}
```

Bei der Implementierung der Methoden `getValueAt()`, `getColumnClass()`, `setValueAt()`, `isCellEditable()`, `getColumnName()`,sowie `getColumnCount()` werden die Metadaten direkt oder indirekt benutzt.

Anzeige eines ResultSet als Swing-Tabelle

```
import java.sql.*;  // Alle JDBC-Klassen importieren
import java.util.*; // Für ResourceBundle
import java.awt.*;
import java.awt.event.*;
import javax.swing.*;
import javax.swing.table.*;


public class GenericTable extends JFrame {
  public GenericTable (String ResourceName, String query) {
    setDefaultCloseOperation (EXIT_ON_CLOSE);
    setSize (600, 200);

    ResourceBundle rb =
       ResourceBundle.getBundle (ResourceName);

    JDBCAdapter dataModel = new JDBCAdapter (
       rb.getString ("connections.jdbc.url"),
       rb.getString ("connections.jdbc.driver"),
       rb.getString ("connections.jdbc.username"),
       rb.getString ("connections.jdbc.password")
      );

    dataModel.executeQuery (query);

    JTable table = new JTable(dataModel);
    JScrollPane scrollpane = new JScrollPane(table);

    JPanel mainPanel = createTitledPanel (ResourceName);
    mainPanel.add (scrollpane, BorderLayout.CENTER);

    getContentPane().add(mainPanel);

    setVisible (true);
  }

  // Erstellt ein Panel mit Rahmen
  public static JPanel createTitledPanel(String title) {
    JPanel p = new JPanel();
```

```
      p.setBorder(
        BorderFactory.createTitledBorder(
        BorderFactory.createEtchedBorder(), title));
      p.setLayout(new BorderLayout());
      return p;
    }

    public static void main(String[] args) {
      GenericTable ps = new GenericTable (args[0], args[1]);
    }
  }
```

Aufruf des Programms

```
java GenericTable name-der-properties "abfrage"
```

Ergebnis: Anzeige des Swing-Programms

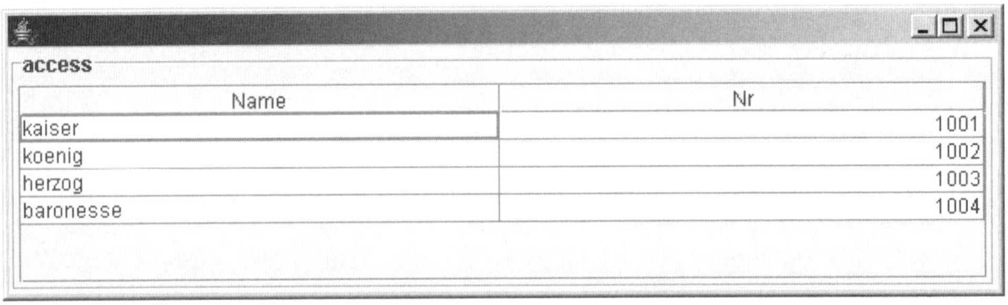

Name	Nr
kaiser	1001
koenig	1002
herzog	1003
baronesse	1004

12.6 Generieren von Datenbankanbindungen

Jede konkrete Datenbankanwendung greift auf die spezifischen Tabellen und ihre Formate zu. Damit scheidet ein rein generischer Ansatz aus, der für Programme zum Browsen in Datenbanken zum Erfolg führt.
Zahlreiche kommerzielle Entwicklungssysteme bieten unter dem Schlagwort „datenbankzentrierter Ansatz" eine JDBC-Unterstützung. Aus den Metadaten aus der Datenbank kann man Klassen zum Zugriff auf die Datenbank, zur Konvertierung der Daten zwischen den SQL-Typen der Datenbank und den entsprechenden Java-Typen generieren.
Als Beispiel für die Möglichkeiten dieser „Reflexion einer Datenbank" dient das Programm `MetaData`. Es liest alle Tabellen `CTable` einer Datenbank ein. Für jede Tabelle ermittelt es alle Spalten `CCol` mit ihren Typen. Damit hat das Programm `MetaData` alle Daten ermittelt, die man für eine Generierung von Programmcode für Datenbankzugriffe benötigt.

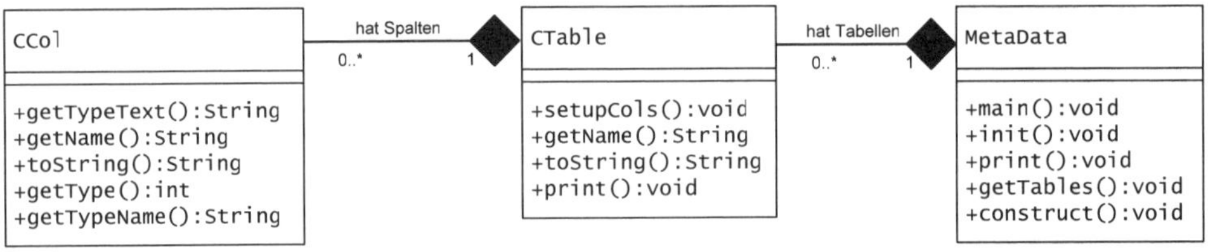

Java-Programm

```
import java.sql.*;
import java.util.*;
```

```java
// Beschreibung einer Spalte einer Tabelle einer Datenbank
// Eine Spalte hat einen Typ und einen Namen
class CCol {
  private int    type; // Typ der Spalte in JDBC
  private String name; // Name der Spalte in JDBC
  private String typename; // Typname

  public CCol (String name, int type, String typename) {
    this.name = name;
    this.type = type;
    this.typename = typename;
  }

  public String getName () { return name; }
  public int getType () { return type; }
  public String getTypeName () { return typename; }

  public String toString () {
    return "name " + name + " type " + type + " " +
           getTypeText (type);
  }
  // Convert type (int) to String
  public static String getTypeText (int type) {
    switch (type) {
      case java.sql.Types.BIT:           return "BIT";
      case java.sql.Types.TINYINT:       return "TINYINT";
      case java.sql.Types.SMALLINT:      return "SMALLINT";
      case java.sql.Types.INTEGER:       return "INTEGER";
      case java.sql.Types.BIGINT:        return "BIGINT";
      case java.sql.Types.FLOAT:         return "FLOAT";
      case java.sql.Types.REAL:          return "REAL";
      case java.sql.Types.DOUBLE:        return "DOUBLE";
      case java.sql.Types.NUMERIC:       return "NUMERIC";
      case java.sql.Types.DECIMAL:       return "DECIMAL";
      case java.sql.Types.CHAR:          return "CHAR";
      case java.sql.Types.VARCHAR:       return "VARCHAR";
      case java.sql.Types.LONGVARCHAR:   return "LONGVARCHAR";
      case java.sql.Types.DATE:          return "DATE";
      case java.sql.Types.TIME:          return "TIME";
      case java.sql.Types.TIMESTAMP:     return "TIMESTAMP";
      case java.sql.Types.BINARY:        return "BINARY";
      case java.sql.Types.VARBINARY:     return "VARBINARY";
      case java.sql.Types.LONGVARBINARY: return "LONGVARBINARY";
      case java.sql.Types.NULL:          return "NULL";
      default:  return "OTHER";
    }
  }
}

// Beschreibung einer Tabelle.
// Eine Tabelle hat einen Namen sowie Spalten
class CTable {
  private String name;
  private List<CCol> cols;

  public CTable (String name, DatabaseMetaData dma) {
    this.name = name;
    setupCols (dma);
  }

  public CTable (String name) {
```

```
    this.name = name;
  }

  public String getName () {
    return name;
  }

  public String toString () {
    StringBuffer sb = new StringBuffer (name + "|");
    if (cols != null) {
      for (CCol col : cols)
        sb.append("\n   " + col);
    }
    return sb.toString();
  }

  // Aufbau der Beschreibung der Spalten
  public void setupCols (DatabaseMetaData dma)  {
    try {
      // Metadaten über die Spaltenbeschreibung lesen
      ResultSet rs = dma.getColumns (null, null, name, null);
      boolean more = rs.next ();
      cols = new ArrayList<CCol> ();

      // Der Reihe nach die Spaltenbeschreibungen auslesen
      while (more) {
        String name = rs.getString ("COLUMN_NAME");
        int type = rs.getInt ("DATA_TYPE");
        String typename = rs.getString ("TYPE_NAME");

        // Neue Spalte gefunden. Zu Spalten hinzufügen
        CCol col = new CCol (name, type, typename);
        cols.add(col);
        more = rs.next ();
      }

       rs.close ();
    } catch (java.sql.SQLException ex) {
      System.out.println (ex);
    }
  }

  // Print : If in doubt, print it out
  public void print () {
    System.out.println ("TABLE " + name );
    for (CCol col: cols)
      System.out.println ("   " + col);
    System.out.println ();
  }
}

public class MetaData {
  // Connection und Statement für die Zugriffe
  // auf die Datenbank
  private Connection con = null;
  private Statement stmt = null;

  // Verbindung zur Datenbank aufnehmen
  public void init (String ResourceName) {
    MyConnectDatabase mcd = new MyConnectDatabase ();
    if (mcd.connect (ResourceName))
      con = mcd.getConnection ();
```

```
      else
        System.exit (1);
    }

    // Einlesen aller Tabellen der Datenbank
    public void getTables (DatabaseMetaData dma)
           throws SQLException {
      List<CTable> tables = new ArrayList<CTable> ();

      ResultSet rs = dma.getTables (null, null, null, null);
      boolean more = rs.next ();
      try {
        while (more) {
          String name = rs.getString ("TABLE_NAME");
          String type = rs.getString ("TABLE_TYPE");
          if (type.equals ("TABLE")) // Eventuell um Views ergänzen
            tables.add (new CTable (name));
          more = rs.next ();
        }
      } catch (Exception e) {
        System.out.println ("\n Error " + e);
      }
      rs.close ();

       // Für jede Tabelle: Spalten bearbeiten
      for (CTable table: tables)
        table.setupCols (dma);
      for (CTable table: tables)
        table.print ();
    }

    // Print zum Test
    public void print () {
      System.out.println (toString ());
      System.out.println ();
    }

    // Konstruiere die Objektorientierte Darstellung
    // der Datenbank : (vereinfacht)
    // Eine Datenbank besteht als Tabellen.
    // Jede Tabelle hat einen Namen und Spalten.
    // Jede Spalte hat einen Namen sowie einen Typ.
    public void construct (String name) {
      init (name);
      try {
        DatabaseMetaData dma = con.getMetaData ();
        getTables (dma);
        con.close();
      } catch (Exception e) {
        System.err.println (e);
      }
    }

    public static void main(String[] args) {
      MetaData metadb = new MetaData ();
      if (args.length == 0) {
        System.err.println ("Aufruf java MetaData Property-File");
        System.exit (1);
      } else
        metadb.construct (args[0]);
    }
}
```

Ergebnis (für die Kundendatenbank)

```
TABLE Kunden
  name Name type 12 VARCHAR
  name Nr type 4 INTEGER
```

Das Programm jdbcGen

Auf der CD sowie auf der Homepage des Autors finden Sie den einfachen Generator `jdbcGen` für eine solche Datenbankanbindung. Dieser in Java geschriebene Generator liefert für eine Datenbank bei Aufruf für alle Tabellen der Datenbank eine entsprechende Java-Klasse zur Kapselung. Ferner generiert `jdbcGen` ein GUI-Modul zum Browsen der einzelnen Tabellen. Da die generierten Programme die Daten aus der konkreten Datenbank abbilden, lassen sich die Programmteile zur Lösung spezifischer Probleme der Anwendung einfügen.
Das folgende Beispiel wurde mit dem von `jdbcGen` erzeugten Code erstellt. Im oberen Teil befindet sich eine Listbox zur Auswahl einer der Tabellen der Datenbank. Im unteren Teil kann in der Datenbank vorwärts navigiert werden. Über *`startBrowser`* wird die Verbindung zur Datenbank aufgenommen, > navigiert zum nächsten Satz und *`close`* beendet den Durchlauf.

Anzeige der Kundendatenbank

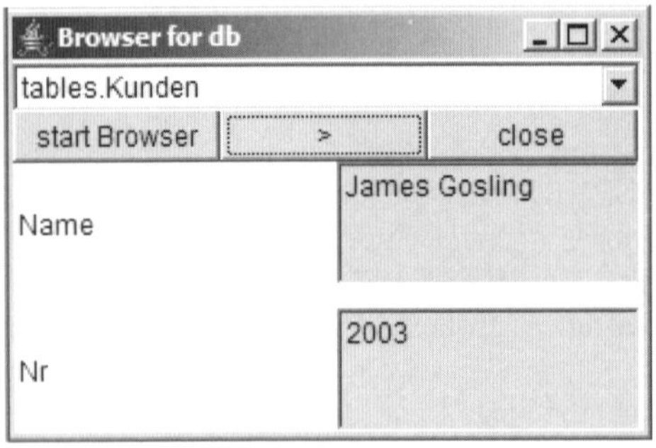

Zusammenfassung

Mit JDBC ist ein Zugriff auf Datenbanken aus dem Java-System heraus möglich. Im Java-Programm werden hierzu SQL-Anweisungen eingefügt. Die Ergebnisse können in Form eines `ResultSet` bearbeitet werden. Dieser besteht aus Zeilen. Zwischen den Zeilen kann ab JDK 1.2 in Java 2 mit einem Cursor navigiert werden. Die Zeilen sind aus einzelnen Spalten für die Daten aufgebaut. Der Typ der Spalten kann dynamisch abgefragt und an das Programm gebunden werden.

13 Java-Beans

Das Prinzip der Entwicklung komplexer Systeme aus einzelnen, eventuell vorgefertigten Bausteinen durchzieht die Ingenieurswissenschaften wie ein roter Faden. So ist es selbstverständlich, dass ein Computer aus verschiedenen Bauteilen aufgebaut ist. Jedes einzelne Teil spezifiziert eine Schnittstelle. Beim Zusammenwirken mit anderen Teilen benutzt es nur die Kenntnis der Schnittstelle der anderen Teile, nicht die Kenntnis von deren Implementierung. Es ist auf dem freien Markt der Hardware-Komponenten schwer vorstellbar, dass eine Festplatte oder eine Netzwerkkarte auf dem Wissen über die Interna einer speziellen Grafikkarte aufbaut.

Die Vorteile dieses Prinzips sind natürlich auch in der Informatik bekannt. Bibliotheken werden auf der Ebene von Quellprogrammen ebenso wie auf der binären Ebene seit langer Zeit eingesetzt. Die Objektorientierung hat der Wiederverwendung von Software in angepasster Form neue Impulse gegeben (vgl. Kapitel 3).

Mit den Visual-Basic-Controls hat Microsoft die Technologie der Wiederverwendung von Software auf eine qualitativ neue Ebene gehoben. Ein VB-Control wird in binärer Form für die Wintel-Plattform als dynamische Bindebibliothek DLL zur Verfügung gestellt. Das VB-Control unterscheidet strikt zwischen seiner Implementierung auf der einen Seite und der Schnittstelle nach den Vorschriften von Microsoft auf der anderen Seite. Das VB-Control stellt Eigenschaften wie etwa eine Hintergrundfarbe einer Schaltfläche zur Verfügung, die vom Anwender zum Teil permanent geändert werden können. Ferner gibt es Methoden zur Aktivierung des Controls, welches sich durch das Auslösen von Ereignissen („firing of events“) bei der benutzenden Software melden kann. VB-Controls mussten auch Schnittstellen anbieten, die von GUI-Buildern wie etwa VB selbst zur „visuellen Montage“ von Software aus Teilen benutzt werden konnten. Dieses Prinzip wurde von Microsoft mit den unter den Stichworten OLE, OLE2, COM, DCOM, ActiveX und COM+ bekannten Technologien ausgebaut und stellt das Fundament für einen großen Markt für an die Wintel-Plattform gebundene Software dar.

Java benutzt als plattformübergreifende Sprache die sog. Beans zur Spezifizierung von Eigenschaften für Programme, die eine Wiederverwendung als Komponenten und eine Integration in „Visual Builder“ ermöglichen. Solche Beans sind leicht zu erstellen und (natürlich) nicht an eine spezielle Plattform gebunden. Dies soll die Entwicklung von sog. „Enterprise-Beans“ ermöglichen, die nach dem Java-Motto *„write once, run everywhere“* helfen sollen, die Kosten für die Entwicklung von Software in heterogenen Umgebungen zu reduzieren. Beans können als Komponenten in GUI-Umgebungen auftreten, es sind aber auch Komponenten ohne graphische Benutzeroberflächen denkbar. Beans können Eigenschaften abspeichern. Diese Eigenschaften können in „Visual Buildern“ gesetzt bzw. verändert werden, die Beans lassen sich visuell in Programme einmontieren: visuelle statt textuelle Programmierung.

Sun hat also mit den Beans einen offenen Standard für das „Software-Plug-and-Play“ geschaffen. In diesem Kapitel wollen wir das technische Fundament dieser Technik erläutern. Dazu behandeln wir ein Beispiel und Werkzeuge zur Erstellung eigener Beans.

13.1 Anforderungen an Komponenten

Welche Anforderungen stellen sich an „ein Stück Software“, das ohne Kenntnis seiner Interna in andere Programme eingefügt werden kann? Natürlich müssen Instanzen dieser

Klasse angelegt werden können. Wie Abschnitt 3.10 gezeigt hat, erfüllt jede Klasse mit einem `public`-deklarierten parameterlosen Konstruktor diese Anforderung: Exemplare dieser Klasse können dynamisch angelegt werden, wenn man nur den Namen der Klasse kennt. Ein Java-Bean in seiner einfachsten Form kann also wie folgt aussehen:

```
public class BeanNo1{
  public BeanNo1 () {}
}
```

Software-Komponenten können an den jeweiligen Einsatzfall angepasst werden (denken Sie etwa an den Fall eines bestimmten Hintergrundes für ein Bedienelement einer graphischen Benutzeroberfläche). Dies muss *ohne* Kompilieren der jeweiligen Klasse möglich sein, ansonsten müsste der Quellcode der Software ausgeliefert werden. Die Änderung der Eigenschaften (Properties) muss natürlich permanent sein. Das folgende Bild zeigt JBuilder und die Möglichkeiten zur Bearbeitung der Eigenschaften eines Buttons.

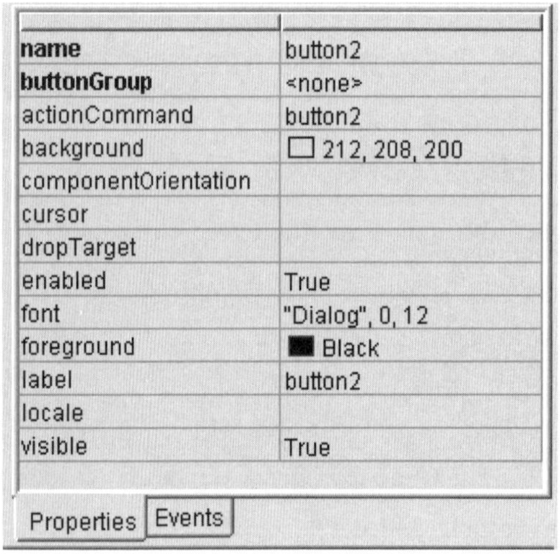

Begriff der Eigenschaften für Komponenten in Java

Die Persistenz der Änderungen erreicht man über die Serialisierbarkeit in Java. Nicht jedes Attribut einer Klasse kann eine Eigenschaft einer Komponente sein, sonst würde man wieder Zugriffe auf Implementierungsdetails erlauben. In Java kann man Eigenschaften von Beans auf zwei Arten definieren:

- implizit: ein Paar von Routinen `get`*`Eigenschaft`*`()` und `set`*`Eigenschaft`*`(...)` Dies definiert die Property `eigenschaft`.
- explizit: durch Implementierung der `BeanInfo`-Schnittstelle

Mit dieser Möglichkeit zur sog. Introspektion erlaubt man einem Visual-Builder nicht nur die Analyse einer Komponente, sondern schafft auch die Basis für einen Aufruf der Routinen zum Zugriff auf die Eigenschaften durch eben diesen Builder. Zusammen mit der Persistenz von Objekten ergibt sich eine elegante, portable Implementierung des Komponentenbegriffs.

Zusammenfassung: Eigenschaften einer Komponente

In diesem Sinne ist ein Java-Bean `xyz` eine spezielle Java-Klasse `xyz.java`:

- **public** -Konstruktor xyz () ohne Parameter
- serialisierbar in eine bestimmte Datei, z.B. xyz.ser.
- Eigenschaften sind für Analyse-Tools (z.B. Visual Builder) erkennbar

Zur Erzeugung eines Objekts der Klasse xyz wird in Java die Klasse xyz.class sowie ggfs. xyz.ser benutzt. Falls Daten dieses Namens vorhanden sind, werden die nicht mit **transient** markierten Attribute daraus serialisiert. Vgl. Abschnitt 3.10.

Zu den Beispielen

Das Arbeitsverzeichnis werde mit xyz bezeichnet. Dann gibt es die folgenden Unterverzeichnisse.

```
+---beantools   SerializeTool, BeanTool  → 13.4
+---tb1         Einstieg:  Zaehler-Bean  → 13.2
+---tb2         Erweitert: Zaehler-Bean  → 13.3.3
\---tmp         Vom bdk generierter Code → 13.2.3
    \---sunw
        \---beanbox
```

13.2 Beispiel: ein Bean mit Eigenschaften

Zum Einstieg soll ein Zähler Zaehler als Bean realisiert werden. Der Zähler soll als implizite Eigenschaft seinen Zählerstand als ganze Zahl haben. Er hat Methoden zum Schalten um feste und variable Werte.
Da man für ein Bean eine Datei mit einer Serialisierung des Beans benötigt, werden zwei kleine Werkzeuge entwickelt: SerializeTool.java und BeanTool.java. Das erste Programm dient zur Serialisierung und Deserialisierung von Objekten serialisierbarer Klassen, das zweite Werkzeug erlaubt darüber hinaus das Setzen von Eigenschaften für elementare Typen wie **int**, **double** und String. Nach einer Deserialisierung ist ein Objekt mit seinen Attributen (außer transient) wiederhergestellt. Mit der toString()-Methode der Klasse kann man dann die Werte des Objekts ausgeben. Abschnitt 13.4 stellt die hier benutzten Tools vor.
Das Bean kann dann zusammen mit seiner Serialisierung in ein .jar-Archiv verpackt werden. Damit steht das Bean für visuelle Builder zur Verfügung. Mit der sog. BeanBox von Sun aus dem Bean-Development-Kit bdk, einem rudimentären visuellen Builder Tool, werden elementare Eigenschaften von Beans demonstriert. Die so erstellte Software-Komponente Zaehler wird im JBuilder von Inprise[11] benutzt.

Aufbau des Beispiels

Das Bean wird in einzelnen Stufen entwickelt. Am Anfang steht das elementare Bean. Es hat nur eine Eigenschaft, die implizit über get/set-Methoden implementiert wird. Mit diesem Bean werden die grundlegenden Prinzipien eingeführt.
Darauf setzen die Erweiterungen auf. In Abschnitt 13.3.1 werden die Eigenschaften des Zählers explizit gesetzt. In Abschnitt 13.3.3 wird der Zähler um Ereignisse erweitert, die bei Unterlauf oder Überlauf bestimmter Schranken auftreten können.
Der Quellcode des Beispiels im folgenden Abschnitt wird im Buchtext jeweils ergänzt. Bei den Unterlagen im Internet finden Sie die einzelnen Stufen komplett ausgearbeitet.

---

[11] vormals Borland

13.2.1 Beispiel : ein Zähler

Diese Klasse ist serialisierbar

```
package tb1;

// Zaehler : Zählt rauf oder runter
public class Zaehler implements java.io.Serializable {
  // Die obere bzw. untere Schranke wird bei der Erweiterung
  // des Beispiels in 13.3.3 benutzt werden.
  private static final int UPPERLIMIT = 1000;
  private static final int LOWERLIMIT =    0;

  public Zaehler () {}

  // getWert und setWert definiert die Eigenschaft wert
  // wert ist dabei kleingeschrieben.
  private int x = 500;
  public int getWert () {
    return x;
  }

  public void setWert (int x) {
    this.x = x;
  }

  // Schalten des Zählers um inc, Rauf oder Runter
  public void schalte (int inc) {
    x += inc;
  }

  public void schalteRauf () {
    schalte (100);
  }

  public void schalteRunter () {
    schalte (-100);
  }

  // Zu Testzwecken: Selbstdarstellung
  public String toString () {
    return "x = " + x;
  }
}
```

get und set definieren die Eigenschaft wert

Diese Klasse hat einen **public**-Konstruktor ohne Parameter, ist serialisierbar und hat die Eigenschaft `wert`. Damit ist ein elementares Bean im Package `tb1` definiert.

13.2.2 Aufbau eines Archivs für das Bean

Die Serialisierung des Bean kann mit dem Werkzeug `SerializeTool.java` aus Abschnitt 13.4 besorgt werden. Dies liefert die Klasse `tb1/Zaehler.ser`:

```
java beantools.SerializeTool tb1.Zaehler store
```

Ein Java-Bean besteht nicht nur aus der bzw. den zugehörigen Klassen, sondern auch aus der Serialisierung, d.h. aus verschiedenen Dateien. Es bietet sich an, diese Dateien in ein Java-Archiv zu verpacken. Das Java-Tool `jar` besorgt dies.

```
jar cfm zaehler1.jar manifest.tmp tb1
```

Die Datei `manifest.tmp` hat folgenden Inhalt:

```
Name: tbl/Zaehler.class
Java-Bean: True

Name: tbl/Zaehler.ser
Java-Bean: True
```

13.2.3 Das Bean in der BeanBox von Java

Zu Testzwecken bietet Java im Bean Development Kit (bdk) die sog. BeanBox an. Die BeanBox modelliert kommerzielle Builder-Tools. Damit können die speziellen Merkmale eines Beans getestet werden. Die BeanBox kann wie ein Builder dynamisch die Eigenschaften der Komponenten anzeigen, modifizieren und abspeichern. Ein Builder könnte dann auch die Benutzung der Methoden und Attribute der durch das Bean definierten Klasse unterstützen. Für Beans, die Ereignisse erzeugen (firing Events, vgl.13.3.3), kann die BeanBox wie ein Builder Code zur Anbindung solcher Ereignisse generieren.

Vorbereitungen

Das bdk muss installiert werden, z.B. im Verzeichnis `BeanBox`. Danach müssen die Einträge für die BeanBox in den Klassenpfad aufgenommen werden (Windows):

```
BeanBox\classes;BeanBox\infobus.jar
```

Das Arbeitsverzeichnis werde mit xyz bezeichnet. Das Bean ist dann im Unterverzeichnis `tbl`. Dann sollte man auf der gleichen Ebene wie das Arbeitsverzeichnis `xyz` ein Verzeichnis `jars` einrichten. Dorthin sollte man die Datei `zaehler1.jar` kopieren. Außerdem sollte man die `jar`-Files mit einigen nützlichen Beans wie `buttons.jar`, `juggler.jar` aus dem bdk in dieses Verzeichnis kopieren. Dann startet man die BeanBox mit dem Aufruf

```
java sun.beanbox.BeanBoxFrame
```

Das folgende Bild zeigt den Zustand der BeanBox, wenn das Zähler-Bean angeklickt und in die BeanBox verbaut wurde. Der Properties-Editor erlaubt es, den Wert 500 der Zähler-Property **`wert`** zu editieren.

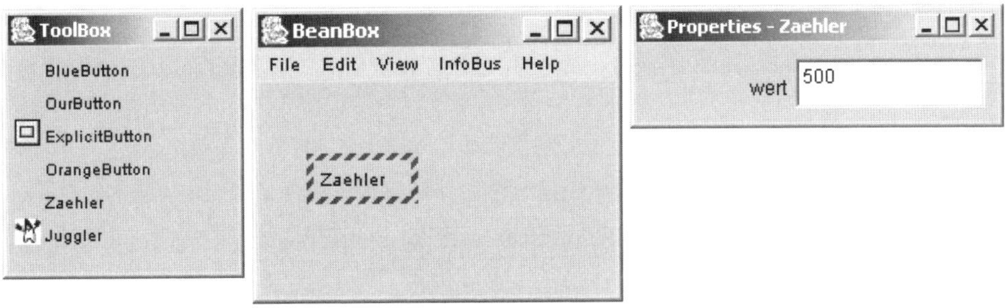

Visuelle Programmierung von Beans

Das Beispiel zeigt, wie das Drücken eines Schalters den Wert des Zählers verändert. Hierzu kann man einen Schalter in die BeanBox ziehen, z.B. den sog. `OrangeButton` aus dem `bdk` im Package `buttons.jar`.

Dann wählt man die Quelle des Ereignisses an, in unserem Fall den `OrangeButton`. Danach wählt man unter `Events` das gewünschte Event `actionPerformed` wie folgt aus:

Mit der Maus zieht man die Verbindung zur Senke der Information, dem Zähler. Dann wählt man eine der angezeigten Methoden aus, im Beispiel `schalteRauf()`.

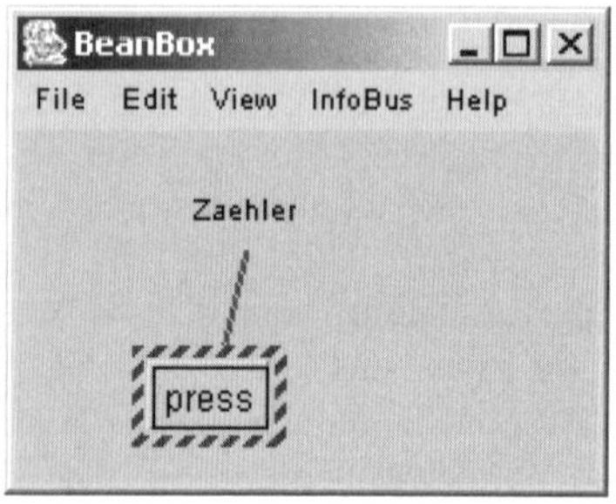

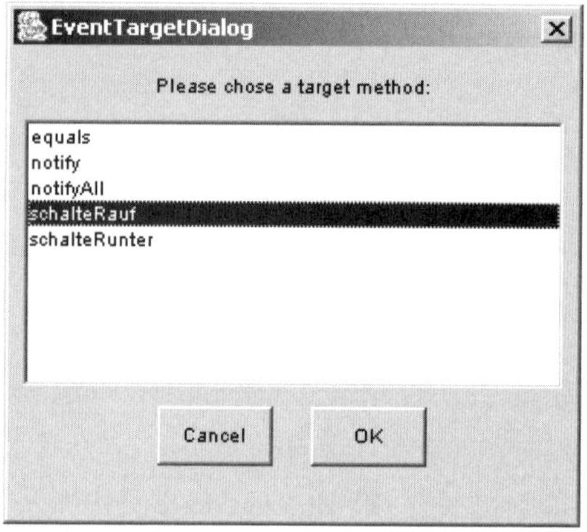

Wenn man jetzt den Schalter mit der Aufschrift „press" drückt, ändert sich der Wert des Zählers, wie im folgenden Bild gezeigt.

Wie entstand die Verbindung der Beans?

Aufgrund der Informationen in der Zähler-Bean war die BeanBox in der Lage, automatisch den folgenden Code zu generieren. Der dort angegebene `ActionListener` wird als Eigenschaft des Buttons gesetzt.

```
// Automatically generated event hookup file.
package tmp.sunw.beanbox;
import tb1.Zaehler;
import java.awt.event.ActionListener;
import java.awt.event.ActionEvent;

public class ___Hookup_17da65338e implements
    java.awt.event.ActionListener, java.io.Serializable {
  public void setTarget(tb1.Zaehler t) {
    target = t;
```

```
    }
    public void actionPerformed(java.awt.event.ActionEvent arg0){
      target.schalteRauf();
    }
    private tb1.Zaehler target;
  }
```

13.3 Erweiterte Möglichkeiten

13.3.1 Explizite Beschreibung: BeanInfo-Schnittstelle

Das Beispiel aus dem vorigen Abschnitt benutzte die Benennung von Methoden als `getWert()/setWert(...)`-„Paar", um hiermit implizit die Eigenschaft `wert` zu definieren. Wenn diese Möglichkeiten nicht ausreichen, kann man die Eigenschaften auch explizit definieren. Hierzu wird man eine Klasse schreiben, die die `BeanInfo`-Schnittstelle aus dem Package `java.beans` implementiert. Komfortabler ist es, diese Klasse gleich von `SimpleBeanInfo` abzuleiten. Wenn zu einer Bean `xyz` eine Klasse `xyzBeanInfo` mit o.a. Eigenschaft geschrieben wird, können Builder die Eigenschaften der Bean abfragen und sogar manipulieren. Die wichtigsten Methoden der Schnittstelle `BeanInfo` sind nachstehend angegeben.

```
PropertyDescriptor[] getPropertyDescriptors();
MethodDescriptor[]   getMethodDescriptors();
EventSetDescriptor[] getEventSetDescriptors();
Image getIcon(int iconKind);
```

Die `BeanInfo`-Schnittstelle gibt nicht nur über Eigenschaften Auskunft, sondern auch über Methoden und Ereignisse. Im Vergleich dazu ist der Zugriff über das `reflect`-Package (vgl. Abschnitt 4.1.3) eher einer niedrigeren Ebene zuzuordnen, denn die `BeanInfo`-Schnittstelle erlaubt die Trennung von Bezeichnungen und Verhalten in der Klasse von der externen Darstellung, wie sie für Builder zur Verfügung steht. Wie Beans Ereignisse auslösen können, wird im nächsten Abschnitt behandelt. Außerdem können Icons in verschiedenen Formaten geliefert werden.

```
package tb2;
import java.beans.*;

public class ZaehlerBeanInfo extends SimpleBeanInfo {

  public PropertyDescriptor[] getPropertyDescriptors() {
    try {
      PropertyDescriptor wert
        = new PropertyDescriptor("wert", beanClass);
      wert.setBound(true);
      PropertyDescriptor rv[] = { wert };
      return rv;
    } catch (IntrospectionException e) {
      throw new Error(e.toString());
    }
  }

  public int getDefaultPropertyIndex() {
    // Index der Default-Eigenschaft
    return 0;
  }
```

```
public EventSetDescriptor[] getEventSetDescriptors() {
  try {
    EventSetDescriptor push
     = new EventSetDescriptor (
      // Die Klasse, die das Ereignis auslöst
      beanClass,
      // Name für das Event, z.B. action...
      "zaehler",
      // Listener-Schnittstelle
      tb2.ZaehlerEventListener.class,
      // Namen für Ereignis-Bearbeitungs-Methoden
      new String[] { "processUnderrun", "processOverflow"},
      // Registrieren als Beobachter von Ereignissen
       "addZaehlerEventListener",
      // Abmelden als Beobachter von Ereignissen
      "removeZaehlerEventListener");

    push.setDisplayName("RangeFail");

    EventSetDescriptor[] rv = { push };
    return rv;
  } catch (IntrospectionException e) {
    throw new Error(e.toString());
  }
}

public BeanDescriptor getBeanDescriptor() {
  BeanDescriptor back =
    new BeanDescriptor(beanClass, customizerClass);
  back.setValue("hidden-state", Boolean.TRUE);
  return back;
}

private final static Class beanClass = tb2.Zaehler.class;
private final static Class
         customizerClass = tb2.ZaehlerCustomizer.class;
}
```

13.3.2 Anpassungen für die Werte des Beans

Wer die volle Kontrolle über die Anpassung seiner Beans wünscht, muss die `Customizer`-Schnittstelle des `java.beans`-Package implementieren. Ein solcher Customizer muss innerhalb einer GUI-Komponente im AWT einsetzbar sein, sollte also von `Component` abgeleitet sein. Wenn man mehr als eine Komponente in der GUI benötigt, wird man den Customizer von `Container` oder `Panel` ableiten. In jedem Fall sind die drei folgenden Methoden zu implementieren.

```
void addPropertyChangeListener
  (PropertyChangeListener listener);
void removePropertyChangeListener
  (PropertyChangeListener listener);
void setObject(Object bean);
```

Die ersten beiden Methoden dienen dazu, eventuell für Änderungen registrierte Beobachter über Änderungen auf dem Laufenden zu halten. Die letzte Methode setzt das Objekt, das von dieser Klasse angepasst werden soll. Dieses Objekt muss dann auf die hier zu bearbeitende Klasse gecastet werden.

Customizer für den Zähler

```
// Explizit definierter Customizer
// für das Zaehler-Bean
package tb2;

import java.awt.*;
import java.awt.event.*;
import java.beans.*;

public class ZaehlerCustomizer extends Panel
  implements Customizer, KeyListener {

  public ZaehlerCustomizer() {
    setLayout(null);
  }

  public void setObject(Object obj) {
    target = (Zaehler) obj;

    Label l1 = new Label("Startwert des Zählers");
    l1.setBounds(10, 5, 100, 30);
    add (l1);

    wert = new TextField("" + target.getWert(), 20);
    wert.setBounds (110, 5, 100, 30);
    add (wert);

    wert.addKeyListener (this);
  }

  public Dimension getPreferredSize() {
    return new Dimension (250, 40);
  }
  public Dimension getMinimumSize() {
    return getPreferredSize();
  }

  public void keyTyped (KeyEvent e) {
  }
  public void keyPressed (KeyEvent e) {
  }

  public void keyReleased (KeyEvent e) {
    String txt = wert.getText();
    try {
      target.setWert (Integer.parseInt (txt));
      support.firePropertyChange("", null, null);
    } catch (Exception ex) {}
  }


  // Unterstützung: Eigenschaften ändern sich
  public void addPropertyChangeListener
    (PropertyChangeListener l) {
    support.addPropertyChangeListener(l);
  }

  public void removePropertyChangeListener
    (PropertyChangeListener l) {
    support.removePropertyChangeListener(l);
  }
```

```
    private PropertyChangeSupport support =
       new PropertyChangeSupport(this);

    private tb2.Zaehler target;
    private TextField wert;
}
```

Test in der BeanBox

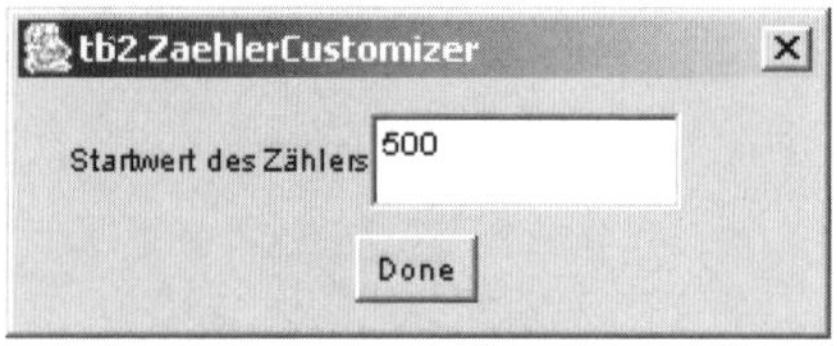

Über den Menüpunkt Edit/Customize der BeanBox erreicht man die „eigene" GUI für das Bean.

13.3.3 Auslösen von Ereignissen in Beans

Bei Komponenten eines PCs können externe Ereignisse auftreten. So meldet ein Gerät, dass eine Eingabeoperation abgeschlossen ist. Eine ständige Überwachung des Geräts in Form einer Abfrageschleife[12] kostet zu viel Laufzeit. Der klassische Mechanismus der Kopplung besteht darin, dass die Komponente einen asynchronen Interrupt auslöst, der in der Folge von der CPU bearbeitet wird. Die CPU fungiert als Beobachter für Hardware-Ereignisse. Die Routinen zur Beobachtung sind in einer speziellen Tabelle (Interrupt Vektor Tabelle) innerhalb der CPU registriert.
Auch bei der Komponentensoftware tritt dieses Problem auf und man löst es analog zur Hardware. Die Komponente legt fest, welche Ereignisse sie auslösen kann (engl. fire). Beobachter für Ereignisse im Bean registrieren sich bei dem Bean wie üblich beim Beobachter-Muster (vgl. Abschnitte 3.7.4, 7.1.2), das in Java auch bei der Ereignissteuerung der GUI benutzt wird. Das Bean löst ein Ereignis aus, und die entsprechenden Beobachter werden informiert.
Das Beispiel `tb2.Zaehler` stellt das Auslösen von Ereignissen in Beans vor. Der Zähler löst dabei jeweils ein Ereignis aus, wenn sein Wert unter eine Mindestschranke sinkt bzw. über einen bestimmten Pegel ansteigt. Die hierfür erforderlichen Klassen sind im Package `tb2` zusammengefasst.

Definition von Ereignissen

Das Java-Bean kann eines der im Java-API definierten Ereignisse auslösen, man benötigt selbst definierte Ereignisse, die man von der Klasse `EventObject` ableitet.

Programm für ein Ereignis

```
package tb2;
import java.util.*;
import java.io.*;
// Das Ereignis ZaehlerEvent modelliert Ereignisse für
// Überlauf und Unterlauf des Zähler-Objekts
public class ZaehlerEvent extends EventObject {
  public static final int OVERFLOW=0;
```

[12] sog. „Busy Polling" bzw. „Aktives Warten"

```
    public static final int UNDERRUN=1;
    private int id = 0;

    public int getid () { return id;};

    public String toString () {
      if (id == OVERFLOW)
        return "OVERFLOW";
      else if (id == UNDERRUN)
        return "UNDERRUN";
      else return "";
    }

    public ZaehlerEvent (Object source, int id) {
      super(source);
      this.id = id;
    }
  }
```

Die Beobachter

Zu den so definierten Ereignissen benötigt man dann die entsprechenden `<xx>Listener`-Klassen. Eine Java-Klasse zur Bearbeitung der Ereignisse muss die `<xx>Listener`-Schnittstelle implementieren. Im vorliegenden Beispiel muss eine solche Klasse dann auf ein `ZaehlerEvent` reagieren, sei es ein Unter- oder ein Überlauf. Der Name des Ereignisses im Builder ist dann ebenfalls `ZaehlerEvent`.

```
package tb2;
// Dies definiert eine Listener-Schnittstelle für die
// Ereignisgruppe Zaehler
import java.util.EventListener;
public interface ZaehlerEventListener extends EventListener {
  public void processOverflow (ZaehlerEvent e);
  public void processUnderrun (ZaehlerEvent e);
}
```

13.3.4 Ereignisse im Bean

Das Zähler-Bean wird nun so erweitert, dass es Ereignisse auslöst. Also muss es die Registrierung der Beobachter leisten. Dazu dient die Instanz `rl` (Registered Listeners) eines Vektors. Mit `addZaehlerEventListener` werden Beobachter registriert, d.h. in den o.a. Vektor eingetragen. Wenn ein Ereignis auftritt, wird dieser Vektor durchlaufen. Dann werden die Methoden zur Ereignisbehandlung der registrierten Objekte aufgerufen.

```
package tb2;

import java.util.*;
import java.io.Serializable;

// Zaehler : Zählt rauf oder runter
// Löst bei Verlassen des Bereichs Events aus
// Dies ist ein Beispiel für eine nicht-visuelle Bean.

public class Zaehler implements Serializable {
  private static final int UPPERLIMIT = 1000;
  private static final int LOWERLIMIT =    0;

  public Zaehler () {}

  // getWert und setWert definiert die Eigenschaft wert
```

```
private int x = 500;
public int getWert () {
  return x;
}

public void setWert (int x) {
  this.x = x;
}

// Die Methode zum Schalten des Wertes
public void schalte (int inc) {
  if (x+inc > UPPERLIMIT)
    loeseEventAus (
        new ZaehlerEvent (this, ZaehlerEvent.OVERFLOW));
  else if (x+inc < LOWERLIMIT)
    loeseEventAus (
        new ZaehlerEvent (this, ZaehlerEvent.UNDERRUN));
  else
    x += inc;
}

public void schalteRauf () { schalte (100); }
public void schalteRunter () { schalte (-100); }

// Zu Testzwecken: Selbstdarstellung
public String toString () { return "x = " + x; }

// Vektor zur Registrierung der Beobachter
private Vector rl = new Vector();
// Die Add/Remove-Methoden erlauben einem Builder
// (z.B. BeanBox) die Integration der Ereignisse
public synchronized void addZaehlerEventListener
 (ZaehlerEventListener l) {
  rl.addElement(l);
}


public synchronized void removeZaehlerEventListener
  (ZaehlerEventListener l){
  rl.removeElement(l);
}

// Zustellung der Events an die registrierten Beobachter
private synchronized void loeseEventAus (ZaehlerEvent e) {
  for (int i = 0; i < rl.size (); i++) {
    switch (e.getid ()) {
    case ZaehlerEvent.OVERFLOW:
      ((ZaehlerEventListener)rl.elementAt(i)).
        processOverflow (e);
      break;
    case ZaehlerEvent.UNDERRUN:
      ((ZaehlerEventListener)rl.elementAt(i)).
        processUnderrun (e);
      break;
    }
  }
}

// Eine Testmethode, um alle Beispielereignisse auszulösen.
public void testZaehlerEvent () {
  loeseEventAus (
      new ZaehlerEvent (this, ZaehlerEvent.OVERFLOW));
```

```
        loeseEventAus (
            new ZaehlerEvent (this, ZaehlerEvent.UNDERRUN));
    }
}
```

Verpacken des Beans in einem Archiv

Alle Klassen des Packages `tb` werden mit dem folgenden Kommando in einem `.jar`-Archiv verpackt:

```
jar cfm zaehler2.jar manifest2.tmp tb2
```

Dabei hat die Datei `manifest2.tmp` den Inhalt:

```
Name: tb2/Zaehler.class
Java-Bean: True

Name: tb2/Zaehler.ser
Java-Bean: True
```

Test in der BeanBox

Das Bean `tb2.Zaehler` kann wie in Abschnitt 13.2.3 in der BeanBox des bdk getestet werden. Im Gegensatz zum Bean kann dieses Bean Ereignisse auslösen. Ferner kann die Eingabe der Properties über den im Customizer definierten Dialog erfolgen.

13.3.5 Beans in einem visuellen Builder

Mit dem System JBuilder der Firma Inprise kann man Beans in Java-Anwendungen benutzen. Der Unterschied zur Verwendung von Packages liegt in der Integration in das Programm sowie im visuellen Programmieren. Um ein Bean zu verwenden, montiert man es als Komponente in einer Gruppe im Builder. Für Testzwecke bietet sich die Gruppe „Andere“ an. Dann wird das Bean im „Design“-Modus ebenso wie die anderen, vorinstallierten Beans auf die Form gesetzt.
Dann liest der Builder die Eigenschaften sowie die Events im sog. Inspektor aus. Im Inspektor kann man die Wert-Eigenschaft der Instanzvariablen des o.a. Bean setzen, wie das folgende Bild zeigt.

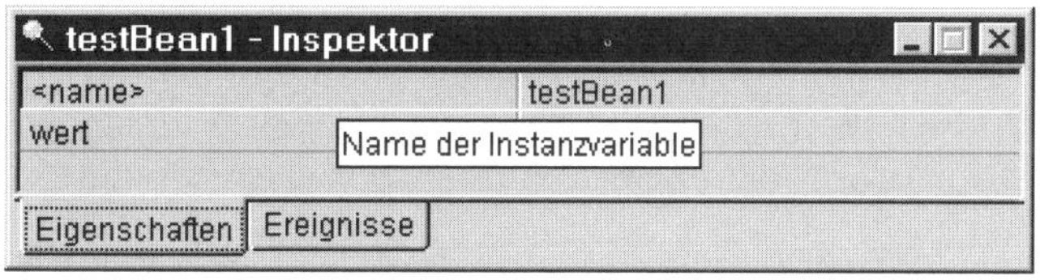

Der Builder generiert den Code zum Setzen des Wertes

```
testBean1.setWert(700);
```

Der Builder analysiert die Ereignisse, die vom o.a. Bean gemäß der Bean-Schnittstelle ausgelöst werden können. Er generiert den Code zur Anbindung der Behandlung der Ereignisse. Der vom JBuilder generierte Code sorgt für den Aufruf einer Routine im Frame zum Test der Bean-Eigenschaften und Ereignisse.

13.4 Die Introspektion für Beans

Serialisierung von Objekten

Beim Entwickeln von Beans benötigt man die Serialisierung von Objekten. Dies wird von dem Programm `beantools.SerializeTool` besorgt. Dieses Programm kann die Serialisierung erzeugen bzw. die in der Serialisierung vorhandenen Werte für die Attribute der Klasse anzeigen, wenn eine Klasse dies in der `toString()`-Methode unterstützt. Das Programm benutzt die in Abschnitt 3.10 beschriebenen Methoden `readObject()` und `writeObject (object)` zum Erstellen eines Exemplars bzw. zum Serialisieren von `object`. Eigenschaften lassen sich mit diesem Programm nicht setzen.

```
1. java beantools.SerializeTool name-einer-klasse
2. java beantools.SerializeTool name-einer-klasse store
3. java beantools.SerializeTool name-einer-ser-Datei
```

Der Aufruf (1) zeigt die `toString()`-Ausgabe eines Objekts einer Klasse an. Aufruf (2) bewirkt die Anzeige und erstellt eine .ser-Datei. Der Name der .ser-Datei wird aus dem vollständigen Namen der Klasse gebildet. Für den Klassennamen `tb1.Zaehler` wird eine Datei `tb1/Zaehler.ser` erzeugt. Dazu sollte es aber ein Verzeichnis geben, unter dem die `.ser`-Datei angelegt werden kann. Aufruf (3) zeigt die Werte einer Serialisierung an.
Das Programm `beantools.SerializeTool.java` ist aus Platzgründen hier nicht angegeben, findet sich aber bei den Unterlagen im Web.

Anzeigen und Setzen von Properties mit beantools.PropertyTool

Das PropertyTool dient der Anzeige und dem Setzen von Werten. Es erstellt ein Objekt aus einer Serialisierung (`.ser`-Datei) oder über einen Klassennamen. Wenn die `store`-Option angegeben ist, kann auch der Wert eines Attributs gesetzt werden, sofern das Attribut vom Typ **`int`**, **`double`** oder `String` ist. Das Programm erzeugt eine .ser-Datei sowie eine Serialisierung im XML-Format.

Auslesen der Namen von Properties

```
>java beantools.PropertyTool tb2\Zaehler.ser
Properties aus Bean lesen
int  wert
```

Ändern der Werte von Properties

```
>java beantools.PropertyTool tb2\Zaehler.ser store wert 2000
Properties aus Bean lesen
int  wert

Properties in Bean setzen
Werte des Objekts vorher x = 500
Setze Property wert = 2000
Werte des Objekts nachher x = 2000
```

Zur Kontrolle: Anzeige der Werte einer Serialisierung

```
>java beantools.SerializeTool tb2\Zaehler.ser
x = 2000
```

Die Datei tb2/zaehler.xml: Serialisierung als XML

```
<?xml version="1.0" encoding="UTF-8"?>
```

```
<java version="1.4.0" class="java.beans.XMLDecoder">
 <object class="tb2.Zaehler">
  <void property="wert">
   <int>2000</int>
  </void>
 </object>
</java>
```

Zur Implementierung des PropertyTools

Das Package `java.lang.reflect` definiert Abfragemöglichkeiten für Attribute und Methoden aller Java-Klassen. Dies könnte auch von einem Builder für Beans benutzt werden, um die Interna der Beans auszuforschen und im Builder zu benutzen. Tatsächlich sind aber Properties von Beans nicht nur implizit über `get/set`-Methoden definiert, sondern auch explizit über die in Abschnitt 13.3.1 skizzierte `BeanInfo`-Schnittstelle. Deswegen müssen Abfragen nach Properties über diese Schnittstelle laufen.
In diesem Abschnitt werden die Properties über die Methode `PropertyDescriptor[] getPropertyDescriptors()` ausgelesen. Dann werden die Properties als Text angezeigt. Auch das Setzen von Properties ist möglich. Java bietet dazu die `Statement`-Klasse im Package `java.beans` mit der `execute(...)`-Methode an. Dies erlaubt die Ausführung dynamisch zu bestimmender Methoden mit dynamisch zu bestimmenden Argumenten. Diese Vorgehensweise wird häufig als dynamische Programmierung bezeichnet.

```
Statement(Object ziel, String methodenName, Object[] argumente)
```

Mit dem o.a. Konstruktor wird ein Statement-Objekt für ein unter `ziel` angegebenes Objekt erzeugt. Der Name der aufzurufenden Methode muss angegeben werden. Das gilt auch für die Argumente. Natürlich müssen die Typen der Parameter denen der Deklaration der Methode entsprechen. Für elementare Typen wie **`int`** oder **`double`** ist die entsprechende Umwickler-Klasse wie `Integer` oder `Double` zu verwenden.

```
// Anzeigen aller Properties eines Bean
// Setzen von Propterties mit elementaren Typen
// int, double, String
package beantools;

import java.lang.reflect.Method;
import java.beans.*;
import java.io.*;
import java.util.*;

public class PropertyTool {
  private Object object = null;
  private beantools.SerializeTool st = null;

  public PropertyTool () {}

  // Erzeuge ein Objekt der angegebenen Klasse
  public PropertyTool (String name) {
    st = new beantools.SerializeTool (name);
    object = st.getObject ();
  }

  // Ausgabe der Properties dieses Objekts
  public void printProperties () {
    System.out.println ("Properties aus Bean lesen");
    try {
      // Auslesen der BeanInformation
      BeanInfo bi = Introspector.getBeanInfo(object.getClass ());
```

```
      // Auslesen der Beschreibungen der Beans
      PropertyDescriptor[] pd = bi.getPropertyDescriptors ();
      // Ausgabe von Name und Typ der einzelnen Properties
      for (int i = 0; i < pd.length; i++) {
        System.out.print (pd[i].getPropertyType ().getName ());
        System.out.print ("  ");
        System.out.println (pd[i].getName ());

      }
    } catch (IntrospectionException e) {
      e.printStackTrace (System.err);
    }
    System.out.println ();
  }

  // Setzen der Property name auf den Wert value
  // Benutze dabei die angegebene Methode
  public void setProperty (
      String name, Object value, Method method) {
    System.out.println (
       "Setze Property " + name + " = " + value);
    try {
      Statement s = new Statement
        (object,                    // Das Objekt
         method.getName (),         // Name der Methode
         new Object[] { value }); // Parameter
      s.execute ();                 // Ausführung
    } catch (Exception e) {
      e.printStackTrace (System.err);
    }
  }


  // Setze die Property mit dem angegebenen Namen
  // auf den angegebenen Wert.
  // Diese Methode beschränkt sich auf die Typen
  // int, double und String
  public void setProperty (String name, String value) {
    System.out.println ("Properties in Bean setzen");
    System.out.println ("Werte des Objekts vorher "+ object);
    try {
      // Auslesen der BeanInformation
      BeanInfo bi= Introspector.getBeanInfo(object.getClass());
      // Auslesen der Beschreibungen der Beans
      PropertyDescriptor[] pd = bi.getPropertyDescriptors ();
      // Durchlaufen der Properties
      for (int i = 0; i < pd.length; i++) {
        String pName  = pd[i].getName ();
        if (pName.equals (name)) {
          // Welcher Typ?
          Class  pClass = pd[i].getPropertyType ();
          // Wie heißt die Methode zum Setzen von Werten?
          Method method = pd[i].getWriteMethod ();
          // Die nächsten Schritte können nicht
          // objektorientiert durchgeführt werden,
          // denn wir haben keine Objekte,
          // sondern elementare Typen
          Object parameter = value;
          if (pClass.getName ().equals ("int"))
            parameter = new Integer (value);
          else if (pClass.getName ().equals ("double"))
            parameter = new Double (value);
```

```
            setProperty (name, parameter, method);
          }
        }
      } catch (Exception e) {
        e.printStackTrace (System.err);
      }
      System.out.println ("Werte des Objekts nachher "+ object);
    }

    // Erzeuge xml
    public void printXML () {
      try {
        XMLEncoder e = new XMLEncoder
          (new BufferedOutputStream
          (new FileOutputStream(st.getFileName () + ".xml")));
        e.writeObject(object);
        e.close();
      } catch (Exception e) {
        e.printStackTrace (System.err);
      }
    }

    public void work (String[] args) {
      printProperties ();
      if (args.length == 4) {
        setProperty (args[2], args[3]);
      }
      if ((args.length > 1) && args[1].equals ("store")) {
        st.writeObject ();
        printXML ();
      }
    }

    // Der Testtreiber
    public  static void main (String[] args) {
      if (args.length == 0) {
        System.err.println (
  "Aufruf: java PropertyTool klasse load|store [property wert]");
        System.exit (1);
      }
      PropertyTool cit = new  PropertyTool (args[0]);
      cit.work (args);
    }
  }
```

Zusammenfassung

Ein Java-Bean ist eine Software-Komponente, die nicht von der Plattform abhängt. Beans sind somit ideale Verpackungsformen, um komplette Klassensysteme in einer Installation im Plug-and-Play-Verfahren „nachzurüsten“.

Ein Bean kann in einem System zur visuellen Programmierung konfektioniert werden. Das System kann die Eigenschaften des Beans auslesen, um Code zu generieren, der sonst von Hand zu schreiben wäre. Dies gilt auch für von einem Bean ausgelöste Ereignisse. Hierbei generieren Builder Programmcode, der die Verbindung zwischen der Quelle eines Ereignisses und seiner Senke herstellt.

14 Bearbeiten von XML in Java

XML (eXtensible Markup Language) ist ein umfassender Ansatz zum Entwurf eigener Markup-Sprachen. Man kann XML als Meta-Sprache, als Sprache zur Definition von Sprachen auffassen. Mit XML kann man z.B. die Daten strukturieren, wie dies im Beispiel der Persistenz von Beans in Abschnitt 13.4 auf Seite 512 gezeigt wurde. Auch müssen Dateien zur Konfiguration komplexer Systeme nicht mehr länger in spezifischen Sprachen verfasst werden. Der Deployment-Deskriptor einer Web-Anwendung für Tomcat aus Abschnitt 10.2 auf Seite 413 wurde in XML verfasst.
Die XML-Spezifikation sowie eine deutsche Übersetzung kann im Internet wie folgt gefunden werden:

```
http://www.w3.org/XML/
http://www.edition-w3c.de/TR/1998/REC-xml-19980210.html
```

Mit der Version 1.4 hat das „Java^{TM} API for XML processing (JAXP)“ Einzug in das JDK gehalten. Ziel dieses Kapitels ist ein Einstieg in die Grundlagen für die XML-Bearbeitung in Java, der mit dem Aufbau eines XML-Dokuments beginnt. Das DOM (Document Object Model) beschreibt dessen Struktur für Programmierer. Beispiele führen in die Anwendung von SAX- (Simple Java XML Parser) sowie DOM-Parsern ein.

14.1 Aufbau von XML-Dokumenten

Ein XML-Dokument besteht aus einem Prolog mit Informationen über das Dokument – wie etwa dem Zeichensatz – sowie dem Inhalt.
Das folgende Beispiel zeigt wichtige Elemente von XML. So müssen im Gegensatz zu HTML alle Elemente abgeschlossen sein: zu jedem `<xx>` muss ein `</xx>` existieren. Auch die Schachtelung muss korrekt sein: Nicht **<x>**<y>**</x>**</y>, sondern **<x>**<y></y>**</x>** wie in obigem Beispiel. Auch leere Elemente sind in der Form <x/> möglich. Alle Attributwerte müssen in Anführungszeichen stehen. Attributnamen müssen innerhalb von Elementen eindeutig sein. Ein Attributwert darf kein "<" enthalten.

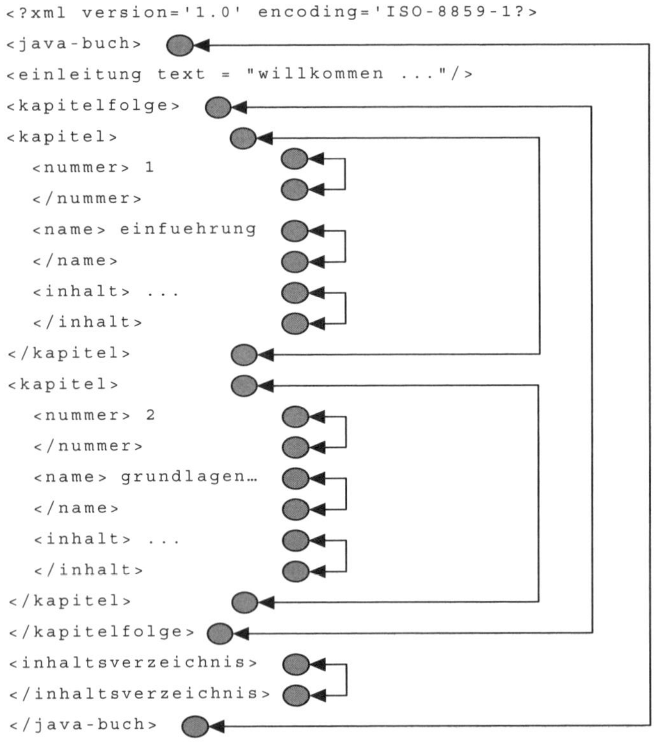

14.2 DOM und das Package org.w3c.dom

Mit DOM steht eine Schnittstelle zur Programmierung von XML-Dokumenten zur Verfügung, die unabhängig von Programmiersprachen ist. Das DOM ist eine Baum-Darstellung eines XML-Dokuments. Die Wurzel des Baums ist ein `Document`. Der Baum für das obige XML-Dokument ist im folgendem Bild auszugsweise dargestellt.
Der Baum ist dadurch gekennzeichnet, dass Knoten beliebig viele Nachfolger haben können. Element-Knoten vom Typ `ELEMENT_NODE` sind ein wesentlicher Bestandteil dieses Baums. Die im nächsten Bild genannten Text-Knoten vom Typ `TEXT_NODE` kommen von der im Dokument vorhandenen Formatierung mit Leerzeichen und Zeilentrennern. Der DOM gibt nicht nur die inhaltliche Struktur des XML-Dokuments wieder, sondern auch den formatierten Aufbau.

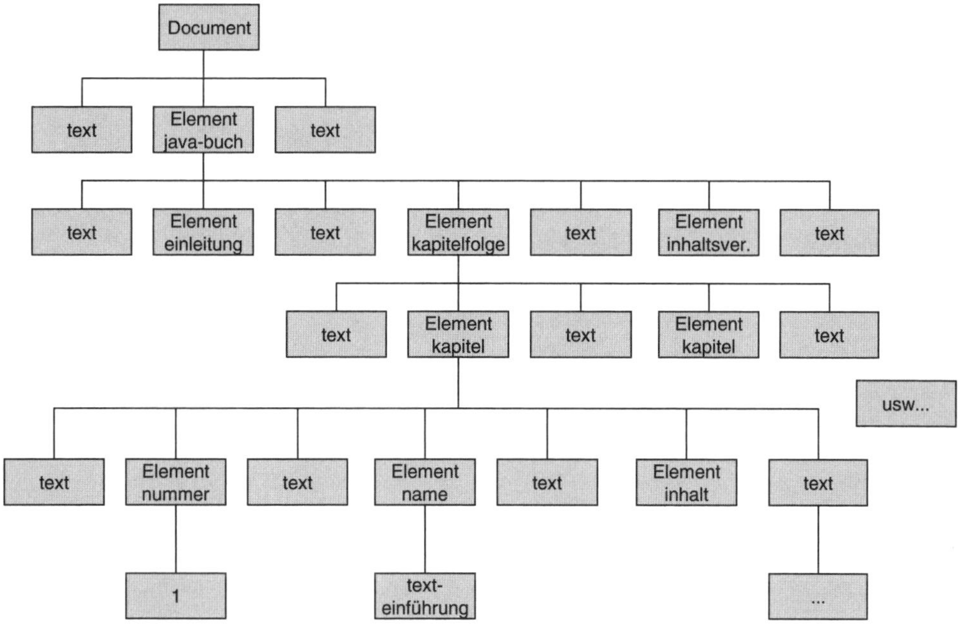

Das Package org.w3c.dom

Das Package `org.w3c.dom` beschreibt den Aufbau von XML-Dokumenten. Jedes Dokument ist als Baum aus verschiedenen Knoten strukturiert. Das Package definiert die Typen der Knoten als Interface. Basis für alle Knoten ist das `Node`-**`interface`**. Die Methode `nodeType()` liefert den Typ des Knotens für die weitere Verarbeitung. Die folgende Tabelle aus dem JDK 1.4 stellt wichtige Fakten über die Schnittstellen im Package `org.w3c.dom` zum Zugriff auf die Knoten im DOM zusammen.

Name der Schnittstelle	**`nodeName()` liefert**	**`nodeValue()` liefert**	**Attribut**	**`nodeType()` als Zahl und Bezeichner**
`Attr`	Name des Attributs	Wert des Attributs	`null`	`2 ATTRIBUTE_NODE`
`CDATASection`	`"#cdata-section"`	Inhalt	`null`	`4 CDATA_SECTION_NODE`
`Comment`	`"#comment"`	Inhalt des Kommentars	`null`	`8 COMMENT_NODE`
`Document`	`"#document"`	`null`	`null`	`9 DOCUMENT_NODE`
`DocumentFragment`	`"#document-fragment"`	`null`	`null`	`11 DOCUMENT_FRAGMENT_NODE`
`DocumentType`	Name des Document-Typs	`null`	`null`	`10 DOCUMENT_TYPE_NODE`
`Element`	Name des Kennfeldes	`null`	`NamedNodeMap`	`1 ELEMENT_NODE`

Entity	Name	null	null	6 ENTITY_NODE
Entity-Reference	Name der Entity Referenz	null	null	5 ENTITY_REFERENCE_NODE
Notation	Name der Notation	null	null	12 NOTATION_NODE
Processing-Instruction	Ziel	Vollst. Inhalt ohne Ziel	null	7 PROCESSING_INSTRUCTION_NODE
Text	"#text"	Inhalt des Text-Knotens	null	3 TEXT_NODE

UML für ausgewählte DOM-Schnittstellen

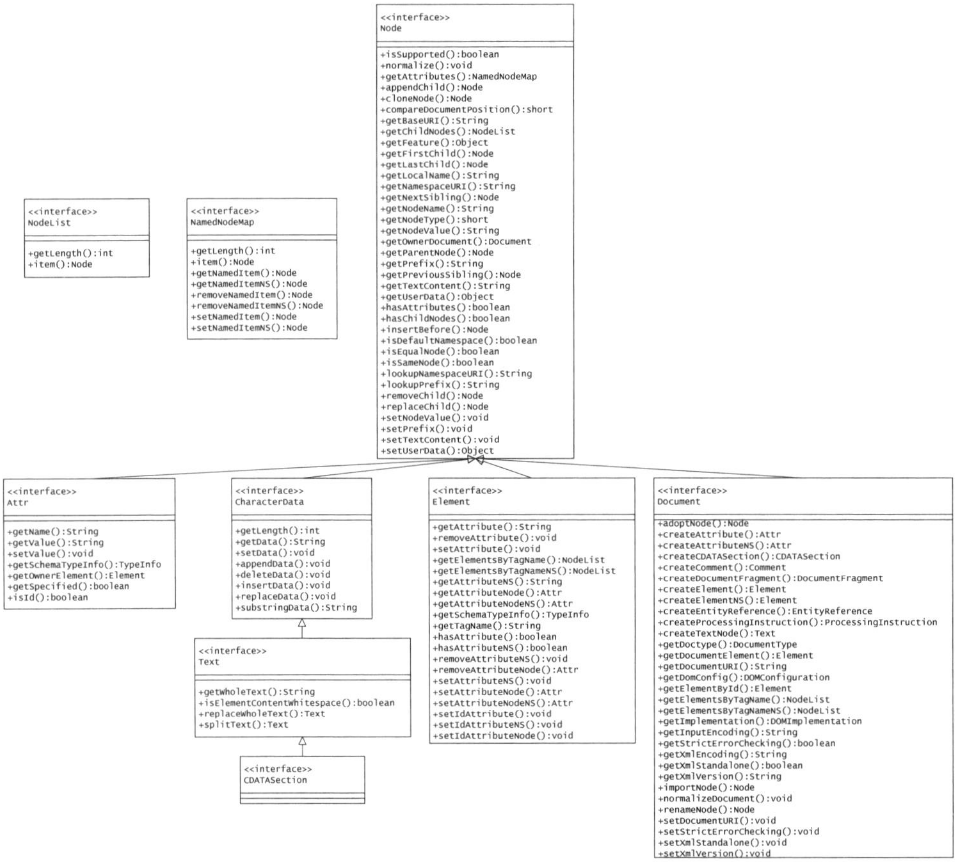

Die Node-Schnittstelle

Sie repräsentiert einen Knoten im DOM-Baum. Alle Knoten-Schnittstellen sind von ihr abgeleitet. Sie enthält die in obiger Tabelle aufgeführten Konstanten zur Identifikation des Typs der Knoten, die Methoden `getNodeType()`, `getNodeName()`, `getNodeValue()` zum Auslesen von Informationen sowie die Methoden zur Navigation im Baum wie `Node getParentNode()`, `NodeList getChildNodes()`, `Node getFirstChild()`, `Node getLastChild()`, `Node getPreviousSibling()` und `Node getNextSibling()`.

Die NodeList-Schnittstelle

Die `NodeList`-Schnittstelle stellt eine geordnete Sammlung von Knoten dar. Die Methode `int getLength()` liefert die Anzahl der Knoten, `Node item(int i)` liefert den i-ten Knoten der Sammlung zurück. Dabei wird ab 0 gezählt.

Die NamedNodeMap-Schnittstelle

Diese Schnittstelle dient zur Verwaltung von benannten Knoten. Sie enthält die Zugriffsmethoden der `NodeList`-Schnittstelle und Methoden wie `Node getNamedItem(String)` zum Ansprechen von Knoten über Namen, aber auch `Node setNamedItem(Node)` zum Einbringen eines Knotens und `Node removeNamedItem(String)` zum Löschen.

Die Document-Schnittstelle

Die Document-Schnittstelle repräsentiert das XML-Dokument, d.h. den Wurzel-Knoten des DOM-Baumes. Mit `Element getDocumentElement()` kann das zur Wurzel gehörige Element bestimmt werden.

Die CDATASection-Schnittstelle

Diese Schnittstelle dient zum Bearbeiten von mit [] eingebetteten Dokumenten. Damit kann man sich die aufwändige Kodierung der Begrenzer im eingebetteten Teil sparen.

Die Text-Schnittstelle

`Text`-Knoten liefern den textuellen Inhalt von Elementen und Attributen. Dabei wird die Trennung zwischen aufeinander folgenden Textteilen aufgehoben. Der Text zu einem Element wird als eigener Knoten im DOM geführt.

14.3 DOM-Parser

DOM-Parser können nicht direkt mit **new** erzeugt werden, sondern werden von einer Fabrik geliefert. Die Fabrik akzeptiert Optionen, von denen einige im folgenden Programmausschnitt gezeigt werden.

```
public static Document parseDocument (String fileName) {
    Document doc = null;
    // Parser müssen bei der Parser-Fabrik bestellt werden
    DocumentBuilderFactory factory
      = DocumentBuilderFactory.newInstance();
    // Für die Parser gibt es diverse Optionen
    //factory.setValidating (true);
    //factory.setNamespaceAware (true);
    //factory.setIgnoringComments (true);
    //factory.setIgnoringElementContentWhitespace (true);
    try {
      DocumentBuilder builder = factory.newDocumentBuilder();
      doc = builder.parse (fileName);
    } catch (SAXException sxe) {
      // Fehler bei der Analyse des XML-Dokuments
      Exception  x = sxe;
      if (sxe.getException() != null)
        x = sxe.getException();
      x.printStackTrace();
    } catch (ParserConfigurationException pce) {
```

```
            // Den Parser mit diesen Optionen gibt es nicht
            pce.printStackTrace();

        } catch (IOException ioe) {
            // I/O Fehler
            ioe.printStackTrace();
        }
        return doc;
    }
```

Ausgabe des DOM-Baums in Text-Form

Ein DOM kann als klassischer Baum gesehen werden. Das Verfahren zum Durchlaufen lässt sich prozedural wie folgt im Pseudocode zusammenfassen. Der Leser wird sich fragen, warum der **switch** und keine objektorientierte Lösung über polymorphe Knoten benutzt wurde. Dazu müssten die Knoten-Klassen des DOM mit anwenderspezifischen Klassen überschrieben werden. Dies wird von einem Standard-Parser nicht geleistet.

```
static void Durchlaufen (Node node) {
  switch (Typ des Knotens) { // nodeType()
    case Dokument:
      Bearbeite Dokument;
      für alle nachfolger = Nachfolgeknoten (node) tue
        Durchlaufen (nachfolger); // Rekursion
     break;
    case Element:
      Bearbeite Element;
      für alle nachfolger = Nachfolgeknoten (node) tue
        Durchlaufen (nachfolger); // Rekursion
     break;
    case Text:
      Bearbeite Text;
      break;
    usw... für alle Typen von Knoten
  }
}
```

Das Programm `DOMTree.java` ist nach diesem Schema aufgebaut. Zur Bearbeitung der einzelnen Knoten-Typen bzw. Teilaufgaben wurden **static**-Methoden geschrieben.

```
import java.io.*;
import org.w3c.dom.*;
import javax.xml.parsers.*;
import org.xml.sax.*;

public class DOMTree {
  public static void main(String[] args) {
    if (args.length == 0) {
      System.err.println ("java DOMTree dateiname");
      System.exit(1);
    }
    Document doc = parseDocument (args[0]);
    printDOMTree(doc, 0);

    // Zusatz : Auswahl einzelner Knoten
    System.out.println ("\nNodes with " + args[1]);
    NodeList nl = doc.getElementsByTagName (args[1]);

    for (int i = 0; i < nl.getLength (); i++)
      printDOMTree (nl.item (i), 0);
  }
```

```
// Siehe oben:
public static Document parseDocument (String fileName) {}

// Klartext für die Type-Codes
static final String[] typeName = {
  "none",   … usw. bis
  "Notation",
};

// Einrücken der Ausgabe für bessere Lesbarkeit
static int depth = 0;
public static void pP () {
  int i = depth;
  while (i-- > 0)
    System.out.print ("    ");
}

// Ausgabe aller Folgeknoten
public static void printAllChildren
    (Node node, int recurse) {
  if (node == null)
    return;
  NodeList nl = node.getChildNodes();
  if (nl ==  null)
    return;
  for (int i = 0; i < nl.getLength (); i++) {
    depth++;
    printDOMTree (nl.item (i), recurse+1);
    depth--;
  }
}

// Ausgabe des Knotennamens
public static void printNodeName
    (String prefix, Node node, String suffix) {
  System.out.print (prefix);
  if (node != null)
    System.out.print (node.getNodeName());
  System.out.print (suffix);
}

// Lösche Leerräume, Zeilentrenner, Tabs ...
public static String delWhiteSpace (String s) {
  StringBuffer b = new StringBuffer (s.length ());
  for (int i = 0; i < s.length (); i++) {
    char c = s.charAt (i);
    if (!Character.isWhitespace (c))
      b.append (c);
  }
  return b.toString ();
}

// Ausgabe des zu einem Knoten gehörenden Wertes
public static void printNodeValue
    (String prefix, Node node, String suffix) {
  System.out.println ();
  pP ();
  System.out.print (prefix);
  if (node != null) {
    String s = node.getNodeValue ();
    String t = delWhiteSpace (s);
    System.out.print (t);
```

```
    }
    System.out.print (suffix);
  }

  // Ausgabe eines Attributs
  public static void printAttr (Node node ) {
    NamedNodeMap attrs = node.getAttributes();
    if (attrs == null)
      return;
    for (int i = 0; i < attrs.getLength(); i++) {
      Node attr = attrs.item(i);
      System.out.print(" " + attr.getNodeName() + "=\""
                       + attr.getNodeValue() + "\"");
    }
  }

  // Durchlaufen des DOM-Baums
  public static void printDOMTree (Node node, int recurse) {
    if (node == null)
      return;

    switch (node.getNodeType()) {
    case Node.DOCUMENT_NODE :
      Document doc = (Document)node;
      printAllChildren (doc, recurse);
      break;

    case Node.ELEMENT_NODE :
      System.out.println ();
      pP ();
      printNodeName ("<", node, "");
      printAttr (node);
      printNodeName ("", null, ">");
      printAllChildren (node, recurse);
      System.out.println ();
      pP ();
      printNodeName ("</", node, ">");
      break;

    case Node.ENTITY_REFERENCE_NODE :
      printNodeName ("&", node, ";");
      break;

    case Node.CDATA_SECTION_NODE :
      printNodeValue ("<![CDATA[", node, "]]>");
      break;

    case Node.TEXT_NODE :
      printNodeValue ("", node, "");
      break;
    case Node.PROCESSING_INSTRUCTION_NODE :
      printNodeName ("<?", node, " ");
      printNodeValue ("", node, "?>");
      break;
    default:
      // usw ...
      System.out.println (">>"+typeName[node.getNodeType ()]);
    }
  }
}
```

Anzeige des DOM-Baums in einer GUI

Bei der praktischen Arbeit mit dem DOM-Baum ist der Auszug aus dem Java-Tutorial `http://java.sun.com/xml/jaxp/dist/1.1/docs/tutorial/index.html` nicht nur informativ, sondern enthält auch das Programm `DomEcho05.java` zum Einlesen und zur Anzeige des XML-Dokuments in einer grafischen Benutzeroberfläche.

14.4 SAX-Parser

Der im vorigen Abschnitt eingeführte DOM-Parser baut den DOM-Baum auf. Dieser muss vollständig im Speicher des Rechners gehalten werden, wenn er bearbeitet wird. Neben diesem Aufwand zur Laufzeit fällt auch ein erheblicher Aufwand während der Entwicklung an. Bei diesem Problem setzen SAX-Parser an: Simple API for XML. Der Aufbau des Baumes mit den damit verbundenen Schwierigkeiten wird durch einen sequentiellen Lauf durch das XML-Dokument abgelöst. Wenn der SAX-Parser „etwas gefunden" hat, ruft er eine Methode des Anwenders auf. Der Anwender muss hierzu eine `org.xml.sax. ContentHandler`-Schnittstelle implementieren. Diese an die traditionelle Callback-Strategie der prozeduralen Programmierung erinnernde Vorgehensweise ist von der Ereignissteuerung ab JDK 1.1 bekannt. Sie wird auch als ereignisgesteuerte Verarbeitung bezeichnet.
Das JDK 1.4 unterstützt SAX-Parser noch durch die `DefaultHandler`-Klasse, die alle Callbacks der folgenden Schnittstellen abdeckt:

- EntityResolver
- DTDHandler
- ContentHandler
- ErrorHandler

Der folgende Programmausschnitt zeigt den prinzipiellen Aufwand zum Durchlaufen eines XML-Dokuments.

```
class MyContentHandler extends DefaultHandler {
  public void startDocument () { }
  public void endDocument () { }

  public void startElement(String uri,
                           String localName,
                           String qName,
                           Attributes attrs)
    throws SAXException {}

  public void endElement(String uri,
                         String localName,
                         String qName)
    throws SAXException {}

  public void skippedEntity (String name)
    throws SAXException {}

  public void characters (char ch[], int start, int length) { }

  public void ignorableWhitespace
     (char ch[], int start, int length)  {}
}
```

Zu den Parametern

`uri`	URI Universal Resource Identifier. Dies ist entweder ein URL (Universal Resource Locator) oder ein URN (Universal Resource Name).
`attrs`	Die angegebenen oder Default-Attribute.
`localName`	Der lokale Name (ohne Präfix) oder leer, falls ohne Namespaces gearbeitet wird.
`qName`	Der qualifizierte Name (ohne Präfix) oder leer, falls nicht verfügbar.

Anwendung eines SAX-Parsers

Das obige Programmfragment lässt keine Zuordnung zwischen den einzelnen Callbacks erkennen. Wenn man z.B. alle Kapitelnummern in dem XML-Dokument auf Seite summieren möchte, muss man den Zusammenhang zwischen den Elementen (`startElement`) und den Texten (`characters`) selbst herstellen. Bei den Kapitelnummern kann dies durch einen einfachen Schalter gelöst werden. `startElement` stellt diesen Schalter auf **`true`** und `endElement` auf **`false`**, falls ein `nummer`-Element vorliegt. Wenn der Schalter auf **`true`** ist, summiert `character` den gelesenen Wert auf das Summenfeld. Diese Stellen sind im folgenden Programm schattiert dargestellt.

```
import org.xml.sax.*;
import org.xml.sax.helpers.*;
import javax.xml.parsers.*;

public class SAXDemo{
  public static void main (String args[])
    throws Exception {

    // Benutze den Default-Parser
    MyContentHandler contentHandler = new MyContentHandler ();
    SAXParserFactory factory = SAXParserFactory.newInstance();
    try {
      // Starte den Parser-Lauf
      SAXParser saxParser = factory.newSAXParser();
      saxParser.parse(args[0], contentHandler);
    } catch (Throwable t) {
      t.printStackTrace(System.err);
    }
  }
}

class MyContentHandler extends DefaultHandler {
  public void myprint (String s) {
    System.out.print (s);
  }
  public void startDocument () {
    System.out.println("Parsen beginnt");
  }

  public void endDocument () {
    System.out.println("\nParsen beendet");
    System.out.println ("Summe der Kapitel-Nummern " + summe);
  }

  int summe = 0;
  boolean nummerGefunden = false;

  public void startElement
    (String uri, String localName,
```

```
      String qName, Attributes attrs)
    throws SAXException {
    if (qName.equals ("nummer"))
      nummerGefunden = true;
    myprint("<"+qName);
    if (attrs != null) {
      for (int i = 0; i < attrs.getLength(); i++) {
        myprint(" ");
        myprint(attrs.getQName(i) + "=\"" + attrs.getValue(i)
                + "\"");
      }
    }
    myprint(">");
  }

  public void endElement
    (String uri, String localName, String qName)
    throws SAXException {
    if (qName.equals ("nummer"))
      nummerGefunden = false;
    myprint("</"+qName+">");
  }

  public void skippedEntity(String name)
    throws SAXException {
  }

  // Zeichen in einem Element
  public void characters (char ch[], int start, int length) {
    String s = new String(ch, start, length);
    if (nummerGefunden)  {
      try {
        int wert = Integer.parseInt (s.trim ());
        summe += wert;
      } catch (Exception e) {
      }
    }
    myprint(s);
  }

  public void ignorableWhitespace
      (char ch[], int start, int length)  {
    String s = new String(ch, start, length);
    myprint(s);
  }

}
```

15 Die Werkzeuge aus dem JDK

Das JDK von Sun kann über das Internet bezogen werden. Die aktuelle Version findet man unter `http://java.sun.com`. Für die Arbeit mit Java ist auch eine aktuelle Version der Dokumentation zum API (Application Programmers Interface) unentbehrlich, die ebenfalls unter der o.a. Adresse zu finden ist. Zur Installation auf Windows benötigt man noch ein Pack-Programm für lange Dateinamen. Eine mögliche Quelle ist das Internet-Softwarearchiv der Universität Heidelberg `ftp://ftp.uni-heidelberg.de/pub/net/`.
Alle Programme zu diesem Buch sowie weitere Programme finden Sie über die Homepage des Carl Hanser Verlags:

`http://downloads.hanser.de/`

Zu diesem Kapitel:

Die Programme aus dem JDK enthalten aktuelle Hinweise zur Installation. Deswegen beschränkt sich die folgende Darstellung auf Tipps zur praktischen Anwendung, die aus der Alltagsarbeit mit Java im Rahmen von Lehrveranstaltungen sowie Projekten stammen.

15.1 Der Compiler javac

Ein Aufruf `javac Quelle.java` sorgt für die Übersetzung des Programms `Quelle.java`. Für jede der in dem Programm enthaltenen Klassen wird eine `.class`-Datei angelegt. Der Aufruf sorgt auch für die Übersetzung von Klassen, die von diesem Programm implizit oder explizit importiert werden.
Die Variable `CLASSPATH` muss für das Betriebssystem gesetzt werden. `CLASSPATH` muss den Pfad für jede benutzte Klasse enthalten. Da die Klassen auch zur Übersetzung gebraucht werden, muss diese Umgebungsvariable auch für die Dauer der Kompilierung gesetzt sein. Bei einer Installation des JDK auf Laufwerk `C:` unter Windows könnte man `CLASSPATH` wie folgt setzen:

```
set PATH = %PATH%;C:\jdk1.5.0\bin
set CLASSPATH= C:\jdk\1.5.0\jre\rt.jar;.
```

Mit der Angabe `'.'` ist das jeweils aktuelle Verzeichnis im Pfad. Dies kann bei häufigem Wechsel des Verzeichnisses nützlich sein. Wenn ein Java-Programm im selben Verzeichnis wie `Quelle.java` benutzt wird, wird dieses auch mit übersetzt. Auch ein Aufruf `javac *.java` kann sinnvoll sein.
Manche Betriebssysteme unterscheiden bei Dateinamen nicht zwischen Groß- und Kleinschreibung bei Dateinamen. Der Java-Compiler achtet hingegen strikt darauf. Dies kann die Ursache rätselhafter Fehlermeldungen beim Übersetzen, aber auch bei der Interpretation sein.
Wenn es Schwierigkeiten bei der Übersetzung eigener Packages gibt, können diese durch falsche Pfade verursacht sein. Die Pfade für die Packages müssen ihren Ausgang in einem durch `CLASSPATH` definierten Zugriffspfad haben.

15.2 Der Interpreter java

Zum Ablauf von Java-Anwendungen wird der Interpreter `java` benötigt. Mit dem Aufruf `java Quelle` bringt man ein Programm zum Ablauf. Der Interpreter besorgt über die o.a. Umgebungsvariable `CLASSPATH` alle zum Ablauf erforderlichen Klassen.
Zur Verdeutlichung der Arbeitsweise des Interpreters kann man den Interpreter einmal mit der Option -v starten. Dann wird sichtbar, dass der Interpreter alle Klassen zur Laufzeit über das Dateisystem lädt.
Es kann nützlich sein, wenn der Pfad zu dem Verzeichnis, in dem der Interpreter liegt, als Umgebungsvariable gesetzt ist.

15.3 Applet-Viewer

Der Applet-Viewer dient zum Test von Applets. Beim Aufruf braucht man aber kein Applet, sondern den Namen einer HTML-Datei, die eine `applet`-Anweisung (vgl. Abschnitt 11.2) enthält: `appletviewer Quelle.html`
Der Start eines Applets auf einem Rechner kann über das `file`-Protokoll oder über das `http`-Protokoll erfolgen:

```
appletviewer /home/xyz/public_html/test.html
appletviewer http://localhost/xyz/test.html
appletviewer http://192.168.1.100/xyz/test.html
```

Der Ablauf kann sich grundlegend unterscheiden, falls das Applet über Sockets Verbindung zu einem Rechner aufnehmen will. Dies erfolgt indirekt z.B. bei RMI oder CORBA.
Der Applet-Viewer lässt sich schnell wiederholt starten. Dennoch bleibt ein Test der Applets mit einem Browser unerlässlich, denn Applets im Browser müssen mit strengeren Sicherheitsanforderungen als im Applet-Viewer leben.

Hinweise: Wenn sich ein Problem beim Ablauf von Applets ergibt, kann dies an den unterschiedlichen Sicherheitsanforderungen liegen. Hier ist z.B. an Dateizugriffe zu denken.

Beim Einsatz von Threads muss die Lösung frei sein von allen Annahmen über die relative Priorität der Threads. Eine Ausführung in einem Browser schafft hier andere Bedingungen als ein Programmlauf unter Kontrolle des Applet-Viewers.

Graphik-Anwendungen für Browser sollten sich nicht in Grauzonen der Definition aufhalten, sonst sind Probleme bei der Ausführung der Applets unvermeidlich.
Ein erfolgreicher Test eines Applets mit einem Browser auf einer Plattform ist noch lange keine Garantie für ein Funktionieren auf allen Plattformen.

15.4 Der Generator für die Dokumentation

Zur Entwicklungsumgebung gehört auch ein Generator für die Dokumentation. Die Erfahrung zeigt, dass der Quellcode eines Software-Systems die einzig konsistente Basis für Informationen über die Software ist: „All you need is Code". Genau auf dieser Basis setzt `javadoc` auf. Der Anwender kann mit einem Aufruf die Dokumentation auf der Basis von

HTML-Seiten für komplette Software-Systeme erstellen. Ein Aufruf `javadoc *.java` besorgt z.B. die Generierung der HTML-Seiten aller Programme in einem Verzeichnis. Wenn die Programme die speziellen Anweisungen für `javadoc` enthalten, bringt eine Anwendung von `javadoc` noch mehr Nutzen.
Die Dokumentation für das Java-API lässt sich auch aus dem JDK erstellen. Das JDK enthält eine Reihe von Quellen in gepackter Form. Diese Quellen können entpackt werden. Anschließend liefert `javadoc` die Dokumentation für das API. Die Quellen des API liefern auch Beispiele für eine Anwendung der Steueranweisungen für `javadoc`. Zum Betrachten der HTML-Seiten werden noch die gif-Dateien für die in die Dokumente eingebetteten Graphiken benötigt. Ein Beispiel finden Sie in Abschnitt 5.3.2.

15.5 Die Testhilfe

Die Testhilfe für Java-Programme lässt sich auch zum Test von Applets einsetzen. Zur Vorbereitung muss ein Java-Programm mit der Option `-g` bzw. `-debug` übersetzt werden. Der Aufruf der Testhilfe unterscheidet Anwendungen und Applets:

```
appletviewer -debug quelle.html
jdb IrgendEineKlasse
```

Wenn sich nach diesem Aufruf die Testhilfe nicht meldet, kann dies daran liegen, dass auf dem Rechner das TCP/IP-Netzwerk nicht läuft.
Die Testhilfe ist kommandozeilenorientiert. Sie informiert über Inhalte von Variablen und Zustände von Threads. Haltepunkte lassen sich setzen. Aktuelle Informationen über Kommandos erhält man mit dem Aufruf `help` an die Testhilfe.

Hinweis: Die Ausgabe der `help`-Funktion können Sie z.B. mit den folgenden Kommandos in eine Datei umlenken. Diese Datei (hier `command`) können Sie ausdrucken und sie steht dann in aktueller Form als Referenz zur Verfügung:

```
...>jdb > command
help
quit
```

15.6 Der Disassembler

Mit dem Disassembler `javap` gibt man den Java-Byte-Code eines Programms aus. Darüber hinaus kann man sich die Dokumentation zur Anwendung einer Klasse einfach verschaffen: `javap Quelle` würde für eine Ausgabe der auf der Ebene der Klasse deklarierten Komponenten sorgen. Für viele Einsatzfälle reicht diese Art der Dokumentation zum Zugriff auf die Klasse aus. Der Aufruf zur Ausgabe aller Methoden einer Klasse lautet:

```
javap Klassenname
```

Wenn man den Java-Byte-Code sehen möchte, gibt man die Option `-c` vor dem Namen der Klasse an.

Literaturverzeichnis

1. *Aho; Hopcroft; Ullman*: Data Structures and Algorithms, Addison Wesley 1983
2. *Ben-Ari, M.*: Grundlagen der Parallel-Programmierung, Carl Hanser Verlag 1984
3. *Bloch J.*: Effective Java Programming Language Guide, Addison-Wesley, 2001
4. *Bracha, G.*: Generics in the Java Programming Language, Sun 2004, http://java.sun.com/j2se/1.5/pdf/generics-tutorial.pdf
5. *Cornell, G., Horstmann*, C.S.: Core Java, SunSoft Press, 1996
6. *Dewdney, A.K.*: Lineare Automaten; in: Computer-Kurzweil, Spektrum der Wissenschaft: Verständliche Forschung, Heidelberg 1988
7. *Ellis, M.; Stroustrup, B.*: The Annotated C++ Reference Manual, Addison Wesley 1990
8. *Gamma, E; Helm, R; Johnson, R.; Vlissides, J.*: Entwurfsmuster, Addison Wesley 1996
9. *Gosling, J; Joy, B; Guy Steele, G; Bracha, F.*: The Java™ Language Specification, 3rd Edition, Addison Wesley 2004
10. *Herschel, R; Piper, F.*: Pascal, Systematische Darstellung von Pascal und Concurrent Pascal für den Anwender, Oldenbourg Verlag, 2. Auflage 1981
11. *Hofmann J., Jobst F., Schabenberger R.*: Programmieren mit COM und CORBA, Carl Hanser Verlag 2000
12. *Object Management Group OMG*: http://www.omg.org
13. *Jamsa, K.; Cope, K.*: Internet Programmierung, 0'Reilly 1996
14. *Jeckle, M.; Rupp, Ch.; Hahn, J.; Zengler, B.; Queins, S.*:UML2 glasklar, Carl Hanser Verlag 2004
15. *Kernighan, B.W.; Ritchie, D.M.*: Programmieren in C, 2. Ausg., Carl Hanser Verlag 1990
16. *Lea, D.*: Concurrent Programming in Java, Addison Wesley 1997
17. *Lindholm, T.; Yellin, F.*: The Java™ Virtual Machine Specification, 2nd Edition, Addison Wesley
18. *Meyer B.*: Objektorientierte Softwareentwicklung, Carl Hanser Verlag 1990
19. *Meyer B.*: Applying „Design by Contract", IEEE Computer 1992, S. 40 –51
20. *Meyer, H.*; Downing T.: Java Virtual Machine, O'Reilly 1997
21. *Innovative Software GmbH*: OEW-Handbuch, 1990
22. *Schicker, E.*: Datenbanken, Datenbanken und SQL, Teubner
23. Schlierf, *J; Weber, R.*: Programmieren mit Swing, Hanser 1999
24. *Spuler, David A*: C++ and C Debugging, Testing and Reliability, PHI
25. *Stallings, W.*: Operating Systems, Fourth Ed., Prentice Hall 2002
26. *Stroustrup, B.*: The C++ Programming Language (2nd Ed.) , Addison Wesley 1990
27. *Sun Microsystems*: Java Language Specification Second Edition (2000), http://java.sun.com
28. *Sun Microsystems*: Java 2 Software Development Kit (2001), http://java.sun.com
29. *Sun Microsystems*: JavaServer Pages Specification Version 2.0
30. *Sun Microsystems*: Java Servlet Specification Version 2.4
31. *Sun Microsystems*: The Java Tutorial, Dezember 2005
32. *Tanenbaum, A.S.*: Moderne Betriebssysteme, Carl Hanser Verlag 1994
33. *Weber, H.*: Vorlesung Betriebssysteme, FH Wiesbaden 1989
34. *Wirth, N.* : Algorithmen und Datenstrukturen, 2. Auflage, Teubner 1979

Eclipse Public License - v 1.0

THE ACCOMPANYING PROGRAM IS PROVIDED UNDER THE TERMS OF THIS ECLIPSE PUBLIC LICENSE ("AGREEMENT"). ANY USE, REPRODUCTION OR DISTRIBUTION OF THE PROGRAM CONSTITUTES RECIPIENT'S ACCEPTANCE OF THIS AGREEMENT.

1. DEFINITIONS

"Contribution" means:

a) in the case of the initial Contributor, the initial code and documentation distributed under this Agreement, and

b) in the case of each subsequent Contributor:

i) changes to the Program, and

ii) additions to the Program;

where such changes and/or additions to the Program originate from and are distributed by that particular Contributor. A Contribution 'originates' from a Contributor if it was added to the Program by such Contributor itself or anyone acting on such Contributor's behalf. Contributions do not include additions to the Program which: (i) are separate modules of software distributed in conjunction with the Program under their own license agreement, and (ii) are not derivative works of the Program.

"Contributor" means any person or entity that distributes the Program.

"Licensed Patents " mean patent claims licensable by a Contributor which are necessarily infringed by the use or sale of its Contribution alone or when combined with the Program.

"Program" means the Contributions distributed in accordance with this Agreement.

"Recipient" means anyone who receives the Program under this Agreement, including all Contributors.

2. GRANT OF RIGHTS

a) Subject to the terms of this Agreement, each Contributor hereby grants Recipient a non-exclusive, worldwide, royalty-free copyright license to reproduce, prepare derivative works of, publicly display, publicly perform, distribute and sublicense the Contribution of such Contributor, if any, and such derivative works, in source code and object code form.

b) Subject to the terms of this Agreement, each Contributor hereby grants Recipient a non-exclusive, worldwide, royalty-free patent license under Licensed Patents to make, use, sell, offer to sell, import and otherwise transfer the Contribution of such Contributor, if any, in source code and object code form. This patent license shall apply to the combination of the Contribution and the Program if, at the time the Contribution is added by the Contributor, such addition of the Contribution causes such combination to be covered by the Licensed Patents. The patent license shall not apply to any other combinations which include the Contribution. No hardware per se is licensed hereunder.

c) Recipient understands that although each Contributor grants the licenses to its Contributions set forth herein, no assurances are provided by any Contributor that the Program does not infringe the patent or other intellectual property rights of any other entity. Each Contributor disclaims any liability to Recipient for claims brought by any other entity based on infringement of intellectual property rights or otherwise. As a condition to exercising the rights and licenses granted hereunder, each Recipient hereby assumes sole responsibility to secure any other intellectual property rights needed, if any. For example, if a third party patent license is required to allow Recipient to distribute the Program, it is Recipient's responsibility to acquire that license before distributing the Program.

d) Each Contributor represents that to its knowledge it has sufficient copyright rights in its Contribution, if any, to grant the copyright license set forth in this Agreement.

3. REQUIREMENTS

A Contributor may choose to distribute the Program in object code form under its own license agreement, provided that:

a) it complies with the terms and conditions of this Agreement; and

b) its license agreement:

i) effectively disclaims on behalf of all Contributors all warranties and conditions, express and implied, including warranties or conditions of title and non-infringement, and implied warranties or conditions of merchantability and fitness for a particular purpose;
ii) effectively excludes on behalf of all Contributors all liability for damages, including direct, indirect, special, incidental and consequential damages, such as lost profits;
iii) states that any provisions which differ from this Agreement are offered by that Contributor alone and not by any other party; and
iv) states that source code for the Program is available from such Contributor, and informs licensees how to obtain it in a reasonable manner on or through a medium customarily used for software exchange.
When the Program is made available in source code form:
a) it must be made available under this Agreement; and
b) a copy of this Agreement must be included with each copy of the Program.
Contributors may not remove or alter any copyright notices contained within the Program.
Each Contributor must identify itself as the originator of its Contribution, if any, in a manner that reasonably allows subsequent Recipients to identify the originator of the Contribution.

4. COMMERCIAL DISTRIBUTION

Commercial distributors of software may accept certain responsibilities with respect to end users, business partners and the like. While this license is intended to facilitate the commercial use of the Program, the Contributor who includes the Program in a commercial product offering should do so in a manner which does not create potential liability for other Contributors. Therefore, if a Contributor includes the Program in a commercial product offering, such Contributor ("Commercial Contributor") hereby agrees to defend and indemnify every other Contributor ("Indemnified Contributor") against any losses, damages and costs (collectively "Losses") arising from claims, lawsuits and other legal actions brought by a third party against the Indemnified Contributor to the extent caused by the acts or omissions of such Commercial Contributor in connection with its distribution of the Program in a commercial product offering. The obligations in this section do not apply to any claims or Losses relating to any actual or alleged intellectual property infringement. In order to qualify, an Indemnified Contributor must: a) promptly notify the Commercial Contributor in writing of such claim, and b) allow the Commercial Contributor to control, and cooperate with the Commercial Contributor in, the defense and any related settlement negotiations. The Indemnified Contributor may participate in any such claim at its own expense.
For example, a Contributor might include the Program in a commercial product offering, Product X. That Contributor is then a Commercial Contributor. If that Commercial Contributor then makes performance claims, or offers warranties related to Product X, those performance claims and warranties are such Commercial Contributor's responsibility alone. Under this section, the Commercial Contributor would have to defend claims against the other Contributors related to those performance claims and warranties, and if a court requires any other Contributor to pay any damages as a result, the Commercial Contributor must pay those damages.

5. NO WARRANTY

EXCEPT AS EXPRESSLY SET FORTH IN THIS AGREEMENT, THE PROGRAM IS PROVIDED ON AN "AS IS" BASIS, WITHOUT WARRANTIES OR CONDITIONS OF ANY KIND, EITHER EXPRESS OR IMPLIED INCLUDING, WITHOUT LIMITATION, ANY WARRANTIES OR CONDITIONS OF TITLE, NON-INFRINGEMENT, MERCHANTABILITY OR FITNESS FOR A PARTICULAR PURPOSE. Each Recipient is solely responsible for determining the appropriateness of using and distributing the Program and assumes all risks associated with its exercise of rights under this Agreement , including but not limited to the risks and costs of program errors, compliance with applicable laws, damage to or loss of data, programs or equipment, and unavailability or interruption of operations.

6. DISCLAIMER OF LIABILITY

EXCEPT AS EXPRESSLY SET FORTH IN THIS AGREEMENT, NEITHER RECIPIENT NOR ANY CONTRIBUTORS SHALL HAVE ANY LIABILITY FOR ANY DIRECT, INDIRECT, INCIDENTAL, SPECIAL, EXEMPLARY, OR CONSEQUENTIAL DAMAGES (INCLUDING WITHOUT LIMITATION LOST PROFITS), HOWEVER CAUSED AND ON ANY THEORY OF LIABILITY, WHETHER IN CONTRACT, STRICT LIABILITY, OR TORT (INCLUDING NEGLIGENCE OR OTHERWISE) ARISING IN ANY WAY OUT OF THE USE OR DISTRIBUTION OF THE PROGRAM OR THE EXERCISE OF ANY RIGHTS GRANTED HEREUNDER, EVEN IF ADVISED OF THE POSSIBILITY OF SUCH DAMAGES.

7. GENERAL

If any provision of this Agreement is invalid or unenforceable under applicable law, it shall not affect the validity or enforceability of the remainder of the terms of this Agreement, and without further action by the parties hereto, such provision shall be reformed to the minimum extent necessary to make such provision valid and enforceable.

If Recipient institutes patent litigation against any entity (including a cross-claim or counterclaim in a lawsuit) alleging that the Program itself (excluding combinations of the Program with other software or hardware) infringes such Recipient's patent(s), then such Recipient's rights granted under Section 2(b) shall terminate as of the date such litigation is filed.

All Recipient's rights under this Agreement shall terminate if it fails to comply with any of the material terms or conditions of this Agreement and does not cure such failure in a reasonable period of time after becoming aware of such noncompliance. If all Recipient's rights under this Agreement terminate, Recipient agrees to cease use and distribution of the Program as soon as reasonably practicable. However, Recipient's obligations under this Agreement and any licenses granted by Recipient relating to the Program shall continue and survive.

Everyone is permitted to copy and distribute copies of this Agreement, but in order to avoid inconsistency the Agreement is copyrighted and may only be modified in the following manner. The Agreement Steward reserves the right to publish new versions (including revisions) of this Agreement from time to time. No one other than the Agreement Steward has the right to modify this Agreement. The Eclipse Foundation is the initial Agreement Steward. The Eclipse Foundation may assign the responsibility to serve as the Agreement Steward to a suitable separate entity. Each new version of the Agreement will be given a distinguishing version number. The Program (including Contributions) may always be distributed subject to the version of the Agreement under which it was received. In addition, after a new version of the Agreement is published, Contributor may elect to distribute the Program (including its Contributions) under the new version. Except as expressly stated in Sections 2(a) and 2(b) above, Recipient receives no rights or licenses to the intellectual property of any Contributor under this Agreement, whether expressly, by implication, estoppel or otherwise. All rights in the Program not expressly granted under this Agreement are reserved.

This Agreement is governed by the laws of the State of New York and the intellectual property laws of the United States of America. No party to this Agreement will bring a legal action under this Agreement more than one year after the cause of action arose. Each party waives its rights to a jury trial in any resulting litigation.

Index